Schimmelpfennig/Becke (Hrsg.) •
Unfallrekonstruktion und -gutachten in der verkehrsrechtlichen Praxis

VRR Schriften für die Verkehrsrechtspraxis

Unfallrekonstruktion und -gutachten in der verkehrsrechtlichen Praxis

Handbuch für Juristen, Sachbearbeiter und Beteiligte

herausgegeben von:

Prof. Karl-Heinz Schimmelpfennig,
ö.b.u.v. Sachverständiger für Straßenverkehrsunfälle, Kraftfahrzeugtechnik
und für Unfälle mit mechanisch-technischem Gerät
Gründer und Geschäftsführer, Schimmelpfennig + Becke, Münster

und

Manfred Becke, Dipl.-Ing.,
ö.b.u.v. Sachverständiger für Straßenverkehrsunfälle und Kraftfahrzeugtechnik
Gründer und Geschäftsführer, Schimmelpfennig + Becke, Münster

Zitiervorschlag: Schimmelpfennig/Becke-Bearbeiter, Unfallrekonstruktion, Rn.

Bibliografische Information der Deutschen Nationalbibliothek

Die Deutsche Nationalbibliothek verzeichnet diese Publikation in der Deutschen Nationalbibliografie; detaillierte bibliografische Daten sind im Internet über http://dnb.d-nb.de abrufbar.

ISBN: 978-3-89655-587-8

© ZAP Verlag
LexisNexis Deutschland GmbH, Münster 2011
Ein Unternehmen der Reed Elsevier Gruppe

Alle Rechte sind vorbehalten.

Dieses Werk und alle in ihm enthaltenen Beiträge und Abbildungen sind urheberrechtlich geschützt. Mit Ausnahme der gesetzlich zugelassenen Fälle ist eine Verwertung ohne Einwilligung des Verlages unzulässig.

Druck: Bercker, Kevelaer

Vorwort

Die juristische Beurteilung von Verkehrsunfällen erfordert es, jederzeit die aktuellen Entwicklungen der Technik und auch der Rekonstruktionsmethoden zu verfolgen. Eine wesentliche Grundlage der Arbeit im Ingenieurbüro Schimmelpfennig + Becke ist es seit der Gründung im Jahre 1976, durch eigene unabhängige und aktuelle Forschung das Wissen und die Methoden in den Bereichen Unfallrekonstruktion und Fahrzeugtechnik ständig weiterzuentwickeln.

In Kooperation mit dem ZAP Verlag erscheinen seit dem Jahr 2005 monatlich Artikel im VerkehrsRechtsReport (VRR), die die wichtigsten Entwicklungen unserer Arbeit vorstellen. Das vorliegende Buch informiert den Leser umfassend auf Basis der bislang erschienenen Artikel über Grundlagen und aktuelle Themen der Unfallrekonstruktion. Dabei werden sowohl interessierte Laien als auch Spezialisten angesprochen, die eine umfangreiche Sammlung von Grundlagen und speziellen Untersuchungen vorfinden.

Unser Tätigkeitsfeld als größtes freies Sachverständigenbüro für Unfallrekonstruktion Deutschlands mit zahlreichen Zweigstellen umfasst neben der klassischen Rekonstruktion von Verkehrsunfällen auch Themen wie Ordnungswidrigkeiten, Unfälle mit mechanisch-technischem Gerät sowie Fragestellungen aus den Bereichen Manipulation, Biomechanik oder Fahrzeugtechnik.

Münster, im November 2010   Prof. Karl-Heinz Schimmelpfennig
                                  Dipl.-Ing. Manfred Becke

Bearbeiterverzeichnis:

Arlette M.E. Alphenaar, Dipl.-Ing., Sachverständige für Straßenverkehrsunfälle, Nederlands Forensisch Instituut, Den Haag (NL)

Ralf Bührmann, Dipl.-Ing.
Leitender Versuchsingenieur der crashtest-service.com GmbH, Münster

Marina Förster, Dipl.-Ing., Sachverständige für Straßenverkehrsunfälle
Schimmelpfennig + Becke, Münster

Matthias Gersmann, Dipl.-Ing., Sachverständiger für Straßenverkehrsunfälle und Kraftfahrzeugtechnik
Ingenieurbüro Schal und Meyer, Schimmelpfennig + Becke, Lübeck/Schwerin

Uwe Golder, Dipl.-Ing., ö.b.u.v. Sachverständiger für Straßenverkehrsunfälle und Verkehrsüberwachungssysteme
Schimmelpfennig + Becke, Münster

Karlon M. Hagendoorn, Dipl.-Ing., ö.b.u.v. Sachverständiger für Straßenverkehrsunfälle
Nederlands Forensisch Instituut, Den Haag (NL)

Martin Hesse, Dipl.-Ing., ö.b.u.v. Sachverständiger für Straßenverkehrsunfälle
IHK, Düsseldorf

Lars Hoffmeister, Dipl.-Ing., ö.b.u.v. Sachverständiger für Straßenverkehrsunfälle
Schimmelpfennig + Becke, Düsseldorf

Dr. rer. nat. Tim Hoger, Dipl.-Phys., Sachverständiger für Straßenverkehrsunfälle und für Unfälle mit mechanisch-technischem Gerät
Schimmelpfennig + Becke, Münster

Dr. rer. nat. Ingo Holtkötter, Dipl.-Phys., Sachverständiger für Straßenverkehrsunfälle und für Unfälle mit mechanisch-technischem Gerät
Schimmelpfennig + Becke, Münster

Bearbeiterverzeichnis

Wolfram Kalthoff, Dipl.-Ing., ö.b.u.v. Sachverständiger für Straßenverkehrsunfälle
Schimmelpfennig + Becke, Münster - Geschäftsführer crashtest-service.com GmbH, Münster

Martin Kornau, Dipl.-Ing., ö.b.u.v. Sachverständiger für Straßenverkehrsunfälle
Schimmelpfennig + Becke, Lüdenscheid

Pierre Kramer, Dipl.-Ing., Sachverständiger für Straßenverkehrsunfälle

Frank Lange, Dipl.-Ing., ö.b.u.v. Sachverständiger für Straßenverkehrsunfälle
Ingenieurbüro Lange + Tenzer, Schimmelpfennig + Becke, Hannover

Norbert Marten, Dipl.-Ing., Sachverständiger für Straßenverkehrsunfälle
Schimmelpfennig + Becke, Münster

Stefan Meyer, Dipl.-Ing., ö.b.u.v. Sachverständiger für Straßenverkehrsunfälle
Ingenieurbüro Schal und Meyer, Schimmelpfennig + Becke, Lübeck/Schwerin

Markus Nickel, Dipl.-Ing., ö.b.u.v. Sachverständiger für Straßenverkehrsunfälle
Schimmelpfennig + Becke, Münster

Markus Oxenfarth, Dipl.-Ing., ö.b.u.v. Sachverständiger für Straßenverkehrsunfälle
Ingenieurbüro Langensiepen, Gütersloh

Hans Otto Rausch, Dipl.-Ing., ö.b.u.v. Sachverständiger für Fahrzeugschäden und -bewertung,
Ingenieurbüro Schmedding, Schimmelpfennig + Becke, Oldenburg

Michael Rohm, Dipl.-Ing., ö.b.u.v. Sachverständiger für Straßenverkehrsunfälle und Verkehrsüberwachungssysteme
ifu Leipzig, Leipzig

Detlev Saat,
Unfallanalyse Saat, Ostbevern

Stephan Schal, Dipl.-Ing., ö.b.u.v. Sachverständiger für Straßenverkehrsunfälle und Kraftfahrzeugtechnik
Ingenieurbüro Schal und Meyer, Schimmelpfennig + Becke, Lübeck/Schwerin

Klaus Schmedding, Dipl.-Phys., ö.b.u.v. Sachverständiger für Straßenverkehrsunfälle, Verkehrsregelungs- und Überwachungssysteme
Ingenieurbüro Schmedding, Schimmelpfennig + Becke, Oldenburg

Stefan Schneider, Dipl.-Ing., ö.b.u.v. Sachverständiger für Straßenverkehrsunfälle
Schimmelpfennig + Becke, Münster

André Schrickel, Dipl.-Ing., ö.b.u.v. Sachverständiger für Straßenverkehrsunfälle
Schimmelpfennig + Becke, Münster

Jan-Dirk Schulze, Dipl.-Ing.
DEKRA, Dortmund

Aart C.E. Spek, Ir., Dipl.-Ing., ö.b.u.v. Sachverständiger für Straßenverkehrsunfälle
Leiter der Gruppe Verkehrsunfalluntersuchung, Nederlands Forensisch Instituut, Den Haag (NL)

Axel Tenzer, Dipl.-Ing., ö.b.u.v. Sachverständiger für Straßenverkehrsunfälle
Ingenieurbüro Lange + Tenzer, Schimmelpfennig + Becke, Hannover

Burkhard Walter, Dipl.-Ing., ö.b.u.v. Sachverständiger für Straßenverkehrsunfälle und Ladungssicherung im Straßengüterverkehr
ifu Leipzig, Leipzig

Markus Winninghoff, Dipl.-Ing., ö.b.u.v. Sachverständiger für Straßenverkehrsunfälle
Unfallanalyse Berlin, Berlin

Joost Wolbers, Dipl.-Ing., Sachverständiger für Straßenverkehrsunfälle
Schimmelpfennig + Becke, Münster

Inhaltsverzeichnis

	Seite
Vorwort	V
Bearbeiterverzeichnis	VII
Inhaltsverzeichnis	XI
Literaturverzeichnis	XXV
Abkürzungsverzeichnis	XXIX

	Rn.
Teil 1: Unfallanalyse – Methoden und Instrumente	1
§ 1 Der Verkehrsunfall	1
A. Unfallanalyse durch visuellen Vergleich mit Crashtests	1
I. Klassische Vorgehensweise	2
II. Visueller Vergleich	6
III. Beweiskraft von Crashtests	7
IV. crashtest-service.com/CTS	8
V. Beispiele	9
1. Beispiel AH-Schaden	10
2. Beispiel Heckauffahrkollision	11
3. Beispiel Kreuzungs-/Abbiegeunfall	15
VI. Fazit	17
B. Unzutreffende EES-Schätzungen und ihre Auswirkungen auf das Rekonstruktionsergebnis – Die Bedeutung von EES-Versuchen	18
I. Die Untersuchung	19
II. Die Auswertung der Abschätzungen	24
III. Abschätzung unter Zuhilfenahme von EES-Versuchen	28
IV. Schlussfolgerung	34
C. Bestimmung des Kollisionsortes bei Verkehrsunfällen	35
I. Einführung	35
II. Eingrenzung des Kollisionsortes anhand von Spuren	36
III. Reifenspuren	37
IV. Spuren von Fahrzeugteilen	41
V. Spuren von Unfallbeteiligten	44
VI. Eingrenzung des Kollisionsortes ohne Spuren	46
D. Die Leitplankenkollisionen	50
E. Signalposition und typische Abwehrhandlungen	58
I. Einleitung	59

		Rn.
II.	Allgemeine Gefahrenerkennung	61
	1. Freie Sicht aufeinander	61
	2. Verdeckte Sicht	65
III.	Rekonstruktion mit Signalposition	66
IV.	Rekonstruktion mit Abwehrhandlungen	73
V.	Fazit	77

F. Selbstschutz ist kein Partnerschutz 78
    I.   Relativgeschwindigkeit, EES, Geschwindigkeitsänderung.... 79
    II. Kompatibilität 82
    III. Struktursteifigkeit 85
    IV. Fazit 90

G. Die Stoßzahl – ein entscheidender Parameter bei der Rekonstruktion eines Auffahrunfalls 91
    I.   Einleitung 92
    II. Heckauffahrversuche 94
    III. Auswertung 97
    IV. Ergebnis 104
    V.   Zusammenfassung 105

H. Lichtsignalanlagen in der Unfallrekonstruktion 106
    I.   Begriffe 107
    II. Unfallursache Rotlichtverstoß 114
    III. Fazit 117

§ 2 Vermeidbarkeitsbetrachtung 118

A. Gefühl für Weg und Zeit – Nur die letzten Sekunden zählen 118
    I.   Allgemeine Vorgehensweise 119
    II. Aufbau des Weg-Zeit-Diagramms 120
    III. Darstellung der Bewegungsarten 121
    IV. Die letzten Sekunden vor der Kollision 123
    V.   Unfallbeispiele 125
        1. Bremsausgangsgeschwindigkeit bekannt 125
        2. Bremsausgangsgeschwindigkeit nicht bekannt 128
    VI. Fazit 130

B. Reaktionszeiten bei Tageslicht und Dunkelheit 131
    I.   Tageslichtunfall 135
    II. Dunkelheitsunfall 140
    III. Zusammenfassung 148

		Rn.

§ 3 Spurensicherung und Auswertemöglichkeiten 149
A. Spurensicherung und Auswertemöglichkeiten 149
    I. Unfallspuren 150
    II. Spurensicherung durch Handvermessung 151
    III. Aufnahme von Lichtbildern zur Spurensicherung 155
    IV. Auswertung von Lichtbildern 156
    V. Grafische Auswerteverfahren 157
    VI. Rechnerische Auswerteverfahren 159
B. Betriebszustand von Fahrzeuglampen. 161
    I. Lampen mit Glühwendeln. 162
    II. Lampen in neueren Fahrzeugen 166
        1. Xenon-Lampen 167
        2. LED (Licht emittierende Dioden) 168
    III. Fallbeispiele. 169
    IV. Schlussfolgerung 171
C. Höhenzuordnung von Kontaktspuren – Aufgefahren oder zurückgesetzt? 172
    I. Vorkollisionäre Geschwindigkeiten, Schadensumfang 173
    II. Schadenszuordnung. 174
    III. Bereifung. 176
    IV. Beladung 177
    V. Ein-/Ausfederung durch Bremsung. 180
    VI. Fazit. 182
D. Grenzen der Diagrammscheibenauswertung. 183
§ 4 Insassenbelastung 194
A. Technisch-biomechanische Analyse der unfallbedingten Insassenbelastung 194
    I. Unfallablauf. 195
    II. Kollisionsparameter. 196
    III. Methode. 198
    IV. Insassenbewegung. 199
    V. Sicherheitsgurt. 202
    VI. Analysematerial. 204
B. HWS-Schleudertrauma 205
    I. Der Auffahrunfall 206
    II. Kollisionsparameter. 207

		Rn.
III.	Die Insassenbewegung	208
IV.	Außergewöhnliche Sitzpositionen	212
V.	Fazit	213

C. War der Sicherheitsgurt angelegt oder nicht? ... 214
   I. Unterscheidung der Kollisionsart ... 216
   II. Anknüpfungspunkte ... 219
      1. Bruchspinne im oberen Bereich der Windschutzscheibe ... 220
      2. Verletzungsbild des Insassen ... 221
      3. Spuren am Gurtsystem ... 222
      4. Zustand des Innenraums ... 226
   III. Zusammenfassung ... 228

D. Stand- und Sitzsicherheit von Fahrgästen in Linienbussen ... 229
   I. Einleitung ... 230
   II. Im normalen Fahrbetrieb auftretende Beschleunigungen ... 232
   III. Ergebnisse einer Versuchsreihe mit Probanden ... 234
      1. Stehen und Gehen im Bus ohne festen Halt ... 234
      2. Stehen im Bus mit festem Halt ... 235
      3. Sitzsicherheit ... 237
   IV. Zusammenfassung und Ausblick ... 238

E. Schalldruckbelastung von Pkw-Insassen durch Airbags ... 240
   I. Grundlagen ... 241
      1. Bewertungskriterien ... 241
      2. Medizinische Grundlagen ... 244
   II. Versuche ... 247
   III. Ergebnisse ... 249

§ 5 Moderne Techniken in der Unfallrekonstruktion ... 254

A. Digitalfotografie im Sachverständigenwesen – Erfahrungen aus der Praxis ... 254
   I. Handfeste Vorteile ... 255
   II. Von Megapixeln und Speichermedien ... 256
   III. Das Ende der Kostenspirale? ... 258
   IV. Neue Ergonomie ... 259
   V. Ergo: Schöne, heile Welt der Digitalfotografie? Mitnichten! ... 260
   VI. Das gute, alte Papierfoto ... 261
   VII. Keine Abzüge mehr, sondern Ausdrucke ... 262
   VIII. Mit neuester Technik zurück in die Steinzeit? ... 263

		Rn.
IX.	Vernichtung von Beweismitteln?.	264
X.	Keine Chance dem Versicherungsbetrug.	265
XI.	Ziele.	266

B. Die Computersimulation in der Unfallrekonstruktion. 267
    I. Begriff 268
    II. Software. 269
    III. Grundprinzip 270
    IV. Präsentation. 272
    V. Wie lässt sich die Güte der Simulation erkennen? 273
    VI. Fazit. 283

C. Welche unfallrelevanten Daten speichern die elektronischen Systeme moderner Fahrzeuge?. 284
    I. Einleitung 285
    II. Komfortsysteme 286
    III. OBD-Diagnose 289
    IV. Fahrdynamik und Fahrsicherheitssysteme 292
    V. Event-Dater-Recorder 297
    VI. Fazit. 301

E. Interpretation der Fahrzeugfehlerspeichereinträge nach Verkehrsunfällen 302
    I. Einleitung 303
    II. Ziel der Untersuchung. 305
    III. Versuchsaufbau 310
    IV. Ergebnisse 314
        1. Auftretende Fehlermeldungen 314
        2. Genauigkeit der ausgelesenen Geschwindigkeit 320
        3. Bremszustand. 321
        4. Kilometerstände. 322
        5. Funktion des Bremssystems nach der Störung 323
        6. Crashtests. 324
    V. Diskussion. 327

F. Der digitale Tachograf. 332
    I. Einleitung 333
    II. Technische Ausführung des Tachografen (DTCO) 334
    III. Datenstruktur. 336
    IV. Rekonstruktion von Unfällen 337

	Rn.
G. UDS – die „Black Box" für das Auto	340
I. Aufbau und Funktion	341
II. Auswertung einer UDS-Aufzeichnung	348
III. Zusammenfassung und Ausblick	353
§ 6 Versicherungsbetrug	354
A. Der Faktor Zeit in der Betrugsaufklärung	354
I. Klassische Vorgehensweise	355
II. Weg-Zeit-Ablauf eines Unfalls	359
III. Streifkollisionen	366
IV. Arbeitshilfe	369
B. Versicherungsbetrug nach Rennstreckenunfällen mit Motorrädern	370
I. Probleme bei der Konstruktion eines neuen Unfallhergangs	371
II. Hinweise auf einen Rennstreckeneinsatz	373
III. Besonderheiten bei Stürzen auf Rennstrecken	375
IV. Fazit	379
§ 7 Unerlaubtes Entfernen vom Unfallort	380
A. Typischer Unfallablauf	381
B. Möglichkeiten der Wahrnehmung	385
I. Visuelle Wahrnehmbarkeit	386
II. Akustische Wahrnehmbarkeit	390
III. Taktile und kinästhetische Wahrnehmbarkeit	392
C. Arbeitshilfe	396
Teil 2: Ordnungswidrigkeiten	397
§ 1 Geschwindigkeit	397
A. Radargeräte	397
I. Gerätetypen	398
II. Messbetrieb	402
III. Aufstellanordnung	405
IV. Eichung	406
V. Lebensakte	408
VI. Toleranzwerte	410
VII. Mögliche Messfehler	411
1. Aufstellfehler	411
2. Fahrtrichtungsfehler	416
3. Zuordnungsfehler	421
4. Messort	427

	Rn.
5. Reflexionsfehlmessungen	432
VIII. Fragenkatalog zur Überprüfung von Geschwindigkeitsmessungen	441
B. Lasermessgeräte	442
I. Funktionsprinzip	443
II. Geräteaufbau	444
III. Ergebnisse eigener Versuche	445
IV. Messwertbildung und Fotoauslösung	449
V. Auswertemöglichkeiten	453
VI. Messungen im lebhaften Verkehr	456
VII. Einfluss von verzögerten oder beschleunigten Bewegungen	462
VIII. Problemfall bremsendes Kfz	464
IX. Vorläufige technische Bewertung	467
X. Zusammenfassung	469
§ 2 Lichtsignalanlagen – die „Rotlichtsünde"	470
A. Technische Einzelheiten des Rotlichtverstoßes	471
B. Beispiel	472
C. Technische Besonderheiten	475
D. Weg-Zeit-Betrachtung	479
E. Arbeitshilfe	483
§ 3 Ladungssicherung – Anforderungen und physikalische Grundlagen	484
A. Anforderung an die Ladungssicherung	485
B. Sicherungsmaßnahmen	491
C. Erfahrungen und Fazit	499
Teil 3: Spezifische Untersuchungen und Messungen	502
§ 1 Basisdaten – Leergewichte und Unfallgewichte von Pkw	502
A. Definitionen	503
B. Pkw-Zulassung	505
C. Allgemeine Betriebserlaubnis oder EG-Typgenehmigung	508
D. Leergewicht	519
E. Unfallgewicht	529
F. Durchschnittsgewicht der Bundesbürger	533
G. Beispielrechnung	536
H. Zusammenfassung	540
§ 2 Beschleunigungsvorgänge – Anfahrbeschleunigungen	552

	Rn.
A. Allgemeine Vorgehensweise	553
B. Anfahrbeschleunigungen verschiedener Verkehrsteilnehmer	555
I. Anfahrbeschleunigung von Personenkraftwagen	555
II. Anfahrbeschleunigung von Lastkraftwagen	560
III. Anfahrbeschleunigungen von Zweirädern	562
IV. Anfahrbeschleunigung von Bussen	564
C. Fazit	565
§ 3 Spurwechseldauer – Extreme Spurwechsel in Notsituationen	566
A. Einleitung	567
B. Fahrversuche	568
C. Zusammenfassung	572
§ 4 Fußgänger – Bewegungsgeschwindigkeiten von Fußgängern	573
§ 5 Fahrdynamik von Motorrädern	580
A. Geradeausfahrt	581
B. Instabilitäten bei Geradeausfahrt	582
C. Spurwechsel/Überholvorgänge	585
D. Bremsen	587
E. Kurvenfahrt	593
F. Bremsen bei Kurvenfahrt	596
§ 6 Fahrwerksschäden	598
A. Spur und Sturz	601
I. Versuche V1 und V2 (19 und 40 km/h bei 15°)	603
II. Versuche V3 und V 4 (28 und 30 km/h bei 35°)	604
III. Versuch V5 (Bordstein 15 cm, 44 km/h bei 35°)	605
IV. Ergebnisse	606
B. Zusammenfassung	609
§ 7 Bremsvorgang	611
A. Antiblockiersystem (ABS)	611
I. Geschwindigkeitsermittlung vor Bremsbeginn	611
1. Geschwindigkeitsrückrechnung mit Blockierspuren	612
2. Berechnung der Annäherungsgeschwindigkeit ohne Blockierspur	614
3. Bedeutung für die Praxis	618
II. Untersuchungen zur Erkennbarkeit von ABS-Regelspuren – Gibt es ABS-Bremsspuren?	619
1. Technischer Hintergrund	621

			Rn.
	2.	Versuche	624
	3.	Ergebnisse	627
	4.	Fazit	632
B.	Bremsbedingungen		633
	I.	Der Vollbremsvorgang eines Motorrades	633
		1. Problemdarstellung	634
		2. Hinterradbremsung	641
		3. Vorder- und Hinterradbremsung	645
		4. Kurvenbremsung	652
		5. Arbeitshilfe	656
	II.	Angleichsbremsung auf Landstraßen	657
		1. Einleitung	658
		2. Fahrversuche	660
		3. Ergebnisse	663
		4. Zusammenfassung	671
	III.	Vergleichende Bremsverzögerungsmessungen auf schneebedeckter Straße	673
		1. Durchgeführte Versuche	681
		2. Bremsversuche VW Golf VI	682
		3. Bremsversuche VW Passat	683
		4. Bremsversuche Audi Q7	684
		5. Bremsversuche VW Fox	685
		6. Bremsversuche Nissan Almera Tino	686
		7. Versuchsergebnisse	687
		8. Fallbeispiel	688

Teil 4: Typische Unfallarten und -konstellationen 689
§ 1 Der Pkw-Fußgänger-Unfall 689
A. Dynamischer Unfallablauf 690
B. Grundlagen für die Rekonstruktion 692
    I. Begriffe 692
    II. Kollisionsgeschwindigkeit Pkw 693
    III. Bewegungsgeschwindigkeit Fußgänger 695
C. Fazit 697
§ 2 Der Überholvorgang 698
A. Grundlagen 700
B. Überholen mit konstanter Geschwindigkeit 704

XIX

Inhaltsverzeichnis

	Rn.
C. Überholen mit konstanter Beschleunigung	706
D. Fazit	709
§ 3 Unfälle bei Park- und Rangiermanövern	**710**
A. Einleitung	710
B. Rückwärts ausparken	712
C. Rückwärts einparken	714
D. Rückwärtssetzen über eine Wegstrecke von ca. 10 m	716
E. Vorgehensweise bei der Rekonstruktion	719
F. Höhenänderung beim Bremsen oder Beschleunigen	720
G. Spuren bei unterschiedlicher Bewegungsrichtung	724
H. Fazit	725
§ 4 Dunkelheitsunfall – Einführung	**726**
A. Lichttechnische Grundlagen	727
I. Leuchtdichte	728
II. Objektleuchtdichte	729
III. Umfeldleuchtdichte	730
IV. Leuchtdichtedifferenz	731
V. Schwellenleuchtdichtedifferenz	732
VI. Praxisfaktor	733
B. Durchführung einer lichttechnischen Untersuchung	734
C. Einflüsse auf die Erkennbarkeitsentfernung	739
§ 5 Sonderproblematik bei Auffahrunfällen; Anprall an eine Anhängekupplung	**744**
A. Informationen zu Anhängekupplungen	746
B. Prüfungsanforderungen	748
C. Verbesserungsvorschlag an die EG-Richtlinie	750
D. Beurteilungskriterien	751
I. Verbindungsstellen am Fahrzeug	751
II. Verbindungselemente	752
III. Schadenbild des auffahrenden Pkw	753
E. Auswirkungen von Verformungen	754
F. Fazit	755
§ 6 Unfälle mit Lastkraftwagen	**756**
A. „Was (über-)sieht ein Lkw-Fahrer?"	756
I. „Toter Winkel" und typische Unfallsituationen	757
II. Technische Möglichkeiten	760

	Rn.
III. Fazit	765
B. Lkw-Spurwechsel auf mehrspurigen Richtungsfahrbahnen	766
I. Untersuchung von real stattfindenden Spurwechseln	767
II. Spurwechselzeiten	770
III. Querbeschleunigungen	773
IV. Spurwechselbahn	777
V. Erkennbarkeit des Spurwechselbeginns	780
VI. Fazit	785
C. Steinschlagschäden durch Schwerlastverkehr	788
I. Einleitung	788
II. Prinzipielle Vorgehensweise	790
III. Aufwirbeln von Steinen durch die Reifen	796

§ 7 Unfälle mit Fahrzeugen mit Sonderrechten ... 798

- A. Unfälle mit Fahrzeugen mit Sonderrechten ... 798
  - I. Akustische Warneinrichtungen ... 803
  - II. Einflussgrößen auf die akustische Wahrnehmbarkeit ... 806
    1. Entfernung ... 807
    2. Luftschalldämpfung ... 809
    3. Innenraumschalldruckpegel ... 810
  - III. Fazit ... 813
- B. Dynamische Wahrnehmbarkeitsanalyse eines Martinshorns am Beispiel eines Motorradfahrers ... 814
  - I. Grundlagen ... 815
  - II. Problemstellung ... 822
  - III. Experimenteller Aufbau ... 823
  - IV. Ergebnisse ... 824
  - V. Fazit ... 826

§ 8 Geschwindigkeit – Unfallursache: Nicht angepasste Geschwindigkeit ... 827

- A. Unterscheidungsmerkmale ... 828
- B. Fazit ... 834

§ 9 Geplatzter Reifen – Reifenschäden/mögliche Ursachen ... 835

- A. Schadensbilder ... 836
- B. Fazit ... 849

Inhaltsverzeichnis

	Rn.
Teil 5: Neue Entwicklungen – neue Risiken?	850
§ 1 Fahrerassistenzsysteme: Eine Herausforderung an Sachverständige und Juristen	850
A. Einleitung	851
B. Fahrerassistenzsysteme und ihre Funktion	852
I. Elektronisches Stabilisierungsprogramm ESP	855
II. Abstandstempomat ACC	860
III. Der Parklenkassistent Park Assist	862
C. Mögliche Fehlfunktionen und deren Detektion durch den technischen Sachverständigen.	863
I. Allgemeines	863
II. Vortrag	868
III. Fehlerspeicher	869
IV. Event Data Recording EDR	871
V. Rekonstruktion des Unfallablaufs und Plausibilitätsprüfung	874
VI. Hardware-/Software-in-the-Loop	877
D. Zusammenfassung	881
§ 2 Elektronische Fahrzeugschlüssel als Sicherheitsproblem?	884
A. Einleitung	885
I. Zugangsberechtigung, Fahrberechtigung	885
II. Schlüsselcode	886
B. Fahrzeugschlüssel mit Fernbedienung	887
I. Infrarotsignal	887
II. Funksignal	888
III. Festcodeverfahren	889
IV. Wechselcodeverfahren	890
C. Funktechnik für Fernbedienung und Wegfahrsperre	892
I. RFID-Transponder	892
II. Wegfahrsperre	893
III. Alternative zum Transponder	894
IV. Komfortschließung	895
D. Keyless-Go®-Verfahren	896
E. Manipulationsmöglichkeiten der Funk- bzw. IR-Fernbedienung	897
I. Verhinderung des Schließvorgangs durch eine externe Funkstörung	897
II. Kopieren des Funksignals	899

			Rn.
	III.	Austesten aller möglichen Funkcodes	901
	IV.	Manipulation der Fahrzeugelektrik	902
F.	Manipulationsmöglichkeiten der Wegfahrsperre		904
	I.	Kopieren und Emulieren des Transponders	904
	II.	Ausnutzung von Hersteller-Fehlern oder unzureichender Sicherheit	906
	III.	Mechanisches Öffnen des Fahrzeugs und Anlernen eines neuen Schlüssels	907
G.	Ausblick: Verschlüsselte Vernetzung der Steuergeräte im Fahrzeug.		908
H.	Zusammenfassung		911

§ 3 Segway 915
A. Beschreibung 916
B. Versuche 919
C. Gesetzliche Regelung 921

	Seite
Stichwortverzeichnis	611

Literaturverzeichnis

Allgemeines Literaturverzeichnis

Appel/Krabbel/Vetter, Unfallforschung, Unfallmechanik und Unfallrekonstruktion, 2. Aufl. 2002

Burg/Moser (Hrsg.), Handbuch Verkehrsunfallrekonstruktion, 2. Aufl. 2009

Burg/Rau, Handbuch Verkehrsunfallrekonstruktion, 1981

Burhoff (Hrsg.), Handbuch für das straßenverkehrsrechtliche OWi-Verfahren, 2. Aufl. 2009

Danner, Gurt oder Tod!, 1983

Darmochwal/Topp, Segway in public spaces, 2006

Eubanks/Hill, Pedestrian accident reconstruction and litigation, 1998

Feldmann, Das Gutachten des Hals-Nasen-Ohren-Arztes, 6. Aufl. 2006

Hentschel/König/Dauer, Straßenverkehrsrecht, 40. Aufl. 2009

Hugemann (Hrsg.), Unfallrekonstruktion, 2007

Reimpell (Hrsg.), Fahrwerktechnik 1 (Fahrzeug und Fahrwerk; Radaufhängungen und Achskinematik; Räder und Reifen; Wirtschaftlichkeitsbetrachtungen), 5. Aufl. 1982

Aufsätze

Battiato/Wolff/Nover, Schaltvorgänge und Auffahrbeschleunigung des Normalfahrers im Innerortsverkehr, VKU 36 (1998), 201

Becke/Nackenhorst, Spurensicherung – grafische Fotoauswertung mit der Rasterfeldmethode, VKU 24 (1986), 263

Birkeneder, Schadensersatz nach Inanspruchnahme von Sonderrechten nach § 35 StVO, VRR 2006, 244

Bürger, Sicherung von Fahrzeuglampen zwecks Feststellung ihres Schaltzustands nach Verkehrsunfällen, VKU 45 (2007), 51

Burckhardt, Zur Theorie der Bremstechnik, Der Verkehrsunfall 17 (1979), 94

Deutscher, Bußgeldliche Auswirkungen des § 35 StVO, VRR 2006, 447

Eberhardt/Himbert, Bewegungsgeschwindigkeiten, Versuchsergebnisse nicht motorisierter Verkehrsteilnehmer, Der Verkehrsunfall 15 (1977), 79

Fallenberg/Castro, Aussagekraft der verkehrstechnischen Analyse bei der Ermittlung der kollisionsbedingten Geschwindigkeitsänderung bei Pkw-Pkw-Kollisionen, VKU 39 (2001), 347

Grundler/Sinzig/Eichholzer/Brunner, Eingrenzung der Stoßzahl k für die Rekonstruktion von Heckkollisionen, VKU 46 (2008), 289

Hugemann/Hittinger, Digitalfotos – Datenhaltung, Datensicherung und Weitergabe an Dritte, VKU 49 (2009), 269

Jaeger, Das HWS-Schleudertrauma als Gesundheitsverletzung, VRR 2009, 4

Konik/Müller/Prestl/Toelge/Leffler, Elektronisches Bremsen – Management als erster Schritt zu einem Integrierten Chassis Management, ATZ 101 (1999)

Krause, Anfahrbeschleunigungen im alltäglichen Straßenverkehr, VKU 40 (2002), 105

Krumm, Prozessuale Probleme in Bußgeldsachen mit dem Schaublatt zur Geschwindigkeitsfeststellung, VRR 2006, 328

Ludmann/Weilkes, Fahrermodell als Hilfsmittel für die Entwicklung von ACC-Systemen, ATZ 101 (1999)

Schimmelpfennig, Zeitwegmäßige Erfassung der Glanzstreifenwanderung bei Fußgängerunfällen auf nasser beleuchteter Fahrbahn, VKU 21 (1983), 317

Schmedding, Die Bedeutung des Praxisfaktors in der lichttechnischen Analyse – Der Versuch der Eingrenzung, VKU 30 (1992), 201

Schmedding, Erkennbarkeitsentfernung von Fußgängern unter besonderer Berücksichtigung von Gegenverkehr, VKU 30 (1992), 235

Schmedding, Zur Bemessung des Sicherheits- oder Praxisfaktors in der lichttechnischen Analyse, ZVS 1995, 58

Schmedding/Becke, Das SBU-Diagramm und die Bestimmung von Erkennbarkeitsentfernungen mit Hilfe des SI-Diagramms, VKU 28 (1990), 27

Schmedding/Büscher, Anfahrbeschleunigungen von motorisierten Zweirädern, VKU 32 (1994), 67

Sporrer/Prell/Buck/Schaible, Realsimulation von Spurwechselvorgängen im Straßenverkehr, VKU 36 (1998), 69

Walter/Schneider/Schimmepfennig, Stand- und Sitzsicherheit im innerstädtischen Linienverkehr – Eine Untersuchung der tolerierbaren Beschleunigen, VKU 37 (1999), 317

Weimann, Xenon-Licht, Funktion, Entwicklung, Zukunft, VKU 37 (1999)

Wolbers, Erfahrungsbericht: Winterreifenpflicht, 7°C-Regel, Ureko-Spiegel 08/2007

Studien- & Diplomarbeiten

Nackenhorst, Zusammenfassende Darstellung der Detailprobleme zum Überholvorgang [Pkw/Pkw], FH Osnabrück

Nickel, Längs- und Querbeschleunigungen bei normaler Fahrt, FH Köln

Nosthoff/Schneider, Experimentelle Untersuchung zur Bremsverzögerung von Motorrädern bei Kurvenfahrt und zu Sturzvorgängen, FH Osnabrück

Reske, Eingrenzung der Bewegungsgeschwindigkeit älterer Fußgänger, FH Braunschweig

Sonstiges

Carraro, Der Dunkelheitsunfall und seine messtechnische Untersuchung; Seminarunterlagen MAS e.V., 2005

Cipriani/Bayan/Woodhouse/Cornetto/Dalton/Tanner/Timbario/Deyerl, Low Speed Colinear Impact Severity: A Comparison between Full Scale Testing and Analytical Prediction Tools with Restitution Analysis, Society of Automotive Engineers, SAE World Congress, Detroit, Michigan, USA 3/2002

Duschek/Weinmann/Böhm/Laue/Brückner, Leben in Deutschland, Ergebnisse des Mikrozensus 2005, 2006

Giebel et al., Current Trends in Vehicle Active Safety and Driver Assistance Development, 24. VDI/VW-Gemeinschaftstagung Integrierte Sicherheit und Fahrerassistenzsysteme, Oktober 2008

Hohmann, Gehörschäden durch Airbag, in: Tagungsbericht zur DAGA 98, 1998

Howard/Bomar/Bare, Vehicle Restitution Response in Low Velocity Collisions, Society of Automotive Engineers, SAE Future Transportation Technology Conference, San Antonio, Texas, USA 8/1993

Literaturverzeichnis

Kranke et al., Fahrerassistenzsysteme zur aktiven Stauvermeidung im Straßenverkehr, VDI-Berichte Nr. 1960, 2006, S. 375

Landis/Petritsch/Huang, Characteristics of Emerging Road Users and Their Safety, 2004

Lemcke, Beweiskraft von Crashtests im Rahmen des Parteivortrags des Versicherers, Vortrag auf dem 2. Münsteraner K-Schadenleiter-Symposium, 03.12.2004

Rouhana/Dunn/Webb, Investigation into the Noise Associated with Air BaG Deployment: Part II – Injury risk study using a mathematical model of the human ear, in: 42nd Stapp Car Crash Conference Proceedings, 1998, S. 267

Schöning et al., Der Parklenkassistent „Park Assist" von Volkswagen, VDI-Berichte Nr. 1960, 2006, S. 521

Statistisches Bundesamt, Unfallgeschehen im Straßenverkehr 2005, Presseexemplar 7/2006

Zittlau/Happe, in: Fuhrmann, Fahrerassistenzsysteme: Komfort und Sicherheit, VDI-Berichte Nr. 1960, 2006, S. 19

Zobel, The Safety Effect of Active and Passive Systems, ITS World Congress, San Francisco, 2005

Abkürzungsverzeichnis

A

a.a.O.	am angegebenen Ort
Abb.	Abbildung
ABE	Allgemeine Betriebserlaubnis
ABS	Antiblockiersystem
Abschn.	Abschnitt
ABV	Automatischer Blockierverhinderer/Antiblockierverhinderer
ACC	Adaptive Cruise Control
ACEA	Association des Constructeurs Européens d'Automobiles (europäischer Automobilherstellerverband)
ADU	Auditory Damage Unit
AG	Amtsgericht/Aktiengesellschaft
AGU	Arbeitsgruppe für Unfallmechanik in Zürich
AH-Schaden	Allgemeiner Haftpflichtschaden
Akt.-Z	Aktenzeichen
Anm.	Anmerkung
ARC	Accident Reconstruction Network
AREC	Accident Reconstruction Conference Group
AS	Anspruchsteller
ASIL	automotive safety integrity level
ASR	Antriebsschlupfregelung
ATZ	Automobiltechnische Zeitschrift
AZT	Allianz Zentrum für Technik

B

BAB	Bundesautobahn
BAS	Bremsassistent
Bj.	Baujahr
BMW	Bayerische Motoren Werke
BOKraft	Verordnung über den Betrieb von Kraftfahrtunternehmen im Personenverkehr
Bsp.	Beispiel

Abkürzungsverzeichnis

bspw.	beispielsweise
BUS-System	intelligente Datenleitung zwischen Rechnersystemen und Systembauteilen
bzgl.	bezüglich
bzw.	beziehungsweise

C

C	Celsius
ca.	circa
CARB	California Air Resources Board (Behörde zur Reinhaltung der Luft)
cd/m²	Candela pro Quadratmeter (Einheit für die Leuchtdichte)
CD-ROM	Compact Disc Read-Only Memory
CH	Schweiz
cm	Zentimeter
cm3	Kubikzentimeter
CTS	Crashtest Service (Crashtest-Datenbank)

D

daN	Dekanewton (Einheit für die Gewichtskraft der Ladung)
dB	Dezibel
DEKRA	Deutscher Kraftfahrzeug-Überwachungs-Verein
d.h.	das heißt
DIN	Deutsches Institut für Normung
Dipl.-Ing.	Diplom-Ingenieur
Dipl.-Phys.	Diplom-Physiker
DL	Datalogger
DSC	Dynamic Stability Control
DSTC	Dynamic Stability and Traction Control
DTCO	Digitaler Tachograf
DTU	Detection and Tracking Unit
DVD	Digital Versatile Disc

E

EDR	Event Data Recorder
EEPROM	Electrically Erasable Programmable Read-Only Memory

EES	energy equivalent speed
EG	Europäische Gemeinschaft
EOBD	Europäische Onboard-Diagnose/Electronic Onboard-Diagnostic (elektronische Abgasdiagnose)
EPS	electronic power steering (elektronische Servolenkung)
ESP	Elektronisches Stabilitäts-Programm
et al.	et alii
etc.	et cetera
EU	Europäische Union
EUR	Euro
evtl.	eventuell
EVU	Europäische Vereinigung für Unfallforschung und Unfallanalyse
EWG	Europäische Wirtschaftsgemeinschaft
Exif	Exchangeable Image File Format

F

f.	folgende
ff.	fortfolgende
FH	Fachhochschule
FIP	Forward Inclined Position

G

g	Gramm/Mittelwert der Erdschwerebeschleunigung
GDV	Gesamtverband der Deutschen Versicherungswirtschaft
ggf.	gegebenenfalls
GM	General Motors
GPS	Global Positioning System
grds.	grundsätzlich

H

h	Stunde
HiL	Hardware-in-the-loop
Hrsg.	Herausgeber
HSN	Herstellerschlüsselnummer
HWS	Halswirbelsäule

Abkürzungsverzeichnis

Hz	Hertz
I	
IAA	Internationale Automobilausstellung
i.d.R.	in der Regel
IEC	International Electrotechnical Commission
i.H.d.	in Höhe des/der
IHK	Industrie- und Handelskammer
i.H.v.	in Höhe von
IIHS	Insurance Institute for Highway Safety (US-amerikanisches Versicherungsinstitut)
incl.	inclusive
inkl.	inklusive
IR	Infrarot
i.S.e.	im Sinne eines/r
ISO	Internationale Organisation für Normung
i.Ü.	im Übrigen
J	
jpeg	Joint Photographic Experts Group
K	
Kap.	Kapitel
KBA	Kraftfahrtbundesamt
Kfz	Kraftfahrzeug
kg	Kilogramm
kg/m³	Kilogramm pro Kubikmeter
kHz	Kilohertz
km/h	Kilometer pro Stunde
Krad	Kraftrad
kW	Kilowatt
L	
LC	Lashing Capacity
LED	Licht emittierende Dioden
LIDAR	light detection and ranging

Abkürzungsverzeichnis

Lkw	Lastkraftwagen
LSA	Lichtsignalanlage
LZA	Lichtzeichenanlage

M

m	Meter/männlich
m³	Kubikmeter
MASC	Mitsubishi Active Stability Control
max.	maximal
MHz	Megahertz
MIL	Mal Function Indicator Lamp/Light
Mio.	Millionen
mm	Millimeter
mrad (vertikal)	Milliradiant in vertikaler Richtung
Mrd.	Milliarde
ms	Millisekunde
m/s2	Meter pro Quadratsekunde (Einheit für die Beschleunigung)
M&S-Reifen	Matsch und Schnee-Reifen

N

NFI	Niederländisches Forensisches Institut
NFZ	Nutzfahrzeug
NHTSA	National Highway Traffic Safety Administration (US-amerikanische Straßensicherheitsbehörde)
Nm	Newtonmeter
Nr.	Nummer
NRW	Nordrhein-Westfalen
NTSB	National Transportation Safety Board (US-amerikanische Verkehrsbehörde)

O

o.Ä.	oder Ähnliche/s
OBD	Onboard-Diagnose
o.g.	oben genannte/r/s
OLG	Oberlandesgericht

Abkürzungsverzeichnis

OWi	Ordnungswidrigkeit/en
P	
PC	Personal Computer
Pkw	Personenkraftwagen
PSM	Porsche Stability Management
PTB	Physikalisch Technische Bundesanstalt
Q	
QM	Quality Management
R	
rd.	rund
RFID	radio-frequency identification
RWTÜV	Rheinisch-Westfälischer Technischer Überwachungsverein
S	
s/sec.	Sekunde
s.	siehe
S.	Seite
s.a.	siehe auch
SIHK	Südwestfälische Industrie- und Handelskammer zu Hagen
SiL	Software-in-the-loop
sog.	sogenannte/r/s
StGB	Strafgesetzbuch
StPO	Strafprozessordnung
StVO	Straßenverkehrsordnung
StVZO	Straßenverkehrs-Zulassungs-Ordnung
SUV	Sport Utility Vehicles
Suva	Schweizerische Unfallversicherungsanstalt
T	
t	Tonne
Tab.	Tabelle
TSN	Typschlüsselnummer
TÜV	Technischer Überwachungs-Verein
TV	Television

U

u.a.	unter anderem
u.Ä.	und Ähnliche/s
UDS	Unfalldatenspeicher
USA	United States of America
usw.	und so weiter
u.U.	unter Umständen

V

v.	vom
VDC	Vehicle Dynamic Control
VDI	Verein Deutscher Ingenieure
vgl.	vergleiche
VKU	Verkehrsunfall und Fahrzeugtechnik (Zs.)
VO	Verordnung
VRR	VerkehrsRechtsReport (Zs.)
VSA	Vehicle Stability Assist
VSC	Vehicle Stability Control
VVS-Schlüssel-nummer	Varianten/Versions-Schlüsselnummer
VW	Volkswagen

W

w	weiblich

Z

z.B.	zum Beispiel
Zs.	Zeitschrift
z.T.	zum Teil
ZVS	Zeitschrift für Verkehrssicherheit
zzgl.	zuzüglich
zzt.	zurzeit

Teil 1: Unfallanalyse – Methoden und Instrumente

§ 1 Der Verkehrsunfall

A. Unfallanalyse durch visuellen Vergleich mit Crashtests

An einem Rechtsstreit zu einem Verkehrsunfall sind Richter, Rechtsanwälte, Parteien und Versicherungen beteiligt. Die Beurteilung erfolgt somit auf juristischer und/oder versicherungstechnischer Ebene. Dabei ist ein Verkehrsunfall zunächst ein rein physikalisches Ereignis. Die folgenden Ausführungen sollen aufzeigen, wie mithilfe von Crashversuchen die kollisionsmechanischen Zusammenhänge veranschaulicht und für den technischen Laien transparent gemacht werden können.

I. Klassische Vorgehensweise

Die juristische Entscheidung über die straf- oder zivilrechtlichen Folgen eines Unfallgeschehens setzt oftmals ein Gutachten eines technischen Sachverständigen voraus. Ein solches Gutachten gliedert sich i.d.R. in mehrere Teilschritte. Zunächst wird die **eigentliche Kollision** betrachtet. Hierbei werden für die Rekonstruktion zentrale Parameter wie die Anstoßkonfiguration, die **Relativgeschwindigkeit**, die **Kollisionsgeschwindigkeiten** und ggf. die **kollisionsbedingten Geschwindigkeitsänderungen** der Fahrzeuge bestimmt. Anschließend werden die Bewegungen der Fahrzeuge vor und nach der Kollision betrachtet. Damit ergeben sich u.a. die Geschwindigkeiten der Fahrzeuge zum Zeitpunkt der Reaktion der Fahrzeugführer. Darauf aufbauend können dann Vermeidbarkeitsbetrachtungen durchgeführt werden, auf denen u.a. letztendlich die juristische Wertung fußt.

Die Analyse der eigentlichen Kollision bildet den **Ausgangspunkt** für alle nachfolgenden Überlegungen und nimmt damit eine fundamentale Rolle ein. Diese zentrale Kollisionsanalyse gewinnt zunehmend an Bedeutung, da immer mehr Fahrzeuge standardmäßig mit ABS ausgerüstet sind und somit altgediente Rekonstruktionsparameter wie Bremsspurlängen immer weniger nutzbar sind. Ziel des mit der Rekonstruktion befassten Sachverständigen ist es folglich, die oben genannten Parameter in **möglichst engen Grenzen** zu bestimmen. Dies geschieht im Regelfall auf Basis der Lichtbilder, welche die

Teil 1: Unfallanalyse – Methoden und Instrumente

Beschädigungen der Unfallfahrzeuge zeigen. Anhand dieses Materials lässt sich die Anstoßkonfiguration zum Zeitpunkt des Erstkontaktes rekonstruieren. Hierzu ist es hilfreich, wenn die Polizei eine Verkehrsunfallaufnahme durchgeführt hat und eine **Unfallskizze** vorliegt. Nach der Bestimmung der Anstoßkonfiguration bedient man sich im Regelfall der konventionellen Berechnungsverfahren sowie zunehmend auch rechnergestützter Simulationsprogramme.

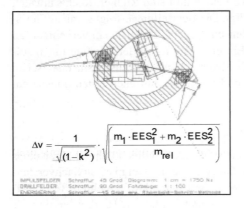

4   Allen diesen Verfahren ist gemein, dass sie mit mehr oder minder komplizierten Formeln und Darstellungen einhergehen. Damit sind sie – insbesondere für den technischen Laien – **wenig anschaulich und nachvollziehbar.** Weiterhin fehlen oftmals bei computergestützten Berechnungen aussagekräftige Datenblätter, die transparent machen, mit welchen Eingangsgrößen die Kollisionsanalyse durchgeführt wurde. Derartige Gutachten widersprechen § 11.6 der Richtlinien zur Sachverständigenordnung für öffentlich bestellte und vereidigte Sachverständige (IHK Nord Westfalen), wonach ein Gutachten „... in den Gedankengängen **für den Laien nachvollziehbar und für den Fachmann nachprüfbar** sein muss (Nachprüfbarkeit bedeutet, dass die das Gutachten tragenden Feststellungen und Schlussfolgerungen so dargestellt sind, dass sie von einem Fachmann ohne Schwierigkeiten als richtig oder als falsch erkannt werden können.)".

§ 1 Der Verkehrsunfall

Praxistipp:
Richtlinien zur Gutachtenerstattung öffentlich bestellter und vereidigter Sachverständiger finden sich unter *http://www.ihk-nordwestfalen.de/ sachverstaendige/bindata/Richtlinien_zur_ SV-Ordnung.pdf*.

Unabhängig vom Berechnungsverfahren können die hervorgebrachten Ergebnisse natürlich nur so gut wie die zuvor getätigten Eingaben sein. Doch genau darin besteht die Schwierigkeit. Ohne geeignetes **Referenzmaterial** können auch die ausgefeiltesten Computer-Simulationsprogramme nicht darüber hinwegtäuschen, dass eine erhebliche Unsicherheit im Hinblick auf die fundamentale Einschätzung des Unfallgeschehens auf Seiten der Unfallrekonstrukteure vorliegt.

Diese **Unsicherheit** manifestiert sich in dem Ergebnis einer Studie, die von Medizinern durchgeführt wurde (vgl. FALLENBERG und CASTRO: Aussagekraft der verkehrstechnischen Analyse bei der Ermittlung der kollisionsbedingten Geschwindigkeitsänderung bei Pkw-Pkw-Kollisionen, Verkehrsunfall und Fahrzeugtechnik, Dezember 2001). Bei dieser Studie sollten technische Sachverständige anhand von Beschädigungsbildern die kollisionsbedingte Geschwindigkeitsänderung (Dv) des gestoßenen Pkw bei verschiedenen Auffahrkollisionen rekonstruieren. Diese „Auffahrkollisionen" waren eigens zuvor gefahrene Crashtests, bei denen somit die genauen kollisionsmechanischen Parameter bekannt waren. Im Ergebnis ermittelten die Sachverständigen – unabhängig vom Geschwindigkeitsniveau – die kollisionsbedingte Geschwindigkeitsänderung des im Crash heckseitig angestoßenen Pkw in einer **extrem großen Bandbreite** um den realen Wert. Die Vermutung liegt nahe, dass dieses Ergebnis auf zum Zeitpunkt der Studie nicht vorhandenes Referenzmaterial zurückzuführen ist.

II. Visueller Vergleich

Solches Referenzmaterial stellen die Ergebnisse aus Crashtests dar. Derartige Versuche bieten die Möglichkeit des **visuellen Vergleichs** der Beschädigungsbilder aus dem realen Unfallgeschehen mit den Beschädigungsbildern aus dem Versuch. Dieser extrem schnell und einfach durchzuführende **optische Vergleich der Verformungsintensitäten** ist auch problemlos von technischen Laien zu tätigen. Damit lässt sich ein Unfallgeschehen unter Hinzuziehung von Crashversuchen für alle Beteiligten nachvollziehbar und anschaulich beurteilen. Man kann dann durch den Vergleich mit Crashversuchen anhand der dabei aufgenommenen Messwerte direkt auf die Geschwindigkeiten respektive Geschwindigkeitsänderungen des eigentlichen Unfallgeschehens schließen oder man setzt auf dieser Basis die Rekonstruktion mithilfe der herkömmlichen Verfahren fort.

Die Ergebnisse aus Kollisionsversuchen sind somit für alle an der Rekonstruktion beteiligten Fakultäten ein **entscheidendes Arbeitsmittel**. Crashtests ermöglichen dem Sachverständigen eine nachvollziehbare und fundierte Rekonstruktion des Unfallgeschehens. Sie bieten dem engagierten Juristen ein Mittel, sich im Vorfeld eines Rechtsstreits ein objektives Bild der Unfallsituation zu machen. Dadurch kann er die **Erfolgsaussichten** für den Rechtsstreit allgemein kritisch **prüfen** oder z.B. abwägen, ob möglicherweise einzuholende Sachverständigengutachten seine Argumentation stützen. Der Versicherer erhält durch den Vergleich mit Crashtests sehr schnell **Rechtssicherheit**, sodass auf Basis dieser fachgerechten Unfallbeurteilung eine fallspezifische und damit **effiziente Schadenregulierung** erfolgen kann. Der visuelle Vergleich mit Crashversuchen ist problemlos durch die an dem Verfahren beteiligten Parteien möglich, sodass die Vergleichsversuche eine **fachübergreifende, nachvollziehbare Veranschaulichung** des Unfallgeschehens darstellen.

III. Beweiskraft von Crashtests

7 Die Ergebnisse aus Crashversuchen sind nicht nur anschaulich, sondern auch **juristisch anerkanntermaßen überzeugend**. Aufgrund der **Reproduzierbarkeit** der Beschädigungen kann auch aus juristischer Sicht der Schluss gezogen werden, dass, wenn ein Pkw infolge eines Versuchs ein bestimmtes Deformationsbild aufweist, diese Verformungen auch bei dem vergleichbar beaufschlagtem Pkw aus dem realen Unfallgeschehen auftreten. Damit kann aus dem Verformungsbild und der Geschwindigkeit des Versuchsfahrzeugs auf die Geschwindigkeit des Unfallfahrzeugs geschlossen werden. Dieser Vergleich mit **objektiv gemessenen Größen** übertrifft bei weitem die als weniger zuverlässig einzustufenden Aussagen von Zeugen. Der Crashversuch ist ein Hilfsmittel zur Gewinnung von Anknüpfungstatsachen, aus denen auf das reale Unfallgeschehen geschlossen werden kann. Ein Parteivortrag mit Unterstützung von Crashversuchen wird **besonders qualifiziert** und zwingt den Richter, sich damit im Urteil auseinander zu setzten. Auch kann bereits eingeholten Gutachten substantiiert widersprochen werden. Der Richter kann

dann von dem Gutachten nach dem Grundsatz der **freien Beweiswürdigung** abweichen und seine Überzeugung auf die Crashtestergebnisse stützen oder aber ein weiteres Gutachten einholen (vgl. LEMCKE, Beweiskraft von Crashtests im Rahmen des Parteivortrags des Versicherers, Vortrag gehalten auf 2. Münsteraner K-Schadenleiter-Symposium 3.12.2004).

> **Praxistipp:**
>
> Ein Parteivortrag mit Unterstützung von Crashversuchen wird besonders qualifiziert und zwingt den Richter, sich damit im Urteil auseinander zu setzten.

IV. crashtest-service.com/CTS

Aufgrund ihrer überzeugenden Aussagekraft führt das Ingenieurbüro SCHIMMELPFENNIG + BECKE in Münster seit vielen Jahren Crashversuche für die Rekonstruktion von Verkehrsunfällen durch. Diese Versuche sind seit rd. drei Jahren für jedermann über die Internetdatenbank *www.crashtest-service.com* abrufbar. Dieses weltweit einmalige und speziell auf die Bedürfnisse der Unfallanalyse zugeschnittene Webportal umfasst zurzeit knapp 3.000 Versuche. Darunter die Tests von Schimmelpfennig + Becke, Accident Reconstruction Conference Group (AREC), Accident Reconstruction Network (ARC), EurotaxGlass's/Allianz Zentrum für Technik (AZT), Stiftung Warentest etc. Da hiermit anschauliches Referenzmaterial zur Verfügung steht, leistet diese Datenbank einen wichtigen Betrag zur Steigerung der Qualität in der Unfallrekonstruktion.

V. Beispiele

Abschließend soll anhand von Beispielen veranschaulicht werden, wie Unfälle mithilfe von Crashtests nachvollziehbar und fundiert beurteilt werden können.

1. Beispiel AH-Schaden

Insbesondere im Bereich des Allgemeinen Haftpflichtschadens (AH-Schaden) sind aus wirtschaftlichen Gründen nur selten umfangreiche Berechnungen und Untersuchungen zu einem Unfallgeschehen möglich. Die meisten Fälle erfordern eine **schnelle Regulierung**. Dennoch sind gerechtfertigte Ansprüche von nicht nachvollziehbaren Unfallschilderungen abzugrenzen.

Ein in der Praxis oftmals vorkommender Fall ist der Vortrag eines Anspruchstellers, ein Bekannter habe das auf dem Haupt- oder Seitenständer abgestellte Motorrad des AS versehentlich umgestoßen. Die **Haftpflichtversicherung** des Schädigers soll für den Schaden aufkommen. Derartige Beschädigungen – insbesondere an hochwertigen Motorrädern – gehen mit hohen Schadenssummen einher, da kostspielige Bauteile wie Verkleidungen etc. beschädigt werden.

Der mit der Regulierung befasste Sachbearbeiter muss nun **einschätzen**, ob die vorgetragenen Schäden **tatsächlich** durch ein Umstoßen des Krads hervorgerufen worden sein können. Dabei sind diese Beschädigungen von Schäden, die infolge eines Sturzes des fahrenden Motorrades auftraten, zu unterscheiden. Prinzipiell kommt es bei reinen „Umstürz"-Schäden im Wesentlichen **zu vertikal verlaufenden Schrammspuren** (sichtbar am wieder aufgerichteten Krad). Dagegen entstehen beim Sturz eines bewegten Krads tendenziell **horizontal verlaufende Spuren** aufgrund der Eigengeschwindigkeit des Krads. Diese Unterschiede lassen sich sehr gut durch die unten gezeigten Versuche veranschaulichen.

Versuch A: Krad wird aus dem Stand umgeworfen

§ 1 Der Verkehrsunfall

Versuch B: Krad wird mit ca. 10 km/h geschoben und umgestoßen

2. Beispiel Heckauffahrkollision

Im Bereich der Kfz-Haftpflicht nehmen **Heckauffahrkollisionen** wegen ihrer hohen Anzahl und der u.U. auftretenden Schmerzensgeldansprüche einen wichtigen Platz ein. Daher soll nachfolgend ein Beispiel zu diesem Unfalltyp betrachtet werden, bei dem ein Pkw auf das Heck eines Opel Omega stieß. Wie es oftmals in der Praxis der Fall ist, existieren für dieses Unfallgeschehen lediglich Bilder des gestoßenen Pkw. Gefragt sein könnte hier nach der **Relativgeschwindigkeit** zum Kollisionszeitpunkt und der **kollisionsbedingten Geschwindigkeitsänderung** des heckseitig angestoßenen Pkw im Hinblick auf eine mögliche Verletzung der Insassen. Um einen derartigen Fall mit der gebotenen Genauigkeit einschätzen zu können, bedarf es unbedingt des Vergleichs mit Crashversuchen.

Fall: Auffahrendes Fahrzeug (Pkw) – Gestoßenes Fahrzeug

Teil 1: Unfallanalyse – Methoden und Instrumente

Crashtest: Auffahrendes Fahrzeug – Gestoßenes Fahrzeug

Bei dem zu diesem Unfallgeschehen passenden Versuch fuhr ein Opel Ascona auf einen Opel Omega mit einer Geschwindigkeit von **22,8 km/h** auf. Die aus dem Anstoß resultierenden Beschädigungen an den beteiligten Fahrzeugen sind den obigen Bildern zu entnehmen. Vergleicht man das Beschädigungsbild des im realen Fall angestoßenen Opel Omega mit dem im Crash heckseitig beschädigten Pkw, so kann man bei zunächst grober Betrachtung die Schadenintensitäten **sehr gut miteinander vergleichen**. Bei differenzierterer Betrachtung fällt auf, dass der Opel Omega im Fall geringfügig stärker beschädigt wurde. Der **visuelle Vergleich** ergibt somit, dass die Beschädigungsbilder vergleichbar sind bzw. im Fall das Fahrzeug etwas stärker beschädigt wurde. Daraus lässt sich ableiten, dass die Relativgeschwindigkeit und auch die kollisionsbedingte Geschwindigkeitsänderung des heckseitig angestoßenen Pkw im Fall etwa auf dem Niveau des Crashtests bzw. etwas darüber gelegen haben müssen. Aufgrund der kollisionsbedingten Geschwindigkeitsänderung des heckseitig angestoßenen Pkw im Crash von **11,4 km/h** kann somit die kollisionsbedingte Geschwindigkeitsänderung des Opel Omega im Fall bei etwa 11 km/h bzw. geringfügig darüber eingestuft werden. Damit erhält man über den sehr einfachen, visuellen Vergleich eine **fundamentale Aussage** im Hinblick auf das Belastungsniveau im heckseitig angestoßenen Fahrzeug.

12 Weiterhin ergibt sich aus diesem Crashversuch eine Aussage über das Beschädigungsbild des auffahrenden Pkw. Wird möglicherweise in einer verbalen Beschreibung bzgl. der **Beschädigungen des auffahrenden Pkw** im Fall vorgetragen, dass lediglich der Frontstoßfänger durch den Anstoß leicht beschädigt wurde, so kann mit dem Crashtest eindeutig gezeigt werden, dass

§ 1 Der Verkehrsunfall

ein solches Beschädigungsbild nicht zu dem Beschädigungsbild des heckseitig angestoßenen Pkw kompatibel ist. Damit muss entweder das auffahrende Fahrzeug im Fall deutlich stärker als nur leicht am Frontstoßfänger beschädigt worden sein oder die Beschädigungen des gestoßenen Fahrzeugs sind nicht erklärbar.

Vergleicht man die Verformungstiefen der beiden Fahrzeuge im Crash, so folgt hieraus prinzipiell, dass der auffahrende Pkw einen als stärker einzustufenden Beschädigungsumfang aufweist als das heckseitig angestoßene Fahrzeug. Damit zeigt dieser Versuch weiter, dass unterschiedlich stark erscheinende Beschädigungsbilder durchaus **miteinander kompatibel** sein können. Im hier vorliegenden Fall liegt dies darin begründet, dass aufgrund des gebremsten Zustandes des auffahrenden Fahrzeuges dieses den Stoßfänger des angestoßenen Omegas **unterfuhr** und somit der Heckstoßfänger des Omega in den Bereich oberhalb des Frontstoßfängers des Opel Ascona stieß, welcher deutlich **strukturweicher** ist und damit stärker beschädigt wurde. 13

Abschließend kann mit einem solchen Crashversuch allgemein das **Relativgeschwindigkeitsniveau** aufgezeigt werden. Sollte behauptet werden, dass ein deutlich höheres Relativgeschwindigkeitsniveau vorlag, so kann ein Crashversuch mit der vorgetragenen, höheren Geschwindigkeit herangezogen werden und mit dem realen Unfallgeschehen verglichen werden. Wird bspw. vorgetragen, dass das auffahrende Fahrzeug mit einer Geschwindigkeit von 80 km/h auf das stehende, heckseitig angestoßene Fahrzeug auffuhr, so kann ggf. ein Test mit 80 km/h die Absurdität einer derartigen Behauptung **eindrucksvoll unter Beweis stellen**. 14

Crashtest: Heckauffahrkollision mit rd. 80 km/h

Teil 1: Unfallanalyse – Methoden und Instrumente

Wie das oben aufgeführte Beispiel zeigt, sind durch den sehr einfach durchzuführenden visuellen Vergleich von Beschädigungsbildern **fundamentale und entscheidende Aussagen** zum Unfallgeschehen möglich. Ohne tiefergehende Berechnungen kann der Unfall im Kern eingeschätzt werden. Somit bietet der visuelle Vergleich mit Crashversuchen ein einfaches und zugleich **überzeugendes Mittel**, ein Unfallgeschehen nachvollziehbar und fundiert einzuschätzen. Aufbauend auf den hierdurch erlangten Erkenntnissen können dann weiterführende Überlegungen oder Berechnungen durchgeführt werden.

3. Beispiel Kreuzungs-/Abbiegeunfall

Neben den Heckauffahrkollisionen sind Kreuzungs- oder Abbiegeunfälle von besonderer Bedeutung, da es hierbei – insbesondere bei hohen Geschwindigkeiten – zu **schweren Verletzungen** der Insassen kommt. In dem hier aufgeführten Beispielsfall bog ein schwerer BMW links ab. Der entgegenkommende VW Golf hatte Vorrang. Es kam im Bereich der Fahrbahn des Golfs zur Kollision. Die resultierenden Beschädigungen sind den gezeigten Fotos zu entnehmen.

Da das Unfallgeschehen **innerhalb einer geschlossenen Ortschaft** stattfand, stellt sich die Frage bei diesem sonst klaren Fall, wie hoch die Kollisionsgeschwindigkeit des vorrangberechtigten VW Golf war.

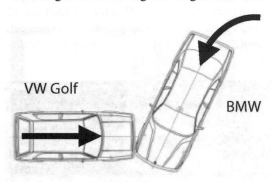

Beispielsfall: VW Golf – BMW

§ 1 Der Verkehrsunfall

Beispielsfall: VW Golf – BMW

Crashtest: Renault 5 – Audi

Um das beschriebene Unfallgeschehen einschätzen zu können, wird ein Crashversuch herangezogen, bei dem ein Renault 5 mit einem Audi kollidierte. Die Kollisionsgeschwindigkeit des Renaults lag bei **86,5 km/h**. Auf dem hier vorliegenden hohen Geschwindigkeitsniveau sind für die **Vergleichbarkeit zwischen Fall und Versuch** die ähnliche Anstoßkonfiguration – also die Winkelstellung und die Überdeckung der Fahrzeuge zu Kollisionsbeginn – sowie das Massenverhältnis (Kleinwagen gegen schwere Limousine) entscheidend. Dass es sich beim Fall und beim Crash um unterschiedliche Fahrzeugtypen handelt ist dagegen von untergeordneter Bedeutung. Damit ist der gezeigte Crashversuch geeignet, das reale Unfallgeschehen zu beschreiben.

Teil 1: Unfallanalyse – Methoden und Instrumente

> **Praxistipp:**
> Das wesentliche Kriterium für die Vergleichbarkeit von Fall und Crash ist – insbesondere bei hohen Geschwindigkeiten – das Massenverhältnis.

16 Analog zu dem Beispiel der Heckauffahrkollision können nun die Beschädigungen der Fahrzeuge aus dem Fall und dem Versuch miteinander verglichen werden. Es zeigt sich, dass die Fahrzeuge im Fall stärker als die Versuchs-Pkw beschädigt sind. Demzufolge muss die **Kollisionsgeschwindigkeit** des VW Golf im Fall etwa bei 90 km/h oder höher gelegen haben.

Aufbauend auf dieser fundamentalen Kollisionsanalyse lassen sich wiederum weitergehende Überlegungen anstellen, wie z.b. eine **Weg-Zeit-Betrachtung** unter Berücksichtigung einer möglicherweise vorliegenden **Bremsspur** des VW etc. Im Kern jedoch untermauert der gezeigte Versuch eindrucksvoll die deutlich überhöhte Geschwindigkeit des VW Golf gegenüber den innerstädtisch erlaubten 50 km/h.

Die Auseinandersetzung um die in diesem Fall hohen materiellen und sicherlich auch immateriellen Schäden kann mithilfe des Crashversuches auf einem soliden Fundament ausgetragen werden, sodass alle Verfahrensbeteiligten die **abschließende juristische Beurteilung** des Falls nachvollziehen können.

VI. Fazit

17 Die vorstehenden Ausführungen zeigen, dass für eine fundierte Unfallanalyse die Hinzuziehung von **Crashversuchen zwingend notwendig** ist. Dabei ist es mittlerweile **Stand der Technik**, allgemein zugängliche Versuchsdaten – wie sie z.B. unter *www.crashtest-service.com* angeboten werden – zu nutzen und dem Gutachten beizufügen.

Die Ergebnisse aus Crashversuchen sind auch für „Nicht-Techniker" **nachvollziehbar** und sind im Allgemeinen **anschaulich und überzeugend**, sodass langwierige Diskussionen um Gutachtenergebnisse entfallen. Die Gutachten, die Crashversuche beinhalten, sind damit nachvollziehbar und standfest, wodurch das Bestreben der Parteien verringert wird, den Instanzenzug voll auszuschöpfen.

Sollten zu dem zu untersuchenden Unfallgeschehen keine vergleichbaren Versuchsergebnisse vorliegen, so bietet ein **individuell auf den Fall zugeschnit-**

tener und eigens durchgeführter Versuch die beste Möglichkeit, um sich endgültige Klarheit über den Unfallhergang zu verschaffen.

B. Unzutreffende EES-Schätzungen und ihre Auswirkungen auf das Rekonstruktionsergebnis – Die Bedeutung von EES-Versuchen[1]

Bei der Rekonstruktion eines Verkehrsunfalls besteht für den Unfallanalytiker häufig die Notwendigkeit, aus den Schäden an den Fahrzeugen die Relativgeschwindigkeit zu bestimmen. Die korrekte Eingrenzung der Deformationsenergie über EES-Werte erhält insbesondere dann entscheidende Bedeutung, wenn eine Dokumentation der Situation in der Unfallörtlichkeit nicht stattgefunden hat und dementsprechend keine Spuren, die der Rekonstruktion dienlich sein könnten, gesichert worden sind.

18

Dies ist in Deutschland häufig dann der Fall, wenn aufgrund der klaren Rechtslage vor Ort keine Polizei zum Unfallgeschehen hinzugezogen worden ist, im Anschluss an die Schadenregulierung jedoch Schmerzensgeldforderungen gestellt werden. In diesem Fall hängt die Bestimmung der auf den Insassen eingewirkten Belastungshöhe, die meist maßgeblich für die Entscheidung über eine Schmerzensgeldzuweisung ist, unmittelbar von der korrekten Einschätzung der Beschädigungsschwere ab. Hierbei ist es notwendig, die getroffenen Einschätzungen durch visuellen Vergleich mit Crashversuchen zu verifizieren, um Fehleinschätzungen vorzubeugen. Dies hat die Auswertung einer Untersuchung zur Genauigkeit von EES-Schätzungen ergeben.

I. Die Untersuchung

Der Beschädigungsumfang bzw. die aufgenommene Deformationsenergie an einem verunfallten Straßenfahrzeug wird üblicherweise durch die sog. energieäquivalente Geschwindigkeit (EES – energy equivalent speed) beschrieben.

19

Heutzutage existieren weltweit mehrere via Internet verfügbare Crashtestdatenbanken, die über eine Vielzahl von Wandanprallversuchen verfügen.

Anhand der bereits existierenden Wandanprall-Versuche kann bei guter Übereinstimmung ein Vergleich zum Beschädigungsbild eines verunfallten Fahr-

---

1 Vortrag gehalten bei der EVU-Tagung Krakau 2007.

zeugs hergestellt werden und so eine präzise Eingrenzung der Deformationsenergie durch die EES-Werte getroffen werden.

20　In der Praxis geschieht es jedoch häufig, dass der technische Sachverständige ohne diesen visuellen Vergleich eine Abschätzung der EES-Werte trifft, was bei ausreichender Erfahrung auch durchaus zu guten Ergebnissen führen kann. Hierzu ist jedoch u.a. auch ein substanziiertes Wissen um Verformungssteifigkeit und Nachgiebigkeit von Stoßfängerstrukturen, Längsträgern und Karosserien verschiedenster Fahrzeugmodelle unabdingbar, mit der Folge, dass auch bei gewissenhafter Vorgehensweise grobe Fehleinschätzungen möglich sind und folglich das Rekonstruktionsergebnis falsch werden kann.

21　Um die Qualität von sachverständigen Einschätzungen von EES-Werten zu überprüfen, wurde im Rahmen der AREC-Tagung v. 14. – 16.6.2007 in Wildhaus (CH) von den dort anwesenden Sachverständigen eine Eingrenzung der Beschädigungshöhe an zwei VW Golf erbeten, die auf dem Versuchsgelände der Firma crashtest-service.com aufeinander gefahren worden waren. 56 von den anwesenden 89 Teilnehmern füllten die ausgehändigten Fragebögen anonym aus. Bild 1 zeigt einen der ausgefüllten Fragebögen, auf dem zu jedem der Fahrzeuge zwei Lichtbilder von den Beschädigungen dargestellt waren. Sie wurden gebeten, unter freier Auswahl des Toleranzbereichs eine Eingrenzung des EES-Werts vorzunehmen.

22　Für einen zweiten Crashversuch (Motorrad gegen stehendes Auto) wurden ebenfalls Schätzungen abgegeben. Die Auswertung des zweiten Versuchs ist jedoch nicht Gegenstand dieses Beitrags.

§ 1 Der Verkehrsunfall

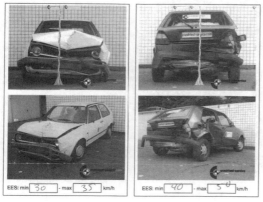

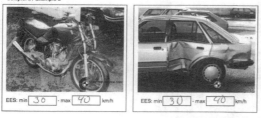

Bild 1

Der zu betrachtende Versuch wurde so durchgeführt, dass ein VW Golf mit einer Geschwindigkeit von 45,7 km/h mit der Fahrzeugfront unter einem Überdeckungsgrad von 50 % gegen das Heck eines stehenden VW Golf gefahren wurde. Die Stoßdauer lag bei 0,136 s, der k-Faktor wurde zu 0,18 bestimmt. Die Versuchsanordnung ist den Bildern 2 und 3 zu entnehmen.

Teil 1: Unfallanalyse – Methoden und Instrumente

Bild 2

Bild 3

II. Die Auswertung der Abschätzungen

24 Eine Übersicht über die getroffenen Abschätzungen der Sachverständigen ist den Bildern 4 und 5 zu entnehmen. Es zeigt sich eine überraschend hohe Bandbreite der Ergebnisse. Diese liegt im Falle des Frontschadens am stoßenden Fahrzeug zwischen 10 und 43 km/h, für den Heckschaden am gestoßenen Fahrzeug zwischen 15 und 50 km/h.

Berücksichtigt man nun, dass einige Angaben im Rahmen eines hohen Toleranzbandes gemacht wurden, so ergibt sich eine Darstellung gemäß der Bilder 6 und 7. Hierbei wurde berücksichtigt, wie oft tatsächlich eine bestimmte – auf ganze Zahlen gerundete – Geschwindigkeitsangabe (innerhalb der angegebenen Toleranzbereiche) gemacht wurde. Auch diese Darstellung zeigt unmittelbar die hohe Bandbreite an EES-Werten, es lässt sich jedoch immerhin ein Peak-Bereich zwischen 15 und 30 km/h für den Frontschaden, bzw. zwischen 20 und 35 km/h für den Heckschaden ausmachen.

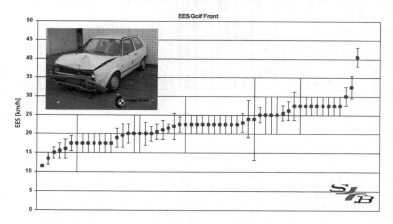

Bild 4

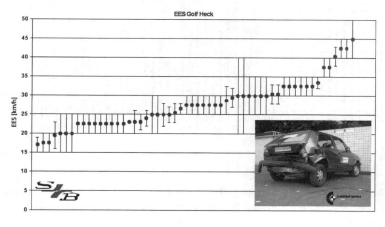

Bild 5

Teil 1: Unfallanalyse – Methoden und Instrumente

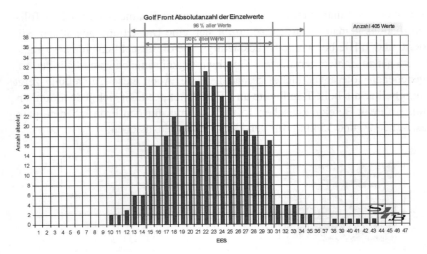

Bild 6

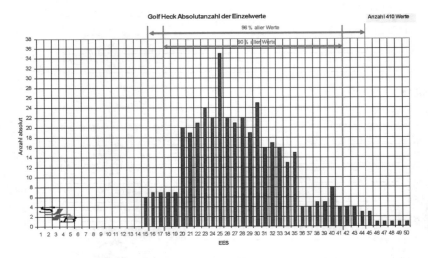

Bild 7

26 Bekanntermaßen kann aus den getroffenen EES-Abschätzungen unter Einbeziehung der Fahrzeugmassen und des Stoßfaktors die Relativgeschwindigkeit der Fahrzeuge zum Kollisionszeitpunkt berechnet werden.

§ 1 Der Verkehrsunfall

Da die Fahrzeugmassen und der Stoßfaktor für den durchgeführten Crashversuch bekannt sind, können nun für jedes Wertepaar, das von jedem der Sachverständigen abgegeben wurde, die resultierenden Relativgeschwindigkeiten ermittelt werden. Diese Darstellung, die die Berechnung ohne eine zusätzliche Variation des Stoßfaktors darstellt, um unerwünschte Einflüsse zu vermeiden, ist dem Bild 8 zu entnehmen.

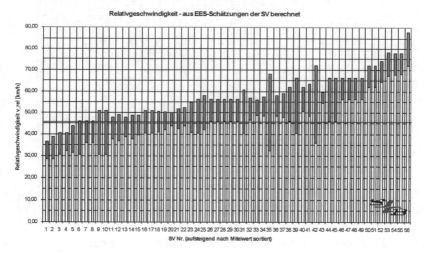

Bild 8

Wie bereits anhand der EES-Einschätzungen zu erwarten war, ist auch bei der Relativgeschwindigkeit die Bandbreite der Ergebnisse sehr groß. An der Untergrenze lässt sich aus den Angaben eines Sachverständigen eine Relativgeschwindigkeit von nur etwa 29 km/h berechnen, während ein anderer Sachverständiger an der Obergrenze eine Relativgeschwindigkeit von 88 km/h errechnen würde. Der reale Wert lag, wie bereits geschrieben, bei 45,7 km/h. Diesen Wert hätten 24 von 56 (42,9 %) Sachverständigen innerhalb ihrer EES-Schätzungen auch mit erfasst. Weitere acht Sachverständige verfehlten das korrekte Ergebnis mit einer Abweichung von unter 1 km/h nur sehr knapp, dennoch muss festgestellt werden, dass nicht einmal die Hälfte aller Schätzungen selbst unter Einbeziehung von Toleranzfeldern zu einem richtigen Ergebnis bei der Relativgeschwindigkeit führte.

Dieser Fehler bleibt bei der Berechnung der resultierenden kollisionsbedingten Geschwindigkeitsänderung (Δv) des von hinten angestoßenen VW Golf konstant bestehen, wie dem Bild 9 entnommen werden kann.

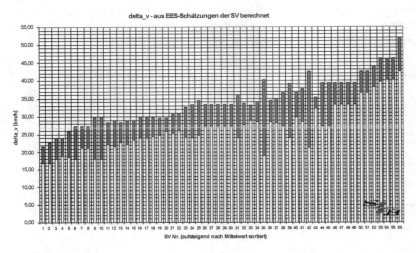

Bild 9

III. Abschätzung unter Zuhilfenahme von EES-Versuchen

28 Das Resultat dieser fehlerhaften Einschätzungen wären falsche Ergebnisse in den Gutachten, was für den Sachverständigen wie auch für die Prozessparteien einen sehr unbefriedigenden Zustand darstellt.

29 Ein Zugriff auf passende Vergleichsversuche, die in den bekannten Crashtest-Datenbanken gefunden werden können, schafft eine unkomplizierte Abhilfe des Problems, mit dem zusätzlichen Vorteil, dass den Prozessparteien zusätzlich eine Untermauerung des Gutachtenergebnisses durch visuelle Vergleichsmöglichkeit gegeben wird.

Für den vorliegenden Crashversuch wurde in der Datenbank von crashtestservice.com nach passenden Wandanprallversuchen gesucht, die eine Eingrenzung der EES für die Schäden an den Fahrzeugen ermöglichen.

30 Für den Heckschaden am gestoßenen VW Golf wurde ein Wandanprallversuch gefunden, der eine EES von 25,2 km/h aufweist, s. Bild 10. Aufgrund der

guten Übereinstimmung zum Beschädigungsbild am gestoßenen VW Golf im Crashversuch kann ein enges Toleranzfeld um 25,2 km/h festgelegt werden, an der Untergrenze 25 km/h und an der Obergrenze 28 km/h.

Für den Frontschaden am stoßenden VW Golf wurde analog vorgegangen. Hier ist ein Versuch vorhanden, der eine EES von 23,6 km/h aufweist, s. Bild 11. Das Schadensbild in diesem Versuch ist geringfügig, jedoch erkennbar höher als am stoßenden VW Golf (vgl. Bild 3). Es wird daher ein Toleranzbereich zwischen 17 und 20 km/h festgelegt.

31

Bild 10

Bild 11

Teil 1: Unfallanalyse – Methoden und Instrumente

32 Verfährt man nun mithilfe der aus Wandanprall-Versuchen festgelegten EES-Werten analog zu den vorangestellten Berechnungen, so erhält man für die Relativgeschwindigkeit der Fahrzeuge im Crashversuch eine Bandbreite zwischen 44,2 und 48,3 km/h. Der **reale Wert** von 45,7 km/h ist somit im Ergebnis **eingeschlossen**.

33 Betrachtet man nun noch einmal die Diagramme der Bilder 6 und 7, so ist zu erkennen, dass immerhin 36 der 56 (64,3 %) Sachverständigen innerhalb ihrer Toleranzangaben für den Frontschaden eine EES von 20 km/h einschätzten und für den Heckschaden 35 von 56 (62,5 %) Sachverständigen eine EES von 25 km/h angaben, was in der Kombination der beiden Werte zu einem sehr guten Ergebnis geführt hätte. Es wird deutlich, dass es in der Praxis nicht ausreicht, die EES des einen Fahrzeugs korrekt abzuschätzen, sondern erst die korrekte Eingrenzung der EES-Werte beider Fahrzeuge in Kombination zum richtigen Ergebnis führt.

IV. Schlussfolgerung

34 Eine Abschätzung von EES-Werten unter Zuhilfenahme von EES-Versuchen aus Crashtest-Datenbanken liefert eine hohe Genauigkeit bei der Berechnung der Relativgeschwindigkeit der Fahrzeuge zum Kollisionszeitpunkt. Die Auswertung von Abschätzungen unabhängig voneinander befragter Sachverständiger ohne visuellen Vergleich mit Crashversuchen ergab eine extrem hohe Bandbreite an EES-Werten, die zu einem hohen Anteil von falschen Ergebnissen bei der Berechnung der Relativgeschwindigkeit und der kollisionsbedingten Geschwindigkeitsänderung geführt hätten.

Es ist daher festzustellen, dass die Beiziehung von Crashversuchen nicht nur dem technischen Laien eine bessere Nachvollziehbarkeit des Gutachten-Ergebnisses bietet, sondern bereits bei der Erstellung des Gutachtens für den Sachverständigen ein unverzichtbares Werkzeug zur Abschätzung von EES-Werten darstellt.

C. Bestimmung des Kollisionsortes bei Verkehrsunfällen

I. Einführung

35 Der Kollisionsort kennzeichnet den Punkt in der **Unfallörtlichkeit**, an dem es zum Kraftaustausch zwischen den Unfallbeteiligten kam. Er ist einer der

§ 1 Der Verkehrsunfall

wichtigsten Ausgangspunkte bei der Analyse eines Verkehrsunfalls. Unter Berücksichtigung der Lage des Kollisionsortes lassen sich, bei bekannten Endstellungen, bspw. die Kollisionsgeschwindigkeiten der Unfallfahrzeuge bestimmen. Stehen bei einem Gegenverkehrsunfall Spuren auf der Fahrbahn zur Verfügung, ist häufig eindeutig zu klären, welcher Fahrzeugführer mit seinem Fahrzeug auf die Fahrspur des Unfallgegners geriet. Bei Fußgängerunfällen kann auf die Pkw-Kollisionsgeschwindigkeit zurückgeschlossen werden, wenn der Abstand zwischen dem Kollisionsort und der Fußgängerendlage bekannt ist. Zudem basiert die Untersuchung der Unfallentwicklung und der Vermeidbarkeitsmöglichkeiten, worin eine Hauptaufgabe der Unfallrekonstruktion besteht, bei der Erstellung eines Weg-Zeit-Diagramms auf der Verknüpfung der Bewegungslinien der Unfallbeteiligten im Kollisionsort. Diese Beispiele verdeutlichen bereits, welchen Stellenwert die Bestimmung des Kollisionsortes bei der Analyse von Verkehrsunfällen hat.

II. Eingrenzung des Kollisionsortes anhand von Spuren

Kollisionsereignisse lassen sich grundsätzlich in **drei unterschiedliche Phasen** aufteilen: Einlauf (Pre-Crash-Phase), Kollision (Crash-Phase) und Auslauf (Post-Crash-Phase). In jeder dieser Phasen können von den Unfallbeteiligten Spuren am Unfallort hinterlassen werden, mit deren Hilfe sich die Lage des Kollisionsortes festlegen oder zumindest eingrenzen lässt. Es ist zu unterscheiden, ob es sich hierbei um Reifenspuren, Spuren von anderen Fahrzeugteilen oder um Spuren von den Unfallbeteiligten selbst handelt. 36

III. Reifenspuren

Im Vordergrund der Abb. 1 ist die Brems-/Blockierspur eines VW Golf Cabrios zu sehen. Anhand des Spurenverlaufs können die Bewegung und die Fahrposition dieses Fahrzeuges in der Einlaufphase eindeutig bestimmt werden. Außerdem ist aufgrund des in der Detaildarstellung der Abb. 2 deutlich erkennbaren Spurenknicks auch der Kollisionsort bekannt. 37

Teil 1: Unfallanalyse – Methoden und Instrumente

Abb. 1: Brems-/Blockierspur

Abb. 2: Spurenknick

Zu dem Zeitpunkt als sich die spurzeichnenden Vorderräder des VW Golf auf der Höhe dieser Spurunregelmäßigkeit befanden, erfolgte der Kraftaustausch zwischen den Kollisionsgegnern. Es wirkte eine erhebliche Kraft auf den vollgebremsten Pkw ein, durch die dieser aus seiner ursprünglichen Fahrtrichtung heraus abgelenkt und nach rechts abgewiesen wurde.

Eine weitere **Unregelmäßigkeit** im Verlauf einer Brems-/Blockierspur, aus der die Position des spurzeichnenden Fahrzeugs zum Anstoßzeitpunkt eindeutig abzulesen ist, ist in der Abb. 3 dargestellt. Hierbei handelt es sich um eine Umkehrspur.

Abb. 3: Umkehrspur

Bei diesem Verkehrsunfall kollidierte ein vergleichsweise leichter Pkw mit einem Sattelzug. Aufgrund des erheblichen Massenunterschieds wurde die Bewegungsrichtung des Pkw annähernd umgekehrt und das Fahrzeug fast entgegengesetzt zu seiner Einlaufrichtung zurückgestoßen.

Auch bei **Fußgängerunfällen** können Spurunregelmäßigkeiten – wenn auch in erheblich geringerem Ausmaß – vorkommen. Die Abb. 4 zeigt beispielhaft eine Verdickung in einer Blockierspur, die bei einem Kollisionsversuch mit einem Fußgängerdummy auftrat.

Teil 1: Unfallanalyse – Methoden und Instrumente

Abb. 4: Verdickung in einer Blockierspur

In diesem **Crashtest** wurde der Versuchsdummy von einem vollverzögerten Fahrzeug angefahren und auf die Motorhaube aufgeladen. Hierdurch kam es kurzfristig zu einer Radlasterhöhung an der Vorderachse des Pkw, wodurch die Anomalie in der Spurzeichnung entstand. Diese Spurverdickung kennzeichnet allerdings nicht direkt den Kollisionsort, da der Aufladevorgang des Fußgängers auf die Motorhaube in Abhängigkeit von der Geschwindigkeit etwa 0,05 – 0,15 s benötigt. Ausgehend von einer Kollisionsgeschwindigkeit des Pkw von ca. 50 km/h ist daher davon auszugehen, dass der Kollisionsort etwa 0,7 – 2,1 m vor der Spurverdickung positioniert war.

Aufgrund der zunehmenden Anzahl der mit automatischen **Blockierverhinderern** (ABV) ausgestatteten Fahrzeuge werden solche Bilder von Spurunregelmäßigkeiten, Spurenknicken oder auch Spurverdickungen bedauerlicherweise (aus Sicht der Unfallrekonstruktion) aber zunehmend seltener vorzufinden sein.

In der Abb. 5 ist der Übergang einer Bremsspur in die Walkspur eines drucklosen Reifens zu erkennen.

§ 1 Der Verkehrsunfall

Abb. 5: Spurunregelmäßigkeit und Walkspur

Bei der hier vorliegenden Kollisionssituation wurde die Felge des linken Vorderrads eines Renault Clio während des Anpralls gegen einen schleudernden

Mercedes-Benz deformiert und der Reifen entlüftet. Aufgrund des Spurenbilds war die Lage des Kollisionsortes eindeutig festzulegen, die einwirkenden Kollisionskräfte schlugen sich in der deutlich erkennbaren Spurunregelmäßigkeit und der sich daran anschließenden Walkspur des entlüfteten Rades nieder. Radierspuren des Reifens eines in Querrichtung angestoßenen Pkw oder auch Fahrrades (Abb. 6 und 7) lassen ebenfalls Rückschlüsse auf die Position des spurzeichnenden Rades des angestoßenen Unfallfahrzeugs zum Kollisionszeitpunkt zu.

Abb. 6: Radierspur Pkw-Reifen (http://www.unfallaufnahme.info)

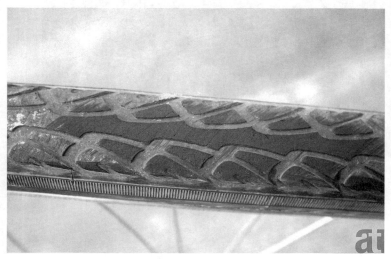

Abb. 7: Radierspur Fahrrad-Reifen

Unter Berücksichtigung der aus den Beschädigungen entwickelten Anstoßkonfiguration kann dann letztlich die Position der Fahrzeuge auf der Fahrbahn zum Kollisionszeitpunkt erarbeitet werden.

IV. Spuren von Fahrzeugteilen

41 Bei **schweren Fahrzeugkollisionen** mit einem erheblichen Kraftaustausch kommt es gelegentlich dazu, dass einer der Kollisionspartner so stark einfedert bzw. herunter gedrückt wird, dass einzelne Fahrzeugteile auf den Asphalt aufschlagen und dort punktuelle oder auch riefenförmige Beschädigungen, sog. Schlagmarken (Abb. 8 und 9), verursachen.

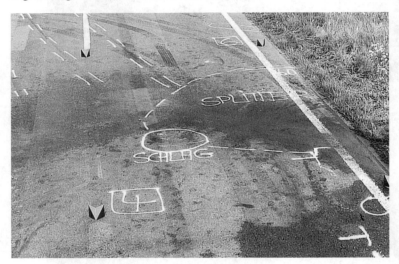

Abb. 8: Schlagmarke

§ 1 Der Verkehrsunfall

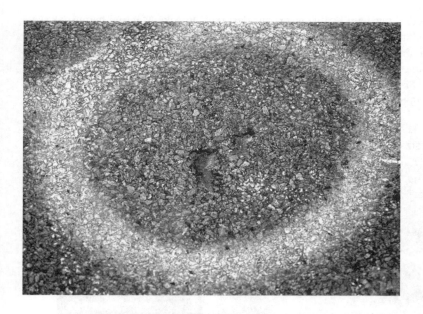

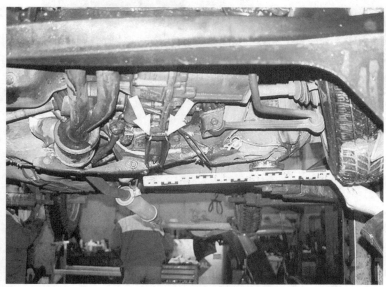

Abb. 9: Schlagmarke und verursachendes Fahrzeugteil (Getriebehalter)

Teil 1: Unfallanalyse – Methoden und Instrumente

Hierbei wird am Kollisionsort aus der Asphaltdecke Material herausgekratzt, wodurch Spuren entstehen können, die noch lange Zeit nach dem Unfall erkennbar bleiben. Gelingt es nun im Zuge der Unfallanalyse das die Schlagmarke verursachende Fahrzeugteil eindeutig zu identifizieren, so lässt sich die Position der Unfallfahrzeuge zum Zeitpunkt des größten Kraftaustausches festlegen.

42   Verkehrsunfälle unter Beteiligung eines Zweirades lassen häufig Schleif-/ Kratzspuren (Abb. 10) zurück.

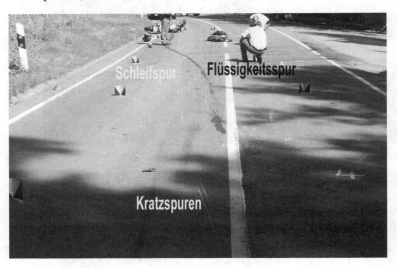

§ 1 Der Verkehrsunfall

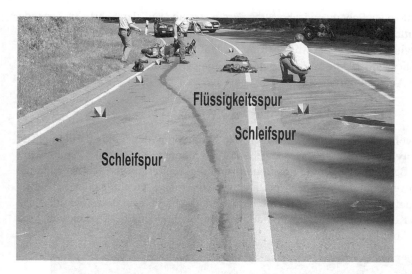

Abb. 10: Kratz- und Schleifspuren eines auf der Seite rutschenden Motorrades

Diese erlauben zwar i.d.R. keinen direkten Rückschluss auf die Kollisionsortlage, liefern aber wichtige Anhaltspunkte zur Aus- oder/und Einlaufrichtung des Zweirades, abhängig davon, ob es bereits vor oder erst nach dem Anstoß zum Sturz des Zweirades auf die Fahrbahn und einen Rutschvorgang kam. Schleif-/Kratzspuren können sowohl von der Verkleidung des Motorrades als auch von herausstehenden Fahrzeugteilen wie z.B. den Fußrasten oder den Lenkergriffen verursacht werden. Sie unterscheiden sich letztlich nur durch ihre Intensität bzw. die Tiefe der Spuren voneinander.

Eine Sonderform in der Gruppe der von Fahrzeugteilen verursachten Spuren nehmen solche von **ausgetretenen Flüssigkeiten** (s.a. Abb. 10), **Splitter** von Fahrzeugteilen sowie **abgelöste Schmutzablagerungen** ein. Es handelt sich um flüchtige oder leicht veränderbare Spuren, die einerseits im direkten Bereich des Kollisionsortes aber auch erst in der Auslaufphase oder in der Endstellung des verursachenden Fahrzeuges entstehen können. Sofern sie zeitnah zu ihrer Entstehung fotografisch oder/und zeichnerisch in einer Skizze festgehalten wurden, liefern sie häufig einen direkten Hinweis auf die Lage des Kollisionsortes in der Örtlichkeit oder zumindest zur Auslaufrichtung oder Endstellung des verursachenden Unfallfahrzeugs. Da ausgetretenes

Teil 1: Unfallanalyse – Methoden und Instrumente

Kühl- oder Scheibenwischwasser verdunstet und auf der Fahrbahn liegende Splitter oder Schmutzspuren in ihrer Lage im Rahmen der Rettung der Fahrzeuginsassen oder der Absicherung der Unfallstelle verändert werden können, ist hier jedoch eine zügige Spurensicherung am Unfallort erforderlich, damit ihre Aussagekraft erhalten bleibt.

V. Spuren von Unfallbeteiligten

44 Sowohl bei Fußgänger- als auch bei Zweiradunfällen können **biologische Spuren** (z.B. Blut, Haare, Gewebeteile, abgetrennte Körperteile), Spuren von der Bekleidung oder die Positionen von mitgeführten Gegenständen wichtige Hinweise auf den Kollisionsort, aber auch die Auslaufrichtung oder die Endlage liefern. Ein Beispiel für eine Bekleidungsspur, anhand derer sich die Lage des Kollisionsortes bei einem Fußgängerunfall eindeutig bestimmen ließ, lässt die Abb. 11 erkennen.

§ 1 Der Verkehrsunfall

Abb. 11: Schuhabrieb auf der Fahrbahn bei einem Fußgängerunfall

Teil 1: Unfallanalyse – Methoden und Instrumente

In diesem Beispielfall wurde der rechte Schuh des Fußgängers im Zuge der Kollision so stark auf den Asphalt gedrückt, dass die Schuhsohle deutlich erkennbaren Abrieb auf dem Asphalt hinterließ. Hierdurch war die Kollisionsortlage eindeutig festzulegen.

45 Rutscht ein angestoßener Fußgänger oder Zweiradfahrer über eine gewisse Strecke über den Asphalt, so kann dort später Abrieb von der Bekleidung oder vom Körpergewebe der Person erkennbar sein. Entsprechende Spuren können auch an der Aufprallstelle auf der Fahrbahn nach der Flugphase entstehen. Mit Hilfe solcher Spuren lässt sich ggf. die Auslaufbewegung und -richtung bestimmen sowie die Kollisionsortlage eingrenzen.

VI. Eingrenzung des Kollisionsortes ohne Spuren

46 Stehen bei einem Verkehrsunfall keine Spuren zur Bestimmung des Kollisionsortes zur Verfügung, so lässt sich dieser **zumindest eingrenzen**, wenn man für die Unfallbeteiligten übliche und nachvollziehbare Fahrlinien annimmt. Die über die Fahrzeugbeschädigungen erarbeitete Anstoßkonfiguration kann dann unter Berücksichtigung dieser Fahrlinien in eine Darstellung der Unfallörtlichkeit eingebunden werden. Es ergibt sich ein Bereich, in dem sich die Kollision mit großer Wahrscheinlichkeit ereignete. Je enger die örtlichen Schranken gesetzt werden können, desto genauer lässt sich die Kollisionsortlage festlegen. Örtliche Schranken sind hierbei Ortsangaben, die bspw. von baulichen Gegebenheiten (Fahrbahnen, Wege, Bordsteinkanten, Mauern usw.) aber auch bspw. Durchlässen zwischen geparkten Fahrzeugen abhängen. Diese Eingrenzung über die örtlichen Gegebenheiten beinhaltet insbesondere bei **Fußgängerunfällen** und bei Kollisionen mit **Fahrradfahrern Schwierigkeiten**, da diese Verkehrsteilnehmer, im Gegensatz zu den allermeisten zweispurigen Fahrzeugen, nicht unbedingt an den Straßenverlauf und die zur Verfügung stehenden Fahrspuren gebunden sind. So ist bspw. nicht zwangsläufig davon auszugehen, dass ein Fußgänger einen im Unfallstellenbereich zur Verfügung stehenden Fußgängerüberweg (Zebrastreifen) auch zum Unfallzeitpunkt zum Überqueren der Straße benutzte.

47 Zur Klärung der Schuldfrage – und damit u.U. mit erheblichen juristischen Folgen verbunden – ist es bei **Kollisionen** im **Gegenverkehr** oft ausschlaggebend, dass die Lage des Kollisionsortes in Querrichtung der Fahrbahn eingegrenzt wird. Hier spielen ggf. bereits wenige Dezimeter eine entscheidende

Rolle, wenn es darum geht, welcher Fahrzeugführer seine Fahrbahnhälfte in Richtung der Gegenfahrspur verließ und den Verkehrsunfall verursachte. Impulsbetrachtungen können in diesen Fällen wichtige Hinweise zum Kollisionsort liefern. Kollidierten bspw. zwei massegleiche Fahrzeuge bei parallelen Einlaufrichtungen miteinander, so befand sich der Kollisionsort in Fahrbahnquerrichtung in der geometrischen Mitte zwischen den Endlagen der Fahrzeuge. Diese Eingrenzung kann aber nur erfolgen, wenn einerseits die Auslaufstrecken nicht zu lang und andererseits die Bewegungen der Fahrzeuge in der Auslaufphase bekannt sind, da ansonsten kaum eine sichere Aussage über die Auslaufrichtungen und die Verzögerungen im Auslauf getroffen werden kann.

Häufig wird bei Gegenverkehrsunfällen ohne Spuren versucht, die Lage des Kollisionsortes bei bekannten Fahrzeugbeschädigungen und Endlagen im Rahmen einer Vorwärtsrechnung mithilfe eines Simulationsprogramms (z.B. PC-Crash) zu ermitteln. Bei dieser Vorgehensweise variiert man die Eingabedaten und die Kollisionsortlage in den verschiedenen Simulationsvorgängen so lange, bis die Endlagen der Fahrzeuge bei der Simulationsrechnung möglichst genau erreicht werden. Dennoch bleibt, auch bei guter Reproduktion der Endsituation, die Kollisionsortlage innerhalb gewisser Grenzen, die vom Einzelfall abhängen, toleranzbehaftet. 48

Während eine Verschiebung des Kollisionsortes um einige Dezimeter bei vielen Unfallanalysen keine Probleme beinhaltet, kann dies aber gerade bei Gegenverkehrsunfällen zu **juristischen Fehlbeurteilungen** führen, wenn im Unfallrekonstruktionsgutachten nicht alle möglichen Kollisionssituationen betrachtet wurden bzw. nicht deutlich genug darauf hingewiesen wurde, dass der Kollisionsort nicht eindeutig festzulegen war. 49

D. Die Leitplankenkollisionen

Bereits seit den **60er Jahren** werden umfangreiche Versuche mit Leitplanken und anderen Schutzeinrichtungen durchgeführt. Diese dienen jedoch lediglich als Nachweis über die Funktion der Schutzsysteme, wie sie in europäischen Normen bzw. in Zukunft durch Leistungsklassen festgelegt sind. Die Versuche werden i.d.R. mit Anprallwinkeln zwischen 15 und 20° mit Pkw und Nutzfahrzeugen durchgeführt; eine derartige Versuchsanordnung stellt für die Leitplanke eine extreme Belastung dar, ist jedoch im realen Unfallgeschehen äußerst selten anzutreffen. 50

Teil 1: Unfallanalyse – Methoden und Instrumente

51 Im Rahmen einer normalen Ausweichbewegung, die ein Abkommen von der asphaltierten Fahrbahn nach sich zieht, sind i.d.R. nur **Anstoßwinkel** von 5 – 10° zu **beobachten**.

Zur Untersuchung derartiger Leitplankenkollisionen wurde eine Reihe von Versuchen durchgeführt. Diese sollten einerseits dazu dienen, die bei einer derartigen Kollision zu erwartenden Spuren im Hinblick auf die Aufklärung manipulierter Unfallgeschehen zu dokumentieren. Darüber hinaus sollten die kollisionsmechanischen Parameter mit Blick auf die auftretende Insassenbelastung untersucht werden.

52 Bzgl. der entstehenden Schäden und Schadenausprägungen ist zunächst zu berücksichtigen, dass **zwei differierende Leitplankentypen** Verwendung finden. Dabei hinterlässt das gerundete Profil A (Abb. 1) deutlich andere Kontaktspuren als das kantige Profil B (Abb. 2).

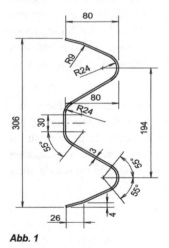
Abb. 1

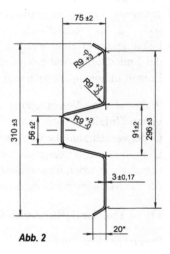
Abb. 2

53 Des Weiteren ist zu beachten, dass es verschiedene Anbringungsarten von Leitplanken gibt. Werden die Leitplankensegmente direkt an die Stützpfosten montiert, so steht die Leitplanke senkrecht zur Fahrbahnoberfläche (Abb. 3).

Bei der Montage an Distanzstücken entsteht, bedingt durch die Formgebung der Distanzstücke, eine Neigung der Leitplanke von etwa 7° zur Fahrbahn (Abb. 4).

§ 1 Der Verkehrsunfall

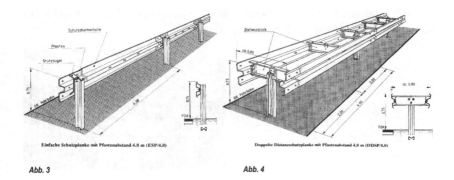

Abb. 3   Abb. 4

Entsprechend der Formgebung und Anbringungsart unterscheiden sich die an Fahrzeugen zurückgelassenen Spuren und Schäden deutlich. Beispielhaft zeigt Abb. 5 den Kontakt mit einer vertikal montierten Leitplanke des Profils A. Der Anstoß unter einem Kollisionswinkel unterhalb von 5° hinterlässt an der Pkw-Flanke eine Spurausprägung, bei der die untere Auswölbung der Leitplanke deutlich stärkere und intensivere Spuren hinterlassen hat als die obere Auswölbung. In der Mitte zwischen dem oberen und unteren Spurast ist am Fahrzeug, bedingt durch die Profilierung, ein spurzeichnungsfreier Abstand von 18 – 20 cm gegeben (Abb. 6).

Abb. 5 und 6

Ein Kontakt unter ähnlichem Kollisionswinkel mit einer kantigen Leitplanke des Profils B, montiert an einem Distanzstück (Abb. 7), zeigt eine deutlich abweichende Schadenausprägung. Hier ist der obere Spurast der Spurzeichnung an der Pkw-Flanke wesentlich stärker ausgeprägt, da der obere Teil der Leitplanke zum Pkw geneigt ist. Zwischen unterem und oberem Spurast liegt, entsprechend der Formgebung dieses Leitplankenprofils, eine nur ca. 8 cm breite spurzeichnungsfreie Zone (Abb. 8)

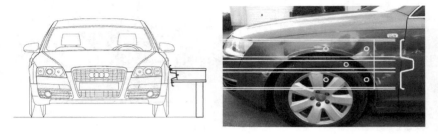

Abb. 7 und 8

55 Bei den hier vorgestellten Fällen lässt die horizontal verlaufende Spurzeichnung an der Fahrzeugflanke erkennen, dass der Pkw zum Zeitpunkt der Leitplankenkollision nicht abgebremst wurde (Abb. 9).

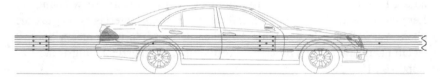

Abb. 9

56 Im Falle einer Abbremsung würde aufgrund des zwangsweise eintretenden Bremsnickens ein zum Heck hin abfallender Spurverlauf resultieren (Abb. 10).

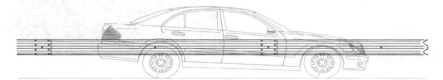

Abb. 10

Praxistipp:

Die Kontaktspuren einer Leitplankenkollision ermöglichen in der Analyse sichere Rückschlüsse auf Formgebung, Montageform und Anbrin-

§ 1 Der Verkehrsunfall

> gungshöhe der schadenverursachenden Leitplanke sowie den Bremszustand des Fahrzeugs.

Die Auswertung der Messwerte zeigt, dass eine streifende Leitplankenkollision mit 0,3 – 0,4 s zeitlich deutlich länger andauert, als bspw. eine Pkw-Pkw-Kollision (ca. 0,1 s). Darüber hinaus konnte festgestellt werden, dass sich bei den untersuchten Anstoßwinkeln von max. 10° in Längsrichtung der Fahrzeuge die reibungsbedingt auftretende Verzögerung mit weniger als 3 m/s² auf dem Niveau einer normalen Betriebsbremsung bewegt. Quer zur Längsachse des kollidierenden Pkw ist die auftretende Belastung im Wesentlichen von Kollisionswinkel und Geschwindigkeitsniveau abhängig.

Dabei kann aufgrund der (gegenüber Pkw-Pkw-Kollisionen) langen Kollisionsdauer selbst bei augenscheinlich nicht gravierenden Schäden eine erhebliche Geschwindigkeitsänderung in Querrichtung auftreten, die zu ausgeprägten Relativbewegungen der Insassen innerhalb der Fahrgastzelle führt.

So ist bspw. bei einem Pkw, der bei einer Geschwindigkeit von 130 km/h unter einem Winkel von 10° gegen eine Leitplanke prallt, in Querrichtung eine Geschwindigkeitsänderung von rd. 36 km/h zu erwarten. Bei der Kollision wird nicht nur die Querkomponente der Geschwindigkeit abgebaut, durch die hohe Elastizität der Leitplanke wird der Pkw auf die Fahrbahn abgewiesen. Für einen der Leitplanke zugewandt sitzenden Insassen wäre ein Anprall mit Kopf und Schulter gegen die Tür bzw. den oberen Dachholm zu erwarten. Die mittlere Beschleunigung liegt in diesem Beispiel jedoch mit ca. 2,8 g auf einem vergleichsweise moderaten Niveau.

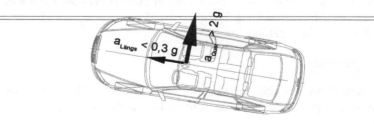

Abb. 11

Teil 1: Unfallanalyse – Methoden und Instrumente

> **Praxistipp:**
> Trotz geringfügig erscheinender Schäden können für die Insassen bei Leitplankenkollisionen hohe, seitlich einwirkende Geschwindigkeitsänderungen auftreten.

E. Signalposition und typische Abwehrhandlungen

58 In der Praxis eines Sachverständigen findet sich nur in der Ausnahme ein Unfall, bei dem sich keine vorangegangenen Abwehrhandlungen erkennen lassen. Der Beginn der Abwehrhandlung ist dabei meistens nicht eindeutig durch Spuren markiert. So werden wegen der weiten Verbreitung von Antiblockiersystemen bspw. immer weniger Bremsspuren auf der Fahrbahn hinterlassen. Der Reaktionspunkt und die Annäherungsgeschwindigkeit lassen sich so nicht ohne weiteres bestimmen. Der Unfallhergang kann aber trotzdem rekonstruiert werden, indem durch Weg-Zeit-Betrachtungen ein Bezug zwischen den Handlungen der Beteiligten hergestellt wird. Die erste Verknüpfung besteht i.d.R. durch den Zusammenstoß. Ausgehend von der Kollision können dann im Weg-Zeit-Diagramm die Annäherungsvorgänge analysiert werden. Die hierfür erforderliche zweite Verknüpfung zwischen den Handlungen der Beteiligten folgt daraus, dass eine Abwehrmaßnahme erst in Reaktion auf eine Gefahrensituation eingeleitet wird. Der Unfallgegner muss sich bei der Reaktion in einer sog. Signalposition befunden haben.

Je nach Art und Intensität der wahrgenommenen Gefahr lassen sich unterschiedliche Abwehrhandlungen beobachten und direkt für die Analyse des Unfallhergangs verwenden. Ähnlich wie mit einer Bremsspur kann z.B. der Beginn der Abwehrhandlung bestimmt werden, wenn ein deutlicher Ausweichvorgang durchgeführt wurde.

I. Einleitung

59 Die Darstellung des Unfallhergangs in einem Weg-Zeit-Diagramm soll anhand des Beispiels eines Kreuzungsunfalls kurz erläutert werden (Abb. 1).

§ 1 Der Verkehrsunfall

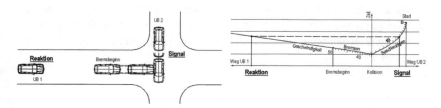

Abb. 1: Weg-Zeit-Diagramm, Rekonstruktion mit Bremsspur

Den Koordinatenursprung bildet die Kollision. Der Ort und die Geschwindigkeiten sind bereits bestimmt. Sie lassen sich aus den Schäden, Endlagen, örtlichen Gegebenheiten und ähnlichen Anknüpfungspunkten erarbeiten.

Die Kollision bildet die erste Verknüpfung zwischen den Handlungen der Beteiligten. Im Beispiel hatte das bevorrechtigte Fahrzeug des UB 1 vor der Kollision gebremst. Die Bremsstrecke wird durch eine Blockierspur markiert. Der Bremsbeginn ist eindeutig. Die Annäherungsgeschwindigkeit kann unter Berücksichtigung einer Bremsverzögerung eingegrenzt werden. Mit einer Verzugsdauer folgt der Reaktionspunkt. Der Fahrvorgang des UB 1 ist somit vollständig beschrieben.

Mit dem Reaktionspunkt ist eine weitere Verbindung zwischen den Handlungen der Beteiligten gegeben. Als die Reaktion durch den UB 1 erfolgte, musste der UB 2 für ihn eine eindeutige Gefahr gebildet haben. Der UB 2 musste sich in einer sog. Signalposition befunden haben. **Reaktion und Signalposition bilden eine untrennbare Einheit.** Im Beispiel kann somit die Abwehrhandlung auf ihre Plausibilität überprüft werden. Hieraus ergeben sich Anhaltspunkte für die Annäherung des UB 2.

Sind keine Spuren vor der Kollision vorhanden, gestaltet sich die Eingrenzung des Reaktionspunktes komplexer. Die hierfür erforderlichen Grundsätze sollen im Weiteren kurz beschrieben werden.

II. Allgemeine Gefahrenerkennung

1. Freie Sicht aufeinander

Eine Gefahrensituation entsteht grds. dann, wenn sich die Bewegungsbahnen der Beteiligten kreuzen können. Hierauf lässt sich aus der reinen Bewegung und/oder dem Verhalten des Objekts schließen. So ergibt sich bei Annäherung an eine Kreuzung bzw. Einmündung aufgrund der örtlichen Gegebenheiten sowie der Bewegungsrichtung eines Objektes die Möglichkeit eines Konfliktes (Abb. 2).

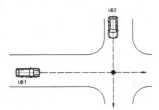

Abb. 2: *Konflikt aus Bewegungsrichtungen*

Die Überquerungsabsicht eines Fußgängers oder Radfahrers, der sich parallel zum Straßenverlauf auf dem Fuß- oder Radweg bewegt, lässt sich auch anhand häufigen Umdrehens oder der Suche eines Blickkontaktes erkennen. Ein zuvor stehender Radfahrer kann auch die Füße vom Boden auf die Pedale setzen.

Durch das Einschalten eines Blinkers kann ebenfalls eine Änderung der Bewegungsrichtung angezeigt werden.

62 Eine mögliche Konfliktsituation entsteht, wenn ein Fahrzeug abgebremst wird. Dem nachfolgenden Verkehr wird dies zunächst durch die Bremslichter angezeigt. Auf die Intensität der Abbremsung lässt sich aber erst durch das Maß der Abstandsverkürzung schließen.

63 Eine Besonderheit besteht, wenn sich Gegenverkehr in einer Kurve begegnet. Trotz freier Sicht ist die genaue Position in Querrichtung nur schwer zu bestimmen.

64 Durch diese Situationen ergeben sich noch nicht zwingend erhöhte Gefahrenpotenziale. Sie verstärken aber die Auffälligkeit des Objektes. In der Folge wird sich die Aufmerksamkeit eines vorausschauenden Verkehrsteilnehmers erhöhen. Anhand der Abstände zum Konfliktpunkt und den eingehaltenen Geschwindigkeiten wird zunächst abgeschätzt, ob beide Beteiligte gleichzeitig an diesem Ort eintreffen werden. Dabei kann auf der Basis der geltenden Verkehrsregeln bis zu einem gewissen Punkt darauf vertraut werden, dass

der andere seine Bewegung unterbricht (Vorfahrt gewährt) oder die Überquerungsabsicht zurückstellt. In dieser Erkennungsphase kann bereits eine Abwehrbereitschaft hergestellt werden (Gaswegnahme und/oder leichtes Bremsen).

Im Rahmen der technischen Analyse kann die Phase der Gefahrenverdichtung nachträglich nur in Ausnahmefällen rekonstruiert werden.

2. Verdeckte Sicht

Besteht aufgrund der Sichtverhältnisse keine längere Beobachtungsmöglichkeit aufeinander, erfolgt eine Sensibilisierung bereits durch die Örtlichkeit. Bei verdeckter Sicht kann die Handlungsweise des Anderen nur in einer kurzen Zeitspanne beurteilt werden. Das Objekt erreicht die Signalposition bereits bei Sichtbarwerden. Aus dieser Situation heraus werden die Abwehrhandlungen deutlich spontaner ausfallen. Als Beispiel können hier eine Kreuzung gleichrangiger Straßen mit Sicht behinderndem Bewuchs oder Bebauung oder ein bei Dunkelheit im Scheinwerferlicht auf der Fahrbahn auftauchendes Hindernis genannt werden.

III. Rekonstruktion mit Signalposition

Hierbei wird aus dem Annäherungsvorgang des UB 2 auf die Reaktion des UB 1 geschlossen. Das Erreichen der Signalposition lässt sich aus den örtlichen Gegebenheiten, beabsichtigten Fahrvorgängen, Diagrammscheibenauswertungen, Zeugenaussagen oder ähnlichen Anknüpfungspunkten erarbeiten.

Ein Objekt erreicht die eigentliche Signalposition erst, wenn absehbar ist, dass eine eindeutige Fehlhandlung vorliegt und die Handlungsweise nicht mehr geändert werden kann, oder wenn die Situation zuvor weniger kritisch bewertet wurde (tatsächlich höhere Verzögerung des Vorausfahrenden).

Fehlen weitere Anknüpfungspunkte für die Rekonstruktion des Unfallhergangs, kann sich die Signalposition entscheidend auf die Beurteilung des gesamten Unfallhergangs auswirken. Die Festlegung der Signalposition muss deshalb entsprechend sensibel gehandhabt werden. Je weiter die Signalposition vom Kollisionsort entfernt ist, desto mehr Abwehrzeit steht zur Verfügung. Durch die Abwehrzeit wird die Annäherungsgeschwindigkeit entscheidend mitbestimmt. Die Signalposition ist immer als Funktion von Weg, Zeit und Geschwindigkeit zu sehen. Ihre Bestimmung nur anhand einer Wegstrecke oder Zeitspanne vorzunehmen – wie dies von Sachverständigen in der Praxis getan wird – ist problematisch. Dabei werden nämlich nicht die Besonderheiten der Unfallbeteiligten berücksichtigt. So ergeben sich z.b. deutliche Unterschiede bei der zum Signalzeitpunkt erreichten Geschwindigkeiten, wenn bspw. ein Lkw mit einem Motorrad verglichen wird. Diese beiden Fahrzeugkategorien verfügen über ein sehr unterschiedliches Beschleunigungsvermögen. So ist für einen voll beladenen Lkw eine Anfahrbeschleunigung von 0,5 m/s² realistisch, während von einem Motorrad auch Anfahrbeschleunigungen von 5 m/s² oder mehr erreicht werden können. Während ein Motorrad innerhalb einer Sekunde damit 2,5 m bewältigt, legt ein Lkw in der gleichen Zeit nur 25 cm zurück. Das Motorrad fährt nach einer Sekunde bereits 18 km/h schnell, die Geschwindigkeit des Lkw beträgt dann 6 km/h. Hieraus ergeben sich für einen Beobachter deutliche Unterschiede hinsichtlich der Auffälligkeit der Bewegungen beider Objekte. Hinzu kommt, dass der Lkw umgehend wieder zum Stillstand gebracht werden kann. Bevor das Motorrad wieder steht, befindet es sich mitunter bereits an der Konfliktstelle, wodurch ein Zusammenstoß nicht mehr vermieden wird.

68 Völlig unsinnig ist es, den Startzeitpunkt des Unfallgegners als Reaktionsaufforderung zu werten! Der Start markiert den Beginn der Bewegung, ohne dass sie als solche schon zu erkennen ist. Dennoch finden sich solche Überlegungen auch in Sachverständigengutachten.

69 Die Signalposition muss auch im Zusammenhang mit der Annäherungsrichtung des Objektes auf die Konfliktposition unter Berücksichtigung der örtlichen Gegebenheiten gesetzt werden. So kann das Einfahren in den Kreuzungsbereich nicht allgemein als Reaktionsaufforderung gewertet werden. Denn während bei Annäherung des UB 2 in Abb. 3 a) unmittelbar nach dem Einfahren sich die Bewegungsbahn mit der des UB 1 kreuzt, hat der sich von links nähernde UB 2 in Abb. 3 b) eine längere Wegstrecke zu bewältigen. Der UB 2 könnte noch innerhalb des Kreuzungsbereiches den bevorstehenden Konflikt durch Anhalten vermeiden.

§ 1 Der Verkehrsunfall

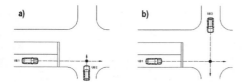

Abb. 3: Einfahren des Unfallgegners (UB 2) in den Kreuzungsbereich

In ähnlicher Weise stellt sich die Situation mit einem Fußgänger dar. Wird als Reaktionsaufforderung das Betreten der Fahrbahn durch den Fußgänger gewertet, so verbleiben dem Pkw-Fahrer für eine Abwehrhandlung abhängig von der Annäherungsrichtung des Fußgängers unterschiedliche Zeitspannen. Nähert sich der Fußgänger von links an, könnte er nach dem Überqueren der ersten Fahrspur seine Bewegung an der Mittellinie unterbrechen.

Bei niedrigen Geschwindigkeiten oder einer Annäherung aus dem Stand ist es sinnvoll, das direkte Eindringen in den Bewegungsraum als eindeutige Reaktionsaufforderung zu werten. Als Beispiel kann hier das Einfahren eines kreuzenden Fahrzeugs in den vom bevorrechtigten Fahrzeug benutzten Fahrstreifen angeführt werden. Eine eindeutige Gefahrensituation liegt somit vor, wenn die Fahrbahnbegrenzung erreicht wurde und der Unfallgegner aufgrund seiner Geschwindigkeit nicht sofort anhalten kann.

Anders stellt sich die Situation bei höheren Annäherungsgeschwindigkeiten dar. Hier ergibt sich eine Gefahrensituation bereits, wenn absehbar wird, dass der Unfallgegner nicht mehr anhalten kann. Diese Position wird bei einer solchen Konstellation bereits vor dem Eindringen in die eigene Fahrspur erreicht. Die Geschwindigkeitskomponente kommt bei der Bestimmung der Signalposition voll zum Tragen.

Teil 1: Unfallanalyse – Methoden und Instrumente

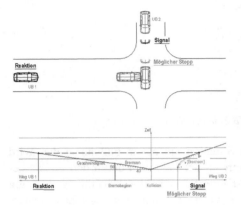

Abb. 4: Signalposition bei höherer Annäherungsgeschwindigkeit des UB 2

Im Weg-Zeit-Diagramm kann hierfür eine alternative Fahrlinie eingezeichnet werden. Sie ergibt sich aus der eingegrenzten Annäherungsgeschwindigkeit und einer zum rechtzeitigen Anhalten normalen Abbremsung (Abb. 4).

IV. Rekonstruktion mit Abwehrhandlungen

73 Bei fehlenden Spuren ist es auch möglich, anhand der erkennbaren Abwehrhandlung auf den Unfallhergang zu schließen.

Bspw. kann vor einer Kreuzungskollision ein deutlicher Ausweichvorgang stattgefunden haben. Ausweichbewegungen lassen sich anhand der Abweichungen von den ursprünglichen Bewegungsrichtungen erkennen. Hierfür können die Endpositionen und Spuren in der Kollisionsphase Anhaltspunkte liefern.

74 Der Ausweichbeginn kann mit der Geschwindigkeit und der zum Erreichen der Winkelstellung eingehaltenen Bewegungsbahn eingegrenzt werden. Der Reaktionspunkt wird ohne Berücksichtigung des Unfallgegners bestimmt. Dessen Handlungsweise kann dann mit der Signalposition zugeordnet werden.

75 In der Praxis können bei Ausweichvorgängen zwei grds. Handlungsweisen unterschieden werden. In den meisten Fällen wird „von der Gefahr weg" ge-

lenkt. Dies bedeutet, dass bei der Abwehr in Richtung der beabsichtigten Bewegung des Unfallkontrahenten gelenkt wird.

Diese Handlungsweise erfolgt, wenn der Unfallkontrahent plötzlich auftaucht, oder dessen Geschwindigkeit gering ist. In diesem Fall wird versucht, vor dem Objekt entlang zu fahren, um den Zusammenstoß zu vermeiden. Dies kann erfolgreich sein, wenn der Unfallgegner im letzten Moment noch anhält und damit genug Platz für einen Passiervorgang verbleibt.

Besteht die Möglichkeit, die Annäherung des Unfallkontrahenten längere Zeit zu beobachten und dessen beabsichtigte Fahrt bei der eigenen Abwehr zu berücksichtigen, kommt es auch zu Ausweichbewegungen, bei denen versucht wird, hinter dem Objekt entlang zu fahren. Bei dieser Konstellation kann es zu ungewöhnlichen Kollisionsorten kommen, wenn der Unfallgegner die Gefahr ebenfalls noch erkennt und seine Fahrt wieder unterbricht.

Taucht ein Hindernis plötzlich auf, kann die Reaktion direkt auf das Sichtbarwerden abgestellt werden. Befährt bspw. ein Fahrzeug mit Abblendlicht eine dunkle Landstraße, auf der sich innerhalb der benutzten Fahrspur ein unbeleuchtetes Hindernis befindet, liegt sofort eine eindeutige Gefahrensituation vor, wenn das Objekt vom Scheinwerferlicht angestrahlt wird. Der Reaktionspunkt lässt sich bei dieser Konstellation aus der Sichtweite bestimmen.

V. Fazit

Das Fehlen von Spuren, die den Beginn einer Abwehrhandlung eindeutig erkennen lassen, macht die Rekonstruktion eines Unfallgeschehens keinesfalls unmöglich.

Durch Weg-Zeit-Betrachtungen kann unter Berücksichtigung aller zur Verfügung stehenden Anknüpfungspunkten ein Bezug zwischen den Handlungsweisen der Beteiligten hergestellt werden. Auf der Grundlage der Signalposition können Rückschlüsse auf die Annäherungsgeschwindigkeiten und die mögliche rechtzeitige Reaktion gezogen werden. Unfallhergänge und Vermeidbarkeitsmöglichkeiten können so in gewohnter Weise analysiert werden.

Die Festlegung der Signalposition ist dabei vom Einzelfall abhängig. Sie lässt sich nicht generell durch eine feste Zeitspanne bzw. Wegstrecke vorgeben.

Generell liegt eine eindeutige Gefahr erst dann vor, wenn sich die Bewegungsbahnen der Beteiligten kreuzen und abzusehen ist, dass sie gleichzeitig am Konfliktpunkt eintreffen und die Handlungsweisen nicht mehr unfallvermeidend geändert werden können.

F. Selbstschutz ist kein Partnerschutz

Das Ungleichgewicht von Kraft und Weg

78 Geht es bei der Pkw-Konstruktion um Sicherheit, steht neben aktiven Systemen wie ABS, ESP oder sonstigen Fahrerassistenzsystemen in erster Linie die passive Sicherheit im Vordergrund. Sie ist es, die die Fahrzeuginsassen vor Verletzungen schützen soll, wenn der aktive Part nicht mehr zur Wirkung kommt. Der Selbstschutz wird dabei groß geschrieben und soll sich ausdrücken durch geringe Insassenbelastung bei verschiedenen Unfallkonstellationen, unabhängig von der Schwere der Kollision und dem Kollisionspartner. Maßgeblich ist dabei aber auch die Kompatibilität zwischen den kollidierenden Fahrzeugen. Denn sie ist ein Gradmesser für den Selbstschutz, ohne den Partnerschutz außer Acht zu lassen und allzu aggressiv gegenüber anderen Straßennutzern zu sein.

Am Beispiel einer Auffahrkollision zweier Pkw sollen nachfolgend obige Zusammenhänge verdeutlicht und die Schwierigkeiten dargestellt werden, die sich bei der Berechnung der Relativgeschwindigkeit und damit der kollisionsbedingten Geschwindigkeitsänderung ergeben können.

I. Relativgeschwindigkeit, EES, Geschwindigkeitsänderung

79 Dem regelmäßigen Leser der Artikel zur Unfallrekonstruktion im VRR sind die o.g. Begriffe zwar geläufig, dennoch möchte ich sie hier noch einmal definieren.

80 Allgemein beschreibt die **Relativgeschwindigkeit** die Differenz der Kollisionsgeschwindigkeiten zweier Fahrzeuge, weshalb sie auch oft als Differenzgeschwindigkeit bezeichnet wird. Sie ist unabhängig von den Absolutgeschwindigkeiten der Fahrzeuge. Bei einer Auffahrkollision spielt es also keine Rolle, ob das gestoßene Fahrzeug 30 km/h und das stoßende 50 km/h fährt, oder aber ein Verhältnis von 10 km/h zu 30 km/h besteht – die Relativgeschwindigkeit beträgt in beiden Fällen 20 km/h. Steht das vordere Fahrzeug,

§ 1 Der Verkehrsunfall

ist die Kollisionsgeschwindigkeit des auffahrenden Fahrzeuges mit der Relativgeschwindigkeit identisch. Bestimmt wird sie allerdings aus den Schäden an beiden Pkw.

Als Maß für die Deformationsenergie, die bei einer beliebigen Verformung eines Fahrzeuges von der Struktur aufgenommen wird, gilt die energie-äquivalente Geschwindigkeit (EES – energy equivalent speed). Dieser EES-Wert liegt jedoch nicht als Berechnungsergebnis vor, sondern ergibt sich aus einem Beschädigungsvergleich der Unfallfahrzeuge mit im Versuch gecrashten Fahrzeugen.

Zur Bedeutung solcher **EES-Versuche** ist durch *Becke* bereits ausführlich beschrieben worden (s. Rn. 18 ff.), welche Schwierigkeiten sich bspw. bei der Abschätzung der EES-Werte ohne visuellen Vergleich ergeben können. Noch schwieriger gestaltet sich die Eingrenzung der Deformationsenergie durch EES-Werte allerdings dann, wenn nicht von beiden Fahrzeugen Beschädigungsfotos vorliegen und sich daher nur bedingt Rückschlüsse auf die Kompatibilität ziehen lassen (s. Kap. II).

Die **Beschreibung** der während einer Kollision auf die Fahrgastzelle bzw. die Insassen einwirkenden Belastungen gelingt insbesondere mit der Angabe der kollisionsbedingten Geschwindigkeitsänderung. Diese hat sich in der internationalen Literatur und im Rahmen des Gutachtenwesens durchgesetzt. Dabei handelt es sich um die Geschwindigkeitsdifferenz eines kollisionsbedingt beschleunigten Fahrzeuges zwischen der Phase unmittelbar vor und unmittelbar nach einem Anstoß. Sie darf nicht mit der Differenzgeschwindigkeit respektive der Relativgeschwindigkeit verwechselt werden, aus der sich die kollisionsbedingte Geschwindigkeitsänderung unter Berücksichtigung der Fahrzeugmassen und des Stoßfaktors berechnen lässt.

II. Kompatibilität

Der **Begriff Kompatibilität** steht in der Unfallanalyse zum einen für die Zuordnung von Beschädigungen und Kontaktspuren, um u.a. den Überdeckungsgrad und den Fahrzustand des auffahrenden Fahrzeuges bestimmen zu können. Mit der Höhenzuordnung lässt sich bspw. herausarbeiten, ob der Pkw gebremst gegen das Heck des vorausfahrenden Fahrzeuges gefahren ist. Das Bild 1 zeigt exemplarisch das Ergebnis eines Crashversuches aus dem Internetportal *„crashtest-service.com"*, bei dem ein Ford Escort mit einer Geschwindigkeit von 12 km/h voll gebremst auf das Heck eines baugleichen Pkw gefahren ist. Die Kontaktspuren sind deutlich zu sehen und lassen sich sehr gut zur Höhenzuordnung heranziehen.

Bild 1 (Quelle: www.crashtest-service.com)

Zum anderen spricht man von Kompatibilität bzw. kompatiblem Verhalten, wenn die Strukturen (bestehend aus Deformationselementen, Quer- und Längsträgern) verschiedener Fahrzeuge optimal aufeinander abgestimmt sind, wobei jedes Fahrzeug bei einem Zusammenstoß idealerweise seine eigene Energie aufnehmen sollte. Dann sind sowohl die Vorgaben für den Selbstschutz als auch den Partnerschutz erfüllt.

Grds. ist zu berücksichtigen, dass in den **kontaktierenden Fahrzeugbereichen** unterschiedliche **Steifigkeiten** vorliegen können. Trifft eine sehr steife Fahrzeugzone auf eine weiche, ergeben sich zwingend unterschiedliche Eindringtiefen und damit Verformungsintensitäten. Im Extremfall kann es dazu kommen, dass bei einem Fahrzeugteil überhaupt keine Verformungen erkennbar sind, obwohl in einer deutlich weicheren Zone des Kollisionspartners tiefe Eindringungen vorhanden sind.

83   Ein Negativbeispiel hinsichtlich Kompatibilität geben nach wie vor die Lifestyle-Geländewagen, die „**Sport Utility Vehicles**" ab. Bei den kurz SUV genannten Fahrzeugen wird der Partnerschutz stark vernachlässigt. Das liegt

maßgeblich an dem Masseverhältnis und der bauart-typisch höher liegenden Struktur dieser Fahrzeuge, die aus funktionellen Erfordernissen eine große Bodenfreiheit benötigen. Das führt bei einem Heckaufprall zwangsläufig zum Unterfahren der Energie aufnehmenden Crashstrukturen, selbst wenn der auffahrende Pkw ungebremst kollidiert, die Front also nicht eingefedert ist. Bild 2 zeigt ein Beispiel, bei dem ein Audi A4 mit 20 km/h gegen das Heck eines stehenden Jeep Grand Cherokee prallt. Der aus der Internet-Crash-Datenbank der Arbeitsgruppe für Unfallmechanik in Zürich, kurz AGU, stammende Versuch macht deutlich, dass die Frontstruktur des Audi den Rahmen des Geländewagens schlichtweg unterfährt und es zu tiefgehenden Deformationen an der Limousine kommt.

Bild 2 (Quelle: www.agu.ch)

Neben der Widerstandskraft der Fahrgastzelle, die einen wesentlichen Aspekt des Selbstschutzes darstellt, beeinflusst ein weiterer Faktor die Kompatibilität, nämlich die strukturelle Wechselwirkung. Sie ist ein abstraktes Maß des Wirkungsgrades, mit dem die Strukturen eines Fahrzeuges bei einer Kollision deformiert werden.

III. Struktursteifigkeit

Vergleicht man den Deformationsumfang bei Pkw, lässt sich besonders seit Beginn der 90er Jahre feststellen, dass mit der Zeit die Steifigkeit der Fahrzeuge zugenommen hat. Davon profitieren natürlich die Insassen, weil von neueren Pkw ein reduziertes Verletzungsrisiko ausgeht.

Hinsichtlich der Steifigkeit wird zwischen **„harten"** und **„weichen" Fahrzeugen unterschieden**, wobei eine harte Pkw-Struktur geringere Deformationen zulässt und damit weniger Energie aufnimmt. Das wiederum führt dazu, dass der EES-Wert schlecht abzuschätzen ist.

86 Allgemein gelten folgende **Richtlinien** für das Einstufen der Steifigkeit:
- Die Front ist i.d.R. steifer als das Heck.
- Das Heck von Kompaktfahrzeugen, Kombis und Vans ist härter als bei Limousinen.
- Konstruktionsabhängig erhöht sich die Hecksteifigkeit durch den Einbau einer Anhängerkupplung.
- Anders als bis Anfang der 90er, ist die Front leichterer und kleinerer Fahrzeuge heute sehr steif, um den Überlebensraum zu erhalten. Die Struktur schwererer Pkw hingegen ist inzwischen weicher und damit weniger aggressiv.

87 Bei der Bewertung der Struktursteifigkeit ist zu beachten, dass die Aufteilung der Deformationsarbeit durch die Federsteifigkeiten beeinflusst wird. Veranschaulicht wird dieser Zusammenhang schematisch in Bild 3 mit einem Kraft-Weg-Diagramm. Dabei wird vorausgesetzt, dass die Kontaktkraft bzw. das auftretende Kraftniveau für beide Fahrzeuge gleich groß ist – es gilt das Newtonsche Wechselwirkungsgesetz „actio = reactio".

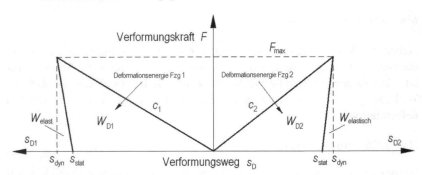

Bild 3: Kraft-Weg-Kennung

Nicht gleich sind jedoch die Federsteifigkeiten c_1 und c_2, was bei dem weniger steifen Fahrzeug zwangsläufig zu einem längeren Verformungsweg und damit zu einer größeren Deformationsarbeit führt. Letztere steht in quadratischer Abhängigkeit zur EES, sodass mithilfe der Kraft-Weg-Kennung das Verhältnis der EES-Werte der Fahrzeuge als die Wurzel aus dem Verhältnis der Massen und der Deformationswege beschrieben werden kann:

$$\frac{m_1 \cdot EES_1^2}{m_2 \cdot EES_2^2} = \frac{s_{D1}}{s_{D2}} \qquad \frac{EES_1}{EES_2} = \sqrt{\frac{m_2}{m_1} \cdot \frac{s_{D1}}{s_{D2}}}$$

Stehen nur Schadenfotos des härteren Fahrzeuges zur Verfügung, muss eine große EES-Bandbreite vorgegeben werden, was wiederum zu einer großen Ergebnistoleranz bei der Berechnung der Relativgeschwindigkeit und der kollisionsbedingten Geschwindigkeitsänderung führt. Soll für die Beschreibung der Insassenbelastung eine möglichst kleine Bandbreite der Grenzwerte angegeben werden, müssen also insbesondere Lichtbilder des weicheren Fahrzeuges vorliegen.

Das nachfolgende Beispiel macht die **Problematik** deutlich. Bild 4 zeigt einen Ford Galaxy, der einen heckseitigen Anstoß mit voller Überdeckung erfahren hat. Äußerlich zu erkennen ist ein verkratzter Nationalitäten-Aufkleber, Kontaktspuren in der Lackoberfläche und eine leichte Deformation der Heckklappe. Selbst nach der Demontage der Stoßfängerverkleidung sind keine gravierenden Verformungen zu sehen, wobei der Fall, dass eine Dokumentation des Schadenbildes unterhalb der Kunststoffabdeckungen vorliegt, in der Praxis eher selten vorkommt. Man kann daher oft nur vermuten, dass das Deformationselement unter der sich reversibel – rückbildend – verhaltenden Verkleidung bleibend verformt wurde.

Bild 4: Beschädigungen Ford Galaxy (Quelle: www.agu.ch)

Die Belastbarkeit der Stoßfänger aktueller europäischer Pkw ist häufig schon bei einer EES im Bereich von niedriger Schrittgeschwindigkeit ausgeschöpft. Außerdem kann als Anhaltswert davon ausgegangen werden, dass spätestens ab einer EES von 10 km/h erkennbare plastische Verformungen entstehen, die auch ohne Demontage der Verkleidungsteile sichtbar sind.

Erst, wenn auch das Schadensbild des auffahrenden Ford Mondeo (s. Bild 5) vorliegt, erkennt man, dass ein Aufprall mit nicht unerheblicher Geschwindigkeit, nämlich 21 km/h, erfolgt ist. Obwohl es hier nicht zu einer stark unterfahrenden Kollision kam (s. Bild 6), ist die Front des offensichtlich weicheren Mondeo sowohl im Bereich der hinter der Stoßfängerverkleidung liegenden Quertraverse als auch oberhalb dieser Struktur stark deformiert. Laut AGU sind die Schäden mit einer EES von etwa 13,5 km/h zu vergleichen, während für den Galaxy ein Wert von nur etwa 5 km/h ausgewiesen wird. Die Geschwindigkeitsänderung des gestoßenen Van betrug aber immerhin knapp 10 km/h, was allein auf Basis der Schäden an dem Galaxy nicht ersichtlich ist.

Bei diesem Fahrzeug stand die Widerstandskraft der Fahrgastzelle sicherlich im Vordergrund, was dazu führt, dass der Partnerschutz vernachlässigt wird – allerdings zum Schutz der Insassen!

Bild 5: Beschädigungen Ford Mondeo (Quelle: www.agu.ch)

Bild 6: Versuchsablauf (Quelle: www.agu.ch)

IV. Fazit

Ein Hauptfaktor der Kompatibilität bei der Kollision von Pkw ist die strukturelle Wechselwirkung, die von der Steifigkeit der Fahrzeuge beeinflusst wird. Eine harte Struktur lässt nur geringe Deformationen zu und nimmt daher weniger Energie auf. Das führt dazu, dass der EES-Wert schlecht abzuschätzen ist.

Soll für die Beschreibung der Insassenbelastung die kollisionsbedingte Geschwindigkeitsänderung möglichst eng eingegrenzt werden, müssen Lichtbilder des weicheren Fahrzeuges vorliegen. Stehen nur Schadenfotos des härteren Fahrzeuges zur Verfügung, muss man eine große EES-Bandbreite vorgeben.

G. Die Stoßzahl – ein entscheidender Parameter bei der Rekonstruktion eines Auffahrunfalls

Neben der Einschätzung der von den Fahrzeugen aufgenommenen Deformationsenergien ist bei der Rekonstruktion einer Heckauffahrkollision auch die Elastizität der Kollision durch den technischen Sachverständigen zu beurteilen. Dieses elastische Kollisionsverhalten wird durch die Stoßzahl beschrieben. Bei Heckauffahrkollisionen, bei denen eine Verletzungsmöglichkeit der Halswirbelsäule zu untersuchen ist, muss darauf aufbauend die kollisionsbedingte Geschwindigkeitsänderung bestimmt werden. Die realistische Einschätzung der Stoßzahl ist hierbei von entscheidender Bedeutung.

I. Einleitung

Um eine Heckauffahrkollision zu rekonstruieren, muss die Relativgeschwindigkeit zwischen den Fahrzeugen ermittelt werden. Dazu müssen die von den Fahrzeugen aufgenommenen Deformationsenergien bestimmt werden. Ein besonders anschauliches Mittel ist hierfür der visuelle Vergleich mit Crashtests (Kalthoff, VRR 2006, 14). Hierbei werden die Beschädigungsbilder aus Kollisionsversuchen mit den Schäden der real verunfallten Fahrzeuge verglichen. Damit lässt sich eine fundierte und für alle Beteiligten nachvollziehbare Aussage ableiten. Des Weiteren muss jedoch auch die **Elastizität der Kollision** beurteilt werden. Im Rahmen einer Kollision stoßen zwei Fahrzeuge aufeinander und verformen sich. Aufgrund des teilelastischen Kollisionsverhaltens kommt es jedoch während der Kollision zu einer teilweisen Rückverformung der Karosserien. Aufgrund dieser Rückverformung trennen sich die Fahrzeuge am Ende der Kollision wieder voneinander. Aus diesem Verhalten folgt, dass die nach der Kollision an den Fahrzeugen sichtbaren Schäden nur den Zustand nach der Rückverformung zeigen. Das bedeutet, dass die Fahrzeuge während der Kollision – vor Beginn der elastischen Rückverformung – noch stärker deformiert waren. Diese **dynamische Verformungstiefe** ist höher als die schließlich sichtbare, bleibende statische Verformung.

In der Abb. 1 ist der Messschrieb einer Heckauffahrkollision exemplarisch dargestellt. Bei dem hier vorliegenden Beispiel fährt ein Pkw mit einer Geschwindigkeit von 18 km/h (v_1) auf einen stehenden Pkw (v_2= 0 km/h) auf. Während der Kompressionsphase verformen sich die Fahrzeuge und deren Geschwindigkeiten gleichen sich an. Am Ende der **Kompressionsphase** haben die Fahrzeuge die maximale dynamische Verformung erreicht und ihre Geschwindigkeiten sind gleich. Aufgrund des elastischen Kollisionsverhaltens beginnt nunmehr die **Restitutionsphase**, bei der die Fahrzeuge sich wieder voneinander trennen. Dabei wird die Geschwindigkeit des gestoßenen Fahrzeugs größer als die Geschwindigkeit des stoßenden Fahrzeugs, sodass am Ende der Restitutionsphase und damit am Ende der Kollision die Fahrzeuge eine **Trennungsgeschwindigkeit** haben. Die Elastizität einer Heckauffahrkollision lässt sich als Verhältnis der Relativgeschwindigkeiten der Fahrzeuge nach und vor der Kollision beschreiben. Dieser Quotient wird als **Stoßzahl**, Stoßziffer oder k-Faktor bezeichnet. Im anglophonen Raum hat sich die Bezeichnung Coefficient of Restitution etabliert. Anfänglich wurde die Stoßzahl jedoch Coefficient of Elasticity genannt. Daher ist alternativ zu k auch die Bezeichnung e gebräuchlich.

§ 1 Der Verkehrsunfall

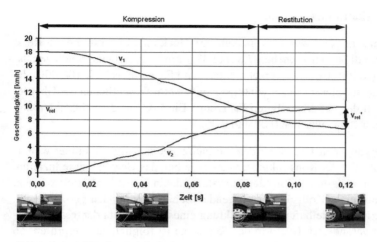

Abb. 1: Beispiel Heckauffahrkollision

Die vorliegenden Ausführungen beschränken sich auf die Beschreibung des teilelastischen Kollisionsverhaltens von **Heckauffahrkollisionen**. Gerade bei Heckauffahrkollisionen, bei denen die Verletzungsmöglichkeit der Halswirbelsäule untersucht werden soll, ist die genaue Kenntnis der Stoßzahl essentiell. Fährt bspw. ein Pkw auf ein gleich schweres Fahrzeug mit einer Geschwindigkeit von 15 km/h auf, so resultiert hieraus bei einem voll plastischen Stoß (k = 0) eine kollisionsbedingte Geschwindigkeitsänderung des heckseitig angestoßenen Fahrzeugs von 7,5 km/h. Berücksichtigt man jedoch das teilelastische Kollisionsverhalten mit einer Stoßzahl von 0,45, so resultiert hieraus eine Geschwindigkeitsänderung von 10,9 km/h. Würde man also fälschlicherweise eine zu geringe Stoßzahl zugrunde legen, so erhielte man eine zu geringe **biomechanische Insassenbelastung**. Das teilelastische Kollisionsverhalten darf somit keinesfalls vernachlässigt werden. Für die Stoßzahl müssen in Abhängigkeit des zu untersuchenden Unfallgeschehens realistische Werte bei der Rekonstruktion berücksichtigt werden.

> **Praxistipp:**
>
> Aus einer zu niedrig angesetzten Stoßzahl resultiert im Ergebnis eine zu geringe biomechanische Insassenbelastung. Eine zu hohe Stoßzahl ergibt eine unrealistisch hohe Belastung.

II. Heckauffahrversuche

94 Bereits im Jahr 2000 wurden vom Autor **38 Heckauffahrversuche** mit Relativgeschwindigkeiten zwischen 7,8 und 32,4 km/h als Arbeitsgrundlage ausgewertet (Kalthoff/Becke, Verkehrsunfall- und Fahrzeugtechnik 10/2000). Es folgte, dass auf diesem Geschwindigkeitsniveau im Wesentlichen der Überdeckungsgrad der unfallbeteiligten Fahrzeuge Einfluss auf die Stoßzahlen hat. Diese lagen etwa zwischen 0,00 und 0,30.

In den vergangenen Jahren wurden die Fahrzeuge konstruktiv immer weiterentwickelt. Ziel der Konstrukteure war es hierbei, das Gewicht zu reduzieren. Andererseits mussten die Stoßfängersysteme dahin gehend optimiert werden, dass die aus einer Kollision resultierenden Schäden möglichst gering waren. In Abb. 2 ist beispielhaft die Entwicklung eines Ford Fiesta dargestellt. Aufgrund der veränderten Bauform der Fahrzeuge ist folglich zu überprüfen, ob die bisher angesetzten Stoßzahlen auch auf **aktuelle Fahrzeugtypen** übertragbar sind. Weiterhin stehen mittlerweile insgesamt deutlich mehr Crashtests zur Verfügung.

Abb. 2: Modellreihen des Ford Fiesta

95 Nachfolgend werden Heckauffahrkollisionen aus der Crashtest-Datenbank CTS (www.crashtest-service.com) untersucht. Diese **214 Kollisionen** fanden in einem Relativgeschwindigkeitsbereich von 4,5 bis 141 km/h statt. Es kamen sowohl Pkw als auch Transporter unterschiedlicher Baujahre zum Einsatz. Des Weiteren werden im Rahmen der nachfolgenden Auswertung **75 Heckauffahrkollisionen** der Datenbank AGU (www.agu.ch) verwendet. Dabei traten Relativgeschwindigkeiten zwischen 9,5 und 61 km/h auf.

96 Howard et al. (Howard/Bomar/Bare, Vehicle Restitution Response in Low Velocity Collisions, Society of Automotive Engineers). führten mit US-amerikanischen Fahrzeugen aus Mitte der 1980er Jahre **neun Kollisionen** mit Pkw so-

wie Pick-ups in einem Geschwindigkeitsbereich zwischen 5,2 und 11,6 km/h durch, die ebenfalls in die Analyse mit einfließen. Schließlich werden auch die von Cipriani et al. (Cipriani/Bayan/Woodhouse/Cornetto/Dalton/Tanner/Timbario/Deyerl, Low Speed Colinear Impact Severity: A Comparison between Full Scale Testing and Analytical Prediction Tools with Restitution Analysis, Society of Automotive Engineers). durchgeführten **30 Heckauffahrkollisionen** mit US-amerikanischen Pkw aus den 1980er Jahren mit Geschwindigkeiten von 3,2 bis 20,9 km/h berücksichtigt. Damit liegen insgesamt **328 Heckauffahrkollisionen** vor. Die hierbei auftretenden Stoßzahlen liegen zwischen 0,02 und max. 0,73.

III. Auswertung

Je höher die Relativgeschwindigkeit ist, desto stärker verformen sich die unfallbeteiligten Fahrzeuge. Anschaulich ist folglich davon auszugehen, dass bei **zunehmender Relativgeschwindigkeit** und damit zunehmender Deformation die Kollisionen plastischer, d.h. weniger elastisch verlaufen. In der Abb. 3 sind die Stoßzahlen über der Relativgeschwindigkeit aufgetragen. Hieraus folgt deutlich, dass die Stoßzahl mit zunehmender Relativgeschwindigkeit sinkt.

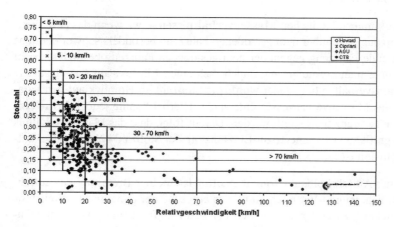

Abb. 3: *Stoßzahl in Abhängigkeit der Relativgeschwindigkeit*

In Abb. 3 sind des Weiteren die gezeigten Stoßzahlen in **Relativgeschwindigkeitsbereiche** unterteilt. Die Stoßzahlen lagen bei Relativgeschwindigkeiten bis zu 5 km/h etwa zwischen 0,2 und 0,75. Bei Relativgeschwindigkeiten von 5 bis 10 km/h traten Stoßzahlen von ungefähr 0,15 bis 0,55 auf. Zwischen 10 und 20 km/h kam es zu Stoßzahlen zwischen 0,10 und 0,45. Hierbei traten jedoch auch geringere Stoßzahlen auf. Zwischen 20 und 30 km/h lagen Stoßzahlen zwischen 0,00 und 0,35 vor. Bei Relativgeschwindigkeiten von 30 bis 70 km/h waren Stoßzahlen von 0,00 bis 0,20 das Ergebnis der Kollision. Bei Relativgeschwindigkeiten oberhalb von 70 km/h nahmen die Stoßzahlen Werte zwischen 0,00 und 0,10 an. Hierbei ist jedoch deutlich darauf hinzuweisen, dass die hier genannten Stoßzahlen auch durch Einzelwerte über- bzw. unterschritten wurden.

Aus Abb. 3 folgt, dass die Relativgeschwindigkeit ein wesentlicher Parameter zur Bestimmung der Stoßzahl ist. Die Stoßzahlbandbreite oberhalb von 70 km/h ist bereits für die Unfallrekonstruktion hinreichend genau. Unterhalb dieser Geschwindigkeit weisen jedoch die Stoßzahlen eine vergleichsweise große Bandbreite auf, sodass noch untersucht werden muss, ob ggf. weitere Parameter eine **Eingrenzung der Stoßzahlen** ermöglichen. Nachfolgend werden zur diesbezüglichen Auswertung die Versuche von CTS und teilweise auch AGU herangezogen, da bei diesen Versuchen sämtliche Parameter der Kollisionen vorlagen.

99 Bei stark unterschiedlichen **Massenverhältnissen**, etwa wenn das auffahrende Fahrzeug gegenüber dem gestoßenen Fahrzeug besonders schwer oder das auffahrende Fahrzeug gegenüber dem gestoßenen Fahrzeug besonders leicht ist, könnte man vermuten, dass auch dies einen Einfluss auf das elastische Kollisionsverhalten hat. Daher wurde die Stoßzahl im Hinblick auf den Parameter des Massenverhältnisses untersucht. Hierbei konnte jedoch **keine eindeutige Tendenz** festgestellt werden. Daraus folgt, dass das Massenverhältnis kein signifikanter Parameter zur Eingrenzung der Stoßzahl bei einer Heckauffahrkollision ist.

Bei einer Auffahrkollision kommt es oftmals zu einer Bremsung des auffahrenden Fahrzeugs. Hierdurch kommt es aufgrund der dynamischen Achslastverschiebung zu einem Eintauchen der Fahrzeugfront im dynamischen Zustand gegenüber der statischen Höhe. Daraus folgt, dass bei einem gebremst auffahrendem Fahrzeug dessen Stoßfänger nicht mehr auf den Heckstoßfänger des gestoßenen Fahrzeugs trifft, sondern diesen unterfährt. Dadurch kontaktieren strukturweichere Bereiche des stoßenden Fahrzeugs oberhalb des Frontstoßfängers (Kühlergrill, Scheinwerfer etc.) den struktursteifen Heckstoßfänger des gestoßenen Fahrzeuges. Die Auswertung der zugrunde liegenden Stoßzahlen im Hinblick auf diesen Kollisionsparameter ergab, dass hierbei ebenfalls **keine signifikanten Unterschiede** zwischen Stoßfänger-Stoßfänger- und Unterfahrkollisionen festgestellt werden konnten.

Da bei Fahrzeugen mit montierter **Anhängerkupplung** das Fahrzeugheck struktursteifer ist, ist zu vermuten, dass bei derartigen Fahrzeugen die Elastizität der Kollision zunimmt. Jedoch auch hier konnte **kein signifikanter Einfluss** der Anhängerkupplung auf die Stoßzahl herausgearbeitet werden. Es kam unabhängig von einer verbauten Anhängerkupplung am gestoßenen Fahrzeug zu hohen, aber auch zu niedrigen Stoßzahlen. 100

In einer Publikation von Grundler et al. (Grundler/Sinzig/Eichholzer/Brunner, VKU 46 [2008], 289). wurde basierend auf der Analyse von 126 Heckauffahrkollisionen festgestellt, dass der **Bremszustand** des stoßenden Fahrzeugs einen Einfluss auf die Stoßzahl hat. Dieser Parameter wurde daher ebenfalls untersucht. In Abb. 4 sind die Ergebnisse von 180 von CTS durchgeführten Crashtests dargestellt. Der Abb. ist jedoch keine signifikante Abhängigkeit der Elastizität der Kollision vom Bremszustand des auffahrenden Fahrzeugs zu entnehmen. In Abb. 5 wurde ferner der Bremszustand des gestoßenen Fahrzeugs untersucht. Auch hieraus ergibt sich **kein deutlicher Einfluss** auf die Stoßzahl, wenn das gestoßene Fahrzeug ungebremst war oder in einem gebremsten Zustand angestoßen wurde. Hierbei wurden 157 von CTS ausgeführte Tests untersucht. 101

Teil 1: Unfallanalyse – Methoden und Instrumente

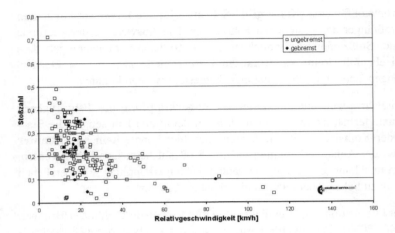

Abb. 4: Stoßzahl in Abhängigkeit des Bremszustandes des auffahrenden Fahrzeugs

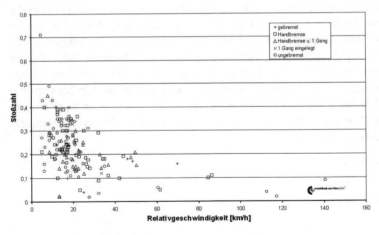

Abb. 5: Stoßzahl in Abhängigkeit des Bremszustandes des gestoßenen Fahrzeugs

102 Da bereits bei Erstellung der obengenannten Arbeitsgrundlage eine Abhängigkeit der Stoßzahl vom Überdeckungsgrad aufgezeigt werden konnte, bietet es sich an, die in Abb. 3 dargestellten Stoßzahlen **unterhalb einer Geschwindigkeit von 70 km/h** hinsichtlich der Abhängigkeit vom Überdeckungsgrad zu untersuchen. Der Überdeckungsgrad wurde dabei in Bereiche von bis zu 30 %, >30 % bis 60 % und >60 % bis 100 % unterteilt.

Bei Relativgeschwindigkeiten zwischen 30 und 70 km/h wurde festgestellt, dass bei einem Überdeckungsgrad von bis zu 30 % Stoßzahlen zwischen 0,00 und 0,10 zu erwarten sind.

Oberhalb dieses Überdeckungsgrades liegen die Stoßzahlen etwa zwischen 0,05 und 0,20. Bei Relativgeschwindigkeiten zwischen 20 und 30 km/h liegen bei einem Überdeckungsgrad von bis zu 30 % Stoßzahlen von 0,00 bis 0,15, bei 30 bis 60 % von 0,10 bis 0,20 und bei 60 bis 100 % Überdeckung ca. von 0,15 bis 0,30 vor.

Auf einem Relativgeschwindigkeitsniveau zwischen 10 und 20 km/h lagen die Stoßzahlen ungefähr bei 0,10 bis 0,45. Es traten aber auch Stoßzahlen nahe des vollplastischen Stoßes – also 0,00 – auf. Auf diesem Geschwindigkeitsniveau lassen sich die Stoßzahlen für einen Überdeckungsgrad bis max. 60 % zwischen 0,10 und 0,35 angeben.

Bei einer Überdeckung von mehr als 60 % treten höhere Stoßzahlen von bis zu 0,45 auf. Stoßzahlen von 0,40 bis 0,45 traten jedoch fast ausnahmslos bei Anstößen mit **voller Überdeckung, Stoßfänger-Stoßfänger-Kontakt und mit modernen Fahrzeugen** auf. In Abb. 6 ist hierzu ein Beispiel dargestellt. Die Abb. 7 zeigt jedoch, dass selbst bei Fahrzeugen älteren Baujahres vergleichsweise hohe Stoßzahlen auftreten können.

Teil 1: Unfallanalyse – Methoden und Instrumente

Abb. 6: Relativgeschwindigkeit 14,2 km/h, k = 0,44 (www.dtc.ag.ch in www.agu.ch)

Abb. 7: Relativgeschwindigkeit 18 km/h, k = 0,40 (www.crashtest-service.com)

In dem Relativgeschwindigkeitsbereich zwischen 5 und 10 km/h kam es ausschließlich zu Kollisionen, die **oberhalb eines Überdeckungsgrades von 60 %** durchgeführt wurden. Die hierbei erreichten Stoßzahlen lagen zwischen 0,15 und 0,50. Unter zusätzlicher Berücksichtigung der Versuche von *Cipriani* folgt hieraus eine Bandbreite von ca. 0,15 bis 0,55. Die Analyse der Stoßzahlen im Hinblick auf den Überdeckungsgrad war in diesem Bereich nicht möglich. Bei Relativgeschwindigkeiten bis max. 5 km/h konnte lediglich auf die Versuchsergebnisse von *Cipriani* zurückgegriffen werden. Die hierbei mit US-amerikanischen Fahrzeugen erreichten Stoßzahlen lagen etwa zwischen 0,20 und 0,75. Eine tiefer gehende Analyse der Kollisionsparameter konnte hier nicht durchgeführt werden.

103

In Bild 8 ist ein Versuch dargestellt, bei dem ein VW Fox mit einer Geschwindigkeit von 4,5 km/h auf einen stehenden VW Golf auffuhr. Hierbei trat eine **extrem hohe Stoßzahl** von 0,71 auf. Infolge der unterschiedlichen Massen der Versuchsfahrzeuge erfuhr der VW Fox eine kollisionsbedingte Geschwindigkeitsänderung von 4,5 km/h. Dies entspricht seiner Kollisionsgeschwindigkeit. Damit kam der VW Fox durch die Kollision zum Stillstand. Der gestoßene VW Golf erfuhr eine Geschwindigkeitsänderung von 3,2 km/h. Bei diesem Extrembeispiel lag eine äußerst niedrige Relativgeschwindigkeit vor. Des Weiteren besitzen diese Fahrzeuge massive Stoßfängerträger und sind folglich sehr hart.

Teil 1: Unfallanalyse – Methoden und Instrumente

Abb. 8: Relativgeschwindigkeit 4,5 km/h, k = 0,71 (www.crashtest-service.com)

IV. Ergebnis

104 Aus der durchgeführten Analyse folgt, dass im Wesentlichen die Relativgeschwindigkeit und der Überdeckungsgrad verantwortlich für die Stoßzahl sind. Die Ergebnisse sind in Abb. 9 zusammengefasst. Diese Tabelle ist für den Unfallrekonstrukteur eine grundlegende Arbeitshilfe zur Bestimmung der im zu untersuchenden Fall anzusetzenden Stoßzahl. Es muss jedoch darauf hingewiesen werden, dass es sich hierbei um eine **prinzipielle Klassifizierung** handelt, sodass auch hiervon abweichende Werte auftreten können. Im Zweifelsfall ist die Verwendung von einzelnen konkreten Crashversuchen ratsam.

v_{rel}	Überdeckung	Stoßzahl
< 5 km/h		0,20 – 0,75
5 – 10 km/h		0,15 – 0,55
10 – 20 km/h	< 60 %	0,10 – 0,35

	> 60 %	0,10 – 0,45
20 – 30 km/h	0 – 30 %	0,00 – 0,15
	> 30 – 60 %	0,10 – 0,20
	> 60 – 100 %	0,15 – 0,30
30 – 70 km/h	< 30 %	0,00 – 0,10
	> 30 %	0,05 – 0,20
> 70 km/h		0,00 – 0,10

Abb. 9: *Klassifizierung der Stoßzahlen*

V. Zusammenfassung

Bei der Rekonstruktion einer Heckauffahrkollision ist neben der von den Fahrzeugen aufgenommenen Deformationsenergie die **Elastizität der Kollision** zu beurteilen. Diese wird mathematisch durch die **Stoßzahl** beschrieben. Die Stoßzahl hat einen **maßgeblichen Einfluss** auf die Berechnung der kollisionsbedingten Geschwindigkeitsänderung und damit auf die Bestimmung der **biomechanischen Belastungshöhe**. Die Bandbreite möglicher Stoßzahlen ist gegenüber früheren Erkenntnissen bei Heckauffahrkollisionen extrem hoch. Eine Abhängigkeit der Stoßzahl vom Massenverhältnis, der Anstoßhöhe, einer Anhängerkupplung oder vom Bremszustand des stoßenden oder gestoßenen Fahrzeugs ist **nicht signifikant** darstellbar. Der wesentliche Parameter zur Bestimmung der Stoßzahl ist dagegen die **Relativgeschwindigkeit**. Diese kann in mehrere Bereiche eingestuft werden. Hierbei ist ferner eine Unterteilung anhand des **Überdeckungsgrades** sinnvoll. In dem Relativgeschwindigkeitsbereich zwischen 10 und 20 km/h, der insbesondere bei Heckauffahrkollisionen von Interesse ist, bei denen eine Verletzungsmöglichkeit der Halswirbelsäule zu untersuchen ist, können Stoßzahlen bis zu 0,4 auftreten. Bei **modernen Fahrzeugen**, struktursteifen Stoßfängersystemen und vollem Überdeckungsgrad wurden sogar Stoßzahlen bis 0,45 ermittelt. Maximale Stoßzahlen von bis zu 0,75 treten bei Relativgeschwindigkeiten von bis zu 5 km/h auf. Die in Tabelle 1 dargestellte **Klassifizierung der Stoßzahlen** liefert eine Arbeitsgrundlage zur Bestimmung der Elastizität einer Kollision. Hierbei ist jedoch darauf hinzuweisen, dass vereinzelte Abweichungen von den prinzipiellen Abstufungen möglich sind. Im Zweifel ist es sinnvoll, geeignete **Crashversuche** mit vergleichbaren Fahrzeugen heranzuziehen, um die Stoßzahl enger einzugrenzen.

Teil 1: Unfallanalyse – Methoden und Instrumente

H. Lichtsignalanlagen in der Unfallrekonstruktion

106 Lichtsignalanlagen regeln Verkehrsabläufe. Der Entwurf und die Installation fallen in das Gebiet der Verkehrsplanung bzw. Steuerungs- und Automatisierungstechnik. Der Unfallsachverständige befasst sich nur mit einem kleinen Ausschnitt dieses komplexen Themengebiets. Für ihn ist es ausreichend, die grundlegenden Funktionen und Zusammenhänge zu kennen. Er kann damit Fragestellungen zu Rotlichtverstößen, die bei Unfällen mit diesem Hintergrund die wesentliche Rolle spielen, beantworten.

Er greift dabei auf Planungsunterlagen zurück. Die Ergebnisse präsentiert er dann i.d.R. technischen Laien. Aufgrund fehlender Kenntnisse von grundlegenden Zusammenhängen kann die Verständigung dabei Schwierigkeiten bereiten. Mit diesem Beitrag sollen aus der Sicht des Unfallsachverständigen Grundlagen zu den Schaltungen von Lichtsignalanlagen vermittelt werden.

I. Begriffe

107 Für das grundlegende Verständnis von Lichtsignalanlagen ist es unumgänglich, einige wesentlichen Begriffe, die in Gutachten Verwendung finden, zu kennen.

108 Als **Lichtsignalanlage (LSA)** oder **Lichtzeichenanlage (LZA)** wird die Gesamtheit der an einem Knotenpunkt (z.B. Kreuzung) installierten lichttechnischen Einrichtungen bezeichnet. Mit ihnen wird der Verkehrsfluss verbessert und Gefahrensituationen verringert, indem sie Verkehrsströme koordinieren. Als **Verkehrsströme** lassen sich gleichartige Verkehrsteilnehmer (z.B. Kfz, Fußgänger), die gleiche Richtungen beim Überqueren eines Knotenpunktes einhalten, zusammenfassen. Im Rahmen der Unfallrekonstruktion ist nur eine überschaubare Anzahl von Verkehrsteilnehmern von Interesse. In Gutachten wird deshalb anstelle von Verkehrsströmen nur von Unfallbeteiligten bzw. Zeugen gesprochen. Für diese sind **Signale** (umgangssprachlich Ampel genannt) installiert, die durch Farben (rot, grün, gelb) unterschiedliche Handlungsweisen für die einzelnen Verkehrsteilnehmer vorgeben. Für Straßenbahnen oder Busse gelten spezielle Lichtzeichen, auf die hier nicht eingegangen wird.

109 Die einzelnen Signale sind in einem **Signallageplan** (vgl. Abb. 1) eingezeichnet. Dieser Plan, der nicht maßstäblich sein muss, gibt einen Überblick über

die Örtlichkeit. Aus ihm lässt sich neben grundlegenden Informationen über den Straßenverlauf vor allem entnehmen, welches Signal für die Beteiligten galt. Die einzelnen Signale, die durch Dreiecke symbolisiert werden, besitzen unterschiedliche Bezeichnungen. Es kann sich dabei nur um fortlaufende Zahlen handeln oder um Buchstaben-Zahlen-Kombinationen, aus denen sich schon Rückschlüsse auf ihren Geltungsbereich ziehen lassen. So könnte „F1" für die Fußgängerampel Nr. 1 (Nummerierung unterliegt keinen festen Regeln) stehen. Vor allem an größeren Knotenpunkten, bei denen mehrere Fahrspuren zur Verfügung stehen, können mehrere gleichgeschaltete Ampeln installiert sein. Neben der Hauptampel am rechten Fahrbahnrand können Ampeln über den Fahrspuren und am linken Fahrbahnrand vorhanden sein. Diese gleichgeschalteten Ampeln strahlen parallel die gleichen Farben ab. Sie lassen sich deshalb in **Signalgruppen** zusammenfassen.

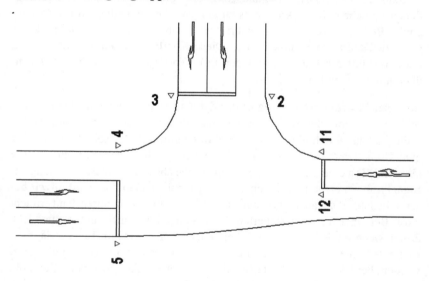

Abb. 1: Signallageplan

Signalgruppen werden i.d.R. mit zweistelligen Zahlen bezeichnet. Die erste Ziffer steht dabei für die Signalgruppe und die zweite für das einzelne Signal (Ampel). Beispiel: Die Signale 11 und 12 in der Abb. 1 gehören zu einer Signalgruppe 1. Anstelle der zweiten Ziffer kann auch ein Kleinbuchstabe treten. Dagegen werden die Signale 2 und 3 in der Abb. 1 getrennt geschaltet, d.h. sie gehören nicht zu einer Signalgruppe, obwohl sie im Lageplan, ähnlich wie die Signale 11 und 12, angeordnet sind.

Signale, die für die gleiche Annäherungsrichtung gelten, aber Extrazeichen abstrahlen, werden üblicherweise mit der gleichen Anfangsziffer, aber einem abweichenden zweiten Zeichen versehen. Beispiel: Ein Räumpfeil, der zusätzlich Linksabbiegern die Freigabe ihrer Fahrtrichtung anzeigt, kann mit 3L bezeichnet sein.

110 Neben der Lage der einzelnen Signale muss auch bekannt sein, wann diese wie geschaltet werden. Mit Lichtzeichenanlagen werden zyklisch immer wiederkehrende Schaltbilder, sog. Phasen, erzeugt. In einer **Phase** bleibt die Anzeige eines Signals unverändert. Dabei dürfen nur verträgliche bzw. bedingt verträgliche Verkehrsströme gleichzeitig eine Freigabe erhalten. Bei verträglichen Verkehrsströmen kommt es zu keinen Überschneidungen im Knotenpunkt. Bedingt verträgliche Verkehrsströme haben zwar eine Zone, in der es grds. zu Konflikten kommen kann. Diese Konflikte lassen sich aber durch klare Vorfahrtsregelungen vermeiden (z.B. Vorrang von Fußgängern gegenüber abbiegenden Fahrzeugen).

111 Bei einer **Festzeitensteuerung** ist der Zyklus zwischen den einzelnen Schaltbildern und damit der Ablauf der einzelnen Phasen konstant. Die Anzeige der Lichtzeichen geht direkt aus dem **Signalzeitenplan** (vgl. Abb. 2) hervor. Für eine Umlaufzeit (im Beispiel gleich 90s) ist hierin angegeben, zu welcher (System-)Zeit eine Signalgruppe welche Farbe abstrahlt. Die Bezeichnung der Signalgruppen erfolgt entsprechend dem Signallageplan. Die **Umlaufzeit** beschreibt dabei die Dauer, bis wann wieder der identische Schaltzustand erreicht wird. Bei einer festzeitgesteuerten Signalanlage können für unterschiedliche Zeiten wechselnde Programme gelten. Hierdurch werden im Tagesverlauf variierende Verkehrsaufkommen, die vor der Planung der Anlage prognostiziert wurden, berücksichtigt. Das tatsächliche Verkehrsaufkommen beeinflusst die Schaltung dieser **zeitgesteuerten Lichtzeichenanlage** aber nicht.

§ 1 Der Verkehrsunfall

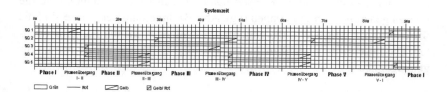

Abb. 2: Signalzeitenplan

Eine Beeinflussung durch tatsächlich vorhandene Verkehrsströme erfolgt bei einer **verkehrsabhängigen Steuerung**. Das einfachste Beispiel hierfür ist eine bedarfsgesteuerte Fußgängerampel. Erst wenn durch Tastendruck eine Freigabe durch einen Fußgänger angefordert wird, schaltet die Anlage auf „Grün".

112

Auch verkehrsabhängige Steuerungen unterliegen Regeln. D.h., auch bei diesen Steuerungen erreicht die Lichtzeichenanlage in Zyklen wieder einen bestimmten Schaltzustand. D.h., auch diese Steuerungen verfügen über eine Umlaufzeit. Diese Umlaufzeit kann aber ebenfalls flexibel gestaltet sein.

Das wesentliche Merkmal verkehrsabhängiger Steuerungen ist, dass Signalgruppen in verschiedenen Phasen, die nicht in einer festen Reihenfolge wechseln, eine Freigabe erhalten. Einen Überblick über die möglichen Wechsel vermittelt der **Phasenfolgeplan**. Die einzelnen Phasen sind hierin als Kreise dargestellt und mit römischen Ziffern beschriftet.

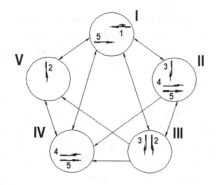

Abb. 3: Phasenfolgeplan

Pfeillinien zwischen diesen Kreisen markieren, in welcher Reihenfolge die Phasen generell wechseln können (vgl. Abb. 3). Innerhalb der Kreise sind die Signalgruppen dargestellt, die gleichzeitig in einer Phase die Freigabe erhalten. Die Beschriftung der Signalgruppen erfolgt in gleicher Weise wie im Signallageplan.

Entsprechend dem Phasenfolgeplan ergeben sich **Schaltmöglichkeiten**, die abhängig vom tatsächlichen Verkehrsaufkommen realisiert werden. Bei Kfz erfolgt die Anforderung einer Freigabe nicht durch Knopfdruck wie beim Fußgänger sondern über Detektoren (z.B. Induktionsschleifen).

Bei verkehrsabhängig gesteuerten LZA können die Freigabezeiten der einzelnen Signale variabel sein. Klar definiert sind nur die minimalen Zeiten, die zwischen der Sperrung und der Freigabe unverträglicher bzw. „feindlicher" Verkehrsströme liegen. Unverträgliche Verkehrsströme kreuzen im Knotenpunkt generell ihre Bahnen und dürfen deshalb niemals gleichzeitig eine Freigabe erhalten, weil dies unweigerlich zu Unfällen führen würde.

113 Zwischen dem Ende der Freigabe (Grünende) eines Verkehrsstroms und dem Beginn der Freigabe (Grünanfang) eines feindlichen Stroms muss soviel Zeit vorhanden sein, dass unter normalen Bedingungen keine Konflikte entstehen. D.h. die **Zwischenzeiten** müssen dem räumenden Verkehr unter normalen Bedingungen das Verlassen der Konfliktzone ermöglichen, bevor der einfahrende Verkehr diese erreicht. Die Zwischenzeiten werden in einer **Zwischenzeitenmatrix** zusammengefasst. Sie bilden eine feste Größe und dürfen im Programmablauf in keinem Fall unterschritten werden.

Die Übergänge zwischen den Phasen werden im Detail in Phasenwechselplänen dargestellt. Diese entsprechen den Signalzeitenplänen bei festzeitgesteuerten Anlagen. In der Abb. 4 ist ein Beispiel enthalten, das den Wechsel zwischen Phase I und II im Detail zeigt. Wie aus dem Phasefolgenplan (Abb. 3) zu entnehmen ist, wird die SG 1 gesperrt.

Die SG 3 und 4 erhalten zusätzlich zur SG 5 eine Freigabe. SG 5 strahlt sowohl in Phase I als auch in Phase II Grünlicht ab. Hier erfolgen wie bei SG 2, die konstant „Rot" zeigt, keine Änderungen. SG 1 wechselt in der Sekunde 8 von „Rot" auf „Gelb". Die Gelbphase dauert 3 s bevor die endgültige Sperrung erfolgt. In Sekunde 12 schalten SG 3 und 4 auf „Gelb/Rot".

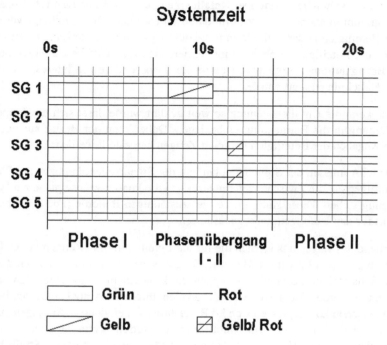

Abb. 4: Phasenübergangsdiagramm

Eine Sekunde später erfolgt die Freigabe. Zwischen den Freigaben der unverträglichen Signale 1 und 3/4 liegen 5 Sekunden.

II. Unfallursache Rotlichtverstoß

Kommt es an einem mit einer LZA geregelten Knotenpunkt zu einem Unfall, ist oft eine Beweisfrage, welcher Beteiligter die für ihn geltende Ampel missachtete. Kann ausgeschlossen werden, dass die Ursache durch einen Fehler der LZA gesetzt wurde („Feindliches Grün") – es wurden keine Fehler von der Anlage gemeldet bzw. nicht im Fehlerprotokoll abgespeichert – liegt i.d.R. ein Rotlichtverstoß eines Beteiligten vor.

Bei der Analyse einer solchen **Fragestellung** wird so verfahren, dass zunächst der Unfallhergang unter Vernachlässigung der LZA rekonstruiert wird. D.h., der Kollisionsort wird eingegrenzt und die Kollisions- und Annäherungsgeschwindigkeiten bestimmt. Der Unfallhergang kann dann in einem Weg-Zeit-Diagramm in übersichtlicher Form dargestellt werden. Die Handlungsweisen der Beteiligten lassen sich hierin in Beziehung zueinander setzen. Die Positionen der Beteiligten können für interessierende Zeitpunkte bestimmt werden. In Bezug auf einen Rotlichtverstoß ist hier insbesondere von Interesse, wann die Haltelinie passiert wurde.

Erst wenn die Unfallentstehung so weit geklärt wurde, lässt sich die Ampelschaltung in die Betrachtung einbeziehen. Dabei kann der Bezug nur durch die Angaben der Beteiligten und/oder Zeugen hergestellt werden.

Zur LZA müssen der Signallageplan und der Signalzeitplan bzw. der Phasenfolgeplan, die Zwischenzeitenmatrix und die Phasenwechselpläne zur Verfügung stehen. Diese sind ggf. bei der zuständigen Behörde (i.d.R. Tiefbauamt) für den Unfallzeitpunkt anzufordern.

Anhand des Lageplans werden die für die Beteiligten bzw. Zeugen geltenden **Signalgruppen bestimmt**. Bei einer festzeitgesteuerten Anlage können dann die Schaltzeiten dieser Signalgruppen direkt aus dem Signalzeitplan entnommen werden. Auch wenn ein Zeuge nicht direkt die Ampel eines Beteiligten einsehen konnte, lassen sich i.d.R. nachträglich eindeutige Aussagen zum Schaltzustand der LZA zum Unfallzeitpunkt treffen, wenn der Zeuge klare Angaben zu seiner Handlungsweise macht, z.B. „Gerade als ich die Straße betreten wollte, weil meine Ampel „Grün" wurde, knallte es." Über eine solche Aussage lässt sich ein klarer Bezug zum Kollisionszeitpunkt herstellen. Die Ampelschaltung kann dann direkt in die Weg-Zeit-Betrachtung einbezogen werden.

115 **Problematischer** gestaltet sich die **Rekonstruktion** bei einer **verkehrsabhängigen Steuerung**, weil hier kein fester Ablauf der Schaltungen gegeben ist. Die Signalgruppen sind in unterschiedlichen Phasen zusammengefasst. Die Phasen werden bedarfsgesteuert geschaltet. Hieraus ergibt sich keine feststehende Abfolge. Mit dem Phasenfolgeplan müssen erst die möglichen Wechsel bestimmt werden. Erst dann lässt sich für einen bestimmten Phasenübergang die Freigabezeit der einzelnen Signalgruppen ermitteln. Selbst wenn diese Freigabezeiten variabel gestaltet sind, ist über die in der Zwischenzeitenmatrix festgeschriebenen Zeiten, die von der Sperrung einer Richtung bis Freigabe eines unverträglichen Verkehrsstromes mindestens eingehalten werden müssen, grds. eine Aussage über den Schaltzustand der LZA zum Unfall-

zeitpunkt möglich. Diese Aussagen sind möglicherweise nicht eindeutig, lassen aber zumindest eine Plausibilitätsprüfung der Angaben der Beteiligten zu.

Bei dem folgenden **Beispiel** kann die Betrachtung auf den Phasenfolgeplan beschränkt werden: Am Knotenpunkt (Abb. 1) treffen nur Kfz aufeinander. Es gibt fünf Signalgruppen, die in fünf verschiedenen Phasen geschaltet werden. Ein Zeuge, der sich in der Abb. 1 von oben näherte und nach links abbiegen wollte, gab an, bereits längere Zeit vor seiner Rotlicht zeigenden Ampel (SG 2) gestanden zu haben.

Diese Ampel erhält in den Phasen II und IV eine Freigabe (vgl. Abb. 3). Er beobachtete einen für ihn von rechts kommenden Pkw A, der – bevor er nach links abbog – anhielt. Dessen separate Linksabbiegerampel (SG 4) zeigt in den Phasen III und V Grünlicht. Das Anhalten ist nur dann plausibel, wenn die LZA zuvor in der Phase I lief. Hier sind die beiden quer zum Standort des Zeugen verlaufenden Geradeausspuren gleichzeitig freigegeben. Nach dem Start des Pkw A kam es zur Kollision mit einem entgegenkommenden Fahrzeug B, für das die SG 1 maßgeblich war.

Aus der geschilderten Konstellation, bei der vom Zeugen keine weiteren Fahrzeuge beobachtet wurden, ergeben sich aus technischer Sicht zwei Möglichkeiten. Einerseits konnte A sich auf die Geradeausampel konzentriert haben, andererseits ist ein Rotlichtverstoß von B möglich. Aus technischer Sicht sind beide Konstellationen gleichermaßen wahrscheinlich. Die Schilderungen des Zeugen sprechen aber für die erste Möglichkeit. Die endgültige Wertung bleibt in diesem Fall der juristischen Würdigung vorbehalten.

116

III. Fazit

Zum Verständnis der Ausführungen eines Sachverständigen zu Schaltungen von LZA ist es unumgänglich, dass Juristen diesbezüglich Grundbegriffe kennen. Bei Unfällen mit Rotlichtverstößen ist zunächst anhand der Fehlerspeicher zu klären, inwieweit eine Fehlschaltung vorlag. Kann diese ausgeschlossen werden, erfolgt zunächst eine Analyse des Unfallablaufs ohne Berücksichtigung der LZA. Die Ampelschaltung kann mit dem Unfallzeitpunkt nur über die Angaben der Beteiligten und Zeugen verknüpft werden. Auch bei verkehrsabhängigen Schaltungen sind dann grds. Aussagen zum Rotlichtverstoß möglich. Die abschließende Wertung obliegt i.d.R. aber der juristischen Würdigung.

117

Teil 1: Unfallanalyse – Methoden und Instrumente

§ 2 Vermeidbarkeitsbetrachtung

A. Gefühl für Weg und Zeit – Nur die letzten Sekunden zählen

118 Um eine Vorstellung vom Ablauf eines Verkehrsunfalls zu erhalten und festzustellen, unter welchen Umständen dieser hätte vermieden werden können, ist der Zeitraum vor der Kollision, also die Entwicklung des Unfalls, zu rekonstruieren. Hierzu muss der Unfallanalytiker die Bewegungen der Unfallbeteiligten in Beziehung setzen und untersuchen, wer in welcher Zeit welche Strecke zurückgelegt hat und wo sich die Unfallgegner zur jeweiligen Zeit befunden haben. Diese Vermeidbarkeitsbetrachtung lässt sich am besten in einem Weg-Zeit-Diagramm veranschaulichen. Mit der grafischen Verknüpfung von Weg und Zeit wird so auch dem Nicht-Techniker verständlich dargestellt, ob der Unfall für die Beteiligten vermeidbar gewesen wäre.

I. Allgemeine Vorgehensweise

119 Mit Hilfe der i.d.R. am Unfallort festgehaltenen Fahrzeugendstellungen, gesicherter Spuren sowie der Fahrzeugschäden ist der Unfallanalytiker in der Lage, über die Auslaufanalyse und die Kollisionsmechanik die Positionen der Fahrzeuge und ihre Geschwindigkeit zum Zeitpunkt der Kollision zu bestimmen. Auf dieser Basis können nun die **vorkollisionären Bewegungen verknüpft** werden. Dabei gibt das Weg-Zeit-Diagramm dem Anwender die Möglichkeit, den Unfallablauf nicht nur punktuell zu betrachten, sondern vielmehr die **Zusammenhänge** zwischen den Bewegungen der Unfallbeteiligten **zu jedem beliebigen Zeitpunkt** des betrachteten Zeitraums abzulesen und entsprechende Toleranzen zu berücksichtigen. Die Vorteile dieses Darstellungsverfahrens liegen auch darin, dass dem Unfallanalytiker das Weg-Zeit-Diagramm zur **Kontrolle** der errechneten Daten dient und bspw. im Laufe einer Gerichtsverhandlung gewonnene neue Erkenntnisse meist ohne großen Aufwand eingearbeitet werden können.

II. Aufbau des Weg-Zeit-Diagramms

120 Der Begriff **Bewegung** verbindet die Komponenten **Weg** und **Zeit**, die man grafisch in einem zweiachsigen Diagramm darstellen kann. Ein solches Weg-Zeit-Diagramm ist i.d.R. so aufgebaut, dass auf der **waagerechten Achse der**

§ 2 Vermeidbarkeitsbetrachtung

Weg in der Einheit Meter [m] und auf der **senkrechten Achse die Zeit** in der Einheit Sekunde [s] abgetragen wird. Parallel zu der Weg-Achse zeichnet man in einem Zeitintervall von einer Sekunde mehrere **Zeit-Hilfslinien**, wobei die Sekunde Null den Kollisionszeitpunkt angibt. Die Zeit-Achse ist durch die **Kollisionslinie** beschrieben, die ausgehend vom Kollisionsort in der Zeichnung des Straßenverlaufs als Lot die Zeit-Hilfslinien schneidet. Die daraus entstehenden Zeitpunkte **vor der Kollision** haben **negative Vorzeichen** und werden i.d.R. oberhalb der Weg-Achse abgetragen, die **Zeitpunkte nach der Kollision haben positive Vorzeichen**, wie die Abb. 1 zeigt.

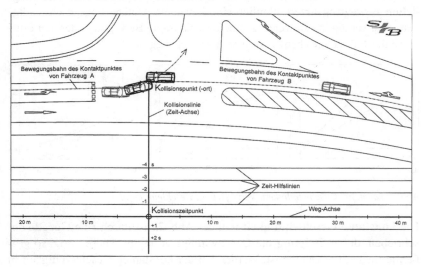

Abb. 1: *Aufbau des Weg-Zeit-Diagramms*

Der Zeitpunkt des Zusammenstoßes wird als **Kollisionszeitpunkt** bezeichnet. In diesem Moment befinden sich die Anstoßzonen der Fahrzeuge respektive die Kontaktbereiche, die für die Darstellung im Weg-Zeit-Diagramm zu **Kontaktpunkten** zusammengezogen werden, zur selben Zeit am selben Ort. Die Lage der Kontaktpunkte zum Zeitpunkt der Kollision nennt man **Kollisionspunkt**, der in der maßstäblichen Zeichnung der Unfallörtlichkeit und im darunter befindlichen Diagramm mit **K** gekennzeichnet ist.

Teil 1: Unfallanalyse – Methoden und Instrumente

III. Darstellung der Bewegungsarten

121 Während die Auslaufanalyse und die Kollisionsmechanik zu den **Kollisionsgeschwindigkeiten** führen, legen vorkollisionäre Spuren oder die durch die Gegebenheiten am Unfallort vorgegebene Einlaufrichtung die Bewegungsrichtung der Fahrzeuge oder auch der Personen fest. Diese **Bewegungsbahnen** der Kontaktpunkte in der Unfallzeichnung lassen sich in das Weg-Zeit-Diagramm übertragen und ergeben hier die **Bewegungslinien** der Kontaktpunkte.

Die grafische Darstellung dieser Bewegungslinien beschreibt die **vier möglichen Bewegungsarten**, nämlich eine konstante Annäherungsgeschwindigkeit, eine verzögerte Bewegung, eine beschleunigte Bewegung oder den Stillstand des Fahrzeuges bspw. vor einem Abbiegebeginn.

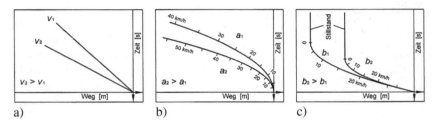

a)   b)   c)

Abb. 2: konstante Geschwindigkeit; Verzögerung; Beschleunigung

Die **konstante Geschwindigkeit** v in der Abb. **2a** ist durch eine **Gerade** beschrieben, deren **Steigung** die Geschwindigkeit angibt. Diese ist umso größer, je flacher die Gerade ist. Werden bei der konstanten Geschwindigkeit in gleichen Zeitintervallen gleich große Wege zurückgelegt, fährt ein gebremstes Fahrzeug in gleichbleibenden Zeitintervallen von einer Sekunde eine stets kleiner werdende Strecke, was durch eine **Parabel** dargestellt ist (s. Abb. **2b**). Mit der **Verzögerung** a bis zum **Stillstand** ($v = 0$ km/h) endet die Parabel in einer **Senkrechten**, während bei der **Beschleunigung** b aus dem Stand die Parabel aus einer Senkrechten kommt und mit steigender Geschwindigkeit zu einer Waagerechten tendiert (s. Abb. **2c**).

122 Die **Kombination der möglichen Bewegungsarten** ergibt schließlich eine **zusammenhängende Bewegungslinie**, die in Verbindung mit den zugehörigen Fahrzeugpositionen in der Zeichnung der Unfallörtlichkeit den **gesamten Bewegungsablauf vor der Kollision** beschreibt.

IV. Die letzten Sekunden vor der Kollision

Für eine **Vermeidbarkeitsbetrachtung** ist zu berücksichtigen, dass sich zumindest innerörtliche Unfälle in einem Zeitrahmen von nur etwa 2 sec. entwickeln. Es spielt also normalerweise keine Rolle, ob ein Fahrzeugführer mehrere Sekunden vor seiner tatsächlichen Reaktion durch ein anderes Ereignis abgelenkt wurde, weit vor dem Unfallort sehr schnell fuhr oder zuvor ein anderes Fahrzeug überholt hat. Entscheidend ist vielmehr die **Situation unmittelbar vor der Kollision**, wobei die **objektive Reaktionsaufforderung** angesichts eines Gefahrensignals den Beginn der **Reaktionsdauer** und damit die Möglichkeit zur **Vermeidung des Verkehrsunfalls** festlegt.

123

Sind vorkollisionäre Bremsspuren dokumentiert, ist nicht nur die Position des Fahrzeuges zum Verzögerungsbeginn bekannt, sondern – mit Vorgabe der **Reaktionsdauer** – auch die Position im Moment der Reaktion des Fahrzeugführers. Dabei unterstellt man für die Phase der Reaktionsdauer, die mit einer Sekunde veranschlagt wird, jedoch auch kürzer bzw. inklusive Blickzuwendungsdauer deutlich länger ausfallen kann, i.d.R. eine konstante **Ausgangs- oder Annäherungsgeschwindigkeit** bis zum Bremsbeginn und meist auch vor der Reaktionsaufforderung.

124

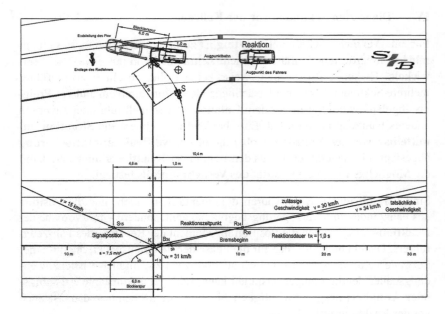

Abb. 3: Beispiel eines Weg-Zeit-Diagramms (Bremsausgangsgeschwindigkeit bekannt)

V. Unfallbeispiele

1. Bremsausgangsgeschwindigkeit bekannt

125 Zum Vergleich ist in der Abb. 3 eine Unfallsituation gezeigt, in welcher der durch die „rechts vor links"-Regelung bevorrechtigte Pkw-Fahrer auf das ungebremste Einbiegen eines Fahrradfahrers mit einer **Blockierbremsung** reagierte. Aus der zuvor durchgeführten Kollisionsanalyse konnten zunächst die Geschwindigkeiten zum Kollisionszeitpunkt ermittelt werden, wobei für das Zweirad eine Mindestgeschwindigkeit von 15 km/h angesetzt ist, während die mittlere Kollisionsgeschwindigkeit des Pkw etwa 31 km/h betrug.

Durch den **vorkollisionären Bremsweg** von etwa einem Meter sind sowohl der **Bremszeitpunkt** von lediglich 0,1 sec. vor der Kollision als auch die **Bremsausgangsgeschwindigkeit** mit im Mittel 34 km/h bekannt. An die **Verzögerungsparabel** schließt sich demnach eine **Gerade** an, deren Steigung

§ 2 Vermeidbarkeitsbetrachtung

eine Annäherungsgeschwindigkeit von 34 km/h beschreibt; man erhält also eine **zusammenhängende Bewegungslinie** im Weg-Zeit-Diagramm.

Der Schnittpunkt des **Reaktionszeitpunktes R** eine Sekunde vor dem Bremsbeginn gibt die Entfernung des Fahrzeuges bis zum Kollisionsort an, die in dem Beispiel 10,4 m beträgt. Die daraus resultierende Position des Pkw ist in die Zeichnung der Unfallörtlichkeit übertragen. Zum gleichen Zeitpunkt muss seitens des von links einfahrenden Fahrrades ein **Gefahrensignal** ausgegangen sein. Dabei führt der **Schnittpunkt der Reaktionszeitlinie** 1,1 sec. vor der Kollision mit der Bewegungslinie des Fahrrades zu einer Entfernung bis zur Kollisionslinie von 4,6 m; die entsprechende **Signalposition S** ist ebenfalls in die Zeichnung **maßstäblich übertragen.**

126

Demnach reagierte der Pkw-Fahrer auf eine Position des Fahrrades, als sich dieses noch innerhalb der Einmündung zu der bevorrechtigten Straße befunden hat. In dieser Situation konnte der Fahrzeugführer erkennen, dass der Radfahrer ohne anzuhalten einbiegen würde. Dabei könnte zu Gunsten des Pkw-Fahrers auch eine längere Reaktionszeit von 1,5 sec. unterstellt werden, da im Grunde eine **Blickzuwendung** erforderlich war.

Letztlich lässt sich mit diesem Beispiel verdeutlichen, dass der Pkw-Fahrer auch bei Einhaltung der zulässigen Höchstgeschwindigkeit von 30 km/h die Kollision trotz Vollbremsung weder räumlich noch zeitlich hätte vermeiden können. Bei dieser Ausgangsgeschwindigkeit hätte die Restgeschwindigkeit noch gut 22 km/h betragen und der Pkw hätte den Kollisionsort lediglich knapp 0,2 sec. später erreicht, das Fahrrad also frontal erfasst!

Da dem Fahrzeugführer zur **räumlichen Vermeidbarkeit** allenfalls ein **Anhalteweg** von knapp 10 m zur Verfügung gestanden hat, hätte er hierzu mit max. 25 km/h fahren müssen.

127

2. Bremsausgangsgeschwindigkeit nicht bekannt

Die Notwendigkeit, eine Weg-Zeit-Betrachtung durchzuführen, liegt insbesondere dann vor, wenn die Berechnung der Annäherungsgeschwindigkeit ohne eine vom Fahrzeug hinterlassene Bremsspur erfolgen muss. Mit Hilfe des Weg-Zeit-Diagramms lässt sich die **Bremsdauer**, die dem Fahrzeugführer zur Verfügung stand, bestimmen. Diese ist i.d.R. durch die **Zeit zwischen**

128

Teil 1: Unfallanalyse – Methoden und Instrumente

der **Reaktionsaufforderung** und der **Kollision** abzgl. **der Reaktionsdauer** definiert.

Ein Beispiel hat bereits BECKE in seinem Beitrag zur „Geschwindigkeitsermittlung vor Bremsbeginn" im VRR 2005, 22 f., beschrieben. Hier reagierte ein Fahrzeugführer auf eine Signalposition eines kreuzenden Pkw, nachdem dieser eine Anfahrstrecke von einem Meter zurückgelegt hatte. Das Gefahrensignal war somit eindeutig durch das Anfahren des Pkw gekennzeichnet.

129 Bei dem nachfolgenden Unfall der Abb. 4 reagierte der Fahrzeugführer A bereits deutlich bevor das Fahrzeug B die Wartelinie der von rechts kommenden Einmündung erreichte bzw. überfuhr. Aus der Kollisionsanalyse errechnet sich für den bevorrechtigten Pkw A eine Kollisionsgeschwindigkeit von 25 km/h, während der Kurven schneidend einbiegende Pkw B zum Kollisionszeitpunkt mit etwa 20 km/h fuhr. Dabei kollidierten zwar beide Fahrzeuge gebremst, allerdings zeichnete das ABS-gebremste Fahrzeug A **keine Bremsspuren**, sodass der **Bremsbeginn nicht bekannt** war.

Auch eine eindeutige Signalposition des Fahrzeuges B als Reaktionsaufforderung konnte zunächst nicht festgelegt werden – es fuhr ohne anzuhalten in den Bereich der Einmündung. Ob das Fahrzeug dabei mit einer konstanten Annäherungsgeschwindigkeit von 24 km/h – entspricht der Bremsausgangsgeschwindigkeit – fuhr oder aus einer höheren Geschwindigkeit vor der Einmündung zunächst verzögert und dann zum Einbiegen wieder beschleunigt wurde, lässt sich nicht mehr feststellen. Bei der in dem Weg-Zeit-Diagramm grau dargestellten Bewegungslinie ergibt sich aber als **Grenzbetrachtung** die zum möglichen Reaktionszeitpunkt des Fahrzeugführers A kürzeste Fahrstrecke des Fahrzeuges B zwischen der Signalposition und dem Kollisionsort. Für diesen Zeitpunkt knapp 2 sec. vor der Kollision ist eine möglichst geringe Geschwindigkeit zu unterstellen, aus der der Pkw B bis zum Bremsbeginn beschleunigt wurde.

§ 2 Vermeidbarkeitsbetrachtung

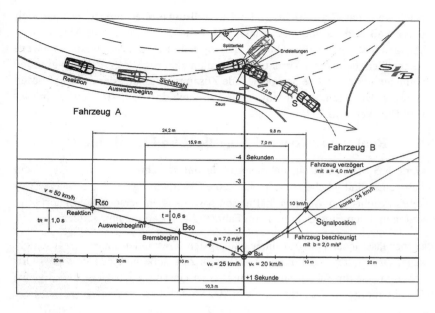

Abb. 4: Beispiel eines Weg-Zeit-Diagramms (Bremsausgangsgeschwindigkeit nicht bekannt)

Nimmt man für den bevorrechtigen Pkw A zunächst die zulässige Höchstgeschwindigkeit von 50 km/h an, die der Fahrzeugführer auch als maximale Annäherungsgeschwindigkeit behauptete, reagierte er mit dem **Ausweich-/Bremsmanöver** auf eine Signalposition des Pkw B, als dieser noch knapp 10 m vom Kollisionspunkt entfernt und deutlich in den **möglichen Sichtbereich** des Fahrzeugführers A eingefahren war. Dessen Reaktion bezog sich demnach auf eine Situation, als ihm bewusst wurde, dass der Pkw B ohne anzuhalten einbiegen würde. Ein früheres Reagieren und damit eine höhere Annäherungsgeschwindigkeit des Fahrzeuges A – so die Behauptung des Fahrzeugführers B – lässt sich daher nicht nachweisen.

VI. Fazit

Die geschilderten Beispiele zeigen auf, dass ein **anschauliches Weg-Zeit-Diagramm** nahezu zwingend erforderlich ist, um die Beweisfragen zur möglichen Vermeidbarkeit des Verkehrsunfalls zu beantworten.

130

Teil 1: Unfallanalyse – Methoden und Instrumente

Auch wenn das **Grundprinzip der Darstellung einheitlich** ist, gestaltet sich **jeder Fall anders** und häufig lässt sich erst durch eine solche Vermeidbarkeitsbetrachtung zur Plausibilität Stellung nehmen. Es wäre wünschenswert, wenn allen Unfallrekonstruktionsgutachten derartige Weg-Zeit-Diagramme beiliegen, da diese eine hervorragende Zusammenfassung der durchgeführten Analyse darstellen. Außerdem entwickelt auch der Nicht-Techniker ein **Gefühl für Weg und Zeit**.

B. Reaktionszeiten bei Tageslicht und Dunkelheit

131   Gem. § 3 StVO darf ein Fahrzeugführer nur so schnell fahren, dass er sein Fahrzeug ständig beherrscht. Er hat seine Geschwindigkeit den Straßen-, Verkehrs-, Sicht- und Wetterverhältnissen sowie seinen persönlichen Fahrfähigkeiten und den Eigenschaften von Fahrzeug und Ladung anzupassen.

Ferner lässt jener Paragraf unter günstigsten Umständen innerhalb geschlossener Ortschaften ein Tempo von 50 km/h zu – außerhalb geschlossener Ortschaften gilt für Kfz mit einem zulässigen Gesamtgewicht bis zu 3,5 t eine Geschwindigkeitsbeschränkung von 100 km/h.

132   In diese Formulierung fließt der Begriff der günstigsten Umstände ein.

Allgemein bekannt ist, dass bei Fahrten während der Dunkelheit auf einer unbeleuchteten Fahrbahn eben keine optimalen, sprich günstigen Bedingungen vorliegen. Obschon noch dahingehend zu unterscheiden ist, mit welchem Licht der Kfz-Lenker fuhr und welche Straßenverhältnisse vorlagen, lässt sich für den Großteil der Dunkelheitsunfälle zunächst anführen, dass eine Geschwindigkeit von 100 km/h sicherlich nicht dem „Fahren auf Sicht" entspricht.

Ähnliche Zusammenhänge können sich aber auch für Tageslichtunfälle ergeben. Als Extrembeispiel sei der Schulwegunfall genannt, also die „klassische Situation", in der ein Kind hinter einem am Fahrbahnrand haltenden Schulbus auf die Straße läuft. Hier fordert der § 3 StVO bekanntermaßen besondere Sorgfalt (u.a. Bremsbereitschaft).

133   Da sich gerade die Reaktionszeit auf das Ergebnis der Vermeidbarkeitsbetrachtung ausschlaggebend auswirkt, hängt von ihr u.a. der Abstand des noch zur Verfügung stehenden Abwehrweges vor der Kollision ab, ist selbige im

§ 2 Vermeidbarkeitsbetrachtung

Rahmen der Unfallanalyse sorgfältigst abzuwägen. Es leuchtet ein, dass im Falle einer nachweisbaren Geschwindigkeitsüberhöhung eines Pkw-Fahrers die Annahme einer verlängerten Reaktionszeit zu dessen Ungunsten ausfällt, nimmt auch seine Distanz zum Kollisionspunkt mit wachsender Reaktionszeit zu. Dies ist insbesondere dann zu beachten, wenn bspw. im Rahmen eines Ermittlungsverfahrens das für den Betroffenen günstigste Parametergefüge anzusetzen ist.

In den Umfang der Reaktionszeit fallen üblicherweise auch die technischen Verzugszeiten des Kfz, also z.B. die Bremsschwellphase. Bei Pkw beträgt sie üblicherweise 0,1 – 0,2 Sekunden – bei Krädern ist sie von der Fahrerfahrung des Motorradfahrers abhängig und bei NFZ kann sie bei einer luftunterstützten Bremsanlage auf bis zu 0,5 Sekunden ansteigen. 134

I. Tageslichtunfall

Zur Bemessung der Reaktionszeiten unter günstigen äußeren Umständen gibt es eine Fülle von unterschiedlichen Abhandlungen, die an dieser Stelle nicht aufgelistet werden sollen. Allgemein setzt sich der zeitliche Ablauf einer spontanen Abwehrhandlung zusammen aus der sog. Informationsverarbeitungsdauer (in die die Wahrnehmungs-, die Erkennungs- und die Entscheidungszeit hineinfällt), der sog. Umsetzdauer (der Fuß des Fahrers löst sich vom Gaspedal und wird auf das Bremspedal umgesetzt) sowie der Anlege- und der Schwelldauer. 135

Diese Anteile zusammengenommen rechtfertigen eine **Basisreaktionsdauer** im Bereich von ca. 0,8 – 1 Sekunde.

Nun ist es bei Tageslichtunfällen keine Seltenheit, dass die Gefahrenquelle für den Pkw-Fahrer nicht in seinem direkten Blickfeld, sondern außerhalb der Zone seines schärfsten Sehens (und somit in der Peripherie) erstmals erscheint. Es kann dann eine sog. **Blickzuwendungs- wie auch Korrektursakkadendauer** anfallen. Erstgenannte, die im Mittel 3/10 – 4/10 Sekunden umfasst, fällt dann an, wenn sich das Gefahrenobjekt nicht im sog. fovealen Bereich, und damit ist ein Bereich von 0,5° um die Augenmittelachse gemeint, erstmals präsentiert. 136

Die Korrektursakkadendauer ist noch zu berücksichtigen, wenn eine Blickbewegung größer als 5° durchzuführen ist – hier fallen dann noch zusätzlich

Teil 1: Unfallanalyse – Methoden und Instrumente

1/10 – 2/10 Sekunden an, sodass unter Tageslichtumständen die Reaktionszeit auch auf bis zu ca. 1,5 Sekunden ansteigen kann.

137 Betrachtet man das Bild 1, so wird man dem sich annähernden Pkw-Fahrer eine verlängerte Reaktionszeit ebenso wenig zubilligen können, wie im Falle des Bildes 2.

In Bild 1 ist der querende Radfahrer das einzig „dynamische" Element in der ansonsten quasi verkehrsfreien Umgebung, sodass man vom Pkw-Fahrer durchaus verlangen kann, dass er auf den Radfahrer schnell reagiert (max. 1s), zumal der Radfahrer eine höhere Quergeschwindigkeit besitzt und auch ohne Blickzuwendung „im Augenwinkel" wahrnehmbar ist.

Bild 1: Querender Radfahrer

138 Gleichermaßen verhält es sich im Falle des Bildes 2, wo sicher erkennbar der aus Gegenrichtung herannahende BMW bei gesetztem linken Blinker in einer deutlichen Schrägfahrt nach links auf das dortige Parkplatzgelände einzubiegen beabsichtigt. Spätestens hier ist klar, dass das Abbiegemanöver vollzogen

werden soll. Angesichts dieser Signalposition wird man auch hier eine verlängerte Reaktionszeit nicht diskutieren können.

Bild 2: Abbiegender Pkw

Noch eindeutiger stellt sich die Situation im Bild 3 dar, nämlich in Form des bremsenden Vordermannes – gerade Bremsleuchten üben ja eine hohe Signalwirkung auf den nachfolgenden Verkehrsteilnehmer aus, sodass auch in einem solchen Falle die unter Tageslichtbedingungen übliche Reaktionszeit hier anzusetzen wäre.

Teil 1: Unfallanalyse – Methoden und Instrumente

Bild 3: Alltägliche Bremssituation

Bisweilen verlangt der Gesetzgeber auch eine sog. **Bremsbereitschaft**, also dann, wenn erkennbar ist, dass Kinder oder aber erwachsene Personen, die nicht im Vollbesitz ihrer geistigen und körperlichen Kräfte sind, am Fahrbahnrand stehen, sich dem Fahrbahnrand nähern.

Gleiches wird verlangt, wenn ein Pkw-Fahrer an einem in einer Haltestelle befindlichen Schulomnibus vorbeifährt. In diesen Fällen wird seitens des Gesetzgebers Bremsbereitschaft gefordert, was dann bedeutet, dass bis auf die physiologisch bedingte Reaktionszeit (Wahrnehmungs- und Erkennungsdauer) kein weiterer Zeitanteil mit in die Vermeidbarkeitsbetrachtung einzufließen hat, was im Klartext bedeutet, dass dann eine Reaktionsdauer in der etwa hälftigen Größenordnung, sprich **0,4 – 0,5 Sekunden** anzusetzen wäre.

II. Dunkelheitsunfall

140 Die Erkennbarkeit von Hindernissen im nächtlichen Straßenverkehr ist im Wesentlichen von folgenden Parametern abhängig:
- **Umfeldhelligkeit (technisch: Leuchtdichte)**
- **Größe des Hindernisses**
- **Witterungszustand**

§ 2 Vermeidbarkeitsbetrachtung

- **Adaptationszustand des Fahrzeugführers inkl. seiner persönlichen Sehfähigkeiten**
- **technischer Zustand des Pkw**

Im letzten Punkt fließt neben dem Scheinwerfertyp, der im Kfz eingebaut ist, auch der Zustand der Windschutzscheibe wie aber auch der Scheibenwischer ein.

Die technische Entwicklung hat es mit sich gebracht, dass modernste Scheinwerfertypen (z.B. Xenon) zu einer deutlich besseren Vorfeldausleuchtung des Pkw führen, als dies seinerzeit durch H4-Scheinwerfer in der üblichen Bauweise erzielt wurde. Die Folge davon ist, dass in dem gesetzlich reglementierten Ausleuchtungsfeld des Abblendlichtes Objekte mit geringerem Reflexionsgrad z.b. im Xenonscheinwerferlicht deutlich früher erkannt werden. Der Führer eines solchen Pkw ist im Hinblick auf den § 3 StVO insgesamt günstigeren äußeren Bedingungen ausgesetzt, sodass dieser rein theoretisch auch etwas schneller fahren dürfte, als ein Fahrzeuglenker (mit gleichen Sehfähigkeiten) in einem älteren Kfz mit bspw. H4-Abblendlicht. 141

Die Auffälligkeit eines Sehobjektes unter den Gegebenheiten des nächtlichen Straßenverkehrs ist maßgeblich abhängig von seinem **Kontrast** zum Umfeld. Nähert sich also der Reflexionsgrad des Sehobjektes seinem Hintergrund an (dunkel gekleideter Fußgänger auf völlig unbeleuchteter Straße), so sind stark erschwerte Sichtbedingungen für den Pkw-Fahrer gegeben. Dem Reaktionsablauf, so wie er für den Tageslichtunfall gilt, sind zwei weitere Zeitfenster vorgeordnet. Zunächst muss der Pkw-Fahrer irgendeinen, **von der „Normalität" abweichenden Helligkeitswechsel** in seinem Umfeld wahrnehmen (technisch: Leuchtdichteunterschied). Wird dieser vom Pkw-Fahrer registriert, so wird er sein Augenmerk dort hinlenken, um dann zu versuchen, selbiges zu fixieren und dahingehend zu beurteilen, ob es sich um eine Gefahrenquelle handelt oder nicht. 142

Bewegt sich also ein Pkw-Fahrer auf völlig dunkler Straße und nimmt schräg vor sich am rechten Fahrbahnrand ein dunkles, aufrecht stehendes Objekt war, so muss er dieses dahingehend bewerten, ob es für ihn eine Gefahr darstellt oder nicht; es könnte sich um einen Fußgänger handeln, der beabsichtigt, auf die Straße zu treten, oder aber um eine bspw. dort abgestellte Mülltonne.

Teil 1: Unfallanalyse – Methoden und Instrumente

Es leuchtet ein, dass unter den Bedingungen des nächtlichen Straßenverkehrs die Reaktionszeit eben um diese beiden zusätzlich zu berücksichtigenden Zeitfenster verlängert ist.

Wie stark der Leuchtdichteunterschied zwischen Objekt und Hintergrund (Kontrast) die Erkennbarkeit beeinflusst, kann anhand des Bildes 4 gezeigt werden. Dort stehen im Bereich des Mehrzweckstreifens ein hell und ein dunkel gekleideter Fußgänger.

143 Führt die helle Bekleidung des einen Fußgängers zu einem hohen Anteil von reflektiertem Scheinwerferlicht, so ist beim dunklen Fußgänger lediglich der helle Gesichtsbereich noch gut zu erkennen. Unnötig zu erwähnen ist, dass für die Erkennbarkeit des hell gekleideten Fußgängers insgesamt eine geringere Wahrnehmungsdauer anfällt, als für den dunkel gekleideten Fußgänger.

Bild 4: Hell gekleidete Fußgänger „leben länger"

144 Natürlich spielt auch der Witterungszustand, d.h., ob die Straße trocken, feucht oder nass ist, eine Rolle. Während im Falle des Bildes 4, nämlich der trockenen und quasi frei von Gegenverkehr befahrbaren Straße noch recht

gute äußere Bedingungen vorliegen, ändert sich dies bei Anwesenheit von Gegenverkehr auf einer nassen Straße drastisch, Bild 5.

Der 20 m links vor dem Pkw stehende Fußgänger ist als gräuliche Silhouette vor den im Hintergrund herannahenden Pkw-Scheinwerfern zu erkennen. Diese Pkw-Scheinwerfer führen aber auch zu einer Anhebung der Helligkeit (technisch: Leuchtdichte) im Beobachterauge, was bedeutet, dass er auch einen größeren Kontrast zwischen dem Objekt und der direkten Umgebung dargeboten bekommen muss, um das Sehobjekt noch zu erkennen.

Bild 5: Schwierige Sehaufgabe

Insofern stellt die Beobachtungssituation im Bild 5 keine **„einfache Sehaufgabe"** dar – es sind hier bzgl. des Registrierens der Person (Formerkennung) Reaktionszeitzuschläge angemessen.

Ein besonders krasses Beispiel stellt das Bild 6 (durchgeführte Rekonstruktion einer Kollision zwischen einem Pkw und einer Fußgängerin in einer geschlossenen Ortschaft) dar.

Teil 1: Unfallanalyse – Methoden und Instrumente

Auf den 1. Blick ist die in 40 m Entfernung stehende Fußgängerin nicht zu sehen. Ein mit 50 km/h fahrender Pkw-Fahrer würde bis zum Erreichen der Überquerungsposition der Fußgängerin (Kollisionsort) einen Zeitanteil von etwa 2,9 Sekunden benötigen (50 km/h = 13,9 m/s und 40 m / 13,9 m/s = 2,9 s).

Würde man einem **unvorbereiteten Beobachter** dieses Bild für einen solchen Zeitanteil darbieten, so würde er nicht auf Anhieb sagen können, wo sich die akute Gefahrenquelle im Lichtbild befindet.

Sicherlich verschieben sich die Erkennungsmöglichkeiten bei weiterer Annäherung des Pkw-Fahrers an die Unfallstelle zusehends zum Positiven, nichtsdestotrotz ist festzustellen, dass in dieser Entfernung die in der **Tarnzone** zwischen den Laternen, also nahe der Fahrbahnmitte stehende Fußgängerin quasi nicht zu erkennen ist – lediglich der Regenschirm wird durch das Licht einer ortsfesten Straßenbeleuchtung noch leicht erhellt. Die Fußgängerin befindet sich nur noch wenige Schritte vor dem potentiellen Kollisionspunkt, ist also dem Raumbedarf des Pkw sehr nahe.

Bild 6: Tarnzone

In einer solchen, durch ungünstige äußere Bedingungen geprägten Situation mit der Tageslichtreaktionsdauer, also 0,8 oder 1 Sekunde, zu rechnen, wäre

§ 2 Vermeidbarkeitsbetrachtung

technisch sicherlich falsch, ist doch im Gegensatz zum klaren Signal im Bild 1 hier zunächst der Leuchtdichteunterschied, also der oftmals von Pkw-Fahrern bezeichnete „plötzlich auftauchende Schatten", wahrzunehmen und diesen dann letztlich auch sicher als Person einzuordnen.

Zur **Problematik** der Bemessung von Reaktionsdauern wurden vom Unterzeichner eine Fülle von **Feldversuchen durchgeführt**, bei denen unvorbereitete Probanden Sehobjekte zu erkennen hatten. In einer erst kürzlich betreuten Diplomarbeit (fertig gestellt im Februar 2006) wurde u.a. der Einfluss des Pkw-eigenen Scheinwerferlichtes untersucht. Die am Versuch teilnehmenden Probanden hatten dabei Fußgänger, die sich am linken wie auch am rechten Fahrbahnrand befanden, zu erkennen. Bei Registrierung derselben wurde über ein mit dem Bremspedal gekoppeltes Farbspritzgerät eine Markierung auf die Straße gebracht, sodass festgestellt werden konnte, wann der Proband in Relation zum Sehobjekt mit dem Bremsmanöver begann. 146

Dem Bremsbeginn vorgeordnet ist logischerweise die **Reaktionszeit** des jeweiligen Probanden. Bei der im Versuch festgelegten Pkw-Fahrgeschwindigkeit war es dann kein Problem, lichttechnische Messungen in konstanten Abständen vor dem Punkt des Bremsbeginns durchzuführen. Dabei konnte mit dem geeichten Leuchtdichtemesser festgestellt werden, ob am Punkt X vor dem Bremsbeginn eine Wahrnehmbarkeit rein technisch schon möglich war oder nicht. Da die zugehörige Strecke s wegen der bekannten Geschwindigkeit natürlich auch mit einer Reaktionszeit verknüpft ist (bspw. bei einem Versuchstempo von 36 km/h entspricht einer Reaktionszeit von 1 Sekunde eine Distanz von 10 m), war feststellbar, um wie viel früher ein Proband in einem Xenonlicht-Pkw reagierte als im Falle der Benutzung des H4-Abblendlicht-Pkw. 147

Zunächst ergaben sich für **Sehobjekte links** vor dem Pkw (in der Gegenfahrbahn) keine merklichen Unterschiede zwischen diesen beiden Scheinwerfersystemen, was daran liegt, dass die Ausleuchtungsqualitäten des links vor dem Pkw liegenden Straßenraums gesetzlich reglementiert sind (um Gegenverkehr nicht unnötig zu blenden).

Für **Objekte**, die sich am **rechten Fahrbahnrand** aufhielten, fand sich aber ein ganz markanter Unterschied. So hatten die Probanden bei einer veranschlagten Reaktionszeit von 1,5 Sekunden die Hindernisse im H4-Schein-

Teil 1: Unfallanalyse – Methoden und Instrumente

werferlicht in 55 m-Distanz erkannt – bei der Xenonbeleuchtung betrug die Erkennbarkeitsentfernung für diese Reaktionszeit 75 m.

So war im Rahmen der anschließenden lichttechnischen Untersuchung auch noch festzustellen, dass der Leuchtdichteunterschied im H4-Abblendlicht in 55 m Distanz gleichgroß war wie im Xenonscheinwerferlicht in einer Distanz von knapp 80 m. Dies belegt, dass auch die Qualität der Fahrbahnausleuchtung durch die Pkw-eigenen Scheinwerfer mit in die lichttechnische Analyse, d.h. also auch in die Höhe der zu bemessenden Reaktionsdauer einfließen muss.

III. Zusammenfassung

Nach Ansicht des Autors ist es technisch nicht zulässig, unter schwierigen äußeren Bedingungen, und dies ist bei Dunkelheitsunfällen fast immer der Fall, mit normalen Tageslichtreaktionszeiten zu rechnen – hier bedarf es einer sorgfältigen **Abwägung sämtlicher Einflussparameter**.

So sind insbesondere im hiesigen Raum (im Anschluss an größere öffentliche Feiern) Unfälle zu beklagen, bei denen auf der Straße liegende, alkoholisierte Fußgänger überrollt werden. Ein solches „Hindernis" stellt für den herannahenden Pkw-Fahrer kein typisches Gefahrenobjekt dar, da sich normalerweise ein Fußgänger in (zumindest weitgehend) aufrechter Position darbietet. Dem Unterzeichner sind eine Fülle von Expertisen bekannt, in denen trotz sehr ungünstiger äußerer Umstände mit der „normalen Schrecksekunde" gearbeitet wird. Dies geht oftmals zulasten des schwächeren Verkehrsteilnehmers, also des Fußgängers, weil nämlich mit zunehmender Reaktionsdauer auch der Abstand zwischen Pkw und Unfallstelle zum Zeitpunkt des Gefahreneintrittes wächst. Steht dann noch eine überhöhte Geschwindigkeit des Pkw-Fahrers im Raum, so wirkt sich die längere Reaktionszeit auf die Frage der räumlichen Vermeidbarkeit bei Einhaltung des zulässigen Tempos günstig für den schwächeren Verkehrsteilnehmer, also den Fußgänger aus.

§ 3 Spurensicherung und Auswertemöglichkeiten
A. Spurensicherung und Auswertemöglichkeiten

Grundlage einer genauen Unfallrekonstruktion ist eine maßstäbliche Zeichnung des Unfallortes, in die alle vorhandenen Spuren möglichst exakt übertragen werden müssen. Anhand dieser Spuren ist i.d.R. eine Aussage über die Ein- und Auslaufrichtungen der Fahrzeuge und über die Lage des Kollisionsortes innerhalb der Unfallstelle möglich. Zur Übertragung der Spuren in die Zeichnung stehen dem technischen Sachverständigen verschiedene Methoden zur Verfügung.   149

I. Unfallspuren

Um den Hergang eines Verkehrsunfalls rekonstruieren zu können, benötigt der technische Sachverständige **Angaben** über **Spuren** auf der **Fahrbahn** und zu den **Beschädigungen** an den **beteiligten Fahrzeugen**. Je umfangreicher das zur Verfügung stehende Material ist, desto genauere Aussagen sind über den Unfallhergang und die Entwicklung des Unfalles im Vorfeld möglich.   150

Können bspw. nur Lichtbilder der Beschädigungen an den Fahrzeugen zur Verfügung gestellt werden, so ist zwar eine Aussage über die Relativgeschwindigkeit der Fahrzeuge zum Kollisionszeitpunkt möglich, diese reicht jedoch für eine umfassende Unfallrekonstruktion und insbesondere für eine Vermeidbarkeitsbetrachtung bei weitem nicht aus. Bei der Rekonstruktion ist nicht nur die eigentliche Kollision der Fahrzeuge von Interesse, besonderes Augenmerk gilt den Bewegungen und Geschwindigkeiten der Fahrzeuge vor und nach dem Anprall in der sog. „pre-crash" und „post-crash"-Phase. Die Ermittlung des Unfallhergangs geschieht i.d.R. mit einer **„Rückwärtsrechnung"**, d.h. die Positionen und Geschwindigkeiten der Unfallbeteiligten zu bestimmten Zeitpunkten werden, ausgehend von den Endstellungen oder Endlagen, über den Kollisionsort bis hin zu Positionen im Zeitraum des Einlaufs ermittelt. So liefern Spuren an der Unfallstelle, wie z.B. Reifenspuren, Schlagmarken, Abriebspuren von Fahrzeugteilen oder von Unfallbeteiligten, wichtige Hinweise auf Ein- und Auslaufrichtungen und die Lage des Kollisionsortes innerhalb der Unfallörtlichkeit. Diese **Spuren** müssen erkannt und **dokumentiert** werden, damit überhaupt eine Rekonstruktion des Unfallherganges ermöglicht wird, in deren Rahmen auch eine Interpretation des Gesamtspurenbildes erfolgen kann. Eine weitere Grundlage der Unfallrekonstruktion ist eine möglichst

Teil 1: Unfallanalyse – Methoden und Instrumente

exakte Vermessung und Zeichnung der örtlichen Gegebenheiten, in die die am Unfallort festgestellten und gesicherten Unfallspuren maßstabsgetreu eingezeichnet werden. Zur Übertragung der Spuren in diese maßstäbliche Zeichnung stehen dem Sachverständigen verschiedene Methoden zur Verfügung, die je nach den vorliegenden Voraussetzungen der Unfallsituation mehr oder weniger gut geeignet sind, die Spurenlage zu sichern. Auf die verschiedenen Möglichkeiten bei der Spurensicherung, insbesondere durch Fotos, und deren Auswertemöglichkeiten wird im Folgenden näher eingegangen.

II. Spurensicherung durch Handvermessung

151 I.d.R. erfolgt, insbesondere bei der Unfallaufnahme durch die Polizei, eine Handvermessung mit dem Messrad. Hierbei haben sich, zumindest bei geringem Spurenaufkommen, zwei Verfahren als relativ genau und schnell durchführbar herausgestellt:
- Dreiecksmessverfahren
- Rechtwinkel-Koordinaten-Verfahren

152 Beim Dreiecksmessverfahren wird von jedem zu vermessenden Punkt der Abstand zu zwei Bezugspunkten bestimmt, deren Abstand zueinander ebenfalls bekannt sein muss (Bild 1). Hierdurch ist der Messpunkt eindeutig definiert und kann in die maßstäbliche Zeichnung der Unfallstelle übertragen werden.

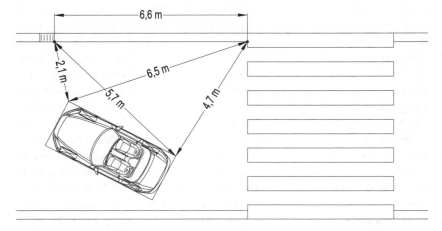

Bild 1: Dreiecksmessverfahren

Beim **Rechtwinkel-Koordinaten-Verfahren** wird jeweils von einem Fixpunkt (Koordinatenursprung) aus die x- und die y- Komponente des zu messenden Punktes rechtwinklig bestimmt (Bild 2). Dieses Verfahren bietet sich insbesondere bei geradlinigen Straßenverläufen an.

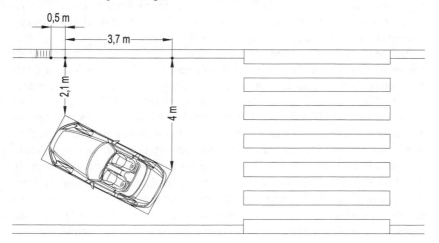

Bild 2: Rechtwinkel-Koordinaten-Verfahren

Die Wahl des Messverfahrens ist i.d.R. von der **Örtlichkeit abhängig**. Bei beiden beschriebenen Verfahren der Handvermessung besteht aber das Problem, dass eine genaue Vermessung umfangreicher Unfallspuren mit vertretbarem zeitlichem Aufwand kaum möglich ist. Aber auch lang gezogene Schleuder- und Driftspuren, insbesondere deren Krümmungsradien, lassen sich mit diesen Verfahren kaum maßstäblich erfassen, da eine Vielzahl an Durchgangspunkten eingemessen werden müsste. Auch wenn eine Sperrung des Unfallstellenbereiches für den Verkehr für die Dauer der Unfallaufnahme nicht durchgängig möglich ist, sind die genannten Handmessverfahren aufgrund ihres zeitlichen Aufwandes nicht praktikabel. In diesen Fällen bietet es sich an, die Spurensicherung der Unfallspuren mit Hilfe von Lichtbildern durchzuführen. Hier wird bei relativ geringem Aufwand am Unfallort eine sehr hohe Auswertegenauigkeit erreicht.

Teil 1: Unfallanalyse – Methoden und Instrumente

III. Aufnahme von Lichtbildern zur Spurensicherung

155 Vor der Spurensicherung sollten vorhandene Spuren zunächst mit Hilfe von Unfallmarkierungskreide markiert und ggf. beschriftet werden, nachdem einige Übersichtsfotos der Unfallendsituation aufgenommen wurden. Hierbei ist besonderes **Augenmerk** auf die veränderbaren und **flüchtigen Spuren** (Splitterfeld, Endstellungen, Lage von Gegenständen von Beteiligten, Fahrzeugteile, Flüssigkeitslachen etc.) zu legen. Um die spätere Auswertung zu vereinfachen, sollten aber auch nicht so schnell veränderbare Spuren (Reifenspuren, Schlagmarken, Kratzer auf der Fahrbahn etc.) markiert werden. Im Anschluss an die Markierung der Spuren sollten die Fahrzeuge aus dem unmittelbaren Unfallstellenbereich entfernt werden, da sie zum einen Spuren verdecken könnten und es sich zum anderen bei fotogrammetrischen Verfahren i.d.R. um zweidimensionale Verfahren handelt. Befinden sich nun dreidimensionale Gegenstände im auszuwertenden bzw. zu entzerrenden Bereich, so ist eine störungsfreie Auswertung/Entzerrung nicht möglich. **Lichtbilder**, die als Grundlage der Spurensicherung und -auswertung dienen sollen, sollten möglichst senkrecht von oben oder aus möglichst großer Höhe aufgenommen werden, da die Qualität der Entzerrung mit der Aufnahmehöhe zunimmt.

Als Faustregel lässt sich festhalten, dass ungefähr die 5-fache Aufnahmehöhe der Kamera in Längsrichtung ausgewertet werden kann, ohne dass es zu großen Ungenauigkeiten durch Verzerrung kommt. Beträgt die Höhe der Kamera bei der Fotoaufnahme bspw. 1,75 m (Augenhöhe), so beträgt die auswertbare Länge knapp 9 m. Wird jedoch die Aufnahmehöhe auf etwa 3 m erhöht, so vergrößert sich die Auswertelänge schon auf ca. 15 m. In der Praxis heißt dies: Es ist eine möglichst hohe und stark geneigte Kameraposition einzuhalten. Es empfiehlt sich, bei der Fotoaufnahme eine Trittleiter oder eine „Hochfoto-Stange" einzusetzen, oder die Fotos bspw. auf dem Dach eines Einsatzfahrzeuges stehend anzufertigen.

IV. Auswertung von Lichtbildern

156 Bei der Auswertung von Lichtbildern sind unterschiedliche Vorgehensweisen und Absichten zu unterscheiden. Die **Auswertung** von „zufällig" aufgenommenen Lichtbildern der Unfallstelle, die häufig von einem der Unfallbeteiligten im Nachhinein eingereicht werden, ist u.U. möglich, wenn Bezugspunkte in der Unfallörtlichkeit auf den Fotos mit abgebildet werden, die bei einer

Ortsbesichtigung eingemessen werden können. Durch die Konstruktion eines Möbius-Netzes oder eines Zufallsrasters lassen sich Spuren an der Unfallstelle in eine Zeichnung übertragen, auch wenn zunächst keine Maßangaben bekannt sein sollten. Diese Vorgehensweise bietet sich insbesondere an, wenn entweder eine Unfallaufnahme nicht, oder nur unzureichend erfolgte, oder wenn der Verdacht besteht, dass Maßangaben in einer Skizze nicht zutreffend ermittelt wurden. Wenn hingegen beabsichtigt ist, ein fotogrammetrisches Auswerteverfahren zur Spurensicherung und -auswertung anzuwenden, ist die Unfallstelle zuvor zu präparieren. Je nach Verfahren wird bspw. ein Referenzraster im Unfallstellenbereich aufgezeichnet, oder es wird ein Referenzobjekt, dessen Maße bekannt sind, mitfotografiert. Bei der nachfolgenden Auswertung können grafische und rechnerische Verfahren eingesetzt werden. Einige Methoden werden in den folgenden Abschnitten kurz vorgestellt.

V. Grafische Auswerteverfahren

Voraussetzung für den Einsatz des Möbiusnetzes ist ein Basisrechteck, von dem die Koordinaten der Eckpunkte bekannt sind (Bild 3). Im Beispiel sind der Beginn

Bild 3: Möbiusnetz

und die Lage der Bremsspur anhand einer Fotoauswertung zu bestimmen, da keine Bemaßung bei der Unfallaufnahme erfolgte. Es wurde im Rahmen der Gutachtenbearbeitung eine Ortsbesichtigung durchgeführt. Hierbei wurde das auf dem Lichtbild zu erkennende Rechteck (A, B, C, D) eingemessen. Die Punkte A und C, sowie B und D werden miteinander verbunden, es ergibt sich der Schnittpunkt S der Diagonalen. Werden die Seitenkanten des Rechtecks verlängert, so ergeben sich weitere Schnittpunkte (E, F); die Verlängerungen der vertikalen Seiten schneiden sich im Fluchtpunkt F, die der horizontalen Seiten im Punkt E. Wird nun eine Linie vom Fluchtpunkt F durch den Schnittpunkt der Diagonalen S gezeichnet, so halbiert deren Verlängerung die Strecken AB und DC, es entstehen die Schnittpunkte G und H. Die Verlängerung der Linie durch die Punkte E und S halbiert nun die Strecken BC und AD in den Punkten I und J. Da die Längen der Strecken AB, BC, CD und AD bekannt sind, sind auch die Längen der neu konstruierten Strecken bekannt. Das so entstehende Netz kann beliebig, je nach erforderlicher Auswertegenauigkeit, verfeinert, und über die gesamte Bremsspur ausgedehnt werden. Der Nachteil dieses Verfahrens wird schnell deutlich: Wird eine hohe Auswertegenauigkeit gefordert, so ist der Konstruktionsaufwand erheblich. Ferner wird der Fehler mit jedem Konstruktionsschritt größer (ein Fehler baut auf dem vorherigen auf).

158 Liegen zu einer Unfallstelle **keine Informationen** (außer Fotos) vor, so ist eine **Lichtbildauswertung** i.d.R. nicht durchzuführen, es sei denn, es wurde zufällig ein geometrisches Muster mit fotografiert, aus dem sich ein Raster erarbeiten lässt. Hierzu können z.B. Bordsteinkanten, Gullydeckel, Pflastersteine o.ä. dienen. Im dargestellten Beispiel (Bild 4) wurde der Fluchtpunkt F unter der Annahme konstruiert, dass die beiden, auf dem Foto erkennbaren, Straßenbegrenzungen parallel sind. Hierdurch entsteht der Verlauf des Auswerterasters in Fahrbahnlängsrichtung. Anhand des Gullydeckels ist die Ausrichtung des Rasters in Fahrbahnquerrichtung durchführbar. Die maßhaltige Aufteilung der Rastereinteilung kann hier ebenfalls mit Hilfe des Gullydeckels und dessen bekannten Abmaßen erfolgen. Eine Verfeinerung des Netzes wird analog zur Verfeinerung des Auswertenetzes beim Möbius-Netz vorgenommen.

§ 3 Spurensicherung und Auswertemöglichkeiten

Bild 4: Zufalls-Raster

VI. Rechnerische Auswerteverfahren

Beim Monobildverfahren wird über den gesamten Unfallstellenbereich ein Referenzraster aus Rechtecken gelegt, deren Eckpunkte auf der Fahrbahn markiert und mit fotografiert werden (Bild 5). Hierbei sollten sich die auszuwertenden Spuren innerhalb der Rasterfelder befinden, da ansonsten perspektivische Verzerrungen zu Ungenauigkeiten führen.

159

Teil 1: Unfallanalyse – Methoden und Instrumente

Bild 5: Monobilder

Je nach Aufnahmehöhe des Lichtbildes kann die Länge der auszuwertenden Referenzfelder bis zu 9 m (bei Verwendung einer Hochfoto-Stange auch bis zu 15 m) betragen (siehe auch Abschnitt III.). Die Seitenlängen der Referenzrechtecke und die Längen der Diagonalen müssen eingemessen werden. Das entstehende Monobildraster zeigt beispielhaft das Bild 6. Die spätere Auswertung der Spuren erfolgt rechnerunterstützt. Zunächst muss das gescannte Analogbild bzw. das Digitalfoto kalibriert werden. Anschließend werden die auf dem Foto erkennbaren Spuren am Computer nachgezeichnet. Neben dem auszuwertenden Bild entsteht eine entzerrte Draufsicht der nachgezeichneten Spuren. Der Vorgang, der im Hintergrund durch den Rechner durchgeführt wird, wird mit „projektive Transformation" bezeichnet.

§ 3 Spurensicherung und Auswertemöglichkeiten

Verkehrunfallskizze zu Akt.-Z*)

Verkehrunfallskizze zu Akt.-Z*)

1. Unfallstelle _____
2. Unfallzeit _____
   Tag/Datum/Uhrzei
3. Gefertigt von _____
   Name: _____
   Dienstgrad: _____

4. Nordpfeil in die Skizze einzeichnen.
5. Maßstab – etwa – 1: _____ – nicht
   maßstabsgerechte Handskizze
   (Nichtzutreffendes streichen)

Maßstab 1 : 200 (1 m Wirklichkeit – 5 mm Skizze) ist anzustreben. Diesem Maßstab entsprechen die Grundlagen in Durchschnittswerten

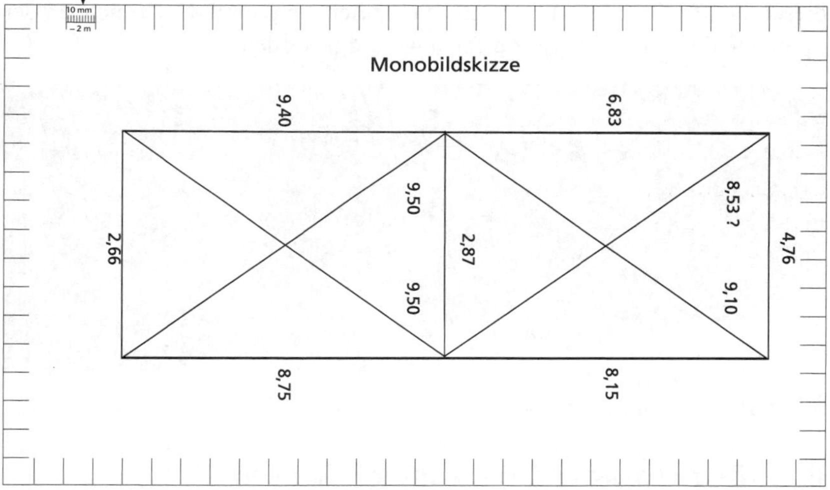

10 mm
– 2 m

Monobildskizze

9,40   6,83
2,66   9,50   2,87   8,53 ?   4,76
       9,50   9,10
8,75   8,15

Bild 6: Monobildraster

Da pro Auswertefeld nur sechs Maße aufgenommen werden müssen, ist der Aufwand zur Spurensicherung am Unfallort überschaubar. Auch lang gestreckte Unfallstellen mit einer Vielzahl an Spuren lassen sich innerhalb kurzer Zeit vermessen. Ein weiterer Vorteil des Monobildverfahrens liegt in der hohen Auswertegenauigkeit. Bspw. lassen sich die Krümmungsradien von Drift- oder Schleuderspuren, oder auch die Radien von Einmündungsbereichen sehr genau ermitteln und darstellen.

Wie auch beim Monobildverfahren muss bei der Anwendung der fotogrammetrischen Entzerrung von Lichtbildern vor der Fotoaufnahme über den Bereich

160

der Unfallstelle ein **Referenzraster** aus **Rechtecken** gelegt werden, deren Eckpunkte zueinander eingemessen werden. Mit Hilfe von entsprechenden Computer-Programmen (z.B. PC-Rect) wird eine Entzerrung des angefertigten Lichtbildes vorgenommen. Es entsteht eine fotoähnliche Darstellung der Situation als Draufsicht (Bild 7). Über die Referenzpunkte können aufeinander folgende Darstellungen miteinander verknüpft werden. So entsteht schrittweise ein Draufsichtbild des gesamten Unfallortes. Dieses kann nun als Basis für die Rekonstruktion des Verkehrsunfalls dienen, da alle erkennbaren Entfernungen maßstabs- und winkelgetreu dargestellt werden. Mit Hilfe eines Zeichenprogramms (z.B. AutoCAD oder AutoSketch) kann aber auch anhand dieser Draufsicht eine maßstabsgerechte Zeichnung durch Nachzeichnen der Spuren und Fahrbahnbegrenzungen angefertigt werden.

Bild 7: Fotogrammetrische Entzerrung

B. Betriebszustand von Fahrzeuglampen

161 Bei der Klärung von Unfallhergängen ist häufig auch der Betriebszustand von Fahrzeuglampen zum Zeitpunkt des Unfallgeschehens relevant, gerade bei den Themen Erkennbarkeit, Sichtweite oder Vermeidbarkeit. Nach einem Unfallgeschehen bei Dunkelheit soll häufig rekonstruiert werden, ob und in welcher Form Beleuchtungseinrichtungen an Kfz zum Zeitpunkt der Kollision in Betrieb waren.

Für die Rekonstruktion des Brennzustands sind zur Auswertung des Spurenbilds außer Kenntnissen über das physikalische und chemische Werkstoffverhalten der Lampenwerkstoffe auch entsprechende Untersuchungseinrichtungen notwendig. Dazu gehören neben dem Lichtmikroskop (Abb. 1), der

§ 3 Spurensicherung und Auswertemöglichkeiten

Digitalkamera mit Macroaufnahme-Funktion auch das Rasterelektronenmikroskop und die Mikrosonde.

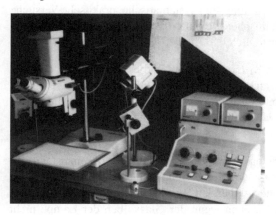

Abb. 1 Stereo-Lichtmikroskop mit Fotoaufsatz (Oxenfarth, Fortbildungsseminar für Juristen, Betriebszustand von Fahrzeuglampen)

Abb. 2 Digitalkamera (Macroaufnahme)

I. Lampen mit Glühwendeln

Wie ist es überhaupt möglich, nachträglich festzustellen, ob eine Lampe zum Unfallzeitpunkt in Funktion war? Diese Frage lässt sich, ohne an dieser Stelle auf Einzelheiten einzugehen, dank einer einfachen Grunderkenntnis beant-   162 worten: Eine glühende Lampenwendel verhält sich bei einer außergewöhnlichen starken Erschütterung, oder wenn der Lampenkolben zertrümmert wird, anders als eine kalte. Zur Beurteilung sind systematische, praktische Versuche zum mechanischen und chemischen Verhalten von Glühwendeln im kalten und glühenden Zustand unerlässlich.

Damit sind die wesentlichen Kriterien genannt und es leuchtet ein, dass die Merkmale an einer Lampe nicht losgelöst vom Unfallgeschehen betrachtet werden dürfen. Auch kommt der Spurensicherung, dazu gehören die Asservierung der Lampe und das Überprüfen der Beleuchtungsanlage, eine wichtige Bedeutung zu.

163 Die aussagekräftigsten Merkmale zur Rekonstruktion des Brennzustands einer Lampe sind an den Glühwendeln festzustellen. Unter der Einwirkung von Stoßkräften entstehen an einer glühenden Wendel durch Massenkräfte plastische Verformungen (Abb. 3), auch wenn der Glaskolben der Lampe nicht zerstört wird.

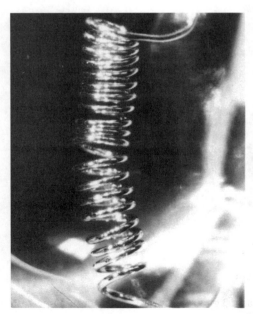

Abb. 3 Plastische Verformung einer Abblendlichtwendel (Oxenfarth, Fortbildungsseminar für Juristen, Betriebszustand von Fahrzeuglampen)

§ 3 Spurensicherung und Auswertemöglichkeiten

Wird der Glaskolben der Lampe zerstört, können außer plastischen Wendelverformungen noch zusätzliche Merkmale an der Wendel auftreten.

164

Kalte Wendeln reagieren chemisch nicht mit Luftsauerstoff, die Drahtoberfläche bleibt metallisch blank. Glühende Wendeln reagieren je nach Temperatur mehr oder weniger stark mit Luftsauerstoff. Es entstehen an der Drahtoberfläche Oxidationserscheinungen. Außerdem können an glühenden Wendeln Glassplitter vom zerstörten Glaskolben anschmelzen, vgl. Abb. 4.

Abb. 4 Abblendlicht mit Glasanschmelzungen (Oxenfarth, Fortbildungsseminar für Juristen, Betriebszustand von Fahrzeuglampen)

Wie die Abb. 3 und 4 zeigen, lassen sich die Untersuchungsergebnisse grds. in zwei Klassen einteilen:
- Lampen mit unzerstörtem Glaskolben,
- Lampen mit zerstörtem Glaskolben.

Teil 1: Unfallanalyse – Methoden und Instrumente

165 Einen Überblick über die möglicherweise vorgefundenen Spurenbilder mit den daraus abzuleitenden Diagnosen, für beide Fälle, zeigen die folgenden beiden Flusspläne.

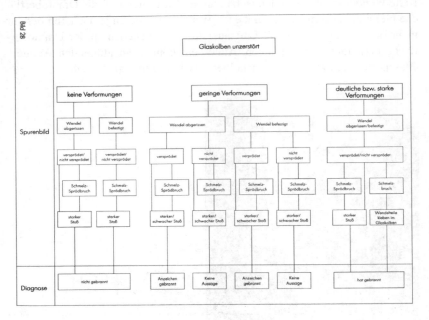

Abb. 5 Schematische Darstellung des möglichen Untersuchungsvorgangs für eine Lampe mit unzerstörtem Glaskolben (Oxenfarth, Fortbildungsseminar für Juristen, Betriebszustand von Fahrzeuglampen)

Die schematische Darstellung des Untersuchungsganges einer Lampe mit zerstörtem Glaskolben zeigt die Abb. 6.

§ 3 Spurensicherung und Auswertemöglichkeiten

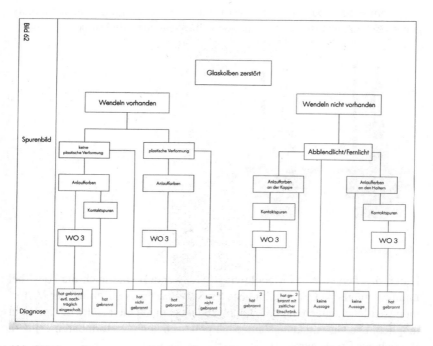

Abb. 6 Untersuchungsvorgang bei einer Lampe mit zerstörtem Glaskolben *(Oxenfarth, Fortbildungsseminar für Juristen, Betriebszustand von Fahrzeuglampen)*

Alle diese Untersuchungsergebnisse sind durch Crashversuche ermittelt worden.

II. Lampen in neueren Fahrzeugen

Bei neueren Fahrzeugen werden Scheinwerferlampen mit Glühwendeln durch Xenon-Lampen (Gasentladungslampen) bzw. Begrenzungs- und Blinkerlampen durch LED-Leuchten ersetzt.

1. Xenon-Lampen

Bei immer mehr Fahrzeugen sind Xenon-Lampen, Abb. 7, als Abblendlichtlampen eingebaut. Diese Lampe liefert eine höhere Lichtstrom- und Leuchtdichte, was zu einer besseren Ausleuchtung der Fahrbahn führt. Gasentladungslampe bzw. Xenonlampen verwenden als Leuchtmittel einen Lichtbogen zwischen zwei im Brennraum gegenüberliegenden Elektroden.

Abb. 7 Xenonlampen (www.hella.com)

Durch das Fehlen eines Metalldrahts (Glühwendel) sind auch die sonst bei Lampen möglichen Feststellungen des Schaltzustands aufgrund der Verformung der leuchtenden (heißen) Glühwendel bei intakt bleibender Lampe nicht möglich. Die Gasentladungslampe hat praktisch keine verformbaren Teile im Bereich des Brennraums.

Es ist bei einer intakt bleibenden Gasentladungslampe unmöglich, ihren Schaltzustand zum Unfallzeitpunkt zu rekonstruieren. Bricht die eingeschaltete Lampe jedoch beim Unfall und kann Luft in das Innere des Hohlraums gelangen, so entstehen an den Elektroden Anlaufspuren als Oxidationsspuren, die den Nachweis, dass die Lampe eingeschaltet war, ermöglichen. Es ist somit festzustellen, dass nur beim Bruch des Brennraums Oxidationsspuren auftreten, die den Nachweis, dass die Lampe zum Unfallzeitpunkt leuchtete, erlauben.

Nach Herstellerangaben wird der Schaltzustand der Lampe im Steuergerät, das separat für die Gasentladungslampe vorhanden ist, nicht gespeichert, sodass zzt. auch über das Auslesen des Steuergeräts der Schaltzustand nicht beurteilt werden kann.

2. LED (Licht emittierende Dioden)

Im Automobilbau werden immer häufiger LED verwendet. Ein Beispiel zeigen die Abb. 8 und 9.

Abb. 8 LED-Heckleuchte Audi A6 (www.hella.com)

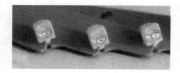

Abb. 9 Einzelne LED des Rücklichts (Bürger, VKU 45 [2007], 51)

Es gibt beim Bruch einer solchen LED-Leuchte keine Möglichkeit, ihren Schaltzustand festzustellen, außer durch Überprüfung des Stromkreises des betreffenden Fahrzeugs. Ist der zugehörige Stromkreis funktionsfähig, konnte auch die betreffende LED geleuchtet haben, sofern sie eingeschaltet war, da die Lebensdauer einer LED bis zu 10.000 Stunden beträgt.

III. Fallbeispiele

Es sollen jetzt zwei Fallbeispiele eines realen Unfallgeschehens vorgestellt werden, bei denen die Scheinwerferlampen untersucht wurden.

Das erste Fallbeispiel zeigt eine Kollision zwischen einem Lkw und einem kreuzenden Pkw. Die Abb. 10 und 11 zeigen die beiden beteiligten Fahrzeuge.

Teil 1: Unfallanalyse – Methoden und Instrumente

Abb. 10 Beschädigungsbild Lkw

Abb. 11 Beschädigungsbild Pkw

Der linke zerstörte Hauptscheinwerfer vom Lkw wurde sichergestellt. Die H4-Lampe befand sich noch mit intaktem Glaskolben in der Halterung, vgl. Abb. 12.

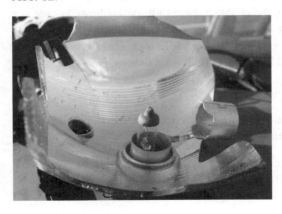

Abb. 12 Hauptscheinwerfer Lkw

Bei einer genaueren Untersuchung der Lampe, vgl. Abb. 13, konnte festgestellt werden, dass die Glühwendel der Lampe gerissen war und sich ebenfalls deutlich verformt hatte.

§ 3 Spurensicherung und Auswertemöglichkeiten

Abb. 13 Macroaufnahme Lampe Lkw

Die Abb. 14 und 15 zeigen den Beschädigungsumfang an beiden beteiligten Fahrzeugen.

Diese Feststellungen lassen darauf schließen, dass die Beleuchtung des Lkw zum Kollisionszeitpunkt eingeschaltet war.

Ein zweites Fallbeispiel soll zeigen, dass unter Umständen auch bei Kollisionen, bei denen geringere Stoßkräfte auftreten, eine Verformung der Glühwendel festgestellt werden kann. Dies soll nicht heißen, dass es immer so sein muss, dass bei geringen Stoßkräften auch eine Verformung auftritt.

Abb. 14 Beschädigungsbild VW Golf III

Teil 1: Unfallanalyse – Methoden und Instrumente

Abb. 15 Beschädigungsbild Fahrrad

Der VW Golf III prallte mit der vorderen rechten Ecke gegen die linke Seite des Fahrrads. Bei der Untersuchung des VW Golf wurden ebenfalls die beiden H4-Lampen vorne links und vorne rechts sichergestellt. Die Abbildung 16 zeigt die H4-Lampe vorne links.

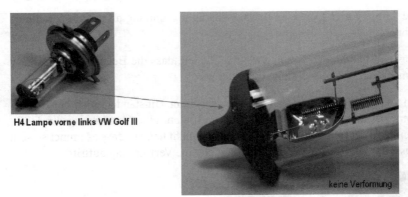

Abb. 16 H4-Lampe vorne links VW Golf III

Hier ist ersichtlich, dass an der Glühwendel sowohl vom Abblendlicht als auch vom Fernlicht keine Verformungen zu erkennen sind. Die Abb. 17 zeigt die H4-Lampe vorne rechts im VW Golf. Hier kann man erkennen, dass die Glühwendel für das Abblendlicht verfärbt und geringfügig verformt wurde.

§ 3 Spurensicherung und Auswertemöglichkeiten

Abb. 17 H4-Lampe vorne rechts VW Golf III

Diese Verformung lässt den Schluss zu, dass das Abblendlicht zum Zeitpunkt der Kollision am VW Golf eingeschaltet war.

IV. Schlussfolgerung

Als Schlussfolgerung lässt sich sagen, dass für eine richtige Interpretation des Brennzustands von Fahrzeuglampen folgende Vorraussetzungen gegeben sein sollten:

- sorgfältige Asservierung,
- ein hohes technisches Fachwissen unterstützt durch
- Kenntnisse aus praxisnahen Versuchen sowie die
- Verfügbarkeit moderner Untersuchungseinrichtungen.

Bei Erfüllung dieser Voraussetzungen ist der Brennzustand einer Fahrzeuglampe (mit Glühwendel) über das Spurenbild in den meisten Fällen rekonstruierbar.

Bei Xenonlampen gibt es die Möglichkeit, eine Aussage über den Brennzustand zu machen, wenn die Leuchte gebrochen ist. Bei einer LED ist die Bestimmung des Brennzustands nicht möglich.

Teil 1: Unfallanalyse – Methoden und Instrumente

C. Höhenzuordnung von Kontaktspuren – Aufgefahren oder zurückgesetzt?

172 Ein tägliches Bild auf unseren Straßen: Plötzlich bremst der Vordermann und der Hinterherfahrende fährt auf. Der eine entscheidet vielleicht doch noch vor der Rotlicht zeigenden Ampel anzuhalten, der andere erkennt entweder die Situation zu spät oder fährt von vornherein mit zu geringem Abstand. Wie auch immer, dieser häufige Kollisionstyp ist in vielen Fällen eindeutig: Der Auffahrende trägt die Schuld. Gestritten wird dann meist nur über die Reparaturkosten und oft zur Frage der Insassenbelastung im vorderen Fahrzeug bzw. der kollisionsbedingten Geschwindigkeitsänderung.

Insbesondere bei leichten Auffahrkollisionen, wenn kaum erkennbare Schäden vorhanden sind, Bremsspuren und Kollisionssplitter fehlen, behauptet nicht selten der Fahrer im hinteren Fahrzeug, er sei nicht aufgefahren. Das vor ihm fahrende Fahrzeug habe plötzlich zurückgesetzt. Er selbst sei zuvor hinter dem Pkw zum Stehen gekommen.

Was zu berücksichtigen ist bei der Rekonstruktion solcher Unfallhergänge, wird nachfolgend anhand einiger Punkte aufgezeigt.

I. Vorkollisionäre Geschwindigkeiten, Schadensumfang

173 Betrachtet man die Konstellation nur physikalisch, spielt es letztlich natürlich keine Rolle, ob nun das hintere Fahrzeug vorwärts oder das vordere rückwärts gefahren ist. Beantworten lässt sich diese Frage nur in dem Fall relativ einfach, wenn umfangreiche Schäden an beiden Fahrzeugen vorhanden sind (s. Abb. 1). Die daraus abzuleitende Relativgeschwindigkeit, also die Differenz der Kollisionsgeschwindigkeiten beider Fahrzeuge, müsste dann von dem zurücksetzenden Fahrzeug aufgebracht worden sein. Die erreichbare Geschwindigkeit ist aber beim Rückwärtsfahren meist dadurch nach oben begrenzt, dass eine nur kurze Beschleunigungsstrecke von 1 – 2 m oder vielleicht einer Wagenlänge zur Verfügung gestanden hat. Mit einer normalen Anfahrbeschleunigung von ca. 1 m/s^2 erreicht das zurücksetzende Fahrzeug zwar eine Anprallgeschwindigkeit von etwa 5 – 10 km/h, bei der aber nur geringe oder auch keine bleibenden Schäden entstehen, wenn sich die betroffenen Schadenbereiche ausreichend reversibel verhalten.

§ 3 Spurensicherung und Auswertemöglichkeiten

Abb. 1: Gebremst aufgefahrenes Fahrzeug (Relativgeschwindigkeit ca. 25 km/h)

II. Schadenszuordnung

Allerdings lassen sich auch bei nur geringen Schäden und einer Rückbildung der Kunststoff-Stoßfänger ohne bleibende Verformung meist dennoch auf den von den Parteien zur Verfügung gestellten Lichtbildern Kontaktspuren erkennen, die dann i.d.R. eindeutig zuzuordnen sind (s. Abb. 2). 174

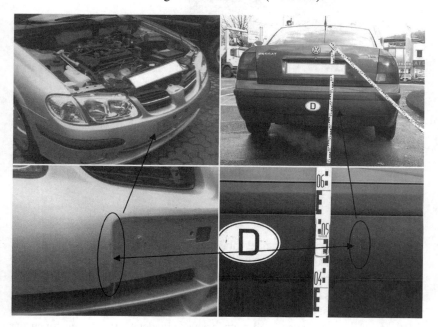

Abb. 2: Korrespondierende Kontaktspuren an beiden Stoßfängern

175 Da die Fahrzeuge aufgrund der nur geringen Beschädigungen häufig noch nicht repariert sind, bietet es sich an, eine Besichtigung der einzelnen Fahrzeuge oder – noch besser – eine Gegenüberstellung an der Unfallörtlichkeit durchzuführen (s. Abb. 3).

Abb. 3: Fahrzeuggegenüberstellung an der Unfallörtlichkeit

Eine Gegenüberstellung lässt sich allerdings auch mit Vergleichsfahrzeugen durchführen, wenn die Ausstattung des Unfallfahrzeugs hinsichtlich Fahrwerk und Bereifung bekannt ist. Sieht man von Ermüdungserscheinungen der Fahrzeugfedern ab, schwanken die Fahrzeughöhen zwischen einzelnen Fahrzeugen der gleichen Bauserie nur geringfügig.

III.   Bereifung

176 Häufig wird hinsichtlich einer eventuellen Höhendifferenz argumentiert, dass zum Unfallzeitpunkt Sommerräder montiert waren, die Besichtigung aber mit Winterrädern durchgeführt wurde, oder umgekehrt. Um zu überprüfen, ob sich bzgl. des dynamischen Halbmessers des Rades größere Differenzen ergeben, reicht es meist aus, diesen zu berechnen und zu vergleichen. Denn bei den ab Werk zugelassenen Rädern soll auch bei verschiedenen Raddimensionen der Abrollumfang annähernd gleich und damit der Abstand Radmitte zum Boden (Radius) konstant bleiben, um hinsichtlich der erreichbaren Geschwindigkeit

§ 3 Spurensicherung und Auswertemöglichkeiten

nur geringe Toleranzen zu haben. Wird also für den Sommerreifen eine größere Felge verwendet, muss eine Anpassung über das Höhen-/Breitenverhältnis des Reifens erfolgen. Die Formel zur Berechnung des Radius' in Zentimeter lautet:

$R_{dynamisch}$ = [(Felgendurchmesser in Zoll x 25,4 + 2 x Reifenbreite in mm x Höhen-/Breitenverhältnis des Reifens x 1/100) x 1/20] cm

Beispiel:

Das Winterrad der Dimension 205/55 R16 H M&S ist mit einem Radius von 31,6 cm so groß wie das für das gleiche Fahrzeug zugelassene Sommerrad mit der Dimension 225/45 R17 W, das einen Halbmesser von 31,7 cm aufweist. Da wirkt sich der Unterschied zwischen neuem Reifen mit 8 mm Profil im Vergleich zu einem nahezu abgefahrenen Reifen mit 2 mm eher aus.

Abb. 4 zeigt einen Audi A3 Sportback mit Sommer- und Winterbereifung. Die gemessene Höhe der Radlaufkante ist mit jeweils knapp 69 cm identisch. Zu einer Differenz von immerhin 0,5 cm führt allerdings ein um 0,5 bar zu geringer Luftdruck. Abb. 5 verdeutlicht die entsprechende Absenkung am Frontstoßfänger des Audi.

Abb. 4: Nahezu identische Höhe der Radlaufkante bei Sommer- und Winterrädern

Abb. 5: 5 mm Höhendifferenz bei 0,5 bar geringerem Luftdruck

IV. Beladung

177 Für die im Rahmen einer Vergleichsmessung gefundene Höhenzuordnung der Kontaktspuren und die daraus folgende Analyse ist es maßgeblich von Bedeutung zu wissen, ob und wie das Fahrzeug beladen war. Dabei spielt der einzelne normgewichtige Insasse (Fahrzeugführer/in) mit leichtem Handgepäck bei ansonsten serienmäßiger Ausstattung des Fahrzeugs eine nur geringe Rolle. Nur in Bezug auf den Außenspiegel wirkt sich die Absenkung etwas stärker aus (s. Abb. 6).

Abb. 6: 8 mm Höhendifferenz der Spiegelaußenkante, ohne und mit Fahrer gemessen

178 Anders verhält es sich, wenn das Fahrzeug bspw. mit 4 Personen besetzt war oder gerade ein Einkauf im Getränkemarkt erfolgte (s. Abb. 7 und 8). Durch hohe Beladung können sich insbesondere bei Fahrzeugen mit größerem Überhang am Heck (Limousinen) Höhendifferenzen von mehr als 5 cm ergeben.

Abb. 7: 5 cm Höhendifferenz des Heckstoßfängers einer VW Passat Limousine, gemessen nur mit Fahrer und mit 4 Personen (rechts)

179 Ein solcher Höhenunterschied bei der Zuordnung der Kontaktspuren würde bei Nichtbeachtung der Zuladung des vorderen Fahrzeugs zwangsläufig zu

dem Schluss führen, dass die Front des hinteren Fahrzeugs nicht eingefedert war, obwohl es tatsächlich voll gebremst auffuhr.

Abb. 8: 2 cm Höhendifferenz des Heckstoßfängers eines VW Touran bei Beladung mit 5 Wasserkästen (70 kg)

V. Ein-/Ausfederung durch Bremsung

Wie weit ein evtl. gebremst auffahrendes Fahrzeug an der Front einfedern kann, hängt von mehreren Faktoren ab und direkt mit dem erreichbaren Verzögerungsniveau beim Bremsen zusammen. Infolge der Achskrafterhöhung an der Vorderachse und einer entsprechenden Achskraftverringerung an der Hinterachse kommt es beim Verzögern zum Absenken der Front und zum Anheben des Hecks. 180

Die mögliche Einfederung an der Front eines Fahrzeugs lässt sich anhand verschiedener Methoden messen. Ein neueres, vom Ingenieurbüro *Schimmelpfennig + Becke* konstruiertes Messgerät erfasst den Bodenabstand an der Front oder dem Heck mit einem Laserentfernungsmesser. Dieser ist an einen Data Logger (Datenrecorder aus dem Rennsport) angeschlossen, der die Abstände bei konstanter Fahrt, Beschleunigung oder Verzögerung des Fahrzeugs stetig aufzeichnet. Das Messgerät lässt sich an jedem Fahrzeug anbringen, sodass sowohl mit Vergleichsfahrzeugen als auch mit den ggf. noch vorhandenen Fahrzeugen der Parteien entsprechende Abstandsmessungen durchgeführt werden können (s. Abb. 9 und 10).

Teil 1: Unfallanalyse – Methoden und Instrumente

Abb. 9: Einfedern eines voll gebremsten 3er BMW

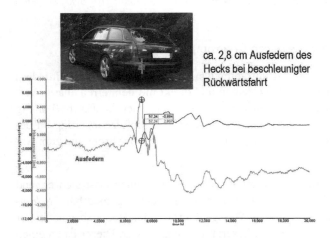

Abb. 10: Ausfedern eines beschleunigt zurücksetzenden Audi A6 Avant

181 Es reicht also oft nicht aus, pauschal eine maximal mögliche Einfederung an der Front von 5 – 10 Zentimeter anzunehmen, wie diese insbesondere bei Fahrzeugen älterer Modellreihen in Abhängigkeit vom Verzögerungsniveau in Betracht kommt. Modernere Pkw tauchen z.T. deutlich weniger ein, was auf konstruktive Veränderungen jüngerer Fahrwerksgenerationen und auch auf kürzere Überhänge an der Front zurückzuführen ist. So ist nicht auszuschlie-

ßen, dass ein voll gebremster Pkw nur 3 Zentimeter einfedert, also in einer Größenordnung, die auch ein beschleunigt rückwärts fahrendes Fahrzeug am Heck ausfedern kann.

VI. Fazit

Zusammenfassend bleibt festzuhalten, dass es nach wie vor sinnvoll ist, aus technischer Sicht der Frage nachzugehen, ob das hinterherfahrende Fahrzeug aufgefahren oder das vorausgefahrene zurückgesetzt hat. Dabei spielen maßgeblich die Höhenzuordnung der Kontaktzonen, die Beladung der Fahrzeuge und die mögliche Absenkung der Front bzw. Anhebung des Hecks für das konkrete Fahrzeug die entscheidende Rolle. 182

Letztlich kann auch ein Crashversuch mit identischen Fahrzeugen Aufschluss über die Situation geben, die zum Unfallzeitpunkt vorgelegen hat.

D. Grenzen der Diagrammscheibenauswertung

Die in Lkw gesetzlich vorgeschriebenen Tachografen dienen gemäß ihrer Konzeption zur Dokumentation der Lenkzeiten und der gefahrenen Geschwindigkeiten auf einer Diagrammscheibe. 183

Für die Belange der Unfallrekonstruktion kann durch den Hersteller der Geräte, der Firma Siemens VDO, eine mikroskopische Auswertung der Diagrammscheibe vorgenommen werden. Durch diese Auswertung ist es möglich, weitergehende Aussagen zu Beschleunigungen, Verzögerungen und zurückgelegten Wegstrecken in einzelnen Phasen eines Fahrvorgangs zu treffen (zur Auswertung von Schaublättern zur Geschwindigkeitsfeststellung durch den Tatrichter vgl. Krumm VRR 2006, 328).

Fallbeispiel:

Ein Lastzug fährt außerorts auf eine bevorrechtigte Landstraße zu, um anschließend nach rechts abzubiegen. Neben der bevorrechtigten Landstraße befindet sich ein Radweg. Kurz vor der Einmündung kommt es zu einer Kollision zwischen dem Lastzug und dem Radfahrer. Nach den Feststellungen der Polizei kommt der Lastzug nach einer Abbremsung 2 m hinter dem Kollisionsort zum Stillstand. Dabei wurde eine Bremsspur von 3 m Länge gezeichnet.

Teil 1: Unfallanalyse – Methoden und Instrumente

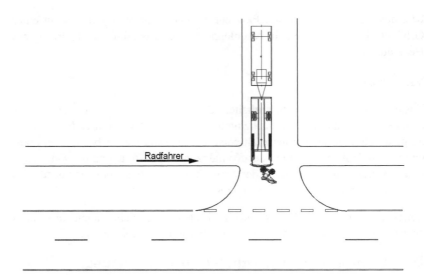

Aus der Auswertung der Diagrammscheibe folgt eine schrittweise Verzögerung des Lastzugs beim Heranfahren an die Einmündung mit einer Abbremsung bis zum Stillstand aus einer Geschwindigkeit von 22 km/h mit einer mittleren Verzögerung von 3,05 m/s² über eine Wegstrecke von 6 m bzw. eine Zeitspanne von 2 s. Durch einen Bremsversuch wurde eine erreichbare Maximalverzögerung von mehr als 6 m/s² gemessen.

Ein Sachverständiger leitet aus der Auswertung der Diagrammscheibe ab, dass bei einer Reaktionsdauer incl. Schwelldauer von 1,2 s die Reaktion des Lkw-Fahrers räumlich etwa 11 m, zeitlich ca. 2 s vor der Kollision anzusetzen ist. Bei einer höheren, der Situation angemessen Verzögerung von zumindest 4,5 m/s² sei das Unfallgeschehen für den Fahrer des Lkw vermeidbar gewesen.

184 Es stellt sich die Frage, ob die Ergebnisse der mikroskopischen Auswertung in der Analyse unreflektiert übernommen werden dürfen. In Versuchen wurden die Möglichkeiten und Grenzen einer Diagrammscheiben-Auswertung bei Fahrvorgängen, die nur wenige Sekunden betragen, aufgezeigt. Es wurde festgestellt, mit welcher Genauigkeit die Geschwindigkeiten, Zeiten, Wege, mittleren Verzögerungen und Maximalverzögerungen angegeben werden können.

Als Versuchsfahrzeug diente ein Daimler Benz 1928 4x4 mit Anhänger. Dieser Lkw war mit mechanischem Tachoantrieb ausgerüstet. Die Vergleichsmes-

§ 3 Spurensicherung und Auswertemöglichkeiten

sungen wurden mit einem UDS-Gerät der Fa. Mannesmann Kienzle vorgenommen. Als Wegimpulsgeber diente ein Peiselerrad.

Insgesamt wurden 14 Bremsvorgänge aus Geschwindigkeiten von 17 bis 40 km/h durchgeführt; dabei waren 4 unterbrochene Bremsungen, 3 starke Abbremsungen und 7 Vollbremsungen. Die einzelnen Messfahrten waren durch deutliche Stillstandzeiten getrennt.

Die Fa. Siemens VDO wertete die 14 nacheinander folgenden Fahrvorgänge mikroskopisch aus, und übersandte das Auswertergebnis in der üblichen Form, als Tabellen und Diagramme.

Exemplarisch werden vier Beispiele, s. Abb. 1 – Abb. 4, näher gezeigt und erläutert. Im **1. Beispiel**, s. Abb. 1, wurde in der Diagrammscheibenauswertung eine zu kurze Bremsdauer von 2 s angegeben. Tatsächlich betrug die Bremsdauer ziemlich genau 3 s. Während bei nahezu allen Fahrgeschwindigkeiten die Anfangsgeschwindigkeit sehr exakt ermittelt wurde, vgl. Abb. 5, ergeben sich aus der Tatsache, dass immer nur volle Sekunden für die Bremsdauer angegeben werden können, naturgemäß große Differenzen in Bezug auf den Bremsweg und auf die mittlere Verzögerung. In diesem Beispiel (Messung Nr. 2) betrug der gemessene Bremsweg 13,8 m. Aus der Diagrammscheiben-Auswertung ergab sich lediglich ein Bremsweg von 9 m. Die mittlere Verzögerung wurde durch die VDO-Auswertung mit 4,1 m/s², mit dem UDS-Gerät mit 3,1 m/s² bestimmt.

185

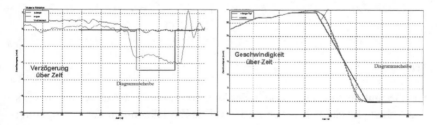

Abb. 1

Bei durchgehenden Abbremsungen wurde häufig eine zu hohe Bremsdauer ermittelt, s. Abb. 6. Dieses führt zu geringen mittleren Verzögerungen, da die Geschwindigkeit mit hoher Genauigkeit aufgezeichnet wird.

186 Das **Beispiel 2** in der Abb. 2 zeigt einen derartigen typischen Bremsvorgang. Statt 1,6 s Bremsdauer wurden hier 2 s angegeben. In Anbetracht der kurzen Bremsdauern ist der Rundungsfehler der eher typische Fall bei der Auswertung dieser Bremsungen.

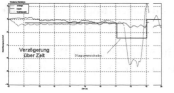 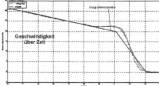

Abb. 2

187 Die **Beispiele 3 und 4** zeigen besonders komplizierte Fahrvorgänge, bei denen nicht nur ein Bremsvorgang vorgenommen wurde, sondern der Bremsvorgang zwischendurch abgebrochen und dann wieder aufgenommen wurde oder aber im Beispiel 4 zwischenzeitlich sogar kurz wieder beschleunigt wurde.

Dem Fahrvorgang des Beispiels 3, Abb. 3, liegt die Messung Nr. 13 zugrunde.

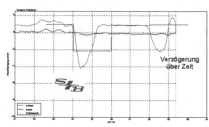 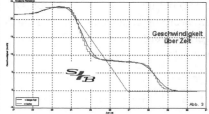

Abb. 3

Die Gesamtbremsdauer wurde in der Diagrammscheiben-Auswertung mit 2 s angegeben. Tatsächlich waren es 5,2 s. Das Zurücknehmen der Verzögerung zwischendurch auf Null wurde in der Diagrammscheiben-Auswertung nicht erkannt. Es wurde über den Gesamtzeitraum eine einheitliche Verzögerung angegeben, vgl. Abb. 3. Da sich der Bremsweg aus den angegebenen mittleren Verzögerungen und der Ausgangsgeschwindigkeit ermittelt, ist naturgemäß der Bremsweg auch stark fehlerbehaftet. Die Diagrammscheiben-Auswertung ergab eine Bremsstrecke von nur 6 m, während die tatsächlich zurückgelegte Strecke 13,6 m betrug.

Das Beispiel 4 ist der komplexeste Fahrvorgang, s. Abb. 4. Hier lag ein Fahrvorgang von insgesamt 8,5 s Zeitdauer vor. Diese zeitliche Ausdehnung wurde ebenfalls nicht erkannt. Der erste starke Bremsvorgang wurde mit 1 s Zeitdauer angegeben. Tatsächlich betrug die Bremsdauer nahezu 2 s.

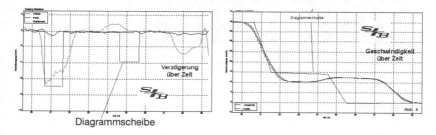

Abb. 4

Die zwischenzeitlich schwache Beschleunigung wurde nicht festgestellt. Die anschließende Verzögerung wurde zeitlich um ca. 3,5 s versetzt.

Die Abbildungen 5 bis 8 zeigen einen Vergleich der Ergebnisse bzgl. der Anfangsgeschwindigkeiten, der Bremsdauern, der Bremswege und der mittleren Verzögerungen. Die Abb. 8 zeigt darüber hinaus noch die erreichte Maximalverzögerung im Vergleich zur mittleren Verzögerung, die bei diesen Abbremsungen auftrat.

Es ist festzustellen, dass bei kurzzeitigen kontinuierlichen Abbremsungen bis zum Stillstand in der Größenordnung von 2 s durch die Angabe von nur vollen Sekunden als Bremsdauer große Fehler entstehen, sowohl bei der Bremsdauer als auch in der Folge bei der Ermittlung der mittleren Verzögerungen und der Bremswege.

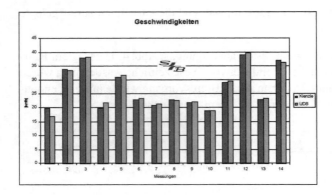

Abb. 5

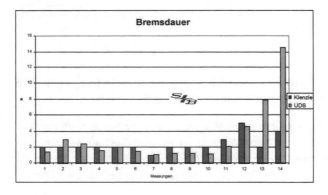

Abb. 6

§ 3 Spurensicherung und Auswertemöglichkeiten

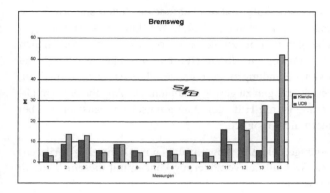

Abb. 7

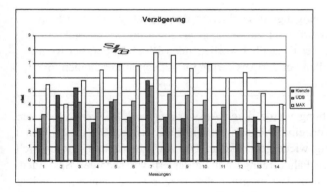

Abb. 8

Der Vergleich der erreichten **Maximalverzögerung** während einer Bremsung mit der in der Diagrammscheiben-Auswertung angegebenen mittleren Verzögerung zeigt, dass auf die erreichbare Vollverzögerung bei Abbremsungen keine Rückschlüsse gezogen werden können. Viele Beispiele zeigen hier, s. Messung Nr. 4, 6, 8, 9, 10, dass die erreichte Vollverzögerung mehr als doppelt so groß sein kann, wie die angegebene mittlere Verzögerung.

Die direkt auf der Scheibe ablesbaren Geschwindigkeiten werden mit sehr geringen Toleranzen richtig gemessen. Dies bedeutet, dass die Tachografen ihre ursprüngliche Funktion mit hoher Genauigkeit ausüben. Bei derartig kurzen Fahrvorgängen ist aufgrund der Angabe der Zeiten mit vollen Sekunden eine sehr hohe Toleranz gegeben. Aufgrund der gerundeten Zeiten sind die Wege und die Verzögerungen stark toleranzbehaftet. Bei kurzen Abbremsungen wurden Wegabweichungen von bis zu 72 %, bezogen auf den tatsächlichen Wert, festgestellt. Bei den von uns durchgeführten Versuchen war i.d.R. die Bremsdauer aufgrund der Rundung zu groß geraten. Dieses führte dann dazu, dass die mittleren Verzögerungen zu gering ausfielen. Die Angabe der erreichten Maximalverzögerung ist mit Hilfe der Diagrammscheibenauswertung bei so kurzen Bremsdauern nicht möglich.

191   Komplexere Fahrvorgänge, wie z.B. Abbremsungen mit kurzzeitig variierender Verzögerung, bzw. Wegfall der Verzögerung können mit diesem Medium nicht sicher ermittelt werden.

> **Hinweis:**
>
> Bezogen auf den eingangs geschilderten Beispielfall ist für den Fahrer des Lkw der Vorwurf einer zu geringen Verzögerung, insbesondere bei Berücksichtigung der tatsächlich vorliegenden Blockierspur, bei Kenntnis der Fehlerquellen bei der Auswertung von Diagrammscheiben, nicht aufrecht zu erhalten.

192   In dieser Untersuchung wurde durch Auswertung von 14 Bremsversuchen festgestellt, inwieweit eine Diagrammscheibenauswertung die tatsächlichen Fahrvorgänge richtig wiedergeben kann. Die Aufgabenstellung bezog sich i.d.R. auf sehr kurze Fahrvorgänge mit Zeitdauern von wenigen Sekunden. Dabei war festzustellen, dass aufgrund der Angabe der Zeitdauern in vollen Sekunden naturgemäß grds. häufig große Fehler auftraten, wenn die tatsächlichen Zeitdauern bspw. 1,6 s oder 2,4 s betrugen. Hieraus ergab sich naturgemäß eine stark toleranzbehaftete Angabe der mittleren Verzögerung und der zurückgelegten Wege. Besonders kritisch sind Fahrvorgänge zu betrachten, bei denen keine einmalige Abbremsung erfolgt, sondern bei denen bspw. die Abbremsung kurzzeitig unterbrochen wird. Dies wurde in den hier ausgewerteten Beispielen meistens nicht erkannt.

193   Die Angaben der Geschwindigkeiten erfolgten mit hoher Genauigkeit. Somit ist festzustellen, dass die Diagrammscheibe die Aufgabe, die ihr zugedacht war, sehr gut erfüllt. Dem Unfallanalytiker ist zu raten, dass er derartige Vorgänge, wie sie hier beschrieben worden sind, mit Sicherheit nicht unreflektiert aus der Diagrammscheibenauswertung in sein Gutachten übernehmen kann.

Dies führt i.d.R. zu falschen Zeit-Weg-Zusammenhängen und auch zu Falschaussagen bzgl. der vom Lastzug erreichten Verzögerungen, bzw. der Vermeidbarkeit.

§ 4 Insassenbelastung

A. Technisch-biomechanische Analyse der unfallbedingten Insassenbelastung

194 Die forensische Praxis zeigt, dass zunehmend technisch-biomechanische Aspekte in der Verkehrsunfallrekonstruktion zu erläutern sind. Hierbei besteht die Aufgabe des Unfallanalytikers darin einen anschaulichen Weg zu finden, um von dem Karosserieschaden zu einer Insassenbewegung und einer Bewertung der Insassenbelastung zu gelangen. In den folgenden Ausführungen erfolgt zunächst eine Einordnung der technisch-biomechanischen Unfallanalyse in die Teilphasen des Unfallablaufs. Nach einer Einführung wesentlicher technischer Kollisionsparameter zur Beschreibung der Insassenbelastung werden Analysemethoden anhand von Beispielen erläutert.

I. Unfallablauf

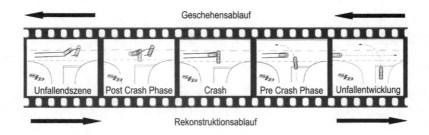

Abb. 1: Einzelphasen des Verkehrsunfalls

195 Im Rahmen der klassischen Unfallrekonstruktion wird der Film vom tatsächlichen Geschehensablauf gleichsam vom Ende zum Anfang „zurückgespult". In der Filmsequenz der Abb. 1 werden die Phasen der Unfallrekonstruktion von links nach rechts beschrieben. Ausgehend von der Unfallendsituation wird zunächst die Bewegung der Unfallfahrzeuge zwischen den Endstellungen und der Kollision untersucht (Post Crash Phase). Erst im Anschluss daran findet die eigentliche Kollisionsanalyse auf der Grundlage der Erhaltungssätze der Mechanik statt (Crash). Darauf aufbauend werden die Spuren vor der eigentlichen Kollision analysiert (Pre Crash Phase). Hier wird bspw. anhand der Bremsspurlänge von der Kollisions- auf die Annäherungsgeschwindigkeit zu-

rückgerechnet. Zum Abschluss der Rekonstruktion werden im Rahmen einer Weg-Zeit-Analyse die Unfallentwicklung untersucht und das Reaktionsverhalten der Beteiligten diskutiert.

Die technisch-biomechanische Unfallanalyse basiert im Wesentlichen auf den Erkenntnissen der Kollisionsanalyse und den nachkollisionären Bewegungen; die Crash- und die Post-Crash-Phase.

II. Kollisionsparameter

Unabhängig von der Unfallart und der Unfallschwere gilt in der Fachliteratur und aufgrund der Erfahrung aus einer Vielzahl eigener experimenteller Untersuchungen, die kollisionsbedingte Geschwindigkeitsänderung delta v als der aussagekräftigste technische Kollisionsparameter zur Beschreibung der biomechanischen Insassenbelastung. 196

Die kollisionsbedingte Geschwindigkeitsänderung beschreibt den Geschwindigkeitszuwachs (Heckanprall) bzw. den Geschwindigkeitsverlust (Frontanstoß) eines angestoßenen Fahrzeugs durch die Kollision. Die kollisionsbedingte Geschwindigkeitsänderung ist als Differenz der Geschwindigkeit **eines** Fahrzeugs unmittelbar **vor** und unmittelbar **nach** der Kollision definiert. Sie darf jedoch vom technischen Laien nicht mit der Differenz- oder Relativgeschwindigkeit **zweier** Fahrzeuge unmittelbar **vor** der Kollision verwechselt werden.

Teil 1: Unfallanalyse – Methoden und Instrumente

Zur Veranschaulichung zeigt die Abb. 2 folgendes Beispiel:

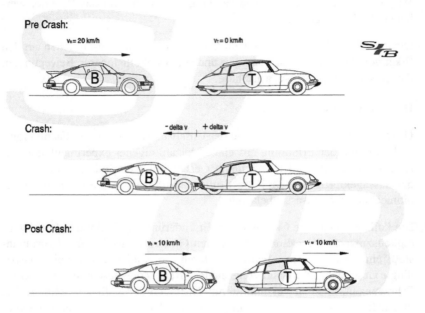

Abb. 2: Kollisionsbedingte Geschwindigkeitsänderung delta v

Der Pkw **T** hält. Der nachfolgende Fahrer des Pkw **B** erkennt dies zu spät und fährt trotz eingeleiteter Bremsung noch mit einer Kollisionsgeschwindigkeit v_B (Geschwindigkeit **eines** Pkw zum Kollisionszeitpunkt) auf das Heck des davor stehenden und massegleichen Pkw **T** (v_T = 0 km/h) auf. Die Kollisionsgeschwindigkeit beträgt 20 km/h. Durch den Heckanstoß wird der zuvor stehende Pkw **T** kollisionsbedingt aus dem Stillstand heraus auf ein delta v von gut 10 km/h beschleunigt. Der auffahrende Pkw wird seinerseits um einen identischen Geschwindigkeitsbetrag verlangsamt. Er ist nach der Kollision gut 10 km/h langsamer als vor der Kollision. Er bewegt sich also mit knapp 10 km/h weiter. Somit ist vereinfacht bei etwa massegleichen Fahrzeugen das delta v während des Crashs halb so hoch wie die Relativgeschwindigkeit vor der Kollision.

§ 4 Insassenbelastung

Praxistipp:
Bei gleich schweren Kollisionspartnern ist delta v etwa halb so groß wie die Relativgeschwindigkeit.

Die biomechanische Insassenbelastung steigt mit Zunahme des delta v an. Neben dem Betrag der Geschwindigkeitsänderung ist jedoch auch die Richtung von Bedeutung. Dies gilt insbesondere bei höheren Belastungen im Hinblick auf mögliche Interaktionen zwischen der Fahrgastzelle und dem Insassen. 197

III. Methode

Zur Ermittlung der Geschwindigkeitsänderung ist eine Kollisionsanalyse notwendig. In vielen technischen Gutachten wird dieses Kapitel von umfangreichen Formel- und Berechnungsblättern geprägt. Heute ist es jedoch erforderlich, die Parameter fundiert und in engen Bandbreiten zu ermitteln sowie den Lösungsansatz und die Ergebnisse anschaulich darzustellen. Mittels des visuellen Vergleichs der tatsächlich verunfallten Fahrzeuge mit den im Versuch gecrashten Fahrzeugen ist es problemlos möglich, eine schnelle und argumentativ nachvollziehbare Einschätzung des Unfallgeschehens zu vermitteln. Derartige Crashversuche sind für jedermann bspw. über das Internetportal www.crashtest-service.com abrufbar. 198

Praxistipp:
Vergleichsbilder aus Crashtests sind im Internet abrufbar.

Unfall

Crashtest

delta v = ?   delta v = 14 km/h

Abb. 3: Vergleich Unfallschaden und Crashtest

Abb. 3 zeigt die Anwendung eines Vergleichsbildes. Links ist der Heckschaden eines Pkw aus einem realen Auffahrunfall abgebildet. Zur Beurteilung der biomechanischen Insassenbelastung war hier die kollisionsbedingte Geschwindigkeitsänderung des heckseitig angestoßenen Pkw von Interesse. Das Vergleichsbild mit einem typgleichen Fahrzeug zeigt etwas intensivere Beschädigungen. Dies ist insbesondere an der Einformung des Heckstoßfängers und der Stauchfalte unmittelbar hinter dem rechten Radlauf zu erkennen. Auf der Grundlage eines Vergleichsbilds aus einem Crashtest mit einem typgleichen Fahrzeug konnte hier das delta v auf etwas weniger als 14 km/h eingegrenzt werden. Insofern gelingt durch einen anschaulichen – und auch für den technischen Laien problemlos nachvollziehbaren – direkten Vergleich eine Einstufung der biomechanischen Insassenbelastung.

Abb. 4: Crashtest Ergebnisse

Weitere Testergebnisse sind in der Abb. 4 dokumentiert. Der abgebildete Frontschaden lässt sich durch Angabe einer kollisionsbedingten Geschwindigkeitsänderung i.S.e. Geschwindigkeitsabnahme von 9,9 km/h beschreiben. Auch für seitlich angestoßene Fahrzeuge sind Geschwindigkeits- bzw. Belastungsangaben möglich. Der linksseitig belastete Ford war einem delta v, von links nach rechts einwirkend, von etwa 10 km/h ausgesetzt. Der Heckschaden des Opel Omega zeigt, dass er kollisionsbedingt um einen Geschwindigkeitsbetrag von 11,5 km/h beschleunigt wurde.

IV. Insassenbewegung

Im nächsten Abschnitt der technisch-biomechanischen Unfallanalyse ist die Relativbewegung der Insassen innerhalb der Fahrgastzelle zu beschreiben. Ihre Bewegung ist aufgrund des physikalischen Prinzips der Massenträgheit der einwirkenden Geschwindigkeitsänderung entgegengesetzt und ihr Betrag

§ 4 Insassenbelastung

von der Intensität des Anstoßes abhängig. Eine anschauliche Beschreibung gelingt durch die Dokumentation von Freiwilligen-Tests. Eine Auswahl unter dem Aspekt der HWS-Problematik zeigt Abb. 5.

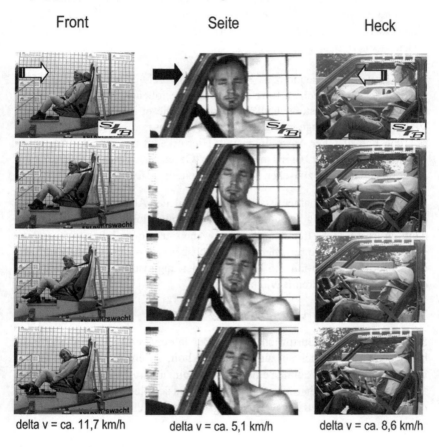

Abb. 5: Insassenbewegungen

Die Bildsequenz einer Freiwilligen im Gurtschlitten bei einer Frontalbelastung, lässt sich dem Frontschaden des Opels der Abb. 4 zuordnen. Die Insassenbelastung der Gurtschlittenbenutzerin entspricht dabei einer Geschwindigkeitsabnahme von 11,7 km/h.

Teil 1: Unfallanalyse – Methoden und Instrumente

> **Praxistipp:**
> Die biomechanische Beschleunigungseinwirkung während dieser „Gurtschlittenfahrt" liegt um ein Vielfaches oberhalb derjenigen während einer Vollbremsung. Daher werden Vollbremsungen von angegurteten Fahrzeuginsassen problemlos ohne Verletzungsfolgen – auch der Halswirbelsäule – toleriert.

201 In der mittleren Bildsequenz ist ein männlicher Freiwilliger auf dem Beifahrersitz eines an der rechten Karosserieseite angestoßenen Fahrgastzelle abgebildet. Aufgrund der stoßnahen Sitzposition ist dieser Insasse einem höheren Verletzungsrisiko ausgesetzt als ein stoßferner Insasse bei gleicher Anstoßrichtung und gleicher Anstoßintensität. Hier erkennt man auf der stoßzugewandten Sitzposition bereits bei geringer Geschwindigkeitsänderung einen Anstoßmechanismus zwischen Kopf- und Seitenscheibe.

Der Vollständigkeit halber ist im rechten Teil der Abb. 5 die Bildsequenz der Insassenbewegung infolge eines Heckanstoßes dokumentiert. Besonders deutlich ist die Überstreckung der Halswirbelsäule im Rahmen einer Extensionsbewegung. Diese resultiert im Versuchsbeispiel – trotz einer Geschwindigkeitsänderung von nur 8,6 km/h – aus der ungünstigen Sitzergonomie in einem Fiat Panda älteren Baujahrs.

V. Sicherheitsgurt

202 Seit Einführung der Gurtpflicht in den 70er Jahren werden häufig technisch-biomechanische Gutachten zur Frage eingeholt, ob ein Insasse beim Unfall angeschnallt war. Im Rahmen einer interdisziplinären (technisch-medizinisch) Begutachtung gelingen hier auch Aussagen hinsichtlich der Verletzungsminderung oder der Verletzungsvermeidung für den Fall einer ordnungsgemäßen Gurtbenutzung.

delta v = 11,1 km/h

Abb. 6: „Gurtmuffel" beim Frontanstoß

§ 4 Insassenbelastung

Von sog. „Gurtmuffeln" wird häufig vorgetragen, dass sie in der Lage seien eine innerstädtische Kollision ohne Gurt abzustützen. Die Abb. 6 zeigt ein Versuchsbeispiel. Der hier abgebildete Freiwillige fuhr mit lediglich 10 km/h unangeschnallt gegen eine Betonwand. Bereits bei dieser Bagatellkollision sind deutliche Abstützkräfte erforderlich. Insbesondere ist dies an der Verformung des Lenkradkranzes zu erkennen. Die Versuchspraxis hat gezeigt, dass hier bereits die Grenze der Abstützbarkeit erreicht wird. Etwas höhere Anstoßintensitäten führen unweigerlich zu Verletzungen bei nicht angegurteten Insassen.

Abb. 7: Schutzfunktion des Sicherheitsgurtes

Abb. 7 verdeutlicht, dass der Sicherheitsgurt auch bei einer Geschwindigkeitsänderung von 22,5 km/h seine optimale Schutzfunktion erfüllt. Gleichzeitig wird durch die Bruchspinne im oberen Drittel der Beifahrersitzposition eindrucksvoll dokumentiert, dass der Beifahrer-Dummy im Versuch nicht angeschnallt war. Er durchstieß mit seinem Stirnbereich die Frontscheibe des Pkw. Demgegenüber wurde der angegurtete Fahrer vor einem Kontakt mit dem Lenkrad bewahrt.

Die eindeutigsten Indizien für eine Gurtbenutzung während des Unfalls sind die am Gurtband und den Umlenkpunkten hinterlassenen Belastungsspuren. Diese lassen sich nur durch eine aussagekräftige Fotodokumentation oder einen Ausbau der Sicherheitsgurte beweiskräftig sichern.

203

Praxistipp:

Belastungsspuren am Gurt als Beleg für die Gurtbenutzung zeitnah beweiskräftig sichern.

Teil 1: Unfallanalyse – Methoden und Instrumente

VI. Analysematerial

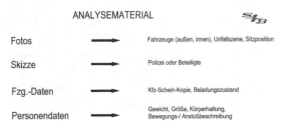

204 In der obigen Abbildung sind abschließend die für eine technisch-biomechanische Unfallanalyse notwendigen Anknüpfungspunkte aufgelistet. Es wurde bereits anschaulich deutlich, dass Fotografien von den Unfallschäden die essenzielle Grundlage für eine Rekonstruktion des Unfallgeschehens sind. Hier ist darauf hinzuweisen, dass Fotos von der Unfallendsituation nur am Unfallort und unmittelbar nach dem Unfallgeschehen angefertigt werden können.

Alle übrigen Daten lassen sich auch retrospektiv von den Unfallbeteiligten oder deren Beauftragten sichern. Auch für die technisch-biomechanische Unfallanalyse gilt der Grundsatz: Je umfangreicher und aussagekräftiger das Material, desto effizienter und genauer ist die Lösung zu erarbeiten.

> **Praxistipp:**
> Fotos der Unfallszene und den Fahrzeugschäden anfertigen. Sie sind auch für die technisch-biomechanische Analyse die wichtigsten Anknüpfungspunkte.

B. HWS-Schleudertrauma

Einfluss ungewöhnlicher Sitzpositionen auf die Belastung beim Heckanstoß

205 Im Rahmen der Kausalitätsbeurteilung zwischen einem Heckanstoß und einer Verletzung an der Halswirbelsäule (HWS-Schleudertrauma) wird regelmäßig nach dem Einfluss unterschiedlichster Sitzpositionen auf die biomechanische Belastungshöhe gefragt. Anhand zweier außergewöhnlicher Ausgangssitzpositionen werden beispielhaft die Ergebnisse einzelfallbezogener Versuchsreihen erläutert.

§ 4 Insassenbelastung

I. Der Auffahrunfall

Die typische Auffahrkollision ereignet sich im **stockenden** oder **ruhenden Innenstadtverkehr**. Nachdem ein vorausfahrender Pkw verkehrsbedingt abgebremst oder angehalten wurde, prallt ein nachfolgender Pkw gebremst oder ungebremst auf dessen Heck auf. Der Fahrer des auffahrenden Pkw ist hierbei der Belastung eines Frontanstoßes und der im angestoßenen Pkw der eines Heckanstoßes ausgesetzt. Hieraus resultieren gegenläufige Insassenbewegungen, vgl. Abb. 1. Bei gleicher Anstoßintensität gilt das Verletzungsrisiko im heckseitig angestoßenen Pkw allgemein als höher. Hier stehen die Verletzungsfolgen oft in keinem Verhältnis zum vergleichsweise geringen Schadenumfang an den beteiligten Fahrzeugen.

206

Abb. 1: Prinzipielle Bewegungsrichtungen der Auffahrkollision

Immer häufiger wird von Pkw-Lenkern nach einer Heckkollision mit niedriger Geschwindigkeit die Verletzungsentstehung durch Angabe einer **außergewöhnlichen Ausgangssitzposition** zum Kollisionszeitpunkt begründet. Bisher wurden von uns zwei Einzelfälle untersucht. Einerseits eine vorgebeugte Sitzposition (FIP – Forward Inclined Position), wie sie bspw. beim Aufheben eines Gegenstands vom Fahrzeugboden oder bei einem Blick in Richtung eines Ampelbogens eingenommen wird. Andererseits eine Körperhaltung, bei der sich ein Fahrer in Vorhersehung des Aufpralls instinktiv und krampfhaft am Lenkrad festhält.

Teil 1: Unfallanalyse – Methoden und Instrumente

II. Kollisionsparameter

207 Allgemein gilt sowohl in der internationalen Fachliteratur, als auch im Rahmen des forensischen Gutachtenwesens die **kollisionsbedingte Geschwindigkeitsänderung** (delta v) als der **aussagekräftigste** technische Kollisionsparameter zur Beschreibung der biomechanischen Insassenbelastung.

Die kollisionsbedingte Geschwindigkeitsänderung beschreibt den Geschwindigkeitszuwachs (Heckanprall) bzw. den Geschwindigkeitsverlust (Frontanstoß) eines angestoßenen Fahrzeugs durch die Kollision. Die kollisionsbedingte Geschwindigkeitsänderung ist als Differenz der Geschwindigkeit eines Fahrzeugs unmittelbar vor und unmittelbar nach der Kollision definiert. Sie ist jedoch **nicht** mit der Differenz- oder **Relativgeschwindigkeit zweier Fahrzeuge** unmittelbar vor der Kollision zu verwechseln.

Beispiel

Der Pkw T hält. Der nachfolgende Fahrer des Pkw B erkennt dies zu spät und fährt trotz eingeleiteter Bremsung noch mit einer Kollisionsgeschwindigkeit v_B (Geschwindigkeit eines Pkw zum Kollisionszeitpunkt) auf das Heck des davor stehenden und gleichschweren Pkw T ($v_T = 0$ km/h) auf. Die Kollisionsgeschwindigkeit beträgt 20 km/h. Durch den Heckanstoß wird der zuvor stehende Pkw T kollisionsbedingt aus dem Stillstand heraus auf ein (+) delta v von gut 10 km/h beschleunigt. Der auffahrende Pkw wird seinerseits um einen entsprechenden Geschwindigkeitsbetrag (-) delta v verlangsamt. Er ist nach der Kollision gut 10 km/h langsamer als vor der Kollision. Er bewegt sich also mit knapp 10 km/h weiter. Somit ist vereinfacht bei etwa massegleichen Fahrzeugen das delta v während des Crashs etwa halb so hoch wie die Relativgeschwindigkeit beider Fahrzeuge vor der Kollision.

§ 4 Insassenbelastung

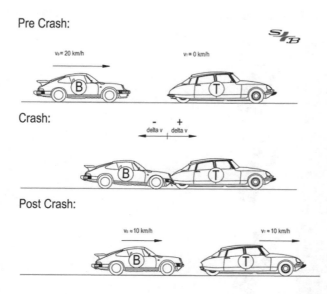

Abb. 2: Definition kollisionsbedingte Geschwindigkeitsänderung

Je größer das delta v ist, desto intensiver ist die Insassenbewegung und desto höher ist die Belastung zu bewerten.

> **Praxistipp:**
>
> Bei gleichschweren Unfallfahrzeugen ist das delta v des angestoßenen Pkw gut halb so hoch wie die Relativgeschwindigkeit zwischen beiden Pkw zum Zeitpunkt der Auffahrkollision. Ist der gestoßene leichter/schwerer als der auffahrende Pkw erhöht/verringert sich das delta v.

III. Die Insassenbewegung

Die kollisionsbedingte Bewegung des Insassen ist also direkt vom delta v abhängig. Bei einem **Heckanstoß** wird das Fahrzeug bzw. der Fahrzeugsitz unter dem Insassen katapultartig nach vorne wegbewegt. Die Intensität der Anregung der Insassenbewegung steht also in direktem Zusammenhang mit dem Parameter delta v. Die **Belastungshöhe** wird weiterhin durch die resultierende Insassenbewegung beeinflusst.

208

6 Bewegungsphasen des Heckanstoßes

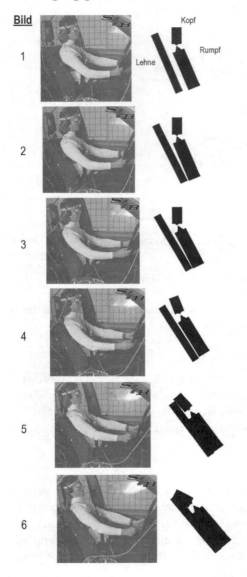

Abb. 3: 6 Bewegungsphasen infolge eines Heckanstoßes

§ 4 Insassenbelastung

Der Bewegungsablauf lässt sich allgemein hinsichtlich der in Abb. 3 dokumentierten immer wiederkehrenden **6 Bewegungsphasen** erläutern. Durch den Heckanstoß wird der Pkw innerhalb etwa 1/10-Sekunde (Zeitbedarf eines „Wimpernschlags") um den Betrag der kollisionsbedingten Geschwindigkeitsänderung beschleunigt.

Da der Insasse nicht fest mit dem Fahrzeug verbunden und der Sitz elastisch ist, kommt es zu Beginn der Kollision zunächst lediglich zu einer **translatorischen**, also geradlinig nach vorne gerichteten **Beschleunigung** der Fahrgastzelle. Dadurch bewegt sich die Sitzlehne auf den ruhenden Körper des Insassen zu (Bild 1 – 2). Durch den beginnenden Kraftaustausch mit der Rückenlehne neigen sich beide relativ nach hinten. Auch Reibungskräfte zwischen Sitzfläche und Oberschenkel bewirken, dass der Insasse im Hüftbereich an der beschleunigten Vorwärtsbewegung der Fahrgastzelle teilnimmt.

Weil sich die Hüfte nun schneller nach vorne bewegt als der Oberkörper, kommt es zu einer **Kippbewegung des Oberkörpers** nach hinten. Da zu diesem Zeitpunkt der Kopf vom Beschleunigungsgeschehen noch unbeeinflusst ist, erfährt die **Halswirbelsäule** eine leichte **Flexionsbewegung** (Bild 2 – 3). Flexion bedeutet hier eine Verringerung des Winkels zwischen Kopf und Rumpf, vergleichbar mit der Winkeländerung beim „Nicken". Außerdem ist eine translatorische Relativbewegung zwischen Rumpf und Kopf zu beobachten.

Abhängig von der Größenordnung der Beschleunigungseinwirkung und der Elastizität der Sitzlehne wird die Sitzlehne unterschiedlich weit nach hinten ausgelenkt. Wenn die größte Auslenkung erreicht ist, führt der aufgebaute Kraftschluss dazu, dass der Oberkörper nun an der beschleunigten Vorwärtsbewegung der Fahrgastzelle teilnimmt (Bild 3 – 4). Damit **nimmt** die **Kippbewegung** des Rumpfes ab. Da der Kopf noch immer in Ruhe ist, ist eine Abnahme des Flexionswinkels zu beobachten, sodass der ursprüngliche Winkel zwischen Kopf und Rumpf wieder erreicht wird. Außerdem bewirkt der Kraftschluss, dass die durch die Sitzposition vorliegende **Krümmung** der **Wirbelsäule vermindert** wird. Dies zeigt sich in einem **Hochrutschen** des Oberkörpers („Ramping") im Sitz (Bild 4 – 5). Zwischen Kopf und Oberkörper kommt es im weiteren Bewegungsablauf nun zu einer Extensionsbewegung. Hierunter versteht man eine Drehung des Kopfes relativ zum Rumpf nach hinten, vergleichbar mit dem Zurücklegen des Kopfes beim „Nach-oben-Schauen".

Der maximale Extensionswinkel zwischen Oberkörper und Kopf tritt unmittelbar nach dem Kontaktbeginn zwischen Kopf und Kopfstütze auf. Diese Situation ist auf dem letzten Bild (6) der Schemadarstellung in Abb. 3 zu erkennen. Mit der maximalen Auslenkung der Lehne nach hinten und der größten dynamischen Deformation der Kopfstütze, welche durch den Kraftaustausch mit dem Hinterkopf des Insassen hervorgerufen wird, geht der maximale Extensionswinkel einher. Zu diesem Zeitpunkt ist die Beschleunigungseinwirkung auf die Fahrgastzelle bei einer normalen Auffahrkollision bereits abgeschlossen.

211 Mit Kollisionsende, wenn sich die Fahrzeuge wieder getrennt haben, wirken auch keine äußeren Kollisionskräfte und damit Beschleunigungen mehr auf das Fahrzeug ein. Es kommt zu einer Sekundärbewegung („Rebound-Bewegung") des Insassen im Fahrzeug, bei der der Insasse nunmehr mit dem Oberkörper relativ zum Fahrzeug nach vorne schwingt. Das Ausmaß der „Rebound-Bewegung" ist von der vorhanden Sitzelastizität und der kollisionsbedingten Geschwindigkeitsänderung abhängig. Sie ist jedoch gegenüber der Primärbewegung energieärmer.

> **Praxistipp:**
>
> Primär bewegt sich ein Insasse beim Heckanstoß relativ zur Fahrgastzelle nach hinten. Erst anschließend wird er durch die Lehnenrückverformung relativ nach vorne in den Sicherheitsgurt hinein bewegt.

IV. Außergewöhnliche Sitzpositionen

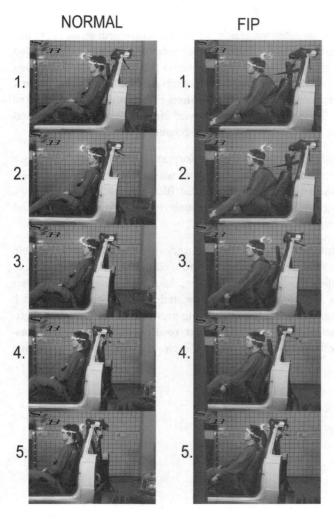

Abb. 4: Bewegungsvergleich NORMAL/FIP

Außergewöhnliche Ausgangssitzpositionen der Insassen während des Heckanstoßes können nur dann eine veränderte biomechanische Insassenbelastung begründen, wenn sie bei gleicher äußerer Anregung (gleiches delta v) zu einer abweichenden Relativbewegung des Insassen führen.

Die Abb. 4 zeigt im direkten Vergleich den Bewegungsablauf eines Freiwilligen auf einem Versuchsschlitten infolge einer normalen Ausgangssitzposition (NORMAL) und einer vorgeneigten Sitzposition (FIP). Die Anstoßbelastung war in beiden Fällen identisch und konnte durch Angabe eines delta v von 7 km/h beschrieben werden. Bei der Sitzposition FIP rollt der Insassenrücken gleichsam an der Sitzlehne ab. Hierdurch wird ein nicht unerheblicher Energieanteil über eine definierte Wegstrecke abgebaut.

Waren zunächst infolge der vorgebeugten Körperhaltung höhere Belastungen für den Insassen behauptet und auch erwartet worden, so führten die experimentellen Versuche zu einem auf den ersten Blick verblüffenden Ergebnis, dass die Belastung des Insassen umso geringer ist, je stärker sich die Person zum Kollisionszeitpunkt vorbeugt.

Zu Beginn der Untersuchung war davon ausgegangen worden, dass sich ein exakt gegenteiliges Ergebnis darstellen würde, nämlich dass der Oberkörper durch diesen größeren Abstand zur Rückenlehne „Schwung" holt und hier eine ungünstigere Belastung vorliegt. Tatsächlich ist das Gegenteil der Fall. Somit kann aus der vorgebeugten Sitzhaltung nach derzeitigem wissenschaftlichem Kenntnisstand **keine Erhöhung der resultierenden Insassenbelastung bei Heckkollisionen** auf geringem Geschwindigkeitsniveau abgeleitet werden.

§ 4 Insassenbelastung

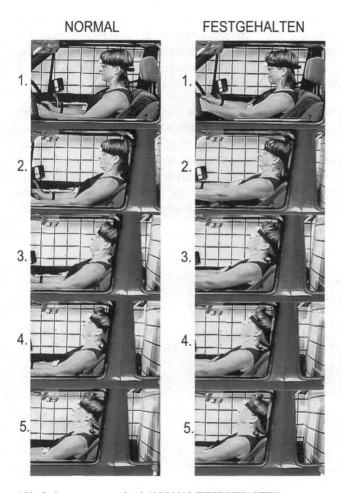

Abb. 5: Bewegungsvergleich NORMAL/FESTGEHALTEN

In Abb. 5 ist ein weiterer Vergleich gezeigt. Hierbei handelt es sich um Freiwilligenversuche in einem modifizierten Versuchsschlitten. In der li. Sp. ist wiederum eine als normal zu bezeichnende Sitzposition einer Freiwilligen abgebildet. Im direkten Vergleich befindet sich rechts daneben eine Sitzposition, bei der die Probandin das Lenkrad infolge eines erwarteten Heckanstoßes instinktiv und krampfhaft fest umklammert. Bereits aus dem anschaulichen

Vergleich wird deutlich, dass infolge des „Festhaltens" die Relativbewegung zwischen Oberkörper und Kopf früher einsetzt, da der Oberkörper über den Kraftschluss zwischen Lenkrad, Händen und Armen früher nach vorne mitgezogen wird. Daher werden bei einem **krampfhaften Festhalten am Lenkrad höhere Insassenbelastungen** ermittelt als in der normalen Sitzposition.

So zeigt Abb. 6, dass die Änderung des Relativwinkels der Kopfdrehung bei der Position FESTGEHALTEN um 10° größer war als in der normalen Ausgangssitzposition. Dieses Versuchsergebnis zeigt, dass sich ein krampfhaftes Festhalten am Lenkrad in Erwartung eines Heckanstoßes (bspw. durch einen „vorausschauenden" Blick in den Rückspiegel) bei gleicher kollisionsbedingter Anregung belastungserhöhend auswirkt. Auch in den letztgenannten Versuchen war die anstoßbedingte Belastung mit einem delta v von etwa 7 km/h vergleichbar.

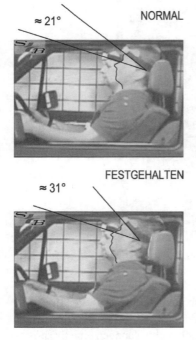

Abb. 6: Vergleich der Bewegungswinkel

V. Fazit

Werden im Hinblick auf Verletzungen an der Halswirbelsäule nach Auffahrkollisionen (HWS-Schleudertrauma) außergewöhnliche Sitzpositionen von den Insassen angegeben, sind zur Beurteilung der biomechanischen Belastungshöhe Experimente (bspw. Freiwilligenversuche) zur Beschreibung der aus der Sitzposition resultierenden Insassenbewegung durchzuführen. In der Versuchspraxis zeigt sich oftmals, dass Hypothesen zur erwarteten Erhöhung oder Minderung der Insassenbelastung durch die Testergebnisse widerlegt werden.

213

Freiwilligentests auf Bagatellbelastungsniveau haben gezeigt, dass eine **vorgeneigte Körperhaltung** zum Zeitpunkt des Heckanstoßes die biomechanische **Belastung** bei gleichen technischen Ausgangsparameter **verringert**, wohingegen ein instinktives und krampfhaftes Festhalten des Lenkrades infolge eines erwarteten Heckanstoßes die Belastung der Halswirbelsäule erhöhen kann.

> **Praxistipp:**
> Nicht jede vorgetragene außergewöhnliche Körperhaltung zum Kollisionszeitpunkt führt automatisch zu einer Belastungserhöhung und damit zu einer höheren Verletzungswahrscheinlichkeit.

C. War der Sicherheitsgurt angelegt oder nicht?

Ein Fahrzeuginsasse, der den Sicherheitsgurt bei einem Unfall nicht angelegt hatte und sich dadurch schwerere Verletzungen zuzog, als dies bei ordnungsgemäß angelegtem Gurt der Fall gewesen wäre, muss sich i.d.R. eine Mithaftungsquote anrechnen lassen. Aus diesem Zusammenhang entwickeln sich besonders bei Verkehrsunfällen mit hohen Personenschäden Gutachtenaufträge, in denen die Frage zu beantworten ist, ob der Gurt ordnungsgemäß angelegt war und falls nicht, welche Verletzungsfolgen bei angelegtem Gurt zu erwarten gewesen wären.

214

Diese Fragestellung ist interdisziplinär durch ein kombiniertes technisch-medizinisches Gutachten zu beantworten. In dem technischen Gutachtenteil wird die Höhe und die Richtung der einwirkenden Belastung ermittelt (vgl.

MEYER VRR 2005, 172, 172 ff.). Weiterhin lassen sich anhand von diversen Spuren Aussagen darüber treffen, ob der Gurt angelegt war oder nicht.

215 Im zweiten Teil des Gutachtens ist es dann die Aufgabe des medizinischen Experten, die tatsächlich erlittenen Verletzungen mit denen zu vergleichen, die bei ordnungsgemäß angelegtem Gurt zu erwarten gewesen wären.

I. Unterscheidung der Kollisionsart

216 Der Sicherheitsgurt ist in erster Linie dafür ausgelegt, den **Insassen** bei einem Frontalanprall sicher auf dem Sitz **zurückzuhalten**, damit dieser möglichst frühzeitig an der Verzögerung der Fahrgastzelle teilnehmen kann und nicht mit hoher Geschwindigkeit an den vor ihm befindlichen Bauteilen, d.h. am Lenkrad, dem Armaturenbrett, der Windschutzscheibe und – bezogen auf die hinteren Insassen – auf die Rückenlehnen der vorderen Sitze, aufschlägt. Da ein großer Teil der Verkehrsunfälle für die Insassen eine frontale Belastung darstellt, ist an dieser Stelle ausdrücklich auf das sehr hohe Schutzpotenzial des Sicherheitsgurtes hinzuweisen.

217 Weiterhin kann der Sicherheitsgurt bei einem **Fahrzeugüberschlag** wirkungsvoll dafür sorgen, dass der Insasse nicht aus dem Fahrzeug herausgeschleudert wird. Aufgrund der hohen Rotations-Kräfte, die durch die Drehung der Fahrgastzelle auf die Insassen wirken, ist zu beobachten, dass nicht gurtgesicherte Insassen aus den Fenstern des Fahrzeugs herausgeschleudert werden.

Nach DANNER (Gurt oder Tod!, 1983) ist das Risiko getötet zu werden, wenn jemand aus dem Auto herausgeschleudert wird, acht- bis zehnmal höher, als wenn jemand im Fahrzeuginnenraum verbleibt.

Die Abb. 1 zeigt Video-Einzelbilder eines Versuchs zum **Pkw-Überschlag**. Der Pfeil im äußerst rechten Bild weist auf den nicht gurtgesicherten Dummy, der aufgrund der hohen Beschleunigungskräfte aus dem Seitenfenster herausgeschleudert wird.

Ein derartiger Bewegungsablauf ist nicht nur bei einem Pkw möglich. In der Abb. 2 ist ein Versuch zu sehen, bei dem sich ein Lkw überschlägt. Auch hier wird der nicht gurtgesicherte Dummy aus dem Seitenfenster herausgeschleudert. Der angeschnallte Fahrerdummy verbleibt dagegen auf dem Fahrersitz, s. Abb. 3.

§ 4 Insassenbelastung

Abb. 1: Herausgeschleuderter Dummy beim Pkw-Überschlag (Versuche Tagung Europäische Vereinigung für Unfallrekonstruktion [EVU], Bratislava 2005)

Abb. 2: Herausgeschleuderter Dummy beim Lkw-Überschlag (Informations-CD zur Aktion „Hat's geklickt – Die wichtigste Ladung sind Sie", IAA Nutzfahrzeuge, Hannover 2002)

Abb. 3: Herausgeschleuderter Dummy beim Lkw-Überschlag – Innenraumkamera – (Informations-CD zur Aktion „Hat's geklickt – Die wichtigste Ladung sind Sie", IAA Nutzfahrzeuge, Hannover 2002)

Die Praxis zeigt jedoch auch, dass die **Schutzwirkung** des Sicherheitsgurtes **überbewertet** werden kann. Bei Seiten- und Heckanstößen ist der Nutzen des Sicherheitsgurtes deutlich geringer.

Hier sind häufig sehr ähnliche oder gar identische Verletzungsmuster aufzuzeigen, sodass die Frage nach der Mithaftung aufgrund des nicht angelegten Gurtes in diesen Fällen eine eher untergeordnete Bedeutung spielt.

Beim **Seitenaufprall** muss zwischen der stoßzugewandten und der stoßabgewandten Sitzposition unterschieden werden. Die Abb. 4 und 5 verdeutlichen diesen Zusammenhang anhand eines Beispiels. Zu sehen ist hier ein Pkw, der mit der Beifahrerseite voran quer gegen einen Baum schleudert.

Für den auf dem **Beifahrersitz** sitzenden Passagier ist es aufgrund der hohen Eindringung des Baumes in das Fahrzeug unerheblich, ob der Gurt angelegt ist oder nicht. Hier wäre in jedem Fall davon auszugehen, dass der Insasse massiv mit der rechten Körperseite gegen den eindringenden Baum, bzw. gegen die sich deformierende Beifahrertür prallt.

Beim **Fahrer** könnte dagegen der Gurt u.U. dafür sorgen, dass er weitgehend auf dem Sitz verharrt und nicht direkt gegen den eindringenden Baum schlägt.

Allerdings ist es immer wieder zu beobachten, dass der Insasse aufgrund der ausschließlich seitlich wirkenden Belastung mit der linken Schulter unter dem Schultergurt hindurch rutscht und mit dem Oberkörper relativ zum Fahrzeug nach rechts kippt. Deshalb wäre im gezeigten Beispiel letztendlich nicht auszuschließen, dass auch der Fahrer trotz angelegtem Gurt erhebliche Verletzungen davon trägt.

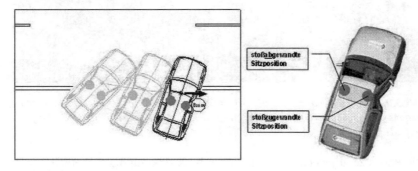

Abb. 4: Pkw schleudert mit der Beifahrerseite voran quer gegen einen Baum

Abb. 5: *Intrusion der Fahrgastzelle beim seitlichen Baumanprall (Crashversuch CTS, www.crashtest-service.com)*

Praxistipp:

Die Frage nach der Schutzwirkung des Sicherheitsgurtes hängt **entscheidend** von der Kollisionsart ab. Bei Frontalkollisionen und auch beim Fahrzeugüberschlag geht ein sehr hohes Schutzpotenzial vom Sicherheitsgurt aus. Bei Heck- und Seitenanstößen ist der zu erwartende Nutzen dagegen deutlich geringer.

II. Anknüpfungspunkte

Im Folgenden werden einige Anknüpfungspunkte diskutiert, die für die Beurteilung der Frage, ob der Sicherheitsgurt bei einer Frontalkollision angelegt war, zur Verfügung stehen.

1. Bruchspinne im oberen Bereich der Windschutzscheibe

Ist der Sicherheitsgurt nicht angelegt, so bewegt sich der Insasse bei einem Frontalanstoß weitgehend ungehindert, aufrecht sitzend, relativ zum Fahrzeug nach vorn. Ab einer Geschwindigkeitsänderung von etwa 20 km/h ist davon auszugehen, dass er am Ende der Bewegung mit dem Kopf gegen den oberen Bereich der Windschutzscheibe prallt, s. Abb. 6. Eine dabei entstehende „Bruchspinne" ist in Abb. 7 links zu sehen. Ist die Windschutzscheibe auf der Beifahrerseite im unteren Bereich beschädigt, so kann diese Bruchspinne durch den relativ voluminösen Beifahrer-Airbag verursacht worden sein, s. Abb. 7 rechts.

Teil 1: Unfallanalyse – Methoden und Instrumente

Abb. 6: Bewegungsablauf eines nicht gurtgesicherten Fahrers (Crashversuch CTS, www.crashtest-service.com)

Abb. 7: Vergleich von Bruchspinnen: links verursacht durch Kopfanprall, rechts durch Beifahrer-Airbag

> **Praxistipp:**
> Ist eine Bruchspinne im unteren rechten Bereich der Windschutzscheibe vorhanden, so kann diese einem ausgelösten **Beifahrer-Airbag** zugeordnet werden.

2. Verletzungsbild des Insassen

221 Hat der Insasse den Sicherheitsgurt zum Unfallzeitpunkt ordnungsgemäß angelegt, so wird bei einer Frontalkollision die nach vorn gerichtete Bewegung relativ zum Fahrzeug durch den Gurt begrenzt. Man kann in diesem Zusammenhang davon sprechen, dass der Insasse am Ende der Bewegung in den Gurt fällt.

Bei diesem Anprall gegen das Gurtband wirken auf den Oberkörper Kräfte, die zu sog. **„Gurtprellmarken"** führen können. Diese Hämatome sind auf dem Oberkörper in dem Bereich zu finden, in welchem zum Unfallzeitpunkt das Gurtband verlief. Je nach Art der getragenen Kleidung und körperlicher

Eigenschaft des Insassen, können diese Prellmarken bei einer frontal einwirkenden Geschwindigkeitsänderung von etwa 30 km/h auftreten.

Sind derartige Prellmarken durch Fotos oder entsprechende Berichte dokumentiert, so lässt sich i.d.R. der Nachweis führen, dass der Gurt zum Unfallzeitpunkt angelegt war. Der Umkehrschluss, aus dem Fehlen derartiger Hämatome auf die Nichtbenutzung zu schließen, ist dagegen i.d.R. nicht möglich.

Häufig werden solche „Spuren" bei starken oder gar lebensbedrohlichen Verletzungen nicht beschrieben und dokumentiert.

> **Praxistipp:**
>
> Sind **Hämatome** auf dem Oberkörper des Insassen dort **dokumentiert**, wo zum Unfallzeitpunkt das Gurtband verlief, ist von einem angelegten Gurt auszugehen.

Im Rahmen einer interdisziplinären Begutachtung obliegt es dem medizinischen Experten, das dokumentierte Verletzungsbild unter Berücksichtigung der im technischen Gutachtenteil aufgezeigten Anstoßmechanismen zu analysieren.

3. Spuren am Gurtsystem

Ist der Sicherheitsgurt nach einem Unfall sichergestellt worden, ist es dem Unfallanalytiker möglich, das Gurtsystem auf Hinweise nach der Gurtbenutzung zu analysieren. Eine Studie (WALTER, „Gurt getragen oder nicht?", Vortrag Jahrestagung Europäische Vereinigung für Unfallrekonstruktion [EVU], Dresden 2006) hat gezeigt, dass eine derartige Untersuchung **nur** dann **sinnvoll** ist, wenn die frontal einwirkende Geschwindigkeitsänderung bei mehr als **25 km/h** lag.

Unterhalb dieser Belastung sind am Gurtsystem i.d.R. nur Spuren zu finden, die auch im alltäglichen Betrieb, d.h. ohne eine anstoßbedingte Belastung, auftreten können.

Beim Unfall wirken auf das Gurtsystem – speziell auf die Umlenkstellen – hohe **Reibungskräfte**. Diese führen zu einer Veränderung des Materials. An erster Stelle treten derartige Spuren an der Schlosszunge, also an dem Bauteil, das beim Anschnallen in das Schloss gesteckt wird, auf. Die Abb. 8 zeigt typische Riefenbildung an der Schlosszunge in Abhängigkeit der frontal einwirkenden Geschwindigkeitsänderung.

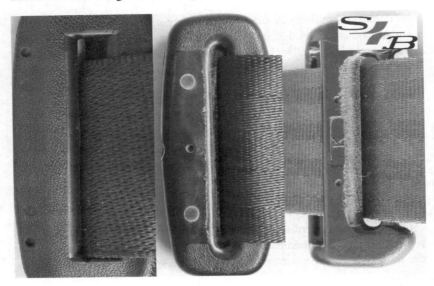

Abb. 8: Riefenbildung Umlenkung Schlosszunge in Abhängigkeit von der Geschwindigkeitsänderung (links: delta v = ca. 25 km/h, Mitte: delta V = ca. 60 km/h, rechts: delta V = ca. 80 km/h)

224 Auch das Gurtband, das unter hoher Kraft durch den Umlenkpunkt gezogen wird, verändert sich. In Abb. 9 ist das Ergebnis eines Versuches zu sehen, bei dem eine Geschwindigkeitsänderung von knapp 90 km/h wirkte. Hier kam es zu erheblichen **Materialantragungen** auf dem Gurtband. Weiterhin zerriss der Gurt infolge der enormen Kräfte. Unterhalb dieser Belastung ist bei einem durchtrennten Gurtband i.d.R. davon auszugehen, dass es im Rahmen der Bergungsarbeiten durchschnitten wurde. Der Unterschied ist deutlich zu sehen.

§ 4 Insassenbelastung

Abb. 9a: Zerrissenes Gurtband mit Materialantragungen: (delta v = 90 km/h)

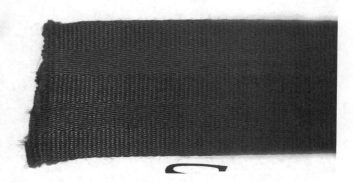

Abb. 9b: Durchgeschnittenes Gurtband

Weitere **Belastungsspuren** und Verformungen sind auch an dem oberen Umlenkpunkt zu erwarten.

Teil 1: Unfallanalyse – Methoden und Instrumente

> **Praxistipp:**
> Sämtliche **Sicherheitsgurte** sollten nach einem schweren Verkehrsunfall vor der Entsorgung des Fahrzeugs **ausgebaut** und **sichergestellt** werden.

4. Zustand des Innenraums

226 Zur Begutachtung sollten nach Möglichkeit auch **Fotos** vorgelegt werden, die den **Zustand** des Fahrzeuginnenraumes **dokumentieren**. In Abb. 10 ist z.B. ein Teil eines Pkw-Armaturenbrettes zu sehen, gegen welchen ein Fahrer-Dummy mit dem linken Knie im Zuge eines Frontalanstoßes geprallt war. Massive Anstöße dieser Art werden i.d.R. durch den Sicherheitsgurt verhindert.

Abb. 10: Massiver Knieanprall mit Zerstörungen am Armaturenbrett (Crashversuch CTS, www.crashtest-service.com)

Befinden sich im **Fond** des Fahrzeugs **Insassen**, die **nicht angeschnallt** sind, so drücken diese bei einem massiven Frontalanprall mit den Knien die Rückenlehne des vorderen Sitzes nach vorn. Die Abb. 10 zeigt einen Versuch, bei dem eine Geschwindigkeitsänderung von etwa 55 km/h frontal wirkte. Hinten rechts befand sich ein nicht gurtgesicherter Dummy. Durch die Wucht des Aufpralls wurde der gesamte Beifahrersitz einschließlich des darauf sitzenden Dummys nach vorn gedrückt. Der zunächst hinten sitzende Dummy durchstieß mit dem Kopf die Windschutzscheibe.

227

Abb. 11: Nicht gurtgesicherter, hinten rechts sitzender Dummy drückt Beifahrersitz nach vorn (delta v = ca. 55 km/h; Crashversuch CTS, www.crashtest-service.com)

> **Praxistipp:**
> Zur Begutachtung sollten Fotos vom Fahrzeuginnenraum **vorgelegt** werden.

III. Zusammenfassung

Trat in dem zu untersuchenden Fahrzeug eine überwiegend frontal einwirkende Belastung auf, so ist davon auszugehen, dass der angelegte Sicherheitsgurt die Verletzungsfolgen erheblich vermindern konnte. Auch beim Fahrzeugüberschlag ist bei einem ordnungsgemäß angelegten Sicherheitsgurt mit großer Wahrscheinlichkeit davon auszugehen, dass der Insasse nicht aus dem Fahrzeug herausgeschleudert wird. Damit kann das Risiko, lebensbedrohliche Verletzungen davon zu tragen, stark reduziert werden. Beim Seitenaufprall, besonders bei einer stoßzugewandten Sitzposition, ist das Schutzpotenzial des Gurtes von eher untergeordneter Bedeutung.

228

Allein aus technischer Sicht kann anhand einer **Vielzahl** von **Anknüpfungspunkten** eine Aussage zur Gurtbenutzung gemacht werden. Bedingung ist, dass das Spurenbild durch Fotos und u.U. durch den asservierten Sicherheitsgurt hinreichend dokumentiert ist. Zur Klärung der Frage nach den zu erwartenden Verletzungsfolgen bei einem angelegten Sicherheitsgurt sollte ein medizinischer Sachverständiger hinzugezogen werden.

D. Stand- und Sitzsicherheit von Fahrgästen in Linienbussen

229 Sind die in § 22 StVO formulierten Anforderungen an die Ladungssicherung auf die Sicherheit von Fahrgästen im Linienbus übertragbar?

I. Einleitung

230 Der **§ 22 StVO** schreibt vor, dass die Ladung einschließlich der Geräte zur Ladungssicherung sowie Ladeeinrichtungen so auf einem Fahrzeug verstaut und gesichert werden sollen, dass sie selbst bei Vollbremsungen oder plötzlichen Ausweichmanövern nicht verrutschen, umfallen, hin- oder herrollen, herabfallen oder vermeidbaren Lärm erzeugen kann. Gemäß der VDI-Richtlinie 2700 (Ladungssicherung auf Straßenfahrzeugen) gehören diese Fahrmanöver zu den üblichen und normalen Gegebenheiten des Straßenverkehrs.

231 Bei Formulierung dieses Gesetzes hat man vermutlich in erster Linie an Lastkraftwagen gedacht. Der Fahrer eines Linienbusses hat sich offenbar derartige Gedanken über die Sicherheit seiner Fahrgäste nicht zu machen, da hier durch den § 14 der BOKraft (Verordnung über den Betrieb von Kraftfahrtunternehmen im Personenverkehr) darauf hingewiesen wird, dass im Oberleitungsbus und Linienverkehr mit Kfz die Fahrgäste verpflichtet sind, sich im Fahrzeug ständig einen festen Halt zu verschaffen.

Schlagzeilen wie *„Bus zur Vollbremsung gezwungen – Fahrgast verletzt"* zeigen jedoch, dass sich immer wieder Unfälle ereignen, die Verletzungen von Businsassen nach sich ziehen, ohne dass der Bus in eine Kollision verwickelt war. Damit wäre also festzustellen, dass sich schon unter normalen Gegebenheiten des Straßenverkehrs ein Fahrgast verletzen kann. Die in der Konsequenz an den forensisch tätigen Unfallanalytiker herangetragene **Frage** kann in solchen Fällen sein, ob es dem **verletzten Fahrgast** in der konkreten Situation überhaupt **möglich** war, sich ausreichend **festen Halt** zu **verschaffen**.

Um auf diese Problematik umfassend einzugehen zu können, wurden im innerstädtischen Linienverkehr auftretende **Beschleunigungen gemessen**. Da die Fahrer von den Messungen nicht in Kenntnis gesetzt wurden, können die ermittelten Werte als die Belastungen angesehen werden, die im normalen Alltag auftreten. Weiterhin wurden verschiedene Stand- und Sitzpositionen im Rahmen einer Versuchsreihe mit Probanden untersucht. Als Ergebnis kann dargelegt werden, welche Längs- und Querkräfte ein Fahrgast in Abhängigkeit der Stand- oder Sitzposition ohne Sturz oder Verletzung beherrschen kann, und ob diese Belastungsgrenzen schon im alltäglichen Fahrbetrieb oder nur in Ausnahmesituationen erreicht werden.

II. Im normalen Fahrbetrieb auftretende Beschleunigungen

Das Ergebnis der stichprobenartigen Messung im Stadtgebiet von Münster zeigt die **Tabelle 1**. Bemerkenswert ist, dass die wirkenden Belastungen beim Durchfahren von Kurven höher sein können, als beim Verlassen oder beim Halten an einer Haltestelle. In Längsrichtung traten Beschleunigungen i.H.v. bis zu etwa 2,5 m/s² auf. In Querrichtungen waren es bis gut 3 m/s². (Anm.: Eine Bremsverzögerung ist physikalisch gesehen eine negative Beschleunigung).

232

	Anfahren [m/s²]	Anhalten [m/s²]	Linkskurve [m/s²]	Rechtskurve [m/s²]
1	0,70	1,36	1,56	0,44
2	0,72	1,36	1,82	1,28
3	0,78	1,52	1,91	1,60
4	0,84	1,78	1,93	1,76
5	0,85	1,80	2,02	1,80
6	0,90	1,80	2,03	1,94
7	0,95	1,98	2,11	2,01
8	1,21	2,02	2,14	2,36
9	1,22	2,06	2,14	2,46
10	1,23	2,14	2,35	2,54
11	1,24	2,28	2,40	2,58
12	1,26	2,30	2,48	2,66

13	1,37	2,34	2,61	2,78
14	1,44	2,42	2,70	2,88
15	1,80	2,48	2,94	3,06
16	2,44	2,56	3,16	3,12

Tabelle 1: wirkende Beschleunigungen im normalen Linienverkehr

Theoretisch können aber auch höhere Bremsverzögerungen von mehr als 3 m/s² unter ganz normalen Bedingungen erforderlich sein. Wenn im ungünstigsten Fall der innerhalb eines Ortes mit 50 km/h auf eine Ampelanlage zufahrende Bus beim Umspringen der Ampel von Grün auf Gelb noch 42 m von der Haltelinie entfernt ist, muss der Busfahrer seine Fahrt stoppen, um nicht bei Rot in die Kreuzung einzufahren (innerörtliche Gelbzeit = 3 Sekunden). Nach Verstreichen einer Reaktionszeit von 1 Sekunde steht ihm in diesem Fall ein Bremsweg von 28 m zur Verfügung, s. Abbildung 1. Daraus resultiert eine erforderliche Bremsverzögerung von 3,5 m/s².

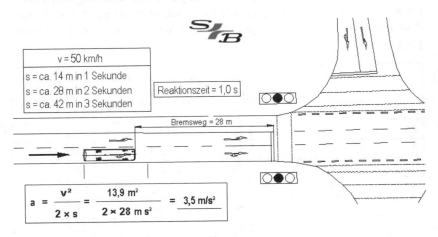

Abbildung 1: Bremsverzögerung, die beim Heranfahren an eine Ampel mit 50 km/h unter ungünstigen Bedingungen erforderlich sein kann.

Praxistipp:

Stichprobenartige Messungen im Linienverkehr haben gezeigt, dass auf den Fahrgast Quer- und Längsbeschleunigungen i.H.v. bis zu ± 3,0 m/

> s² wirken können. Aufgrund der innerörtlichen Gelbzeit von 3 Sekunden kann ein Busfahrer beim Heranfahren an eine auf Rot umspringende Ampel auch zu einer Bremsverzögerung i.H.v. 3,5 m/s² gezwungen werden.

Die oben diskutierten Beschleunigungswerte liegen deutlich unter denen, die bei einer Vollbremsung oder bei einem scharfen Ausweichmanöver wirken können. In diesem Zusammenhang kann die **VDI-Richtlinie 2700** herangezogen werden. Hier ist formuliert, dass bei Vollbremsungen mit einem Nutzfahrzeug, und damit auch mit einem Kraftomnibus, Bremsverzögerungen von bis etwa 8,0 m/s² auftreten können. Bei Ausweichmanövern ist gemäß der VDI-Richtlinie 2700 mit bis zu 5,0 m/s² zu rechnen. 233

III. Ergebnisse einer Versuchsreihe mit Probanden

1. Stehen und Gehen im Bus ohne festen Halt

In dieser Versuchsreihe bewegten sich die Probanden frei im Versuchsbus und wurden gebeten, sich während der leichten Abbremsungen nicht zusätzlich mit den Armen festzuhalten. Um einen Sturz zu verhindern, waren die Probanden durch ein Bergsteigergeschirr gesichert, das in einer Laufschiene mitgeführt wurde. 234

Im **Ergebnis** war festzustellen, dass ein sicheres Stehen ohne einen Ausfallschritt bis zu einer Verzögerung von ca. 1,3 m/s² möglich ist. Bis zu einer Verzögerung von 2,0 m/s² konnte das Gleichgewicht durch einen Ausfallschritt aufrecht gehalten werden. Beim Gehen ergab sich ein breiter Toleranzbereich zwischen 1,5 bis 3,5 m/s². Es scheint, dass die augenblickliche Schrittposition beim Einsetzen der Beschleunigung einen entscheidenden Einfluss auf das Sturzrisiko hat.

2. Stehen im Bus mit festem Halt

Bei dieser Versuchsreihe hielten sich die Probanden in Schwerpunkthöhe (ca. 57 % der Körpergröße) mit einer Hand an einer Haltestange fest, s. Abbildung 2 links. Es konnte eine Abhängigkeit zwischen der von den Versuchspersonen aufgebrachten Haltekraft in Bezug auf das Körpergewicht und die einwirkende Beschleunigung festgestellt werden. Die Haltekräfte lagen im Mittel um das 1,5-fache höher, als die nach den Gesetzen der Kinetik notwendigen. 235

Teil 1: Unfallanalyse – Methoden und Instrumente

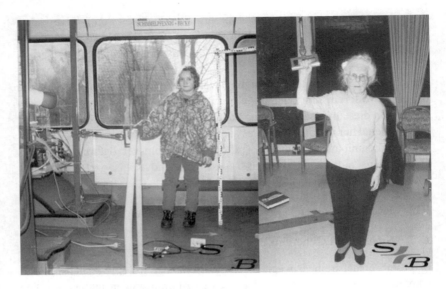

Abbildung 2: Messung von Handzugkräften

236 Um auch Standsicherheitsgrenzen für Personen über 60 Jahren, mit denen aus Sicherheitsgründen keine Fahrversuche durchgeführt wurden, angeben zu können, wurden maximale Handzugkräfte von Personen im Alter von 3 bis 98 Jahren statistisch gemessen, s. Abbildung 2 rechts.

Eine Gegenüberstellung der max. möglichen mit den erforderlichen Handzugkräften ergab, dass es weiblichen Fahrgästen aus der Gruppe der 68- bis 93-jährigen lediglich möglich ist, sich bei Verzögerungen von bis zu 3,0 m/s² im Bus mit einer Hand festzuhalten. Im Gegensatz dazu besitzen **jüngere Fahrgäste**, selbst Kinder, die Fähigkeit, Verzögerungen von bis zu ca. 5 m/s² ohne Sturz zu beherrschen, wenn sie mit einer Abbremsung rechnen.

Praxistipp:

Ältere Fahrgäste sind aufgrund ihrer körperlichen Konstitution lediglich in der Lage, sich bis zu einer wirkenden Beschleunigung von etwa 3,0 m/s² mit einer Hand an einer Haltestange festzuhalten. Die Belastbarkeit von jungen Fahrgästen liegt bei ca. 5 m/s². Als Ergebnis dieser Untersuchung kann festgestellt werden, dass ein Fahrgast, der sich mit lediglich einer

Hand in Höhe seines Körperschwerpunktes an einer Haltestange festhält, unabhängig vom Alter nicht in der Lage ist, eine Vollbremsung zu beherrschen.

3. Sitzsicherheit

Beim Sitzen mit Blick quer zur Fahrtrichtung zeigte sich, dass die Trägheitskräfte ab einer Beschleunigung von ca. 4,0 m/s² zum Kippen vom Sitz führen, wenn sich der Proband nicht zusätzlich mit den Händen festhält, s. Abbildung 4 links. Bei Versuchen mit sitzenden Fahrgästen, welche in Fahrtrichtung blicken, konnten die Probanden Verzögerungen von bis zu 6,0 m/s² tolerieren, ohne in ihrer Sitzsicherheit beeinträchtigt zu werden. Bis zu dieser Beanspruchung war keine zusätzliche Abstützung durch die Arme notwendig, s. Abbildung 4 rechts.

Dabei ist zu beachten, dass die Beurteilung der Versuchsergebnisse unter der Maßgabe erfolgte, dass bei allen durchgeführten Fahrversuchen die Probanden auf das Eintreten einer **Verzögerung vorbereitet** waren. Beim Fahrgast im realen Straßenverkehrsgeschehen, den dieses Ereignis unvorbereitet trifft, sind die tolerierbaren Beschleunigungsgrenzen entsprechend abzuschwächen.

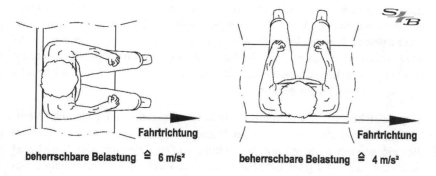

Abbildung 3: Maximale Belastungshöhe in Abhängigkeit der Sitzposition

IV. Zusammenfassung und Ausblick

Die Untersuchung zeigt insgesamt, dass die in § 22 der StVO formulierten Anforderungen an die Ladungssicherung **in keinem Fall** auf die Stand- und

Sitzsicherheit von Fahrgästen in Linienbussen **übertragen** werden können. Besonders ältere Fahrgäste, die sehr häufig den Linienbus nutzen, sind lediglich in der Lage, Verzögerungen in einer deutlich geringerer Größenordnung von lediglich bis zu 3,0 m/s² durch das Festhalten mit einer Hand zu beherrschen, sodass bereits eine ordnungsgemäße Abbremsung vor einer auf Rot umspringenden Ampel zum Sturz eines stehenden Fahrgastes führen kann. Aber auch der im Bus sitzende Fahrgast kann bei einer scharfen Kurvenfahrt, z.B. im Zuge eines Ausweichmanövers, seitlich vom Sitz kippen.

> **Praxistipp:**
>
> Schon bei einer stärkeren Abbremsung muss der Fahrer eines vollbesetzten Linienbusses mit dem Sturz einiger Fahrgäste rechnen. Bei einer **Vollbremsung** kann man sich i.d.R. keinen festen Halt mehr verschaffen, wenn man sich lediglich mit einer Hand an einer Haltestange festhält.

239 Der **Sicherheitsgurt** ist im öffentlichen Nahverkehr aufgrund der kurzen Distanzen und der fest mit eingeplanten Stehplätze nicht umsetzbar. Deshalb sollte ein insgesamt neues System zur Erhöhung der passiven Sicherheit im Kraftomnibus entwickelt werden, um zumindest den Anforderungen an die Ladungssicherung entsprechen zu können. Ein erster Ansatz in dieser Richtung ist die Konsens zwischen Stehen (Vorteil: hohe Ausnutzung des Platzangebotes) und Sitzen (Vorteil: geringe Sturzgefahr). Basierend auf einer Idee von Professor *Schimmelpfennig*, Münster wurde der Prototyp eines sog. **Stehsitzes** realisiert, s. Abbildung. Die Sitzfläche des Stehsitzes ist im Gegensatz zu der eines herkömmlichen Sitzes deutlich höher. Sie fällt jedoch kürzer aus und ist leicht nach vorn geneigt.

Zu vergleichen ist diese Körperhaltung mit derjenigen, die man auch bei Stehhilfen wieder findet. Wie schon der Name – Stehsitz – ausdrückt, beinhaltet dies ein geneigtes Stehen mit Abstützung im Gesäßbereich. Der Stehsitz ist zusätzlich mit einer transparenten elastischen Rückenlehne ausgestattet. Somit ist gewährleistet, dass der Busfahrer die Übersicht über das Geschehen im Bus behält.

Dem Fahrgast wird im Stehsitz ein Anlehnen ermöglicht. Bei starken Verzögerungen dient die Rückenlehne dem dahinter befindlichen Fahrgast als Rückhaltesystem, das einen ansonsten möglichen Sturz verhindert. Erste Versuche mit Probanden ließen auch eine Vollbremsung ohne jegliches Verletzungsrisiko zu.

Abbildung 4: Stehsitz für den Linienverkehr

E. Schalldruckbelastung von Pkw-Insassen durch Airbags

Die Ausrüstungsrate von Front-Airbags liegt mittlerweile bei fast 100 %. Von den Herstellern wird ausschließlich das Schutzpotenzial dieser Rückhalteeinrichtung beworben. Ein nach dem Stand der Technik nicht zu verhinderndes Gefahrenpotenzial wird – zumindest in Deutschland – nicht publiziert. Verletzungen sind jedoch aufgrund des energiereichen Systems nicht grds. auszuschließen. In diesem Fall kommt es dann i.d.R. zu einem Rechtsstreit, da den Insassen dieses Risiko nicht bewusst war. Im Jahr 2000 hat das OLG Hamm möglicherweise richtungsweisend einem Kläger Schmerzensgeld zugesprochen, weil er infolge der ausgelösten Airbags einen Tinnitus erlitten haben soll. In der Literatur gibt es jedoch wenig Angaben dazu, wie belastend die Schalldruckbelastung infolge einer Airbag-Auslösung ist, sodass von unabhängiger Seite Klärungsbedarf besteht. Allein den Angaben der Hersteller zu

240

folgen, erscheint nicht sinnvoll. Deshalb wurde die vorliegende Arbeit durchgeführt.

Die Ausarbeitung soll das Ausmaß möglicher Hörschäden aufzeigen, die sich durch die Explosion eines Airbags einstellen können. Im Rahmen von Versuchen wurde dabei der innerhalb eines Fahrzeugs wirkende Schalldruck gezündeter Front-Airbag-Module messtechnisch erfasst und durch ein spezielles Bearbeitungsprogramm bewertet.

I. Grundlagen

1. Bewertungskriterien

241 Die Schalldruckbelastungen von Pkw-Insassen wurden bisher u.a. von ROUHANA/DUNN/WEBB (Investigation into the noise associated with air bag deployment: Part II – Injury risk study using a mathematical model of the human ear, in: 42nd Stapp Car Crash Conference Proceedings, 1998, S. 267 – 285) in Amerika und der Suva (Schweizerische Unfallversicherungsanstalt) (HOHMANN, *Gehörschäden durch Airbag*, in: Tagungsbericht zur DAGA 98, 1998) in Europa untersucht. Abweichend von diesen Versuchen haben die Automobilhersteller jedoch einen eigenen Standard entwickelt (Arbeitskreis Zielvereinbarung, Pyrotechnische Rückhaltesysteme im Fahrwerk, AK-ZV 01, März 2001), um die akustische Insassenbelastung zu beurteilen. Da die bisherigen Untersuchungen diesen Standard nicht erfüllten, wurde bei den vorliegenden Versuchen die Firma Müller BBM (München) hinzugezogen, die Messungen auf Grundlage dieser Anforderungen durchführen kann.

242 Basis der Beurteilung ist ein mathematisch aufgebautes Modell des Ohres, das die komplexen Eigenschaften der einzelnen Ohr-Bestandteile nachempfindet (PRICE/KALB, Using the Auditory Hazard Assessment Algorithm (AHAAH), *http://www.arl.army.mil/ARL-Directorates/HRED/AHAAH/*, 2.11.2004). Nach den Entwicklern des sog. Human Ear Model ist der Vorgang einer Gehörschädigung mit dem Fall einer mechanischen Ermüdung gleichzusetzen. Wenn bestimmte Bestandteile des Innenohrs zu stark beansprucht werden, führt dies zu einer Schädigung. Auf das Ohr einwirkende Wellenverläufe und Spitzendrücke eines Schallereignisses sind dabei ausschlaggebende Eingangsgrößen, die durch das Modell verarbeitet werden. Das Ziel dieses menschlichen Ohr-Modells ist es, Verschiebungen der Barsilarmembran im Innenohr durch einwirkende Impulse zu berechnen und aus diesem eine Ge-

fahrenvorhersage abzuleiten. Ein nach diesem Modell arbeitender Rechenalgorithmus bewertet die für das Gewebe gefährlichen Druckspitzen und Verläufe des Schalldrucks unter Berücksichtigung der Wellenform und -dauer. Das Ergebnis dieses errechneten Beschädigungsindex wird in „Auditory Damage Unit" (ADU) angegeben. Je höher der errechnete Gefahrenwert ausfällt, desto höher ist das Risiko einer Hörschädigung. Mit diesem Grundmodell sind Gehörschädigungen wesentlich korrekter und weitaus genauer vorherzusagen als mit herkömmlichen Methoden, weshalb diese Beurteilung von den Automobilherstellern auch gewählt wurde.

Um das Risiko einer Hörschädigung für die Pkw-Insassen zu bewerten, wurde der ADU-Wert berechnet. Ein Impulsverlauf mit einem Wert von bis zu 500 ADU liegt dabei noch im sicheren Bereich. Hier tritt eine zeitweilige Hörschwellenverschiebung bis zu 25 dB(A) auf, wobei jedoch noch kein permanenter Hörverlust entsteht.   243

Als Besonderheit berücksichtigt das Berechnungsmodell einen sog. „gewarnten Zustand" des Ohrs. Hiermit wird die Möglichkeit bezeichnet, dass das Innenohr über einen Selbstschutz verfügt. Für eine störfreie Übertragung der Schallwellen aus der Luft sind die Gehörknöchelchen über Sehnen schwebend aufgehängt. Um jedoch aktiv in den Hörverlauf eingreifen zu können, befinden sich an den Knöchelchen zwei Muskeln. Einer dieser Muskeln zieht über eine Sehne am sog. Hammerstiel und sorgt somit für eine Spannung des Trommelfells, wobei der zweite Muskel am Steigbügel befestigt ist. Durch das Zusammenwirken der beiden Muskeln können die Gehörknöchelchen gegeneinander gezogen werden, wodurch das Spiel der Knöchelchen zueinander verringert wird. Bei hohen Schallpegeln wird die wichtigere Funktion der Muskeln deutlich: Überschreitet der übertragene Schall einen gewissen Wert, kommt es zu einer stärkeren Anspannung der beiden Muskeln, wodurch das Trommelfell stärker gespannt wird. Als Folge dieser Anspannung wird die Reflexion der Schallwellen am Trommelfell erhöht und die Steigbügelauslenkung eingeschränkt. Durch die verminderte Steigbügelauslenkung sind die im Innenohr liegenden Sinneszellen vor einer Beschädigung durch zu hohe Schalldruckamplituden geschützt. Beide Muskeln benötigen allerdings eine gewisse Ansprechzeit, bis sie zum vollen Schutz angespannt sind. Diese Zeit ist vom Schall abhängig und beträgt ca. 35 ms bei hohen Schallpegeln von etwa 130 dB und bis zu 150 ms bei niedrigen Schallpegeln.

Teil 1: Unfallanalyse – Methoden und Instrumente

Die Mittelohrmuskeln erfüllen aus diesem Grund nur einen unzureichenden Schutz des Innenohrs vor plötzlich auftretenden lauten Schallereignissen wie z.B. einem Knall. Der Schalldruckpegel eines Schallereignisses kann einen für das Innenohr gefährlichen Höchstwert erreichen, bevor die Mittelohrmuskeln zum Schutz in den angespannten Zustand versetzt werden.

2. Medizinische Grundlagen

244 Aus medizinischer Sicht unterscheidet man zwischen einem Knall-, einem Explosions- und einem akuten Lärmtrauma. Für die Beurteilung akustischer Einwirkung auf die Menschen sind der Schalldruck – über der Frequenz – sowie die Dauer der Einwirkung maßgeblich. Zur Beurteilung der akustischen Insassenbelastung durch Airbags ist das Knalltrauma maßgeblich. Es entsteht durch eine einmalige oder wiederholte Einwirkung einer Schalldruckwelle, deren Druckspitze zwischen 160 und 190 dB(A) liegt. Bei einer Zeitspanne der Druckwelle von 1 – 3 ms bleibt das Trommelfell intakt und es tritt lediglich eine Schädigung des Innenohrs ein. Der impulsartige Anstieg der Druckwelle verursacht im Innenohr so hohe Druckschwankungen, dass diese zu starken Verschiebungen der Basilarmembran führen und es hierdurch zu Beschädigungen von Haarzellen kommt. Die geschädigte Person empfindet sofort eine Vertäubung der Ohren, verbunden mit Ohrensausen und oft einem stechenden Schmerz. Eine anfänglich erhebliche Schwerhörigkeit zeigt schon nach kurzer Zeit eine Besserung, welche i.d.R. nach einigen Tagen bis Wochen abgeschlossen ist und sich der Normalzustand einstellt. Die ausschließliche Schädigung des Innenohrs ist das Kennzeichen des Knalltraumas. Bei einem der Schallquelle zugewandten Ohr ist die Schädigung ausgeprägter als auf der anderen Seite, da das abgewandte Ohr durch die Schattenwirkung des Kopfes etwas geschützt ist. Die häufigsten Ursachen für Knalltraumen sind Schießübungen mit Handfeuerwaffen und Geschützen (FELDMANN, Das Gutachten des Hals-Nasen-Ohren-Arztes, 6. Aufl. 2006).

245 Häufig wird im Zusammenhang mit Airbag-Explosionen ein Tinnitus diagnostiziert. Tinnitus ist der medizinische Fachausdruck für Ohrengeräusche oder Ohrensausen. Von betroffenen Personen wird jedes Geräusch als Pfeifen, Rauschen, Zischen oder Summen erlebt. Tinnitus ist jedoch lediglich ein Symptom und keine detaillierte Diagnose. Ein Tinnitus wirkt sich nicht immer gleich aus, sodass er nach unterschiedlichen Kriterien klassifiziert wird

§ 4 Insassenbelastung

(GANZER/ARNOLD, Leitlinie Tinnitus, *http://www.uni-duesseldorf.de/ WWW/AWMF/II/hno_II63.htm*, 14.10.2004):

Übersicht: Klassifizierungskriterien Tinnitus

- Entstehungsmechanismus: **objektiv-subjektiv**
- Bei einem objektiven Tinnitus existiert eine körpereigene physikalische Schallquelle in der Nähe des Ohres, deren Schallaussendungen gehört werden. Hierzu gehören gefäß- oder muskelbedingte Geräusche. Der objektive Tinnitus kann auch von Außenstehenden gehört werden. Beim subjektiven Tinnitus liegt eine fehlerhafte Informationsbildung im Hörsystem ohne Einwirkung eines akustischen Reizes vor. Diese Form des Tinnitus wird nur von Betroffenen selbst wahrgenommen und ist nur schwer nachzuweisen. Durch standardisierte audiometrische Tinnitus-Untersuchungen lässt sich dieser jedoch – in Grenzen – objektivieren (HUGEMANN NZV 2003, 406)
- Zeitverlauf
- Ein Tinnitus kann akut, subakut oder chronisch verlaufen. Beim akuten Zeitverlauf klingen die Symptome in weniger als 3 Monaten wieder ab. Von einem subakuten Zeitlauf spricht man bei einer Zeitdauer zwischen 3 Monaten und 1 Jahr. Ein Tinnitus wird chronisch, wenn er länger als 1 Jahr besteht.
- Sekundäre Symptomatik: **kompensiert – dekompensiert**
- Ein Tinnitus kann kompensiert werden, indem der Patient das Ohrgeräusch registriert, mit diesem jedoch umgehen kann, ohne dass zusätzliche Symptome auftreten. Es besteht kein oder nur ein geringer Leidensdruck. Die Lebensqualität ist nicht wesentlich beeinträchtigt. Im dekompensierten Fall kann das Ohrgeräusch massive Auswirkungen auf sämtliche Lebensbereiche haben, sodass es zur Entwicklung einer Sekundär-Symptomatik – wie Angstzustände, Schlafstörungen, Konzentrationsstörungen oder sogar Depressionen – kommen kann. Es besteht ein hoher Leidensdruck, der die Lebensqualität wesentlich beeinträchtigt.

Als Ursache für einen Tinnitus können viele Ereignisse in Betracht kommen. Ein Tinnitus kann isoliert infolge von Lärm, Stress, Belastungen wie Ängste bzw. nach einem Hörsturz auftreten oder in Verbindung mit einer Krankheit (Mittelohrentzündung). Auch Probleme mit der Halswirbelsäule oder im Zahn-/Kieferbereich können auslösende oder verstärkende Ursachen sein,

Teil 1: Unfallanalyse – Methoden und Instrumente

wobei es noch weitere, zahlreiche erforschte und theoretische Ansätze zur Tinnitus-Entstehung gibt.

246 Eine Schädigung des Hörsystems äußert sich ausschließlich durch zwei Symptome: Das Hören wird schlechter und/oder es tritt ein Tinnitus auf. Jeder Defekt im Hörsystem kann auch zu einem Tinnitus führen. Jedoch lässt sich eine Hörschädigung leichter diagnostizieren, da es sich beim Tinnitus in den meisten Fällen um einen subjektiven Tinnitus handelt.

Wenn ein Tinnitus infolge eines Unfalls auftritt, lässt er sich i.d.R. durch Erstellen eines Tonaudiogramms objektivieren. Hierbei tritt in einigen Fällen eine messbare Hörstörung auf, die sich durch einen Hochtonabfall lokalisieren lässt (FELDMANN, a.a.O.).

II. Versuche

247 Für die Versuchsreihen zur Schalldruckerfassung von Front-Airbags wurden zwei Versuchs-Fahrzeuge verwendet; in beiden Fahrzeugen waren einstufige Generatoren mit Natriumzellulose als Treibstoff verbaut.

Es wurde ein klein- und großvolumiges Fahrzeug gewählt, um das Innenraumvolumen als Parameter zu berücksichtigen. Der Kleinwagen (Ford Fiesta) verfügte werkseitig über einen Fahrer-Airbag, und das großvolumige Fahrzeug, ein Ford Mondeo Turnier, über einen Fahrer- und Beifahrer-Airbag (Tab. 1).

Fahrzeuge		
Hersteller	FORD	FORD
Modell	Fiesta	Mondeo Turnier
Baujahr	1996	1994
Typ-Bezeichnung	GFJ	BNP
Leergewicht	845 kg	1295 kg
Hubraum	1119 cm3	1597 cm3
Anzahl der Türen	3	5
Innenraumvolumen	ca. 2,3 m3	ca. 3,4 m3
Interne Fzg.-Nr.	2067	2159
laufende Versuchs-Nr.	FF	FM

Tab. 1: Fahrzeuge für Airbagmessungen

Die verwendete Messtechnik wurde vollständig von der Firma Müller-BBM zur Verfügung gestellt und während der Messung bedient. Um den Schalldruck zu messen, wurde ein Kunstkopf mit speziellen Mikrofonen verwendet (Abb. 1).

Abb. 1: Kunstkopf mit zwei Mikrofonen

Um den Schalldruck realitätsnah zu erfassen, wurde der Kunstkopf bei den Versuchsreihen in den Fahrzeugen auf einem Hybrid-Dummy II positioniert. Über die Versuchsmatrix sollte untersucht werden, inwiefern Fahrzeugvolumen, Sitzbelegung, Messort sowie Anzahl der gezündeten Airbags einen Einfluss auf das Messergebnis haben (Tab. 2).

Fahrzeug	Versuchs-Nr.	Messort	Auslösender Airbag	Sitzbelegung	Randparameter	Anzahl der Messungen
Ford Fiesta	FF-01/ FF-02	Fahrersitz	Fahrerairbag	nur Fahrersitz	Fenster geschlossen, normale Sitzposition	2
	FF-03	Fahrersitz	Fahrerairbag	Fahrer- und Beifahrersitz	Fenster geschlossen, normale Sitzposition	1

	FF-04	Beifahrersitz	Fahrerairbag	Fahrer- und Beifahrersitz	Fenster geschlossen, normale Sitzposition	1
	FF-05	Fahrersitz	Fahrerairbag	nur Fahrersitz	Fenster geöffnet, normale Sitzposition	1
	FF-06	Fahrersitz	Fahrerairbag	nur Fahrersitz	Fenster geschlossen, Kopf zum Seitenfenster gedreht	1
Ford Mondeo	FM-01	Fahrersitz	Fahrerairbag	nur Fahrersitz	Fenster geschlossen, normale Sitzposition	1
	FM-02	Fahrersitz	Fahrer- und Beifarerairbag	nur Fahrersitz	Fenster geschlossen, normale Sitzposition	1
	FM-03	Fahrersitz	Fahrer- und Beifahrerairbag	Fahrer- und Beifahrersitz	Fenster geschlossen, normale Sitzposition	1
	FM-04	Beifahrersitz	Fahrer- und Beifahrerairbag	Fahrer- und Beifahrersitz	Fenster geschlossen, normale Sitzposition	1

Tab. 2: Matrix der Airbagmessungen

In einem weiteren Versuch wurde der Schalldruck innerhalb eines Fahrzeugs während einer Kollision erfasst (ohne dass ein Airbag gezündet wurde). Mit dem rein kollisionsbedingten Schalldruck sollte ermittelt werden, ob der Airbagknall im Crashgeräusch untergeht oder den Schalldruckpegel tatsächlich signifikant erhöht.

III. Ergebnisse

Der gesamte Verlauf einer Airbag-Explosion mit anschließender Luftsack-Entfaltung benötigt einen Zeitraum von ca. 250 ms. Bei den durchgeführten Versuchen wurden maximale Schallpegel zwischen 155,6 dB – 170,4 dB gemessen, die bei jeder Messung schon innerhalb der ersten 10 ms nach dem Zündzeitpunkt erreicht wurden und sich nur über einen Bruchteil von 1 ms halten konnten (Abb. 2). Die kurze Zeit des Druckanstiegs und der ebenso abrupte Abfall bewirken gerade das Erreichen des Spitzendrucks, der im weiteren Verlauf starke Schwankungen bis weit in den Unterdruckbereich mit sich zieht. Durch diesen intensiven Verlauf des Schalldrucks innerhalb der ersten 30 ms ist der Luftsack nach weiteren 20 ms voll entfaltet. Das entstehende Luftsack-Volumen bewirkt einen leichten Anstieg des Innenraumdrucks, sodass sich der Verlauf der Schallwelle zwischen 20 und 45 ms auf leichtem Überdruckniveau von ca. 400 Pascal einschwingt. Dieser Innendruck steigt bei einer zusätzlichen Luftsackentfaltung um weitere 300 – 400 Pascal.

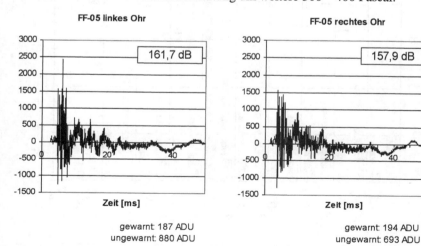

Abb. 2: Vergleich FF-01 zu FF-02

Teil 1: Unfallanalyse – Methoden und Instrumente

250 Der erfasste Spitzendruck der einzelnen Versuche hängt dabei von der Entfernung der Schallquelle zum Mikrofon, von Schall reflektierenden Gegebenheiten in unmittelbarer Nähe sowie vom Volumen des Innenraums ab. Im Fahrzeug mit dem kleineren Innenraumvolumen konnten etwas höhere Drücke gemessen werden als im Fahrzeug mit dem größeren Volumen. Ein geöffnetes Fenster hingegen lässt den Schalldruck entweichen, wodurch sich geringere Drücke ergeben. Da beim geöffneten Fenster kein Überdruck durch das entstehende Luftsackvolumen entsteht, schwingen die Druckverläufe in diesem Fall um die Nulllinie. Um die mögliche Hörschädigung zu berechnen, wurden die Signale ausgewertet und der ADU-Wert berechnet. Wenn die Schallimpulse auf ein ungewandtes Ohr treffen, stellt sich für jede der durchgeführten Messung eine mögliche Verschiebung der Hörschwelle ein (Abb. 3). Eine Hörschwellenverschiebung von über 25 dB kann bei allen Airbag-Auslösungen – bis auf einen Fall – auf dem linken Ohr festgestellt werden, was zu einem permanenten Hörverlust führen kann.

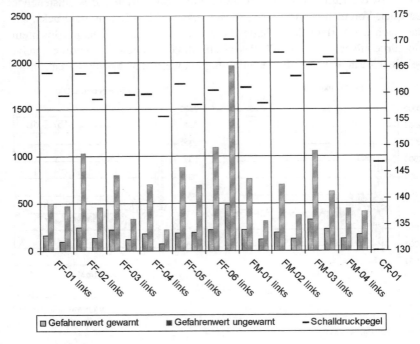

Abb. 3: Darstellung der Messergebnisse

§ 4 Insassenbelastung

Wenn das Mittelohr durch eine simulierte Anspannung der Muskeln in den gewarnten Zustand versetzt wird, so überschreitet keiner der errechneten Gefahrenwerte einen Wert von 500 ADU. Problematisch ist jedoch, dass die Latenzzeit für den Selbstschutzmechanismus des Ohrs größer ist als die Zeitdauer zwischen Schallbeginn und Spitzenschallpegel. Um den Selbstschutzmechanismus letzten Endes in der Praxis nutzen zu können, ist es deshalb notwendig, Pre-Crash-Sensoren zu benutzen, um das Ohr über ein externes Signal, z.B. der Audioanlage, in den gewarnten Zustand zu versetzen.

251

Der gemessene Schalldruck einer Pkw-Pkw-Frontalkollision innerhalb der Fahrgastzelle gibt nach der Auswertung einen ADU-Wert von 4 bzw. 8 bei einem Spitzenpegel von 146,7 dB(A). Durch diese geringen Werte entsteht für eine betroffene Person kein Risiko einer Hörschädigung und somit keine Verschiebung der Hörschwelle. Im Vergleich zu einem explodierenden Airbag verläuft das Innengeräusch der Frontalkollision über eine längere Zeitspanne und zeitversetzt; das Kollisionsgeräusch erreicht das Ohr ca. 40 ms später als der maximale Schalldruckpegel der Airbag-Explosion (Abb. 4).

252

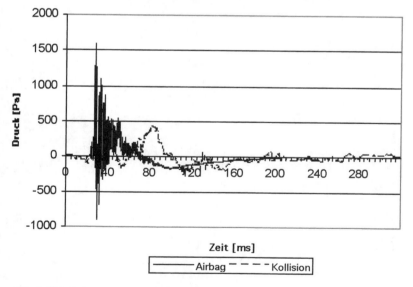

Abb. 4: Überlagerung von Kollisionsgeräusch und Airbagexplosion

253　Die aufgeführten, möglichen Verschiebungen der Hörschwelle entstehen nach dem Human Ear Model durch Schädigungen der Haarzellen im Innenohr. Der Definition nach ist die alleinige Schädigung des Innenohrs das Merkmal eines Knalltraumas. Ob gemessene Schallverläufe auch zu Trommelfellrissen und anderen Mittelohrschädigungen führen können oder einen Tinnitus mit sich ziehen, wird aus der Bewertung des Programms nicht sichtbar. Da sich das Auswertungsprogramm auf eine direkt nach der Einwirkung einstellende Hörschwellenverschiebung bezieht, kann aus technischer Sicht keine Aussage über die Zeitspanne eines möglichen Hörverlusts gemacht werden. Eine zusätzliche Beurteilung aus medizinischer Sicht ist somit sinnvoll.

§ 5 Moderne Techniken in der Unfallrekonstruktion

A. Digitalfotografie im Sachverständigenwesen – Erfahrungen aus der Praxis

Die digitale Fotografie hat sich seit einigen Jahren im Sachverständigenwesen durchgesetzt. Die „herkömmlichen" chemischen Fotos sind praktisch ausgestorben. Digitalfotos haben sich inzwischen so etabliert, dass es Zeit ist für eine Zwischenbilanz.

254

I. Handfeste Vorteile

Wenn die Digitalfotografie nicht **handfeste Vorteile** hätte, bräuchte man heute sicherlich nicht von einem Siegeszug zu sprechen. Wie auch bei anderen Produkten der Computerbranche unterliegen die Geräte einer rasanten Entwicklung. Ständig kommen neue Apparate auf den Markt, viele Typen sind kaum ein Jahr lang im Angebot. Längst ist ein Standard erreicht, der auch in erschwinglichen Preisregionen professionellen Ansprüchen genügt. Nicht nur bei den Objektiven, sondern vor allem bei den Bildsensoren, quasi dem elektronischen Film, ist ein hohes Niveau bei überschaubarem finanziellen Aufwand erreicht. Schon vor dem Umstieg auf Digitalfotografie haben Sachverständige meistens eine Spiegelreflexkamera verwendet. Doch auch die so genannten „Bridgekameras", quasi die letzte Stufe vor der Spiegelreflexkamera, können gerade bei der Fotografie von Fahrzeugen noch Vorteile gegenüber Spiegelreflexkameras ausspielen. Zu nennen sind beispielsweise die Makrofunktion und der große Zoombereich. So können mit einem Objektiv problemlos Fotos aufgenommen werden, die den Qualitätsansprüchen genügen.

255

Heutzutage ist praktisch jedes Handy mit einer Kamera ausgestattet. Unter Umständen kann man damit als Unfallbeteiligter, z. B. wenn nur etwas Blechschaden zu beklagen ist, leicht ein paar Fotos aufnehmen, die die Situation am Unfallort festhalten. Schadendetails sind zweifellos meistens nicht zu identifizieren, Endstellungen und teilweise auch Spuren sind auf **Handyfotos** aber grundsätzlich, zumindest grob, zu erkennen. Gerade die Endstellungen werden nach leichten Unfällen praktisch nie gesichert, weil die Fahrzeuge schon vor dem Eintreffen der Polizei an den Straßenrand gefahren werden. Dabei liefern sie doch, z. B. nach einem Spurwechselunfall, wichtige Hinweise für den Unfallhergang. In der Aufregung fotografieren viele Leute allerdings nur ihr eigenes Auto. Das könnte man auch später leicht nachholen. Aber das Auto des Unfallgegners ist nach dem Unfall meistens nicht mehr in Reichweite, und Spuren sind nach kurzer Zeit am Unfallort auch nicht mehr zu erkennen. Es ist also ratsam, sich auf das andere Fahrzeug und die Unfallsituation zu konzentrieren, sofern der Kopf dafür noch klar genug ist.

II. Von Megapixeln und Speichermedien

256 Ein jeder dürfte heutzutage schon einmal den Begriff „**Megapixel**" gehört haben. Aber was bedeutet das denn eigentlich? Man liest von vier, acht oder zwölf „Megapixeln". Mega steht als Abkürzung für die 6. Zehnerpotenz, also sechs anzuhängenden Nullen. Eine Zwölf-Megapixel-Kamera hat somit 12.000.000 Bildpunkte. Diese sind entsprechend dem Längen-Breiten-Verhältnis des Bildes rechteckig angeordnet. Ein Zahlenbeispiel wäre 4.096 Bildpunkte in der Breite, mal 2.848 Bildpunkte in der Höhe macht 12.212.224 oder eben gerundet 12 Mio. Bildpunkte, was man gemeinhin unter einer 12-Megapixel-Kamera versteht. Häufig werden heutzutage, man muss sagen aus Marketingzwecken, auch sehr kleine Bildsensoren mit sehr großen Pixelzahlen hergestellt. Man kann sich leicht vorstellen, dass umso mehr Licht „eingefangen" werden kann, je größer die Fläche des Sensors ist. Darum ist nicht nur die Pixelzahl, sondern auch die Größe des Sensors ein Qualitätsmerkmal. Je größer der Sensor, desto höher die Bildqualität. Doch nicht nur die Pixelzahl ist für die Bildqualität entscheidend, sondern auch die Farbtiefe, die in „bit" angegeben wird. Gute Kameras sind derzeit mit einer Farbtiefe von 24 bis 36 bit ausgerüstet. Diese Angabe bezieht sich darauf, wie viele Farbinformationen zu einem Pixel abgelegt werden. Bei einer Farbtiefe von 36 bit sind dies 2^{36}= 68.719.476.736 verschiedene Farben. Viele kleine Kameras, die man in die Hosentasche stecken kann, bieten zwar mitunter auch beeindruckende Zahlenwerte in ihren technischen Daten. Die Sensoren, aber vor allem auch die Objektive sind so minderwertig, dass sie den Ansprüchen eines gewissenhaft fotografierenden Sachverständigen nicht gerecht werden können. Allenfalls für beengte Platzverhältnisse bietet es sich an, so eine Kamera zusätzlich dabei zu haben, um z. B auf die Schnelle in die Tiefen des Motorraums oder hinter einen Stoßfänger „gucken" zu können.

257 Mit den Digitalkameras wurden auch immer größere **Speichermedien** und **schnellere Rechner** notwendig. Und hier geriet die Entwicklung dann zu-

nächst ins Stocken. Während die Investition in das Neue, die neue Technologie der Digitalkamera, gern getätigt wurde, um auch in gewisser Hinsicht die technische Neugier zu befriedigen, musste aufgrund der nicht unerheblichen Summen an anderer Stelle gespart werden. Für eine einfache Digitalkamera mit einer Auflösung von zwei Megapixeln musste man vor einigen Jahren noch 1.000 EUR bezahlen. Heute bekommt man zu diesem Preis bereits Kameras, die beinahe Profiansprüchen gerecht werden. Auch Speichermedien waren dementsprechend teuer. Dies fing bei den internen Speichern der Kameras an, ging über die Festplattenpreise für den Computer und hörte bei den CD-ROM- oder DVD-Rohlingen auf. Heute lohnt es sich fast nicht mehr, eine DVD zu „brennen", da die Festplattenpreise es ermöglichen, gleich diese als Archivmedium zu verwenden.

III. Das Ende der Kostenspirale?

Inzwischen haben sich diese **Kosten relativiert**. Es ist vergleichsweise günstig geworden, Digitalfotos abzuspeichern, und für eine bequeme Arbeit am Rechner sind auch ausreichend schnelle Prozessoren und Programme vorhanden. Aber immerhin beansprucht ein Bild mit voller Auflösung im sog. Jpeg- (sprich: „Dschäipeck") Format einer Zwölf-Megapixel-Kamera ca. fünf MegaByte Speicherplatz. Zur Veranschaulichung: Auf einer CD-Rom lassen sich ungefähr 140 solcher Fotos abspeichern. Aus heutiger Sicht kann man sagen, dass man mit einer Zwölf-Megapixel-Kamera für alle Bedarfsfälle im Sachverständigenwesen ausreichend gewappnet ist, selbst mit einer Auflösung von sechs Megapixel kann man die meisten Aufgaben gut genug erledigen. Mit einer Drei-Megapixel-Kamera lassen sich zwar auch schon die meisten Anforderungen erfüllen, hier und da vermisst man aber die Detailschärfe, wenn es erforderlich ist, bestimmte Bildausschnitte zu vergrößern. Das kann man, wenn überhaupt, nur dadurch kompensieren, dass man mehr fotografiert. Damit muss aber unter Umständen auch eine größere Datenmenge archiviert werden. Das Hantieren mit den vielen Fotos wird dadurch ebenfalls nicht gerade übersichtlicher.

258

IV. Neue Ergonomie

Dass mit der Digitalfotografie **Computer** – und **Fototechnik dichter zusammengerückt** sind, hat der Entwicklung der Kameras neue Impulse verliehen. Während man heute eine Fülle verschiedenster, auch ausgefallener

259

Design-Varianten findet, konnte man früher eine Kamera eindeutig an ihrer Formgebung erkennen. Diese Formgebung war zum einen zweckmäßig, zum anderen aber auch durch konstruktive Einschränkungen vorgegeben. Die Ergonomie spielt beim Fotografieren eine große Rolle, vor allem dann, wenn aus der Hand, also nicht Stativ-gebunden fotografiert wird. Die mit einem chemischen Film ausgestatteten Kameras (i.d.R. „Kleinbildkameras") verfügten zwangsläufig über einen optischen Sucher. Mit den Digitalkameras hielt der elektronische Sucher Einzug, sodass man sich die Kamera nicht mehr vor ein Auge halten muss. Stattdessen ist nun in die Kamerarückwand ein Display eingebaut, das man als Fotograf aus bequemer Entfernung betrachtet. Damit war es möglich, die Ergonomie der Kameras entscheidend zu verändern. Hier sind z.B. Kameras mit Displays an Drehgelenken oder schwenkbaren Objektiven zu nennen, die das Fotografieren an unzugänglichen Stellen stark vereinfachen oder überhaupt erst ermöglichen, was ganz neue Perspektiven eröffnet. Dabei muss man sich vor Augen halten, dass Autos meistens zunächst mit den Stoßfängern zusammenprallen. Die ersten Spuren sind damit stets etwa auf Kniehöhe. Aus aufrechter Position fotografiert man daher stets verzerrt. Ein Klappdisplay erleichtert es hier ungemein, die Schäden auf der richtigen Höhe aufzunehmen. Wie früher, zu Zeiten der zweiäugigen Kameras, kann man nun wieder von oben „in die Kamera hineinschauen".

Hinzu kommt, dass viele Digitalkameras eine brauchbare Makrofunktion implementiert haben, mit der sich sehr gut kleinste Details ablichten lassen. Da man auch beliebig oft fotografieren und die Bilder wieder löschen kann, ist es auch möglich, „ins Blaue zu schießen" und sich erst danach über das Ergebnis zu informieren. Im Zweifel probiert man es einfach noch einmal. Mit den Kosten, die zuvor jedes Bild verursachte, war dies früher nicht praktikabel, vor allem aber, weil man erst ein paar Tage abwarten musste, bis man das Ergebnis als Abzug vor sich liegen hatte.

V. Ergo: Schöne, heile Welt der Digitalfotografie? Mitnichten!

260 Mit der neuen Technologie haben sich auch **neue Problemquellen** ergeben. Für die Unfallanalyse ist man in fast allen Fällen, solange es sich nicht um eigene Unfallaufnahmen handelt, auf die Vorarbeit anderer angewiesen: Privatpersonen, Polizei, Schadengutachter.

§ 5 Moderne Techniken in der Unfallrekonstruktion

Während man Privatpersonen sicherlich keine Vorwürfe bei minderwertiger Fotoqualität machen kann, ist bei den „Profis" eindeutig eine negative Entwicklung festzustellen, die die Begutachtung schwieriger als noch zehn Jahren macht. Die unfallanalytische Bearbeitung in Zivilverfahren erfolgt meist erst frühestens ein Jahr nach dem Unfall. In Strafverfahren kann dies früher geschehen, ein Zeitraum von mehreren Wochen oder Monaten ist aber dennoch normal. Damit lassen sich meist durch den nun tätigen Sachverständigen keine eigenen objektiven, aus dem Unfall stammenden Anknüpfungstatsachen am Unfallort mehr feststellen. Nur selten hat man die Gelegenheit, die Unfallschäden an den Fahrzeugen noch besichtigen zu können. Wenn dies der Fall ist, ist das Beschädigungsbild meist schon verändert, z.B. durch Korrosion. Nicht zuletzt deswegen erfolgt eine sog. Beweissicherung durch einen Schadengutachter. Eine Ausfertigung mit Lichtbildern seines Gutachtens liegt zumeist der beklagten Partei vor. Von dort werden sie dem Unfallanalytiker i.d.R. zur Verfügung gestellt.

VI. Das gute, alte Papierfoto

Zu Zeiten der chemischen Fotos fand man in einer derartigen Ausfertigung hochwertige Abzüge vom Original, dem Negativ. Im Bedarfsfall konnte man von einigen Schadengutachtern sogar die Negative bekommen oder von ihm größere Abzüge bzw. Ausschnittvergrößerungen anfordern. Fast immer wurden in die polizeilichen Ermittlungsakten die Negativstreifen von den Unfallaufnahmen eingeheftet. Einige Fälle konnten damit gelöst werden, einmal alle Negative abzuziehen, da in die Akte nur ein Teil der Fotos aufgenommen worden war und erst auf den Restfotos wichtige Spuren zu sehen waren. Meistens hatten die vorhandenen Abzüge aber schon die für die Begutachtung erforderliche Qualität. 261

VII. Keine Abzüge mehr, sondern Ausdrucke

Heutzutage liegen zunächst einmal nur **Ausdrucke** vor. Ausdrucke, denen der Drucker auch noch seine **individuelle Note** verpasst hat. Vor allem Tintenstrahldrucker neigen dazu, Querstreifen über die Bilder zu ziehen, wenn Tintendüsen verstopft sind oder der Tintenvorrat zur Neige geht. Laserdrucker sind hier zwar weniger anfällig, liefern aber meist nicht die gewünschte Farbbrillanz und Detailschärfe, vor allem, wenn kein spezielles Fotodruckerpapier verwendet wird. Gerade in diesem Punkt spiegelt sich ein Problem der 262

Behörden wieder. Dort wird häufig Recycling-Papier mit einem Braunstich verwendet – auch zum Ausdrucken der Fotos! Vielfach werden die Fotos auch nur schwarz-weiß ausgedruckt. Diesbezüglich muss man also **eindeutig** einen **Rückschritt** feststellen. Denn bis heute hat sich immer noch nicht flächendeckend durchgesetzt, dass die Digitalfotos der Akte auf einem Datenträger beigeheftet sind. Die vermeintlichen Vorteile – der Weg bis zum fertigen Foto ist billig und schnell – liegen auf der Hand. Für die Unfälle, die später juristisch entschieden werden, ist das aber unbefriedigend, vor allem, wenn man sich tagtäglich damit beschäftigt. Man muss sich in erster Linie vor Augen halten, dass durch diese Praxis z.B. eine beweispflichtige Prozesspartei in Beweisnot geraten kann, nur weil man auf einem schlechten Ausdruck Spuren und Splitter nicht mehr richtig erkennen kann, was mit besserer Fotoqualität wahrscheinlich möglich gewesen wäre.

VIII. Mit neuester Technik zurück in die Steinzeit?

263 Der Unfallanalytiker versucht in solchen Fällen regelmäßig, die **Original-Fotodateien** zu **beschaffen**. Am einfachsten fordert er sie per E-Mail an. Wenn das nicht möglich ist, können die Dateien auch auf eine CD-Rom oder DVD gespeichert werden. Leider sind diese Versuche nur selten von dem erhofften Erfolg gekrönt. Viele Polizeistationen in Deutschland sind selbst heutzutage noch nicht in der Lage, die Fotodateien, also die Originalfotos, abzuspeichern bzw. auf CD-Rom zu brennen, um sie am besten gleich in die Akte zu heften. Die tägliche Praxis sieht so aus, dass die Fotos auf besagtem Recycling-Papier ausgedruckt und die Daten dann unwiederbringlich gelöscht werden! Positive Ausnahmen sind meist auf die private Initiative einiger engagierter Polizistinnen oder Polizisten zurückzuführen. Mitunter erhält man dann Fotos, die die Polizeibeamten von ihrer privaten E-Mail-Adresse verschickt haben, weil sie auf der Wache dazu keine (technische) Möglichkeit haben. In Anbetracht der Verschlechterung gegenüber der Situation vor einigen Jahren ein unhaltbarer Zustand.

Aber leider ist diese aus dem allgemeinen Kostendruck erklärbare Situation nicht auf die Behörden beschränkt. Vor allem in den großen Sachverständigenorganisationen, von denen ein Hauptgeschäftszweig in der Schadenbegutachtung liegt, fallen nun auf einmal riesige Datenmengen an, die entsprechend behandelt werden wollen. **Gängige Praxis** ist auch hier, die Originaldateien zu **löschen** und stattdessen verkleinerte („kleingerechnete") Dateien zu speichern. Das Unheil geschieht oft schon beim Übertragen der Fotos aus der Kamera auf den Computer. Bereits dort werden die Bilder systematisch verkleinert. Die Steigerung davon ist, dass mit einer Zwölf-Megapixel-Kamera fotografiert wird, diese aber so eingestellt ist, dass sie nur Bilder mit einem Megapixel aufnimmt. Häufig werden die Bilder sogar in andere Dokumente eingebettet, die für Textverarbeitung mit kleinen Dateigrößen, aber nicht für Bildarchivierung vorgesehen sind. Dann ist es oft nur mit einigen Tricks möglich, die Bilder überhaupt wieder zu extrahieren. Die **Originale** sind aber dennoch verloren. Vorgesehen ist offensichtlich, die Bilder nur noch auszudrucken. Für eine Unfallanalyse sind allein die Original-Bilder in Datenform erforderlich! Besonders schlimm ist dann die ebenfalls gängige Praxis einiger Versicherungen, dass auch noch die ausgedruckten „Originale" nach dem Scannen **vernichtet** werden. Auf den Dateien lassen sich Fahrzeugschäden dann nur noch schemenhaft ausmachen.

IX. Vernichtung von Beweismitteln?

Auch auf Anfrage ist es dann häufig nicht möglich, die Original-Dateien zu erhalten, da diese schlicht nicht mehr existieren. Dabei gibt es durchaus **Richtlinien**, die z.B. von zertifizierten Sachverständigen, aber auch deren Dachverbänden offiziell anerkannt werden. Sie müssten nur noch befolgt werden (Wueller, Richtlinien für die Erstellung und Verwendung elektronischer Stehbilder [digitaler Fotografien] für gutachterliche, gerichtliche und versicherungstechnische Zwecke, http://6mpixel.org/assets/original/Bilder%20in%20Gutachten%20Ver%201.0.pdf, 2003). Die Richtlinien fordern unmissverständlich die Archivierung der unveränderten Originaldateien. Eigentlich bräuchte es hierfür gar keine Richtlinien, da dies bei *sachverständiger* Betrachtung selbstverständlich sein müsste. In den Original-Dateien sind im Übrigen auch als sog. Exif-Daten Informationen enthalten, unter welchen Bedingungen das Bild aufgenommen wurde, mit welcher Brennweite, Blende, mit Blitz oder ohne usw. Diese Daten gehen ebenfalls fast immer verloren, wenn die Bilder kleingerechnet werden. Hierbei werden vor allem die Auflösung und die Farbtiefe verändert. Das am meisten verwendete Dateiformat ist das Jpg-Format. Streng genommen handelt es sich hierbei schon nicht mehr um die unveränderten Rohdaten, sondern um eine Komprimierungsstufe, um den erforderlichen Speicherplatz bereits in der Kamera zu minimieren. Dennoch bieten diese Bild-Dateien in der ursprünglichen, von der Kamera gespeicher-

264

ten Version eine ausreichende Detailgüte. Und nur bei diesen Dateien handelt es sich um die Originale der Fotos!

X. Keine Chance dem Versicherungsbetrug

265 Man muss sich auch vor Augen halten, dass zum Zeitpunkt der Unfallaufnahme und der Schadensbegutachtung noch gar nicht klar ist, welchen „Rattenschwanz" der Unfall nach sich ziehen kann. Bei schweren Unfällen mit Personenschäden hat man auch mit den (dann meist zahlreichen) ausgedruckten Fotos eine Chance, den Unfall gut rekonstruieren zu können. Viel interessanter ist aber das „Tagesgeschäft". Dies sind die kleinen Unfälle mit Blechschäden. Die **größten Anforderungen** stellt die Aufklärung des Kfz-Versicherungsbetrugs an die Fotoqualität. Hier muss oftmals an kleinsten Details über die Anstreifrichtung entschieden oder der Frage nachgegangen werden, ob Vorschäden überdeckt oder der eigentliche Unfallschaden nachträglich vergrößert wurde. Für eine Analyse, die auch in mehreren Instanzen Bestand haben soll, müssen dem Unfallrekonstrukteur daher die Original-Dateien als Ausgangsbasis zur Verfügung stehen.

XI. Ziele

266 Der vielfach eingeschlagene Weg darf nicht länger verfolgt werden. Wenn ein Schadengutachter, aber vor allem auch eine große Organisation digital fotografiert, muss auch gewährleistet sein, dass die Original-Dateien erhalten bleiben und einem gerichtlich tätigen Sachverständigen für eine Unfallanalyse zur Verfügung gestellt werden. Auch die **Polizei** ist mit der entsprechenden **Technologie auszustatten**.

Für eine **kurze Bearbeitungszeit** wäre es wünschenswert, wenn schon die Parteien von den von ihnen beauftragten Schadengutachtern die Original-Dateien beschaffen und zur Akte reichen. Dies ist im Rahmen der Unfallanalyse ansonsten der erste Schritt des Sachverständigen. Hierbei zeigt sich vermehrt das Problem, dass für die kleine Tätigkeiten (sofern man seine Dateiablage als Sachverständiger sinnvoll strukturiert hat [Hugemann/Hittinger, Digitalfotos – Datenhaltung, Datensicherung und Weitergabe an Dritte. VKU 49 (2009), 269 – 276]) die Bilder zur Verfügung zu stellen, völlig überzogene Forderungen von bis zu 100 EUR in Rechnung gestellt werden. Hier hat es der Kunde als ehemaliger Auftraggeber sicherlich leichter, zumal ihm vor allem als Erstem die Original-Dateien auszuhändigen sind. Fordert der gerichtlich

§ 5 Moderne Techniken in der Unfallrekonstruktion

beauftragte Sachverständige die Fotos bei einem Schadengutachter an, findet von dort häufig noch eine Rückversicherung mit dem Kunden statt, dass die Fotos herausgegeben werden dürfen. Nicht nur durch die Kosten für die an sich selbstverständliche Bereitstellung der Archiv-Dateien, sondern auch durch den damit verbundenen Zeitaufwand verteuert und verzögert sich die Analyse unnötig.

Beispiele:

Die Beispiele in den Abbildungen zeigen die Veränderungen von zwei Fotos durch nicht sachgerechte Behandlung. Da drucktechnisch hier nur gerasterte Schwarz-Weiß-Fotos wiedergegeben werden können, lassen sich die Unterschiede nur mit Abstrichen verdeutlichen. Die Bildfehler sind in der Realität noch viel gravierender. Abgebildet sind je eine Übersichts- und eine Detailaufnahme.

In Abb. 1 lassen sich im linken Bild Details der Verformung erkennen, die in Abb. 2 und 3 verloren gegangen sind. Für eine einfache Analyse würde die minderwertige Qualität dennoch ausreichen.

Der Kratzer in den rechten Bildern ist nur oben klar zu erkennen. In den Bildern darunter ist nicht mehr zu unterscheiden, ob es sich bei dem abgeschälten Lack um einen Splitter oder doch nur um einen Kratzer handelt. Auch der geschwungene Fortsatz des Kratzers am linken Ende ist nur auf dem oberen Bild gut zu erkennen. Zu berücksichtigen ist auch, dass man als Unfallanalytiker die Lichtbilder auf einem Computer-Bildschirm auswertet. Nur mit den Original-Dateien ist es möglich, sich bspw. den abgeschälten Lack im rechten Bild vergrößert im Detail anschauen zu können, um etwa Aussagen über die Anstreifrichtung treffen zu können.

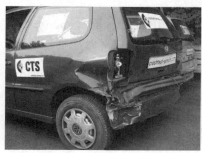

Abb. 1: Originalfotos

Teil 1: Unfallanalyse – Methoden und Instrumente

Abb. 2: Komprimierte („kleingerechnete") Fotos

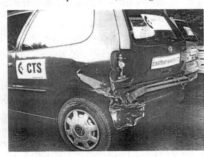

Abb. 3: Kopierte Fotos (ähnlich Rückverfilmung von Mikrofilm)

Praxistipps:

- Schon möglichst frühzeitig die Original-Dateien anfordern, bzw. auf die sach- und fachgerechte Archivierung hinweisen.

- Originaldateien nicht mit Bildbearbeitungsprogrammen öffnen und speichern, sondern immer zuerst archivieren.

- Wenn man als Unfallbeteiligter selbst fotografiert, nicht nur das eigene, sondern vor allem das später schlechter erreichbare Fahrzeug des Unfallgegners ablichten.

- Lieber zuviel als zu wenig fotografieren. Die Kosten für den CD-Rom-Rohling bleiben gleich!

B. Die Computersimulation in der Unfallrekonstruktion

Computersimulationen gewinnen im Bereich der Unfallrekonstruktion zunehmend an Bedeutung. Mit diesem Beitrag soll ein kurzer Überblick gegeben werden. Es wird verdeutlicht, welche neuen Möglichkeiten sich für die Präsentation ergeben. Dabei soll aber auch gezeigt werden, wie eine kritische Bewertung der Simulation auch von einem technischen Laien vorgenommen werden kann. Dafür ist die Offenlegung der Vorgehensweise und aller Eingabedaten und Ergebnisse von entscheidender Bedeutung.

267

I. Begriff

Simulation ist eine Vorgehensweise zur Analyse dynamischer Systeme. Bei der Simulation werden **Experimente** an einem Modell der Realität **durchgeführt**, um Erkenntnisse über die reale Situation zu gewinnen. Dabei konzentriert man sich auf die Aspekte, die für die Erkenntnisgewinnung von besonderem Interesse sind. Im Zusammenhang mit Simulation spricht man von dem zu simulierenden System und von einem Simulationsmodell, welches eine Abstraktion des realen Systems darstellt.

268

II. Software

In der Unfallrekonstruktion stehen im deutschsprachigen Raum die folgenden Computerprogramme zur Verfügung:

269

- PC-Crash (*Dr. Steffan* Datentechnik GmbH DSD, Linz),
- CARAT (Ingenieur-Büro *Jürgen Burg* IbB, Wiesbaden),
- Analyzer Pro (*Dr. Werner Gratzer* DWG, Oberndorf [Österreich]).

III. Grundprinzip

Die Realität wird als ein System von Modellen **nachgebildet**. Es kann dabei eine Unterteilung in die Umwelt und die Unfallbeteiligten (Fahrzeuge, Menschen) vorgenommen werden. Diese Modelle können zunächst für sich definiert werden.

270

Die einzelnen Modelle lassen sich miteinander in **Interaktion** bringen. Die Unfallbeteiligten werden in die nachgebildete Umwelt eingebunden. Es werden Anfangszustände vorgegeben. Ausgehend von der Anfangssituation können dann die Folgezustände in kurzen Intervallen berechnet werden. Auch hierbei werden physikalische Gesetzmäßigkeiten mathematisch beschrieben. Es sind hierfür komplexe Gleichungssysteme erforderlich, die praktisch nur durch den Einsatz von Computern gelöst werden können.

Je nach Feinheit des Modells wird die Realität mehr oder weniger genau abgebildet. Trotz der Vereinfachungen müssen die Modelle aber die wesentlichen Eigenschaften des realen Systems für eine bestimmte Aufgabenstellung hinreichend genau wiedergeben.

Für die Simulation kann ein beliebiger Startpunkt gewählt werden. Die Berechnungen können dann sowohl vorwärts als auch rückwärts erfolgen. D.h., es lassen sich sowohl die Annäherung an den Startpunkt als auch der weitere Verlauf ausgehend vom Startpunkt berechnen. Das Ende der Berechnungen wird ebenfalls vom Anwender selbst vorgegeben.

In den Simulationsprogrammen sind fertige Modelle integriert. Geometrische Daten und Massen sowie Interaktionen können dem jeweiligen Fall angepasst werden.

271 Mit der Simulation können alle **Problemstellungen** der Unfallrekonstruktion **bearbeitet** werden. Es lassen sich reine Fahrvorgänge (z.B. Einbiegen) oder Alleinunfälle (z.B. Überschlag) ebenso betrachten wie Kollisionen zwischen den unterschiedlichsten Kontrahenten (Fahrzeug-Fahrzeug-Kollision, Fußgängerunfall u.Ä.). Dabei können die Bewegungsvorgänge mehrerer Fahrzeuge simultan berechnet und miteinander verknüpft werden.

IV. Präsentation

272 Eine Stärke der Computersimulation liegt in der Möglichkeit, auch komplizierte Vorgänge allgemein verständlich zu präsentieren. Ein gesamter **Unfallablauf** kann von der Entstehung bis zum Ende in sehr anschaulicher Form sowohl zwei- als auch dreidimensional **dargestellt** werden. Die Präsentation kann außerdem durch Videosequenzen erfolgen.

> **Praxistipp:**
> Die Darstellung allein sagt aber nichts über die Güte der Analyse aus! Es gilt nicht immer, dass was man sieht, auch tatsächlich richtig ist!

Sämtliche Vorgaben und Ergebnisse lassen sich als Datensatz und/oder Diagramm ausgeben. Die Simulation wird erst hierdurch transparent!

Für die Präsentation stehen zusätzliche Werkzeuge zur Verfügung, mit denen eine Verschönerung der Simulationsergebnisse erfolgen kann. Wie die Abb. 1 zeigt, kann die Präsentation im Vergleich zum dahinter stehenden Modell dadurch eine vollkommen andere Wirkung auf den Betrachter erzielen.

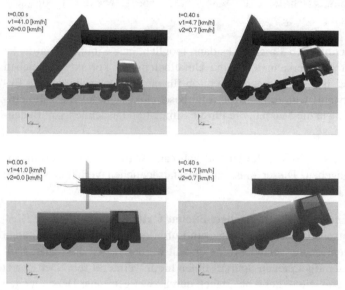

Abb. 1: *Brückenanprall, oben die Präsentation, darunter die eigentliche Simulation – die Stoßkontrahenten haben beim ersten Anstoß gar keinen Kontakt!*

V. Wie lässt sich die Güte der Simulation erkennen?

Die **Simulation** stellt ein neues **Hilfsmittel** für den Sachverständigen dar. Aufgrund der einfachen Bedienung ist es im Prinzip jedem möglich, ein Unfallszenario nachzustellen. Dabei muss aber sichergestellt werden, dass die Realität und nicht reine Fiktion wiedergegeben wird. Wie lässt sich hier eine Bewertung vornehmen?

Zunächst muss bei der Ausarbeitung dargelegt werden, **welche Anknüpfungspunkte** zur Verfügung standen. Es ist dabei zwischen objektiven Anhaltspunkten (Spuren, Schäden, Endlagen u.Ä.) und einseitigen Behauptungen (Beteiligte, Zeugen) zu unterscheiden. Die Simulation muss so dokumentiert werden, dass nachvollzogen werden kann, welche Anknüpfungspunkte tatsächlich berücksichtigt wurden.

> **Praxistipp:**
> Alle Bearbeitungsschritte und Vorgaben sind – ebenso wie die Ergebnisse – anschaulich darzulegen!

Auch dem **technischen Laien** ist es dann möglich, eine Simulation grds. zu beurteilen. Er kann erkennen, ob die Unfallbeteiligten korrekt vorgegeben wurden. Dabei ist es aber unerheblich, ob für ein Fahrzeug die genaue Bezeichnung gewählt wurde. Die Kontrolle beschränkt sich auf die geometrischen Maße sowie die Massen, die für die Simulation tatsächlich von Bedeutung sind.

275 Der Kraftschluss zwischen Reifen und Fahrbahn wird durch einen Reibbeiwert wiedergegeben. Dieser muss mit den tatsächlichen Verhältnissen zum Unfallzeitpunkt korrelieren.

276 Die Simulation sollte in der **nachgebildeten Örtlichkeit** stattfinden. Hierzu ist eine entsprechende Skizze bzw. ein Luftbild zu unterlegen. Es können auch dreidimensionale Geländeprofile erstellt werden. Auch die realen Endpositionen und aufgetretenen Spuren sollten hierin vermerkt sein. Der Bezug zur Realität kann wie in der Abb. 2 auch durch zwei getrennte Darstellungen hergestellt werden. Es lässt sich dann direkt überprüfen, inwieweit diese Vorgaben mit der Simulation überhaupt erreicht wurden.

§ 5 Moderne Techniken in der Unfallrekonstruktion

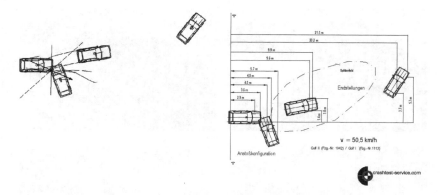

Abb. 2: Simulation in Bezug zur Realität, links Simulation, rechts Versuchsergebnis

Bei **Kollisionsanalysen** spielt aber nicht nur das Erreichen der Endpositionen eine Rolle, sondern auch die aufgetretenen Schadenintensitäten. Die Bestimmung der Kollisionsgeschwindigkeiten wird bei vielen Konstellationen hierdurch erst möglich. Bei einem Gegenverkehrsunfall mit voller Überdeckung kommen die Fahrzeuge bspw. in unmittelbarer Nähe zum Kollisionsort zum Stillstand. Bei der Simulation könnten bei gleichem Geschwindigkeitsverhältnis unterschiedlich hohe Kollisionsgeschwindigkeiten der beiden Stoßkontrahenten vorgegeben werden, ohne dass sich die Auslaufbewegungen unterscheiden würden. 277

Die **Schadenintensitäten** werden durch das Programm mit Struktursteifigkeiten in Verbindung mit Eindringtiefen bzw. einem sog. EES-Wert beschrieben. Hier muss der Bezug zur Realität durch Vergleichsversuche hergestellt werden, die für eine visuelle Kontrolle offen gelegt werden müssen. 278

Mit Sequenzen werden bei der Simulation die Handlungen der Beteiligten hinsichtlich Lenken und Bremsen vorgegeben. Sie können den gesamten Simulationsablauf maßgeblich beeinflussen. Für extreme **Vorgaben** muss es auch entsprechende Anhaltspunkte geben. Durch Vollbremsungen und Schleudern entstehen in der Örtlichkeit bei entsprechenden Fahrbahnverhältnissen u.U. Spuren.

Teil 1: Unfallanalyse – Methoden und Instrumente

Abb. 3: *Fahrvorgang Pkw in dreidimensionalem Gelände, bei der kinematischen Betrachtung (links) durchfährt er die Kurve problemlos, während er bei Berücksichtigung der wirksamen Kräfte (rechts) die Straße verlässt*

§ 5 Moderne Techniken in der Unfallrekonstruktion

Praxistipp:

Bei der Simulation lassen sich Spurzeichnungen ebenfalls erzeugen. Sie kennzeichnen aber nur das Erreichen der Haftgrenze. Sie werden auch dann abgebildet, wenn in der Realität keine auftreten (z.B. auf nasser Fahrbahn).

Es ergibt sich noch eine **Vielzahl weiterer Fragestellungen**. Wurden alle am Fahrzeug vorhandenen Schäden bei der Simulation berücksichtigt? Lässt sich der simulierte Unfallablauf mit den Anstoßstellen (Baum, Leitplanke u.ä.) am Unfallort vereinbaren? Wurden Besonderheiten in der Örtlichkeit (Gräben, große Steigungen, Flächen mit geringerem Kraftschlussbeiwert u.ä.) berücksichtigt? Welche generellen Vereinfachungen waren erforderlich? Warum? Lassen sich die Simulationsergebnisse durch alternative Verfahren verifizieren? 279

Wurde die Simulation unter Berücksichtigung der auftretenden Kräfte (kinetisch) durchgeführt oder zeigt sie nur Weg-Zeit-Zusammenhänge (kinematisch)? Wie die Abb. 3 erkennen lässt, ergeben sich auch daraus gravierende Unterschiede für die Beurteilung des gleichen Vorgangs. Eine beliebige Kurve kann bei einer kinematischen Betrachtung mit jeder Geschwindigkeit durchfahren werden. Nur mit einer kinetischen Betrachtung lassen sich Fahrgrenzen bestimmen! Dieser Sachverhalt ist von Bedeutung, wenn ausgehend von der Kollision, die Annäherung an die Unfallstelle berechnet wird. Diese Berechnungen können nur kinematisch erfolgen. 280

Praxistipp:

Auch der technische Laie kann eine Simulation kritisch hinterfragen und vorhandene Ungereimtheiten erkennen, indem er einen Vergleich mit den tatsächlichen Anhaltspunkten vornimmt.

Die Computersimulation sollte **stets hinterfragt** werden. Eine kritische Auseinandersetzung muss immer dann erfolgen, wenn die Simulation nicht ordnungsgemäß dokumentiert wurde. 281

Die Simulation bietet aber grds. eine Vielzahl von Möglichkeiten, auch **verdeckt Vorgaben** zu treffen, die sich maßgeblich auf die Ergebnisse auswirken. Eine ausführliche Kontrolle kann nur durch einen Sachverständigen erfolgen.

Hierzu müssen alle Eingabedaten bekannt sein. Diese sind vollständig in der Original-Datei zur Simulation enthalten. Ggf. muss sie vom Vorgutachter angefordert werden.

Auch wenn die Simulation mit der erforderlichen Sorgfalt ausgeführt wurde, bleibt die Einschränkung, dass mit einer einzelnen Simulation auch nur ein einziger möglicher Unfallablauf bearbeitet und dargestellt werden kann. Die Ausnahme bilden Kollisionsanalysen mit Hilfe eines im Programm integrierten Optimierungsverfahrens. Vom Anwender werden dabei bestimmte Rahmenbedingungen definiert und einzelne Eingabeparameter freigegeben, die dann während der Berechnungen vom Programm selbstständig variiert werden dürfen. So können Kollisionsgeschwindigkeiten mit Toleranzen versehen werden.

282 Für Grenzbetrachtungen zur Unfallentstehung stehen solche Verfahren nicht zur Verfügung. Hier müssen jeweils neue Simulationen durchgeführt werden. Es entsteht ein erhöhter Arbeitsaufwand. Eine sehr gute Diskussionsgrundlage bietet für Grenzbetrachtungen nach wie vor das bewährte Weg-Zeit-Diagramm.

VI. Fazit

283 Mit der Computersimulation steht dem Unfallsachverständigen ein **neues Hilfsmittel** zur Verfügung.

Mit ihm sind z.T. Berechnungen komplexer Problemstellungen überhaupt erst möglich. Gleichzeitig bietet sie die Möglichkeit, **Lösungen** in sehr anschaulicher Form zu **präsentieren**.

Die Anwendung erfordert technischen Sachverstand und bleibt deshalb dem kompetenten Sachverständigen vorbehalten, der in der Lage ist, die zur Verfügung stehenden Anknüpfungspunkte kritisch zu bewerten und so aufzubereiten, dass sie für das Computerprogramm verwertbar sind. Er muss in der Lage sein, die gewonnenen Ergebnisse auf ihre Plausibilität zu prüfen und kritische Fragen in verständlicher Form zu beantworten. Er muss darüber hinaus die Eingabedaten und Ergebnisse so dokumentieren, dass auch eine nachträgliche Überprüfung erfolgen kann. So kann jeglicher Verdacht der tatsächlich möglichen Manipulationen oder Fehlbedienungen ausgeschlossen werden.

Der **Sachverständige entscheidet** auch darüber, für welche Unfallproblematiken die Anwendung **erforderlich und sinnvoll** ist.

C. Welche unfallrelevanten Daten speichern die elektronischen Systeme moderner Fahrzeuge?

Die technischen Anforderungen an moderne Pkw werden immer komplexer. Aktuelle Fahrzeuge müssen hohe Sicherheits- und Komfortstandards erfüllen sowie geringe Verbrauchswerte und Schadstoffemissionen aufzeigen. Dies ist ohne den Einsatz moderner Elektronik nicht mehr möglich. Komplizierte elektronische Systeme sind dabei heutzutage nicht mehr allein hochpreisigen Luxuslimousinen vorbehalten, sondern sind in allen Fahrzeugklassen bis im Kleinwagensegment anzutreffen. 284

I. Einleitung

Da die Fahrzeugsysteme zahlreiche Daten generieren, stellt sich die Frage, ob hierbei auch Daten enthalten sind, die für eine mögliche Unfallanalyse relevant sein könnten (KALTHOFF, in: Verkehrsunfall und Fahrzeugtechnik, 44. Jg., 11/2006; ders.., in: Ureko-Spiegel 8/2007). Dass es sich hierbei **auch für den Juristen um ein aktuelles Thema** handelt, zeigt ein Arbeitskreis des vergangenen Deutschen Verkehrsgerichtstages (45. Deutscher Verkehrsgerichtstag 2007, Arbeitskreis VII: Die Auswertung von Fahrzeugdaten bei der Unfallanalyse, Goslar, 24.-26.1.2007), der sich unter dem Titel „Auswertung von Fahrzeugdaten bei der Unfallanalyse" mit den technischen Möglichkeiten, dem Nutzen der Daten und den rechtlichen Grenzen befasste. Die nachfolgenden Ausführungen sollen aufzeigen, ob und wie die **moderne Fahrzeugelektronik als Informationsquelle** bei der Unfallanalyse verwendet werden kann. Ergänzend zu den klassischen technischen Anknüpfungstatsachen wie z.B. Bremsspuren oder Fahrzeugbeschädigungen könnten die elektronischen Systeme weitere, für die Unfallanalyse hilfreiche Daten liefern. Auch bei der **Durchführung von Crashversuchen** gilt es, hierauf ein besonderes Augenmerk zu legen. Die dadurch gewonnenen Erkenntnisse können dann bei der Rekonstruktion tatsächlicher Unfälle von Nutzen sein. 285

Neben einer zusätzlichen Informationsquelle zur Aufklärung eines Unfallgeschehens kann die **Elektronik jedoch möglicherweise auch selbst Ursache** für einen Unfall sein. Da die heutigen Fahrzeuge mechanisch weitestgehend ausgereift sind, wächst der **Anteil der Elektrik/Elektronik-Defekte in der Pannenstatistik stetig**. Einer Hochrechnung zufolge werden Elektrik-/Elektronik-Störungen in den nächsten Jahren einen Anteil von über 60 % an allen Fahrzeugpannen haben (DUDENHÖFFER, Automotive 3-4/2004). Damit ist nicht auszuschließen, dass sowohl der technische Sachverständige als auch der Jurist zukünftig mit der Frage konfrontiert werden, ob bspw. eine Fehlfunktion des ESP (Elektronisches Stabilitäts-Programm) ursächlich für ein Unfallgeschehen war.

II. Komfortsysteme

286 In den in den heutigen Fahrzeugen verbauten Komfortsystemen lassen sich auf den ersten Blick keine unfallrelevanten Daten vermuten. Zu derartigen Komfortsystemen zählen **Fahrerassistenz-, Navigations-, Klimatisierungs- sowie Infotainment-Systeme** und viele mehr. Allein in der Tür eines Pkw befinden sich zahlreiche Steuergeräte, die für die Zentralverriegelung oder das Öffnen und Schließen der Fenster verantwortlich sind. Bei Ausfall solcher Steuergeräte schalten diese Systeme in einen **Notlauf**. Dabei kann es dann z.B. sein, dass sich die Fenster nur noch über einen Schlüsselschalter von außen schließen lassen oder die Türen nur noch einzeln mechanisch mit Schlüsseln ver- bzw. entriegelt werden können. Auch die Steuerung der Innenleuchten ist zunächst von einem Unfallgeschehen unabhängig. Im Falle eines Crashs kann jedoch auch **automatisch die Innenraumbeleuchtung** eingeschaltet werden, wenn das hierfür zuständige Steuergerät die Information vom Airbag-Steuergerät erhält.

Um die zahlreichen Daten im Fahrzeug weiterleiten zu können und dabei die Anzahl der verbauten Leitungen gering zu halten, werden heutzutage anstelle der früher üblichen einfachen Verkabelung **komplexe Datenleitungssysteme** verwendet. Diese Datenbusse transportieren die von den einzelnen Sensoren im Fahrzeug ermittelten Informationen durch das gesamte Fahrzeug. Dabei werden die **Informationen ständig überprüft**. Die einzelnen Steuergeräte sind an den Datenbus angeschlossen. Jedes Steuergerät greift dann die für sich relevanten Daten aus dem Bussystem ab. Je nach Aufgabe kann es mehrere dieser Datenbusse pro Fahrzeug geben. So gibt es z.B. separate Datenbusse für den Antrieb, den Komfort, das Infotainment oder die Diagnose. Weitere kleinere Sub-Systeme können dann noch spezielle Aufgaben ergänzend erfüllen. Die Hauptschwierigkeit für den Sachverständigen liegt darin, dass diese

§ 5 Moderne Techniken in der Unfallrekonstruktion

Topologien **in jedem Fahrzeug anders** sein können. Um eine sachkundige Aussage treffen zu können, muss der Sachverständige somit Informationen über den entsprechenden Fahrzeugtyp haben. Hierbei ist er von den Daten abhängig, die er über den Hersteller beziehen kann.

Fast jedes Fahrzeug verfügt mittlerweile aus Komfortgründen über ein Heizungs- und Klimatisierungssystem. Ein derartiges System ist prinzipiell im Fahrzeug autark. Da jedoch bspw. beim Einschalten der Klimaanlage und des Lüfters eine hohe Leistungsaufnahme erfolgt, muss das Drehzahlniveau des Motors entsprechend angehoben werden. Daraus folgt, dass **der Motorsteuerung „mitgeteilt" werden muss**, dass ein starker Verbraucher eingeschaltet wurde. Hier zeigt sich, dass es zu einem Informationsaustausch zwischen unterschiedlichen Systemen im Fahrzeug kommt. Weiterhin erhalten Klimaanlagen zur Steuerung der einzelnen Lüfterklappen auch Informationen über die **Fahrgeschwindigkeit**.

Es folgt somit, dass in den zunächst für eine Unfallanalyse eher uninteressant erscheinenden Komfortsystemen durchaus **Werte aus dem Bereich der Fahrdynamik** enthalten sein können. Interessanterweise lassen sich die Bedienmodule der Klimaanlagen vieler Fahrzeuge in einen Quick-Check-Modus versetzen.

Dies erfolgt durch eine fahrzeugspezifische Tastenkombination. Damit können zahlreiche von den Fahrzeugsensoren ermittelten Parameter ohne den Einsatz komplizierter Messtechnik **direkt vom Klimaanlagendisplay im Fahrzeug abgelesen** werden. Dies ermöglicht dem Sachverständigen einen schnellen und kostengünstigen ersten Einblick in die im Fahrzeug vorhandenen Daten. Allerdings muss hierfür die richtige Tastenkombination zur Aktivierung dieses Modus bekannt sein. Des Weiteren sind die angezeigten Werte aufgrund **individueller Codierungen** nicht unmittelbar aussagekräftig.

> **Praxistipp:**
> Bedienmodule der Klimaanlagen vieler Fahrzeuge lassen sich mittels Tastenkombination in einen Quick-Check-Modus versetzen.

III. OBD-Diagnose

289 In den 1990er Jahren wurde durch die Behörde zur Reinhaltung der Luft in Kalifornien (CARB) ein System für Pkw vorgeschrieben, das deren Schadstoffausstoß kontinuierlich überprüft (Onboard-Diagnose, OBD). Dieses System ist in Europa unter dem Namen EOBD für Serienfahrzeuge mit Otto-Motor ab 2001 und für Serienfahrzeuge mit Diesel-Motor ab 2003 vorgeschrieben. Es findet eine **Überprüfung abgasrelevanter Bauteile**, Teilsysteme und elektrischer Komponenten, deren Fehlfunktion bzw. Auswahl zu einer Überschreitung definierter Emissionsgrenzwerte führt, statt. Hierbei handelt es sich um ein **normiertes System an Fehlercodes**, das eine genormte Ausleseschnittstelle besitzt. Diese Schnittstelle muss vom Fahrersitz erreichbar sein und kann mit frei erhältlichen Scan-Tools (Soft- und Hardware) ausgelesen werden.

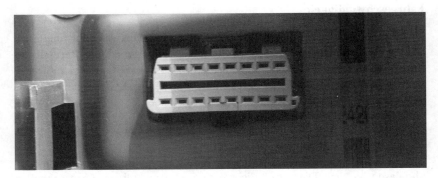

Abb. 1: Diagnose-Schnittstelle

Wenn ein Fehler im System auftritt, erfolgt der **Eintrag im Fehlerspeicher**. Weiterhin leuchtet eine genormte Abgaswarnleuchte (MIL = Mal Function Indicator Lamp/Light) auf. Sobald diese Lampe aufleuchtet, muss der Halter sein Fahrzeug umgehend in die Werkstatt bringen. Die nach Aktivierung der **MIL zurückgelegte Strecke wird abgespeichert** und muss jederzeit über die OBD-Schnittstelle abrufbar sein. Um die Arbeit der Werkstatt bei der Fehlersuche zu erleichtern, wird neben der zurückgelegten Fahrstrecke auch das genaue Datum und der Zeitpunkt des Fehlereintritts abgespeichert.

290 Die OBD-Schnittstelle erlaubt neben dem Auslesen abgasrelevanter Daten mit entsprechender Software ebenfalls das Auslesen aktueller Fahrzeugdaten

wie einzelne **Radgeschwindigkeiten**, **Lenkradwinkel** oder bspw. **Querbeschleunigungen** oder den **Druck auf das Bremspedal**. Schließlich kann der **Kilometerstand** des Fahrzeugs aus verschiedenen Quellen ausgelesen werden sowie eine komplette **Fahrdynamikprüfung** des Fahrzeugs durchgeführt werden.

Im Rahmen der Onboard-Diagnose (OBD) werden somit **primär abgasrelevante Daten** aufgenommen und bei Fehlern abgespeichert. Mittels dieser genormten Schnittstelle können jedoch auch weitere Daten über **Volldiagnose-Tools** aus den Fahrzeugen ausgelesen werden. Hierbei handelt es sich um Daten, die auch in den Bereich der Fahrdynamik gehen und damit für den Unfallrekonstrukteur von Interesse sein können. 291

Praxistipp:

Über die OBD-Schnittstelle lassen sich zahlreiche Fahrzeugdaten mittels frei erhältlicher Scan-Tools auslesen.

IV. Fahrdynamik und Fahrsicherheitssysteme

Die elektronischen Systeme, die der **Fahrdynamik und der Fahrsicherheit** dienen, sind naturgemäß für den Unfallanalytiker von besonderem Interesse. Das Elektronische Stabilitäts-Programm (ESP) ist bspw. ein System, das ein Fahrzeug im physikalischen Grenzbereich bei einem Ausweichmanöver oder in Kurvenfahrt stabilisieren und damit ein Schleudern verhindern soll. Dieses System vereint **zahlreiche Untersysteme**. Es beinhaltet u.a. das **Antiblockiersystem** (ABS), das ein Blockieren der Räder beim Bremsen verhindern soll. Weiterhin ist innerhalb eines ESP-Systems eine **Antriebsschlupfregelung** (ASR) verbaut, die ein Durchdrehen der Antriebsräder z.B. beim Anfahren am Berg oder auf rutschigem Untergrund verhindern soll. 292

Teil 1: Unfallanalyse – Methoden und Instrumente

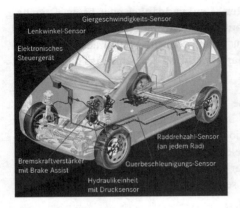

Abb. 2: ESP Mercedes-Benz A-Klasse (http://www.kfztech.de/kfztechnik/sicherheit/ESP.htm, Abrufdatum 15.5.2007)

293 Das ESP-System beobachtet kontinuierlich das **Fahrverhalten des Fahrzeugs**. Hierzu misst es etwa die Giergeschwindigkeit, also die Drehgeschwindigkeit des Fahrzeugs um die Hochachse. Weiterhin werden die **Drehzahl der Räder** und die **Fahrzeugquerbeschleunigung** festgestellt. Um eine Information über die vom Fahrer gewünschte Fahrrichtung zu haben, wird ebenfalls die **Lenkradstellung** abgefragt. Um einen möglichen Systemfehler zu erkennen, sind zahlreiche Sicherheitsfunktionen integriert. So werden während der Fahrt die Sensoren auf **Leitungsbruch** oder **unplausibles Signalverhalten** kontrolliert. Weiterhin vergleicht das System die von den Sensoren gelieferten Messwerte mit den Messwerten der anderen Sensoren und überprüft, ob einzelne Sensor-Signale **nicht im Widerspruch zur Fahrzeugbewegung** stehen. Prinzipiell findet bei fehlerfreier Funktion eine Speicherung der Messwerte nicht statt. Führt also ein solches System einen Regelvorgang z.B. durch gezieltes Abbremsen einzelner Räder durch, was jedoch – wie sich möglicherweise im Nachhinein herausstellt – nicht notwendig oder sogar falsch war, so wird dies nicht dokumentiert, da aus **Sicht des Systems keine Fehlfunktion** vorlag.

294 Eine **Speicherung** findet erst statt, wenn das System einen **Fehler** erkennt. Hierbei werden die zum Zeitpunkt des Fehlereintritts herrschenden **Randbedingungen** (Freeze Frames) abgespeichert. Dies dient in erster Linie zur Fehlerdiagnose durch die Werkstatt. Tritt also in einem Teil des Systems eine

§ 5 Moderne Techniken in der Unfallrekonstruktion

Fehlfunktion auf, so wird neben dem eigentlichen Fehler auch abgespeichert, bei welcher **Geschwindigkeit** oder bei welcher **Motordrehzahl** dieser Fehler auftrat. Das nachfolgende Bild zeigt die gespeicherten Randbedingungen, die von der Elektronik festgehalten wurden, als eine Fehlfunktion des Airbags absichtlich hervorgerufen wurde.

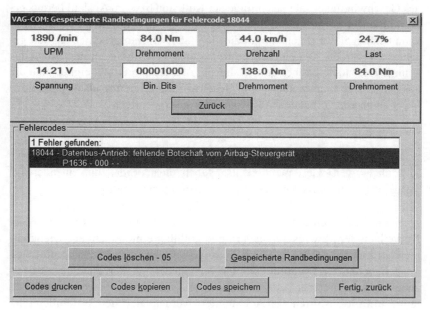

Abb. 3: Fehlercode und Randbedingungen (VAG-COM)

Die Freeze Frames werden gespeichert, können aber, wenn der gleiche Fehler nach einer bestimmten Anzahl von Zyklen nicht erneut festgestellt wurde, wieder **gelöscht** werden. Weiterhin können die zum Zeitpunkt des Fehlereintritts abgespeicherten Randbedingungen auch im Rahmen der Selbstdiagnose, d.h. wenn beim stehenden Fahrzeug der Zündschlüssel umgedreht wird, wiederum **überschrieben** werden. Damit würde als Geschwindigkeit der Stillstand des Fahrzeugs (beim Einschalten der Zündung) festgehalten werden, was keinen Hinweis mehr auf eine **mögliche Kollisionsgeschwindigkeit** geben könnte. Des Weiteren ist für den Unfallrekonstrukteur nicht ohne Weiteres ersichtlich, wann die Randbedingungen nach Eintritt des Fehlers abgespeichert werden. Kommt es bspw. infolge einer Kollision zu einem Abriss eines Rades sowie der zugehörigen Achseinheit, so wird das System einen Fehler im Radsensor feststellen. Dieser Abriss des Rades kann durch die Verformung während der Kollision erfolgen und tritt somit nahezu zum Kollisionszeitpunkt auf. Wird jedoch die zugehörige Randbedingung, also die entsprechende Geschwindigkeit, deutlich später abgespeichert, so kann diese Geschwindigkeit aufgrund des Geschwindigkeitsabbaus infolge der Kollision bzw. im Auslauf bereits **erheblich unter der ursprünglichen Kollisionsgeschwindigkeit** liegen. Damit kann anhand dieser Daten nur auf die mögliche **Minimalgeschwindigkeit** geschlossen werden. Die eigentliche Kollisionsgeschwindigkeit des Fahrzeugs kann jedoch noch darüber gelegen haben. Aus diesem Grund eignen sich die aus den Freeze Frames ablesbaren **Geschwindigkeiten nur als ergänzender Wert** zu bereits vorhandenen Rekonstruktionsergebnissen.

> **Praxistipp:**
>
> Die gespeicherten Randbedingungen bei Eintritt eines Fehlers liefern möglicherweise Geschwindigkeitsangaben, die als Ergänzung zu anderen Rekonstruktionsergebnissen herangezogen werden können.

296 In einem konkreten Fall durchfuhr ein Pkw eine Kurve. Im Bereich dieser Kurve kam der Pkw ins Schleudern und kollidierte mit einem entgegenkommenden anderen Fahrzeug. Der Fahrer trug vor, dass sein Fahrzeug **plötzlich ausgebrochen** sei. Daraufhin wurden verschiedene Steuergeräte dieses Fahrzeugs zunächst in einer Vertragswerkstatt ausgelesen. Hierbei konnten jedoch **keine unfallrelevanten Daten** extrahiert werden. Erst der Systemlieferant, der die elektronischen Komponenten hergestellt hatte, war in der Lage, Daten aus den Speichern der Geräte auszulesen. Der Hersteller konnte auf eine tiefere Speicherebene als die Vertragswerkstatt zugreifen und stellte zahlreiche Fehlereinträge fest. Diese Fehlereinträge ließen sich **problemlos** durch die durch die Kollision hervorgerufene Fahrzeugdeformation und die damit verbundenen Systemfehler **erklären**. Hinweise zu der zum Kollisionszeitpunkt gefahrenen Geschwindigkeit konnten jedoch den Daten nicht entnommen werden. Eine **mögliche Fehlfunktion** der elektronischen Systeme wurde seitens des Herstellers verneint.

§ 5 Moderne Techniken in der Unfallrekonstruktion

Abb. 4: ABS-Steuergerät, Motorsteuergerät

V. Event-Dater-Recorder

Ende der 1990er Jahre verfasste die US-amerikanische Verkehrsbehörde NTSB eine **Empfehlung** zur Kooperation der nationalen Straßensicherheitsbehörde (NHTSA) und den Automobilherstellern. Danach sollten **diese unfallrelevante Daten aus den Crash-Sensoren** und Speichermodulen der Fahrzeuge auslesbar machen (Vetronix Corporation Launches The Crash Data Retrieval [CDR] System, *http://www-nrd.nhtsa.dot.gov/edr-site/uploads/ Vetronix_System-->Info_web-address_faq_order-form-with-technical-data. pdf*, Abrufdatum 9.6.2006). Dieser Empfehlung kamen zahlreiche Fahrzeughersteller nach. So hat z.B. GM seit 1990 alle Fahrzeuge mit Airbags mit aufzeichnungsfähigen Modulen ausgerüstet. Seit 1999 besteht die Möglichkeit, Pre-Crash-Daten, also Daten vor der Kollision, abzuspeichern. Aus diesen Airbag-Modulen lassen sich u.a. die **Geschwindigkeiten** (bis 5 s vor der Kollision), der **Bremsstatus**, der **Sicherheitsgurtstatus** und die kollisionsbedingte **Geschwindigkeitsänderung** auslesen. Hierbei werden die abgespeicherten Daten unterschiedlich behandelt, je nachdem, ob ein Airbag ausgelöst hat oder nicht. Auch bei Ford-Fahrzeugen werden unfallrelevante Daten abgespeichert. Hierbei werden bei Fahrzeugen mit Seitenairbags auch **Seitenkollisionen** festgehalten.

Im Oktober 2006 veröffentlichte das US-amerikanische Versicherungsinstitut (IIHS) Zahlen zu der Verbreitung dieser Event-Data-Recorder (EDR) (Status

Teil 1: Unfallanalyse – Methoden und Instrumente

Report IIHS, Vol. 41, No. 8, 10/2006). Danach sah das Institut keine Veranlassung, derartige **Systeme vorzuschreiben**, da bereits 64 % aller Neufahrzeuge damit ausgerüstet seien. Hochrechnungen gehen davon aus, dass bis zum Jahre 2010 bis zu **85 % aller Fahrzeuge** damit ausgerüstet sein werden. Neben Ford und GM statten freiwillig Isuzu, Mazda, Mitsubishi, Subaru und Suzuki sowie z.T. auch Toyota ihre Pkw mit EDR's aus. Hersteller wie BMW, Daewoo, Honda, Hyundai, Kia, Mercedes, Nissan, Porsche oder Volkswagen rüsten dagegen ihre Fahrzeuge **nicht mit solchen Systemen** aus.

299 Laut geltendem US-amerikanischem Recht gehören die von diesen Systemen abgespeicherten Daten dem **Fahrzeugeigentümer**. Versicherungen, Unfallforscher oder Autohersteller können allerdings mit Erlaubnis des Eigentümers diese Daten benutzen. Ohne Erlaubnis kann dies nur durch eine **richterliche Anordnung** erfolgen. Da diese Systeme alle wesentlichen unfallrelevanten Daten sowie via GPS auch die Position des Fahrzeugs kennen, kann hierdurch zukünftig auch eine sog. **Crash-Notification** ausgelöst werden. Damit würde im Falle eines Unfalls via Handy eine Verständigung der Polizei und der Rettungskräfte automatisch unter Angabe der **genauen Position** des Fahrzeugs sowie der voraussichtlichen **Verletzungsschwere** der Insassen erfolgen.

300 Die Daten aus diesen Systemen können mit einem **frei erhältlichen Werkzeug** ausgelesen werden. Dabei kann bei intaktem Fahrzeug die **OBD-Schnittstelle** verwendet werden. Ist das Fahrzeug durch eine Kollision stark beschädigt, kann das Auslesewerkzeug auch **direkt an das Airbag-Modul** angeschlossen werden. Die so ermittelten Daten lassen detaillierte Rückschlüsse auf die Kollision bzw. teilweise auch auf die vorangegangenen Sekunden – ähnlich dem in Deutschland bekannten **Unfalldatenspeicher** (UDS) – zu. Mit geringem Aufwand kann ausgelesen werden, wie das Gaspedal oder die Bremse kurz vor der Kollision betätigt wurden. Des Weiteren wird die Geschwindigkeit des Fahrzeugs in Abhängigkeit der Zeit dokumentiert.

§ 5 Moderne Techniken in der Unfallrekonstruktion

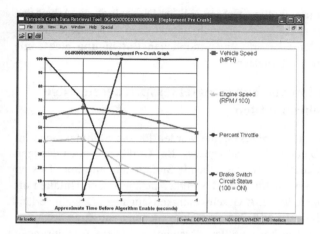

Abb. 5: Screenshot Vetronix Crash Data Retrieval Tool (ES6506 Crash Data Retrieval [CDR] Modul; Vetronix ETAS Group, http://de.etasgroup.com/products/vim/in_detail.shtml, Abrufdatum 13.6.2006)

VI. Fazit

Diese Ausführungen zeigen, dass moderne Fahrzeuge in ihren elektronischen Systemen über **zahlreiche** Daten verfügen. Primär sind zum jetzigen Zeitpunkt in Europa diese Systeme jedoch zur Steigerung des Komforts oder zur Verringerung des **Kraftstoffverbrauchs** und der **Emissionswerte** installiert. Lediglich bei Auftreten eines Fehlers werden **Randbedingungen** abgespeichert, die möglicherweise auch Angaben zu Geschwindigkeiten enthalten. Inwiefern diese Geschwindigkeiten jedoch Rückschlüsse auf die eigentliche Kollisionsgeschwindigkeit der Fahrzeuge zulassen, muss noch genauer untersucht werden. **Detailliertere Informationen** seitens der Automobilhersteller wären hier aus Sicht des Unfallrekonstrukteurs wünschenswert. Inwiefern das US-amerikanische System des **Event-Data-Recorders** in Europa Fuß fassen wird, bleibt abzuwarten.

301

Der diesjährige Deutsche Verkehrsgerichtstag setzt diesbezüglich ein deutliches Zeichen, da der entsprechende Arbeitskreis den **Serieneinbau eines Speichermoduls** für unfallrelevante Daten bei Ausnutzung der vorhandenen Fahrzeugsensorik als gesetzliche Vorschrift empfiehlt. Weiterhin wird angeregt, dass **Eingriffe der Fahrerassistenzsysteme** und das **Auslösen von**

Rückhaltesystemen protokolliert werden sollten. Dies würde die Arbeit des unabhängigen Sachverständigen erheblich unterstützen und eine objektive Rekonstruktion von Unfällen mit einer möglichen **Beteiligung elektronischer Komponenten** gewährleisten.

E. Interpretation der Fahrzeugfehlerspeichereinträge nach Verkehrsunfällen

302 Moderne Pkw-Onboard-Diagnosesysteme werden für die Störungssuche im normalen Fahrbetrieb entwickelt und getestet. Bei Unfällen können dagegen vom normalen Fahrbetrieb stark abweichende Situationen auftreten. Dessen ungeachtet finden sich beim Auslesen des Fehlerspeichers nach Unfällen oft relevante Informationen, wie z.B. Geschwindigkeitsangaben. Das Niederländische Forensische Institut (NFI) hat eine Untersuchung zur Zuverlässigkeit der Fehlerspeichereinträge bei Unfällen durchgeführt. Diese Ausführungen geben eine Zusammenfassung der Ergebnisse.

I. Einleitung

303 Ein Großteil der heutigen Fahrzeuge ist mit einer Vielzahl digitaler Steuergeräte ausgerüstet. Diese Geräte überwachen nahezu kontinuierlich die eigenen Funktionen und den Zustand der „Umgebung". Diese Umgebung besteht aus angeschlossenen Sensoren und Aktuatoren, aber auch aus anderen an das Bordnetzwerk angeschlossenen Steuergeräten. Bei gravierenden Abweichungen von den Sollwerten unternimmt das Steuergerät einprogrammierte Aktionen, wie das Warnen des Fahrers und das Sicherstellen der grundlegenden Fahrzeugfunktionen (Notlauf). Gewöhnlich wird hierbei eine Meldung in den Fehlerspeicher eingetragen, die aus einem Fehlercode besteht, die die Art des Fehlers angibt sowie eine Vielzahl von Umgebungsbedingungen bei Auftreten des Fehlers enthält.

304 Bei einem Unfall befindet sich ein Fahrzeug in einem Zustand, der stark vom normalen Fahrzustand abweicht. Beim Auslesen des Fehlerspeichers nach einem schweren Unfall wird dann auch oft eine Vielzahl von Störungsmeldungen vorgefunden. Verschiedene Autoren haben über die Nutzbarkeit dieser Störungsmeldungen für die Verkehrsunfallrekonstruktion geschrieben (*Rosenblut* 2001, *Kalthoff* 2006, *Weber* 2007, *Burg* 2008). *Weber* und *Kalthoff* weisen auf die Abhängigkeit des Unfallrekonstrukteurs von den Fahrzeugher-

§ 5 Moderne Techniken in der Unfallrekonstruktion

stellern und deren Zulieferern hin. Allein der Fahrzeughersteller und der Hersteller der Regeleinheit kennen die gespeicherten Informationen und können angeben, wie diese Informationen ausgelesen werden können. *Kalthoff* weist außerdem darauf hin, dass spezifische Umstände des Unfalls Einfluss haben können auf die gespeicherten Messwerte. Ein dies betreffendes Beispiel ist „Beispiel 1" in dem Artikel von *Burg*. Hierbei geht es um eine Geschwindigkeit von 50 km/h, ausgelesen aus der MK20-Regeleinheit (Stabilitätskontrolle) eines BMW. Als der Fehler entstanden sein soll, bewegte sich der BMW unter einem beträchtlichen Schiefstand (Gierwinkel). Dies ist ein Zustand, bei dem die Relation zwischen der gemessenen Raddrehgeschwindigkeit und der Fahrgeschwindigkeit verstimmt ist. Es ist nicht wahrscheinlich, dass unter diesen Umständen eine verlässliche Geschwindigkeit registriert wird.

II. Ziel der Untersuchung

Das **primäre Ziel** unserer Untersuchung ist es, einen Einblick in die Genauigkeit zu bekommen, mit der das Fehlersystem Geschwindigkeiten registriert. Ferner wollten wir mehr wissen über das Verhalten der Fehlerspeicherung in Unfallsituationen. Eine derartige Untersuchung kann aufgrund der großen Unterschiedlichkeit der Systeme nicht vollständig sein. Ferner ist schwer zu definieren, welche genauen Situationen bei Verkehrsunfällen vorliegen können. Wir haben uns auf eine kleine Anzahl von Automodellen beschränkt und haben uns hierbei auf die ABS-Regeleinheit und die daran angeschlossenen Raddrehzahlsensoren konzentriert. Hierbei betrachteten wir die Geschwindigkeitserfassung eines Fahrzeugs an ihrer ursprünglichen Messstelle. Es ist vorstellbar, dass eine Störung gerade in diesem Bereich zu unrichtigen Geschwindigkeitsmessungen führen kann.

Eine spezifische Unfallsituation ist eine plötzliche Veränderung der Drehgeschwindigkeit eines Rades, weil es eingeklemmt wird oder Kontakt mit dem Kollisionspartner hat. Dieser Umstand gleicht der „normalen" Fahrsituation, dass ein Rad bei einer Bremsung blockiert. Möglicherweise erkennt hierbei die ABS-Regeleinheit, dass die Radgeschwindigkeit extrem schnell abnimmt oder dass das Lösen der Bremse das Rad nicht mehr zum Rotieren bringt. Im ersten Fall kann dies sofort festgestellt werden, im zweiten Fall ist für das Erkennen mehr Zeit notwendig.

Teil 1: Unfallanalyse – Methoden und Instrumente

307 Weiterhin ist bei einem Unfall vorstellbar, dass mehrere Geschwindigkeitssensoren gleichzeitig oder nacheinander ausfallen. Es erfordert eine sichere „Intelligenz", um bei der Geschwindigkeitsmessung allein von (noch) verlässlichen Sensoren auszugehen. Hierbei stellt sich die Frage, ob eine solche Intelligenz einprogrammiert ist, da der Ausfall von mehreren Sensoren eine seltene Extremsituation darstellt.

308 Einer Kollision geht oft eine Bremsung voraus. In diesem Fall ist eine exakte Geschwindigkeitswahrnehmung schwer vorstellbar. Im Rahmen einer Bremsung tritt Radschlupf auf, wodurch die Drehgeschwindigkeit der Räder per Definition niedriger als beim freien Rollen ist. Im Prinzip ist es möglich, dass dies teilweise kompensiert wird, da die Regeleinheit schließlich immer aufgrund eines geschätzten Wertes des Radschlupfs regelt. Die Bedeutung von diesem „Feintuning" für die Störungsdiagnose scheint nicht groß, sodass es fraglich ist, ob dies überhaupt konzeptionell berücksichtigt wird.

Bei Bremsungen ist die registrierte Geschwindigkeit außerdem abhängig von dem Moment der Messung oder der Zeitdauer der Mittelwertbildung. Wenn bspw. ein Mal pro Sekunde eine gemittelte Geschwindigkeit berechnet wird (über die vorangegangene Sekunde), dann gilt für das System die gesamte nachfolgende Sekunde lang diese (gemittelte) Geschwindigkeit. Erst nach einer weiteren Sekunde wird wiederum ein Mittelwert gebildet und damit – eine kontinuierliche Verzögerung bzw. Bremsung vorausgesetzt – eine geringere Geschwindigkeit festgehalten. Wenn kurz vorher ein Fehler eintritt, dann kann die im Steuergerät abgelegte Geschwindigkeit bei einer Vollbremsung maximal etwa 50 km/h höher sein als die reale Fahrzeuggeschwindigkeit zum Zeitpunkt des Fehlers. Es handelt sich dann zwar um eine Geschwindigkeit, die tatsächlich gefahren wurde, aber diese Geschwindigkeit ist in keinem Fall als „Kollisionsgeschwindigkeit" anzusehen. Andererseits kann auch eine zu niedrige Geschwindigkeit registriert werden, wenn die Regeleinheit nach Auftreten des Fehlers die Messprozedur startet.

309 Unsere Untersuchung war auf **folgende Fragen** gerichtet:
- Ist die Geschwindigkeitsmessung noch genau, wenn einer oder mehrere Sensoren ausfallen?
- Wird das plötzliche Zumstillstandkommen eines Rades als Störung wahrgenommen?
- Welchen Einfluss hat eine Bremsung auf die registrierte Geschwindigkeit?

- Bleibt nach Ausfall eines Sensors die ABS-Wirkung für die übrigen Räder erhalten?

III. Versuchsaufbau

Die **untersuchten Automodelle** waren BMW (E46) 318ti Compact (Modelljahr 2003), BMW (E63) M6 Coupé (a.a.O. Der BMW (E63) M6 wurde aufgrund eines aktuellen Falles der Untersuchung hinzugefügt.) (Modelljahr 2005) und der Volvo V70 2.4 (Modelljahr 2001). Die BMW waren mit einer MK60-ABS-Regeleinheit von Teves ausgerüstet, die Volvos mit einem Bosch-System.

Für die Untersuchung wurden Schaltrelais zwischen der ABS-Regeleinheit und den Radsensoren angebracht (s. Abb. 1). Hierdurch konnten während der Fahrt Störungen eingeleitet werden. Dies erfolgte bei Testfahrten mit konstanter Geschwindigkeit (verschiedene Testgeschwindigkeiten zwischen 30 und 120 km/h). Nach jeder Fahrt wurde der Fehlerspeicher mithilfe von markenspezifischen Händlergeräten ausgelesen (BMW DIS und Volvo VIDA) und mit den wirklichen Versuchsumständen verglichen. Bei diesen Versuchen wurde die reale Geschwindigkeit mit einem GPS-Gerät gemessen, das durch eine kalibrierte Lichtschranke geprüft war.

Abb. 1 Manipulierte Sensorleitungen zur Einleitung der Fehler

Teil 1: Unfallanalyse – Methoden und Instrumente

311 Daneben wurden Versuche durchgeführt, bei denen Störungen während einer ABS-Bremsung eingeleitet wurden. Nur bei dem BMW E63 wurde die Geschwindigkeit zum Zeitpunkt der Fehlereinleitung exakt gemessen. Dafür wurde eine Geschwindigkeitsmessung (Lichtschranke) in Kombination mit einer weiteren Lichtschranke benutzt, die mittels eines Radiosignals direkt einen Schalter in dem Fahrzeug auslöste. Auf Kommando des Radiosignals wurde der Sensor vom linken Vorderrad abgeschaltet und zu einem losen Sensor umgeschaltet.

312 Mit einem BMW E46 und einem Volvo wurden auch Bremsungen durchgeführt, bei denen der Bremszylinder von einem Vorderrad von der ABS-Hydraulikeinheit abgekoppelt und direkt an den Hauptbremszylinder angeschlossen war. Dadurch blockierte trotz ABS-Eingriff das Vorderrad bei der Vollbremsung. Hierbei sollte untersucht werden, ob das ABS-System dies als Fehlermeldung registriert.

Von dem BMW E46 und dem Volvo waren jeweils drei Fahrzeuge vorhanden, die schließlich an drei Kollisionsversuchen teilnahmen. Diese wurden im Auftrag des Niederländischen Forensischen Instituts (NFI) durch die Firma crashtest-service.com (CTS) ausgeführt. Bei den Versuchen handelte es sich um nahezu rechtwinklige Anstöße (100°), bei denen ein BMW mit partieller Überdeckung mit der linken Front eines von rechts kommenden Volvo kollidierte. Die Autos waren so präpariert, dass die Verkabelung zu jeweils einem der Radgeschwindigkeitssensoren durch die bei der Kollision auftretende Längsverzögerung unterbrochen wurde (s. Abb. 2). Bei dem BMW betraf dies den Sensor des linken Vorderrades, bei dem Volvo den des rechten Vorderrades. Dabei ist bei dem BMW der Fehlercode (DSC) 5D90 zu erwarten, bei dem Volvo der Fehlercode (BCM) 0020.

§ 5 Moderne Techniken in der Unfallrekonstruktion

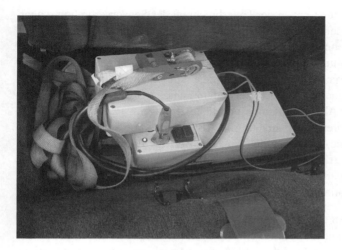

Abb. 2 Beschleunigungsschalter für kollisionsbedingte Trennung der Sensorleitung

Bei einem Crashversuch (CTS-Datenbanknr. 15164) wurden beide Autos kurz vor der Kollision durch einen Luftdruckzylinder gebremst. Dabei war ein Radbremszylinder von der ABS-Hydraulikeinheit abgekoppelt und direkt an den Hauptbremszylinder angeschlossen. Bei dem BMW war dies das rechte Vorderrad und bei dem Volvo das linke Vorderrad. Dies wurde durchgeführt, um ein Einklemmen des Rades zu simulieren, ein bei Unfällen oft vorkommender Umstand. Bei den übrigen Versuchen waren die Fahrzeuge nicht gebremst.

IV. Ergebnisse

1. Auftretende Fehlermeldungen

Die Unterbrechung der Sensorverdrahtung generierte einen für jedes Rad gesonderten, spezifischen Störungscode. Diese Codes sind aufgeführt in der nebenstehenden Tabelle 1. Bei den BMW E46 ging die Unterbrechung stets mit einem Fehler des Automatikgetriebes einher (Fehlercode 95EGS). Bei den Volvos wurden bisweilen mehrere Fehlercodes registriert. Sowohl im Stillstand als auch fahrend resultierte aus dieser Störung nahezu unmittelbar ein Aufleuchten der gelben ABS-Warnlampe.

Teil 1: Unfallanalyse – Methoden und Instrumente

315 Bei den BMW wurde neben der Unterbrechung der Sensorverdrahtung auch eine Umleitung der Verdrahtung installiert. Dabei wurde die Verbindung mit dem Radsensor unterbrochen und gleichzeitig eine Verbindung zwischen der Regeleinheit und einem „leeren" Sensor, der nicht an einem Zahnkranz montiert war, hergestellt. Hierdurch wurde ein plötzliches Zumstillstandkommen des Rads simuliert. Bei stillstehendem Fahrzeug resultierte hieraus kein Aufleuchten der ABS-Warnlampe und kein Eintrag im Fehlerspeicher, wohingegen bei fahrendem Fahrzeug die ABS-Warnlampe sofort aufleuchtete und (abweichende) Fehlermeldungen registriert wurden (s. Tabelle 1). Das Aufleuchten der ABS-Warnlampe war bei Bremsungen meistens, aber nicht immer zeitverzögert. Möglicherweise ist dies eine Folge der benötigten CAN-Bus-Kommunikation.

316 Weiterhin konnten durch falsche Montage des Radsensors noch einige andere Fehlercodes erzeugt werden (s. Tabelle 1). Die Manipulation wurde bei stehendem Fahrzeug durchgeführt und führte erst nach einiger Fahrzeit zu einer Fehlermeldung. Es ist vorstellbar, dass ein Stoß auf das Rad zu derartigen Fehlermeldungen führen kann. Sinnvolle Versuche konnten hierbei jedoch nicht durchgeführt werden, da keine Möglichkeit bestand, diese Fehler während der Fahrt einzubringen.

317 Das anhaltende Blockieren eines Rades trotz ABS-Regelung führte weder bei dem BMW noch bei dem Volvo zu einem Aufleuchten der ABS-Warnlampe und produzierte keinen Eintrag im Fehlerspeicher.

	v.l.	v.r.	h.l.	h.r.
BMW E46 & E63 – Unterbrechung	5D90	5DA0	5DB0	5DC0
BMW E46 & E63 – Umleitung	5D91	5DA1	5DB1	5DC1
BMW E46 & E63 – falsche Montage	5D92	5DA2		
	5D93	5DA3		
Volvo – Unterbrechung	0010	0020	0030	0040
		0021*	0031*	
			0032*	
* vereinzelt und dann in Kombination mit 00x0.				

Tabelle 1 festgestellte Fehlercodes

§ 5 Moderne Techniken in der Unfallrekonstruktion

Das Ausschalten mehrerer Sensoren führte meistens auch zu einer Registrierung von ebenso vielen Störungscodes. Bei den Volvos wurde gelegentlich das Ausschalten eines dritten Sensors nicht registriert. Die Reihenfolge des Auftretens der Störungen war nicht einfach durch Auslesen herauszufinden. Der Volvo-Diagnoseapparat VIDA zeigte einen Zeitwert, aus dem die Reihenfolge des Auftretens der Störungen abgeleitet werden kann. Wir haben die Werte jedoch nicht eindeutig interpretieren können und vermuten, dass die Auflösung nicht ausreichend hoch ist, um Ereignisse während einer Kollision bzgl. der Zeit unterscheiden zu können. Für das BMW DIS gilt, dass die durch uns eingebrachten Störungen auf einem spezifischen Display in der Reihenfolge des Auftretens gezeigt wurden („Diagnose-Steuergerätefunktion"). Für die Unfallanalyse ist es hierbei von Bedeutung, dass nach Einschalten der Zündung die noch immer anwesenden („aktiven") Störungen in einer scheinbar willkürlichen Reihenfolge an das Ende der Liste gesetzt werden. Es kann daher nur etwas über die Reihenfolge der „einmaligen", nicht mehr aktiven Fehler gesagt werden.

318

Bei den Versuchen fiel die Geschwindigkeitsanzeige im Cockpit der BMWs E46 nach Trennung des linken Hinterradsensors aus, während die aktive Auslesemöglichkeit via EOBD/SID1 nach Abkoppeln des rechten Hinterradsensors misslang. Bei den Volvos fiel sowohl die Geschwindigkeitsanzeige im Cockpit als auch die Auslösemöglichkeit via EOBD/SID1 aus, sobald zwei Radsensoren von einer einzigen Achse abgeschaltet waren.

319

2. Genauigkeit der ausgelesenen Geschwindigkeit

Wenn eine einzelne Unterbrechung oder Umleitung während der Fahrt bei einer konstanten Geschwindigkeit eingebracht wurde, dann wurde in den Freeze Frames immer eine korrekte Geschwindigkeit festgehalten. Der Unterschied zu der tatsächlichen Geschwindigkeit war niemals mehr als einige km/h.

320

Als bereits ein Sensor ausgeschaltet war, lieferte das Ausschalten des folgenden Sensors bei den BMW noch eine (nahezu) korrekte Registrierung. Bei den Volvos wurden unter diesen Umständen zu niedrige bis viel zu niedrige Geschwindigkeiten gespeichert. Bei dem Ausschalten eines dritten Radsensors oder Ausschalten von drei Radsensoren gleichzeitig wurden auch bei den BMW deutlich zu geringe Geschwindigkeiten festgehalten.

Die bei Vollbremsungen registrierte Geschwindigkeit betrug gemittelt 89 % von der realen Geschwindigkeit, mit Abweichungen nach 84 % und 92 % (nur BMW E63). Dieser Unterschied entspricht größenordnungsmäßig dem bei ABS-Bremsungen auftretenden Reifenschlupf.

3. Bremszustand

321 Bei den BMW E46 und den Volvos zeigte das Diagnosegerät bei Störungen u.a. den Bremslichtstatus (bedient/nicht bedient), den Bremsdruck (erkannt/ nicht erkannt) und die ABS-Regelung (aktiv/nicht aktiv). Bei dem BMW E63 wird diese Information durch das BMW-DIS-System nicht angezeigt, aber laut Angaben des niederländischen BMW-Importeurs wissen wir, dass diese Messwerte durch einen Händler ausgelesen und auf Importeurniveau ausgewertet werden können. In einigen Fällen und stets bei Geschwindigkeiten unter 30 km/h wurde registriert, dass die ABS-Regelung aktiv war. Wir vermuten, dass das Regelsystem in diesen Fällen mit dem Selbsttest beschäftigt war. In den übrigen Fällen entsprachen die Werte bei den Fahrversuchen stets dem Versuchsaufbau.

4. Kilometerstände

322 Die bei den Fehlermeldungen festgehaltenen Kilometerstände sind nicht notwendigerweise genau. Bei den BMW E46 wurde der abgespeicherte Kilometerstand auf 10er-Kilometer nach unten abgerundet, bei dem BMW E63 auf 8er-Kilometer. Ein mögliche Erklärung ist, dass alle 10 bzw. 8 km vom Zentralrechner (Cockpit) der aktuelle Kilometerstand an die anderen, ans Fahrzeugnetz angeschlossenen Systemkomponenten weitergegeben wird. Damit beträgt die maximal mögliche Toleranz 10 bzw. 8 km. Für die Volvos wurden die registrierten Kilometerstände nicht notiert.

5. Funktion des Bremssystems nach der Störung

323 Wenn nach der Einführung eines Fehlers eine Bremsung eingeleitet wurde, dann gab es keine ABS-Wirkung mehr. Die Fahrzeuge blieben allerdings stabil. Aufgrund dessen ist anzunehmen, dass die elektronische Bremskraftverteilung – eine Funktion der ABS-Regeleinheit – aktiv bleibt. Nach Wiederherstellung der Verkabelung ging bei den Volvos die ABS-Warnlampe aus und es gab wieder eine ABS-Wirkung. Bei den BMW kam es zu keiner ABS-Wirkung, bis der Fehlerspeicher gelöscht wurde.

Die Einleitung einer Sensorstörung während einer Vollbremsung verursachte bei allen Fahrzeugen ein nahezu zeitgleiches Blockieren des betreffenden Vorderrads, während die Regelung der übrigen Räder aktiv blieb. Wenn anschließend die ABS-Regelung nicht mehr aktiv war (aufgrund des Endes der Bremsung oder Verringerung der Bremskraft), dann blockierten bei einem erneuten Bremsbeginn beide Vorderräder.

6. Crashtests

Abb. 3 (a – c) Versuch 15164

Abb. 4 (a – c) Versuch 15165

Abb. 5 (a – c) Versuch 15166

Die Ausleseresultate sind in der Tabelle 2 wiedergegeben. Die Versuchsnummern verweisen auf die Datenbank *www.crashtestservice.com*, die unter dieser Nummer spezifische Informationen über die Versuche enthält.

Versuchsnr., Fahrzeug	Geschwindigkeit in km/h	Ausgelesene Fehlercodes mit Randbedingungen
15164 BMW	73	5E24; Drucksensor; 0 km/h 5D90; Raddrehzahlfühler links vorne, 0 km/h
15164 Volvo	22	0020; Radsensor rechts vorne fehlerhaftes Signal; 0 km/h
15165 BMW	55	5E38; Drehratensensor; 55 km/h 5D90; Raddrehzahlfühler links vorne; 52 km/h
15165 Volvo	52	0020; Radsensor rechts vorne fehlerhaftes Signal; 46 km/h 0092; Gierratensensor fehlerhaftes Signal; 46 km/h
15166 BMW	112	5DA1; Raddrehzahlfühler rechts vorne Extrapolation; 105 km/h 5D90; Raddrehzahlfühler links vorne; 105 km/h
15166 Volvo	18	0020; Radsensor, rechts vorn Signal fehlt; 8 km/h

Tabelle 2 Ergebnisse der Crashtests

325 In allen Fällen traten die erwarteten Störungen auf: 5D90 bei dem BMW und 0020 bei dem Volvo. Bei den Versuchen 15165 und 15166 wurden hauptsächlich richtige Geschwindigkeitswerte festgestellt. Diese waren nahe der Kollisionsgeschwindigkeit oder etwas niedriger. Allein bei Versuch 15166 gab der Volvo eine viel zu kleine Geschwindigkeit an (8 km/h anstelle von 18 km/h). Die Ursache könnte darin liegen, dass die für das Provozieren des Fehlers benötigte Verzögerung später in der Kollisionsphase auftrat. Als der Fehlereintrag schließlich stattfand, war somit das Fahrzeug kollisionsbedingt bereits verzögert, sodass zu diesem Zeitpunkt folglich seine Geschwindigkeit unterhalb der ursprünglichen Kollisionsgeschwindigkeit lag.

Auffallend ist, dass bei Versuch 15164 stets eine Geschwindigkeit von 0 km/h ausgelesen wurde. Für den BMW kann dieses Phänomen durch Versuche mit einem gleichen Fahrzeugmodell erklärt werden. Es zeigte sich, dass nach Einleitung eines „Schadens" an dem Drucksensor (Fehler 5E24) bei diesem Fehlereintrag, aber auch bei allen späteren Fehlern ungeachtet der wirklichen Geschwindigkeit immer eine Geschwindigkeit von 0 km/h festgehalten wird. Möglicherweise handelt es sich hierbei um einen Programmfehler in der Regeleinheit. Vermutlich entstand der Fehler 5E24 durch die ungewohnt kräftige Bremsung durch den Luftdruckzylinder in Kombination mit dem Verschließen eines Ausgangs der ABS-Hydraulikeinheit. Dies war allerdings nicht reproduzierbar. Für den Volvo ist eine gespeicherte Geschwindigkeit von 0 km/h möglicherweise dem Blockieren des linken Vorderrades zuzuschreiben.

Bei dem Versuch 15164 waren die gespeicherten Bremszustände konform mit dem Versuchsaufbau. Bei Versuch 15165 wurden diese Resultate nicht notiert. Bei Versuch 15166 wurde für den BMW registriert, dass das Bremslicht bedient wurde, der Bremsdruck erkannt und die ABS-Regelung aktiv war und für den Volvo (auch) das Bremslicht bedient war. Auf Videobildern war zu sehen, dass die Bremslichter von beiden Fahrzeugen in dem Moment der Kollision auch tatsächlich aufleuchteten. Möglicherweise wurden die Bremsen durch die Massenträgheit des Hebels vom Luftdruckzylinder bedient, der aus Sicherheitsgründen als Notfallsystem auf dem Bremspedal montiert war.

V. Diskussion

Ein Bruch der Radsensorverkabelung kann zu einer Fehlerspeicherung führen. Dieser Umstand ist jedoch nur bei einem extremen Schaden oder bei dem Abbrechen der Radaufhängung vorstellbar. Eine plötzliche Abnahme der Geschwindigkeit eines Rades durch Einklemmen, Stoß gegen das Rad oder Beschädigung des Reifens ist eher denkbar. In jedem Fall kann dies bei den getesteten BMW zu einer Fehlerspeicherung führen. Wenn dies während einer Vollbremsung stattfindet, dann ist von da an eine einzelne Blockierspur zu erwarten, auch ohne Einklemmung des Rades.

Wir haben dieses Phänomen übrigens auch bei einem wirklichen Unfall mit einem BMW festgestellt. Ein hartes Objekt beschädigte die Lauffläche des rechten Vorderreifens, war kräftig gegen das Felgenbett gestoßen und anschließend aus der Reifenwange herausgetreten (s. Abb. 6). Auf der Straße war eine lange Blockierspur von dem einen Rad gezeichnet worden, woraus zu schließen war, dass der Reifen beim Spurzeichnen drucklos war (vgl. Abb. 7). Die Spur fing bei einer Häufung von Kratzspuren an. Beim Auslesen des Fehlerspeichers wurde der Fehlercode 5DA1 festgestellt. Ferner war ein Geschwindigkeit von 133 km/h und eine Bremsung mit ABS-Regelung gespeichert.

Abb. 6 (a – b) Schaden an Reifen und Felge eines BMW M6

Abb. 7 (a – b) Reifenspur

§ 5 Moderne Techniken in der Unfallrekonstruktion

Abb. 8 Verunfallter BMW M6 nach Anprall gegen Baum am Ende der Reifenspur

Bei den getesteten Systemen erwies sich die Geschwindigkeitsmessung der Fahrzeuge im Prinzip als genau. Dies ist auch bei dem heutigen Stand der Technik zu erwarten. Unter besonderen Umständen bspw. bei einer Bremsung oder wenn schon Sensoren ausgefallen sind, kann dennoch eine (viel) zu geringe Geschwindigkeit oder selbst Stillstand registriert werden. Bei dem v.g. Fall wurde für den BMW M6 auf konventionelle Weise berechnet, dass seine Geschwindigkeit mindestens 150 km/h betrug. Der Unterschied zu der gespeicherten Geschwindigkeit von 133 km/h ist durch die Ergebnisse dieser Untersuchung zu erklären. 328

Bei unseren Versuchen ist es niemals aufgetreten, dass eine zu hohe Geschwindigkeit registriert wurde. Das ist jedoch keine Garantie dafür, dass die Registrierung von einer zu hohen Geschwindigkeit nicht vorkommen kann. Vielleicht kann z.B. durch Brand oder Feuchtigkeit kurzzeitig ein Sensorsignal entstehen, das von einer ABS-Regeleinheit als (sehr) hohe Geschwindigkeit interpretiert wird.

Im Rahmen dieser Untersuchung wurden nur einige Aspekte von einzelnen Systemen unter bestimmten Umständen untersucht. Bei der Rekonstruktion von tatsächlichen Unfällen muss stets geprüft werden, ob besondere Umstände vorlagen, wodurch abweichende Geschwindigkeiten registriert worden sein können. 329

330 Versuche unter entsprechenden Umständen müssen anschließend zeigen, wie das System tatsächlich funktioniert. Es ist schließlich nicht zu erwarten, dass die Systemfabrikanten diese Umstände vorgesehen haben und das System darauf getestet haben. Das Auslesen der Fehlerspeicher kann nicht die „konventionelle" Unfallrekonstruktion ersetzen, aber einen sinnvollen Beitrag dazu leisten. In dem Fall des BMW M6 wäre bspw. die konventionelle Berechnung schwierig gewesen, wenn nicht das Auslesen des Fehlerspeichers gezeigt hätte, dass das Fahrzeug gebremst war.

331 Speziell für das Feststellen von Unfalldaten entworfene spezifische EDR-Systeme („Event Data Recorder") sind diesbezüglich brauchbarer und zuverlässiger, insbesondere wenn das System, wie die in den Vereinigten Staaten von Amerika genutzten EDR-Systeme, Werte aus dem Zeitraum vor dem Unfall festhalten soll.

Danksagung:

Wir danken *Stephen Heemink*, *Mark van den Berk* und *Joos Spätjens*, die als Praktikanten an diesem Projekt mitgearbeitet haben. Dieses Projekt wurde finanziert durch das Niederländische Forensische Institut (NFI).

F. Der digitale Tachograf

332 Seit dem 1.5.2006 müssen alle Neufahrzeuge mit einem zulässigen Gesamtgewicht von mehr als 3,5 t oder mehr als neun Sitzplätzen i.d.R. mit einem digitalen Tachografen ausgerüstet werden. Dieser löst den bereits seit Jahrzehnten vorgeschriebenen analogen Tachografen ab, der Aufzeichnungen der Lenk- und Ruhezeiten sowie der Geschwindigkeiten des Fahrzeugs auf einer Papierscheibe vornahm. Der Tachograf kann auch für die Unfallrekonstruktion eingesetzt werden.

I. Einleitung

333 Nutzfahrzeuge und Busse, die bestimmte Gewichtsklassen bzw. Passagierzahlen überschreiten, müssen in Europa mit einem **Tachografen** (EG Kontrollgerät) ausgerüstet sein. Dieses dient in erster Linie der Überwachung der Sozialvorschriften, insbesondere der Lenk- und Ruhezeiten des Fahrers. Aufgezeichnet werden auch die Fahrgeschwindigkeiten und die vom Fahrzeug zurückgelegte Wegstrecke in Verbindung mit der Uhrzeit. Jahrzehnte-

lang geschah dies in analoger Form auf einer kreisrunden Papierscheibe, in deren spezielle Beschichtung die Daten mittels nadelartiger Stifte über einen Zeitraum von jeweils 24 Std. „eingraviert" wurden. Zwar entwickelte sich im Laufe der Zeit die Bauart der Geräte und die Erfassung der Messwerte weiter, nicht jedoch das Prinzip der Aufzeichnung mittels einer **Diagrammscheibe**.

Bedeutung gewann die Diagrammscheibe auch für die Rekonstruktion von Verkehrsunfällen mit Nutzfahrzeugen, wobei die Auswertung der analogen Aufzeichnungen – im Rahmen der technischen Möglichkeiten – gute Ergebnisse lieferte und ein anerkanntes, gerichtsverwertbares Beweismittel wurde. In den 90er Jahren wurde dann auf EU-Ebene die Entwicklung eines einheitlichen, digitalen Tachografen vorangetrieben und seine technische Ausführung im Jahr 2000 beschlossen. Seit dem 1.5.2006 müssen alle betroffenen Neufahrzeuge (Art. 3 VO EWG 3821/85) mit dem digitalen Tachografen ausgerüstet sein. Bestimmte Fahrzeuge, die nach dem 1.1.1996 zugelassen wurden, müssen bei der Notwendigkeit einer Reparatur des Tachografen dann nachträglich mit einem digitalen Gerät ausgestattet werden.

II. Technische Ausführung des Tachografen (DTCO)

Statt der Diagrammscheibe besitzt der digitale Tachograf einen **elektronischen Speicher**, in dem die Daten abgelegt werden. Zusätzlich werden Daten auf einer sog. Fahrerchipkarte gespeichert, die der jeweilige Nutzer des Fahrzeugs vor Fahrtantritt in das Gerät einführen muss. Es gibt Geräte verschiedener Anbieter, die jedoch nach den gleichen Prinzipien arbeiten, gleichartige Bedienelemente besitzen und bei denen die Datenaufzeichnung die gleiche Struktur besitzt.

334

Die Abmessungen des digitalen Tachografen entsprechen dem eines handelsüblichen Autoradios, sodass er in einen entsprechenden DIN-Schacht des Fahrzeugs eingebaut werden kann. Der Tachograf wird mit der **Fahrzeugelektronik vernetzt** und erfasst mittels eines entsprechenden Sensors weg- und geschwindigkeitsabhängige Impulse am Ausgang des Getriebes. Die vom Gerät erfassten Daten sind aufwendig gegen Manipulationen abgesichert. Wie bereits in der Vergangenheit muss der Tachograf in einer Fachwerkstatt kalibriert werden. Anschließend besitzt die Geschwindigkeitsaufzeichnung eine hohe Genauigkeit. Letztlich wird allerdings, wie schon beim analogen Tachografen, im normalen Betrieb eine Toleranz von ± 3 km/h berücksichtigt. Die

Teil 1: Unfallanalyse – Methoden und Instrumente

Aufzeichnung der relevanten Daten im Gerätespeicher ist über einen Zeitraum von ca. **365 Tagen** möglich.

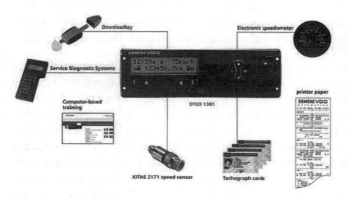

Abb. 1 Systemübersicht des digitalen Tachografen

335 Neben der sog. **Fahrerkarte**, die eine Speicherkapazität von etwa 28 Tagen bei durchschnittlichem Fahrbetrieb besitzt, existieren noch **Unternehmens-, Kontroll-** und **Werkstattkarten**, die ggf. auch parallel zur Fahrerkarte in einen der beiden Karteneinschübe des Gerätes gesteckt werden können. Die Unternehmenskarte berechtigt zum Ausdrucken und Herunterladen der dem Unternehmen zugeordneten Daten sowie der Daten auf der Fahrerkarte. Die Kontrollkarte steht den staatlichen Überwachungsorganen (z.B. Polizei) zur Verfügung und ermöglicht das Auslesen der Daten von der Fahrerkarte und aus dem Speicher des Tachografen. Schließlich besitzen autorisierte Werkstätten eine Werkstattkarte, mit der die Programmierung, Kalibrierung und Überprüfung des Gerätes möglich ist. Für Sachverständige ist keine Karte vorgesehen. Sie werden nach Verkehrsunfällen i.d.R. auf die Mithilfe der Polizei angewiesen sein oder das Gerät ausbauen müssen. Daten aus dem Gerät können von berechtigten Personen mit dem **integrierten Drucker** auf einem Papierstreifen ausgegeben oder per Downloadkey – einem in das Gerät einsteckbaren externen Speicher – heruntergeladen werden.

§ 5 Moderne Techniken in der Unfallrekonstruktion

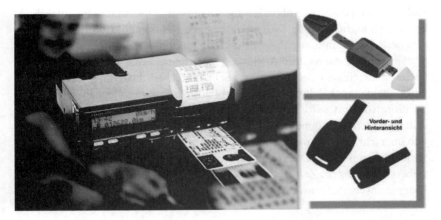

Abb. 2: Datenausgabe und Downloadkeys

III. Datenstruktur

Neben den Lenk- und Ruhezeiten werden vom digitalen Tachografen Geschwindigkeitswerte mit einer Frequenz von 1 Hertz (ein Wert pro Sekunde) aufgezeichnet. Diese relativ **grobe Aufzeichnungsfrequenz** ist zwar vor dem Hintergrund der primären Aufgabe des Gerätes, nämlich der Dokumentation der Arbeitszeiten über einen Zeitraum von bis zu einem Jahr verständlich, besitzt aber für die Rekonstruktion eines Verkehrsunfalls nicht die gewünschte Genauigkeit. So kann sich bspw. im Zuge einer Lkw-Vollbremsung (Verzögerungsniveau 7 m/s^2) die Geschwindigkeit innerhalb einer Sekunde um etwa 25 km/h verringern. Blockieren die Antriebsräder beim Bremsen wird kein verlässliches Geschwindigkeitssignal mehr geliefert. Der tatsächliche Fahrtverlauf zwischen den im Sekundenabstand gemessenen Geschwindigkeitswerten kann in derartigen Fällen allenfalls abgeschätzt werden. Hier ist dann die gegenüber der Diagrammscheibe vergleichsweise genaue, da digitale Aufzeichnung der Zeit nur ein schwacher Trost.

336

Bestimmte Geräte sind in der Lage die relevanten Signale auch mit einer höheren Auflösung von 4 Hertz (vier Werte pro Sekunde) aufzuzeichnen. Sie verfügen zusätzlich über sog. **Ringspeicher**, die ständig die Daten eine Minute vor dem aktuellen Zeitpunkt vorhalten und diese bei bestimmten Auslösekriterien (starke Bremsung, Anhaltevorgang bis zum Stillstand) auch noch Daten eine Minute über das Ereignis hinaus speichern. Diese Daten, deren

Aufzeichnung durch den digitalen Tachografen nicht verbindlich vorgeschrieben ist, ermöglichen eine wesentlich **bessere Rekonstruktion** des Unfallgeschehens. Ein **Manko** der Ringspeicher ist allerdings, dass nach drei erfolgten Speicherungen, die nächste Auslösung einer Speicherung die im ersten Ringspeicher abgelegten Daten wieder überschreibt. Ist das Fahrzeug nach dem Unfall bspw. noch fahrbereit und verbleibt nicht unmittelbar in seiner Endposition, sondern wird z.B. vor der Datensicherung zunächst in eine Werkstatt gefahren, so können die Unfalldaten hierdurch bereits unwiederbringlich überschrieben worden sein. Insofern ist eine sofortige Sicherung der evtl. vorhandenen 4-Hertz-Daten nach einem Unfall essentiell. Die 1-Hertz-Daten stehen auch längere Zeit noch zur Verfügung. Im Vergleich ist allerdings die Diagrammscheibe ein weniger empfindliches und flüchtiges Beweismittel.

> **Praxistipp:**
>
> Nach einem Unfall sollten die Daten aus dem digitalen Tachografen auf jeden Fall **umgehend** noch an der Unfallstelle von der Polizei oder einem Sachverständigen **gesichert** werden.

IV. Rekonstruktion von Unfällen

337 **Relativ gute Daten** liefert der digitale Tachograf für die Phase der Annäherung des Fahrzeugs an die Unfallstelle. Die Geschwindigkeit kurz vor dem Unfall bzw. beim Einsetzen einer vorkollisionären Bremsung konnte allerdings auch auf der Diagrammscheibe recht zuverlässig abgelesen werden. Aus Sicht des Unfallanalytikers stellt der digitale Tachograf bei der Rekonstruktion der **Kollisionsgeschwindigkeit** des Fahrzeugs aber eher einen **Rückschritt** dar. Bei der bisherigen analogen Aufzeichnung der Geschwindigkeit mittels eines feinen Stiftes auf der Diagrammscheibe war eine Kollision häufig daran zu erkennen, dass der empfindliche Schreibstift aufgrund der kollisionsbedingten Erschütterungen des Fahrzeugs Unregelmäßigkeiten im Geschwindigkeitsaufschrieb erkennen ließ. Hier konnte relativ exakt direkt die Kollisionsgeschwindigkeit abgelesen werden. Vereinzelt konnten sogar leichte Kollisionen (z.B. Fußgängerunfall) erkannt werden. Der digitale Tachograf hingegen registriert keine Erschütterungen, sondern allenfalls Änderungen der Geschwindigkeit mit den bereits angesprochenen Einschränkungen bei der Aufzeichnungsfrequenz. Es besteht die Möglichkeit, dass kollisionsbedingte Geschwindigkeitsänderungen dann bspw. nicht von einer Änderung der Ge-

schwindigkeit aufgrund eines Bremsmanövers unterschieden werden können. Hier wurde im Rahmen der EU-Regelungen aus technischer Sicht die Chance vertan, eine Vorrichtung zu schaffen, die es ermöglicht, die oft folgenschweren Nutzfahrzeugunfälle rasch und zuverlässig aufzuklären. Mit geringem Mehraufwand hätte z.b. ein Beschleunigungsaufnehmer in die Geräte bzw. Fahrzeuge integriert werden können.

Wie schon der analoge, kann auch der digitale Tachograf, bei entsprechenden Anschlüssen, **Sondersignale** von Einsatzfahrzeugen (z.B. Polizei, Feuerwehr) aufzeichnen. Eine Erweiterung dahingehend, dass zusätzlich auch noch die bei Streitigkeiten oftmals wichtige Stellung und Betätigungsdauer des Blinkers dokumentiert werden würde, ist hingegen nicht vorgesehen. Auch dieses hätte sich mit geringstem technischen Aufwand beim digitalen Tachografen umsetzen lassen. 338

Einfacher gestaltet sich beim digitalen Tachografen sicherlich die **Weiterverarbeitung** der gespeicherten Daten. Für die Kontrollorgane bietet sich bspw. die Möglichkeit die Einhaltung der Sozialvorschriften auch über längere Zeiträume rasch zu kontrollieren, wozu bislang ggf. die Durchsicht und Auswertung einer Vielzahl von Diagrammscheiben notwendig war. Auch in der Unfallrekonstruktion können die Daten aus dem digitalen Tachografen nunmehr elektronisch weiterverarbeitet werden. Letztlich ist aber aufgrund der Datenstruktur nach derzeitigem Kenntnisstand zumindest kein Fortschritt bei der Aufklärung von Nutzfahrzeugunfällen zu erkennen. 339

G. UDS – die „Black Box" für das Auto

In der Luftfahrt kommen weltweit bereits seit Ende der 1960er Jahre Flugschreiber, umgangssprachlich auch als „Black Box" bezeichnet, zum Einsatz. Diese zeichnen die verschiedensten Flugparameter und auch die Stimmen und Geräusche im Cockpit eines Flugzeuges auf, um im Falle eines Absturzes die Ursachenermittlung zu ermöglichen. Auf der Internationalen Automobilausstellung (IAA) in Frankfurt/M. stellte die Fa. Mannesmann-Kienzle 1991 ein vergleichbares Gerät vor, das für den Einsatz in Straßenfahrzeugen konzipiert war. Dieses Gerät wurde „UDS" (Unfall Daten Speicher) genannt. Im Falle einer Kollision werden mithilfe des UDS automatisch die verkehrsrechtlich relevanten Parameter registriert und gespeichert. Die aufgezeichneten Daten bieten einem entsprechend geschulten und mit der notwendigen Software 340

Teil 1: Unfallanalyse – Methoden und Instrumente

ausgestatteten Sachverständigen die Möglichkeit, einerseits das Verhalten des Fahrzeugführers vor dem Unfall, andererseits aber auch die Fahrzeugbewegungen nach der Kollision zu rekonstruieren. In Sonderfällen ermöglicht eine UDS-Aufzeichnung auch erst die Beantwortung von strittigen Fragen, den Nachweis eines versuchten Versicherungsbetruges oder die Aufklärung von sehr komplexen Unfallzusammenhängen, insbesondere, da aufgrund der zunehmenden Ausrüstung der Fahrzeuge mit Antiblockiersystemen (ABS) kaum mehr verwertbare Unfallspuren entstehen.

I. Aufbau und Funktion

341 In der ersten Gerätegeneration (Geräte-Bezeichnungen 1.1 – 1.3), die seit 1993 erhältlich ist, besteht der UDS im wesentlichen aus einem schlagfesten Kunststoffgehäuse, das von den Abmessungen her einer Zigarrenkiste stark ähnelt.

Abb. 1

§ 5 Moderne Techniken in der Unfallrekonstruktion

Äußerlich ist neben einer seitlich am Gerätegehäuse angeordneten Anschlussbuchse für einen Kabelstrang als Schnittstelle zur Fahrzeugelektrik und -elektronik nur eine oben auf dem Gerät angeordnete **Multifunktionstaste** zu erkennen. Diese Multifunktionstaste ermöglicht z.B. die Abfrage des Statuszustandes des UDS oder auch das Löschen von unbeabsichtigten Speicherungen (sofern die Löschfunktion, wie programmtechnisch ebenfalls realisierbar, nicht deaktiviert wurde). Das Herz des Systems UDS bildet ein Mikrocontroller, in dem alle Funktionen des Gerätes gesteuert werden. Beschleunigungsaufnehmer, die in Längs- und Querrichtung ausgerichtet sind, registrieren die auf das Gerät wirkenden Beschleunigungen.

Die Beschränkung auf die zweidimensionale **Messwerterfassung** ergibt – nach Ansicht des Herstellers – eine ausreichende Genauigkeit, da Überschlagsvorgänge bei einem Großteil der Straßenverkehrsunfälle nicht vorkommen. Mithilfe eines elektronischen Kompasses wird die Orientierung im Erdmagnetfeld erfasst, eine Aufzeichnung der Radgeschwindigkeit (Tachosignal) des Fahrzeuges, in das der UDS verbaut ist, erfolgt ebenfalls. 342

Zusätzlich können auch **diverse Eingangsdaten**, wie z.B. Schaltzustand von Zündung, Fahrlicht, Blinker und Bremslicht sowie spezielle Statusdaten von bspw. Blaulicht und Signalhorn eines Einsatzfahrzeuges der Polizei oder der Feuerwehr, registriert werden. Im Fahrzeug wird der UDS unter dem Beifahrersitz, unter der Rücksitzbank oder im Kofferraum montiert. Da sich die gemessenen Beschleunigungswerte grundsätzlich auf den Einbauort des UDS beziehen, ist allerdings eine möglichst schwerpunktnahe Montage anzustreben. Die Kosten für den Einbau in einer Fachwerkstatt betragen inklusive des Gerätes ca. 500 EUR. Bei einer ordnungsgemäßen Anbringung ist der Ausbau des UDS aus dem Fahrzeug nach einem Unfall ohne Werkzeug durchführbar. 343

Sämtliche anfallenden Daten werden kontinuierlich in einem Ringspeicher, dem Normalfahrt-Speicher, mit einer Umlaufzeit von 30 s und mit einer Frequenz von 25 Hz (25 Messwerte pro Sekunde) abgelegt, wobei ältere Daten überschrieben und gelöscht werden. Parallel zur (übergangsweisen) Speicherung im Normalfahrt-Speicher erfolgt über einen Zeitraum von ca. 0,2 s eine hochauflösende Aufzeichnung mit 500 Hz in einem weiteren Speicher, dem Crash-Speicher. Im Mikrocontroller wird eine **ständige Überprüfung** der Daten auf „**unfalltypische Muster**" vorgenommen. Was als „unfalltypisch" zu bezeichnen ist, wurde bei der Entwicklung des UDS programmtechnisch 344

Hesse 233

in den „Trigger-Bedingungen" festgehalten. Im wesentlichen basiert diese Triggerung auf den gemessenen Beschleunigungen, wobei jedoch auch die zeitliche Änderung der Beschleunigungen, ähnlich wie bei Airbag-Steuergeräten, als Auslösekriterium herangezogen wird. Werden die vordefinierten Bedingungen des Unfalltriggers erfüllt, wird eine automatische Speicherung ausgelöst.

Dies bedeutet, die in der Pre-Crash-Phase im Ringspeicher aufgezeichneten Daten werden „eingefroren" und somit dauerhaft gespeichert. Gleichzeitig wird der aktuelle Stand der im Gerät integrierten Uhr festgehalten, der Unfallzeitpunkt steht somit fest. Ferner werden über einen Zeitraum von weiteren 15 s Daten in der Post-Crash-Phase mit ebenfalls 25 Hz erfasst. Im Bereich des **Kollisionsereignisses**, der Crash-Phase, beträgt die Aufzeichnungsfrequenz 500 Hz und ist somit erheblich differenzierter als in der Pre- und Post-Crash-Phase.

345 Kommt es im Auslauf des Fahrzeuges nach der Kollision zu weiteren Triggerereignissen (Sekundäranstöße), so können diese (bis zu drei weitere) ebenfalls im hochauflösenden Modus aufgezeichnet werden.

346 Um einen Missbrauch durch Unbefugte zu vermeiden, werden die Daten **verschlüsselt** aufgezeichnet. Sie stehen nach dem Auslesen als Rohdaten auf einem gängigen Speichermedium zur Verfügung. Die weitere **Auswertung** erfolgt durch einen geschulten **Sachverständigen** unter Einsatz einer speziellen Software (z.B. UDScope, UDScience). Hierzu ist beispielhaft im Abschn. II., die Auswertung einer UDS-Aufzeichnung eines Einsatzfahrzeuges der Feuerwehr zu erkennen. Ein unerkannter, unerlaubter Gerätezugriff kann durch Plomben, die sowohl am Gerätestecker als auch an der Einbauplatte des UDS anzubringen sind, verhindert werden. Nach einem Unfallereignis müssen die aufgezeichneten Daten nicht zwangsläufig sofort ausgelesen werden, da die Geräte der Generation 1.x über einen weiteren Crash-Speicher verfügen. Erst wenn beide Crash-Speicher durch eine automatische Auslösung beschrieben wurden, muss zur Wiederherstellung des einsatzbereiten Gerätezustandes das Gerät ausgelesen und die Speicher gelöscht werden.

347 In der derzeit aktuellen Geräteversion 2.0 (Abb. 2) sind inzwischen **neun** anstelle der zuvor nur zwei automatischen **Speicherungen möglich**.

§ 5 Moderne Techniken in der Unfallrekonstruktion

Abb. 2

Hier werden nicht nur **stärkere Kollisionen**, sondern auch **extreme Fahrsituationen** und **leichtere Kollisionen** aufgezeichnet, was durch einen erweiterten Speicherumfang und durch einen geänderten Speicheralgorithmus ermöglicht wird. Neu ist ein Speichermanagement, das die Einzelereignisse nach einer Wertigkeit klassifiziert (z.B. in Abhängigkeit von der Größe und der Änderung der Beschleunigung aber auch in Abhängigkeit vom Speicherdatum). Besteht Speicherplatzbedarf, wird als erstes die Speicherung mit der geringsten Wertigkeit, also bspw. die älteste Speicherung, oder die mit der geringsten Beschleunigung, überschrieben und somit gelöscht. Neben dem Hauptspeicher gibt es auch einen unabhängigen Statistikspeicher für bis zu 600 Ereignisse, der als eine Art Fahrzeuglogbuch zu verstehen ist. Trotz der

Teil 1: Unfallanalyse – Methoden und Instrumente

deutlich erweiterten Funktionen gegenüber der Generation 1.x ist das UDS 2.0 deutlich kleiner und daher leichter im Fahrzeug unterzubringen.

II. Auswertung einer UDS-Aufzeichnung

348 *Beispiel:*

Bei diesem Verkehrsunfall kam es zu einer Kollision zwischen einem Einsatzfahrzeug der Feuerwehr, das bei Rotlicht zeigender Lichtzeichenanlage in einen Kreuzungsbereich einfuhr, und einem bei Grün fahrenden, kreuzenden Pkw. Der Fahrer des Einsatzfahrzeuges gab an, dass er sich auf einer Einsatzfahrt befand und deshalb sowohl das Blaulicht als auch das Einsatzhorn eingeschaltet hatte. Zudem tastete er sich langsam und äußerst vorsichtig in den Kreuzungsbereich hinein. Plötzlich sei es zur Kollision mit dem Pkw gekommen, da der Pkw-Fahrer das Wegerecht des Einsatzfahrzeuges missachtete. Auch durch eine sofort eingeleitete Vollbremsung war die Kollision nicht mehr zu vermeiden.

349 Zum Unfallzeitpunkt war im betreffenden Einsatzfahrzeug ein UDS montiert. Die durch die automatisch ausgelöste Speicherung aufgezeichneten Daten wurden aus dem Gerät ausgelesen. Die Abb. 3 zeigt eine Übersicht der im UDS gespeicherten Daten.

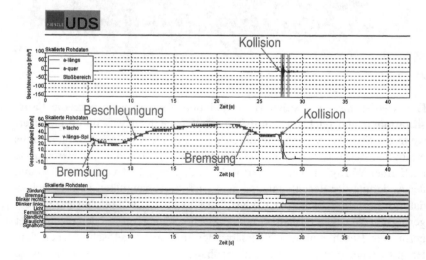

Abb. 3

§ 5 Moderne Techniken in der Unfallrekonstruktion

Auswertung: Im oberen Bereich sind die aufgenommenen **Beschleunigungen** in Längs- und Querrichtung im Zeitverlauf dargestellt. Im Zeitbereich 25 – 30 s erkennt man deutliche Ausschläge in der Aufzeichnung, die auf das Kollisionsereignis und die hierbei einwirkenden erheblichen Kräfte zurückzuführen sind. Der Bereich der Kollision ist zusätzlich in der Abb. 3 oben grau hinterlegt dargestellt. Im mittleren Teil der Abbildung erkennt man den Verlauf der **Fahrgeschwindigkeit** des Einsatzfahrzeuges. Aus einer Geschwindigkeit von etwa 55 km/h erfolgte zunächst eine Bremsung bis auf knapp unter 25 km/h, bevor das Fahrzeug wieder bis auf 55 km/h beschleunigt wurde. Nach einer kurzen Fahrt mit annähernd konstanter Geschwindigkeit wurde wiederum eine **Bremsung**, diesmal bis auf ca. 37 km/h, eingeleitet. Im weiteren Verlauf kam es zu einem plötzlichen Abfall des Tacho-Signals, was auf ein Blockieren der Antriebsräder zurückzuführen ist. Kurz darauf erfolgte die Kollision der Fahrzeuge, die Kollisionsgeschwindigkeit des Feuerwehr-Einsatzfahrzeuges war den UDS-Daten mit ca. 40 km/h zu entnehmen.

Im unteren Teil der Abb. 3 sind verschiedene **Schaltzustände** bzw. **Statusdaten dokumentiert**. Man erkennt, dass bspw. das Licht am Einsatzfahrzeug eingeschaltet war; und dass das Fernlicht hingegen nicht betätigt wurde. Blaulicht und Signalhorn waren, in Übereinstimmung mit den Angaben des Fahrers, zum Unfallzeitpunkt und auch deutlich davor in Funktion. Entsprechend den Statusaufzeichnungen betätigte der Fahrer des Einsatzfahrzeuges in den Zeitbereichen 1 bis 7 s und 22 bis etwa 26 s die Bremse. Unmittelbar vor der Kollision wurde ebenfalls eine Bremsung eingeleitet, diese führte zum Blockieren der Antriebsräder.

350

Die **Abb. 4** zeigt schließlich eine **Ausschnittsvergrößerung** des Geschwindigkeitsverlaufes und der aufgezeichneten Beschleunigungen. Einzelne Werte sind hier erheblich exakter aus den Diagrammen abzulesen. Bspw. wurde die Bremsung im Zeitbereich zwischen ca. 22 und 25 s mit ca. 2 m/s² durchgeführt und entspricht somit in ihrer Intensität einer leichten Angleichsbremsung. Im Zeitintervall 26 bis 27 s stiegen sowohl die Längs- als auch die Querbeschleunigung leicht an. Dies bedeutet, dass das Fahrzeug leicht beschleunigt wurde und gleichzeitig einen Linksbogen durchfuhr.

351

Ferner ist zu erkennen, dass neben dem Hauptkollisionsereignis eine weitere Kollision (Sekundäranstoß) mit erheblich geringerer Intensität aufgezeichnet wurde. Dies ist an dem zweiten grau hinterlegten Stoßbereich der Abb. 4 zu erkennen.

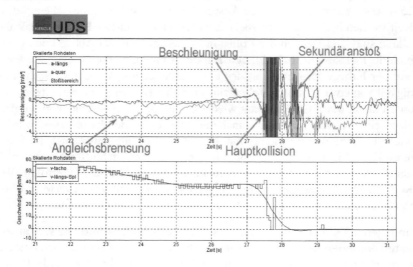

Abb. 4

352 Wie bereits unter Rn. 340 ff. erläutert wurde, lässt sich mittels der UDS-Daten das **Verhalten** eines **Fahrzeugführers**, insbesondere in der Pre-Crash-Phase, sehr genau **rekonstruieren**. Es ist abzulesen, in welchem zeitlichen Abstand zur Kollision eine Bremsung oder eine Lenkbewegung durchgeführt wurden. Auch die zu verschiedenen Zeitpunkten eingehaltene Fahrgeschwindigkeit ist jeweils sehr genau zu ermitteln. Bezogen auf das dargestellte Beispiel ist zwar die Angabe des Einsatzfahrzeug-Fahrers zu bestätigen, dass dieser das Blaulicht und das Signalhorn eingeschaltet hatte, allerdings entspricht die sich ergebende Geschwindigkeit von um 40 km/h beim Einfahren in den Kreuzungsbereich sicherlich nicht einem „langsamen und vorsichtigen Hineintasten".

III. Zusammenfassung und Ausblick

353 Durch UDS-Aufzeichnungen werden die Rekonstruktionsmöglichkeiten und vor allem auch die **Aussagesicherheit** der **Rekonstruktion erheblich verbessert**, insbesondere bei Kollisionen, bei denen keine anderen objektiven Anknüpfungstatsachen zur Verfügung stehen. Bei Serienauffahrkollisionen lässt sich die Kollisionsreihenfolge, und damit die Frage, ob ein Fahrzeug auf-

geschoben wurde oder aufgefahren ist, aufklären. Durch den Einsatz in Fahrzeugen von Autovermietern können ggf. manipulierte Schadensereignisse aufgedeckt und nicht gerechtfertigt eingeforderte Leistungen vermieden werden. Der Einbau in Einsatzfahrzeuge der Polizei und der Feuerwehr kann zu einer weniger risikoreichen Fahrweise führen, wenn den Fahrern der Einbau dieser Geräte und die damit verbundene Kontrollmöglichkeit der Fahrweise nahe gebracht wird. Aber auch für Privatpersonen ist der Einbau eines UDS in das Fahrzeug sinnvoll, wenn bei einem unverschuldet erlittenen Verkehrsunfall andere Mittel zum Beweis der Unschuld nicht zur Verfügung stehen.

Die für das Gerät und den Einbau in einer Fachwerkstatt anfallenden Kosten liegen in einem Bereich von ca. 500 EUR. Nach den Erfahrungen verschiedener Polizeidienststellen und Autovermietern haben sich diese Kosten, insbesondere bei hoher Kilometerleistung und damit verbundenem erhöhten Unfallrisiko, schnell amortisiert. Der Unfalldatenspeicher ist letztlich eine **äußerst sinnvolle Ergänzung** der im Bereich der **Unfallrekonstruktion** zur Verfügung stehenden Mittel. Die Erfahrung und das Wissen eines unfallanalytisch tätigen Sachverständigen können aber auch die UDS-Aufzeichnungen nicht ersetzen. Den Abschluss einer Unfallrekonstruktion sollte im Regelfall auch weiterhin eine abschließende Vermeidbarkeitsbetrachtung darstellen.

§ 6 Versicherungsbetrug

A. Der Faktor Zeit in der Betrugsaufklärung

354 Nicht nur in wirtschaftlich schlechten Zeiten ist der Versicherungsbetrug ein Thema. Über Jahrzehnte wurde von Seiten der Unfallanalytiker durch die kontinuierliche Entwicklung neuer Verfahren zur Ermittlung von Betrügern reagiert. Parallel haben aber die Betrüger dazugelernt und ihr „Handwerkszeug" stets verbessert. Wünschenswert wäre es, wenn die Analytik den Verursachern stets mindestens einen Schritt voraus wäre. Die vorliegenden Ausführungen sollen das Augenmerk auf eine bisher wenig beachtete Komponente der Analyse richten, nämlich den Zeitfaktor.

I. Klassische Vorgehensweise

355 Aus der Geschichte heraus beginnt die Analyse mit der Zuordnung von Schäden, dem sog. „Beulensortieren". D.h., wenn das stoßende Fahrzeug eine markante Formgebung im Frontbereich hat, dann muss sich dies am Heck des angestoßenen Fahrzeuges wiederfinden. Im ersten Ansatz unproblematisch, beginnt aber im Detail schon an dieser Stelle das **Problem**. Steckt man eine vierzinkige Gabel vorsichtig von der Seite in ein hochkant stehendes Stück Butter und zieht die Gabel heraus, dann findet man vier Löcher. Wird unter diesem Grundgedanken die sog. Kompatibilitätsanalyse durchgeführt, dann ist eine Fehleinschätzung zwingend die Folge.

356 Eine **Kollision** ereignet sich nicht in einem unendlich kurzen Zeitraum, sondern zieht sich über eine bekannte **Zeitdauer** hin. In guter Näherung kann diese Zeitdauer mit 0,1 s angegeben werden, wenn von den Fahrzeugen zwei nennenswert große Flächen aufeinander treffen. Da zudem die Stoßebenen der Fahrzeuge mit den Schwerpunktsebenen nicht in einem Niveau liegen, bewegen sich die Fahrzeuge während der Kollisionsdauer von 0,1 s dreidimensional. Fährt z.B. ein Fahrzeug mit 40 km/h auf ein stehendes Fahrzeug auf, dann liegt zwischen der Position der Fahrzeuge beim ersten Kontakt bis zur Position bei der Trennung eine Strecke von etwa 1 m.

357 Um zu verdeutlichen, was in der **Kollisionsphase** geschieht, kann wieder das Beispiel mit dem Gabelstich herangezogen werden. Bei einem dynamischen Vorgang wird die Gabel in die Butter hinein gestochen. Während des Eindringvorganges ist zu erwarten, dass das Butterstück umkippt. Durch den dynami-

schen Stoß entstehen als Folge der relativen Bewegung zwischen Gabel und Butterstück nach dem Stoß nicht vier Löcher, sondern rechteckige Spuren.

Der dynamische Faktor führt somit in Fällen, die unter dem Gesichtspunkt des statischen Denkens problemlos zuzuordnen sind, bei der **dynamischen Betrachtung** zu einem umgekehrten Ergebnis. Der Techniker, der sich mit der Betrugsproblematik beschäftigt, muss also auch schon bei diesem ersten Schritt der Analyse die physikalischen Bewegungsvorgänge beherrschen.

Prallen z.B. bei einer **Auffahrkollision** die **Stoßfänger** nur mit geringer Überdeckung aufeinander und zeigt sich nachher im Spurenbild des angestoßenen Fahrzeugs auch noch eine **komplette Deformation der Heckpartie oberhalb des Stoßfängers**, dann darf daraus nicht eine Doppelkollision abgeleitet werden. Durch den Zeitfaktor während der Kollisionsphase werden die Karosserien so weggedrückt, dass die optisch getrennt erscheinenden Beschädigungen in einem Zug erzeugt werden. 358

II. Weg-Zeit-Ablauf eines Unfalls

In der Betrugsproblematik spielt aber nicht nur das Thema der Kompatibilität eine wichtige Rolle, sondern es muss anschließend das Ergebnis bei der **Plausibilitätsanalyse** in die Örtlichkeit eingebunden, und der Weg-Zeit-Ablauf erfasst werden. 359

Bis auf wenige Ausnahmen entwickeln sich Unfälle in einem Zeitrahmen um 2 s. D.h., vom Erkennen der sich aufbauenden Gefahrensituation bis zur Kollision vergehen etwa 2 s. Dies ist ein **typischer Zeitrahmen bei innerörtlichen Unfällen**. Liegt vor einer Kreuzung, in der sich ein Unfall ereignete, z.B. eine

Teil 1: Unfallanalyse – Methoden und Instrumente

12 m lange Blockierspur, dann beträgt die Bremsdauer zur Erzeugung dieser Spur etwa 1 s, davor liegt die Reaktionsdauer von ebenfalls 1 s.

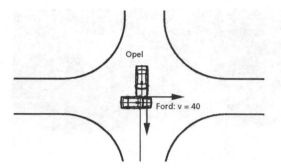

Beispiel:
Auf einer Kreuzung soll der bevorrechtigte Ford bei einer Geschwindigkeit von etwa 40 km/h von einem von links kommenden Opel seitlich getroffen worden sein.

360 Aus den **Schadensausprägungen** ist jedoch ein Stillstand des Ford zum Zeitpunkt der Kollision abzuleiten. Die Front des Opel zeichnete sich stempelförmig an der Flanke des Ford ab. Die Kontaktbreite an der Flanke ist mit der Frontbreite identisch. Der Anstoß erfolgte ungebremst.

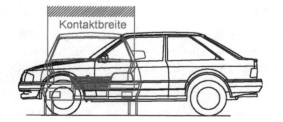

Kontaktbreite: S_{Koll}
Fahrzeugbreite: S_{Fahr}
Kollisionsdauer: t_K
Geschwindigkeit: V_K

$S_{Koll} = S_{Fahr} + t_K \cdot V_K$
für $V_K = 0$
$S_{Koll} = 1{,}7$ m

361 Die weiteren Fotos zeigen die **Schadensausprägungen**, die bei einem Versuch mit einer Geschwindigkeit des Ford von 36 km/h entstanden:

§ 6 Versicherungsbetrug

Innerhalb der Kollisionsdauer von 0,11 s bewegt sich das querende Fahrzeug notwendigerweise weiter. Hierdurch müssen an der Flanke horizontal ausgerichtete Streifspuren zurückbleiben. Die Kontaktbreite steht dabei in direkter Proportion zur Geschwindigkeit des Ford.

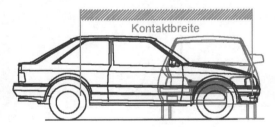

Kontaktbreite: S_{Koll}
Fahrzeugbreite: S_{Fahr}
Kollisionsdauer: t_K
Geschwindigkeit: V_K

$S_{Koll} = S_{Fahr} + t_K \cdot V_K$
für V_K = 36 km/h (10 m/s):
S_{Koll} = 1,7 m + 0,11 s · 10 m/s
= 2,8 m

Bei einem Anstoß gegen ein stehendes Fahrzeug wird der Ford in Anstoßrichtung verschoben und ggf. leicht um die Hochachse verdreht:

Bei der realen Unfallsituation liegt ein stark exzentrischer Stoß zweier in Bewegung befindlicher Fahrzeuge vor, der seitens des Ford zu einer Reduzie-

Teil 1: Unfallanalyse – Methoden und Instrumente

rung der Geschwindigkeit und beim Opel zu einer starken Verdrehung um die Hochachse führt.

363 Wird in der Folge vorgetragen, der Fahrer des bevorrechtigten Fahrzeuges habe als Reaktion auf die drohende Kollision gebremst, so kann dieser Vortrag bei der **Plausibilitätsanalyse** durch eine Weg-Zeit-Verknüpfung der Fahrzeugbewegungen überprüft werden.

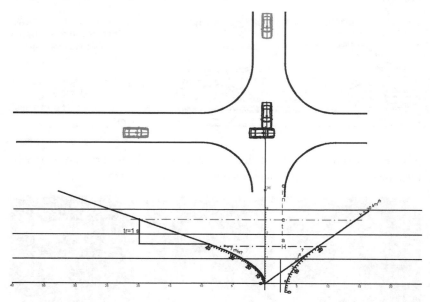

364 Die Zusammenhänge zeigen, dass ein **Stillstand des bevorrechtigten Ford als Reaktion auf eine drohende Vorfahrtsverletzung des Opel** technisch ausgeschlossen werden kann. Um das Fahrzeug zum Zeitpunkt der Kollision

§ 6 Versicherungsbetrug

zum Stillstand zu bringen, hätte die Reaktion zeitlich fast 3 s, räumlich etwa 20 m vor der Kollisionsposition erfolgen müssen. Zu einem derartig frühen Zeitpunkt befand sich das querende Fahrzeug noch weit vor der Kreuzung, eine drohende Vorfahrtsverletzung wäre selbst bei einem möglichen Sichtkontakt nicht ansatzweise zu erkennen.

Im Rahmen der **Kompatibilitätsanalyse** ist damit der Zeitfaktor in der Kollisionsphase von ausschlaggebender Bedeutung. In der Plausibilitätsanalyse schlägt sich der Zeitfaktor in dem möglichen Reaktionsverhalten nieder. 365

III. Streifkollisionen

Während bei einer eindimensionalen Kollision, wie z.B. dem klassischen Auffahrunfall, die Dauer einer Kollision i.d.R. ca. 0,1 s beträgt, kann bei streifenden Kollisionen eine wesentlich längere Kollisionsdauer vorliegen. Die streifende Kollision spielt derzeit in der Versicherungsbetrugsthematik eine erhebliche Rolle. Durch Ausweichbewegungen gegen geparkte Fahrzeuge oder ein Anfahren von Leitplanken kann man mit wenig Aufwand und ohne Risiko einen kalkulatorisch hohen und später leicht zu reparierenden Schaden erzeugen. 366

Die Streifkollision muss in drei Phasen untergliedert werden, **Anstreifphase**, **Hauptkraftaustausch** und **Abgleitphase**. Der Hauptkraftaustausch zieht sich aber schon über eine Zeitdauer bis zu 0,2 s hin. Von der ersten Berührung bis zum Trennen der Kontaktpartner vergeht damit eine Zeitspanne, die sich auch optisch an den Beschädigungsbildern erkennen lässt.

Beispiel:

Ein streifend an der linken Flanke angestoßener BMW zeigt nach der Kollision eine dunkle Spur, die sich vom hinteren Radausschnitt in einem aufwärts verlaufenden

Teil 1: Unfallanalyse – Methoden und Instrumente

Bogen bis in den Bereich des Außenspiegels zieht und dann wieder bis zum vorderen Radausschnitt absinkt. Durch einen Kraftaustausch zwischen dem Vorderrad des stoßenden Pkw und dem hinteren Rad des BMW wurde eine aufwärts gerichtete Bewegungskomponente des stoßenden Pkw eingeleitet, die zu einer entsprechenden Spurzeichnung durch das fehlgestellte Vorderrad führte.

367 Eine kollisionsbedingte vertikale Komponente kann auch bei entsprechenden Versuchen beobachtet werden:

368 Bei leicht differierenden Rahmenbedingungen kann durch einen ähnlichen Kraftaustausch auch eine zeitweise Trennung der Kontaktzonen, d.h. ein Aussetzen der Spurzeichnung an der Flanke des seitlich angestoßenen Pkw eintreten:

IV. Arbeitshilfe

369 **Checkliste für die Unfallanalyse:**

> Für eine vollständige Analyse sind erforderlich:
> - ☐ Fotos, möglichst von **beiden** Fahrzeugen
> - ☐ Fotos oder bemaßte Skizzen der Endstellungen der Fahrzeuge
> - ☐ Fotos oder bemaßte Skizzen der Unfallspuren
> - ☐ **detaillierte** Schilderung des Unfallhergangs

B. Versicherungsbetrug nach Rennstreckenunfällen mit Motorrädern

Trainingsveranstaltungen für Motorräder auf Rennstrecken haben in den letzten Jahren starken Zulauf bekommen. Vom Profi mit eigens aufgebautem Rennmotorrad bis zum Straßenfahrer mit seiner Tourenmaschine nehmen die unterschiedlichsten Personen bei Trainingsveranstaltungen teil. Stürze sind dabei an der Tagesordnung. Nach eigenen Beobachtungen ist die häufigste Sturzursache ein „Verbremsen" vor Kurven, da viele Fahrer entweder den optimalen Bremspunkt verpassen oder ihre Geschwindigkeit falsch einschätzen. Oftmals verlaufen diese Stürze ohne nennenswerte Verletzungen, da die Sicherheitszonen rund um die Rennstrecken einen freien Auslauf der Fahrer ohne Anprallmöglichkeiten (Leitplanken, Schilder, Bäume) ermöglichen. Das böse Erwachen folgt, wenn der Schaden am Motorrad realisiert wird. Mehrere Tausend Euro Schaden sind bei vollverkleideten Sportmaschinen schnell erreicht. Nicht selten stellt sich dann die Frage, ob dieser selbstverschuldete Schaden nicht auf eine Versicherung abgewälzt werden kann. Neben der Problematik, dass für den vorliegenden Schaden ein neuer Hergang konstruiert werden muss, soll nachfolgend auf Details eingegangen werden, die bei Fahrten und Unfällen auf Rennstrecken typisch sind.

370

I. Probleme bei der Konstruktion eines neuen Unfallhergangs

Zunächst ist es erforderlich, einen geeigneten „Unfallverursacher" zu finden. Von Vorteil sind hier Verkehrsteilnehmer, denen kein Rückstufungsschaden entsteht, wie z.B. Fußgänger, Radfahrer, Mofas mit Versicherungskennzeichen oder Fahrer von Mietfahrzeugen. Denkbar sind auch Firmenfahrzeuge oder die Darstellung als Wildschaden. Eine neue Kollision mit bereits beschädigten Pkw wäre denkbar, um den Zusammenstoß in der Örtlichkeit echt wirken zu lassen. Bei einem Motorrad wird dies infolge des Verletzungsrisikos nicht infrage kommen. D.h., in diesen Fällen wird es kaum zu einer direkten Kollision mit dem Unfallverursacher kommen, die sich durch kompatible Schadensmerkmale zuordnen ließe. Nahe liegend sind dann Hergangsschilderungen, bei denen der Unfallverursacher durch sein Fehlverhalten den Motorradfahrer zum Ausweichen oder Bremsen zwang und es infolgedessen zum Sturz kam. In einem Fallbeispiel wurde von den Beteiligten ein Hergang geschildert, bei dem eine junge Frau mit ihrem Mokick auf einem Parkplatz wenden wollte, um in Fahrtrichtung des Motorrads weiter zu fahren (s. Abb. 1). Der heran-

371

nahende Motorradfahrer wich nach links aus, bremste und kam nach einer leichten Streifberührung zum Sturz.

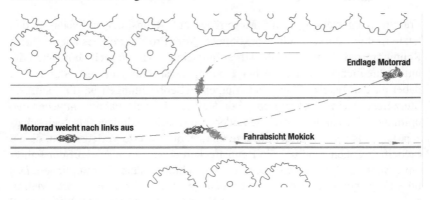

Abb. 1 Unfallhergang nach Angaben der Beteiligten

372 Neben dem Verkleidungsschaden wurde auch ein massiver Rahmenschaden am Motorrad kalkuliert, da das Motorrad in der Auslaufphase eine Sekundärkollision erlitten haben soll. Erste Verdachtsmomente der Versicherung entstanden dadurch, dass der Motorradfahrer ein Motorradgeschäft und ein Rennteam führte, das mit dem verunfallten Motorradtyp Rennen fuhr. Zudem war es nicht der erste Unfall, in den der Motorradfahrer verwickelt war. Im Rahmen der Gutachtenerstellung folgten dann Ungereimtheiten bei der Plausibilitätsprüfung, da der Motorradfahrer nach links ausgewichen sein sollte, dorthin, woher das einfahrende Mokick hergekommen sein sollte. Der Nachweis für einen Versicherungsbetrug erfolgte aber letztlich durch ein vorangegangenes Schadengutachten, bei dem ein baugleiches Motorrad verunfallte. Beim Vergleich der Schadensbilder stellte sich heraus, dass hier exakt die gleichen charakteristischen Sturzspuren vorlagen wie am Unfallmotorrad. Die defekten Verkleidungsteile wurden also nachträglich an das „Renn"-Motorrad gebaut, um die Ursache des Rahmenschadens mit dem Unfall auf der Straße in Verbindung zu bringen. Ob dieses Motorrad tatsächlich im Rahmen einer Rennstreckenveranstaltung verunfallte, konnte nicht ermittelt werden. Nahe liegend ist jedoch, dass die Rennverkleidung gegen die vorbeschädigten Originalteile getauscht wurde, um so den Hauptschaden am Rahmen abzurechnen.

§ 6 Versicherungsbetrug

II. Hinweise auf einen Rennstreckeneinsatz

Um mit einem Motorrad auf der Rennstrecke fahren zu können, müssen bei einer normalen Straßenmaschine alle Glasbauteile wie Spiegel und Scheinwerfer demontiert oder abgeklebt werden, die dann bei einem Sturz möglicherweise nicht beschädigt werden. Sofern auch hier Schäden vorliegen, ist zu prüfen, ob diese nicht erst nachträglich hinzugefügt wurden. Wenn Aufkleber des Veranstalters (s. Abb. 2) am Motorrad nicht entfernt werden, die den Motorradfahrer legitimieren, auf die Rennstrecke zu fahren, ist dies natürlich ein offensichtlicher Hinweis für einen Rennstrecken-Einsatz. Fahrer, die häufiger an Rennstreckenveranstaltungen teilnehmen, montieren häufig Teile, die im Fall eines Sturzes kostengünstiger zu ersetzen sind, wie z.B. Zubehörverkleidungen. Des Weiteren kommen Sturzpads zum Einsatz, die den Schaden am Motorrad gering halten sollen. Sturzpads im Bereich der Seite sind zwar auch im Straßenverkehr keine Seltenheit, im Rennsport werden aber zusätzlich die Gabel und die Schwinge durch Sturzpads an den Radachsen geschützt. Diese speziellen Sturzpads sind im Straßenverkehr kaum anzutreffen. Des Weiteren kommen Teile zum Einsatz, die Umbaumaßnahmen an den Motorrädern erleichtern, wie z.B. Schnellverschlüsse an der Verkleidung. Rennsportzubehör wie verstellbare Fußrasten, besondere Bremsbeläge oder Schaltautomaten, die den Gangwechsel unter Vollast ohne Auskuppeln ermöglichen, sind weitere Beispiele.

373

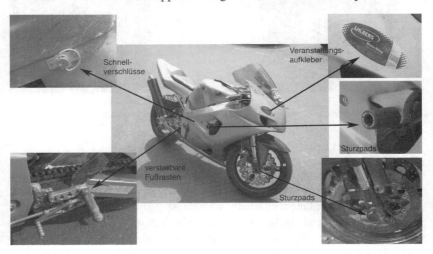

Abb. 2 Zubehörteile am Motorrad

374 Besonders charakteristisch ist auch das Verschleißbild der Reifen nach einem Rennstreckeneinsatz. Aufgrund der starken Belastung bei voller Schräglage erwärmen sich die Reifen wesentlich stärker als bei normaler Straßenfahrt. Die Reifen erhalten dadurch eine sehr raue und gerippte Oberfläche mit teilweise abgelösten Bestandteilen an den Reifenflanken, wie der Vergleich auf Abb. 3 zeigt. Durch den hohen Anteil der Kurvenfahrten auf Rennstrecken nimmt auch die Profiltiefe an den Reifenflanken deutlich schneller ab als im Bereich der Mitte. Bei Reifen, die auf der Straße gefahren werden, ist der Hinterreifen im Bereich der Mitte am stärksten vom Verschleiß betroffen. Ein weiterer Punkt ist der Luftdruck der kalten Reifen. Dieser wird für die Rennstrecke von etwa 2,5 auf 2,0 bar abgesenkt. Dies bewirkt eine stärkere Erwärmung, ermöglicht aber auch eine höhere Haftung durch die vergrößerte Aufstandsfläche (Latsch).

 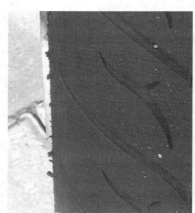

Abb. 3 Reifenvergleich: normale Straßenfahrt und Rennstreckeneinsatz

III. Besonderheiten bei Stürzen auf Rennstrecken

375 Durch die großräumig angelegten Auslaufzonen neben den Rennstrecken rutscht ein gestürztes Motorrad oftmals auf der Seite liegend ins Kiesbett. Teilweise stürzen Fahrer aber auch erst im Kiesbett, nachdem sie von der Strecke abgekommen sind, da das Motorrad im Kiesbett stark einsackt und schwer zu manövrieren ist. Beim Sturz gräbt sich das Motorrad tief in den Kies ein, wobei sich Kies hinter der Verkleidung sammelt (s. Abb. 4).

§ 6 Versicherungsbetrug

Abb. 4 Kiesrückstände am Motorrad

Da die allermeisten Sportmotorräder mit einem Stauluft-Ansaugsystem (Ram Air) ausgestattet sind, bei denen sich die Lufteinlasskanäle in der Frontverkleidung befinden und den Winddruck zur Aufladung des Motors ausnutzen, werden auch hier Kieselsteine aufgenommen (s. Abb. 5). Im Gegensatz zu Kieselsteinen, die hinter der Verkleidung eingeklemmt sind, lassen sich diese Kiesreste nur durch Demontage der Airbox (Luftfiltereinheit) entfernen. Werden Kiesrückstände vorgefunden, so kann geprüft werden, ob sich dies mit der geschilderten Unfallstelle vereinbaren lässt. Auch die Gesteinsart lässt sich unterscheiden. Zum Auffüllen von Kiesbetten werden runde Kieselsteine verwendet. Zur Befestigung von Banketten und Wegen ist gebrochenes Schottermaterial üblich.

376

Teil 1: Unfallanalyse – Methoden und Instrumente

Abb. 5 Gegenüberstellung: Schottergestein und Kies

377 Ein anderer Aspekt sind die charakteristischen Kratzspuren, die ein Sturz im Kiesbett verursacht. Anders als beim Sturz auf der Straße werden nicht nur die hervorstehenden Auflagepunkte des Motorrades verkratzt. Durch das Einsinken im Kiesbett werden auch Zonen am Motorrad beschädigt, die beim Sturz auf einem festen Untergrund nicht kontaktiert werden. Auf Abb. 6 ist die Heckverkleidung eines im Kiesbett beschädigten Motorrades abgebildet. Durch das Einsinken wurde die gesamte hervorgehobene Kontur beschädigt.

Abb. 6 Schadenbereich

Die Ausprägung der Kratzspuren ist zudem nicht gerichtet, teilweise punktuell und verwischt, s. Abb. 7. Diese charakteristischen Kratzspuren lassen sich gut von Beschädigungen unterscheiden, die während einer Rutschphase auf der Straße entstanden sind.

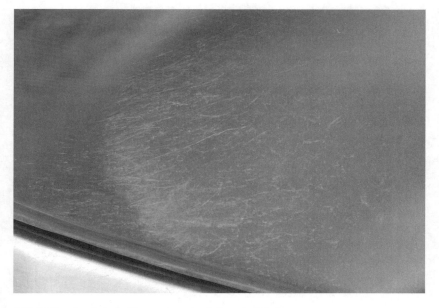

Abb. 7 *Charakteristische Kratzspuren durch Sturz im Kiesbett*

IV. Fazit

Motorradunfälle auf Rennstrecken sind bei Trainingsveranstaltungen an der Tagesordnung. Aufgrund der Sicherheitsräume neben der Strecke verlaufen sie für den Fahrer oft ohne Verletzungen ab. Der Schaden am vollverkleideten Motorrad beträgt jedoch schnell mehrere Tausend Euro. Nicht selten wird deshalb versucht, diesen selbstverschuldeten Schaden über einen Versicherungsbetrug abzurechnen. Um einen derartigen Fall zu lösen, kann neben der Plausibilitätsprüfung des angeblichen Unfallherganges auch eine Anzahl von Hinweisen ausgewertet werden, die auf einen Einsatz des Motorrades auf der Rennstrecke deuten. Neben der Ausstattung des Motorrades und dem Zustand der Reifen entstehen bei einem Sturz im Kiesbett charakteristische Spuren, die sich von einem Rutschvorgang auf der Straße gut unterscheiden lassen.

Sofern Gesteinsrückstände hinter der Verkleidung oder im Ansaugsystem vorgefunden werden, lässt sich überprüfen, ob diese an der geschilderten Unfallstelle überhaupt vorkommen.

Teil 1: Unfallanalyse – Meth...

§ 7

"Un

Die
sich
vor
nis
Le

A

A
A
p
/
f

382 Die Frage nach der **objektiv...**
digten gerät im Vorfeld, bei ...
Entziehung der Fahrerlaubnis...
grund. Steht ein Richter vor
lision mit einer „Unfallflucht"
muss er zwangsläufig auch a...
wahrnehmbar war. Die Entsc...
erlaubnis wird dann vorrangig...
gestützt, ohne einen technisch...
Wahrnehmung eines Zeugen u...
lichkeit des beschuldigten Fah...
kommen.

383 Eine **Entziehung der Fahrerl...**
„bedeutender Schaden" entsta...
tenden Schaden ist fließend un...
Für die Beurteilung der Wahrne...
me nur eingeschränkt aussage...
-typ können bereits bei einer ...
im Rahmen eines „bedeutender...
parkten Pkw der von einem aus...
streifend beschädigt wurde. Obv...
der streifenden Berührung ein „b...

Abb. 2: bedeutender Schaden

den und Instrumente

rbaren Wahrnehmbarkeit durch den Beschul-
ler Entscheidung hinsichtlich einer vorläufigen
nach § 111 StPO, des Öfteren in den Hinter-
der Entscheidung, ob er nach einer Leichtkol-
 den Führerschein vorläufig entziehen soll, so
wägen, ob der Anstoß für den Beschuldigten
eidung zur vorläufigen Entziehung der Fahr-
auf die Schadenhöhe und die Zeugenangaben
en Sachverständigen hinzuzuziehen. Wird die
eingeschränkt auf die Wahrnehmbarkeitsmög-
ers übertragen, kann es zu Fehleinschätzungen

ubnis ist nach § 69 StGB möglich, wenn ein
den ist. Die Schadengrenze für einen bedeu-
 liegt zzt. bei etwa 1.000 EUR – 1.300 EUR.
mbarkeit einer Kollision ist die Schadensum-
räftig. **Abhängig vom Fahrzeugalter und**
eichten Fahrzeugberührung Reparaturkosten
Schadens" entstehen. Bild 2 zeigt einen ge-
parkenden Transporter an der vorderen Ecke
ohl das Kraftniveau niedrig war, entstand bei
edeutender Schaden" i.H.v. ca. 1.400 EUR.

Schneider

Andererseits kann an einem **Pkw mit einem Wiederbeschaffungswert unterhalb von 1.000** EUR kein bedeutender Schaden entstehen, ganz gleich wie stark der Pkw beschädigt wird. Diese Problematik kann dazu führen, dass bei einem intensiven Anstoß, der sicher wahrnehmbar war, keine vorläufige Entziehung der Fahrerlaubnis erfolgt, während bei einem leichten **Anstoß gegen einen hochwertigen Pkw** mit einem „bedeutenden Schaden" dieser als (Mit-)Begründung für eine vorläufige Entziehung der Fahrerlaubnis aufgeführt wird.

B. Möglichkeiten der Wahrnehmung

Für den Fahrer eines Fahrzeuges bestehen prinzipiell drei Möglichkeiten, eine Kollision wahrzunehmen.

I. Visuelle Wahrnehmbarkeit

Eine visuelle Wahrnehmbarkeit liegt vor, wenn der Fahrer das Kollisionsereignis oder die Auswirkungen der Kollision gesehen hat. An dem gestoßenen Fahrzeug muss es zu einer **erkennbaren Bewegung**, wie z.B. einem **Wanken des Aufbaus**, gekommen sein. Gerade bei Anstößen mit geringer Intensität ist dieses Kriterium oftmals nicht erfüllt. Ein direkter Blick auf die Kontaktzone, die meistens an der Stoßfängerecke liegt, ist dem Fahrer oftmals nicht möglich, da die Fahrzeugkonturen die Kontaktzone verdecken.

Abb. 3 veranschaulicht die Sicht eines Pkw-Fahrers auf eine Kontaktzone an der hinteren Stoßfängerecke. Durch die Hutablage und die C-Säule ist die Sicht auf die Kontaktzone vollständig verdeckt. Selbst eine großflächige Verformung der Tür ist **vom Fahrersitz aus nicht sichtbar**.

Abb. 3: Sichtverhältnisse

Teil 1: Unfallanalyse – Methoden und Instrumente

388 Noch deutlicher kann die Sichteinschränkung für einen LKW-Fahrer sein. Durch den Fahrzeugaufbau können auch ausgedehnte Hindernisse vor und während der Kollision im Sichtschatten des Fahrers gelegen haben. Abb. 4 zeigt einen Beispielfall, bei dem ein rückwärts rangierender Lastzug gegen ein Firmenschild fuhr. Das Hindernis war für den Fahrer vor und während der Kollision weder in den Außenspiegeln noch direkt sichtbar.

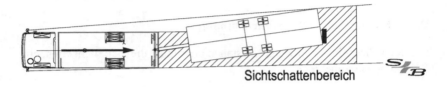

Abb.4 Sichtverhältnisse aus einem Lkw

389 Die wichtigste Bedingung für die **visuelle Wahrnehmbarkeit** ist jedoch, dass der Fahrer im Kollisionszeitpunkt in Richtung des beschädigten Fahrzeugs schaute oder es im Rückspiegel beobachtete. Insbesondere vor dem Hintergrund eines Strafverfahrens ist dieses wichtigste Kriterium nur in den seltensten Fällen beweissicher darstellbar.

II. Akustische Wahrnehmbarkeit

390 Eine akustische Wahrnehmbarkeit liegt vor, wenn der Fahrer die Kollision innerhalb seines Fahrzeuges hören konnte. Da der Gehörsinn nicht auf eine bestimmte Richtung beschränkt ist und die Geräuschwahrnehmung nicht eine bewusste Aufmerksamkeit erfordert, kann die akustische Wahrnehmbarkeit eher als die visuelle nachgewiesen werden, sofern bestimmte Vorraussetzungen erfüllt werden.

391 Im **Fahrbetrieb** entstehen innerhalb eines Fahrzeuges verschiedene Geräusche. Sie werden im Wesentlichen von dem Motor, einem Radio und ggf. einem Lüftergebläse (Klimaanlage) erzeugt.

Um ein **Kollisionsgeräusch** akustisch wahrnehmen zu können, muss der kollisionsbedingte Schalldruckpegel innerhalb des Fahrzeuges mindestens 3 Dezibel (A) über dem Hintergrundgeräusch (Motor, Radio) liegen. Andernfalls hebt sich das Kollisionsgeräusch für den Fahrer nicht eindeutig von den Hintergrundgeräuschen ab.

Außerhalb des Fahrzeugs befindliche Zeugen sagen oftmals glaubhaft aus, die Kollision deutlich gehört zu haben. Eine Übertragung dieser Wahrnehmung auf den betroffenen Fahrer ist fast nie möglich. Anders als die Zeugen ist der **Fahrer durch die Fahrgastzelle akustisch von der Außenwelt abgeschirmt**. Die Kollisionsgeräusche können aus diesem Grund durch die Fremdgeräuschquellen für den Fahrer akustisch überdeckt werden.

Die akustische Wahrnehmung einer Kollision in einem LKW-Fahrerhaus kann gegenüber der in einem Pkw deutlich erschwert sein. Um einen Eindruck von der **mitunter starken Schalldämpfung** bei einem Unfall mit Lkw-Beteiligung zu vermitteln, sei nochmals auf den Beispielfall in Abb. 4 hingewiesen. Der Lkw-Fahrer rangierte rückwärts und fuhr hierbei gegen ein Firmenschild. Das Schild war mit Stahlblechen verkleidet und kippte um. Durch Versuche konnte festgestellt werden, dass das Schild beim Aufschlagen auf die Fahrbahn in unmittelbarer Nähe ein schepperndes Geräusch mit einem Schalldruckpegel von 115 db (A) erzeugte. Ein Kollisionsgeräusch in dieser Größenordnung kann als „sehr laut" bezeichnet werden. Dieses deckte sich auch mit den Angaben der Zeugen, die in ihrer Wohnung einen „lauten Knall" hörten. In dem Strafverfahren wurde dem Lkw-Fahrer vorgeworfen, er habe das Umkippen des Schildes hören müssen, da auch die Zeugen in ihrer Wohnung den „lauten Knall" gehört hatten. Im Rahmen der Gutachtenausarbeitung wurde durch **akustische Messungen** festgestellt, dass durch das umkippende Schild aufgrund der Abschirmung durch das Fahrerhaus und den Lkw-Aufbau innerhalb des Fahrerhauses ein Schalldruckpegel von lediglich 55 db (A) erzeugt wurde. Dieses **in das Fahrerhaus vordringendes Kollisionsgeräusch** wurde bereits durch das Motorengeräusch in dem Fahrerhaus vollständig akustisch überdeckt und konnte von dem Fahrer nicht gehört werden.

Das Beispiel veranschaulicht, dass die Wahrnehmung eines Zeugen nicht auf die Wahrnehmbarkeitsmöglichkeiten des Fahrers übertragen werden darf.

III. Taktile und kinästhetische Wahrnehmbarkeit

Eine taktile oder kinästhetische Wahrnehmbarkeit liegt vor, wenn der Fahrer das **Kollisionsereignis fühlen** konnte. Durch den Anstoß wirken auf das Fahrzeug Kräfte, die Beschleunigungen des Fahrzeuges und einen „Ruck" bewirken. Die taktile („den Tastsinn betreffende") Wahrnehmung erfolgt über die Mechanorezeptoren in der Haut, die Verschiebungen in den oberen Hautschichten registrieren. Sie unterliegt deutlichen Schwankungen und ist insbesondere vom **Sitzkomfort des Fahrzeugs** und der **Kleidung** abhängig. Eindeutigere Aussagen ermöglicht hingegen die kinästhetische Wahrnehmung. Diese erfolgt durch den Vestibularapparat (Gleichgewichtssinn) im Innenohr, mit dem Beschleunigungen registriert werden, und ist die **aussagekräftigste Form** für die Wahrnehmbarkeit eines Kollisionsereignisses.

Ein wichtiges Kriterium für die Beurteilung der kinästhetischen Wahrnehmbarkeit ist der sog. „Ruck", der das zeitliche Anstiegsverhalten der kollisionsbedingten Beschleunigung beschreibt. Abb. 5 veranschaulicht zwei grds. Anstoßkonfigurationen.

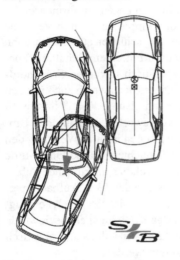
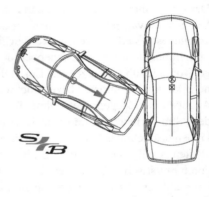

Streifende Berührung beim Ausparken
- geringe Kollisionskräfte
- geringe Beschleunigungen
- langsamer Anstieg der Beschleunigung
- geringer Ruck

Stupfwinkliger Vollstoß
- hohe Kollisionskräfte möglich
- schneller Anstieg der Beschleunigung
- hoher Ruck

Abb.5: Kollisionstypen

393   Bei der **Eingrenzung des „Rucks"** müssen insbesondere die Kontaktzonen berücksichtigt werden. Ein PKW hat an seiner Seite Zonen mit stark unter-

schiedlichen Struktursteifigkeiten. Zwischen den struktursteifen Holmen („A"-, „B"- und „C"-Säule) liegen die strukturweichen Türen.

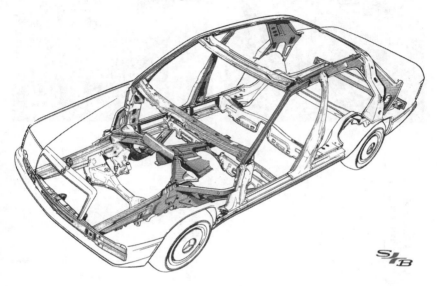

Ein Anstoß gegen ein „weiches" Türblatt führt bei gleicher Kollisionsgeschwindigkeit zu einem deutlich geringeren Ruck als bspw. ein Anstoß gegen eine „harte" „B"-Säule.

Teil 1: Unfallanalyse – Methoden und Instrumente

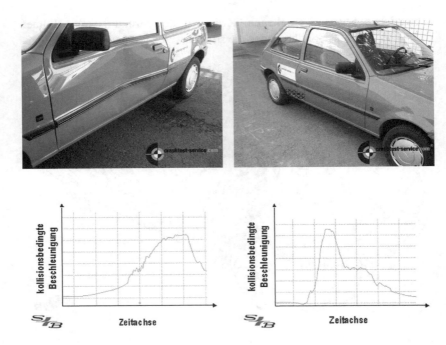

Abb.7: Unfallversuche

394   Abb. 7 zeigt zwei Unfallversuche, die veranschaulichen, wie stark die Kontaktzone den „Ruck" beeinflusst. Bei dem Versuch 1 fuhr der stoßende Pkw gegen die Türmitte des gestoßenen Pkw; beim Versuch 2 gegen die B-Säule. Obwohl die Kollisionsgeschwindigkeit in beiden Versuchen gleich hoch war, entstanden an der „weichen" Tür deutlich tiefere Deformationen als an der „harten" B-Säule. Die **Beschleunigungsverläufe** zeigen, dass der „Ruck" bei der **Türkollision** ca. 75 % niedriger war als bei dem Anstoß gegen die B-Säule. Im Gegensatz hierzu kann bei einer oberflächlichen Betrachtung der Beschädigungsbilder der irrtümliche Eindruck entstehen, der Anstoß gegen die Tür wäre eher wahrnehmbar gewesen, da bei diesem Versuch tiefere Deformationen entstanden.

395   Geht es um die Frage, ob ein Lkw-Fahrer eine Kollision kinästhetisch wahrnehmen konnte, müssen die besonderen Bedingungen einer Lkw-Kollision berücksichtigt werden. Die hohe Masse eines Lkw von bis zu 40 t kann in

Verbindung mit der hohen Motorkraft dazu führen, dass Kollisionen, bei der bspw. ein Pkw durch einen Lkw stark beschädigt wurde, **für den Lkw-Fahrer nicht wahrnehmbar** war.

Es ist zu beobachten, dass Sachverständige in einem **technischen Gutachten** eine kinästhetische Wahrnehmbarkeit für den Fahrer bestätigen, ohne dies fundiert zu belegen. Als Begründung wird bspw. genannt, der Sachverständige wisse „aus einer Vielzahl von Versuchen und eigener Erfahrung", dass der betroffene Fahrer den Anstoß gespürt haben müsse. Eine solche pauschale Aussage sollte für einen kritischen Leser Anlass für eine genaue Nachfrage bei dem Sachverständigen sein, auf welche Grundlage er sein Gutachtenergebnis stützt.

Für eine fundierte technische Begutachtung werden die Beschädigungen an den unfallbeteiligten Fahrzeugen analysiert und der Ruck in dem Pkw des Beschuldigten ermittelt. Dies gelingt nur mit der Durchführung eines Unfallversuches oder durch die Auswertung vorhandener, gut vergleichbarer Unfallversuche. Die Beschleunigungen und der „Ruck" dienen als Grundlage für die Beantwortung der Frage, ob der Anstoß für den Betroffenen kinästhetisch wahrnehmbar war.

C.   Arbeitshilfe

Checkliste: 396

- ☐ Visuelle Wahrnehmbarkeit: Selten beweisbar, da nicht bekannt, wohin der Fahrer im Kollisionszeitpunkt schaute.
- ☐ Akustische Wahrnehmbarkeit: Beweisbar, wenn Schallpegel ausreichend hoch und Randbedingungen erfüllt sind.
- ☐ Kinästhetische Wahrnehmbarkeit: Aussagekräftigste Wahrnehmbarkeitsform. Nachweisbar, wenn der Ruck ausreichend hoch war.
- ☐ Für eine fundierte Gutachtenausarbeitung müssen Ergebnisse aus gut vergleichbaren Unfallversuchen ausgewertet werden und in das Gutachtenergebnis einfließen.
- ☐ Pauschale Aussagen in einem technischen Gutachten, ohne Bezug auf den konkreten Fall, sind nicht geeignet, eine Wahrnehmung nachzuweisen.

Teil 2: Ordnungswidrigkeiten
§ 1 Geschwindigkeit

A. Radargeräte

Die Beurteilung von Geschwindigkeitsmessungen mit Radargeräten

Die Polizei und auch kommunale Behörden sind heutzutage in der Lage, zu jeder Zeit an jedem Ort Geschwindigkeitsmessungen mit Messgeräten durchzuführen. Für jede Messsituation gibt es geeignete technische Geschwindigkeitsmessgeräte unterschiedlichster Messprinzipien. Nicht jedes Messgerät und jedes Messprinzip ist für alle Einsatzbedingungen geeignet. Der Mensch (= Messbeamter) und die Technik (= Messgerät) beeinflussen das Ergebnis der Geschwindigkeitsmessung. Die jahrelange Erfahrung in der Gutachtenbearbeitung zeigt, dass von diesen zwei Einflussfaktoren die Technik die kleinere Fehlerquelle ist. Viele Messungenauigkeiten kommen häufig dadurch zustande, dass durch das Bedienpersonal Vorgaben in der Bedienungsanleitung nicht sorgfältig beachtet und umgesetzt werden. Radarmessgeräte werden schon seit mehreren Jahrzehnten in der Verkehrsüberwachung eingesetzt und werden auch in der Zukunft noch ihren festen Platz darin haben. Sie bieten gegenüber den häufig eingesetzten Laserhandmessgeräten z.B. den großen Vorteil, dass eine bildliche Dokumentation des Messvorgangs erfolgt. Anhand eines solchen Messfotos und des zu erstellenden Messprotokolls kann die Genauigkeit einer mit einem Radarmessgerät erfolgten Geschwindigkeitsmessung überprüft werden. Worauf dabei zu achten ist und welche Fehlermöglichkeiten bestehen können, wird in diesem aus mehreren Teilen bestehenden Beitrag erläutert.

I. Gerätetypen

I.d.R. werden Geschwindigkeitsmessungen mit Radargeräten des Typs **Multanova 6 F** und **TRAFFIPAX-Speedophot** durchgeführt. Hersteller beider Geräte ist die Firma Robot Visual Systems. Jeder Messvorgang wird durch ein Foto dokumentiert, wobei zzt. noch herkömmliche Kleinbildkameras mit einem Negativfilm eingesetzt werden. In naher Zukunft wird auch bei diesen Messgeräten eine Umstellung auf digitale Fototechnik erfolgen.

Teil 2: Ordnungswidrigkeiten

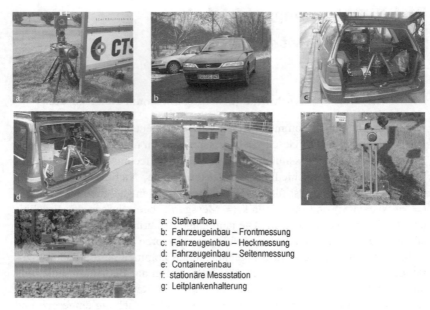

a: Stativaufbau
b: Fahrzeugeinbau – Frontmessung
c: Fahrzeugeinbau – Heckmessung
d: Fahrzeugeinbau – Seitenmessung
e: Containereinbau
f: stationäre Messstation
g: Leitplankenhalterung

Abb. 1 Aufstellmöglichkeiten

399 Beide Messgeräte können in **unterschiedlicher Form aufgestellt** werden. Ganz zu Anfang der Radarmesstechnik wurden die Messgeräte auf einem Stativ aufgebaut. Diese Aufstellanordnung kommt auch heute noch zum Einsatz, wobei seit mehreren Jahren auch noch andere Aufstellanordnungen zugelassen sind. Die Radarmessgeräte werden in Fahrzeugen eingebaut, wobei die Messung sowohl von der Front als auch aus dem Heckbereich des Fahrzeugs erfolgt. Bei einer Messung aus dem Fahrzeugheck muss das Messfahrzeug nicht unbedingt parallel zur Fahrbahnlängsachse stehen, sondern kann auch eine rechtwinklige Position einnehmen. In diesem Fall wird die Messung aus dem hinteren Seitenfenster eines Kombi durchgeführt.

400 Eine weitere Geräteanordnung ist in einem transportablen **Container** zugelassen, der ca. 100 cm hoch und ca. 50 cm breit ist. Die Kombination aus Radargerät und Einsatzcontainer wird in der Bedienungsanleitung des Multanova-Messgeräts als „MultaGuard" bezeichnet. Bei einem Fahrzeug- und Containereinbau wird das Messgerät immer zusammen mit dem Fahrzeug bzw. dem Container geeicht, da eine Ausrichtung zum Fahrbahnverlauf nicht

über das Messgerät selbst erfolgt, sondern über das Fahrzeug bzw. den Container. Dies setzt voraus, dass die Aufnahmepunkte des Messgeräts im Fahrzeug in einer bestimmten Position fest bestehen bleiben müssen.

Eine seltener anzutreffende Aufstellanordnung besteht darin, das Messgerät in einen festen stationär eingerichteten Messpunkt zu stellen. Auch ist eine sog. **Leitplankenhalterung** abgenommen, bei der eine Halteeinrichtung an eine Leitplanke, die parallel zur Fahrbahn verläuft, gehängt wird, in die wiederum das Messgerät gestellt wird. 401

Abb.1 zeigt diese verschiedenen Aufstellmöglichkeiten der Radarmessgeräte.

II. Messbetrieb

Die Radarmessgeräte arbeiten alle nach dem **Dopplerprinzip**. Von einer Radarantenne wird eine hochfrequente Strahlung mit bekannter Wellenlänge ausgesandt. Fährt ein Fahrzeug in den Radarbereich ein, wird ein Teil der Strahlung reflektiert und vom Radargerät wieder empfangen. Die Radarmesstechnik macht sich die Feststellung des österreichischen Physikers *Christian Doppler* zu eigen. Trifft der Radarstrahl auf ein bewegtes Objekt, besteht ein Frequenzunterschied zwischen der ausgesandten und der empfangenen Strahlung. Fährt das Fahrzeug auf die Radarsonde zu, ist die empfangene Frequenz höher als die ausgesandte. Entfernt sich das Fahrzeug von der Radarsonde, findet eine negative Frequenzänderung statt. Hierüber kann das Messgerät unterscheiden, ob ein Fahrzeug der entgegenkommenden oder abfließenden Verkehrsrichtung gemessen wird. Trifft der Radarstrahl auf ein ruhendes Objekt, bspw. stehendes Fahrzeug, ist die ausgesandte Strahlung identisch mit der empfangenen. Es liegt keine Frequenzänderung vor. Das Maß der **Frequenzänderung** dient für die Bestimmung der **Geschwindigkeit** des in den Strahlungsbereich fahrenden Objekts. 402

Das Radarmessgerät steht in den meisten Fällen am Fahrbahnrand und sendet den Radarstrahl schräg zur Fahrbahnlängsachse aus. Das Radargerät misst nicht direkt die tatsächliche Fahrgeschwindigkeit des Pkw, sondern nur die Geschwindigkeitskomponente, die in Richtung des Radarstrahls liegt. Dies ist der Kosinusanteil der tatsächlichen Fahrgeschwindigkeit des Fahrzeugs (Abb. 2).

Teil 2: Ordnungswidrigkeiten

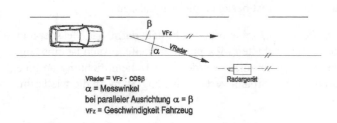

Abb. 2 Gemessene Geschwindigkeitskomponente

Das Messgerät nimmt automatisch eine Umrechnung auf die tatsächliche Fahrgeschwindigkeit des Fahrzeugs unter Berücksichtigung des **Radarmesswinkels** α vor. Dies ist der Winkel zwischen der Längsachse des Messgeräts und dem Radarmittelstrahl. Das Radarmessgerät zeigt hinterher nur dann die korrekte Geschwindigkeit des Fahrzeugs an, wenn das Radarmessgerät parallel zur Fahrbahnlängsachse aufgestellt war und das Fahrzeug parallel zur Fahrbahnlängsachse fuhr. Eine wichtige Bedingung bei der Aufstellung des Radarmessgeräts wäre somit eine zur Fahrzeuglängsachse genaue **parallele Ausrichtung** der Messanlage. Dem Messbeamten stehen hierfür verschiedene Hilfsmittel zur Verfügung, um diese wichtige Grundvoraussetzung zu schaffen.

403 Ist das Radarmessgerät in einem **Fahrzeug eingebaut**, wird nicht das Messgerät entsprechend ausgerichtet, sondern das gesamte Fahrzeug. In den Messprotokollen sollte angegeben sein, in welchem Abstand Vorder- und Hinterachse zum Fahrbahnrand standen. Häufig findet man unterschiedliche Abstände des Vorder- und Hinterrads zum Fahrbahnrand. Dies bedeutet nicht zwangsläufig, dass das Fahrzeug schräg zur Fahrbahnlängsachse stand, sondern beruht auf unterschiedlichen Spurweiten der Vorder- und Hinterräder des Fahrzeugs (Spurweite = Abstand zwischen der Mitte des linken und rechten Radaufstandspunkts). Wenn in Messprotokollen bspw. das Vorderrad 1,5 m vom Fahrbahnrand entfernt stand und das Hinterrad 1,52 m, kann das Fahrzeug trotzdem parallel zur Fahrbahnlängsachse ausgerichtet worden sein, da die Spurweite der Hinterräder insgesamt 4 cm geringer war als die der Vorderräder. Dies ist von Fall zu Fall zu überprüfen.

§ 1 Geschwindigkeit

> **Praxistipp:**
> Eine **fehlerhafte Aufstellung** der Radarmessanlage verursacht **Messfehler**, die u.U. fatale Folgen für den betroffenen Autofahrer haben können.

Bei dem **Radarmessgerät Multanova 6 F** beträgt der Messwinkel 22°, während er bei dem Messgerät **TRAFFIPAX-Speedophot** bei 20° liegt. Der Messwinkel gibt jeweils den Winkel des Radarmittelstrahls zur Gerätelängsachse an. Das Radargerät sendet nicht einen einzelnen Strahl aus, sondern eine **Messkeule** mit einer Öffnungsweite von ± 2,5° um die Radarmittelachse. Man hat somit ein Strahlungsfeld, durch das die Verkehrsteilnehmer fahren.

404

> **Praxistipp:**
> Während eines Messvorgangs wird nicht nur ein einzelner Messwert ermittelt, sondern während der Durchfahrt durch die Messkeule findet eine **Vielzahl von Messungen** statt, die untereinander verglichen werden. Dabei müssen bestimmte **Gleichmäßigkeitskriterien** erfüllt sein, damit ein Messwert angezeigt wird.

III. Aufstellanordnung

In Messprotokollen findet man häufig die Bezeichnungen „Linksmessung" und „Rechtsmessung". Nach der Definition in der Bedienungsanleitung zu den Messgeräten ist eine Aufstellanordnung dann als **Linksmessung** zu bezeichnen, wenn der einzuhaltende Radarmesswinkel zwischen Fahrbahnlängsachse und Radarmittelstrahl links des ausgesandten Radarmittelstrahls liegt. Bei einer **Rechtsmessung** liegt dieser Winkel rechts vom Radarmittelstrahl. In Abb. 3 werden die verschiedenen Aufstellmöglichkeiten gezeigt. Ein Fahrzeug kann von vorn sowohl vom rechten als auch linken Fahrbahnrand als ankommendes Fahrzeug, oder ebenfalls vom rechten oder linken Fahrbahnrand als abfließendes Fahrzeug gemessen werden (Abb. 3).

405

Teil 2: Ordnungswidrigkeiten

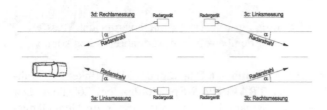

Abb.3 Aufstellmöglichkeiten

Bei der Bezeichnung der Aufstellanordnung kommt es verschiedentlich zu **Kommunikationsproblemen**, weil die Messbeamten sich nicht an die Angaben in der Bedienungsanleitung halten, sondern ihre eigene Definition haben. Die Genauigkeit der Messung wird hierdurch nicht beeinflusst; es kann nur zu Verständigungsschwierigkeiten zwischen den Beteiligten eines solchen Verfahrens kommen. Der Autor ist schon mit Definitionen konfrontiert worden, bei denen der Messbeamte die in Abb. 3 (a) gezeigte Messsituation als „Rechtsmessung" bezeichnet hat, weil das Radarmessgerät rechts der überwachten Fahrbahn aufgestellt war.

Praxistipp:

Um **Verständnisschwierigkeiten vorzubeugen**, sollte zwischen allen Beteiligten eine einheitliche „Sprache" gewählt werden, wobei man sich diesbezüglich am besten an die Definitionen in der Bedienungsanleitung hält.

IV. Eichung

406 Geschwindigkeitsmessungen dürfen nur mit **geeichten Messgeräten** durchgeführt werden. Dies gilt nicht nur für Radarmessgeräte, sondern für jede Art von Verkehrsüberwachungsgeräten. Man kann eigentlich davon ausgehen, dass auch tatsächlich nur geeichte Messgeräte zum Einsatz kommen. Bisher hat der Autor noch keinen Fall bearbeitet, bei dem diese Voraussetzung nicht gegeben war.

Praxistipp:

Verschiedentlich kommt es vor, dass die Behörden **falsche Eichscheine** einreichen, die nicht zu dem Messgerät gehören oder die für den Mess-

> zeitpunkt nicht gültig sind. Ob der vorgelegte Eichschein zum Messgerät gehört, kann überprüft werden, indem man die im Eichschein angegebene Gerätenummer mit der im Messprotokoll vergleicht.

Für die Eichgültigkeitsdauer gilt:

- Wenn sich ein Messgerät **ununterbrochen** im **geeichten Zustand** befindet, besteht eine Eichgültigkeit für das Jahr, in dem die Eichung erfolgt, und für das darauf folgende gesamte Kalenderjahr. Wurde bspw. ein Gerät am 2.1.2008 geeicht, endet die Eichgültigkeit am 31.12.2009. Dieser Stichtag würde ebenso für ein Gerät gelten, das erst am 31.12.2008 geeicht wird. Die Eichgültigkeit kann zwischen einem Jahr und einem Tag (theoretisch spätester Eichtermin in einem Kalenderjahr am 31.12.) und einem Jahr, 11 Monaten und 30 Tagen (frühest möglicher Eichtermin am 2.1. eines Kalenderjahres) betragen.
- Die Eichgültigkeitsdauer sieht anders aus, wenn die **Eichkette unterbrochen** war, weil z.B. zum Jahresende das zuständige Eichamt überlastet war. Endet die Eichgültigkeit des Messgerätes am 31.12.2008 und wird es nicht bis zu diesem Zeitpunkt nachgeeicht, sondern erfolgt dies erst am 2.1.2009 besteht die Eichgültigkeitsdauer nur in dem Kalenderjahr der Eichung, in dem Beispiel bis zum 31.12.2009.

Der spätestmögliche Eichtermin 31.12. wird i.d.R. nicht ausgeschöpft. Es kann sein, dass die Messgeräte auch schon ein halbes Jahr **früher geeicht** werden, ohne dass von der gerätetechnischen Seite hierfür eine Veranlassung bestand. Dies kann allein organisatorische Gründe haben. Würde jede Behörde ihre Geräte erst im Dezember zur Nacheichung vorstellen, würde diese Anhäufung von Nacheichungen von den Eichämtern nicht zu bewältigen sein. In einem solchen Fall könnte es dazu kommen, dass die Eichkette eines Gerätes unterbrochen wird.

Praxistipp:

Wenn ein Messgerät schon deutlich vor dem Ende der Eichgültigkeit geeicht wird, kann daraus also auf keinen Fall die zwingende Schlussfolgerung gezogen werden, dass dies aus technischen Gründen erforderlich war. Im Rahmen eines Gutachtens sollte der Sachverständige Erkundigungen dahin gehend einholen, ob seit dem Messzeitpunkt eine **Nach-**

> **eichung** des Gerätes erfolgte, und ob dabei technische Mängel am Gerät festgestellt wurden.

V. Lebensakte

408 Seitens der Verteidigung wird im OWi-Verfahren häufig Einsicht in die **Lebensakte** des Messgerätes beantragt. Statt Lebensakte findet man auch Begriffe, wie Reparaturbuch des Messgerätes oder Gerätestammkarte und noch andere mögliche Bezeichnungen. Gemeint ist stets das Gleiche, nämlich eine Auflistung über sämtliche, an dem Gerät durchgeführte Reparaturen (zur Lebensakte eingehend auch *Boettger*, in: *Burhoff* (Hrsg.), Handbuch für das straßenverkehrsrechtliche OWi-Verfahren, 2. Aufl. 2009, Rn. 1925 ff.).

Die Physikalisch Technische Bundesanstalt (**PTB**) ist die bundesdeutsche Behörde, die für die Zulassung der in der Verkehrsüberwachung eingesetzten Messgeräte zuständig ist. Die von der PTB bei der Zulassung festgelegten Voraussetzungen und Bedingungen sind für den Einsatz der Messgeräte bindend. Bisher macht die PTB bei der Zulassung zu keinem Messgerät die Auflage, eine entsprechende Lebensakte der einzelnen Geräte zu führen. Da diese Forderung nicht besteht, können die Behörden auch nicht verpflichtet werden, eine solche Lebensakte herauszugeben. Nach entsprechenden Anfragen von Rechtsanwälten in Bußgeldsachen bei den Behörden findet man häufig die Antwort, dass bei der Polizei solche Lebensakten zu Verkehrsüberwachungsgeräten nicht mehr geführt werden.

> **Praxistipp:**
>
> Trotzdem gibt es Stellen, die über den Reparaturumfang eines jeden Messgerätes genau Buch führen. Dies sind entweder die **Gerätehersteller** selbst oder evtl. auch die Landesämter für Zentrale **Polizeiliche Dienste**. I.d.R. erhält man aber Auskünfte nur im Rahmen einer gerichtlichen Beauftragung.

Besteht ein Messgerät die **Eichprüfung**, ist die Funktionsfähigkeit und Einhaltung bestimmter Fehlergrößen streng genommen nur für den Eichzeitpunkt gewährleistet. Da vor jedem Messeinsatz bei den Messgeräten automatisch ablaufende Tests erfolgen und zudem von den Messbeamten weitere durchzuführende Tests gefordert werden, geht man davon aus, dass eine hohe **Messsicherheit** während des gesamten Zeitraums der Eichgütigkeit besteht. Eine

§ 1 Geschwindigkeit

100 %ige Garantie dafür, dass dem tatsächlich so ist, hat man aber nicht. Bei Radarmessgeräten besteht der große Vorteil darin, dass jede Messung durch ein Lichtbild dokumentiert ist. Zusätzlich werden vor und nach der Messung auch **Testfotos** gefordert, die weitere Sicherheit über die ordnungsgemäße Funktionsfähigkeit des Gerätes liefern. Problematischer in dieser Beziehung sind Laserhandmessgeräte, die ohne bildliche Dokumentation der Gerätetests und des Messvorganges zum Einsatz kommen.

Zwischen der Geschwindigkeitsmessung und einem im Bußgeldverfahren eingeholten **Sachverständigengutachten** vergehen i.d.R. einige Monate Zeit. In vielen Fällen kommt es dazu, dass innerhalb dieser Zeitdauer ein Messgerät wieder nachgeeicht wird. Wird im Rahmen des Bußgeldverfahrens ein Sachverständigengutachten eingeholt, sollte darin der Frage nachgegangen werden, ob bei der Nacheichung Mängel am Messgerät festgestellt wurden, die einen negativen Einfluss auf das Messergebnis ausgeübt haben können. Es genügt nicht, einfach nur den neuen Eichschein des Messgerätes anzufordern. Interessanter ist die Klärung der Frage, ob vor der erneuten Nacheichung **relevante Reparaturen** durchgeführt werden mussten, damit das Gerät die Nacheichung erfolgreich bestand. Waren Reparaturarbeiten erforderlich, muss der technische Sachverständige sich mit der Frage beschäftigen, ob diese Mängel zu dem interessierenden Messzeitpunkt das Messergebnis negativ beeinflusst haben können.

409

> **Praxistipp:**
>
> Es ist bereits darauf hingewiesen worden, dass man sich bei der Frage, ob das Gerät bereits wieder nachgeeicht wurde, nicht an dem im vorherigen Eichschein genannten Ablaufdatum der Eichgültigkeit orientieren darf. Wird bspw. ein Sachverständigengutachten zu einer Geschwindigkeitsmessung in der zweiten Jahreshälfte eingeholt, kann es durchaus sein, wie dies im vorherigen Punkt ausgeführt wurde, dass die Nacheichung bereits im August oder September erfolgte. Die Möglichkeit, **Informationen zum Ergebnis der vorgezogenen Nacheichung** zu erhalten, sollte man für die Beurteilung der bestehenden Messsicherheit nicht ungenutzt lassen.

Teil 2: Ordnungswidrigkeiten

VI. Toleranzwerte

410 Radarmessgeräte zeigen grds. **nur ganzzahlige Geschwindigkeitswerte** an. Der tatsächlich gemessene Geschwindigkeitswert wird zugunsten der gemessenen Verkehrsteilnehmer stets auf den nächsten ganzzahligen Geschwindigkeitswert abgerundet. Ein Messwert von bspw. 99,1 km/h führt genauso zu einem eingeblendeten Geschwindigkeitswert von 99 km/h wie ein tatsächlicher Messwert von 99,9 km/h. I.Ü. gilt:

- Im Geschwindigkeitsbereich bis 100 km/h werden vom Messwert in jedem Fall **3 km/h** an **Toleranz** abgezogen.
- Bei Geschwindigkeitswerten oberhalb von 100 km/h beträgt der Toleranzabzug 3 %, wobei der berechnete Prozentwert zugunsten der Verkehrsteilnehmer auf den nächsten ganzzahligen Wert aufgerundet wird.

Beispiel:

Bei einer gemessenen Geschwindigkeit von 101 km/h führen 3 %-Toleranz zu einem Toleranzwert von 3,03 km/h. Dieser Wert wird auf 4 km/h aufgerundet. Lag die gemessene Geschwindigkeit bei 133 km/h, lautet der entsprechende Toleranzwert 3,99 km/h. Auch dieser Wert wird auf einen glatten Betrag von 4 km/h aufgerundet.

VII. Mögliche Messfehler

1. Aufstellfehler

411 Radarmessgeräte gehören zu der Gruppe von Geräten, die vor Messbeginn **exakt aufgestellt** werden müssen, damit genaue Messwerte zustande kommen (s. Ausführungen unter Rn. 402). Eine nicht korrekte Ausrichtung des Radarmessgeräts führt dazu, dass die Radarmesskeule nicht unter dem vorgeschriebenen Winkel zur Fahrbahnlängsachse liegt. Die geräteinterne Umrechnung des Messwerts (Geschwindigkeitsanteil des Fahrzeugs in Richtung des Radarstrahls) auf die tatsächliche Geschwindigkeit des Pkw erfolgt aber stets mit dem einprogrammierten Messwinkel von 20° (TRAFFIPAX-Speedophot) bzw. 22° (Multanova 6F).

> **Praxistipp:**
>
> Der Verteidiger muss darauf **achten**: Ist der Radarwinkel größer als vorgeschrieben, werden hierdurch Messfehler verursacht, die sich zugunsten der überwachten Verkehrsteilnehmer auswirken. Ist der Radarwinkel hin-

§ 1 Geschwindigkeit

gegen kleiner, führt dies zu einer Benachteiligung der gemessenen Verkehrsteilnehmer. In diesem Fall werden von der Radarmessanlage höhere Geschwindigkeiten angezeigt, als tatsächlich gefahren wurden.

Bei einer Gutachtenerstellung ist es deshalb Aufgabe des Sachverständigen zu überprüfen, ob das Radarmessgerät auch tatsächlich, wie vorgeschrieben, **parallel** zur **Fahrbahnlängsachse** aufgestellt war. Diese Überprüfung ist durch Auswertung eines Lichtbildes möglich. Es gibt allerdings auch Fälle, bei denen eine solche Auswertung mit der erforderlichen Genauigkeit nicht durchführbar ist. Dies ist bspw. bei Dunkelheitsaufnahmen häufig der Fall, da das Blitzgerät nicht den gesamten auf dem Lichtbild abgebildeten Fahrbahnbereich ausleuchtet. Man kann u.U. die für die Auswertung zugrunde zu legenden Fahrbahnrandlinien, insbesondere die des gegenüberliegenden Fahrbahnrands, nicht mehr erkennen. Dies ist ebenfalls bei einer nassen Fahrbahn erschwert. 412

Bei der Auswertung des Lichtbilds kann nicht direkt der Radarmesswinkel ausgewertet werden, sondern nur der **Bildaufnahmewinkel**. Da das Fototeil aber in einer bestimmten Position auf dem Radargehäuse ausgerichtet ist, ist die Schlussfolgerung zulässig, dass bei korrekt ausgewertetem Fotowinkel und einer normalen Fotoposition des Fahrzeugs im Lichtbild auch der Radarmesswinkel korrekt ausgerichtet war. Je nach Gerätetyp, Fototeil und Objektivbrennweite gibt es **unterschiedliche Fotoaufnahmewinkel**. Dies ist im Einzelfall jeweils zu beachten. 413

Zusammen mit dem Bußgeldbescheid werden vielfach von den Behörden nur Lichtbilder übersandt, bei denen es sich um den Bildausschnitt eines Messfotos handelt und auf dem man häufig nur den Fahrerkopf und das Kennzeichen sieht. Mit einem solchen Lichtbildausschnitt kann eine **Überprüfung** der Radarmessung **nicht erfolgen**. Man benötigt hierfür stets den Ausdruck des gesamten Radarmessfotos, auf dem auch noch die Bildränder erkennbar sind. Eine solche Gesamtansicht eines Messfotos wird nicht nur für die Überprüfung der Aufstellanordnung erforderlich, sondern auch für die Überprüfung der Frage, ob im Radarmessbereich weitere Fahrzeuge, oder im Umfeld Besonderheiten vorhanden sind, die möglicherweise Einfluss auf den Messvorgang ausgeübt haben können. Die Beurteilung dieser Fragen ist nur mit einer Ausschnittsvergrößerung eines Messfotos nicht möglich, sodass man darauf bestehen sollte, einen entsprechenden Lichtbildausdruck zu erhalten. 414

Teil 2: Ordnungswidrigkeiten

415 Ein **fehlerhafter Radarmesswinkel** führt nur zu einem relativ geringen Fehler, der pro Grad Aufstellabweichung gerundet ca. 0,7 % des Messwerts beträgt. Wird ein Fahrzeug mit 100 km/h gemessen, führt ein Aufstellfehler von einem Grad zu einem absoluten Messfehler von 0,7 km/h. Von jedem Messwert werden immer 3 km/h bzw. 3 % Toleranz abgezogen. Darin enthalten ist auch schon ein Anteil für eine nicht exakte Ausrichtung des Messgeräts. Man kann als Anhaltswert festhalten, dass ein Drittel des gesamten Toleranzwerts von 3 km/h bzw. 3 % für einen möglichen Aufstellfehler angesetzt werden kann.

> **Praxistipp:**
> Wichtig kann die Überprüfung der korrekten Geräteaufstellung dann sein, wenn sich der **Geschwindigkeitsvorwurf** gerade im Bereich von **Grenzwerten des Bußgeldkatalogs** bewegt, insbesondere dann, wenn dem betroffenen Verkehrsteilnehmer ein Fahrverbot droht. In diesem Fall kann die exakte Ausrichtung der Radarmessanlage darüber entscheiden, ob ein Fahrverbot verhängt wird oder nicht.

2. Fahrtrichtungsfehler

416 Das Radarmessgerät misst genau dann die Geschwindigkeit eines Fahrzeuges, wenn die Längsachse des Radarmessgeräts parallel zur Fahrtrichtung des Fahrzeugs liegt. Ist das Messgerät parallel zur Fahrbahnlängsachse ausgerichtet, liegt diese Bedingung nur dann vor, wenn das **Fahrzeug** auch **parallel** zur **Fahrbahnlängsachse** fährt. Schrägfahrten eines Fahrzeuges führen somit zu Messungenauigkeiten. Solche Schrägfahrten liegen dann vor, wenn ein Fahrzeug einen **Spurwechselvorgang** durchführt, wobei, je nach Art des Spurwechselvorgangs, sowohl Messfehler zugunsten als auch zu Ungunsten der Fahrzeugführer zustande kommen können. Abb. 4 zeigt eine Situation, die sich zugunsten des Autofahrers auswirkt. Befindet sich der Autofahrer in einem Ausschervorgang auf die benachbarte Fahrspur und ist das Messgerät rechts von ihm aufgebaut, vergrößert sich – gegenüber dem eigentlichen Radarmesswinkel – der Winkel zwischen der momentanen Fahrtrichtung des Pkw und dem Radarmittelstrahl.

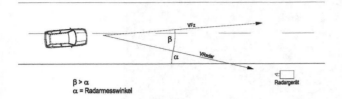

Abb. 4 Fahrzeug im Ausschervorgang

Die in Abb. 5 gezeigte Messsituation hingegen verursacht einen **Messfehler zu Ungunsten** der überwachten Verkehrsteilnehmer. Das Fahrzeug befindet sich in einem Einschervorgang in Fahrtrichtung auf die Radarmessanlage zu. Bei dieser Messsituation ist der Winkel β zwischen der Fahrtrichtung des Pkw und dem Radarmittelstrahl kleiner als der Radarmesswinkel α. Dies würde einen gleichen Messfehler bewirken, wie eine zu flach aufgestellte Radarmessanlage. 417

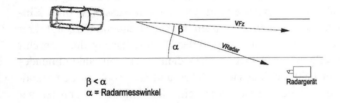

Abb. 5 Fahrzeug im Einschervorgang

Abb. 6 zeigt ein Messfoto, das genau diese Messsituation festhält. Das fotografierte Fahrzeug befindet sich in einem Einschervorgang zurück auf die rechte Fahrspur und bewegt sich auf die Radarmessanlage zu. 418

Teil 2: Ordnungswidrigkeiten

Abb. 6 einscherendes Fahrzeug

419 Durch eine **Bildauswertung** kann überprüft werden, ob ein Fahrzeug parallel oder schräg zur Fahrbahnlängsachse fährt. Ob sich ein **Ausscher- oder Einschervorgang** zugunsten oder zu ungunsten der betreffenden Fahrzeugführer auswirkt, hängt davon ab, ob eine Links- oder Rechtsmessung durchgeführt wurde. Man kann allgemein festhalten, dass dann, wenn ein ankommendes Fahrzeug schräg zur Fahrbahnlängsachse fährt, und die Front auf den Standpunkt der Radarmessanlage zugerichtet ist, ein Messfehler zu ungunsten der betroffenen Fahrzeugführer entsteht. Ist die Front hingegen von der Radarmessanlage weggedreht, wird durch die Schrägfahrt des überwachten Fahrzeugs ein Messfehler zugunsten des betroffenen Fahrzeugführers verursacht.

420 Die Physikalisch-Technische Bundesanstalt (**PTB**), die für die Abnahme der Messgeräte zuständig ist, macht die **Vorgabe**, dass solche Messfotos nicht weiter verfolgt werden dürfen. Es darf in solchen Fällen auch keine Winkelkompensation erfolgen. Der in Abb. 6 fotografierte Pkw ist in der Mitte seines Einschervorganges zu einem Zeitpunkt gemessen worden, als er ungefähr den maximalen Spurwechselwinkel durchfährt und dabei gerade eine Position etwa zur Hälfte auf der linken und rechten Fahrbahn einnimmt. Ist er so weit eingeschert, dass er vollständig in der eigenen Fahrbahn fährt und wurde der Spurwechselwinkel bereits auf max. 1° abgebaut, bestehen seitens der PTB keine Bedenken an der Genauigkeit einer solchen Messung, da die bei jeder Messung angesetzte Toleranz mögliche Messfehler in ausreichendem Maß

berücksichtigt. In dem entsprechenden Informationsblatt der PTB heißt es deshalb auch ausdrücklich, dass Messfotos, bei denen ein Fahrzeug schräg zur Fahrbahnlängsachse fährt, aber eine Position in der eigenen Fahrbahn mit einer **Schräglage unterhalb von 1°** einnimmt, zulässig sind.

Aus der Sicht des Technikers ist die Vorgabe der PTB, dass Messfotos während des Spurwechselvorgangs nicht weiter verfolgt werden dürfen, zu allgemein gehalten. Der von einem Fahrzeug eingehaltene Spurwechselwinkel ist geschwindigkeitsabhängig. Im städtischen Verkehr werden sehr viel größere maximale Spurwechselwinkel eingehalten, als bspw. im Hochgeschwindigkeitsbereich auf der Autobahn. Der Sachverständige hat im Einzelfall zunächst zu überprüfen, ob das gemessene Fahrzeug parallel zur Fahrbahnlängsachse fährt und ob ggf. eine **relevante Schrägstellung** des Fahrzeugs vorliegt, die u.U. dazu führt, dass die Messung insgesamt zu verwerfen ist. Dies gilt ggf. dann auch für Positionen vollständig in einer Fahrspur.

Praxistipp:

Um eine solche Situation auf dem Lichtbild erkennen zu können, ist es auch wiederum erforderlich, einen Bildausdruck des gesamten Radarmessfotos zu haben. Hätte man nur einen Bildausschnitt, könnte man eine solche – möglicherweise nicht zulässige – Schrägfahrt nicht erkennen.

3. Zuordnungsfehler

Die Radarmesskeule nimmt in dem aufgenommenen Messfoto nur eine ganz bestimmte Lage ein. Für eine ordnungsgemäße Messung wäre Voraussetzung, dass sich das entsprechende Fahrzeug auch tatsächlich innerhalb der **Radarmesskeule** befindet, was wiederum voraussetzt, dass das Fahrzeug in einer ganz bestimmten **Position im Lichtbild** abgebildet sein muss. Es ist deshalb zu überprüfen, ob eine plausible Fotoposition des Fahrzeugs besteht.

Dies geschieht bei dem Multanova und dem TRAFFIPAX Messgerät auf verschiedenem Wege. Bei dem Multanova Radarmessgerät sind am unteren Bildrand zwei sog. **Auswertekerben** eingeblendet, auf die bei der Bewertung der Fotoposition des Fahrzeugs zurückzugreifen ist, Abb. 7.

Teil 2: Ordnungswidrigkeiten

Abb. 7 Auswertekerben (Multanova Messgerät)

423 Bei dem Messgerät TRAFFIPAX-Speedophot gibt es vom Gerätehersteller **Auswerteschablonen**, die in bestimmter Form über das Lichtbild gelegt werden müssen, um die Fotoposition des Fahrzeugs bewerten zu können. Welche Schablone dabei zu wählen ist, hängt von der Aufstellanordnung und der benutzten Objektivbrennweite ab, Abb. 8.

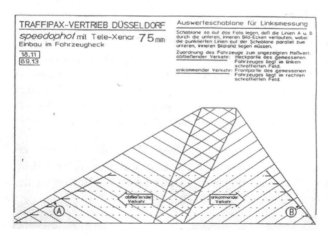

Abb. 8 Auswerteschablone (Traffipax Speedophot Messgerät)

§ 1 Geschwindigkeit

Für die Beurteilung der Fotoposition ist es bei beiden Messgeräten erforderlich, einen **Gesamtbildausdruck** mit den Bildrändern zu erhalten. Nur dann sieht man bei dem Multanova-Gerät die am unteren Bildrand eingeblendeten Auswertekerben und kann die Lage der Bildmitte bestimmen bzw. kann man bei dem TRAFFIPAX-Messgerät die Schablone in der geforderten Form auf das Lichtbild legen.

424

Am häufigsten wird mit Radarmessgeräten eine Linksmessung des entgegenkommenden Verkehrs durchgeführt (s. Abb. 7). Für einen ersten Eindruck hinsichtlich der ordnungsgemäßen Fotoposition kann man sich an der Bildmitte orientieren. Der Frontbereich des Fahrzeugs muss zumindest teilweise die Bildmitte passiert haben. Die meisten Messungen mit Multanova-Anlagen werden mit einer Objektivbrennweite von bis zu 100 mm vorgenommen. Bei einer Linksmessung des entgegenkommenden Verkehrs liegt der Auswertebereich zwischen der Bildmitte und der rechten Auswertekerbe (s. Abb.7). Das in diesem Bild zu sehende Fahrzeug ist in normaler Fotoposition.

425

Das aufgenommene Messfoto ist nicht nur hinsichtlich der Fotoposition des betroffenen Fahrzeugs zu überprüfen, sondern es besteht in den Bedienungsanleitungen die weitere Forderung, dass sich in dem definierten **Auswertebereich** auch nur ein **einziges Fahrzeug** in der Messrichtung befinden darf. Normalerweise verwerfen die Radarmessgeräte die Messungen dann, wenn sich gleichzeitig mehrere Fahrzeuge gleicher Fahrtrichtung im Radarbereich befinden, da sie unterschiedliche Geschwindigkeitssignale erhalten. Es kommt aber verschiedentlich vor, dass auch bei solchen Messvorgängen ein Geschwindigkeitswert eingeblendet wird. Abb. 9 zeigt zwei solcher Messsituationen.

Teil 2: Ordnungswidrigkeiten

Messfoto mit 100mm Objektiv aufgenommen
→ Auswertebereich liegt zwischen Bildmitte und rechter Auswertekerbe

Messfoto mit 135mm Objektiv aufgenommen
→ Auswertebereich liegt zwischen den Auswertekerben

Abb. 9 unzulässige Messsituationen

Auch wenn eine hohe Wahrscheinlichkeit dafür spricht, dass in dem linken Messfoto der Messwert von dem im rechten Fahrstreifen fahrenden Fahrzeug verursacht wurde und im rechten Messfoto der Kleintransporter für den Messwert verantwortlich ist, machen die Bedienungsanleitungen zu den Messgeräten aber die eindeutige **Vorgabe**, dass solche Messungen nicht weiter verfolgt werden dürfen. Dies wird von den für die Auswertung zuständigen Behörden verschiedentlich nicht beachtet.

426 In der Beurteilung der Fotoposition besteht ein weiterer Grund dafür, auf die Vorlage eines Gesamtlichtbilds zu bestehen, da nur hiermit überprüft werden kann, ob eine zulässige Messsituation bestand.

4. Messort

427 Radarmessgeräte können nicht an jedem beliebigen Punkt aufgestellt werden. Die **erste Bedingung** der Geräteaufstellung besteht darin, dass vor der Antenne ein Freiraum, parallel zum Straßenrand gesehen, von mindestens 4 m vorhanden sein muss. Dies bedeutet, dass ein Radargerät in einem Abstand von mindestens einer Fahrzeuglänge zu einem vor dem Radargerät parkenden Fahrzeug aufzustellen ist, wobei des Weiteren zu beachten ist, dass im wirksamen Strahlungsbereich bis zum überwachten Fahrstreifen auch keine Hindernisse sein dürfen. Steht das Radargerät nicht nah am Fahrbahnrand, sondern in größerem Abstand dazu, muss der einzuhaltende Abstand zwischen Radargerät und einem parkenden Fahrzeug größer als 4 m sein.

§ 1 Geschwindigkeit

Vor der Radarmessanlage muss in ausreichender Länge der **Straßenverlauf gerade** sein. Ist das Radarmessgerät 2 m vom nächst liegenden Fahrstreifenrand entfernt aufgestellt, fordert die Bedienungsanleitung eine Mindestlänge des geraden Fahrbahnstücks vor der Messanlage von 14 m. Diese Mindestlänge erhöht sich auf 38 m, wenn der Abstand des Radargeräts zum Fahrstreifenrand 12 m beträgt.

428

> **Praxistipp:**
>
> Ab wann bei dieser zu beachtenden Vorgabe ein **Straßenstück** als gerade gilt, ist in der Bedienungsanleitung auch definiert. Ein gerades Streckenstück liegt vor, wenn der **Krümmungsradius größer als 1600 m** ist.

Messungen von der **Kurvenaußenseite** sind **nicht zulässig**, wobei aber auch hier zu beachten ist, dass die Bedienungsanleitungen ein Straßenstück mit einem Krümmungsradius von weniger als 1600 m als Kurve definieren. Dies bedeutet, dass nicht jede Messung von einer Kurvenaußenseite unzulässig ist. Auf Landstraßen und Autobahnen findet man sehr häufig Kurven mit größeren Krümmungsradien als 1600 m, die als Messort geeignet sind. Messungen von der Kurvenaußenseite bei kleineren Krümmungsradien als 1600 m sind deshalb unzulässig, weil es hierdurch zu einer ungünstigen Winkelveränderung zwischen der Fahrtrichtung der Fahrzeuge und dem Radarmesswinkel kommt. Dieser Winkelfehler würde sich zu ungunsten der überwachten Verkehrsteilnehmer auswirken.

429

Anders sieht es bei einer **Messung** von der **Kurveninnenseite** aus. Hierdurch wird eine Winkelabweichung verursacht, die Messfehler zugunsten der überwachten Fahrzeuge zur Folge hat. Es ist deshalb gestattet, das Radarmessgerät bei einem Krümmungsradius der Kurve von weniger als 1600 m auf der Innenseite einer Kurve aufzustellen, wobei der Krümmungsradius aber nicht kleiner als 100 m sein darf. Des Weiteren darf in einem solchen Fall das Messgerät aber nur in einem bestimmten maximalen Abstand zum überwachten Fahrstreifen aufgestellt werden, der nicht mehr als 3 % des Kurvenradius betragen darf.

430

Obwohl die Auswahl des Messorts in den Bedienungsanleitungen der Messgeräte ausführlich erläutert wird, kommt es vor, dass Messungen vom Kurvenaußenrand in unzulässigen Bereichen mit zu geringen Kurvenradien durchge-

Teil 2: Ordnungswidrigkeiten

führt werden. Abb. 10 zeigt ein entsprechendes Messfoto einer Radarmessung, die in einem Baustellenbereich erfolgte.

Abb. 10 *unzulässige Messung vom Kurvenaußenrand*

431 Liegt ein Ausdruck des gesamten Messfotos vor, kann sehr schnell erkannt werden, ob die Messung von der Kurvenaußenseite durchgeführt wurde. Auch für die Beurteilung dieser Frage ist es deshalb wieder wichtig, einen Ausdruck des gesamten Messfotos vorliegen zu haben. Stellt die Bußgeldbehörde nur einen Lichtbildausschnitt zur Verfügung, kann ein solch entscheidender Fehler bei der Wahl des Messplatzes nicht erkannt werden.

5. Reflexionsfehlmessungen

432 Auch bei den heutzutage eingesetzten Radarmessgeräten muss man immer die Möglichkeit einer **Reflexionsfehlmessung** in Betracht ziehen. Dieses Thema wird in den Bedienungsanleitungen zum Multanova- und Traffipax-Messgerät auch ausführlich behandelt. Den Messbeamten werden diesbezüglich auch Hinweise gegeben, unter welchen Bedingungen Reflexionsfehlmessungen auftreten können. Um Reflexionsfehlmessungen erkennen zu können, wird in den Bedienungsanleitungen ein **aufmerksamer Messbetrieb** gefordert, bei dem der Messbeamte eigentlich jede Geschwindigkeitsmessung visuell überwachen soll. Er muss insbesondere die Messposition des Pkw in der Örtlichkeit dahin gehend beurteilen, ob sich das Fahrzeug auch tatsächlich im Radarbereich befindet. Außerdem ist er dazu angehalten, eine Beurteilung dahin

gehend vorzunehmen, ob der vom Radargerät angezeigte Geschwindigkeitswert zu der Fahrgeschwindigkeit des gemessenen Fahrzeugs passen kann.

Praxistipp:
Wenn der Messbeamte diesen Forderungen nachkommen will, müsste er praktisch ununterbrochen jedes herannahende Fahrzeug beobachten. Im täglichen Messbetrieb dürfte dies eine kaum einzuhaltende Forderung sein, über die sich auch der Gerätehersteller im Klaren ist. In naher Zukunft wird deshalb eine Radargerätegeneration auf den Markt kommen, bei der gleichzeitig auch eine **Entfernungsmessung** stattfindet und über die angezeigte Entfernungsangabe überprüft werden kann, ob das fotografierte Fahrzeug auch tatsächlich die Messung auslöste.

Wenn Reflexionsfehlmessungen auftreten, sind dies am häufigsten sog. **Knickstrahlreflexionen**. Dabei wird der Radarstrahl an einer ausgedehnten Metallfläche, die im Strahlungsfeld der Radarkeule liegt, abgelenkt. Als Reflektoren kommen insbesondere am gegenüberliegenden Fahrbahnrand aufgestellte Leitplanken oder großflächige Verkehrsschilder in Betracht. Es kann aber auch eine Reflexionsfehlmessung durch einen Bus oder Lkw verursacht werden, da sie auch über größere glatte Metallflächen verfügen können. 433

Abb. 11 und 12 zeigen eine Reflexionsfehlmessung, die durch die am gegenüberliegenden Fahrbahnrand aufgestellte **Leitplanke** verursacht wurde. Von dieser wurde der Radarstrahl unter gleichem Winkel abgelenkt (Einfallswinkel = Ausfallswinkel) und traf auf einen Lkw, der, bis auf die äußerste linke Ecke, noch außerhalb des Bildbereichs ist. In dem Lichtbild sieht man am linken Bildrand soeben die linke Fahrzeugecke. Dass es sich in diesem Fall um eine Reflexionsfehlmessung handelt, erkennt man daran, dass in der **Bildmitte**, dort wo normalerweise das Fahrzeug abgebildet sein muss, **kein Fahrzeug** vorhanden ist, aber in der oberen **Datenleiste** ein **Geschwindigkeitswert** eingeblendet wurde. 434

Teil 2: Ordnungswidrigkeiten

Abb. 11 Reflexionsfehlmessung Leitplanke

435 Solche Reflexionsfehlmessungen können aber auch durch **bewegliche Hindernisse** entstehen, die sich nur kurzzeitig im Strahlungsfeld der Radaranlage befinden. Abb. 13 zeigt eine weitere Möglichkeit einer Knickstrahlreflexion, die durch die im linken Fahrstreifen (Linksabbiegerspur) stehenden Fahrzeuge ausgelöst wurde.

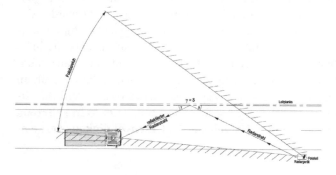

Abb. 12 Prinzip einer Reflexionsmessung

§ 1 Geschwindigkeit

Abb. 13 Reflexionsfehlmessung an Fahrzeugen

Im Datenfeld ist eine Geschwindigkeit von 60 km/h eingeblendet. Legt man die Auswerteschablone der Firma Traffipax in entsprechender Form über das Lichtbild, befinden sich die beiden vorderen Fahrzeuge in einer normalen Auswerteposition. Es kann sich aber nicht um ein zulässiges Messfoto handeln, da für eine Geschwindigkeit von 60 km/h die Abstände zwischen den drei in der Linksabbiegerspur befindlichen Fahrzeugen viel zu gering sind und die Fahrzeugführer auch nicht den Eindruck eines konzentrierten Fahrens zeigen. Tatsächlich werden die Fahrzeuge dort gestanden haben und der Radarstrahl wurde von der Seitenfläche der Fahrzeuge abgewiesen und hat den im linken Bildbereich fahrenden Lkw gemessen. Wenn der Messbeamte der Forderung nach einem aufmerksamen Messbetrieb nachgekommen wäre, hätte er in seinem Messprotokoll eigentlich vermerken müssen, dass zu der angegebenen Messzeit ein Messfoto mit einer Geschwindigkeit von 60 km/h ausgelöst wurde, obwohl sich in der normalen Messposition nur ein stehendes Fahrzeug befand, während ein mit ungefähr dieser Geschwindigkeit fahrendes Fahrzeug in unplausibler Position (Lkw im rechten Fahrstreifen) fuhr.

436

Eine andere kritische Situation zeigt Abb. 14. Das Radarmessgerät war im Bereich einer Bushaltestelle aufgestellt, die regelmäßig von Linienbussen angefahren wurde. Das Messfoto zeigt eine gemessene Geschwindigkeit von 49 km/h. Mit dieser Geschwindigkeit kann der Omnibus aber nicht gefahren sein, da er erst gerade von der Haltestelle anrollte.

437

Teil 2: Ordnungswidrigkeiten

Abb. 14 Doppelreflexion durch Bus

438 Es kam hier zu einer **Doppelreflexion** an einem entgegenkommenden Fahrzeug Abb. 15. Der Radarstrahl traf auf die Front des Omnibusses und wurde von dort aus in den Gegenverkehr abgewiesen. In dem abgewiesenen Radarfeld fuhr in Gegenrichtung ein anderes Fahrzeug, von dem ein Teil der Strahlung auf gleichem Wege wieder zurück an das Radargerät geworfen wurde. Dieses Fahrzeug fährt noch außerhalb des Bildbereichs und ist nicht erkennbar.

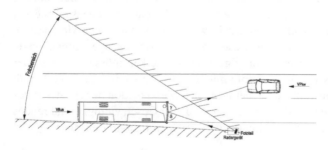

Abb. 15 Prinzip einer Doppelreflexion

439 Damit solche Messsituationen zustande kommen, müssen bestimmte **Voraussetzungen** erfüllt sein. Der Messbereich des Multanova-Geräts beginnt erst

oberhalb von 10 km/h, der des Traffipax-Geräts oberhalb von 20 km/h. Der als Reflektor dienende Omnibus darf nur eine Geschwindigkeit unterhalb dieser Mindestgeschwindigkeit fahren, da ansonsten sowohl von dem Bus als auch von dem Fahrzeug des Gegenverkehrs unterschiedliche Geschwindigkeitssignale von der Radarantenne empfangen werden, die eine Annullierung des Messergebnisses zur Folge hätten. Wird die Grenzgeschwindigkeit aber nicht erreicht, existiert für die Radaranlage die Geschwindigkeit des Omnibusses nicht. Die gemessene Geschwindigkeit ergibt sich in diesem Beispiel aus der Summe der Geschwindigkeiten der beiden Fahrzeuge. Eine solche Fehlmessung hätte von dem Messbeamten erkannt werden können, wenn er der Forderung nach einem aufmerksamen Messbetrieb nachgekommen wäre. Tatsächlich ist aber ein Bußgeldverfahren gegen den Omnibusfahrer eingeleitet worden.

Um eine **Knickstrahl-Reflexionsfehlmessung ausschließen** zu können, muss die **Fotoposition** anhand der Auswertekerben bzw. mithilfe der Auswerteschablone **überprüft** werden. Es wäre theoretisch eine Fotosituation denkbar, wie sie Abb. 16 zeigt. Von der Leitplanke wird der Radarstrahl abgelenkt und trifft auf ein außerhalb des Bildbereichs fahrendes Fahrzeug.

440

Zwischen diesem, die Messung auslösenden Fahrzeug, und der Radarmesskeule befindet sich ein Fahrzeug, das man auf dem Messfoto sieht. Es ist zu prüfen, ob sich das fotografierte Fahrzeug tatsächlich im Auswertebereich befindet, oder noch in einer Fotoposition davor. Ist dies der Fall, liegt eine Reflexionsfehlmessung vor.

Eine solche Überprüfung wiederum ist nur möglich, wenn ein Gesamtlichtbildausdruck vorliegt.

Teil 2: Ordnungswidrigkeiten

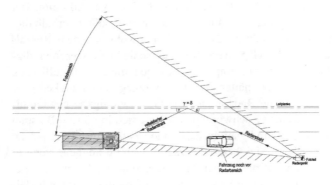

Abb. 16 Kritische Fotosituation

VIII. Fragenkatalog zur Überprüfung von Geschwindigkeitsmessungen

441 Die heutige Generation von Radarmessgeräten zeigt eine **hohe Messsicherheit**. Trotzdem kann es auch bei diesen ausgereiften Messgeräten zu Messfehlern oder Auswertfehlern kommen. Mögliche Mess- oder Auswertefehler kommen meistens nicht durch die Geräte selbst zustande, sondern haben ihre Ursache in **Bedienungsfehlern** bzw. Missachtung der Vorgaben in den Bedienungsanleitungen. Radarmessgeräte liefern aber den großen Vorteil, dass jeder Messvorgang durch ein Foto dokumentiert wird. Anhand dieses Messfotos bzw. der gesamten bei einem Messeinsatz aufgenommenen Fotoreihe kann eine detaillierte und zuverlässige Überprüfung einer Geschwindigkeitsmessung durch einen technischen Sachverständigen erfolgen.

Diese Fragen kann ein Verteidiger vorab nicht selbst kontrollieren.

> **Praxistipp:**
>
> Auf der Grundlage der vorstehenden Ausführungen sollte der Verteidiger darauf achten, dass in einem Gutachten die Fragen folgender Checkliste beurteilt werden:
>
> - Kam ein geeichtes Messgerät zum Einsatz?
> - Wurde das Messgerät zwischenzeitlich nachgeeicht und wurden dabei Mängel festgestellt, die Auswirkungen auf das Messergebnis haben konnten?

§ 1 Geschwindigkeit

- Wurden die geforderten Gerätetests durchgeführt und dokumentiert?
- War das Messgerät parallel zur Fahrbahnlängsachse ausgerichtet?
- Befindet sich das gemessene Fahrzeug im geforderten Auswerterbereich?
- Fährt ein weiteres Fahrzeug in gleicher Fahrtrichtung im Auswertebereich?
- Fährt das gemessene Fahrzeug parallel zur Fahrbahnlängsachse?
- Entspricht der gewählte Messort den Vorgaben in der Bedienungsanleitung?
- Steht das Messgerät auf der Kurvenaußenseite?
- Befinden sich im Radarbereich metallene Gegenstände, die eine Reflexionsfehlmessung auslösen konnten?

B. Lasermessgeräte

Lasermessgerät Vitronic PoliScan^{speed} : Über alle Zweifel erhaben?

Im Juni 2006 erhielt das von der Firma VITRONIC (Wiesbaden) entwickelte Lasermessgerät PoliScanspeed seine Zulassung von der Physikalisch Technischen Bundesanstalt (PTB). Erste Gutachtenaufträge zur Frage der Ordnungsgemäßheit stattgefundener Messungen erreichten uns Ende 2007/Anfang 2008. Zu dem Zeitpunkt gab es als quasi einzige technische Referenzquelle die vom Hersteller herausgebrachte Bedienungsanleitung. Wenngleich diese sehr umfangreich ist, so enthält sie leider nicht die für den technischen Sachverständigen wesentlichen Informationen, was insoweit ja auch nicht verwundert, ist sie ja eigentlich auch als Anleitung für den Messbeamten gedacht. Erst nach und nach war im Rahmen diverser Kontaktaufnahmen mit dem Hersteller ermittelbar, welche objektiven Maßstäbe an eine solche Messung anzulegen sind, damit sie bei jetzigem Wissensstand technisch unbedenklich sind.

442

I. Funktionsprinzip

PoliScan^{speed} ist ein fotografierendes **Laser-Geschwindigkeitsmessgerät**, das nach dem sog. LIDAR-Prinzip arbeitet. Die Hauptkomponente des Messgeräts ist der **LIDAR** (light detection and ranging). Es werden, ähnlich einem Flächenradar Laserstrahlen in einem 45°-Winkel über die Fahrbahn geschickt.

443

Teil 2: Ordnungswidrigkeiten

Die Laserstrahlung liegt im unsichtbaren Infrarotbereich – es werden 158 Strahlen mit einer Wiederholrate von 100/s ausgesandt. Jeder einzelne Laserstrahl besitzt eine Breite von 6 mrad (horizontal) und eine Höhe von 19 mrad (vertikal). Damit weitet sich jeder Strahl in 75 m auf ein Maß von 45 x 140 cm aus (Breite zur Höhe). Dringt nun ein herannahender Pkw in diesen fächerartigen Laserlichtkegel, so startet eine **Laser-Puls-Laufzeitmessung**.

Die Infrarot-Lichtimpulse werden von verschiedenen Karosserieteilen des Kfz reflektiert und wieder vom Messgerät empfangen. Aus der Fülle der reflektierten Impulse, deren Abtastwinkel registriert wird, erstellt das Gerät intern ein dreidimensionales Gebilde. Die Geschwindigkeit wird nun aus der sich verändernden Distanz der reflektierenden Karosseriepunkte zum Messsystem bestimmt (über die konstante Lichtgeschwindigkeit).

Das Auffächern des Lasers erfolgt an einem sich **drehenden Spiegelsystem**, ähnlich Abb. 1.

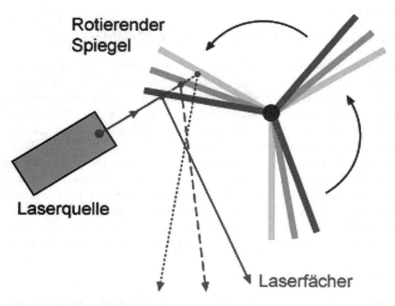

Abb. 1 Drehendes Spiegelsystem

§ 1 Geschwindigkeit

So wird eine kontinuierliche (queraxiale) Ausdehnung des von der Laserquelle emittierten, einzelnen Laserstrahls bewirkt, sodass gemäß Prinzipskizze Abb. 2 die Fahrbahn quasi abgescannt werden kann.

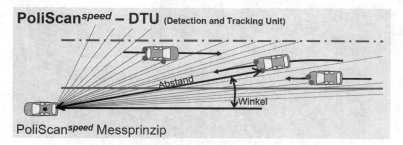

Abb. 2 Prinzipskizze

II. Geräteaufbau

Blickt man von vorne auf die Geräte-Hauptkomponente, Abb. 3, so befindet sich im mehr linken Bereich der sog. LIDAR. Dass sich eine solche Infrarotlichtquelle tatsächlich darin befindet, lässt sich mit einer handelsüblichen Videokamera beweisen, die auch im Infrarot-Wellenlängenbereich aufnimmt. Der Bildausschnitt der LIDAR-Frontansicht zeigt rein prinzipiell die **Infrarot-Laserauffächerung.**

444

Teil 2: Ordnungswidrigkeiten

Abb. 3 Infrarot-Laseraufffächerung

Das Gerät selbst befindet sich auf einem drehbaren Stativ, an dem sich Winkeleinteilungen befinden, die dem Messbeamten für eine (gemäß Bedienungsanleitung) problemlose Geräteausrichtung dienen. Zuoberst auf dem Messgerät sind **2 Digitalkameras** positioniert, die mit unterschiedlichsten Objektivbrennweiten ausgerüstet werden können (25, 50 und 75 mm). Die Position der Kamera auf dem LIDAR besagt nicht unbedingt, für welche überwachte Fahrspur sie nun zuständig ist – das Messsystem entscheidet selbstständig, welche Objektivbrennweite für die jeweilige Fahrspur optimal geeignet ist.

III. Ergebnisse eigener Versuche

445 Der Verfasser hatte bereits Gelegenheit, mit diesem Messsystem zu arbeiten. Zur eigentlichen Aufbauprozedur des Geräts sollen sich diese Ausführungen

§ 1 Geschwindigkeit

nicht weiter verhalten, führt eine deutliche Abweichung von den Empfehlungen in der Bedienungsanleitung lediglich dazu, dass der letztlich alles entscheidende **Auswerterahmen** dann „unbrauchbar" im sog. Tatfoto liegt. Exemplarisch sei hier auf die Abb. 4 eingegangen, die solchermaßen provoziert wurde. In diesem Lichtbild sind die Kriterien, die an den Messfeldrahmen gestellt werden, nicht erfüllt.

Abb. 4 Unbrauchbarer Auswerterahmen

Zudem führt eine extreme Fehlausrichtung des Gerätes in Bezug auf die Annäherungsrichtung des zu überwachenden Verkehrs nur dazu, dass zu geringe Reflexionsanteile geliefert werden und dann letztlich keine Messungen mehr möglich sind. In diesem Zusammenhang ist zu erwähnen, dass es **keiner besonderen Winkelausrichtung** des Geräts zur Fahrbahnlängsachse bedarf, also die recht strengen Gesetzmäßigkeiten bei den gängigen Radarmessanlagen hier nicht zu berücksichtigen sind.

446

Teil 2: Ordnungswidrigkeiten

Abb. 5 Videostandbild / Tatfoto

Probemessungen mit einem ProViDa-Wagen an einer Messstelle führten dann auch zur Bestätigung des von der PoliScan-Anlage gelieferten Messwerts, Abb. 5. Zuoberst ist das Videostandbild mit dem Momentangeschwindigkeitswert des ProViDa-Wagens zum Zeitpunkt der Messung zu sehen. Zuunterst erkennt man das zugehörige „Tatfoto". Die Geschwindigkeitswerte differieren um lediglich 1 km/h, d.h. sie liegen in der ohnehin zu berücksichtigenden **3 % bzw. 3 km/h Toleranzbreite.**

447

Bei der Einrichtung des Messgeräts, also den vorzunehmenden Kameraeinstellungen ist allerdings genauestens darauf zu achten, dass das tatsächlich eingesetzte Objektiv (bzw. dessen Brennweite) mit den Angaben in der entsprechenden **Registerkarte**, also der **Software-Oberfläche** übereinstimmt. Korrelieren diese Daten nicht, so kann es zu einer fehlerhaften Abbildung der zur Fotoüberprüfung eingeblendeten Auswertehilfe kommen – eine korrekte Messwertzuordnung ist dadurch nicht sichergestellt. Auch sind der Abstand des Messgeräts zum Fahrbahnrand und die Fahrbahnbreiten festzuhalten bzw. einzugeben.

448

IV. Messwertbildung und Fotoauslösung

Bei Inbetriebnahme des Messgeräts führt dieses zunächst einen **Selbsttest** durch, auf den der Messbeamte keinen Einfluss nehmen kann (selbstständiger Ablauf). Erst danach werden sämtliche, messstellenspezifische Daten (Datum und Uhrzeit, eingesetztes Objektiv ...) angewählt bzw. softwareseitig eingegeben. Auf diesen routinemäßigen Ablauf soll hier ebenfalls nicht weiter eingegangen werden, fehlerhafte Angaben im Tatfoto würden sofort ins Auge fallen.

449

Zum Messablauf selbst ist zu sagen, dass ankommende Kfz in einem Bereich von 75 – 20 m vor dem Gerät detektiert werden. Innerhalb einer Entfernung zwischen 50 und 20 m wird die Geschwindigkeit gemessen, wobei innerhalb dieses Bereichs zumindest ein **zusammenhängender Streckenanteil von 10 m** vorliegen muss, innerhalb welchem laufend auswertbare Signale geliefert werden. Die Mindestdistanz von 10 m kann beliebig innerhalb des Bereiches zwischen den o.g. Grenzen liegen. Es ist aber auch durchaus möglich, dass das Fahrzeug über bspw. 25 – 30 m kontinuierlich gemessen wird, was in Anbetracht des jeweils relevanten Geschwindigkeitsbereichs schon zu einem **nicht unerheblichen Mess-Zeitfenster** führen kann. Genau hier können sich

Teil 2: Ordnungswidrigkeiten

Problemfälle entwickeln, kommt es nämlich bei bspw. stark verzögerten oder beschleunigten Bewegungsvorgängen der überwachten Kfz im Messverlauf nicht zu Annullationen – vielmehr wird **die mittlere Geschwindigkeit** des Fahrzeugs innerhalb der kompletten Messstrecke zugrunde gelegt bzw. letztendlich vorgeworfen.

450 Eine **Messwertannullierung** findet erst dann statt, wenn sich das Tempo des gemessenen Kfz innerhalb des gesamten Messbereiches um **mehr als 10 %** ändert, was im Hinblick auf die z.B. erheblichen Verzögerungsleistungen moderner Pkw problematisch werden kann.

In der bislang zur Verfügung stehenden Bedienungsanleitung heißt es, dass das System selbstständig die Genauigkeit der Messwertbildung prüfe und dann, wenn die geforderte Güte nicht erreicht wird, der Messwert verworfen wird.

Auf telefonische Nachfrage wurde uns von der Firma Vitronic mitgeteilt, dass es sich bei der „**geforderten Güte**" um einen Anteil von 0,6 % und mithin etwa 1/5 der Verkehrsfehlergrenze handelt, die, sollte dieser Wert zutreffen, aus technischer Sicht belanglos ist.

451 Ferner wurde uns mitgeteilt, dass das Gerät dann, wenn ein Kfz als quasi guter Reflektor erfasst wird, dieser weiter verfolgt wird und das letztlich als **Auswerterahmen** ins Lichtbild eingeblendete Rechteck auch tatsächlich den Bereich wiedergibt, von dem **Reflexionsanteile** des Kfz geliefert wurden.

452 Auch die aus sachverständiger Sicht interessante Frage, welche Zeitdauer zwischen der Fotoauslösung und dem Messende vergeht, wurde nunmehr präzisiert. Je nach Fahrspur kommt es zu unterschiedlichen Zeitverzögerungen. Fahrzeuge, die sich dicht am Messgerät (in queraxialer Ausdehnung) vorbei bewegen, werden später fotografiert (sie werden bis ins Nahfeld herangelassen), damit eine Kennzeichen- und Personenerkennung möglich ist. Die **Mindestauslösezeit liegt bei 2 – 3 ms** – erst ab einem maximalen Zeitfenster über 40 ms wird kein Bild mehr erstellt.

Fahren Kfz in größerer Querdistanz auf das Messgerät zu, bspw. im Überholfahrstreifen einer Autobahn, so wird das Foto quasi direkt nach Messende (mit der o.g. zeitlichen Verzögerung zwischen 2 und 3 ms – höchstens jedoch 40 ms) erstellt.

§ 1 Geschwindigkeit

Diese maximale Fotoverzugszeit von 40 ms (0,04 s) ist dann letztlich auch der Grund dafür, warum sich der Auswerterahmen im Foto bei **hohen Geschwindigkeiten** (ab Tempo ca. 160 km/h) auch merklich verschieben kann, legt ein Pkw dann in 40 ms rd. 1,8 m zurück.

V. Auswertemöglichkeiten

Der schon mehrfach angesprochene Auswerterahmen wird nach den soeben benannten, sehr kurzen Verzugszeiten in das „Tatfoto" eingeblendet. In der Bedienungsanleitung heißt es, dass für die optimale Erkennbarkeit des Fahrzeugführers die Fotoauslösung in Relation zur Geschwindigkeit erfolgt, wobei hier bereits auf eine „**Fahrstreifenabhängigkeit**" eingegangen wird.

In der Abb. 6 ist ein für dieses Messverfahren typisches Tatfoto zu sehen.

Die Daten in den entsprechenden Zeilen erklären sich eigentlich von allein (Datum/Zeit, zulässige Geschwindigkeit, gemessenes Tempo, auf welcher Spur...).

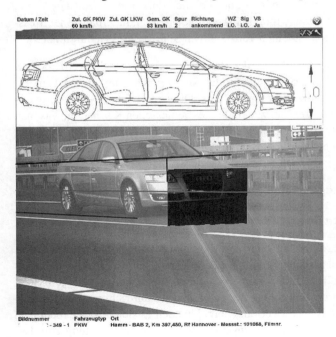

Abb. 6 Tatfoto

Teil 2: Ordnungswidrigkeiten

454 Der hier von PoliScan^{speed} registrierte Audi A6 bewegte sich in der Spur 2, also für diese Linksmessung im Überholfahrstreifen. Gemäß Gerätehersteller soll der **Auswerterahmen eine Höhe von etwa 1 m** besitzen, was sich mittels Fluchtpunktperspektive auch recht einfach überprüfen lässt. Verlängert man nämlich die Fahrbahnleitlinien, ähnlich wie bei einer Radarbildauswertung, in Richtung Horizontpunkt, so lässt sich die Höhe des Messfeldrahmens in Relation zur Höhe des abgebildeten Kfz direkt überprüfen (Abstand zwischen den grünen und den schwarzen Linien). Die Anbauhöhe des z.B. rechten Audi-Außenspiegels ist bekannt, sodass eine solche Überprüfung letztlich unproblematisch ist. Für den Fall der Abb. 6 ermittelt man eine Höhe des Auswerterahmens von knapp 1 m, also in der herstellerseits vorgeschriebenen Größenordnung.

Wenngleich die Dateneinblendung auch auf die vom Kfz benutzte Spur hinweist, so ist gemäß Bedienungsanleitung zu diesem Gerät ausschließlich die Lage der **Auswerteschablone im Bild** zu benutzen und nicht die dort angegebene Spurnummer. Dies wird wahrscheinlich darauf zurückzuführen sein, dass es in geringen Geschwindigkeitsbereichen gelingt, innerhalb einer Messstrecke von 25 oder 30 m einen vollständigen Spurwechsel zu durchfahren.

Die weiteren **Kriterien**, die an den Auswerterahmen gestellt werden, sind, dass sich ein Kfz-Vorderrad und/oder das Kennzeichen zumindest z.T. innerhalb des Auswerterahmens befinden muss. Die Unterkante des Auswerterahmens muss unterhalb der Fahrzeugräder des gemessenen Kfz liegen, was man für das Tatfoto der Abb. 6 insgesamt bescheinigen kann. An dieser Messung ist also mit den gegenwärtigen Beurteilungskriterien so nichts auszusetzen.

455 Wie aber sieht es mit der Messsicherheit im Kolonnenverkehr oder bei beschleunigten/verzögerten Annäherungsbewegungen aus?

VI. Messungen im lebhaften Verkehr

456 Das PoliScan^{speed} „rühmt sich" der zuverlässigen Messmöglichkeiten auch im dichteren Verkehrsgeschehen. Hier ist dann darauf zu achten, dass der Auswerterahmen nur das „Tatfahrzeug" beinhaltet. Wenn sich in selbigem auch **Teile eines weiteren Fahrzeugs** der gemessenen Fahrtrichtung befinden, so ist das Messergebnis zu verwerfen. Hierbei handelt es sich um eine recht präzise Anforderung, wie man sie bspw. aus der Bedienungsanleitung zum Laserhandmessgerät RIEGL FG 21 P kennt. In dem, in die Optik eingeblendeten

§ 1 Geschwindigkeit

Zielerfassungsbereich darf sich auch nur das jeweils anvisierte Fahrzeug, nicht aber Teile eines in gleicher Messrichtung fahrenden, anderen Kfz befinden.

So viel zur Theorie – in der Praxis können auch beim technischen Laien Zweifel aufkommen, wäre nämlich bei dieser strengen Regelauslegung das im linken Fahrstreifen der Abb. 7 fahrende Kfz mit Bonner Kennzeichen verantwortlich für die vom Messgerät registrierte Geschwindigkeit von 75 km/h.

Abb. 7

Teil 2: Ordnungswidrigkeiten

457 Der Auswerterahmen läuft im unteren Bereich exakt an der vorderen Eckkontur des im Hauptfahrstreifen fahrenden Lkw vorbei, während im Fall der Abb. 8 der in der 2. Fahrspur befindliche Skodafahrer „ungeschoren" davon käme.

Abb. 8

Unnötig zu erwähnen ist, dass der in Abb. 8 zu sehende weiße VW Golf nur um ca. 1 m gegenüber der Relativposition des Lkw in der Abb. 7 weiter vorgefahren ist. Im Hinblick auf einen Geschwindigkeitsvorwurf von 76 km/h (Abb. 7) unterhält man sich hier über ein, zwischen diesen beiden Fotos be-

§ 1 Geschwindigkeit

findliches Zeitfenster in der Größenordnung der maximalen Fotoauslösezeit von gut 40 ms (nach Messende).

Überhaupt ist technisch nicht sicher beurteilbar, wie schnell nun bspw. der Lkw-Fahrer in der Abb. 7 fährt (ebenso wie natürlich der VW Golf in der Abb. 8).

Es ist daher die Frage berechtigt, unter welchen Bedingungen der Skoda in der Abb. 8 überhaupt **frei abtastbar** war, zumindest was die Breite des Auswerterahmens betrifft (hier werden ja die Messwerte vom Fahrzeug genommen). 458

Die Abb. 9 zeigt die Situation zum Zeitpunkt der Fotoauslösung in einer Draufsicht. Aus dem Messprotokoll war der Standort des Messgerätes – über eine Ortsbesichtigung auch die Ausdehnung der Fahrstreifen etc. bekannt. 459

Zum Zeitpunkt der Fotoauslösung läuft die Mittelvertikale in der Abb. 8 durch das vordere linke Drittel des VW Golf und quasi durch die Dachkantenmitte des im Überholfahrstreifen befindlichen Skoda.

Dieses Foto wurde in einer Distanz von etwa 17,5 m zum Standort der Messanlage gefertigt, wobei hier natürlich leichte Abweichungen aufgrund der queraxialen Anordnung der Kfz in den Fahrspuren möglich sind.

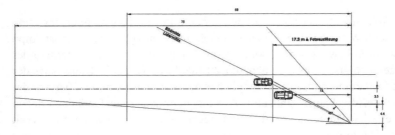

Abb. 9

Da das in der Abb. 8 rechts fahrende, weiße VW-Fahrzeug vom Gerät nicht detektiert wurde, somit die Brutto-Tempogrenze (Auslöselimit) von 74 km/h nicht erreicht haben kann, muss selbiges notwendigerweise langsamer gewesen sein. Hielt sich der Fahrer dieses Kfz bspw. an die zulässige Höchstgeschwindigkeit von 60 km/h, so hätte zum Zeitpunkt des frühesten Mess-

Teil 2: Ordnungswidrigkeiten

beginns (50 m vor dem Standort des Messgeräts) die Situation der Abb. 10 vorgelegen.

Bei erlaubten 60 km/h hätte der VW Golf im rechten Fahrstreifen die Position A eingenommen. Der (bei Annahme einer konstanten Annäherungsgeschwindigkeit) von hinten aufschließende Skoda wäre an der Stelle B gewesen. Dieses Fahrzeug wäre dann aber im „**Sichtschatten**" des PoliScan-Messgeräts gewesen. Es wird durch die linke Fahrzeugfront des Golf in der Position A der Aufenthaltsort des Skoda B vollständig verdeckt.

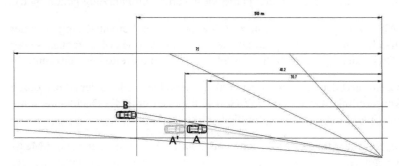

Abb. 10

Eine „freie Sicht" des LIDAR auf den Skoda wäre nur dann möglich gewesen, wenn der VW Golf-Fahrer seinerseits nicht mit dem zulässigen Höchsttempo von 60 km/h bewegt wurde, sondern mit einem Tempo knapp unterhalb der Messgerät-Registriergrenze, nämlich 20 m/s bzw. 72 km/h. Dann hätte der weiße Golf zum Zeitpunkt des möglichen Messbeginns, nämlich 50 m vor der Messstelle, die Fahrzeugposition A' eingenommen. Laut Geräteunterlagen muss eine zusammenhängende Messstrecke von 10 m im Streckenintervall von 50 – 20 m vorliegen, sodass technisch denkbar auch ein Messbeginn erst 30 m vor dem Messgerät noch diskutabel ist, (Abb. 11).

§ 1 Geschwindigkeit

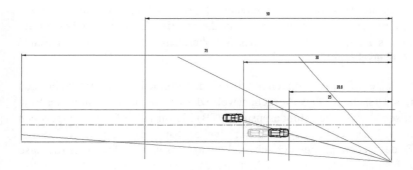

Abb. 11

Auch hier gilt das Gleiche wie für die letztgenannte Abb. Der Überholer, also der dunkle Skoda wäre für das Messgerät nur dann im relevanten Auswertebereich „sichtbar" gewesen, wenn der VW Golf mit einem Tempo von über 70 km/h gefahren wurde.

Will man also keine Zweifel an einer korrekten Messwertbildung aufkommen lassen, so müssen die o.g. Rahmenbedingungen vorgelegen haben. Für ein, vom Golf-Fahrer eingehaltenes, korrektes Tempo an Ort und Stelle hätte eine Messung am Skoda rein technisch gar nicht stattfinden können bzw. dürfen. Es betrübt also die Art der Dokumentation in Form eines einzelnen Fotos... 460

Die gerade durchgeführten Weg-/Zeitbetrachtungen gelten für insoweit **konstante Annäherungsgeschwindigkeiten** der Kfz im Bild, d.h. etwaige Beschleunigungen oder Verzögerungen sind unberücksichtigt geblieben. 461

VII. Einfluss von verzögerten oder beschleunigten Bewegungen

Das bisweilen von „Geschwindigkeitssündern" Messstellen erkannt werden, dürfte spätestens seit Beginn deren fotografischer Dokumentation bekannt sein. Die Abb. 12 zeigt einen solchen Fall. Der Fahrer des weißen Kastenwagens blickt direkt in die Kamera – die starke Vorderwagenabsenkung (Bremsnicken) ist auf dem Foto allzu deutlich, was bedeutet, dass er sein Kfz zumindest in der letzten Phase der Messwerteerhebung merklich verzögerte. 462

Wie schon oben erwähnt, entspricht der angezeigten Geschwindigkeit im Tatfoto das mittlere Tempo des Kfz innerhalb des der Messung zugrunde liegenden Wegintervalls (Regressionsrechnung). Vom System PoliScan^{speed} werden Messwerte erst dann annulliert, wenn die **relative Geschwindigkeitsänderung** des Fahrzeugs innerhalb des Messbereichs den Wert von **insgesamt 10 %** überschreitet.

Wie in einem Telefongespräch mit der Firma Vitronic in Erfahrung zu bringen war, ist Ursache für diese Vorgehensweise der Umstand, dass seitens der Physikalisch Technischen Bundesanstalt (PTB) hierfür keine Regeln vorgegeben wurden. Dies verwundert auch nicht weiter, lautet das vorrangige Ziel der PTB, dass jedem gültigen Geschwindigkeitsmesswert des Prüflings (des also neu abzunehmenden Geschwindigkeitsmessgerätes) ein gültiger Wert der Referenzmessung gegenüber zu stellen ist.

Solche Referenzmessstellen betreibt die PTB an der Bundesallee direkt vor ihrem Standort in Braunschweig und auch auf der BAB 39 bei Wolfsburg, wo auch höhere Tempomesswerte durch den fließenden Verkehr erzielt werden.

§ 1 Geschwindigkeit

Abb. 12

Die **Synchronisation** zwischen der Messwertbildung dieser **Referenzanlagen** und der des **Prüflings** erfolgt unter Einsatz anderer Geschwindigkeitsmessgeräte, wie Lichtschranken, Drucksensoren, Induktionsschleifen, Radargeräten und auch Handlasermessgeräten. All diese Messgeräte überwachen aber keine ausgedehnte Messzone, sondern nur jeweils kurze Messstrecken sowie Messzeiten.

Teil 2: Ordnungswidrigkeiten

Solchermaßen ist mithilfe der PTB-Referenzquellen eine Überprüfung eventueller Geschwindigkeitsschwankungen im Rahmen einer durchaus 25 oder gar max. 30 m langen Auswertestrecke beim PoliScanspeed-Verfahren so nicht möglich.

Wozu dies allerdings führen kann, zeigen recht einfache Berechnungen.

VIII. Problemfall bremsendes Kfz

464 Wäre bspw. der Kastenwagen in der Abb. 12 mit einem Tempo von 105 km/h registriert worden, so wäre nach Abzug der 3 % Toleranzgrenze ein Geschwindigkeitsvorwurf von 101 km/h erhoben worden. Das sind 41 km/h zu viel, mit der Konsequenz eines (u.a.) einmonatigen Fahrverbots.

Unterstellt man einmal, dass der Fahrzeugführer die Messstelle frühzeitig erkannte und durchgehend abbremste, und zwar mit einer hohen Verzögerung (ohne Spurzeichnung bzw. mit ABS problemlos möglich) von 6 m/s^2, so hätte über eine relativ kurze Messstrecke ein merklicher hoher Tempoanteil abgebaut werden können.

Das Gerät führt nun eine **Mittelwertbildung** durch, was bedeutet, dass bei vorgeworfenen 105 km/h Schwankungen von insgesamt max. 10 % noch „geduldet" werden.

Um aus einem Tempo von 114 km/h auf 96 km/h herunter zu bremsen (Mittelwert 105 km/h) fällt ein Bremsweg von eben genannten ca. 25 m (6 m/s^2) an. Die Relativabweichung vom Mittelwert 105 km/h überschreitet die 10-%-Grenze nicht, sodass zum Zeitpunkt der Fotoauslösung oder kurz davor das Tachometer nicht mehr 105 km/h zeigt, sondern einen Wert von unter 100 km/h.

Dass die Folge einer solchen Mittelwertbildung auf jeden Fall ein Einspruch des Fahrzeugführers sein wird, ist nur logisch, wird er ja zum Zeitpunkt der **Fotoauslösung** möglicherweise selbst oder aber durch einen Beifahrer die Bestätigung erfahren, sicher nicht 105 km/h schnell gewesen zu sein.

465 Inwieweit eine solche Vorgehensweise juristisch korrekt ist, fällt nicht in den Beurteilungsspielraum des Verfassers. Es sei nur so viel erwähnt, dass üblicherweise alle Daten zugunsten des jeweils Betroffenen angesetzt werden, und das wären im Rahmen der gesamten Messzeit eben genannte 100 km/h

(brutto). Dieses **Tempo gilt** nämlich streng genommen **für den Zeitpunkt des erbrachten Fotobeweises** und mithin für die Phase, in der auch für den Fahrzeugführer die Messung aufgrund des Fotoblitzes eindeutig ist.

Unnötig zu erwähnen ist, dass von den meisten anderen Messgeräten solche Mittelwertbildungen nicht durchgeführt werden – hätte anstelle des PoliScan-speed-Gerätes im Fall der Abb. 12 dort eine Radaranlage gestanden, so wäre die Messung aufgrund stark variierender Geschwindigkeiten (auch innerhalb der vergleichsweise kurzen Messbasis eines Radargeräts) verworfen worden.

466

IX. Vorläufige technische Bewertung

Man kann nun trefflich darüber streiten, wer für diese – nach Verfasseransicht – sehr **unglückliche Messwerterhebung** zuständig ist. Wenn dem Entwickler eines solchen Geräts hier keine klaren Vorgaben gemacht werden, weil es offensichtlich keine Möglichkeit der abnehmenden Behörde gibt, solche Vorgänge messtechnisch nachzuvollziehen, so ist dies mehr als unglücklich und führt in der Gesamtschau sicherlich nicht dazu, die Akzeptanz eines solchen Messverfahrens in der Öffentlichkeit zu steigern. Es wundert also nicht, wenn VITRONIC damit wirbt, ihr Produkt lasse Messwertannullationen nicht zu, ist dies bei 10 %iger **interner Toleranzbreite** wohl eher selten der Fall.

467

Aufseiten des Geräteherstellers ist man im Hinblick auf vielerlei Kritik aus dem Sachverständigenlager mittlerweile „gesprächsbereiter" geworden. So wird – wie telefonisch mitgeteilt – an einer **Tuff-Viewer-Version** für Gutachter gearbeitet (Tuff = Dateiformat), anhand derer eine Fülle weiterer zusätzlicher Messdaten abrufbar sind.

Offensichtlich sollen bis zum Herbst auch weitere „aufschlussreiche Unterlagen" herausgebracht werden, damit es nicht mehr zu einer Wiederholung von quasi ablehnenden Gerichtsurteilen (wie vom AG Mannheim) kommt.

Der Verfasser ist der Ansicht, dass es sich bei dem Gerät der Firma Vitronic sicher um ein **hoch präzises Messinstrument** handelt, das, wie eigentlich alle neu entwickelten Geschwindigkeitsmessgeräte „technische Startprobleme" hat, die allerdings möglichst schnell beigelegt werden müssen, soll in Zukunft nicht in jedem Fall – vom Rechtsbeistand des Betroffenen – der Antrag auf Einholung eines Sachverständigengutachtens gestellt werden. Vielleicht wäre es für die Messdokumentation vorteilhafter, wenn, ähnlich wie

468

Teil 2: Ordnungswidrigkeiten

beim Lasermessgerät Leivtec XV1, eine **Videodokumentation** durchgeführt würde. Anhand selbiger wäre zumindest beurteilbar, inwieweit eine ungestörte Abtastung des vom LIDAR erfassten Fahrzeugs überhaupt möglich war (in Verbindung mit dem schlussendlichen Tatfoto und dem darin erhaltenen Auswerterahmen).

Abschließend sei auch noch darauf hingewiesen, dass es schon etwas merkwürdig anmutet, dass das Eichamt Hessen (als quasi Nachbar von VITRONIC) beim Hersteller, also in dessen Labor, die Geräteeichung vornimmt.

X. Zusammenfassung

469 Problematisch bei der Sachverständigenprüfung von Messvorgängen mittels PoliScan^{speed} ist der Umstand, dass ggf. über eine lange Strecke gemessen wird. Es wird eine Mittelwertbildung vorgenommen, die in Anbetracht der Verzögerungseigenschaften (Beschleunigung) eines Kfz über diese beträchtliche Distanz zu ganz erheblichen **Geschwindigkeitsveränderungen** führen kann, die z.B. bei einer Radarmessung sofort zu einer Annullation des erhobenen Tempowerts führen würde. Seitens des Geräteherstellers wird aber ein Toleranzband von 10 % insgesamt „geduldet", weil es insofern seitens der **PTB kein relevantes Regelwerk** gäbe.

Im Rahmen einer starken Abbremsung eines Kfz kann dies dazu führen, dass der Tempowert zum Zeitpunkt der Fotoauslösung erheblich niedriger lag als noch zu Beginn der Messphase respektive in Relation zum vorgeworfenen Geschwindigkeitswert. Konkret bedeutet das, dass der **Tempovorwurf für das objektive Beweismittel (Tatfoto) nicht zutrifft.**

Auch die vergleichsweise simplen Kriterien, die an den Auswerterahmen gestellt werden, verblüffen zumindest dann, wenn Messungen im dichteren Verkehrsgeschehen geprüft werden. Zweckmäßig wäre hier eine Videodokumentation des gesamten Messvorgangs und letztlich eine deutlich kleinere zu berücksichtigende Toleranzgrenze (oder aber die Einblendung des niedrigsten registrierten Tempowerts). Die Folge wäre sicherlich eine ganze Fülle von Messwertannullationen, die aber nach Ansicht des Verfassers in Kauf zu nehmen sind, um eine hinreichende Akzeptanz des Geräts bei allen damit befassten Personen zu erzielen. Dies scheint zum gegenwärtigen Zeitpunkt noch nicht gelungen.

§ 2 Lichtsignalanlagen - die „Rotlichtsünde"

Behördliche Messverfahren genießen nicht immer den Ruf der Unfehlbarkeit. Mängel an Messeinrichtungen, fehlerhafte Bedienungen durch das Messpersonal oder unkorrekte Auswertungen lassen sich bisweilen technisch feststellen. Während nach hiesigen Erfahrungswerten Geschwindigkeitsmessungen vom Betroffenen (über seinen rechtlichen Vertreter) recht häufig angegriffen wurden, so bleibt der „Rotlichtverstoß" hiervon meines Wissens öfter verschont. Im Folgenden wird anhand von Beispielfällen erörtert, welche Möglichkeiten aus technischer Sicht zur Verfügung stehen, das fotografisch dokumentierte Delikt zu prüfen.

470

A. Technische Einzelheiten des Rotlichtverstoßes

Der Rotlichtverstoß ist dann „perfekt", wenn das Fahrzeug die beiden relevanten, ca. 1m breiten Induktionsschleifen überfährt. Die erste, A-Schleife genannt, liegt i.d.R. 1,5 bis 2 m hinter der Haltelinie. Je nach Kreuzungsdimension ist in Fahrtrichtung eine weitere Induktionsschleife in die Feinschichtdecke eingelassen, die die Kreuzungsdurchfahrt nochmals fotografisch dokumentiert. Ein „vollendeter" Rotlichtverstoß wird durch die beiden Fotos, **A-Foto** und **B-Foto** genannt, festgehalten.

471

Stoppt der Fahrzeugführer kurz nach Überfahren der A-Schleife, d.h. es kommt nicht zu einer 2. Fotoauslösung infolge Überfahren der B-Induktionsschleife, so wird ein sog. Zwangsfoto ausgelöst (Verzugszeit an der Anlage einstellbar, i.d.R. etwa 2 bis 3 s), um nachträglich überprüfen zu können, wo das Fahrzeug geblieben ist.

B. Beispiel

In den beiden Beispielbildern 1 und 2 ist der Rotlichtverstoß eines Lkw (mit Anhänger) festgehalten worden. In Höhe der **A-Schleife** wurde eine **Rotlichtverstoßzeit** von 0,61 s gemessen. Die **B-Schleife** wurde **1,17 s** nach Rotlichtbeginn ausgelöst.

472

Teil 2: Ordnungswidrigkeiten

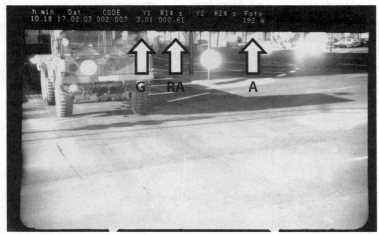

A = A-Foto
G = Gelblichtzeit
RA = Rotlichtzeit A

Bild 1: Foto in Höhe der A-Schleife

A = B-Foto
G = Gelblichtzeit
RB = Rotlichtzeit B

Bild 2: Foto in Höhe der B-Schleife

§ 2 Lichtsignalanlagen - die „Rotlichtsünde"

An der Vorfallsstelle sind 50 km/h zulässig (mehrspurige Straße – innerorts). Vor Ort wurde nachgemessen, dass zwischen der A- und der B-Schleife eine Distanz von 13,8 m lag.

Über die Definition der Geschwindigkeit:

$$v = \frac{s}{t}$$

v = Geschwindigkeit
s = Strecke
t = Zeit

könnte man hier vorschnell über die Zeitverschiebung der beiden Fotos, nämlich 0,56 s, argumentieren, der Lkw sei mit einem Tempo von

$$\frac{13,8 \text{ m}}{0,56 \text{ s}} = 24,6 \, \frac{\text{m}}{\text{s}} = 89 \, \frac{\text{km}}{\text{h}}$$

bewegt worden.

Betrachtet man aber das A-Foto genauer, so zeigt sich, dass es nicht die Vorderachse des Lkw ist, die hier das Foto auslöst, sondern die Hinterachse. Der Grund hierfür ist, dass die Vorderpartie des Lkw die A-Schleife zu einem Zeitpunkt überfuhr, als die **Anlage noch gar nicht „scharf"** war (**Fotoauslösung i.d.R. ab 0,5 s nach Rotlichtbeginn**). Fertigt man zur Örtlichkeit eine Arbeitsskizze (Skizze 1) an, so stellt man fest, dass die vom Lkw zurückgelegte Strecke zwischen den beiden Fotoauslösungen nicht 13,8, sondern 9,4 m beträgt. Hieraus errechnet sich eine **Durchschnittsgeschwindigkeit des Lkw** nicht von 89 km/h, sondern **60 km/h**.

473

Teil 2: Ordnungswidrigkeiten

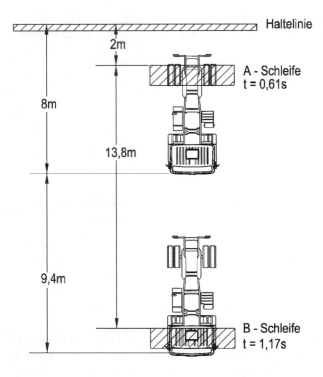

474 Für die Frage der Rotlichtverstoßzeit ist der Umstand, dass die Hinterachse auslöste, ausschlaggebend. Es ist im Lageplan leicht ersichtlich, dass der Lkw bis zum Erreichen der 1. Fotoposition die in 2 m Distanz zur A-Schleife liegende Haltelinie um bereits 8m hinter sich gelassen hat. Dividiert man diesen Streckenanteil durch die Durchschnittsgeschwindigkeit von 60 km/h (16,7 m/s), so befand sich die Lkw-Front schon 0,48 s vor der A-Fotoauslösung in Höhe der Haltelinie. Dem Lkw-Fahrer ist also nur noch eine Rotlichtverstoßzeit von

0,61s – 0,48s = 0,13s

nachzuweisen.

Praxistipp:

Bei der Beurteilung eines Rotlichtverstoßes ist zunächst zu prüfen, ob das betreffende Kfz mit seinem Vorbau (Vorderrädern) das A-Foto auslöste. (Lage der 1. Detektorschleife i.d.R. ca. 2 m hinter der Haltelinie). Wenn nicht, ist die Rotlichtverstoßzeit laut A-Foto überhöht.

C. Technische Besonderheiten

Neben den vorgenannten, unvermeidbaren Toleranzen sind aber auch Fälle bekannt, in denen vom technischen Anlagenbetreuer der Auslösezeitpunkt der Detektorschleife falsch konfiguriert wurde. Es ist nämlich auch möglich, die Fotoauslösung bei **Verlassen** der ca. 1 m breiten Detektorschleife durch das Kfz einzuleiten, was dann grds. zu **überlangen Rotlichtzeiteinblendungen** führt. Auf dem 1. Auslösefoto ist dann aber die weit vorangeschrittene Kfz-Position in Relation zur Lage der Detektorschleife zu sehen. Solche Fehlkonfigurationen führen dazu, dass alle Messungen fehlerhaft sind. A-Fotoaufnahmen inmitten der Gelbphase sind dann ohne weiteres möglich. 475

An diversen beampelten Kreuzungen wurden Versuchsfahrten durchgeführt, wobei der **Überfahrprozess über die A-Detektorschleife** und (gleichzeitig) der Phasenwechsel der Lichtzeichenanlage mit einem (geeichten) **Camcorder** gefilmt wurden. Solchermaßen war es möglich, die über den Videomitschnitt in den Versuchsfahrten festgestellte Verstoßzeit mit den Werteangaben der Rotlichtüberwachungsanlage abzugleichen. Die Untersuchung ergab bei richtiger Konfiguration der Detektorschleife stets sehr geringe Abweichungen, die eher auf die systembedingten Ungenauigkeiten in der Videoauswertung zurückzuführen waren, denn auf technische Mängel an der Anlage. 476

Die Videoauswertungen lieferten aber die weitere Erkenntnis, dass zwischen dem tatsächlichen Aufleuchten des Rotlichtes und dem vom Rechner registrierten Rotlichtbeginn, der **schaltungstechnisch** mit der Stromzufuhr zur Rotlichtlampe beginnt, ein Zeitanteil von 2 bis 3 Einzelbildern lag. Zu bedenken ist in diesem Zusammenhang, dass als Leuchtmittel i.d.R. eine Glühbirne zum Einsatz kommt, deren Lichtausstrahlung erst ab einer gewissen Glühwendelaufheizung sicher erkennbar wird. Als Quintessenz folgt, dass die von der Anlage registrierte Rotlichtdauer nicht jene ist, die vom außenstehenden Beobachter auch so wahrgenommen wird. Vielmehr ist ein weiterer Zeitanteil von ca. 0,1 s abzugsfähig. 477

Teil 2: Ordnungswidrigkeiten

> **Praxistipp:**
>
> Die im A-Foto eingeblendete Rotlichtverstoßzeit bezieht sich auf den Schaltzeitpunkt in der Anlage, der nicht identisch ist mit dem Beginn der erkennbaren Rotlichtphase. Das Auswerteprotokoll der Behörde ist also neben dem Zeitverzug zwischen Haltelinie und Fotoposition auch dahin zu prüfen, ob dieser Zeitanteil berücksichtigt wurde.

478   Angewandt auf das o.g. Beispiel schrumpft die Rotlichtverstoßzeit für den Lkw-Fahrer auf wenige 1/100 s. Das Rotlicht war dann wegen des geringen Restabstandes zur Haltelinie und der Anordnung der Lichtsignalkörper vom Fahrzeugführer letztendlich auch nicht mehr sicher erkennbar.

Oftmals schließt sich hier die Frage an, ob das Kfz innerhalb der Gelblichtphase noch rechtzeitig vor der Haltelinie hätte stoppen können. Dies erfordert eine „Weg-Zeit-Beurteilung".

D.   Weg-Zeit-Betrachtung

479   Moderne Ampelüberwachungsanlagen (z.B. Traffiphot III) messen die Gelblicht- wie auch die Rotlichtphase mit einer Ganggenauigkeit von 0,01 s (2 unabhängig arbeitende Zählerbausteine). Wird zwischen den Einzelzeiten eine Verschiebung von mehr als einer 1/100 s registriert, so wird die Messung verworfen.

Über die mit angegebene Gelblichtzeit von 3,01 s im o.g. Beispiel ergibt sich eine Distanz des Lkw (zur Haltelinie) beim Phasenwechsel Grün/Gelb von ca. 50 m. Bei dem tatsächlichen Annäherungstempo von ca. 60 km/h hätte der Lkw-Fahrer mit ca. 5,6 m/s^2 verzögern müssen (Reaktions- incl. Bremsschwelldauer: 1,5 s), um noch vor der Haltelinie zum Stillstand zu gelangen. Dies entspricht in etwa der Vollverzögerung des Fahrzeuges, die u.U. im Gespannbetrieb zur Instabilität des Zuges führen kann.

Wäre zum Zeitpunkt des Lichtzeichenwechsels das zulässige Tempo von 50 km/h eingehalten worden, so wäre für das Halten vor der Ampel eine Verzögerung von etwa 3,4 m/s^2 nötig gewesen, die aber auch schon eine starke Bremsbetätigung eines solchen Lkw-Gespanns erfordert und im Falle ungünstiger äußerer Bedingungen (z.B. nasse Straße) i.d.R. nicht ausgeschöpft wird.

§ 2 Lichtsignalanlagen - die „Rotlichtsünde"

Alle „amtlichen Auswerter" dieser Verfahren unterstellen bei ihren Rotlichtzeitberechnungen eine **konstante Geschwindigkeit** des jeweils gemessenen Fahrzeugs. Im oben behandelten Beispiel ist dies auch zulässig, ergeben sich aus den Fotos keine Anzeichen dafür, dass der Lkw verzögert wurde – das Beschleunigungsvermögen ist bekanntermaßen bei diesen Fahrzeugen sehr gering.

Bewegt sich ein Fahrzeug beschleunigend auf eine Kreuzung zu, so legt es im Gegensatz zur gleichförmigen Fahrt im interessierenden Zeitfenster eine kleinere Strecke zurück – im Bremsvorgang ist der relative Streckenanteil demgegenüber größer. 480

Solchermaßen kann nur der **beschleunigte Fahrvorgang zugunsten des „Rotlichtsünders" ausfallen**, gewinnt er in den festen örtlichen Grenzen „wertvolle" Zeit. Tauscht man im o. g. Beispiel den schwerfälligen Lkw gedanklich gegen ein leistungsstarkes Fahrzeug aus (mögliche Beschleunigung 3 m/s²), so wäre dies in der Lage gewesen, aus einem Tempo von ca. 57 km/h innerhalb von 9,4 m (Abstand zwischen der Auslösung der beiden Fotos) bis auf 63 km/h zu beschleunigen.

Auch der davor liegende Anteil zwischen Haltelinienbeginn und A-Fotoauslösung von 8 m hätte stark beschleunigend überbrückt werden können, womit eine Überfahrgeschwindigkeit über die Haltelinie von dann ca. 52 km/h folgen würde.

Unter dieser Prämisse wäre die Front des leistungsstärkeren Fahrzeugs etwa 1,1 s vor Auslösung des B-Fotos i.H.d. Beginns der Haltelinie gewesen, womit eine Rotlichtverstoßzeit von dann nur noch 0,07 s folgt. Man hätte gegenüber der 1. Rechenvariante der gleichförmigen Bewegung mit 60 km/h 0,06 s „hinzugewonnen", sodass unter weiterer Berücksichtigung der Schaltzeit der Lichtsignalanlage von ca. 0,1 s (**Rotlichterkennbarkeit nach Schaltvorgang**) nicht einmal der Vorwurf eines Rotlichtverstoßes aufrechterhalten werden könnte, hätte sich das Fahrzeug in der allerletzten Gelbphase (soweit optisch wahrnehmbar) mit seiner Front über die Haltelinie hinweg bewegt.

Praxistipp:
Die Berechnung der Rotlichtverstoßzeit der Behörde basiert auf der Annahme einer gleichförmigen Annäherungsgeschwindigkeitdes Kfz. Im

> niedrigen Tempobereich (z.B. abbiegendes Fahrzeug) oder aber bei hoher Motorleistung können im beschleunigten Fahrvorgang ebenfalls noch Zeitabschläge diskutiert werden.

481 Die vorangegangenen Berechnungen zeigen, dass fotografisch dokumentierte Rotlichtverstöße, insbesondere aber auch die behördlichen Auswertungen z.T. nicht alle Variablen zugunsten der Betroffenen berücksichtigen. Eine Überprüfung erfordert aus technischer Sicht:

- brauchbares Lichtbildmaterial
- und eine hinreichend maßstabsgerechte Skizze der Kreuzung, sofern eine Ortsbesichtigung nicht durchgeführt werden soll.

Schon mit diesem Material ist es dann möglich, zu prüfen, ob der Vorwurf im Bußgeldbescheid zweifelsfrei bestätigt werden kann oder aber ob noch weitere Zeitabschläge vorzunehmen sind. Insbesondere im Hinblick auf die juristisch interessante 1s-Grenze lohnen sich letztendlich Überprüfungen stets bei Verstoßzeiten, die diese Grenze **nicht wesentlich** überschreiten (bis zu etwa 0,3 s), sofern das A-Foto ordnungsgemäß, d.h. vom Vorbau des Kfz ausgelöst wurde.

482 Ist ein umfassendes, also **gerichtliches Gutachten** zu erstatten, so ist eine Inaugenscheinnahme der Gesamtanlage (also auch der Detektorschleifen), zumindest aber die Durchsicht des vollständigen Negativstreifens notwendig, da nur an Letztgenanntem prüfbar ist, ob alle Fotoauslösungen technisch sinnvoll bzw. erklärbar sind.

Gelegentlich werden von Betreibern max. Rotzeiten (Zeitdauer der Scharfstellung) in die Auswerteanlage programmiert, ab welchen eine Fotoauslösung nicht mehr erfolgen soll, um bspw. Rotlichtüberfahrten von Einsatzfahrzeugen nicht zu dokumentieren. Ist dies nicht der Fall, so kann auch schon ein Radfahrer eine A-Fotoauslösung zu einem sehr späten Zeitpunkt bewirken, also in einer Phase, in der der „überwachte Verkehrsstrom" schon lange Zeit Rotlicht gezeigt bekommt. Beispielhaft hierfür stehen die Bilder 3 und 4. Die dort mittels Pfeil markierte Radfahrerin überfährt die in ca. 1,5 m Distanz zur Haltelinie liegende 1. Detektorschleife 9,97s nach Rotlichtbeginn. Der überwachte Verkehrsstrom (im Bildhintergrund) steht im interessierenden Zeitraum, da eine Positionsveränderung im B-Foto nicht festzustellen ist. Das B-Foto wurde „zwangsweise" ausgelöst, da die im Kreuzungsbereich liegen-

§ 2 Lichtsignalanlagen - die „Rotlichtsünde"

de Schleife nicht überfahren wurde. Aus der Zeitdifferenz zwischen A- und B-Foto ist die Zwangsauslösedauer leicht mit 2,5 s nachzuvollziehen. Solche Fotoauslösungen sind zwar vom Anlagebetreiber unerwünscht, da finanziell unergiebig, andererseits aus technischer Sicht aber unbedenklich.

Bild 3: A-Foto

Teil 2: Ordnungswidrigkeiten

Bild 4: B-Foto

Hier ergaben sich aber auch schon Fallkonstellationen, in denen stark verspätete Fotoauslösungen nicht erklärbar waren – ein sicherer Hinweis für einen Anlagenfehler. Oftmals ist dann die Detektorschleife respektive deren Verkabelung der „Übeltäter" – dann ist es allerspätestens angezeigt, die Anlage außer Betrieb zu nehmen, selbst wenn „Kurzzeit-Rotlichtverstöße" plausibel wirken. Dies kann man aber nur feststellen, wenn man den gesamten Negativstreifen durchsieht.

E. Arbeitshilfe

483 **Checkliste für die Prüfung des Rotlichtverstoßes**

> ☐ Für eine kursorische Prüfung eines Rotlichtverstoßes müssen A- und B-Foto in brauchbarer Qualität sowie ein Lageplan zur Detektorenanordnung vorliegen.
>
> ☐ Sind die Fotopositionen technisch korrekt, so sind ggf. noch weitere Abzüge diskussionsfähig, wenn nicht eine gleichförmige, sondern eine beschleunigte Fahrbewegung betrachtet wird.

§ 2 Lichtsignalanlagen - die „Rotlichtsünde"

☐ Zusätzlich fällt auch der Zeitanteil des Lichtzeichenwechsels ins Gewicht.

☐ Bei fehlerhafter Schleifenkonfiguration durch den Anlagenbetreiber oder bei Fotoauslösung durch die Hinterachse eines Kfz können sich z.T. erhebliche Zeitabschläge ergeben; Hinweise hierfür zeigen schon die in der Akte enthaltenen Fotos.

☐ Schlussendlich erfordert eine vollständige technische Fallbehandlung dieser Fragestellung die Durchsicht des gesamten Negativstreifens und eine Inaugenscheinnahme der Messstelle sowie der Messapparatur (insbesondere der Detektorschleifen).

§ 3 Ladungssicherung – Anforderungen und physikalische Grundlagen

484 Aufgrund des immer stärker werdenden Lkw-Verkehrs im Transitland Deutschland gewinnt das Thema Ladungssicherung zunehmend an Bedeutung. Die vorliegenden Ausführungen beschreiben, welche Anforderungen an die Ladungssicherung gestellt werden. Um einen ersten Einblick in diese komplexe Materie erlangen zu können, erfolgt darüber hinaus die Erläuterung einiger Sicherungsmaßnahmen und deren Besonderheiten.

A. Anforderung an die Ladungssicherung

485 Der Gesamtverband der deutschen Versicherungen schätzt, dass 70 % aller Ladungen mangelhaft oder gar nicht gesichert sind. 13 % aller Lkw-Unfälle in Deutschland sollen auf unzureichende Ladungssicherung zurückzuführen sein. Diese Zahlen haben dazu geführt, dass durch die Polizei immer häufiger auch die Sicherung der Ladung überprüft wird. Hier hat der Beamte vor Ort das Problem, das in der Ausbildung Gelernte auf die Praxis zu übertragen. Da auf der anderen Seite aber auch die Beschuldigten durch intensive Aufklärungsarbeit in den letzten Jahren immer mehr für das Thema sensibilisiert wurden, kommt es nicht selten zu Verfahren, in denen gerichtlich entschieden werden muss, ob eine Ordnungswidrigkeit vorliegt.

486 Seit dem 01.04.2006 heißt es im § 22 StVO, dass Ladung so zu sichern und zu verstauen ist, dass sie selbst bei Vollbremsung oder plötzlichem Ausweichmanöver nicht verrutschen, umfallen, hin- und herrollen, herabfallen oder vermeidbaren Lärm erzeugen kann. Dabei sind die anerkannten Regeln der Technik zu beachten.

Vorher hieß es im § 22 StVO, dass die Ladung sowie Spannketten, Geräte oder sonstige Ladeeinrichtung verkehrssicher verstaut oder gegen Herabfallen oder vermeidbaren Lärm zu sichern waren. Dabei blieb zunächst offen, was unter „verkehrssicher" zu verstehen war. Bereits vor dieser Gesetzesänderung wurde deshalb in Sachverständigengutachten eine Richtlinie des VDI (Verein Deutscher Ingenieure) herangezogen, die sich ausschließlich mit dem Thema Ladungssicherung auseinandersetzt. Diese VDI-Richtlinie 2700 wurde erstmalig Ende der siebziger Jahre veröffentlicht und wird seitdem ständig durch zusätzliche Blätter erweitert.

§ 3 Ladungssicherung – Anforderungen und physikalische Grundlagen

Während der Fahrt wirken vielfältige Massenkräfte auf die Ladung. Nach vorn oder nach hinten wirken Horizontalkräfte durch Anfahren oder Bremsen. Beim Spurwechsel oder bei einer Kurvenfahrt treten Horizontalkräfte nach beiden Seiten auf. Zudem entstehen durch Fahrbahnunebenheiten und Federung Vertikalkräfte, die nach oben oder nach unten wirken.

487

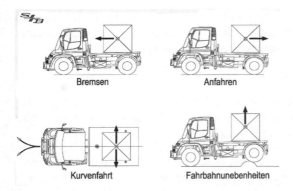

Abb. 1: Massenkräfte am Ladegut

Die oben aufgeführten Kräfte können folgende Bewegungen des Ladegutes bewirken:

a) Rutschen
b) Kippen
c) Rollen
d) Wandern (bewirkt durch Vertikalkräfte)

Durch den VDI (Verein Deutscher Ingenieure) wurde erstmals im Jahre 1975 die Richtlinie 2700 veröffentlicht und seitdem mehrfach überarbeitet. Da in dieser Richtlinie der „Stand der Technik" dokumentiert wird, kann sie in Sachverständigengutachten herangezogen werden. Hier heißt es:

488

„Die Ladung muss so gesichert sein, dass unter verkehrsüblichen Fahrzuständen weder einzelne Ladegüter noch die gesamte Ladung unzulässig verrutschen, umfallen, verrollen, sich verdrehen oder herabfallen kann. Zu den üblichen bzw. normalen Gegebenheiten des Straßenverkehrs **gehören auch Vollbremsungen, Ausweichmanöver und Unebenheiten der Fahrbahn.**"

Teil 2: Ordnungswidrigkeiten

Wenn also in einer Polizeikontrolle der beschuldigte Fahrer der Meinung ist, seine Ladung wäre ordnungsgemäß gesichert, weil er seit über 20 Jahren seine Güter so transportiere und noch nie etwas passiert sei, so kann dies auch einfach daran liegen, dass der Fahrer noch nie in der Verlegenheit war, eine Vollbremsung oder ein Ausweichmanöver durchführen zu müssen.

489 Die Massenkraft $F_{Massenkraft}$, die beim Bremsen, bei Kurvenfahrten oder beim Anfahren auf die Ladung wirkt, errechnet sich aus der Masse m des Ladegutes multipliziert mit der Beschleunigung a des Fahrzeugs:

$$F_{Massenkraft}(N) = m \text{ (kg)} \cdot a \text{ (m/s}^2\text{)}$$

(Der Ausdruck „Massenkraft" ist in der Literatur zum Thema Ladungssicherung weit verbreitet und wird deshalb auch hier verwendet. In der Physik wird damit die Massenträgheitskraft bezeichnet.)

490 Beim Bremsen wirken die höchsten Beschleunigungen (Anm.: Eine Verzögerung ist eine negative Beschleunigung). Sie können (auch bei einem Lkw!) bis zu 8 m/s² betragen. Bei den anderen Fahrzuständen ist von bis zu 5 m/s² auszugehen.

Die Gewichtskraft (F_G) ergibt sich aus dem Produkt von Masse und Erdbeschleunigung g.

$$F_G(N) = m \text{ (kg)} \cdot g \text{ (m/s}^2\text{)}$$

Die Erdbeschleunigung liegt bei 9,81 m/s². Zur Vereinfachung wird mit 10 m/s² gerechnet. Eine Masse von 2.000 kg bewirkt somit eine Gewichtskraft von ca. 20.000 N.

> **Praxistipp:**
>
> Im Fachbereich Ladungssicherung wird häufig die Einheit daN verwendet (1 daN = 10 N). Durch den Vorsatz da (Deka) ist eine zahlenmäßige Umrechnung nicht mehr erforderlich. Eine Masse von 1.000 kg entspricht einer Gewichtskraft von ca. 1.000 daN.

Geht man vereinfacht von einer Erdbeschleunigung von 10 m/s² aus, so wirkt demzufolge bei einer Vollbremsung ($a_{längs}$ = 8 m/s²) eine Massenkraft, die dem

0,8-fachen der Gewichtskraft entspricht. Analog dazu ergibt sich beim Anfahren und bei Kurvenfahrt als Massenkraft die halbe Gewichtskraft.

Deutlich höhere Beschleunigungen treten dagegen bei einer Kollision auf. Z.B. liegt bei einem Aufprall mit 10 km/h auf einen stehenden und gleich schweren Lkw die wirkende Beschleunigung bei etwa knapp 30 m/s² (3 g), also bei dem 3-fachen der Gewichtskraft! Die dabei wirkenden Kräfte sind mit den zur Verfügung stehenden Sicherungsmaßnahmen kaum in den Griff zu bekommen.

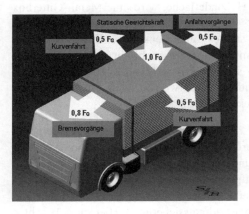

Abb. 2: Im Fahrbetrieb für die Ladungssicherung zu berücksichtigende Massenkräfte (Quelle: VDI 2700)

B. Sicherungsmaßnahmen

Damit das Ladegut ausreichend fest mit dem Fahrzeug verbunden ist, müssen die oben aufgeführten Massenkräfte durch Haltekräfte aufgefangen werden. Zunächst einmal kann man sich dabei der Reibkraft bedienen, die zwischen der Ladefläche und dem Ladegut wirkt. Diese Reibkraft F_{Reib} hängt von der Gewichtskraft und der Reibpaarung zwischen Ladegut und Ladefläche ab. Die Güte der Reibpaarung wird durch den Reibbeiwert µ (gesprochen „müh") beschrieben.

$F_{Reib}(N) = m \ (kg) \cdot a \ (m/s^2) \cdot µ$ (ohne Einheit)

Teil 2: Ordnungswidrigkeiten

Materialpaarung	trocken	nass	fettig
Holz/Holz	0,20 – 0,50	0,20 – 0,25	0,05 – 0,15
Metall/Holz	0,20 – 0,50	0,20 – 0,25	0,02 – 0,10
Metall/Metall	0,10 – 0,25	0,10 – 0,20	0,01 – 0,10
Beton/Holz	0,30 – 0,60	0,30 – 0,50	0,10 – 0,20

Abb. 3: Reibbeiwert nach VDI 2700

492   Ausgehend von einer trockenen Holzladefläche, wird eine Metall-Gitterbox demzufolge durch eine Reibkraft von mindestens 20 % der Gewichtskraft gehalten. Bei einem Betonelement sind es mindestens 30 %. Einige Hersteller bieten Antirutschmatten mit einem Reibbeiwert von bis zu 0,6 an. Mit diesem Hilfsmittel lässt sich die Ladung sehr effektiv sichern. Da nach vorn jedoch insgesamt 80 % der Gewichtskraft gehalten werden muss, ist festzustellen, dass die Reibkraft allein als Haltekraft nie ausreicht.

493   Um den Anforderungen der VDI 2700 gerecht zu werden, sind in jedem Fall weitere Sicherungsmaßnahmen erforderlich. Bei der oben erwähnten Metall-Gitterbox müssten nach hinten und zu den Seiten noch weitere 30 %, nach vorn 60 % der Gewichtskraft aufgebracht werden. Nahe liegend ist es, das Ladegut gegen den Aufbau abzustützen. Der Fachmann spricht in diesem Zusammenhang von „formschlüssiger Ladungssicherung". Hier muss beachten werden, dass der Aufbau auch den Belastungen standhalten kann.

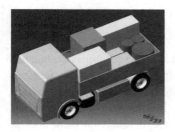

Abb. 4: Formschlüssige Ladungssicherung

Die Fahrzeughersteller orientieren sich dabei an den entsprechenden DIN-Normen. So muss z.B. die vordere Wand (Stirnwand) einer Belastung von 40 % der Nutzlast (max. 5 t für alle Aufbauarten) standhalten, sofern die Last gleichmäßig auf diese Fläche wirkt. Einige Hersteller gehen weit über diese

§ 3 Ladungssicherung – Anforderungen und physikalische Grundlagen

Forderung hinaus und garantieren z.B. für die Stirnwand eine Belastbarkeit von bis zu 80 %, sodass eine weitere Ladungssicherung nach vorn grds. nicht mehr erforderlich ist.

Praxistipp:

Einige Hersteller bieten für ihre Fahrzeuge Zertifikate an, in denen bestimmte Mindestreibbeiwerte der Ladefläche oder auch Belastbarkeiten des Aufbaus garantiert werden, die deutlich über den Normen und Richtlinien liegen.

Sehr häufig ist es nicht möglich, die formschlüssige Verbindung zwischen Ladung und Fahrzeug durch Anlegen der Ladung an Teilen des Fahrzeugaufbaus wie Stirnwand und Bordwand herzustellen. Bei sehr schweren Gütern besteht z.B. das Problem, dass die Nutzlast des Transportfahrzeuges auch nur dann ausgenutzt werden kann, wenn sich der Schwerpunkt des Ladegutes unmittelbar vor der Hinterachse befindet. Hier müssen sog. Lastverteilungspläne berücksichtigt werden, die bei den Herstellern angefordert werden können. Wie man der Grafik in Abb. 5 entnehmen kann, darf bei dem abgebildeten Sattelauflieger eine Fracht mit einer Masse von nur etwa 12 t transportiert werden, sofern sich der Schwerpunkt des Ladegutes ca. 3 m hinter der Stirnwand befindet. Die volle Nutzlast von 24 t kann nur dann ausgenutzt werden, wenn der Abstand zur Stirnwand gut 6 m beträgt.

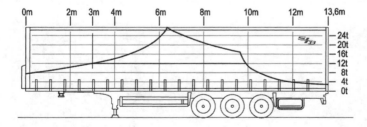

Abb. 5: Beispiel für Lastverteilungsplan eines dreiachsigen Sattelaufliegers

Um trotzdem eine formschlüssige Verbindung herzustellen, kann der Frachtführer auf verschiedenste Zurrmittel zurückgreifen. Mit diversen Sicherungsmitteln, wie z.B. Ketten, Spanngurten, Klemmstäben, Keilen oder Netzen, aber auch speziell angefertigten Konstruktionen, lassen sich Güter adäquat

Teil 2: Ordnungswidrigkeiten

sichern. Die unten stehende Abb. 6 zeigt exemplarisch einige Möglichkeiten des Schräg- oder Diagonalverzurrens.

Diagonalzurren   Schrägzurren

Abb. 6: Beispiele zur Herstellung formschlüssiger Verbindungen beim Zurren

496 Eine alternative Sicherungsmaßnahme wird als „kraftschlüssige Ladungssicherung" bezeichnet. Der Spanngurt besitzt dabei einen sehr großen Stellenwert, s. Abb. 7. In der Praxis liegt der Vorteil bei diesem Verfahren darin, dass am Ladegut keine Zurrmöglichkeiten (Haken, Ösen usw.) vorhanden sein müssen. Der Gurt wird dabei einfach über das Ladegut gelegt und dann angezogen, s. Abb. 8. Diese als „Niederzurren" bezeichnete Sicherungsmaßnahme bewirkt indirekt eine Haltekraft, indem das Ladegut stärker auf die Ladefläche gedrückt wird. Die sich ergebende Haltekraft hängt wiederum stark von dem Reibbeiwert ab. Für sehr schwere Güter können hierdurch nur mit einer extrem hohen Anzahl an Gurten ausreichend hohe Haltekräfte erzielt werden.

Abb. 7: Spanngurt mit Etikett

§ 3 Ladungssicherung – Anforderungen und physikalische Grundlagen

Abb. 8: Gurtverlegung beim Niederzurren (kraftschlüssige Sicherung)

Auf dem Etikett eines Spanngurtes sind einige Angaben zu finden, die in der Praxis immer wieder zu Verwechslungen führen. Der LC-Wert (LC = Lashing Capacity) beschreibt die Belastbarkeit des Gurtes. Bei dem oben abgebildeten Gurt liegt dieser Wert im geraden Zug bei 2.000 daN (vergleichbar mit der Gewichtskraft eines Ladegutes mit einer Masse von 2.000 kg, bzw. 2 t) oder bei beidseitiger Verlegung bei 4.000 daN. Immer wieder muss im Gutachten darauf hingewiesen werden, dass dieser Wert bei der tatsächlich vorgenommenen Sicherung keine Bedeutung hat, sondern häufig zu hoch angesetzt wird. Wurde das Ladegut nämlich niedergezurrt, so ist nicht der LC-Wert, sondern der STF-Wert (erreichbare Spannkraft über Benutzung der Ratsche, s. Abb. 9) ausschlaggebend, der deutlich geringer ist (Beispiel Abb. 7 STF = 300 daN).

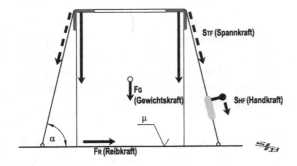

Abb. 9: Kräfte beim Niederzurren

Des Weiteren ist die sogenannte Ablegereife des Spanngurtes zu berücksichtigen. Von der Ablegereife spricht man dann, wenn ein Spanngurt aufgrund

von Mängeln nicht mehr verwendet werden kann. Die Ablegereife ist dann erreicht, wenn ein Spanngurt:
1. Einschnitte an der Webkante (mehr als 10 %),
2. übermäßigen Verschleiß (z. B. Garnbrüche),
3. Beschädigungen der Nähte,
4. wärmebedingte Verformungen,
5. Schäden durch aggressive Materialien

aufweist.

Um den Spanngurt zu schützen und die Spannkraft wirkungsvoll einzubringen, empfiehlt es sich, Kantenschoner zu verwenden. Diese werden über die Kanten des zu sichernden Gutes gelegt. Über bzw. durch diesen Kantenschoner verläuft dann der Spanngurt. Außer dem eigentlichen Spanngurt müssen auch die anderen Sicherungskomponenten, wie Ratsche und Haken, in einwandfreiem Zustand sein. Bei der Ratsche ist besonders darauf zu achten, dass die Zahnkränze nicht verschlissen sind und/oder dass der Spannhebel weder verformt noch gebrochen ist. Ähnlich verhält es sich für die Haken. Sie sollten weder gebrochen noch verformt sein. Zudem müssen Möglichkeiten gegeben sein, die Sicherungsmittel am Fahrzeug ordnungsgemäß zu befestigen. In der Regel stehen hierfür an den Fahrzeugen Zurrpunkte zur Verfügung, die auch nachgerüstet werden können.

498 Eine Begutachtung ist somit nur möglich, wenn die Art und Weise der Ladungssicherung, die Eigenschaften und die Anzahl der verwendeten Zurrmittel sowie die Massen der Ladungen bekannt sind. Häufig werden durch Polizeibeamte entsprechende Fotos aufgenommen. Der Beschuldigte selbst ist in jedem Fall auch gut beraten, entsprechende Fotos zu fertigen.

C. Erfahrungen und Fazit

499 Die Erfahrung zeigt, dass die seitens der Polizei erhobenen Vorwürfe sehr häufig berechtigt sind. In den folgenden Ausführungen nicht angesprochene Mängel, wie z.B. verschlissene Spanngurte (Fachbegriff „Ablegereife") oder die falsche Verwendung von Zurrpunkten, haben ebenso ihre Berechtigung und führen ebenfalls dazu, dass die Sicherung der Ladung nicht ordnungsgemäß ist.

§ 3 Ladungssicherung – Anforderungen und physikalische Grundlagen

Eine Überprüfung der Ladungssicherung ohne Berechnung ist nicht möglich. Aussagen, wie: „Die Ladung ist so schwer, da rutscht beim Bremsen nichts", sind letztendlich nur ein Zeichen dafür, dass sich der Beschuldigte mit der Materie bisher noch nicht eingehend auseinander gesetzt hat.

Verschiedene Organisationen sind derzeit damit beschäftigt, den Informationsgrad bei den Beteiligten zu erhöhen. Zur Schulung wird die VDI-Richtlinie 2700a verwendet, die nach der Teilnahme an einem Seminar die Erlangung eines Ausweises vorsieht. Diesem dürfte in Zukunft auch bei gerichtlichen Entscheidungen eine wichtige Bedeutung zugemessen werden. Weiterhin ist nach Aussage des VDI geplant, zukünftig in der StVO auf den Inhalt der VDI 2700 zu verweisen.

Um es den Frachtführern (Spediteur, Halter und Fahrzeugführer) einfacher zu machen, werden zunehmend Ladungssicherungsmaßnahmen zertifiziert. Diese Zertifikate müssen jedoch sehr sorgfältig angewendet werden. Als Beispiel kann auf einen Sattelauflieger mit seitlichen Schiebeplanen verwiesen werden (Fachbegriff Curtainsider). Hierfür existieren Bescheinigungen, die attestieren, dass die Aufbaufestigkeit nach vorn bei 80 % der Nutzlast und zu den Seiten bei 50 % liegt. Die dabei genannten Bedingungen der Art des Ladegutes sind jedoch so einschränkend, dass als Ladegut letztendlich nur Getränkekisten in Frage kommen. In der Praxis ist der seitliche Schiebevorhang daher auch in Zukunft in erster Linie als Wetterschutz anzusehen. 500

Bei der Betrachtung einer Ordnungswidrigkeit sollte auch berücksichtigt werden, inwieweit sich der festgestellte Verstoß gegen die technischen Richtlinien in einer extremen Situation ausgewirkt hätte. Ein mit Betonplatten voll beladener Sattelauflieger, bei dem das Ladegut mit lediglich zwei Spanngurten ohne Kantenschutz niedergezurrt wurde, birgt sicherlich ein sehr hohes Gefahrenpotential. Wurde dagegen der Zurrhaken eines ausreichend dimensionierten Spanngurtes nicht gemäß den Richtlinien in einer Zurröse, sondern an einer nicht dafür vorgesehenen sehr stabilen Stelle befestigt, so ist auch hier die Ladungssicherung grds. zu bemängeln. Die damit verbundenen möglichen Gefahren sind jedoch deutlich geringer. In einem Sachverständigengutachten könnte auch dieser Aspekt beleuchtet werden. 501

Teil 3: Spezifische Untersuchungen und Messungen

§ 1 Basisdaten – Leergewichte und Unfallgewichte von Pkw

Zur Berechnung der Kollisionsgeschwindigkeiten und der kollisionsbedingten Geschwindigkeitsänderungen von Fahrzeugen müssen die Unfallgewichte bekannt sein. Die Unfallgewichte werden überwiegend aus den Leergewichten der Pkw bestimmt. Es stellt sich jedoch die Frage: Wie ist das Leergewicht eines Pkw definiert und was ist enthalten? Ist der Fahrer bereits in das Leergewicht eingerechnet oder muss dieser noch berücksichtigt werden? Abschließend ist zu untersuchen, welchen Einfluss eine Variation des Unfallgewichts hat.

502

A. Definitionen

Die Angaben der Leergewichte bei Pkw unterscheiden sich im Hinblick auf die Pkw-Zulassung. **Wichtigstes Unterscheidungsmerkmal** bildet hierbei die Fragestellung, ob es sich bei der Zulassung um eine nationale Zulassung oder um eine EG-Zulassung handelt? Als Grundlage für eine nationale Zulassung dienten bis Mitte der 90er Jahre die Bestimmungen der Straßenverkehrszulassungsordnung (StVZO). Heute ist das europäische Rechtssystem innerhalb der EU für die Typzulassung von Fahrzeugen maßgeblich. Grundlage hierfür ist die Rahmenrichtlinie 70/156/EWG mit allen Ergänzungsrichtlinien. Für das Pkw-Leergewicht gibt es in der Literatur drei Definitionen. Bei zwei älteren Definitionen gehört der standardisierte Fahrer nicht zum Leergewicht. Die aktuelle Definition beinhaltet ein Fahrergewicht von 75 kg.

503

Zulassung national:
Pkw-Leergewicht nach § 42 StVZO:
Gewicht des betriebsfertigen Fahrzeugs ohne austauschbare Ladungsträger, aber mit vollständig gefüllten eingebauten Kraftstoffbehältern einschließlich des Gewichts aller im Betrieb mitgeführten Ausrüstungsteile.

> Pkw-Leergewicht nach **DIN 70020**:
>
> Gewicht des trockenen Fahrzeugs mit kompletter Ausrüstung für den normalen Fahrbetrieb, wie vom Hersteller vorgesehen, zzgl. Kühlmittel, mindestens 90 % Füllung des Kraftstoffbehälters und dem Standard-Werkzeugsatz.

> **Zulassung nach EG:**
> Pkw-Leergewicht nach **R 92/21/EWG Punkt 1.1**:
>
> Masse des fahrbereiten Fahrzeugs mit Aufbau (einschließlich Kühlflüssigkeit, Schmiermittel, Kraftstoff, Ersatzrad, Werkzeug und Fahrzeugführer). Die Masse des Fahrzeugführers wird nach DIN ISO 2416 mit 68 kg zzgl. 7 kg Gepäck angenommen. Dabei wird nicht zwischen einem männlichen und einem weiblichen Autofahrer unterschieden. Die 75 kg werden als Pauschalmasse angesetzt.

Tabelle 1

504 Die o. g. Einzelrichtlinie 92/21/EWG v. 31.3.1992 hat die Harmonisierung der einzelstaatlichen Rechtsvorschriften über Massen und Abmessungen von Pkw zum Ziel. Bei nach EG-Vorschrift zugelassenen Pkw „sitzt" somit bereits ein Fahrer im Fahrzeug. In der Praxis wird das Leergewicht für national zugelassene Fahrzeuge nach der DIN 70020 und nicht nach § 42 StVZO bestimmt. Wichtig ist daher zu wissen, ob ein Fahrzeug national oder nach EG-Vorschrift zugelassen wurde.

> **Praxistipp:**
>
> Bei Pkw, die national zugelassen sind, enthält das Leergewicht keinen **Fahrer**.
>
> Bei Pkw mit EG-Zulassung enthält das Leergewicht einen standardisierten Fahrer (75 kg).

B. Pkw-Zulassung

505 Eine nationale Zulassung erfolgte in Deutschland für Pkw bis Mitte der 90er Jahre nach § 20 StVZO. Die Fahrzeuge wurden bis zu diesem Zeitraum mit einer Allgemeinen Betriebserlaubnis (ABE) ausgestattet. Später erfolgte die

§ 1 Basisdaten – Leergewichte und Unfallgewichte von Pkw

Zulassung der Fahrzeuge nach EG-Vorschrift. Hierfür ist die R 70/156/EWG maßgebend, wodurch die Fahrzeuge eine sog. EG-Typgenehmigung erhalten. Die häufig getätigte Aussage, es gebe keinen genauen Stichtag für die Umstellung zwischen nationaler und EG-Zulassung, ist nicht zu bestätigen.

In der R 92/53/EWG v. 18.6.1992, die eine Änderung der R 70/156/EWG darstellt, werden genaue Angaben zum Umstellungszeitraum gegeben. Am 31.12.1992 trat die R 92/53/EWG in Kraft.

Den Fahrzeugherstellern wurde darin die Möglichkeit eingeräumt, ihre Pkw ab dem 1.1.1993 bis zum 31.12.1995 fakultativ mit einer EG-Typgenehmigung auszustatten. Seit dem 1.1.1996 sind die Fahrzeughersteller verbindlich daran **gebunden**, ihre neuen Pkw-Typen mit einer **EG-Typgenehmigung** zu versehen. Für bestehende Fahrzeugtypen blieben die nationalen Genehmigungen bis zum 31.12.1997 gültig.

Es gab somit eine 3-jährige **Umstellungsphase**, in der es den Herstellern freigestellt war, ob sie die Fahrzeuge weiterhin national oder nach EG-Vorschrift zulassen. Die Fahrzeuge waren baugleich, unterschieden sich aber aufgrund der unterschiedlichen Zulassung um 75 kg in der Leergewichtsangabe und der berücksichtigten Füllmenge des Kraftstoffs. Ein Beispiel für einen solchen Fahrzeugtypen ist der BMW E36. Das erste Fahrzeug mit einer vollständigen EG-Typgenehmigung war die Mercedes-Benz C-Klasse von 1993 (W202).

Praxistipp:
- Pkw mit Baujahr bis 31.12.1992: Allgemeine Betriebserlaubnis
- Pkw (neue Fahrzeugtypen) mit Baujahr ab 1.1.1993 – 31.12.1995: Allgemeine Betriebserlaubnis und EG-Typgenehmigung
- Pkw (bestehende Fahrzeugtypen) bis Baujahr 31.12.1997: Allgemeine Betriebserlaubnis kann weiterhin bestehen
- Pkw mit Baujahr ab 1.1.1998: EG-Typgenehmigung

Beispiel:

Die BMW 3er Baureihe vom Typ E36 (Produktionszeitraum 1990-1999) wurde 1990 als Nachfolger der Baureihe vom Typ E30 vorgestellt. Die Fahrzeuge besaßen eine nationale Zulassung. Im September 1994 wurde der E36 einer Modellpflege unterzogen und ein Facelift kam auf den Markt, das auch die Bezeichnung E36 trägt. Die Faceliftmodelle wurden von BMW mit einer EG-Typgenehmigung ausgestattet. The-

Teil 3: Spezifische Untersuchungen und Messungen

oretisch wäre es BMW möglich gewesen, die Faceliftmodelle genau wie die Vorfaceliftmodelle mit einer nationalen Typgenehmigung auszustatten. Bis zum 31.12.1997 wäre eine Ausstattung der Fahrzeuge mit einer ABE möglich gewesen, da es sich bei dem E36-Facelift nicht um einen neuen Fahrzeugtypen handelte. Erst ab dem 1.1.1998 musste BMW die Fahrzeuge verbindlich mit einer EG-Typgenehmigung versehen.

C. Allgemeine Betriebserlaubnis oder EG-Typgenehmigung

508 Wie kann man erkennen, ob ein Fahrzeug national (StVZO) oder nach EG-Richtlinie 70/156/EWG zugelassen wurde?

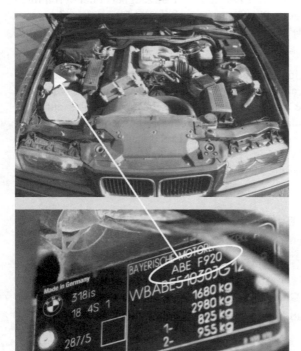

Abb. 1

§ 1 Basisdaten – Leergewichte und Unfallgewichte von Pkw

Am **einfachsten** ist dieses an der **Betriebserlaubnisnummer** festzustellen. Diese muss vom Pkw-Hersteller in Form eines Fabrikschilds am Fahrzeug angebracht werden. Pkw-Fabrikschilder sind nach den Vorschriften der R 76/114/EWG, zuletzt geändert durch die R 78/507/EWG, genormt. Diese müssen nach § 59 der StVZO vorne an der rechten Fahrzeugseite angebracht sein. Abweichungen sind möglich. Bei nationaler Zulassung befindet sich auf dem Schild eine ABE-Nummer, z.B. in der Form F920. Die Abb. 1 zeigt ein Fabrikschild eines Pkw mit nationaler Zulassung nach § 20 der StVZO. Auf der Abb. 2 ist ein Fabrikschild eines Pkw mit EG-Zulassung zu sehen.

Abb. 2

509 Bei **EG-Zulassungen** befindet sich anstelle der ABE-Nummer die EG-Typengenehmigungsnummer. Die Nummer besteht aus vier Abschnitten, die durch das Zeichen „*" getrennt sind. Auf den im Motorraum angebrachten Fabrikschildern sind nur drei Abschnitte der EG-Typgenehmigungsnummer abgebildet (s. Abb. 2). Der vierte Abschnitt fehlt.

Abschnitt 1: Der Kleinbuchstabe „e" wird gefolgt von dem Kennbuchstaben oder der Kennziffer des EG-Mitgliedstaats, der die Genehmigung erteilt hat.

1	für Deutschland,	9	für Spanien,	23	für Griechenland,
2	für Frankreich,	11	für UK,	IRL	für Irland
3	für Italien,	13	für Luxemburg,		
4	für Niederlande,	18	für Dänemark,		
6	für Belgien,	21	für Portugal,		

Tabelle 2

Abschnitt 2: Die Nummer der letzten Änderungsrichtlinie, nach der die Genehmigung erteilt wurde. Falls in einer Richtlinie unterschiedliche Zeitpunkte für die Anwendbarkeit genannt werden und hierbei auf unterschiedliche technische Vorschriften verwiesen wird, ist ein Buchstabe anzufügen.

Abschnitt 3: Eine vierstellige Laufnummer (mit ggf. vorangestellter Null) für die Grundgenehmigung.

Abschnitt 4: Eine zweistellige Laufnummer (mit ggf. vorangestellter Null) für den Nachtrag. Die Reihenfolge beginnt mit 01 für jede Nummer einer Grundgenehmigung.

510 Des Weiteren kann die Betriebserlaubnisnummer eines Pkw anhand der Zulassungspapiere festgestellt werden. Die Zulassungspapiere in Deutschland bestanden bis Oktober 2005 aus dem sog. Fahrzeugschein (Abb. 3) und dem Fahrzeugbrief (Abb. 4).

Die Betriebserlaubnisnummer ist bei diesen Papieren jedoch nur im Fahrzeugbrief eingetragen. Man kann somit lediglich aus dem Fahrzeugbrief entnehmen, ob der Pkw eine nationale oder eine EG-Zulassung aufweist.

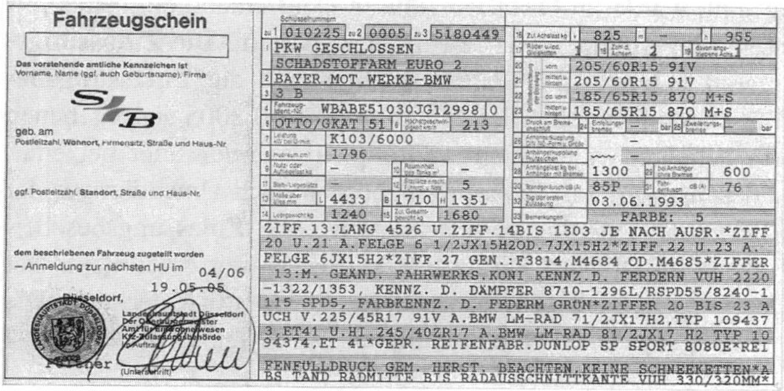

§ 1 Basisdaten – Leergewichte und Unfallgewichte von Pkw

Abb. 3

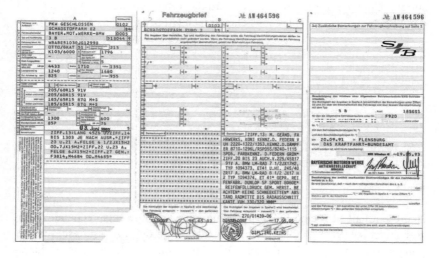

Abb. 4

Anhand des Fahrzeugbriefs ist zu erkennen, dass der Pkw über eine nationale Zulassung verfügt. Die Allgemeine Betriebserlaubnis hat die Nummer F920. In der Abb. 4 ist das entsprechende Feld durch ein oranges Rechteck hervorgehoben. Angemerkt sei, dass beide Papiere über zahlreiche technische Fahrzeugdaten Auskunft geben.

Teil 3: Spezifische Untersuchungen und Messungen

511 Wie bereits erwähnt, wurde im **Oktober 2005** in Deutschland ein neues Zulassungsdokument eingeführt, das aus zwei Teilen besteht. **Die Zulassungsbescheinigung Teil I** ersetzt den Fahrzeugschein und die **Zulassungsbescheinigung Teil II** den Fahrzeugbrief. Die bis zum 1.10.2005 ausgegebenen Fahrzeugpapiere behalten weiterhin ihre Gültigkeit, werden aber bei einer inhaltlichen Änderung von den Zulassungsbehörden nach Umcodierung der Daten gegen die neuen Dokumente ausgetauscht. Die Zulassungsbescheinigung Teil II weist ein DIN-A4 Format auf und ist einseitig bedruckt. Der Datenumfang ist im Vergleich zum Fahrzeugbrief wesentlich geringer. Die Zulassungsbescheinigung Teil II enthält lediglich Fahrzeuggrunddaten.

512 In beiden neuen Zulassungspapieren ist, wie früher nur im Fahrzeugbrief, angegeben, ob das Fahrzeug einer nationalen oder einer EG-Zulassung entspricht. Unter dem Buchstaben „K" wird die Typgenehmigungsnummer oder die ABE-Nummer des Fahrzeugs eingetragen (Abb. 5).

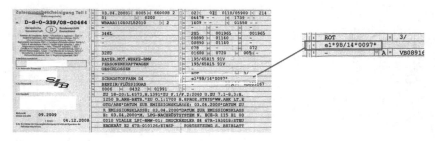

Abb. 5

In diesem Fall liegt eine EG-Typgenehmigung vor. Die entsprechende Nummer lautet: e1*98/14*0097*. Diese Angabe ist in den Zulassungsbescheinigungen Teil I und Teil II enthalten. Die Abb. 6 zeigt die Zulassungsbescheinigung Teil II desselben Fahrzeugs. Das Feld „K" ist in den Abb. 5 und 6 durch ein oranges Rechteck hervorgehoben.

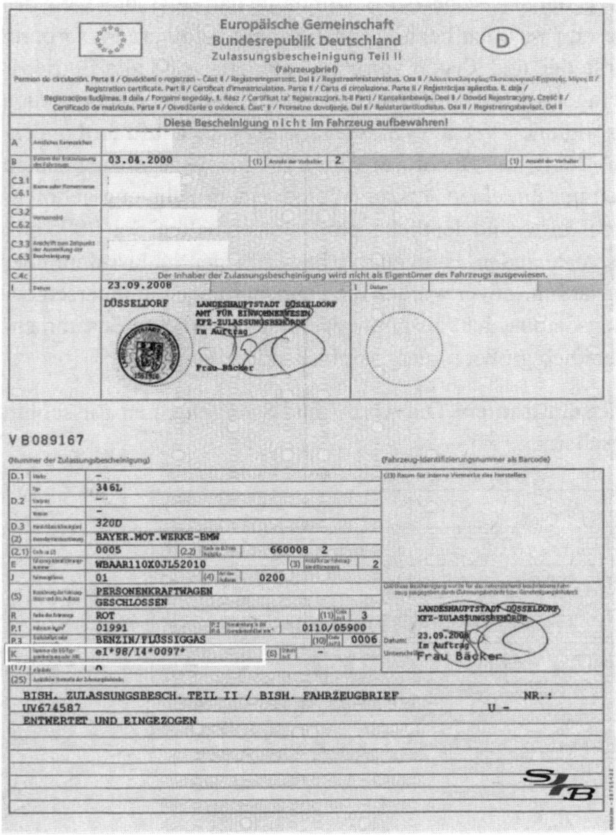

§ 1 Basisdaten – Leergewichte und Unfallgewichte von Pkw

Abb. 6

Problematisch ist jedoch die Tatsache, dass die Position „K" von der Zulassungsstelle bei der Umstellung auf die neuen Papiere nicht immer ausgefüllt wird. Dies scheint besonders häufig bei Pkw mit einer nationalen Typengenehmigung nach § 20 der StVZO der Fall zu sein. In solchen Fällen ist in das Feld ein Strich (-) eingetragen. Allerdings werden auch Zulassungsbescheinigungen Teil I ausgegeben, bei denen die EG-Typgenehmigungsnummer nicht eingetragen wurde. In diesen Fällen muss ein Einblick in die Zulassungsbescheinigung Teil II oder den entwerteten Fahrzeugbrief genommen werden.

Teil 3: Spezifische Untersuchungen und Messungen

514 Eine **praktikable Vorgehensweise** bei der Bestimmung der Zulassung kann das vom Kraftfahrtbundesamt veröffentlichte, nach Typschlüsselnummern sortierte **Verzeichnis** der **Hersteller** und **Typen** von Pkw sein. Hier sind alle Betriebserlaubnisnummern eingetragen. Die KBA-Daten können in einer gebundenen Version und in einer digitalen Version (Excel-Tabelle) vom Kraftfahrtbundesamt bezogen werden. Bei den in Buchform vom KBA herausgegebenen Daten handelt es sich jedoch nur um einen Auszug aller zu einem Fahrzeug gehörenden Daten. In der Excel-Liste sind deutlich mehr Daten enthalten. Seit 2005 gibt das Kraftfahrtbundesamt zu jedem Fahrzeugtyp bzw. zu jeder Schlüsselnummer nur noch **einen** Datensatz an. Zuvor wurden die Fahrzeugtypen mit unterschiedlichem ABE-Erteilungsdatum nicht zusammengefasst. Aus dieser Zusammenfassung resultieren letztlich größere Leergewichtsbandbreiten.

515 Was heißt nun **Schlüsselnummer**? Die Abb. 7 und 8 zeigen einen Ausschnitt aus einem Fahrzeugschein.

Abb. 7

Abb. 8

§ 1 Basisdaten – Leergewichte und Unfallgewichte von Pkw

In der Abb. 7 ist die Schlüsselnummer zu 2, die sog. Herstellerschlüsselnummer (HSN) markiert. Diese ist ein vierstelliger numerischer Code, der den Hersteller eines Kfz bezeichnet. Die hier eingetragene Nummer 0005 steht für den Hersteller BMW. Da pro Herstellerschlüsselnummer nur 999 Typschlüsselnummern zugeordnet werden können, besitzen zahlreiche Hersteller mehrere Herstellerschlüsselnummern.

Die ersten drei Zahlen der Schlüsselnummer zu 3 werden als Typschlüsselnummer (TSN) des Fahrzeugs bezeichnet. Dieses ist ein numerischer Code, der den Fahrzeugtyp näher kennzeichnet. Auf die weiteren Zahlen wird später noch eingegangen. Berücksichtigt werden bei der TSN:

- Modell
- Karosserieform
- Motorisierung
- Antrieb

Abb. 8 zeigt die entsprechende Typschlüsselnummer, in diesem Fall 518. Es handelt sich hierbei um einen BMW 3er Coupe (E36), 318is mit einem 1796 cm³ und 103 KW Motor. Gebaut wurde dieser Typ im Zeitraum von März 1992 – Oktober 1995.

Sind die Schlüsselnummern zu 2 und 3 bekannt, kann die entsprechende Betriebserlaubnisnummer abgelesen werden (s. Spalte E in der Tabelle 3).

	A	B	C	D	E	F	G	H	I	J	K	L	M
1	Schl.-Nr.		Fahzg	Code-		Genehmigungsdat.			Steh-	Sitz-	Kraft-	Leistung	Hub-
2	Herstl.	Typ	Art	Aufbau	Genehmigungsnummer	Jahr	Monat	Tag	plätze	plätze	stoff	KW	raum
3													ccm
658	0005	514	01	0200	E700/1*09	1994	10	26		005	0002	0105	02497
659	0005	515	01	0200	E700/1*11	1996	05	20		005	0001	0110	01991
660	0005	516	01	0200	E7001	1994	01	01		005	0001	0141	02494
661	0005	517	01	0200	F547	1995	03	01		005	0002	0085	02497
662	0005	518	01	0200	F920	1994	08	01		005	0001	0103	01796
663	0005	519	01	0200	F920	1993	07	01		005	0001	0110	01991
664	0005	520	01	0200	F920	1994	08	01		005	0001	0141	02494
665	0005	521	01	0200	F955	1992	07	01		005	0001	0141	02494
666	0005	522	01	0200	F955	1996	05	01		005	0001	0141	02494
667	0005	523	01	0200	E700/1*11	1996	05	20		005	0002	0105	02497
668	0005	524	01	0200	E296/1*02	1993	09	06		005	0001	0160	02997
669	0005	525	01	0200	E296/1*02	1993	09	06		005	0001	0210	03982
670	0005	526	01	0200	E7001	1994	01	01		005	0001	0160	02997
671	0005	527	01	0200	E7001	1994	01	01		005	0001	0210	02997
672	0005	528	01	0200	E700/1*11	1996	05	20		005	0001	0160	02997

Tabelle 3

Teil 3: Spezifische Untersuchungen und Messungen

518 Sollte nur eine Zulassungsbescheinigung Teil I vorliegen, in der keine Eintragung im Feld „K" erfolgte, ist es somit trotzdem möglich, die Betriebserlaubnisnummer des entsprechenden Pkw festzustellen. Das gilt insbesondere für den Fall, dass ein Fahrzeugschein, jedoch kein entsprechender Fahrzeugbrief, vorliegt.

Beispiel:

Sind die Schlüsselnummern zu 2 und 3, hier 0005 und 518 (Tabelle 3) bekannt, so kann im Verzeichnis des Kraftfahrtbundesamts in der entsprechenden Zeile, hier Zeile 662, die Genehmigungsnummer abgelesen werden. Bei der Zulassungsnummer F920 in diesem Beispiel handelt es sich um eine Allgemeine Betriebserlaubnis und somit eine nationale Zulassung nach § 20 der StVZO (s. Tabelle 3). Die Abb. 3 und 4 zeigen die zum Beispielfahrzeug gehörenden Zulassungspapiere.

D. Leergewicht

519 Das Leergewicht ist in den alten Zulassungspapieren unter der Ziffer 14 eingetragen. Das dort eingetragene Gewicht entspricht dem minimalen Leergewicht des jeweiligen Fahrzeugtyps. Es handelt sich um das Gewicht eines **Basismodells ohne Sonder-/Zusatzausstattung**.

Abb. 9 zeigt einen Pkw-Fahrzeugschein, wie dieser bis Oktober 2005 in Deutschland ausgegeben wurde. Das Leergewicht dieses Fahrzeugs beträgt 1505 kg.

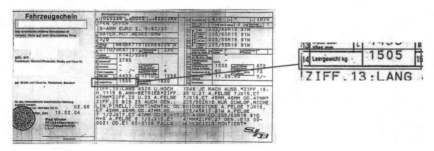

Abb. 9

520 In den neuen Zulassungspapieren ist das Pkw-Leergewicht nicht unter Ziffer 14, wie im Fahrzeugschein und -brief, zu finden, sondern nur in der Zulassungsbescheinigung Teil I unter dem Buchstaben „G" (Abb. 10). Hier ist in

§ 1 Basisdaten – Leergewichte und Unfallgewichte von Pkw

der Zulassungsbescheinigung Teil I das minimale Leergewicht des Fahrzeugtypen eingetragen.

Abb. 10

Häufig kommt es vor, dass in der Zulassungsbescheinigung Teil I bzw. bei älteren Fahrzeugen im Fahrzeugschein, eine **Bandbreite** für das Leergewicht angegeben ist. Den Fahrzeugherstellern ist es freigestellt, eine Bandbreite zu benennen. Die Abb. 11 zeigt einen solchen Fahrzeugschein. Das Leergewicht von 1240 kg kann der Ziffer 14 entnommen werden. Hierbei handelt es sich um das minimale Leergewicht des Fahrzeugs. Ferner ist im Feld „Bemerkungen" – in der Zulassungsbescheinigung Teil I unter der Ziffer 22 – eingetragen: „bis 1303 kg je nach Ausrüstung". Somit liegt die Leergewichtbandbreite dieses Fahrzeugs zwischen 1240 kg und 1303 kg.

521

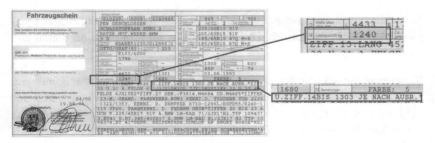

Abb. 11

Diese Bandbreite kommt durch die sog. „schwergewichtigen Optionen", wie z. B. Klimaanlage, Schiebedach, Anhängerkupplung und sonstige Sonderausstattungen, die signifikant in das Leergewicht eingehen, zustande. Das maxi-

Teil 3: Spezifische Untersuchungen und Messungen

male Leergewicht gibt also das Gewicht eines sehr gut ausgestatteten Modells an.

In dem hier dargestellten Beispiel ist das Leergewicht mit 1240 kg angegeben. Aus der Allgemeinen Betriebserlaubnis geht hervor, inwieweit die einzelnen Ausstattungsmerkmale das Leergewicht zusätzlich anheben.

522 Leergewichtsänderung durch wahlweise Ausrüstung:

Schiebedach	+ 16 kg
Scheinwerferreinigungsanlage	+ 5 kg
Klimaanlage	+ 25 kg
Anhängekupplung	+ 17 kg

Tabelle 4

Addiert man die einzelnen Gewichte der optionalen Sonderausstattung auf, kommt man auf eine Masse von 63 kg, die der Differenz von 1240 kg zu 1303 kg entspricht.

Andere optional verfügbare und leichte Sonderausstattungen gehen dagegen nicht in das angegebene Leergewicht des Fahrzeugs ein. Hierzu zählen Nebelscheinwerfer, Zentralverriegelung, Tempomat, Kopfstützen im Fond und elektrische Fensterheber, um nur einige zu nennen.

Je nachdem, welche Ausstattung ein Fahrzeug besitzt, geben die Fahrzeugpapiere somit nicht das tatsächliche Leergewicht, sondern nur eine Bandbreite an.

523 Kennt man die Schlüsselnummern zu 2 und 3, ist es möglich, die Bandbreite des Pkw-Leergewichts ebenfalls aus der vom Kraftfahrtbundesamt veröffentlichten Excel-Tabelle zu entnehmen. Die Tabelle 5 zeigt einen Ausschnitt aus dieser Tabelle. Die Spalte AE gibt das minimale und die Spalte AF das maximale Leergewicht an. Wichtig ist, dass aus dem Verzeichnis für **jeden Pkw** die Bandbreite des Leergewichts entnommen werden kann. Geht somit aus den Fahrzeugpapieren nur das minimale Leergewicht hervor, kann das **maximale Leergewicht aus der Tabelle** abgelesen werden.

§ 1 Basisdaten – Leergewichte und Unfallgewichte von Pkw

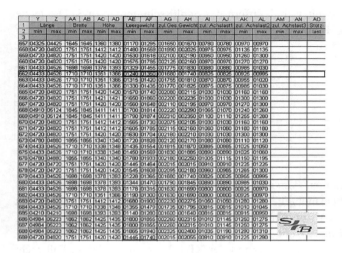

Tabelle 5

Die Angaben zum Leergewicht in der Excel-Tabelle des Kraftfahrt-Bundesamts unterscheiden sich jedoch häufig von den Angaben in den Zulassungspapieren des Pkw. Die Bandbreite des Leergewichts in den Zulassungspapieren liegt immer innerhalb der Bandbreite in der KBA-Liste, kann jedoch kleiner sein.

Die KBA-Liste gibt bspw. für den zuvor angesprochenen BMW bei den Schlüsselnummern 0005 und 518 eine Leergewichtsbandbreite von 1240 kg – 1350 kg an (Tabelle 5). Aus dem Fahrzeugschein geht jedoch eine ausstattungsbedingte Bandbreite von 1240 kg – 1303 kg für das Leergewicht hervor (s. Abb. 11). Es liegt also eine Differenz von 47 kg in den Angaben des maximalen Fahrzeugleergewichts vor.

Dieses ist darauf zurückzuführen, dass durch das Kraftfahrt-Bundesamt jeweils nur die Typschlüsselnummer der Fahrzeuge berücksichtigt wird. Dementsprechend gelten die Angaben für alle Typen des Fahrzeugs. Die Vielzahl von Varianten und Versionen des Fahrzeugtyps bleibt unberücksichtigt. Um die exakte Leergewichtsbandbreite für einen Pkw zu ermitteln, wenn die Zulassungspapiere nicht vorliegen, muss die VVS-Schlüsselnummer, die sog. Varianten/Versions-Schlüsselnummer bekannt sein. Diese berücksichtigt genau die Version und Variante des Fahrzeugs. Die VVS-Schlüsselnummer

Teil 3: Spezifische Untersuchungen und Messungen

besteht aus den zweiten drei Ziffern der Schlüsselnummer zu 3. Die letzte Ziffer ist die sog. Prüfziffer. Die Tabelle 6 zeigt den allgemeinen Aufbau der Schlüsselnummer zu 3.

Typ			Variante/Version bzw. Ausführung			Prüfziffer
1	2	3	4	5	6	7
5	1	8	0	4	4	9

Tabelle 6

525 Mithilfe der Varianten-/Versions-Schlüsselnummer wäre es möglich, die exakte Leergewichtsbandbreite zu einem Fahrzeug zu bestimmen. Allerdings werden diese Daten vom Kraftfahrt-Bundesamt nicht zur Verfügung gestellt. Eine genauere Eingrenzung des Leergewichts eines Pkw als über die Typschlüsselnummer in Verbindung mit der KBA-Liste ist in diesem Fall nicht möglich.

526 Da aus der KBA-Liste die Bandbreiten aller Pkw hervorgehen, wurde untersucht, ob bei Fahrzeugen der gleichen Klasse von unterschiedlichen Herstellern ähnliche Bandbreiten existieren. Die Tabelle 7 zeigt Mittelklassefahrzeuge des Herstellers BMW der Baureihe 3er (Bj. 90 bis heute) und Audi Baureihe 80/A4 (Bj. 91 bis heute). Die BMW 3er weisen eine gemittelte Leergewichtbandbreite von 23 – 71 kg auf. Die Bandbreite der Leergewichte bei Audi 80/A4 reicht von 38 – 162 kg. Diese ist um ein Vielfaches höher als bei den vergleichbaren BMW-Modellen. Die Tendenz, je neuer ein Fahrzeug ist, desto niedriger wird die Bandbreite des Leergewichtes, trifft nicht auf alle Fahrzeugtypen zu.

Fahrzeug BMW 3er	Mittelwert	Fahrzeug Audi 80/A4	Mittelwert
E36	71 kg	B4	133 kg
E46	31 kg	B5	162 kg
E90	23 kg	B6/B7	138 kg
		B8	38 kg

Tabelle 7

§ 1 Basisdaten – Leergewichte und Unfallgewichte von Pkw

In der Praxis stehen häufig beim Akteneingang lediglich die Schadensgutachten zu den unfallbeteiligten Fahrzeugen zur Verfügung. In den meisten Fällen enthalten diese Schadensgutachten nur einen Teil der Fahrzeugdaten. Sehr selten werden das Leergewicht und die Schlüsselnummern angegeben, sodass zur Ausarbeitung eines Unfallrekonstruktionsgutachtens, insbesondere im Fall der Bestimmung der Insassenbelastung, dieses nicht ausreicht. Zwingend notwendig ist dann die Einreichung der Kopie eines Fahrzeugscheins oder der Zulassungsbescheinigung Teil I. Sind die Angaben in diesen Papieren nicht vollständig, können aus der KBA-Liste die fehlenden Angaben entnommen werden. Liegt den Parteien eine Kopie der Zulassungspapiere nicht mehr vor, können Fahrzeugdaten bei den Zulassungsstellen erfragt werden. Diese Möglichkeit ist jedoch nur in Ausnahmefällen in Erwägung zu ziehen, da die Erreichbarkeit der Zulassungsstellen sehr eingeschränkt ist. In vielen Fällen werden telefonisch keine Daten mitgeteilt, sodass eine schriftliche Anforderung notwendig wird, die zeitintensiv und mit Kosten verbunden ist.

527

Praxistipp:
Um das Leergewicht möglichst genau berücksichtigen zu können, sollten die Fahrzeugpapiere (**Fahrzeugschein oder Zulassungsbescheinigung Teil I**) bei der Ausarbeitung des Gutachtens vorliegen. Nur das Schadensgutachten reicht in den meisten Fällen nicht aus, da die wenigsten Schadensgutachten alle notwendigen Daten enthalten.

In den vorherigen Kapiteln dieser Veröffentlichung wurde zuerst eine genaue Definition des Leergewichts bei Pkw erarbeitet. Dabei stellte es sich als zwingend erforderlich heraus, zu wissen, ob ein Pkw eine nationale Typengenehmigung nach § 20 StVZO (Leergewichtsangabe ohne Fahrer) oder eine EG-Typengenehmigung nach RL 70/156/EWG (Leergewichtsangabe mit Fahrer) besitzt. Ferner konnte festgestellt werden, dass bei fast allen Pkw eine Leergewichtbandbreite aus den Fahrzeugpapieren oder der KBA-Liste hervorgeht. Im Weiteren wird auf den Unterschied zwischen dem Leergewicht und dem Unfallgewicht eines Pkw sowie die Auswirkungen im Rahmen der Geschwindigkeitsbestimmungen, insbesondere der kollisionsbedingten Geschwindigkeitsänderung (Δv), eingegangen.

528

Teil 3: Spezifische Untersuchungen und Messungen

E. Unfallgewicht

529 Um die Geschwindigkeit eines Fahrzeugs bei einer Kollision eingrenzen zu können, muss das Unfallgewicht eines Pkw bekannt sein. Eine möglichst genaue Eingrenzung des Unfallgewichts ist in den Fällen notwendig, bei denen die **Insassenbelastung eines Fahrzeugs** zu ermitteln ist. Hierbei spricht man von sog. biomechanischen Belastungsgutachten (technischer Teil). Wird zusätzlich ein medizinischer Experte herangezogen (medizinischer Teil), der sich mit den Verletzungen auseinandersetzt, handelt es sich um ein sog. interdisziplinäres Gutachten (technisch-medizinisch). Bei Unfallrekonstruktionsgutachten, bei denen der Unfallhergang und die Vemeidbarkeit zu erarbeiten sind, ist eine ungefähre Angabe des Leergewichts ausreichend. Wie eine Beispielrechnung später zeigt, ändert sich bei leichter Variation des Unfallgewichts die Kollisionsgeschwindigkeit kaum. Anders ist die Auswirkung bei Grenzfällen, bei denen die kollisionsbedingte Geschwindigkeitsänderung zu bestimmen ist. So kann bei einer Heckkollision bei einer kollisionsbedingten Geschwindigkeitsänderung unter 11 km/h (Verneinung einer HWS-Verletzung durch einen Mediziner) eine Schmerzensgeldforderung abgewiesen und bei über 11 km/h (Bejahung einer HWS-Verletzung durch einen Mediziner) stattgegeben werden.

Die effektivste Methode das Unfallgewicht des verunfallten Fahrzeugs zu bestimmen, wäre dieses unmittelbar nach dem Unfall auf einer geeichten Waage zu wiegen. Dieses Vorgehen ist jedoch in der Praxis nicht umzusetzen. Somit kann das Unfallgewicht nur **auf Basis des Fahrzeugleergewichts unter Berücksichtigung der Beladung** möglichst genau eingegrenzt werden.

Was bzgl. der Leergewichtbandbreite eines Pkw zu beachten ist, wurde bereits im Kapitel IV dieser Veröffentlichung erörtert. Es bleibt die Frage nach dem Befüllungsgrad des Kraftstofftanks in Verbindung mit der Leergewichtsangabe offen.

530 Die Dichte für unverbleite Ottokraftstoffe liegt, bei einer Temperatur von 15°C, nach DIN 228 bei 720 – 775 kg/m^3, für Diesel nach DIN 590 bei 820 – 845 kg/m^3. Somit wiegt ein Liter Benzin zwischen 720 und 775 g und ein Liter Diesel zwischen 820 und 845 g.

Die 10 % Unterschied beim **Befüllungsgrad des Kraftstofftanks** sind, wie sie nach den Definitionen der DIN 70020 und der Richtlinie 92/21/EWG

Punkt 1.1 vorliegen, bei einem 60-Liter-Tank von untergeordneter Bedeutung. 6 Liter Benzin wiegen nur zwischen 4,3 und 4,6 kg, 6 Liter Diesel zwischen 4,9 und 5,1 kg.

Einen deutlich größeren Einfluss hat der **Beladungszustand**. Dieser setzt sich aus den Insassen und mitgeführten, schweren Gegenständen zusammen. Angemerkt sei, dass es nicht auf jede einzelne Hand-, Sport- oder Aktentasche, die vielleicht im Fahrzeug liegt, ankommt, sondern vielmehr auf „schwergewichtige" Beladungsgegenstände, z.B. 300 kg Baustellenmaterial. Kleinere Beladungsgegenstände, wie Handtaschen und Kleidung der Fahrzeuginsassen, werden über die 7-kg-Gepäckmasse, die nach DIN ISO 2416 jedem Fahrzeuginsassen zugerechnet wird, abgedeckt und brauchen somit nicht weiter betrachtet zu werden.

Die Anzahl und das Körpergewicht der Insassen gehen entweder aus den Akten hervor oder können erfragt werden. Wichtig ist, dass je nach Zulassung des Fahrzeugs bereits ein **Fahrergewicht** von 75 kg im Leergewicht **enthalten** ist. Ob diese 75 kg (inkl. 7 kg Gepäck) des standardisierten Fahrers realistisch sind, wurde im Weiteren durch Recherchen erarbeitet.

F.   Durchschnittsgewicht der Bundesbürger

Das statistische Bundesamt führt im Rahmen des Mikrozensus jährlich eine statistische Erhebung über die wirtschaftliche und soziale Lage der Bevölkerung in Deutschland durch. Die Fragen nach Körpergröße und -gewicht wurden 1999 neu in das Programm des Mikrozensus aufgenommen und im Jahr 2005 zum dritten Mal gestellt. Das Diagramm 1 zeigt das Durchschnittsgewicht der Bundesbürger in den Jahren 1999, 2003 und 2005 [5]. Weitere Statistiken waren im Rahmen dieser Untersuchung nicht zugänglich.

Im Jahr 2005 waren erwachsene Männer im Durchschnitt 178 cm groß und 82,4 kg schwer. Frauen waren 165 cm groß und 67,5 kg schwer. Damit sind Männer seit 1999 bei fast konstanter Durchschnittsgröße um 1,6 kg schwerer geworden, Frauen um 0,8 kg bei unveränderter Durchschnittsgröße. Betrachtet man das Durchschnittsgewicht der deutschen Bürger insgesamt, und nicht nach Geschlechtern getrennt, so lag dieses im Jahr 2005 bei 74,9 kg (Diagramm 1).

Teil 3: Spezifische Untersuchungen und Messungen

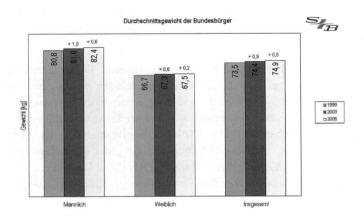

Diagramm 1

Dieses Ergebnis **passt nicht** mit der Forderung der **Norm DIN ISO 2416** überein. Hier wird für einen Autofahrer eine Pauschalmasse von 75 kg angesetzt. In der Pauschalmasse sind jedoch zusätzlich zum Körpergewicht 7 kg Gepäck enthalten. Das reine Körpergewicht beträgt demnach 68 kg. Das in der Norm angenommene Gewicht eines Fahrzeuginsassen beruht nicht auf ergonomischen Untersuchungen und stellt deshalb kein durchschnittliches Personengewicht dar. Der Wert wurde aus der DIN ISO 2958 „Stoßfänger für Personenkraftwagen" übernommen und dient lediglich zur Ermittlung der Mindestzuladung für Pkw.

Betrachtet man nur die männliche Bevölkerung, stellt man fest, dass der Wert von 68 kg für einen durchschnittlichen deutschen männlichen Autofahrer tatsächlich zu klein ist. Ein Wert von 83 kg ist hier als realistischer anzusehen. Addiert man die Gepäckmasse von 7 kg hinzu, ergibt sich ein **Gewicht** von **90 kg** für einen **Mann**.

534 Für die **Frau** wäre ein Gewicht von 68 kg plus 7 kg Gepäck zu berücksichtigten, somit ein Gewicht von **75 kg**. Dieser Wert passt genau zu den Angaben der DIN ISO 2416.

535 Als Fazit bleibt festzuhalten, dass das nach der Richtlinie 92/21/EWG in das Leergewicht eines Pkw eingerechnete Körpergewicht für einen männlichen

Fahrer (68 kg zzgl. 7 kg Gepäckmasse) zu niedrig ist. Für einen weiblichen Fahrer hingegen passt die Angabe sehr gut.

G. Beispielrechnung

Welche Auswirkung eine leichte Gewichtsänderung hat, soll nun anhand von Berechnungen einer **Heckauffahrkollision gezeigt werden**.

536

Im Kapitel IV (VRR 2010, 16) wurde die Leergewichtsbandbreite des BMW 318i von 1240 – 1303 kg erörtert. Es stellt sich nun die Frage, wie ändern sich die Kollisionsgeschwindigkeit und die kollisionsbedingte Geschwindigkeitsänderung, wenn das stoßende Fahrzeug erstens gegen den BMW mit einem Leergewicht von 1240 kg und zweitens mit 1303 kg prallt.

Die Abb. 12 zeigt die Anstoßkonfiguration. Ein Pkw fährt mit 100 % Überdeckung auf das Heck des BMW auf.

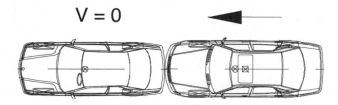

Abb. 12

Über den Energiesatz kann unter Angabe von EES-Werten und den Gewichten der Fahrzeuge zunächst die Relativgeschwindigkeit der Fahrzeuge berechnet werden. Die sog. EES (energie-äquivalente Geschwindigkeit) entspricht somit der Geschwindigkeit, mit der das Fahrzeug gegen ein feststehendes, nicht deformierbares Hindernis (z. B. Betonwand) hätte prallen müssen, um die gleichen Schäden wie im tatsächlichen Fall davonzutragen. In diesem Beispiel wird für beide Fahrzeuge ein EES-Wert von 10 km/h angesetzt. Steht das angestoßene Fahrzeug (in diesem Fall der BMW), so entspricht die Relativgeschwindigkeit der Kollisionsgeschwindigkeit des stoßenden Fahrzeugs. Die Höhe der Relativgeschwindigkeit spiegelt sich in den Fahrzeugbeschädigungen wieder. Je größer die Schäden ausfallen, desto höher war die Relativgeschwindigkeit.

Teil 3: Spezifische Untersuchungen und Messungen

537 Des Weiteren ist die Teilelastizität der Kollision zu berücksichtigen. Diese wird durch den k-Faktor ausgedrückt. Bei großer Überdeckung beträgt der k-Faktor üblicherweise 0,15 – 0,3.

Über die Formel 1 errechnet sich die Relativ-/Kollisionsgeschwindigkeit.

$$v_{rel} = \frac{1}{\sqrt{1-k^2}} * \sqrt{\frac{m_1 * EES_1^2 + m_2 * EES_2^2}{m_{rel}}}$$

Formel 1

538 Aus der Relativ-/Kollisionsgeschwindigkeit kann im Weiteren die kollisionsbedingte Geschwindigkeitsänderung berechnet werden. Die Geschwindigkeitsänderung ist diejenige Geschwindigkeitsdifferenz eines Fahrzeugs unmittelbar vor und unmittelbar nach dem Anstoß. Der Wert ist besonders wichtig, um das Verletzungsrisiko eines Fahrzeuginsassen angeben zu können. Je stärker ein Fahrzeug gestoßen wird, umso größer wird die biomechanische Insassenbelastung.

Die kollisionsbedingte Geschwindigkeitsänderung des gestoßenen Fahrzeugs (BMW) ergibt sich aus der Formel 2.

$$\Delta v_2 = \frac{(1+k)*m_1}{m_1 + m_2} * v_{rel}$$

Formel 2

Nimmt man für die Berechnung das minimale Leergewicht des BMW von 1240 kg an, so ergibt sich eine Kollisionsgeschwindigkeit des auffahrenden Fahrzeugs von 20,3 – 21,1 km/h (Abb. 13). Beim maximalen Leergewicht des BMW von 1303 kg folgt eine Kollisionsgeschwindigkeit des auffahrenden Fahrzeugs von 20,3 – 21,0 km/h (Abb. 14). Die Kollisionsgeschwindigkeit ändert sich an der Obergrenze nur um 0,1 km/h.

Größer fällt die Auswirkung bei der kollisionsbedingten Geschwindigkeitsänderung aus. Gem. Abb. 13 errechnet sich für den BMW bei Annahme des minimalen Leergewichts eine kollisionsbedingte Geschwindigkeitsänderung

§ 1 Basisdaten – Leergewichte und Unfallgewichte von Pkw

von 12,8 – 15,0 km/h. Im anderen Fall (maximales Leergewicht) liegt die kollisionsbedingte Geschwindigkeitsänderung zwischen 12,5 und 14,6 km/h (s. Abb. 14). Das Minimum sinkt in diesem Fall um 0,3 km/h, das entspricht 2,4 %. Das Maximum verringert sich um 0,4 km/h bzw. 2,7 %. Die prozentuale Abweichung der kollisionsbedingten Geschwindigkeitsänderung des BMW bei der Leergewichtsbandbreite von 63 kg liegt somit unterhalb von 3 %. Wird letztlich das Ergebnis gerundet angegeben, so geht der Unterschied in den gerundeten Werten unter.

Fahrzeugdaten	Fzg. 1 (stoß.)	Fzg. 2 (gestoß.)	
Fahrzeugführer			
Typ	Audi	BMW	
Kennzeichen			
Masse	1500	1240	kg

Massenberechnung			
Relative Masse	$m_{rel} = \dfrac{m_1 \cdot m_2}{m_1 + m_2}$	679	kg

Beschädigungen			
EES $_{min}$	10	10	km/h
EES $_{max}$	10	10	km/h

Stoßziffer (k-Faktor)	min	max	
k	0,15	0,30	[-]

Relativgeschwindigkeit der Fahrzeuge (aus Energiesatz)			
$v_{rel} = \dfrac{1}{\sqrt{(1-k^2)}} \cdot \sqrt{\dfrac{m_1 \cdot EES_1^2 + m_2 \cdot EES_2^2}{m_{rel}}}$			
$v_{rel\,min} = v_{1\,min}$, wenn $v_2 = 0$	20,3		km/h
$v_{rel\,max} = v_{1\,max}$, wenn $v_2 = 0$	21,1		km/h

Geschwindigkeitsänderung Fzg 2 (gestoßen)			
$\Delta v_2 = \dfrac{1+k}{2} \cdot \dfrac{2 \cdot m_1}{m_1 + m_2} \cdot v_{rel}$			
$\Delta v_{2\,min} = v'_{2\,min}$, wenn $v_2 = 0$	12,8		km/h
$\Delta v_{2\,max} = v'_{2\,max}$, wenn $v_2 = 0$	15,0		km/h

Abb. 13

Teil 3: Spezifische Untersuchungen und Messungen

Fahrzeugdaten	Fzg. 1 (stoß.)	Fzg. 2 (gestoß.)	
Fahrzeugführer			
Typ	Audi	BMW	
Kennzeichen			
Masse	1500	1303	kg

Massenberechnung			
Relative Masse	$m_{rel} = \dfrac{m_1 \cdot m_2}{m_1 + m_2}$	697	kg

Beschädigungen			
EES $_{min}$		10	10	km/h
EES $_{max}$		10	10	km/h

Stoßziffer (k-Faktor)	min	max	
k	0,15	0,30	[-]

Relativgeschwindigkeit der Fahrzeuge (aus Energiesatz)		
$v_{rel} = \dfrac{1}{\sqrt{(1-k^2)}} \cdot \sqrt{\dfrac{m_1 \cdot EES_1^2 + m_2 \cdot EES_2^2}{m_{rel}}}$		
$v_{rel\,min} = v_{1min}$, wenn $v_2 = 0$	20,3	km/h
$v_{rel\,max} = v_{1max}$, wenn $v_2 = 0$	21,0	km/h

Geschwindigkeitsänderung Fzg.2 (gestoßen)		
$\Delta v_2 = \dfrac{1+k}{2} \cdot \dfrac{2 \cdot m_1}{m_1 + m_2} \cdot v_{rel}$		
$\Delta v_{2\,min} = v'_{2\,min}$, wenn $v_2 = 0$	12,5	km/h
$\Delta v_{2\,max} = v'_{2\,max}$, wenn $v_2 = 0$	14,6	km/h

Abb. 14

539   Als Fazit bleibt festzuhalten, dass geringe Abweichungen des Unfallgewichts, z. B. durch die Leergewichtsbandbreite, den Füllzustand des Kraftstofftanks und im Fahrzeug mitgeführte leichte Gegenstände, einen zu vernachlässigenden Einfluss auf die Berechnung der Kollisionsgeschwindigkeit und der kollisionsbedingten Geschwindigkeitsänderung haben. Das Ergebnis der Berechnungen wird lediglich in der ersten Nachkommastelle beeinflusst, sodass die Abweichung im gerundeten Ergebnis bereits enthalten ist. Berücksichtigt werden müssen allerdings die Gewichte der Insassen und schwere Zusatzbeladung. Bei biomechanischen Belastungsgutachten sollten die Gewichte der Insassen möglichst von den Parteien im Vorfeld mitgeteilt werden. Bei

verkehrsanalytischen Gutachten zum Unfallhergang reicht die Annahme von Durchschnittswerten, wie oben angegeben, aus.

Praxistipp:

Geringe Abweichungen des Unfallgewichts, z. B. durch mitgeführtes Gepäck, haben keinen signifikanten Einfluss auf die Berechnung der Kollisionsgeschwindigkeit und der kollisionsbedingten Geschwindigkeitsänderung. Bei biomechanischen Belastungsgutachten, insbesondere zum Thema HWS-Schleudertrauma, sollte beim Unfallgewicht das tatsächliche Gewicht der/des Insassen berücksichtigt werden.

H. Zusammenfassung

Um das Leergewicht eines Pkw bestimmen zu können, muss im **ersten Schritt** geprüft werden, ob das Fahrzeug national oder nach EG-Vorschrift zugelassen wurde. 540

Unterschieden wird nach einer nationalen Zulassung (§ 20 StVZO) und einer **EG-Typgenehmigung** nach Richtlinie 70/156/EWG. Teilweise kann diese Unterscheidung anhand des Baujahres erfolgen. Alle Fahrzeuge, die vor dem 1.1.1993 gebaut wurden, weisen eine nationale Zulassung auf und besitzen eine **Allgemeine Betriebserlaubnis**. 541

Fahrzeuge mit einem Baujahr nach dem 31.12.1997 weisen in jedem Fall eine EG-Typgenehmigung auf. Es gab jedoch eine Umstellungsphase, in der es den Herstellern freigestellt war, mit welcher Zulassung die Neufahrzeuge versehen wurden. Dieser 3-jährige Zeitraum erstreckte sich vom 1.1.1993 bis zum 31.12.1995. Bereits bestehende Fahrzeugtypen konnten noch bis zum 31.12.1997 mit einer Allgemeinen Betriebserlaubnis ausgestattet werden (Tabelle 8).

S/B	Termin für die Anwendung				
	bis 31.12.1992	01.01.1993 - 31.12.1995	ab 01.01.1996	bis 31.12.1997	ab 01.01.1998
nationale Zulassung	alle Fahrzeuge	neue / bestehende Fahrzeugtypen fakultativ	bestehende Fahrzeugtypen fakultativ	bestehende Fahrzeugtypen fakultativ	—
EG Typ-Genehmigung	—	neue / bestehende Fahrzeugtypen fakultativ	neue Fahrzeugtypen verbindlich		alle Fahrzeuge

Tabelle 8

Teil 3: Spezifische Untersuchungen und Messungen

542 Grds. unterscheidet sich die nationale Zulassung mit der Allgemeinen Betriebserlaubnis von der EG-Zulassung mit der EG-Typgenehmigung bzgl. des angegebenen Leergewichts durch den Fahrer und den Füllstand des Kraftstofftanks. Bei Pkw mit EG-Typgenehmigung sind im Leergewicht 75 kg für den standardisierten Fahrer enthalten. Diese 75 kg setzen sich aus 68 kg Körpergewicht + 7 kg für Gepäck zusammen. Bei national zugelassenen Fahrzeugen enthält das Leergewicht keinen Fahrer. Ferner beträgt nach DIN 70020 der Füllstand des Kraftstoffbehälters 90 % und nach § 42 StVZO 100 % wie bei der EG-Zulassung.

Bei Pkw mit EG-Typgenehmigung „sitzt" somit bereits ein Fahrer mit Gepäck (75 kg) im Fahrzeug.

543 Wie der zu betrachtende Pkw zugelassen wurde, kann durch drei Vorgehensweisen erarbeitet werden.

1. Fabrikschild im Fahrzeug
2. Fahrzeugpapiere
3. KBA-Liste

544 Das Fabrikschild des Pkw befindet sich im Motorraum. Auf dem Schild steht entweder die ABE-Nummer oder die EG-Typgenehmigungsnummer.

545 Die Fahrzeugpapiere bestanden bis zum 30.9.2005 aus einem Fahrzeugbrief und einem Fahrzeugschein. Dabei geht lediglich aus dem Fahrzeugbrief hervor, ob das Fahrzeug national oder nach EG-Vorschrift zugelassen wurde. Seit dem 1.10.2005 ersetzt die sog. Zulassungsbescheinigung Teil I den Fahrzeugschein und die Zulassungsbescheinigung Teil II den Fahrzeugbrief. Die Betriebserlaubnisnummer geht i.d.R. aus beiden neuen Fahrzeugpapieren hervor. Allerdings sind Zulassungsbescheinigungen Teil I im Umlauf, bei denen von der Zulassungsstelle das Feld „K" (Betriebserlaubnisnummer) nicht ausgefüllt wurde.

546 Liegt nur ein Fahrzeugschein oder eine Zulassungsbescheinigung Teil I vor und ist bei der Letzteren die Betriebserlaubnisnummer nicht eingetragen, kann diese, aufgrund der aus den Papieren hervorgehenden Schlüsselnummern zu 2 und zu 3, der KBA-Liste (Verzeichnis von Herstellern und Typen von Pkw des Kraftfahrt-Bundesamts) entnommen werden.

§ 1 Basisdaten – Leergewichte und Unfallgewichte von Pkw

Das Leergewicht eines Fahrzeugs geht ebenfalls aus den Fahrzeugpapieren hervor. Bei den alten Fahrzeugpapieren ist das Leergewicht im Fahrzeugschein und im Fahrzeugbrief angegeben. Die entsprechende Eintragung erfolgt unter der Ziffer 14.

547

In den neuen Zulassungspapieren steht das Leergewicht nur noch in der Zulassungsbescheinigung Teil I im Feld „G".

548

Die Angabe unter der Ziffer 14 oder dem Buchstaben G bezieht sich immer auf das minimale Leergewicht des Fahrzeugtyps.

In einigen Fällen ist in den Fahrzeugpapieren (alt: im Feld Bemerkungen, neu: im Feld 22) eine Bandbreite für das Fahrzeugleergewicht angegeben. Es handelt sich dann um die Angabe eines minimalen und eines maximalen Leergewichts (Basismodell bzw. Vollausstattung). Ist keine Bandbreite angegeben, kann das maximale Leergewicht über die Schlüsselnummern aus der KBA-Liste abgelesen werden.

Beim Eingang der Akten zur Ausarbeitung eines Gutachtens stehen i.d.R. nur die Schadengutachten der Fahrzeuge zur Verfügung. In den meisten Fällen enthalten diese Gutachten nicht alle notwendigen Fahrzeugdaten.

> **Praxistipp:**
> Für die Erstellung eines verkehrsanalytischen Gutachtens oder eines biomechanischen Belastungsgutachtens ist somit die Vorlage des Fahrzeugscheins oder der Zulassungsbescheinigung Teil I unerlässlich. In Ausnahmefällen können einige Fahrzeugdaten auch bei den Zulassungsstellen erfragt werden.

Das Unfallgewicht eines Fahrzeugs unterscheidet sich vom Leergewicht insbesondere durch den Beladungszustand. Exakt ließe sich das Unfallgewicht nur durch das Wiegen des unfallbeteiligten Fahrzeugs unmittelbar nach dem Unfallgeschehen bestimmen. Dieses lässt sich in der Praxis jedoch nicht umsetzen. Somit muss das Unfallgewicht über das Leergewicht und gewichtserhöhende Einflussgrößen eingegrenzt werden. Von Interesse sind die Insassen und der Beladungszustand. Weitere Einflussgrößen, wie der Füllstand des Kraftstofftanks und leichte, mitgeführte Gegenstände, z. B. Handtaschen etc., können vernachlässigt werden.

549

Teil 3: Spezifische Untersuchungen und Messungen

550 Das Unfallgewicht der Fahrzeuginsassen kann von den Parteien mitgeteilt werden. Sollte dies nicht möglich sein, so können durchschnittliche Gewichte für männliche und weibliche Personen zugrunde gelegt werden. Aus Recherchen folgt ein Durchschnittsgewicht von männlichen, erwachsenen Personen i.H.v. 83 kg und von weiblichen i.H.v. 68 kg. Wird eine Gepäckmasse von 7 kg nach DIN ISO 2416 hinzuaddiert, folgt für den Mann ein anzusehendes Gewicht von 90 kg und für die Frau von 75 kg.

551 Insbesondere im Rahmen eines **biomechanischen Belastungsgutachtens** zur HWS-Problematik (vgl. *Meyer* VRR 2009, 18) sollte das **Unfallgewicht möglichst genau** bestimmt werden. Bei einem unfallanalytischen Gutachten zum Unfallhergang und zur Vermeidbarkeit ist das ungefähre Unfallgewicht vollkommen ausreichend. Eine dargestellte Beispielrechnung zeigt, dass bei einem um 63 kg unterschiedlichen Unfallgewicht (Bandbreite zwischen minimalem und maximalem Leergewicht) des gestoßenen Fahrzeugs bei einer Heckkollision sich die Relativgeschwindigkeit nur um 0,1 km/h verändert. Die kollisionsbedingte Geschwindigkeitsänderung unterscheidet sich in diesem Beispiel um 0,3 – 0,4 km/h und ist bereits im gerundeten Ergebnis enthalten.

§ 2 Beschleunigungsvorgänge – Anfahrbeschleunigungen

In der Weg-Zeit-Betrachtung des Unfallanalytikers ist regelmäßig die Anfahrbeschleunigung von vorfahrtverletzenden Verkehrsteilnehmern zu bestimmen. Hierzu ist es erforderlich, sich mit dem Anfahrverhalten verschiedener Verkehrsteilnehmer auseinanderzusetzen. 552

A. Allgemeine Vorgehensweise

Im Rahmen der Analyse eines Verkehrsunfalls ist es erforderlich, zu den Fahrvorgängen der beteiligten Fahrzeuge und zur Vermeidbarkeit des Unfalls Stellung zu nehmen. Insbesondere bei Kreuzungs- und bei Einbiegeunfällen verdient die Anfahrbeschleunigung besondere Beachtung. Normale, einer typischen Alltagssituation angepasste Anfahrvorgänge **unterscheiden** sich deutlich von den in Fachzeitschriften veröffentlichten **maximal möglichen Beschleunigungen**. 553

Während die maximal möglichen Beschleunigungen motorisierter Verkehrsteilnehmer von dem Leistungsgewicht, dem Antriebskonzept und nicht zuletzt von der Reibpaarung Reifen/Straße abhängen, sind die typischen Anfahrbeschleunigungen von Normalfahrern eher von den individuellen Eigenschaften der Fahrer geprägt und bewegen sich in einem deutlich niedrigeren Spektrum.

Kollisionen im innerörtlichen Straßenverkehr ereignen sich **üblicherweise** in einem **zeitlichen Intervall** von etwa 2 – 4 s nach dem Anfahrbeginn des vorfahrtverletzenden Fahrzeuges; im außerörtlichen Verkehr ergeben sich ggf. längere Zeitspannen.

Allgemein sei angemerkt, dass sich in **Vermeidbarkeitsbetrachtungen** geringe Anfahrbeschleunigungen des vorfahrtverletzenden Verkehrsteilnehmers zu Ungunsten des vorfahrtberechtigten Verkehrsteilnehmers auswirken. Hohe Anfahrbeschleunigungen wirken sich zugunsten des vorfahrtberechtigten Verkehrsteilnehmers, da diesem dann eine geringere Zeitspanne für die Einleitung einer Abwehrreaktion verbleibt. 554

Im Folgenden werden die Anfahrbeschleunigungen verschiedener Verkehrsteilnehmer u.a. anhand eigener Versuche vorgestellt.

Teil 3: Spezifische Untersuchungen und Messungen

B. Anfahrbeschleunigungen verschiedener Verkehrsteilnehmer

I. Anfahrbeschleunigung von Personenkraftwagen

555 In der täglichen Praxis des Unfallanalytikers überwiegen die zu behandelnden Anfahrbeschleunigungen von Pkw. Bei der **normalen Anfahrbeschleunigung** spielt die Leistungscharakteristik des Fahrzeuges, insbesondere bei den hier behandelten kurzen Wegstrecken, keine merkliche Rolle. Die **maßgeblichen Faktoren** sind vielmehr die individuellen Fahrereigenschaften (Alter, Fahrerfahrung etc.) und die individuellen Gegebenheiten der Unfallörtlichkeit. Bspw. wird beim Geradeausbeschleunigen eine höhere Anfahrbeschleunigung gewählt als beim Abbiegen. Anfahrbeschleunigungen im außerörtlichen Verkehr sind regelmäßig etwas höher als im innerörtlichen. Mit zunehmender Wegstrecke nimmt die Anfahrbeschleunigung ab. Die Geschwindigkeits-Zeit-Kurven hinsichtlich des Anfahrvorgangs sind also nichtlinear (gegenüber einer linearen Abhängigkeit bei Annahme einer konstanten Beschleunigung). Der „normale" Anfahrvorgang lässt sich nicht anhand vorgegebener Leistungsdaten des Fahrzeuges ermitteln, sondern muss empirisch bestimmt werden.

Eine erste **umfangreichere Untersuchung** (BECKE/NACKENHORST, Verkehrsunfall und Fahrzeugtechnik 1986, 143 ff.) über das Anfahrverhalten an Kreuzungen wurde Mitte der 80er Jahre durchgeführt. Die Untersuchung lieferte das Ergebnis, dass das typische normale Anfahrverhalten auf geradeaus überquerten Kreuzungen bis zu Beschleunigungszeiten von etwa 4 s durch eine konstante Beschleunigung hinreichend genau beschrieben werden könne. Dies entspricht einer Wegstrecke von knapp 15 – 20 m. Diese mit willkürlich aus dem Straßenverkehr herausgegriffenen Personen bzw. Fahrzeugen ermittelten Beschleunigungswerte liegen zwischen 1,7 und 2,3 m/s^2. Bei der Betrachtung längerer Zeitspannen sind geschwindigkeitsabhängige Beschleunigungen zu verwenden.

In **weiteren Untersuchungen** (BATTIATO/WOLFF/NOVER, Verkehrsunfall und Fahrzeugtechnik 1998, 201 ff.) Ende der 90er Jahre wurden 200 Anfahrvorgänge mit Schaltwagen im Innerortsverkehr mit einem ausgewählten Probandenpool untersucht. Neben der Geradeausbeschleunigung wurden hier auch Abbiegemanöver nach links und rechts ausgewertet. Das Ziel war, den Beschleunigungsvorgang zeitdetaillierter zu betrachten. Die mittlere Beschleunigung über alle Messungen (also Geradeaus und Abbieger) wird mit

§ 2 Beschleunigungsvorgänge – Anfahrbeschleunigungen

1,3 m/s² angegeben. Die gegenüber den obigen Werten geringere Beschleunigung lässt sich zum einen aus der längeren Zeitspanne der Messung über 6 s erklären. Zum anderen aber daraus, dass zusätzlich die langsameren Abbiegevorgänge berücksichtigt wurden. Die Anfahrvorgänge wurden einer (willkürlich gewählten) konstanten Beschleunigung von 1,5 m/s² gegenübergestellt. Es zeigte sich, dass bis zu etwa einer Sekunde nach dem Start die Anfahrbeschleunigung unterhalb der konstanten Beschleunigung liegt, während zwischen ca. 1 s und ca. 4 s nach dem Anfahren die Beschleunigung etwas höher als diese mittlere konstante Beschleunigung ist. Eine Ursache liegt in dem Schaltvorgang, der im Mittel ca. 3,6 – 4,4 s nach dem Anfahren vom Auskuppeln des ersten Gangs bis zum Einkuppeln des zweiten Gangs erfolgt.

In einer weiteren, durch unser Büro durchgeführten **Untersuchung** (KRAUSE, Verkehrsunfall und Fahrzeugtechnik 2002, 105 ff.) wurde empirisch mit versteckt gefilmten Verkehrsteilnehmern die Anfahrbeschleunigung über definierte Wegstrecken ermittelt. Wie erwartet ergab sich eine kontinuierliche Abnahme der Beschleunigung mit zunehmender Wegstrecke. Es lag eine deutliche Niveauabweichung zwischen abbiegenden und geradeaus fahrenden Fahrzeugen vor. Die Anfahrbeschleunigung im Geradeausverkehr (bezogen auf das 10 % / 90 %-Perzentil und auf eine Anfahrwegstrecke von 10 m) lagen zwischen ca. 1,4 und 2,3 m/s². Die Anfahrbeschleunigung von Abbiegern innerorts wurde hingegen zwischen 1,0 und 1,8 m/s² und außerorts zwischen 1,2 und 2,1 m/s² bestimmt.

Um die in der Literatur vorherrschenden Werte für die Anfahrbeschleunigung anhand eines einfachen Beispieles zu verifizieren, wurden eigene Untersuchungen durchgeführt:

556

Vor einem in einer leichten Linkskurve gelegenen ampelgeregelten Fußgängerüberweg wurden die jeweils ersten anfahrenden Fahrzeuge mit einer Videokamera gefilmt. Die untenstehende Abbildung stellt die Verkehrssituation dar.

Teil 3: Spezifische Untersuchungen und Messungen

Abb. 1: Verkehrssituation vor der Fußgängerampel

Über definierte Messpunkte auf der Fahrbahn konnten die jeweiligen Weg-Zeit-Verläufe ab Anfahrbeginn ausgewertet werden. Insgesamt wurden 33 Messungen analysiert. Die Abbildung 2 zeigt ein Weg-Zeit-Diagramm, das sämtliche Anfahrvorgänge beinhaltet. Die Position 0 auf der Wegachse stellt die Haltelinie dar. Neben dem Fahrzeugtyp wurden das Geschlecht und das geschätzte Alter der Fahrer notiert.

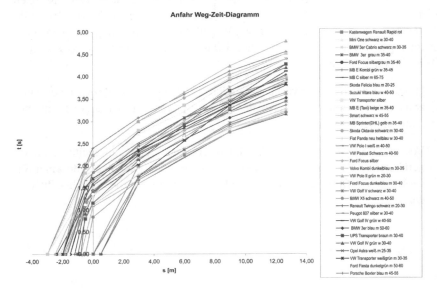

Abb. 2: Anfahrdiagramm

§ 2 Beschleunigungsvorgänge – Anfahrbeschleunigungen

Bei der Betrachtung des Diagramms zeigt sich eine gewisse **Besonderheit**. Die jeweiligen Fahrzeugführer stoppen an dieser Örtlichkeit nicht zwangsläufig unmittelbar an der Haltelinie, sondern – weil der Fußgängerüberweg in einem großen Abstand zu der Haltelinie liegt und sich rechts eine Einmündung befindet – zwischen ca. 3 m vor bis ca. 0,5 m hinter der Haltelinie. Deshalb differieren durch die Besonderheit der Örtlichkeit gerade in der Anfangsphase die Weg-Zeit-Verläufe teilweise recht stark. Dies ist bisweilen dadurch begründet, dass beim Wechsel des Lichtsignals von Rot auf Rot/Gelb einige Fahrer zunächst leicht vorrollen und erst beim Wechsel auf Grün stärker beschleunigen. Somit kommt dem Wegintervall zwischen 3 und etwa 12 m, vom Beginn der Haltelinie an gerechnet, besondere Bedeutung zu. In diesem Wegintervall sind die Weg-Zeit-Verläufe insgesamt auch entsprechend harmonisch ausgeprägt und weichen weniger voneinander ab.

557

Das Diagramm kombiniert idealerweise durch den ortsfesten Weg-Zeit-Verlauf die Halteposition mit der entsprechenden Anfahrbeschleunigung. Um zu einem bestimmten Zeitpunkt an einen bestimmten Ort zu gelangen, ist es also entweder möglich, bis weit an die Haltelinie heranzufahren und langsam zu beschleunigen oder aber eine größere Distanz von der Haltelinie mit einer höheren Anfahrbeschleunigung zu kombinieren.

In der Abb. 3 wurden die Geschwindigkeitsverläufe auf eine wegabhängige Beschleunigung umgerechnet. In dem Intervall zwischen ca. 3 und 12 m von der Anfahrposition an gerechnet liegen die mittleren Beschleunigungen zwischen ca. 1,3 und 2,5 m/s^2. Die Anfahrbeschleunigungen decken sich also – unter Berücksichtigung der örtlichen Gegebenheiten – in etwa mit den bereits in der Literatur vorliegenden Untersuchungen.

Teil 3: Spezifische Untersuchungen und Messungen

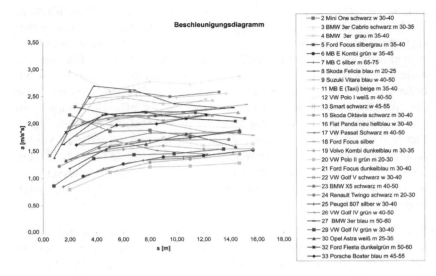

Abb. 3: Beschleunigungsdiagramm

Trotz der sicherlich nicht repräsentativen Auswahl wurde versucht, einige mögliche Abhängigkeiten von Parametern zu erarbeiten:

558 Ein Abhängigkeitsgrad von der **Motorisierung** konnte in der vorliegenden Verkehrssituation nicht zwingend festgestellt werden. So war bspw. ein nicht sehr leistungsstarker Smart das zweitschnellste der Fahrzeuge. Bisweilen werden auch sehr stark motorisierte Fahrzeuge (z.B. Porsche Boxster) abhängig von der Verkehrssituation eher moderat beschleunigt. Des Weiteren war eine Abhängigkeit vom Geschlecht und vom Alter nicht eindeutig festzustellen.

Ferner wurden die Anfahrdiagramme von **Kleintransportern**, insbesondere von Paketfirmen, denjenigen von **Pkw** gegenübergestellt. Interessant war, dass trotz des höheren Gewichtes und der größeren Abmessungen deren Anfahrbeschleunigungen etwa auf dem Niveau von Pkw liegen.

559 Insgesamt lässt sich das **Fazit** ziehen, dass das Anfahrverhalten und die Anfahrbeschleunigungen wesentlich von den individuellen Fahrereigenschaften sowie den Gegebenheiten an der Messstelle bzw. am Unfallort abhängen.

II. Anfahrbeschleunigung von Lastkraftwagen

Im Gegensatz zum Pkw sind Lkw i.d.R. mit einer Diagrammscheibe ausgerüstet. Diese könnte hinsichtlich des weg-zeitlichen Verlaufes des Anfahrvorgangs einer **Diagrammscheibenauswertung** unterzogen werden. **Problematisch** ist jedoch, dass der Diagrammaufschrieb systembedingt erst ab einer Geschwindigkeit von 6 km/h erfolgt und die Auswertung des Fahrtenschreibers vergleichsweise großen Toleranzen unterworfen ist. Ein wichtiger Punkt, der den Anfahrvorgang eines Lkw vom Pkw unterscheidet, ist die Differenz zwischen dem zulässigen Gesamtgewicht und dem Leergewicht, die beim Lkw bedeutend größer ist. Entsprechend kommt der Zuladung des Lkw bei der Beurteilung des Anfahrvorgangs eine höhere Bedeutung als beim Pkw zu. Die Diagrammscheibenauswertung eines Anfahrvorgangs kann lediglich einen ersten überschlägigen Ansatzpunkt für den Unfallanalytiker liefern, der jedoch im Detail auf Plausibilität überprüft werden muss.

In einer Untersuchung (FÜRBETH/GROßER/KOLB/BURGER, Verkehrsunfall- und Fahrzeugtechnik 1993, 182 ff.) wurden die Anfahrbeschleunigungen von Lkw bis zu einer Anfahrwegstrecke von 30 m bei Geradeausfahrt und beim Abbiegen gemessen. Die Probanden wurden angewiesen, „langsam", „normal" oder „schnell" zu beschleunigen. Beim Einbiegen wurden „normale" Anfahrbeschleunigungen bis zu einer Wegstrecke von rd. 30 m relativ konstant um 0,5 m/s^2 gemessen. Beim Geradeausbeschleunigen sind sie höher, d.h. für teilbeladene Lkw bei etwa 0,7 – 1 m/s^2, für vollbeladene Sattelzüge bei ca. 0,5 – 0,7 m/s^2 anzusetzen. Die Bandbreite der Anfahrbeschleunigungen ist wesentlich von der Mentalität des Fahrers abhängig. Bei schweren und langen Sattelzügen wird die Anfahrbeschleunigung bei engradigen Einbiegevorgängen durch die Räumlichkeiten, nicht aber durch die Motorisierung begrenzt. Ähnlich wie bei Pkw müssen auch bei Lkw die Schaltpausen, die ca. 0,8 – 1,2 s währen, beachtet werden. Diese führen letztlich zu einem nicht linearen Beschleunigungsverlauf.

In Kenntnis dieser Tatsachen ist es die Aufgabe des Unfallanalytikers, Abweichungen von einer konstant angenommenen Beschleunigung hinsichtlich des Weg-Zeit-Verlaufes zu berücksichtigen.

Teil 3: Spezifische Untersuchungen und Messungen

III. Anfahrbeschleunigungen von Zweirädern

562 Aufgrund höherer Leistungsgewichte sind die **Anfahrbeschleunigungen** von **Motorrädern** i.d.R. höher als die von Pkw. Für die Bestimmung normaler Anfahrbeschleunigungen wurden seinerzeit in unserem Büro Beschleunigungsversuche (SCHMEDDING/BÜSCHER, Verkehrsunfall- und Fahrzeugtechnik 1994, 67 ff.) mit Motorrädern in acht unterschiedlichen Leistungsgewichtsklassen durchgeführt. Das Fahrerkollektiv bestand aus vier durchschnittlich routinierten Fahrern. Die ausschließlich geraden Messstrecken betrugen 8 bzw. 16 m.

Dominante Parameter für die Anfahrbeschleunigungen sind die jeweiligen Übersetzungsverhältnisse in den niedrigen Gangstufen. Unterschiede zwischen Enduros und Straßenmotorrädern resultieren u.a. aus dem unterschiedlichen Drehmomentverlauf in den unteren Drehzahlbereichen. Von Enduro-Fahrern werden i.d.R. höhere Beschleunigungen gewählt als von Straßenmotorrad-Fahrern.

Bemerkenswert ist, dass die normale Anfahrbeschleunigung mit einem Sozius zumindest bei leistungsstarken Motorrädern nicht zwangsläufig niedriger liegt als im Solobetrieb. Unter Ausnutzung des maximalen Beschleunigungspotentials ergibt sich allerdings immer eine Reduzierung der Beschleunigung.

563 Die nachfolgende Abbildung gibt einen Überblick über die durchschnittlichen Anfahrbeschleunigungen über eine Wegstrecke von 8 m. Die Versuche wurden auf trockener Fahrbahn durchgeführt. Bei feuchter oder nasser Fahrbahn ist sicherlich eine Reduzierung der Beschleunigung zu erwarten.

Beschleunigung [m/s^2]				
	ohne Beifahrer		mit Beifahrer	
Messstrecke 8 m	normal	maximal	normal	maximal
Enduro	3,0...3,5	6,0...7,0	2,5	4,0
Straßenmotorrad	2,5...3,0	4,5...5,0	1,5...2,0	3,0...4,0
Roller / kleines Straßenmotorrad	2,0...3,0	4,0...4,7	1,5...2,0	2,5...3,5
Mofa / Mokick / LKR	1,5...2,0	2,0...4,0	1,5	2,5

Abb. 4: Anfahrbeschleunigung von Motorrädern

IV. Anfahrbeschleunigung von Bussen

Bei der Beurteilung von Anfahrvorgängen von Bussen, insbesondere im Linienverkehr, stehen der Komfort sowie die **Stand-** und **Sitzsicherheit** für die Fahrgäste im **Vordergrund**. Die Standsicherheit in Bussen ist bereits bei einer Beschleunigung bzw. Verzögerung von ca. 1,3 m/s² gefährdet (WALTER/ SCHNEIDER/SCHIMMELPFENNIG, Verkehrs- und Fahrzeugtechnik 1999, 317 ff.). Heutzutage sind nahezu alle Busse mit Automatikgetriebe ausgerüstet, sodass sich der Geschwindigkeits-Weg-Verlauf vergleichsweise linear darstellt. WALTER hat bei seinen verdeckt durchgeführten Untersuchungen Beschleunigungen zwischen 0,7 und 2,4 m/s² festgestellt, wobei sich die weitgehende Mehrzahl der Anfahrbeschleunigungen in einem Spektrum zwischen 0,8 und 1,2 m/s² beim Geradeausbeschleunigen bewegte. Bei Kurvenfahrten sind entsprechend niedrigere Anfahrbeschleunigungen zwischen 0,5 und 1 m/s² zu diskutieren.

564

C. Fazit

Bei Kreuzungs- und Einbiegeunfällen ist die Anfahrbeschleunigung ein entscheidender Parameter bei der Analyse des Unfallherganges und der Rekonstruktion der Weg-Zeit-Zusammenhänge.

565

Zwingend sind bei der Auswahl die örtlichen Gegebenheiten und besonderen Umstände des Unfalls zu berücksichtigen.

Im Einzelfall ist seitens des Unfallanalytikers zu prüfen, ob überhaupt mit einer konstanten Beschleunigung gerechnet werden kann oder ggf. Nichtlinearitäten im Weg-Zeit-Verlauf zu berücksichtigen sind.

In jedem Fall muss man sich über etwaige Fehler bei der Berechnung mit einer konstanten Anfahrbeschleunigung im Klaren sein und diese im Einzelfall diskutieren bzw. begründen.

Die nachfolgende Tabelle gibt einen Überblick über die anzunehmenden Anfahrbeschleunigungen unterschiedlich motorisierter Verkehrsteilnehmer.

Teil 3: Spezifische Untersuchungen und Messungen

mittlere Anfahrbeschleunigung in der Ebene (Strecke: 8-10 m)/a [m/s^2]			
	geradeaus		ein-/abbiegend
	normal	maximal	normal
Pkw	1,5...2,5	3,0...6,0	1,0...2,0
Lkw (teilbeladen)	0,7...1,0	ca. 1,5	0,5...0,7
Sattelzug (vollbeladen)	0,5...0,7	ca. 1,3	ca. 0,5
Stadt-Linienbus	0,8...1,2	2,0...2,5	0,5...1,0
	ohne Beifahrer		mit Beifahrer
	normal	maximal	normal
Motorrad	2,0...3,5	4,0...7,0	1,5 bis 2,5

Abb. 5: Anfahrbeschleunigungen

Praxistipps:

1. Normale, alltägliche Anfahrbeschleunigungen sind deutlich niedriger als die in Fachzeitschriften veröffentlichten Maximalbeschleunigungen.

2. Geringe Anfahrbeschleunigungen des Einbiegenden wirken sich i.d.R. zu Ungunsten des vorfahrtberechtigten Verkehrsteilnehmers aus.

3. Die individuellen Örtlichkeiten und deren Einflüsse müssen berücksichtigt werden.

4. Befindet sich eine Diagrammscheibe im Lkw, so sollte diese mikroskopisch ausgewertet werden.

5. Bei längeren Wegstrecken ist die Anfahrbeschleunigung nicht konstant. Sie nimmt mit zunehmender Wegstrecke ab.

§ 3 Spurwechseldauer – Extreme Spurwechsel in Notsituationen

Spurwechsel in Notsituationen sind fast alltäglich, jedoch existieren nahezu keine Untersuchungen, die sich mit den Zeitdauern bei diesen Fahrvorgängen beschäftigen. In einer Versuchsreihe des Ingenieurbüros Schimmelpfennig + Becke wurde die Spurwechseldauer bei Notausweichvorgängen im hohen Geschwindigkeitsbereich ermittelt.

A. Einleitung

Über Spurwechselvorgänge von Pkw beim Überholen gibt es wenig veröffentlichte Untersuchungen, über Spurwechsel in Notsituationen nahezu keine (Abb. 1). Als Resümee kann festgestellt werden, dass die dabei maximal gefahrenen Querbeschleunigungen bei normalen Spurwechselvorgängen nahezu unabhängig von der gefahrenen Geschwindigkeit sind und damit die Spurwechsel am besten **mithilfe** der **Spurwechseldauer** und der **Spurwechselbreite** beschrieben werden können.

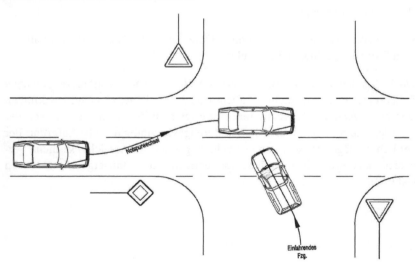

Abb. 1: Notausweichvorgang

Bei Spurwechselvorgängen auf Stadtstraßen, Landstraßen und Autobahnen wurde bei dort üblichen Spurwechselbreiten durch Sporrer (Sporrer/Prell/Buck/Schaible, Realsimulation von Spurwechselvorgängen im Straßenverkehr, VKU 1998, 69) aus insgesamt 250 Videoauswertungen von Realspurwechseln im fließenden Verkehr erarbeitet, dass bei einem **schnellen Fahrstreifenwechsel** von **Spurwechselzeiten zwischen 3,1 und 4,7 s** zu sprechen ist. Normale Spurwechselzeiten liegen hingegen viel höher als vielfach angenommen zwischen 4,7 und 6,5 s. Es wurde festgestellt, dass die Spurwechseldauer im Wesentlichen davon abhängt, ob freies Wechseln oder Überholen vorliegt und von der herrschenden Verkehrsdichte. Bei einigen Notausweichvorgängen bei 50 km/h, die mit einem mit Messgeräten bestückten BMW 318i E36 gefahren wurden, konnten Spurwechseldauern zwischen ca. 2 und 3 s festgestellt werden.

Anlässlich einer besonders intensiven Fallbearbeitung, bei der es darauf ankam, die Mindestzeitdauer für einen Notspurwechsel innerhalb eines Unfallgeschehens zu benennen, wurde eine Versuchsreihe durchgeführt (Abb. 2).

B. Fahrversuche

568 Die Fahrversuche wurden mit einem Opel Kadett E Cabrio (55 KW) auf einem Flugplatzgelände durchgeführt.

Da die Versuche den **absoluten Grenzbereich** darstellen sollten, zeigten erste Fahrversuche, dass es nicht möglich war, dabei zielgenau einen bestimmten seitlichen Versatz zu durchfahren. Die erreichten Zeitdauern hingen von der von den Fahrern möglichen Lenkraddrehgeschwindigkeit ab. Aufgrund der zeitlich verzögerten Reaktion des Fahrzeuges war der erreichte seitliche Versatz nicht kontrolliert zu erreichen, sondern eher als Zufallsergebnis zu werten (Abb. 2).

§ 3 Spurwechseldauer – Extreme Spurwechsel in Notsituationen

Abb. 2: Videosequenz

Die Spurwechselbreiten wurden mit Hilfe von Teerkanten durch Videoauswertung bestimmt. Insgesamt fanden 16 Fahrversuche statt. Die **Fahrgeschwindigkeiten** lagen **zwischen ca. 76 und 90 km/h**. Am Ende des Wiedereinscherens kam es dann auch zu deutlichen Überschwingern mit Instabilität des Fahrverhaltens. Der zeitliche Verlauf der Längs- und Querbeschleunigung sowie der Geschwindigkeit wurde mithilfe eines GPS-unterstützten Gerätes aus dem Rennsport gemessen (Abb. 3).

Die **maximalen Querbeschleunigungen** erreichten kurzzeitig Werte an der **Rutschgrenze** mit quietschenden Rädern von ca. 0,8 g bzw. 8 m/s². Die höchsten Querbeschleunigungen bei den Notausweichvorgängen von Sporrer (a.a.O.) lagen hingegen bei maximal 0,4 g bzw. 4 m/s². Aus diesem Vergleich folgt schon, dass die von uns durchgeführten Fahrversuche insgesamt viel extremer waren. Dies ergibt sich deutlich auch aus den Ergebnissen gem. Abb. 4.

Teil 3: Spezifische Untersuchungen und Messungen

Die Spurwechselbreite ließ in dem durchgeführten Bereich nur einen geringen Einfluss erkennen.

571 Bei den Versuchen wurde deutlich, dass sich mit fortschreitender Versuchsanzahl ein Trainingseffekt bei den Versuchsfahrern einstellte und die kürzesten Zeiten gegen Ende der Versuchsfahrten gemessen wurden.

Zu Beginn der Messreihe wurden Spurwechseldauern zwischen 2,2 s (s_{quer} = 1,8 m) und 2,5 s (s_{quer} = 2,9 m) und am Ende mehrfach zwischen 1,5 und 1,7 s gemessen. Die minimale Spurwechseldauer wurde dreimal mit 1,5 s festgestellt. Die zugehörigen Spurwechselbreiten betrugen 1,55 m, 2,25 m und 2,30 m. Somit folgt, dass eine minimale Spurwechseldauer auch bei einem speziell geübten Fahrer in der Größenordnung von 1,5 s liegt.

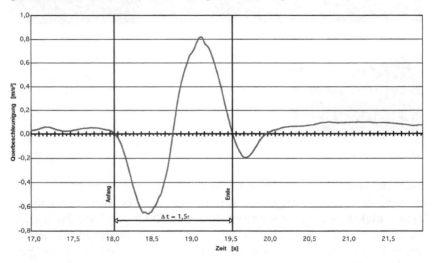

Abb. 3: Messwerte

Es ist denkbar, dass sich geringfügige Abweichungen nach unten bei Verwendung von extrem sportlichen Fahrzeugen erzielen lassen. Den größten Einfluss hat ganz offensichtlich jedoch das Fahrkönnen des Fahrers.

§ 3 Spurwechseldauer – Extreme Spurwechsel in Notsituationen

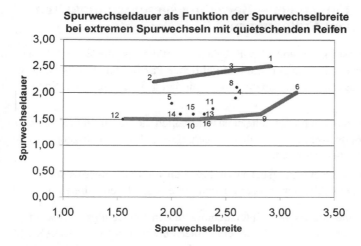

Abb. 4: Ergebnis

Da derartige Fahrmanöver im absoluten physikalischen Grenzbereich normalerweise nicht von Normalfahrern geübt werden, vielmehr wahrscheinlich sogar außerhalb des Erfahrungsschatzes liegen, wird man in realen Unfallgeschehen die von uns ermittelte Untergrenze nur in Ausnahmefällen antreffen. Eine Bandbreite zwischen 2 und 2,5 s, entsprechend der von uns am Anfang unserer Messreihe festgestellten Zeiten, mit noch nicht eingeübten Fahrern ist wahrscheinlicher.

C. Zusammenfassung

Untersuchungen zur Thematik von Spurwechselvorgängen von Pkw in Notsituationen sind in der einschlägigen Fachliteratur fast nicht vorhanden. Im Rahmen einer intensiven Gutachtenausarbeitung wurden insgesamt 16 Fahrversuche mit einem Opel Kadett E Cabrio durchgeführt und ausgewertet. Aus der Versuchsreihe konnte das Ergebnis formuliert werden, dass für **nicht geübte Fahrer** eine **Zeitdauer zwischen 2 und 2,5 s realistisch** ist. Hingegen liegt die minimale Spurwechseldauer von besonders geübten Fahrern in einer Größenordnung von 1,5 s. Spurwechseldauern in **Notsituationen** unterhalb der genannten Zeiten sind nur mit extrem sportlichen Fahrzeugen denkbar.

§ 4 Fußgänger – Bewegungsgeschwindigkeiten von Fußgängern

573 Für die Rekonstruktion von Pkw-Fußgänger-Unfällen ist die Bewegungsgeschwindigkeit des Fußgängers ein **maßgeblicher Parameter**. Häufig ist diese nur durch Zeugenaussagen einzugrenzen; hierbei gibt es grds. zwei Schwierigkeiten:

1. Umgangssprachlich wird nahezu ausschließlich die Beschreibung benutzt, dass ein Fußgänger vor ein Fahrzeug gelaufen ist. Vor ein Fahrzeug gegangen klingt ungewöhnlich.
2. Zeugen stufen Bewegungsgeschwindigkeiten von Fußgängern stark unterschiedlich ein. Allein hierdurch entsteht bereits ein Toleranzbereich.

1977 wurde eine umfassende Untersuchung zu den Bewegungsgeschwindigkeiten nicht motorisierter Verkehrsteilnehmer durchgeführt (EBERHARDT/ HIMBERT, Bewegungsgeschwindigkeiten, Versuchsergebnisse nicht motorisierter Verkehrsteilnehmer, 1977). Die Bewegungsgeschwindigkeit von Fußgängern wurde dabei in „gehen", „schnell gehen", „laufen" und „rennen" unterteilt. Die Ergebnisse sind untergliedert in „weiblich" und „männlich" sowie altersmäßig zwischen 3 und 75 Jahren gestaffelt.

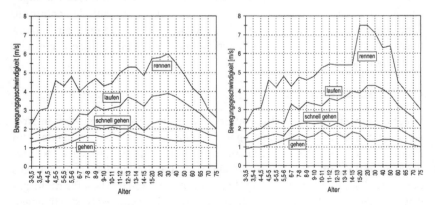

Abb. 1: Bewegungsgeschwindigkeiten von Frauen und Männern

574 In der Untersuchung wird weiterhin unterschiedliches Verhalten beim stehenden und fliegenden Start berücksichtigt. Zudem sind auch Untersuchungen mit seltenen Verkehrsteilnehmern wie Gehbehinderten oder Rollstuhlfahrern

§ 4 Fußgänger – Bewegungsgeschwindigkeiten von Fußgängern

zu finden. Ausführliche Studien der Bewegungsverhalten auch von Kleinkindern sind in Amerika durchgeführt worden (EUBANKS/HILL, Pedestrian accident reconstruction and litigation, Lawyers + Jodges publishing c/o., 1998).

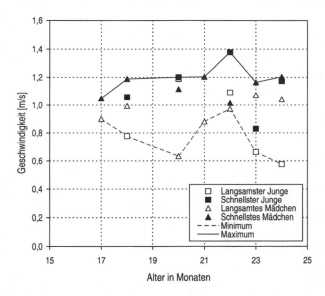

Abb. 2: Bewegungsgeschwindigkeiten von Kleinkindern

Bei den Ergebnissen der statistischen Untersuchungen fällt auf, dass die Kurvenverläufe aus **geprägten Schwankungen** unterliegen. Z.B. sind bei Jugendlichen ältere Kinder langsamer als jüngere. Da eine anatomische Erklärung dieses Effekts schwer fallen dürfte, muss es sich um statistische Effekte handeln. Die Probandengruppe von etwa zehn Personen pro Altersklasse erlaubte offensichtlich keine statistisch stabile Schätzung.

Eine Gruppe von Verkehrsteilnehmern, die ebenfalls separat untersucht wurde, sind ältere Menschen (RESKE, Eingrenzung der Bewegungsgeschwindigkeit älterer Fußgänger, Studienarbeit, Fachhochschule Braunschweig, 1992). Bei der Untersuchung stellte sich heraus, dass die Konstitution maßgeblich für die Bewegungsgeschwindigkeit ist und weniger das Alter der Verkehrsteilnehmer.

Teil 3: Spezifische Untersuchungen und Messungen

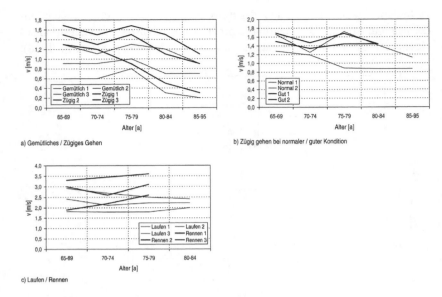

Abb. 3: *Bewegungsgeschwindigkeiten älterer Verkehrsteilnehmer*

576 Bei Weg-Zeit-Zusammenhängen ist das Beschleunigungsverhalten von Fußgängern zu beachten. Bei Messungen ergab sich, dass bei der Bewegungsform „gehen" die Endgeschwindigkeit bereits nach dem ersten Schrittwechsel, bei „rennen" nach dem dritten Schrittwechsel erreicht wird. Die auftretenden Beschleunigungen lagen bei „gehen", unabhängig vom Geschlecht, bei 1,5 bis 3 m/s^2, bei „rennen" teilweise über 6 m/s^2. Beim Beschleunigungsverhalten bestand keine erkennbare Alters- oder Gewichtsabhängigkeit.

§ 4 Fußgänger – Bewegungsgeschwindigkeiten von Fußgängern

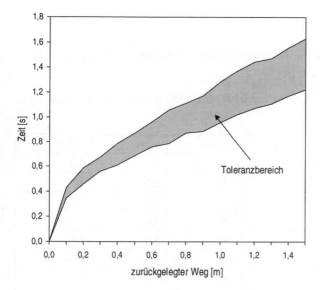

Abb. 4: Beschleunigungsverhalten von Fußgängern

Um die Güte von Zeugenaussagen zu analysieren, wurden von der DEKRA (DEKRA-Fachschriftenreihe, Fußgängergeschwindigkeiten und Zeugenaussagen, Heft 8/1976) 189 Probanden 29 Filmszenen vorgeführt, die im realen Straßenverkehr anonym gefilmt wurden. Die Filmszenen zeigten Fußgänger in jeglicher Altersstufe bei Überquerungsvorgängen auf Straßen. Die mittlere Überquerungsgeschwindigkeit wurde für jede Filmszene berechnet. Zur **Charakterisierung** der **Bewegungsform** standen den Probanden drei Verben:

- gehen
- laufen
- rennen

zur Verfügung, die nach Möglichkeit mit einem der sechs Adjektive:

- sehr langsam
- langsam
- normal
- zügig

- schnell
- sehr schnell

versehen werden sollten. Insgesamt ergaben sich also 18 mögliche Begriffspaare.

578 Für jedes Begriffspaar wurde zunächst eine mittlere Bewegungsgeschwindigkeit ermittelt

	kleinst	mittel	höhst
sehr langsam gegangen	2,6	3,3	6,2
sehr langsam gelaufen	2,6	3,6	7,9
langsam gegangen	2,6	3,9	10,5
normal gegangen	2,6	4,6	18,0
langsam gelaufen	2,6	5,9	13,1
zügig gegangen	2,6	5,9	18,0
normal gelaufen	2,6	6,2	13,2
schnell gegangen	3,3	6,6	13,1
zügig gelaufen	3,3	7,2	18,0
sehr schnell gegangen	5,3	10,2	18,0
schnell gelaufen	3,9	10,4	18,0
sehr schnell gelaufen	7,9	10,5	17,9
langsam gerannt	7,9	11,2	18,0
zügig gerannt	5,3	11,4	18,0
normal gerannt	7,9	11,7	17,9
schnell gerannt	6,6	12,8	17,9
sehr schnell gerannt	3,7	15,2	18,0

Tabelle: Bewegungsanalyse der DEKRA mit Minimal-, Max.- und Mittelwerten in km/h (Strouhal VuF 22, 1994).

579 Zusammenfassend ergaben sich in der Untersuchung folgende **Tendenzen**:
- Die Begriffe „gehen" und „laufen" liegen sehr nah beisammen, wobei jedoch dem Begriff „laufen" bei gleichem Attribut eine höhere Geschwindigkeit zuzuordnen ist.

§ 4 Fußgänger – Bewegungsgeschwindigkeiten von Fußgängern

- Beobachter unter 20 Jahren benutzten für niedrige Geschwindigkeiten „schnellere" Begriffe, d.h. bei gleichem Begriffspaar liegt die mittlere Geschwindigkeit niedriger.
- Gleichmäßiges Überschreiten engt den Streubereich der Aussagen erheblich ein.
- Die Streuung beim Schätzen der Geschwindigkeit einzelner Fußgänger ist erheblich kleiner als bei der von Fußgängern in Gruppen. Das Schätzvermögen bestimmter Beobachtergruppen ist deutlich besser als der Durchschnitt (bspw. Richter, Polizisten) bzw. deutlich schlechter (bspw. Rentner).
- Die Beobachtungseinrichtung hat ebenfalls Einfluss auf die Güte der Einstufung. So wirkt sich bspw. eine Beobachtungsposition direkt von hinten ungünstig auf die Genauigkeit der Schätzung aus.

Teil 3: Spezifische Untersuchungen und Messungen

§ 5   Fahrdynamik von Motorrädern

580   Die Fahrdynamik eines Motorrades unterscheidet sich grundlegend von der eines Pkw. Fahrzustände, wie die Geradeaus- und die Kurvenfahrt oder Bremsmanöver erfordern von einem Motorradfahrer deutlich mehr aktive Eingriffe in das Fahrverhalten als von einem Pkw-Fahrer.

A. Geradeausfahrt

581   Ein Motorrad befindet sich während einer Geradeausfahrt im „labilen Gleichgewicht". Dabei bewirken die Kreiselkräfte an den Rädern die Stabilisierung und verhindern, dass das Motorrad umkippt. Auf die komplexen mechanischen Zusammenhänge soll an dieser Stelle nicht eingegangen werden. Für das Grundverständnis der mechanischen Zusammenhänge genügt es zu wissen, dass ein sich drehendes Rad auf eine Störung, wie z.B. eine Kipp- oder Lenkbewegung, mit einer **Ausweichbewegung** reagiert.

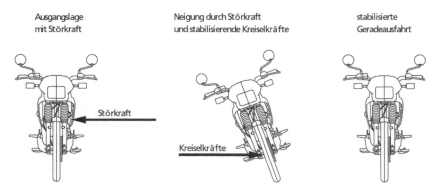

Abb. 1: Stabilisierung bei Geradeausfahrt

Diese fahrdynamische Stabilisierung durch äußere Störeinflüsse erfolgt fortlaufend und bedarf bei Geschwindigkeiten über 35 km/h keines aktiven Eingriffs durch den Fahrer. Aus diesem Grund werden **leichte Störungen** und die damit einhergehende Stabilisierung der Geradeausfahrt vom Fahrer **nicht bewusst wahrgenommen**.

Bei Geschwindigkeiten unter 35 km/h muss der Fahrer das Motorrad durch aktive Lenkbewegungen und Gewichtsverlagerungen stabilisieren, um ein Umkippen zu vermeiden.

B. Instabilitäten bei Geradeausfahrt

Fahrwerksfehler können zu ungewollten Schwingungen und Beeinflussungen des Fahrverhaltens mit erheblichen Beeinflussungen der Fahrstabilität bis zum Sturz führen. Für die Geradeausfahrt sind im Wesentlichen das (Lenker-) Flattern und das Pendeln von Bedeutung. 582

Das **Flattern** oder auch „Shimmy-Effekt" beschreibt eine Schwingung des Vorderrades mit der Gabel und dem Lenker mit ca. 10 Ausschlägen in der Sekunde um die Lenkachse. Ursachen für das Flattern können eine Reifenunwucht, ein falscher Reifenfülldruck oder eine ungünstige Beladung sein. 583

Flattern kann im unteren Geschwindigkeitsbereich von ca. 50 – 80 km/h auftreten und vom Fahrer gestoppt werden, indem er den Lenker mit beiden Händen festhält. Vor diesem Hintergrund ist das Flattern zwar eine unangenehme, jedoch **nicht sturzauslösende Instabilität**.

Anders verhält es sich mit dem **Pendeln**, wo nicht nur die Lenkung, sondern das gesamte Motorrad komplexe Schlinger- und Kippbewegungen durchführt, die sich so weit aufschaukeln können, dass sie vom Fahrer nicht mehr kontrollierbar sind. 584

Das „Pendeln" tritt im oberen Geschwindigkeitsbereich oberhalb von ca. 120 km/h auf. Ursachen für Pendelschwingungen kann eine Beladung mit Packtaschen in Verbindung mit einer Überschreitung der empfohlenen Geschwindigkeit sein.

Teil 3: Spezifische Untersuchungen und Messungen

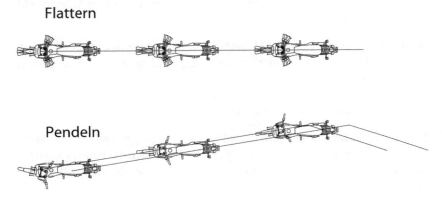

Abb. 2: Instabilitäten bei Geradeausfahrt

C. Spurwechsel/Überholvorgänge

585 Spurwechsel sind bei Überhol- oder Ausweichmanövern **erforderlich**.

Abb. 3 veranschaulicht den prinzipiellen Ablauf eines Spurwechsels, der aus zwei gegenläufigen Lenkbewegungen zum Durchfahren der Spurwechselbreite S besteht.

Abb. 3: Spurwechsel

586 Weit verbreitet ist die Auffassung, Motorräder seien besonders wendig. Betrachtet man das Beschleunigungspotenzial moderner Motorräder, so ist dieser Eindruck zutreffend. Hohe Motorleistungen ermöglichen in Verbindung

§ 5 Fahrdynamik von Motorrädern

mit einem geringen Gewicht Beschleunigungen, die selbst von Sportwagen nicht erreicht werden.

Anders verhält es sich, wenn die Lenkfähigkeit eines Motorrades bei Spurwechseln genauer betrachtet wird. Für den in Abb. 3 dargestellten Spurwechsel nach links muss der Fahrer das Motorrad in eine Schräglage nach links bringen, um den Linksbogen befahren zu können. Aufgrund der Dynamik der Kreiselkräfte muss der Fahrer die Lenkung zunächst entgegengesetzt – also nach rechts – einschlagen, um die Schräglage nach links einzuleiten. Diese erste Lenkbewegung wird vom Fahrer meistens unbewusst durchgeführt und führt dazu, dass das Motorrad vor der beabsichtigten Bogenfahrt nach links zunächst einen Schlenker nach rechts macht (s. Abb. 3). Ähnliche Zusammenhänge gelten für die sich anschließende Bogenfahrt zur Beendigung des Spurwechsels.

Ein Spurwechsel mit einem Motorrad gestaltet sich somit wesentlich komplexer als mit einem Pkw. Ein Pkw-Fahrer führt einen Spurwechsel allein durch eine Verdrehung des Lenkrades aus. Im Gegensatz hierzu muss der Motorradfahrer außer dem oben beschriebenen Schlenker zusätzlich sein Körpergewicht verlagern, bevor die beabsichtigte Richtungsänderung erreicht wird. Die vermeintliche Wendigkeit geht hierdurch zum Teil verloren.

Im Rahmen einer Versuchsreihe wurden vom Verfasser Spurwechseldauern von Motorradfahrern gemessen. An der Studie nahmen Fahrer mit unterschiedlichen Fahrerfahrungen und Motorradtypen teil. Die Spurwechsel wurden aus einem vorausfahrenden Pkw mit einer Videokamera aufgenommen und ausgewertet.

Die Abb. 4 zeigt die Ergebnisse der Fahrversuche im Geschwindigkeitsbereich von 50 – 70 km/h. Für Spurwechselbreiten zwischen 2,5 und 5,0 m wurden im Rahmen eines normalen Spurwechsels im Mittel 3,3 – 4,0 Sek. benötigt. Diese mittleren Spurwechseldauern liegen nur geringfügig unter denen eines Pkw-Fahrers. Im Geschwindigkeitsbereich von 100 – 130 km/h gleichen sich die Spurwechseldauern weiter an. Im Bezug zu Ausweich- und Spurwechselvorgängen sind Motorräder somit nicht „wendiger" als Pkw.

Teil 3: Spezifische Untersuchungen und Messungen

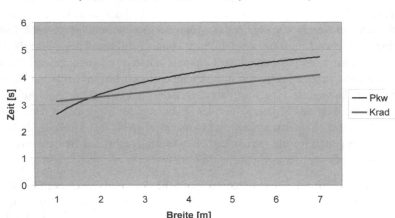

Abb. 4: Spurwechseldauer Motorrad/Pkw V = 50 bis 70 km/h

D. Bremsen

587 Ein Bremsmanöver mit einem Motorrad unterscheidet sich grundlegend von einem Bremsmanöver mit einem Pkw. Motorräder sind mit getrennten Bremsen am Vorder- und Hinterrad ausgerüstet. Die vordere Bremse wird mit der rechten Hand, die Hinterradbremse mit dem rechten Fuß betätigt. Um in einer Gefahrensituation eine möglichst starke Abbremsung zu erreichen, muss ein Motorradfahrer demzufolge beide Bremsen getrennt voneinander optimal betätigen.

588 Die übertragbaren Bremskräfte sind von dem Kraftschluss zwischen dem Reifen und der Fahrbahn („Reibung") und der Radlast abhängig. Wird ein Motorrad abgebremst, so verlagert sich ein Teil der Gewichtskraft von dem Hinterrad auf das Vorderrad. Dieser Effekt der „dynamischen Achslastverlagerung" ist jedem Autofahrer bekannt. Er bewirkt eine Absenkung der Front während eines Bremsmanövers.

Ursache für diesen Effekt ist die Trägheitskraft, die im Schwerpunkt angreift und das Gesamtgewicht zum Vorderrad drückt.

Je stärker das Motorrad abgebremst wird, desto größer ist die Achslastverlagerung. Dieser Effekt kann bei modernen Sportmotorrädern dazu führen, dass das Hinterrad vom Boden abhebt und sich das Motorrad u.U. überschlägt.

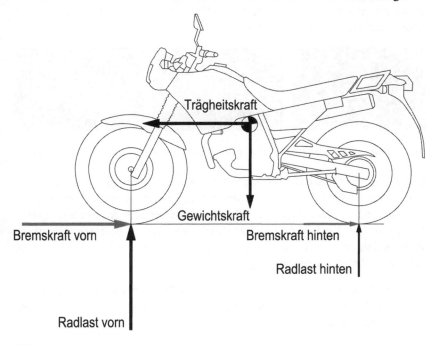

Abb. 1: Dynamische Achslastverlagerung bei einem Bremsmanöver

Das Vorderrad wird somit bei einer Bremsung mit einem größeren Teil der Gewichtskraft beaufschlagt als das Hinterrad und kann deutlich höhere Bremskräfte übertragen, als das Hinterrad. Dieses Bremsverhalten ist jedem Motorradfahrer bekannt. In einer **Gefahrensituation** muss der Motorradfahrer eine möglichst starke Abbremsung erreichen – ein deutlicher Einsatz der Vorderradbremse ist dann unumgänglich.

Die höchste Bremsleistung wird erreicht, wenn das Rad nahe an der **Blockiergrenze** abgebremst wird. Ein starkes Betätigen der Vorderradbremse ist jedoch mit der Gefahr verbunden, dass das Vorderrad blockiert und die stabilisierenden Kreiselkräfte wegfallen.

Wird die Vorderradbremse nicht sofort gelöst nachdem das Vorderrad blockiert, ist ein Sturz für den Fahrer nicht mehr zu vermeiden. Der Sturz erfolgt innerhalb von ca. 0,5 sec nach dem Blockieren des Vorderrades. Demgegenüber kann ein blockiertes Hinterrad vom Fahrer durch Gewichtsverlagerungen kontrolliert werden, ohne zu stürzen.

Abb. 2: Sturz bei blockiertem Vorderrad innerhalb von ca. 0,5 sec nach Blockierbeginn

591 Gerade in einer lebensbedrohlichen Gefahrensituation gelingt es den meisten Motorradfahrern nicht, die Vorderradbremse kontrolliert zu betätigen. Es kommt dann zu einem typischen Unfallverlauf, bei dem das Vorderrad überbremst wird und der Motorradfahrer nach einer kurzen Bremsstrecke stürzt. Rutscht dann der gestürzte Motorradfahrer gegen den Kollisionsgegner, sind schwerste Verletzungen die Folge.

In einer Gefahrensituation muss der Motorradfahrer die maximale Abbremsung möglichst rasch erreichen, um vor einer drohenden Kollision seine Geschwindigkeit deutlich zu reduzieren.

Verschiedene **Versuchsreihen** zeigten, dass mit einem Motorrad zwar ähnlich hohe Verzögerungen wie mit einem Pkw erreicht werden können – der Motorradfahrer benötigt jedoch eine relativ lange Zeitspanne, um die maximale Verzögerung zu erreichen. Diese Zeitspanne variiert, abhängig von der Fahrererfahrung, zwischen ca. 0,5 bis 1,0 sec.

Ursache hiefür ist, dass sich der Fahrer durch kontinuierliche Steigerung der Bremskraft an die maximale Verzögerung herantasten muss. In einer Notsituation fehlt dem Fahrer hierfür die Zeit, die Bremse wird dann oftmals zu stark betätigt und das Vorderrad blockiert.

Da der Bremsbeginn in den meisten Fällen in einem Zeitraum von ca. 2 sec vor der Kollision erfolgt, hat diese Anstiegszeit einen wesentlichen Einfluss auf die erreichte mittlere Verzögerung vor der Kollision. Sie liegt dann bei einer kontrollierten Abbremsung deutlich unterhalb der maximal erreichbaren Verzögerung.

Durch den Einsatz eines Antiblockiersystems (**ABS**) in einem Motorrad können auch von ungeübten Motorradfahrern in kritischen Situationen hohe Bremsverzögerungen innerhalb kürzester Zeiten erreicht werden, ohne zu stürzen. Zudem ist es dem Motorradfahrer möglich, während der Vollbremsung auch noch auszuweichen.

E. Kurvenfahrt

Befährt ein Fahrzeug eine Kurve, so wirken auf das Fahrzeug Fliehkräfte, die jedem Fahrzeugführer bekannt sind. Bis zu gewissen physikalischen Grenzen, die durch den Kraftschluss („Reibung") zwischen dem Reifen und der Fahrbahn vorgegeben sind, werden die Fliehkräfte durch die Seitenführungskräfte der Reifen kompensiert – das Fahrzeug befährt die vorgegebne Kurvenbahn.

Für einen Pkw-Fahrer ist das Befahren einer Kurve relativ unproblematisch. Allein durch den Lenkeinschlag wird die Kurvenfahrt vorgegeben, die Kurvenfahrt stellt sich dann „automatisch", ohne ein Zutun des Fahrers, ein.

Ein Motorradfahrer muss eine Kurvenfahrt demgegenüber deutlich aktiver gestalten.

Zunächst ist auf die besondere **Problematik** zum Einleiten der Kurvenfahrt, die im Teil 1 „Spurwechsel" beschrieben wurde, hinzuweisen.

Die Fliehkraft ist zum Kurvenaußenrand gerichtet und würde das Motorrad zum Außenrand kippen, wenn der Fahrer nicht ein Gegenmoment erzeugen würde. Dieses Gegenmoment wird durch das Kippen des Motorrades zur Kurveninnenseite hervorgerufen. Der Motorradfahrer muss sein Motorrad „in die Kurve kippen".

Teil 3: Spezifische Untersuchungen und Messungen

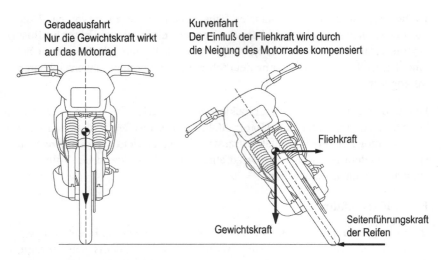

Abb. 3: Seitenneigung bei Kurvenfahrt

Durch das Kippen erzeugt der Motorradfahrer eine Gegenkraft, welche der Fliehkraft entgegen gerichtet ist, das Motorrad kann dann – trotz der störenden Fliehkraft – stabil fahren.

Hierbei wird das Motorrad so weit gekippt, bis sich ein Gleichgewicht mit der Fliehkraft einstellt. Ohne die Seitenneigung würde das Motorrad bei einer Kurvenfahrt zum Kurvenaußenrand kippen. Die Kippbewegung wird vom Fahrer aktiv durch eine Lenkbewegung und eine Gewichtsverlagerung zur Kurveninnenseite eingeleitet.

F. Bremsen bei Kurvenfahrt

596 Bremsmanöver während einer Kurvenfahrt gestalten sich für einen Motorradfahrer gegenüber Bremsungen bei Geradeausfahrt deutlich schwieriger. Während einer Kurvenfahrt müssen die Fliehkräfte durch die Seitenführungskräfte der Reifen kompensiert werden, damit das Motorrad dem vorgegebenen Kurvenverlauf folgt. Es wird ein Teil des Kraftschlusspotentials („Reibung") zwischen dem Reifen und der Fahrbahn für die Kompensation der Fliehkräfte benötigt. Für die Abbremsung verbleibt dann nur ein verminderter Anteil der verfügbaren Reifenkräfte.

§ 5 Fahrdynamik von Motorrädern

Weiterhin entstehen beim Bremsen während einer Kurvenfahrt Fahrwerksreaktionen, welche die Fahrstabilität negativ beeinflussen. Es entsteht ein Aufstellmoment, welches dazu führen kann, dass sich das Motorrad aus seiner Schräglage heraus aufrichtet und nicht mehr dem beabsichtigten Kurvenverlauf folgt. Die Intensität dieser negativen Einflüsse auf das Fahrverhalten hängt davon ab, wie stark das Motorrad abgebremst wird.

Die o.g. Effekte bedeuten jedoch nicht, dass mit einem Motorrad während einer Kurvenfahrt nicht wirksam gebremst werden kann. Im Rahmen einer vom Verfasser betreuten Diplomarbeit wurde überprüft, welche Bremsverzögerungen bei Kurvenfahrten sicher beherrschbar sind. Hierzu wurden Fahrversuche mit Fahrern unterschiedlicher Fahrerfahrung durchgeführt. Ergebnis der Studie war, dass bei Kurvenfahrten mit normalen Querbeschleunigungen (Fliehkräften) in einem Bereich von ca. 3 – 4 m/s² Verzögerungen in einem Bereich von 3 – 5 m/s² sicher und ohne Sturzrisiko für einen Normalfahrer beherrschbar sind (Nosthoff/Schneider, „Experimentelle Untersuchung zur Bremsverzögerung von Motorrädern bei Kurvenfahrt und zu Sturzvorgängen", Diplomarbeit FH Osnabrück).

§ 6 Fahrwerksschäden

Crashversuche am Fahrwerk: Wann entstehen Schäden an der Radaufhängung?

598 Dieser Beitrag beschäftigt sich mit dem Thema Achsfehlstellungen und -beschädigungen infolge eines Bordsteinanpralls.

Im Verlauf eines Unfalles kann es bei einem Ausweichmanöver oder in der Auslaufbewegung zu einer Bordsteinberührung kommen. Für den Schadengutachter stellt sich dann die Frage, ob durch das Überfahren oder Anstreifen des Bordsteins ein Schaden an der Radaufhängung entstanden ist oder nicht.

Häufig wird schon „auf Verdacht" bei Kontaktspuren am Reifen (in Form von Reibspuren an der Reifenseite) die komplette Radaufhängung in der Schadenkalkulation berücksichtigt.

Sind Teile der Radaufhängung zu erneuern, dann schreiben einige Hersteller – aus Sicherheitsgründen – vor, auch die Servolenkung zu ersetzen. Und dabei bleibt es in der Regel nicht: Muss z.B. ein Stoßdämpfer oder ein Federbein ersetzt werden, dann fallen Teile für beide Fahrzeugseiten an, da diese stets paarweise erneuert werden müssen.

Die Bauteile einer Radaufhängung sind relativ teuer; eine Servolenkung alleine kostet schon um EUR 1.000,-. So können bei der Schadenkalkulation nicht unerhebliche zusätzliche Kosten entstehen.

599 Die Möglichkeiten der Beurteilung sind bei der Schadenaufnahme begrenzt, zwar ist eine erhebliche Fehlstellung schon mit bloßem Auge erkennbar, für genauere Feststellungen ist eine Fahrwerksvermessung unbedingt notwendig. Dies ist aber selten an Ort und Stelle möglich, weshalb darauf häufig verzichtet wird.

600 Zu der Frage, welche Schäden an einer Radaufhängung beim Kontakt mit einem solchen Hindernis entstehen können, wurden fünf Versuche durchgeführt, bei denen mit einem Versuchsfahrzeug (Opel Kadett E) eine Bordsteinkante unter verschiedenen Winkeln und Geschwindigkeiten mit dem rechten Vorderrad überfahren wurde.

§ 6 Fahrwerksschäden

Der Opel Kadett verfügt über eine heute weit verbreitete Vorderachskonstruktion mit McPherson Federbein. Das Fahrzeug wurde vor und nach jedem Versuch auf Fehlstellungen und Beschädigungen untersucht und auf einem Prüfstand vermessen.

Zentrale Bauteile einer solchen Vorderradaufhängung sind das Federbein und der sog. Achsschenkel. Der Achsschenkel ist am Federbein befestigt, das Federbein stützt sich oben im Radhaus ab. Der Achsschenkel wird unten über ein Gelenk von dem Querlenker getragen, der Querlenker ist mit der Karosserie verbunden. Im Achsschenkel befindet sich die Lagerung des Rades, für die Lenkbewegung wird das gesamte Federbein am Achsschenkel über die Spurstange verdreht.

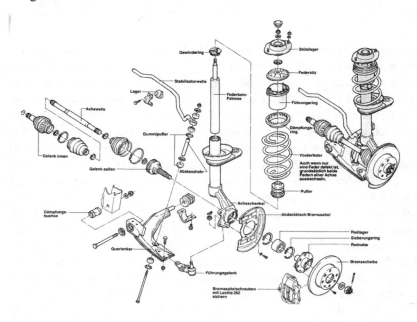

Die folgenden Abbildungen sollen kurz die wichtigsten Fahrwerksdaten veranschaulichen:

Teil 3: Spezifische Untersuchungen und Messungen

A. Spur und Sturz

601 Die **Spur** ist die Differenz der Breiten, um die Räder bei Geradeausfahrt vorn und hinten auseinander stehen. Die Spur liegt in der Regel etwa bei Null. Der **Sturz** ist die Neigung der Radebene zu einer im Radaufstandspunkt errichteten Senkrechten. Bei negativem Sturz ist die Radebene nach innen geneigt, dies ist häufig bei sportlichen Fahrzeugen der Fall.

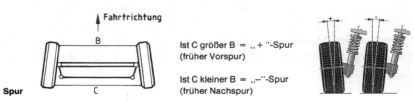

602 Auf weitere Fahrwerksparameter wie **Nachlauf, Spreizung und Spurdifferenzwinkel** usw. soll hier nicht weiter eingegangen werden. Alle Komponenten sind wichtige Faktoren für einen stabilen Geradeauslauf, das Kurvenverhalten und die Straßenlage eines Fahrzeugs. Eine Überprüfung kann, wie gesagt, nur auf einem Vermessungsprüfstand erfolgen. In diesem Zusammenhang soll kurz auf eine vorherige Versuchsreihe eingegangen werden, die hier zur Frage der Messgenauigkeit/Fehlergrenzen bei Fahrwerksvermessungen durchgeführt wurde. Bei der Untersuchung war ein fabrikneues Fahrzeug auf Prüfständen verschiedener Hersteller vermessen worden. Die Messungen wurden am gleichen Tage unmittelbar nacheinander in Auftrag gegeben. Dabei kamen sehr unterschiedliche Messergebnisse zu Tage. In einem Fall wurde sogar eine erhebliche Verstellung gemessen, demzufolge wären Einstellarbeiten am Fahrwerk des fabrikneuen Fahrzeugs notwendig gewesen. Tatsächlich war die Fahrwerkseinstellung jedoch einwandfrei. Ursache dieser Abweichungen sind Messungenauigkeiten, aber auch Bedienungsfehler. So werden von den Herstellern bei der Vermessung bestimmte Randbedingungen gefordert (z.B. die Beladung des Fahrzeugs), die häufig nicht eingehalten werden. Auch ist zu berücksichtigen, dass von dem Messcomputer Einstellwerte auf eine Gradminute genau ausgegeben werden. Eine Gradminute ist 1/60 eines Winkelgrades. Damit wird bei einer Vermessung eine Messgenauigkeit suggeriert, die tatsächlich in der Realität nicht eingehalten werden kann. Bereits eine Lageveränderung am Fahrzeug führt zu Abweichungen, dies allerdings im Minuten- nicht im Gradbereich. Eine andere Ursache kann Spiel in der

Lagerung sein, das natürlich das Messergebnis verfälscht. Daher ist es stets notwendig, das Ergebnis einer Vermessung kritisch zu betrachten, insbesondere im Hinblick darauf, ob es sich um eine maßgebliche Fehlstellung handelt bzw. ob negative Messergebnisse evt. eine andere Ursache haben.

I. Versuche V1 und V2 (19 und 40 km/h bei 15°)

Die Versuche V1 und V2 wurden unter einem Winkel von **15°** gefahren. Dieser Winkel ist für ein Überfahren im Zuge eines Ausweichmanövers durchaus typisch. Die Fahrgeschwindigkeiten und die Randbedingungen wurden erst im Versuchsablauf verschärft, um nicht sofort einen größeren Schaden zu erzeugen. Im Versuch **V1** lag die Geschwindigkeit bei **19 km/h**, im Versuch **V2** bei **40 km/h**.

603

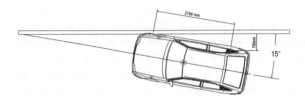

Die Geschwindigkeit wurde durch eine Lichtschranke gemessen und die Versuchsdurchführung durch Videoaufnahmen dokumentiert. Im Fahrzeug war ein Verzögerungsmessgerät installiert, das die Verzögerung in Fahrzeuglängsrichtung ermittelt. Das nachfolgende Bild zeigt die Versuchanordnung. Im rechten Bild ist die Bordsteinkante zu erkennen. Diese hat eine übliche Kantenhöhe von **11 cm**. Das Versuchsfahrzeug mit Messaufbau ist in der Anfahrposition im linken Bild ersichtlich.

Teil 3: Spezifische Untersuchungen und Messungen

II. Versuche V3 und V 4 (28 und 30 km/h bei 35°)

604 Der Versuchsaufbau des Versuchs 3 und 4 ist identisch mit den vorherigen Versuchen, nur wurde der Anstoßwinkel von **15°** auf **35°** vergrößert, es handelt sich also um einen stumpferen Anprall. Die Geschwindigkeit im Versuch **V3** betrug **30 km/h**. Versuch V4 wurde mit einer ähnlichen Geschwindigkeit von **28 km/h** durchgeführt. Im Versuch V4 war das Fahrzeug im Anprallzeitpunkt zusätzlich vollverzögert, d.h. unmittelbar vor dem Überfahren der Bordsteinkante wurde eine Vollbremsung mit blockierendem Rad eingeleitet, um die Belastung an der Radaufhängung weiter zu erhöhen.

III. Versuch V5 (Bordstein 15 cm, 44 km/h bei 35°)

605 Die Versuchsbedingungen im Versuch **V5** wurden weiter verschärft und ein höherer Bordstein mit **15 cm** gewählt, da sich in den vorherigen Versuchen keine wesentlichen Schäden ergeben hatten, worauf nachfolgend eingegangen wird. Die Fahrgeschwindigkeit betrug **44 km/h**, im Anprallzeitpunkt war das Fahrzeug ebenfalls vollverzögert. Der stumpfere Winkel von **35°** wurde beibehalten.

IV. Ergebnisse

Versuch V1 (15°, 19 km/h):   *Versuch V2 (15°, 40 km/h):*

Nun zu den Versuchsergebnissen: In Versuch 1 und Versuch 2 ergaben sich durch den relativ spitzen Winkel von 15° nur **leichte Kontaktspuren** (dunkle Reibspuren) an der Seitenfläche von Vorder- und Hinterradreifen. Die Achskomponenten zeigten **keine** Verformungen. Die Vorderachsgeometrie war nur geringfügig innerhalb der Toleranzgrenzen verändert, was unter Berücksichtigung der vorstehend angesprochenen Messgenauigkeit zu vernachlässigen ist. Eine Achsvermessung wäre bei diesem Spurenbild zu empfehlen. Schäden an einer vergleichbar dimensionierten Vorderachskonstruktion sind unter diesen Bedingungen unwahrscheinlich. Die auf die Radaufhängung wirkenden Kräfte können von der Radaufhängung problemlos ertragen werden, weil das Rad die Bordsteinkante überrollt, ohne dass die Felge aufschlägt. Die verbreitete Ansicht, dass ein Bordsteinkontakt schon bei einem Einparken zu Schäden führen kann, ist nach diesem Versuchsergebnis nicht zu bestätigen.

606

Teil 3: Spezifische Untersuchungen und Messungen

Versuch V3 (35°, 30 km/h):

Versuch V4 (35°, 28 km/h, gebremst):

Videosquenz V4:

Die Versuche 3 und 4 verursachten ebenfalls nur leichte Reibspuren an der Reifenseitenflanke. Deformationen an Achskomponenten waren auch hier nicht entstanden. Der Versuch 3 ergab eine nur geringe Verstellungen an der Achsgeometrie. Die Abweichungen lagen auch hier innerhalb der Toleranzwerte, nur die Spur zeigte eine geringe Veränderung. Auch der Versuch 4, der immerhin mit knapp 30 km/h und vollverzögertem Fahrzeug gefahren wurde, zog immer noch keine Deformationen an der Radaufhängung nach sich. Auch dort lagen die Werte innerhalb der Toleranzfelder, nur die Spur zeigte eine schon deutlichere Überschreitung des Grenzwertes. Die Verstellung macht aber deutlich, dass ggf. Einstellarbeiten an der Achsgeometrie gerechtfertigt sein können. Die Achskomponenten sind zu überprüfen, massive Beschädigungen, d.h. Verformungen an Teilen der Radaufhängung, sind eher unwahrscheinlich.

Versuch V5 (35°, 44 km/h, Bordstein 15 cm, gebremst, 2,0 bar):

Erst durch die erheblich „verschärften" Bedingungen im Versuch 5 platzte der Reifen durch eine Quetschung der Seitenwand an der Bordsteinkante, die Vorderradfelge war am Felgenhorn verformt. Eine messbare Verstellung von Nachlauf und Sturz war vorhanden, erstaunlicherweise jedoch noch innerhalb der zulässigen Toleranz. Eine gravierende Verstellung zeigte insbesondere die Spur, die nach dem Versuch deutlich außerhalb des Toleranzfeldes lag. Eine Achseinstellung/Reparatur wäre notwendig. Eine optisch erkennbare Beschädigung der Achskomponenten konnte mit Ausnahme für Reifen und Felge nicht festgestellt werden. Die im Versuch V5 gemessene Verstellung (vor und nach dem Versuch) lagen bspw. für den Nachlauf bei 0° 50', für die rechte Spur bei 1° 07'. Diese Veränderungen sind durchaus als erheblich zu bezeichnen.

Teil 3: Spezifische Untersuchungen und Messungen

B. Zusammenfassung

609 Bei Geschwindigkeiten von **unter 30 km/h** und einem relativ spitzen Überfahrwinkel von 15° ergaben sich am Versuchsfahrzeug (McPherson-Vorderachse) außer Reibspuren am Reifen keine Schäden an der Radaufhängung, es wurden nur geringe Verstellungen gemessen, die innerhalb der Einstelltoleranz lagen. Bei diesen Randbedingungen sind Schäden an der Radaufhängung unwahrscheinlich, solche Belastungen kann eine Radaufhängung schadlos überstehen. Das Rad überrollt den Bordstein, ein Aufschlagen der Felge wird verhindert.

Im Versuch waren erst bei Geschwindigkeiten von **über 30 km/h** mit gebremstem Rad Schäden festzustellen, die eine Reparatur erfordern. Bei dieser Belastung ist die Radaufhängung nicht mehr in der Lage, das Hindernis schadenfrei zu überfahren. Bei massiven Reibspuren oder Verformungen an der Radfelge ist eine Kontrolle der Achsgeometrie in jedem Fall anzuraten. Ob eine Radaufhängung einen Anprall schadlos übersteht, hängt letztlich immer davon ab, welche Kräfte in das Rad eingeleitet werden und aus welcher Richtung die Belastung erfolgt. Erst nach einer Vermessung kann entschieden werden, ob und welche Teile erneuert werden müssen.

610 Als Fazit ist festzustellen, dass durch das Überfahren einer Bordsteinkante mit geringer Geschwindigkeit und bei geringen Kontaktspuren am Reifen, Schäden am Fahrwerk unwahrscheinlich sind und daher die Erneuerung kostenintensiver Fahrwerkteile nicht notwendig ist. Bei höheren Geschwindigkeiten sind Schäden nicht auszuschließen, der Schadenumfang hängt vom Einzelfall ab. Eine Fahrwerksvermessung ist zur Beurteilung des tatsächlich erforderlichen Reparaturumfangs in jedem Fall unbedingt notwendig.

§ 7 Bremsvorgang

A. Antiblockiersystem (ABS)

I. Geschwindigkeitsermittlung vor Bremsbeginn

Heute haben nahezu alle Pkw (ca. 90 %), die in Deutschland zugelassen sind, ein Antiblockiersystem (ABS). Dieses sorgt dafür, dass die Reifen bei einer Vollbremsung nicht in einen Blockierzustand geraten. Der Hauptvorteil liegt darin, dass das Fahrzeug lenkfähig bleibt. Die Bremsanlage mit ABS führt i.d.R. zu Unfallkonstellationen, bei denen keine Spuren einen Vollbremsvorgang dokumentieren. Auch bei Unfällen auf nassen Straßen werden regelmäßig keine Blockierspuren gefunden. Häufig wird die Frage gestellt, ob bei Unfällen ohne Blockierspuren überhaupt noch eine Angabe einer Annäherungsgeschwindigkeit möglich ist. Die Antwort lautet: Nicht immer, aber sehr oft.

Im Folgenden soll kurz dargelegt werden, wie die klassische Geschwindigkeitsrückrechnung unter Berücksichtigung von Blockierspuren erfolgt und wie eine Geschwindigkeitsrückrechnung ohne Blockierspuren aussieht.

1. Geschwindigkeitsrückrechnung mit Blockierspuren

Hat ein Fahrzeug eine Blockierspur hinterlassen, so lässt sich die Geschwindigkeit am Anfang der Blockierspur, sofern keine Kollision vorliegt, sehr leicht nach folgender Formel berechnen, wobei „s" die Blockierspurlänge darstellt und „a" die Vollbremsverzögerung:

Gleichung 1:

$$v = \sqrt{2 \cdot a \cdot s}$$

v = Geschwindkeit
s = Blockierspurlänge
a = Vollbremsverzögerung

Die Höhe der Bremsverzögerung hängt von der **Fahrzeugart** (Lkw, Pkw, Krad) und von der **Fahrbahngriffigkeit** ab. Folgende Verzögerungen können als **Anhaltswerte** herangezogen werden.

Teil 3: Spezifische Untersuchungen und Messungen

> **Übersicht: Höhe der Bremsverzögerung**
>
> **Trockene Fahrbahn:**
> - Pkw 7 bis 8 m/s², vereinzelt bis 10 m/s²
> - Krad 5 bis 9 m/s² (im Wesentlichen abhängig von der Fahrerfahrung)
> - Lkw 5 bis 7 m/s² (im Wesentlichen abhängig von der Bremsanlage und der Beladung, vorgeschriebene Mindestverzögerung 4 m/s²)
>
> **Nasse Fahrbahn:**
> - Pkw 6 bis 7 m/s²
> - Krad 4 bis 7 m/s² (im Wesentlichen abhängig von der Fahrerfahrung)
> - Lkw 4 bis 6 m/s²
>
> **Schnee- und Eisglätte:**
> - Bremsvorgänge auf Schnee 1,5 bis 3,5 m/s² (stark abhängig von Schneebeschaffenheit und Bereifung)
> - Eisglätte ca. 1 m/s²

613 Fand am Ende der Blockierspur noch eine Kollision statt, so ist zunächst über kollisionsmechanische Betrachtungen, bspw. über die Verformungen und die Auslaufbewegungen der Fahrzeuge, die Kollisionsgeschwindigkeit zu bestimmen. Dieses soll hier nicht weiter erläutert werden. Unterstellt, wir wüssten die Kollisionsgeschwindigkeit am Ende der Blockierspur, so darf keineswegs der Geschwindigkeitsabbau über die Blockierspurlänge anhand der o.g. Formel bestimmt und das Ergebnis mit der Kollisionsgeschwindigkeit addiert werden. Dieses führt zu einer viel **zu hohen Ausgangsgeschwindigkeit**.

> **Praxistipp:**
>
> Tatsächlich muss wie folgt vorgegangen werden: Unter Berücksichtigung einer Blockierspur müssen die Anteile aus Kollisionsgeschwindigkeit und aus der Berechnung über die Bremsspur als Wurzelausdruck berechnet werden.

Gleichung 2:

$$v_0 = \sqrt{v_k^2 + 2as}$$

v_0 = Annäherungsgeschwindigkeit
v_K = Kollisionsgeschwindigkeit

Diese Gleichung kann für eine Verzögerung „a" und verschiedene Kollisionsgeschwindigkeiten auch als leicht handhabbares Diagramm dargestellt werden.

Diagramm: Verzögerung und verschiedenen Kollisionsgeschwindigkeiten

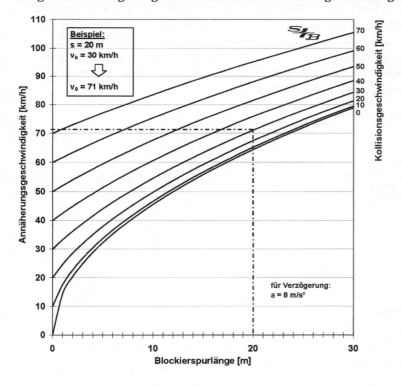

2. Berechnung der Annäherungsgeschwindigkeit ohne Blockierspur

Die **Berechnung** der Annäherungsgeschwindigkeit eines Fahrzeuges, das keine Blockierspur hinterlassen hat, geschieht auf sehr **viel komplexere Art**. Hierzu ist es erforderlich, eine Weg-Zeit-Betrachtung durchzuführen. Damit

Teil 3: Spezifische Untersuchungen und Messungen

kann die Bremsdauer, die dem Fahrzeugführer zur Verfügung stand, bestimmt werden. I.d.R. ist dieses die Zeit zwischen der Reaktionsaufforderung und der Kollision abzgl. der Reaktionsdauer. Es kann so vorgegangen werden, wenn ein weiterer Verkehrsteilnehmer beteiligt war, sei es als Fußgänger oder Fahrradfahrer. Bei einem Alleinunfall, bei dem ein Fahrzeug bspw. gegen einen Baum geprallt ist, ist eine derartige Betrachtungsweise nicht möglich.

Eine einzige Fallgestaltung wird in der folgenden Darstellung behandelt. Im oberen Bereich ist eine Skizze der Örtlichkeit wiedergegeben. Darunter befindet sich ein **Weg-Zeit-Diagramm**, in dem die Zeit von oben nach unten verläuft. Die waagerecht verlaufenden Hilfslinien entsprechen einer Sekunde. In waagerechter Richtung verläuft die Wegachse, wobei die Annäherung des Fahrzeuges A direkt in die Skizze hochgelotet werden kann, während die Fahrbewegung des Fahrzeuges B gegen den Uhrzeigersinn verdreht in die Zeichenwaagerechte gebracht wurde.

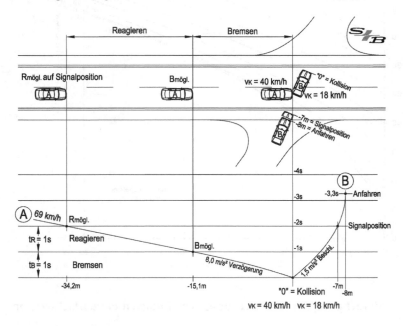

tR = *Reaktionsdauer*
tB = *Bremsdauer*
vK = *Kollisionsgeschwindigkeit*

§ 7 Bremsvorgang

Bei diesem Beispiel soll sich das Fahrzeug B über eine Strecke von 8 m aus einer Anfahrposition (-8 m) in die Kollisionsposition („0") bewegt haben. Die **mittlere Anfahrbeschleunigung** wird mit 1,5 m/s² berücksichtigt. Die Signalposition (-7 m) soll nach einer Anfahrstrecke von 1 m durchfahren worden sein. Bei dieser Fahrgestaltung ergibt sich eine **gesamte Anfahrdauer** des Fahrzeuges B von ca. 3,3 Sekunden Etwa 2 Sekunden vor der Kollision wurde die Signalposition durchfahren. Es wird unterstellt, dass der Fahrzeugführer A auf diese Situation reagierte (Rmögl.). Als Reaktionsdauer vom Beginn des Signals bis zur Vollbremsung wird in diesem Beispiel eine Zeitdauer „tR" von 1 Sekunde berücksichtigt. Dieses führt zu dem Ergebnis, dass eine Zeitdauer von noch 1 Sekunde zwischen einem möglichen Vollbremsbeginn und der Kollision vorlag. Unterstellt man eine derartige Reaktion des Fahrzeugführers A, so lässt sich auch unter Kenntnis der Kollisionsgeschwindigkeit die Geschwindigkeit beim Bremsbeginn, d.h. die Annäherungsgeschwindigkeit berechnen. Die Kollisionsgeschwindigkeit des Fahrzeuges B soll in diesem Beispiel 40 km/h betragen.

Der Geschwindigkeitsabbau „Delta v" innerhalb der Bremsdauer „tB" lässt sich leicht nach folgender Formel berechnen:

Gleichung 3:

$$\Delta v = a \cdot t_B$$

Δv = Geschwindigkeitsabbau
t_B = Bremsdauer

Setzt man im vorliegenden Fall für die Verzögerung 8 m/s² und für die Zeitdauer „tB 1" Sekunde ein, so ergibt sich ein Delta v von 8 m/s. Umgerechnet in km/h ergibt dieses einen Wert von 28,8 km/h (*1m/s = 3,6 km/h*). Die Geschwindigkeit beim Bremsbeginn lässt sich nun nach folgender Gleichung bestimmen:

Gleichung 4:

$$v_0 = v_k + \Delta v$$

v_0 = 40 km/h + 28,8 km/h
v_0 = 68,8 km/h, gerundet 69 km/h

v_0 = Annäherungsgeschwindigkeit
v_k = Kollisionsgeschwindigkeit
Δv = Geschwindigkeitsabbau

Teil 3: Spezifische Untersuchungen und Messungen

> **Hinweis**
>
> Bei der Geschwindigkeitsrückrechnung mit Hilfe der Bremsdauer addiert man linear die Kollisionsgeschwindigkeit mit dem errechneten Geschwindigkeitsabbau während der Bremsdauer.
>
> Die bei dieser Betrachtungsweise zurückgelegte Bremsstrecke s lässt sich nach Umformen der Gleichung 2 bestimmen.
>
> **Gleichung 5:**
>
> $$v_0 = v_k + a \cdot t_B$$
>
> **Gleichung 6:**
>
> $$s = \left(v_0^2 - v_k^2\right)/2a$$

617 Es ist zu beachten, dass die Geschwindigkeiten immer in der Dimension m/s eingegeben werden müssen. Im vorliegenden Beispiel ergibt sich eine Bremsstrecke (ohne Spurzeichnung) von 15,1 m. Damit liegt der Ort des Bremsbeginns fest.

Für den Fahrer A ist eine Reaktionsdauer von 1 Sekunde berücksichtigt worden. Somit lässt sich auch die Position des Fahrzeuges A zum Zeitpunkt der Reaktion bestimmen. Eine Geschwindigkeit von 68,8 km/h entspricht 19,1 m/s. Da die Reaktionsdauer gerade 1 Sekunde betragen soll, lag somit die Reaktion 19,1 m vor dem Bremsbeginn. Die Entfernung zur Kollisionsstelle ergibt sich aus der Strecke, die das Fahrzeug bremsend zurücklegte (15,1 m) und der Strecke, die das Fahrzeug während der Reaktionsdauer durchfuhr (19,1 m), in der Summe 34,2 m. Diese Position wurde auch im Weg-Zeit-Diagramm eingetragen.

Variiert man die Parameter, wie Anfahrbeschleunigung, Lage der Signalposition und Reaktionsdauer, so ergeben sich naturgemäß **Bandbreiten** für die noch zur Verfügung stehende Bremsdauer und somit auch Bandbreiten für die so darstellbare Annäherungsgeschwindigkeit.

Da bei der Berechnung der Annäherungsgeschwindigkeit auf der Basis einer Bremsspurlänge nur 2 Parameter einfließen (Kollisionsgeschwindigkeit und Verzögerung) ist das Ergebnis naturgemäß mit einer geringeren Toleranz behaftet. Somit ist es genauer, als eine Geschwindigkeitsbestimmung über die Weg-Zeit-Betrachtung bei der 5 Parameter einfließen (Kollisionsgeschwindigkeit, Verzögerung, Fahrbewegung des 2. Fahrzeuges, Signalposition des 2. Fahrzeuges, Länge der Reaktionsdauer).

3. Bedeutung für die Praxis

Vergleicht man die beiden Möglichkeiten, die Annäherungsgeschwindigkeit zu bestimmen, so gilt:

618

(1) Blockierspur vorhanden

Bei der Berechnung über eine **Blockierspur** ist ein Nachweis einer Geschwindigkeit möglich. Es ist bspw. möglich, eine überhöhte Geschwindigkeit beweissicher darzustellen.

(2) Keine Blockierspur vorhanden

Bei der Geschwindigkeitsrückrechnung **ohne Blockierspur** kann ebenfalls eine Annäherungsgeschwindigkeit aufgezeigt werden, allerdings unter der Prämisse, dass der Fahrzeugführer tatsächlich so reagierte, wie angenommen. Kommt man bspw. im Ergebnis zu einer überhöhten Annäherungsgeschwindigkeit, so ist diese jedoch nicht sicher nachweisbar, da alternativ die Möglichkeit besteht, dass der Fahrzeugführer stark verspätet reagierte. Letztlich kann der Techniker in einem derartigen Fall nur die Alternativbetrachtung bieten, entweder eine **stark verspätete Reaktion** oder eine **überhöhte Annäherungsgeschwindigkeit**.

II. Untersuchungen zur Erkennbarkeit von ABS-Regelspuren – Gibt es ABS-Bremsspuren?

Der Unfallanalytiker hat sich bei der Rekonstruktion eines Unfalls mit Bremsvorgängen zu befassen, wenn es darum geht, aus den Unfallspuren auf die Fahrgeschwindigkeit zu schließen. Die Bremsspuren ermöglichen dem Sachverständigen eine Rückrechnung auf die Ausgangsgeschwindigkeit des Fahrzeugs. Grundlage der Berechnung ist der „klassische" Rechenansatz:

619

Teil 3: Spezifische Untersuchungen und Messungen

$$v = \frac{1}{2}a_m t_s + \sqrt{2a_m s}$$

mit v: Fahrgeschwindigkeit

s: Bremsspurlänge

t_s: Schwellzeit (ca. 0,2s)

a_m: mittlere Vollbremsverzögerung

Damit kann aus der Bremsverzögerung am, der Bremsschwellzeit ts und der Bremsspurlänge s die Fahrgeschwindigkeit unmittelbar vor Bremsbeginn errechnet werden. am kann allgemein auf trockener Fahrbahn mit 7 – 9 m/s², auf nasser Fahrbahn mit 6 – 8 m s² angenommen werden.

620 Ende 2003 hatten 90 % der zugelassenen Neufahrzeuge in Deutschland ein Antiblockiersystem (ABS). Seit 2004 hat sich die europäische Automobilindustrie (ACEA) dazu verpflichtet, alle Neufahrzeuge mit Antiblockiersystemen auszustatten. Schon seit 1987 ist ein Antiblockiersystem bei Bussen und seit 1991 bei allen Lkw (über 3,5 t) Pflicht.

In der Literatur wurde das Aussehen von ABS-Bremsspuren kaum untersucht. Häufig wird sogar davon ausgegangen, dass ABS-Systeme gar keine oder nur wenig Bremsspuren hinterlassen, weil das ABS gerade das Blockieren der Räder verhindern soll. Da in naher Zukunft nahezu alle Fahrzeuge mit Antiblockiersystemen ausgerüstet sein werden, wird es somit immer schwieriger bzw. gar nicht mehr möglich sein, aus Bremsspuren die Geschwindigkeit zu berechnen, was jedoch für die Unfallanalyse eine grundlegende Voraussetzung ist.

Zu dieser Thematik wurde vom Autor eine Diplomarbeit (STÖPPEL, Experimentelle Untersuchungen zur Erkennbarkeit von ABS-Regelspuren) betreut, die zum Ziel hatte, einen Überblick über die bislang vorliegenden Antiblockiersysteme und deren Spurzeichnungsverhalten bei Vollbremsung zu erarbeiten. Dabei wurde insbesondere untersucht, ob ABS-Fahrzeuge überhaupt Bremsspuren erzeugen und in wie weit dies von ABS-System, Fahrzeugtyp, Bereifung und Fahrbahntyp abhängt. Dem Sachverständigen – und auch der

§ 7 Bremsvorgang

Polizei – soll damit bei der Spurenaufnahme eine Zuordnung von Unfallspuren ermöglicht werden.

1. Technischer Hintergrund

Vorab ein Ausflug in die Funktionsweise der ABS-Technik. Hauptaufgabe des ABS bei einer Vollbremsung ist es, ein Blockieren der Räder zu verhindern.

Das erste serienmäßige ABS wurde bereits 1965 im Jensen eingebaut. Hierbei handelte es sich um eine Einkanal-ABS-Anlage, die noch auf einer mechanisch-hydraulischen Steuerung beruhte. Mit der Entwicklung der programmierbaren Elektronik Ende der 70er des vergangenen Jahrhunderts schaffte es die Firma Bosch, ein ABS-System mit Drehzahlsensoren und schnellen hydraulischen Ventilen herauszubringen. Das erste serienreife ABS von Bosch wurde 1978 unter dem Namen „ABS 2S" eingeführt, zunächst jedoch nur in der Oberklasse von Mercedes-Benz. Die Firma Bosch ließ sich den Namen ABS patentieren. Daher wird das ABS oft in der Literatur auch als Antiblockierverhinderer (ABV) bezeichnet.

Die ersten ABS-Komponenten (Hydroaggregat und Elektronik-Schaltung) waren noch sehr groß und schwer. Diese wurden im Laufe der Jahre immer kompakter und leistungsfähiger. Die Firma Bosch hat im Lauf der Zeit mehrere ABS-Entwicklungsstufen auf den Markt gebracht. Das neueste ABS-System von Bosch, ABS 8.1 ist nur noch knapp ein fünftel so groß wie das ABS 2S.

Die Ursache für das Blockieren der Räder ist das Überschreiten der maximalen Haftreibung zwischen Reifen und Straße. Die Haftreibung nimmt dann schlagartig ab und geht in die Gleitreibung über.

In der Regel wird ein Fahrzeug bei einer Betriebsbremsung nur gering abgebremst, meist kommt man im normalen Straßenverkehr auf Verzögerungswerte von 4 – 5 m/s². Das ABS-System bleibt in dieser Situation außer Kraft. Bei einer Vollbremsung werden jedoch Verzögerungen bis zu 11 m/s² erreicht. Leitet der Fahrer eine Vollbremsung ein, z.B. wegen einer plötzlichen Gefahr auf der Straße, dann bleiben beim Fahrzeug mit ABS die Seitenführungskräfte an den Rädern erhalten, das Fahrzeug bleibt lenkfähig und der Bremsweg wird in der Regel verkürzt.

Teil 3: Spezifische Untersuchungen und Messungen

Bei dem 4-Kanalsystem von Bosch hat jedes Rad einen Drehzahlsensor. Die Vorderräder werden einzeln angesteuert. Bei der Hinterachse richtet sich die Höhe des Bremsdrucks nach dem Rad, welches als erstes zum Blockieren neigt („Select-low").

Im ABS-Block werden dazu zwei Magnetventile angesteuert, dieser Ablauf wird als Regelzyklus bezeichnet. Laut Darstellung der Firma Bosch läuft dieser Regelzyklus 4 – 10 mal pro Sekunde ab, kann aber je nach Hersteller unterschiedlich ausfallen. Die Einsatzgeschwindigkeit, ab der das ABS regelt, liegt bei 6 – 8 km/h. Wird bei der momentanen Regelung die Grenzgeschwindigkeit unterschritten, schaltet das ABS wieder ab und die Räder blockieren.

Allgemein wird davon ausgegangen, dass es sich bei einer Bremsspur um Gummi-Aufrieb auf der Fahrbahn handelt. Tatsächlich entstehen jedoch auf der Fahrbahn auch Aufschmelzungen des Bitumens durch die Bremsreibung. Deshalb ist eine Bremsspur auf Beton auch deutlich geringer ausgeprägt (und dadurch schwerer zu erkennen) als auf Asphalt. Häufig sind auch bei näherer Betrachtung Kratzer auf der Fahrbahn durch mitgeschleifte Steinteilchen festzustellen. Anzumerken ist, dass intensive Bremsspuren nicht gleichzeitig auf eine hohe Verzögerung schließen lassen, vielmehr spielen Art und Beschaffenheit von Fahrbahn, Fahrzeug und Reifen eine Rolle.

623 Eine „klassische" **Vollverzögerungsspur** ohne ABS setzt sich zusammen aus einer Bremsspur und der nachfolgenden Blockierspur. Bei der Bremsspur dreht sich das Rad unter Schlupf, sodass die Querprofilierung des Reifens noch zu erkennen ist. Rutscht der Reifen blockierend über die Fahrbahn, so entsteht eine Blockierspur. Oft kann man gar nicht die beiden Spuren eindeutig voneinander unterscheiden, sodass die gesamte Spur als Bremsblockierspur bezeichnet wird.

Die Firma Bosch gab auf Anfrage an, dass es an sich bei Vollbremsung gar nicht zum Zeichnen der Reifen auf der Fahrbahn kommen sollte. Aus der ersten Überlegung heraus müsste man ferner meinen, dass ältere Fahrzeuge aufgrund der noch nicht so ausgereiften ABS-Technik eher zur Spurenzeichnung neigen als Fahrzeuge mit einem technisch fortschrittlichen ABS-System. Sowohl die Angabe der Firma Bosch als auch die Annahme haben sich durch die nachstehend präsentierten Versuche nicht bestätigt.

§ 7 Bremsvorgang

2. Versuche

Für die Versuche standen unterschiedliche Fahrzeuge, Peugeot 307 Bj. 2006, Opel Astra G Bj. 2004, VW Passat 5 Bj. 1998, BMW 730 Bj. 1995, Opel Astra F Bj. 1991 (ohne ABS), BMW 628 Bj. 1985, Seat Altea Bj. 2007, Renault Trafic Bj. 05 und ein Lkw zur Verfügung.

Die **Aufzeichnungen** erfolgten mit einem sog. Datalogger DL1, mit dem Beschleunigungen bzw. Verzögerungen bis zu 2 g messbar sind. Des Weiteren können Geschwindigkeit und Wegstrecke mittels „GPS" und analoge Eingangssignale aufgenommen werden. Längs- und Querbeschleunigungen werden 100 mal pro Sekunde (100 Hz) gespeichert. Zur Bestimmung des Bremsbeginns wurde an den Versuchsfahrzeugen das Bremssignal in den Datalogger eingespeist und zusätzlich ein Markierungsgerät bzw. eine zusätzliche Bremsleuchte am Fahrzeug angebracht, um den Bremspunkt auch auf der Fahrbahn und auf dem Videomitschnitt zu ermitteln. Zusätzlich wurden Witterungsbedingungen, Fahrbahntemperatur usw. dokumentiert.

Die Versuche wurden auf Fahrbahnen mit unterschiedlichen Eigenschaften durchgeführt. Da viele Unfälle auf innerörtlichen Straßen passieren, erfolgten die Bremsversuche mit Geschwindigkeiten zwischen 50 und 60 km/h. Weitere Kriterien waren Minder- und Überdruck der Reifen sowie höhere Fahrgeschwindigkeiten mit 100 km/h.

3. Ergebnisse

Eine „klassische" Bremsblockierspur des Opel Astra F **ohne** ABS aus 53 km/h mit $a^m = 8{,}3$ m/s^2 ist zunächst sehr deutlich in der Abb. 1 zu erkennen. Der Astra F hat eine durchgehende Blockierspur gezogen, bei der sowohl die Reifenflanken als auch die Lauffläche deutlich auf der Fahrbahn gezeichnet haben.

Teil 3: Spezifische Untersuchungen und Messungen

Abb. 1: Astra F mit 53 km/h und $a^m = 8,3$ m/s² (ohne ABS)

Aus den umfangreichen Versuchsreihen wird nachfolgend beispielhaft der Unterschied im Bremsverhalten zwischen zwei Fahrzeugen mit ABS, dem BMW 730 und dem Opel Astra G (mit ABS), die auf unterschiedlichen Fahrbahnen im Bremsverhalten gegenübergestellt wurden, aufgezeigt.

Bei dem **BMW** handelt es sich um ein relativ schweres Fahrzeug mit breiter Bereifung und einem schon etwas älteren ABS-System. Der Opel ist dagegen leichter gebaut, hat eine wesentlich schmalere Bereifung und ein aktuelles ABS-System. Im Versuch wurden der BMW 730 mit 60 km/h und a^m= 9,48 m/s² und der Astra G mit 50 km/h und a^m= 8,47 m/s² maximal auf trockener, feinkörniger Asphaltstraße verzögert und das Bremspedal dabei durchgehend voll durchgetreten. Im Bremszeichnungs-Verhalten ergaben sich bei diesen beiden Fahrzeugen besonders markante Abweichungen, wie die nachfolgenden Bilder zeigen.

Die erste Bremsspur des BMW 730 beginnt ca. 2,5 m nach dem Bremszeitpunkt, die in der Abb. 2 zu sehen ist. Auffällig an den Spuren ist, dass sie nicht gleichzeitig beginnen, sondern immer versetzt auftreten. Grund dafür ist die Einzelradregelung an den Vorderrädern. Die hohen Kräfte an den vorderen

§ 7 Bremsvorgang

Reifen bewirken ferner, dass sich der Reifen konkav wölbt und die Reifenflanken deutlicher stärker als die Lauffläche zeichnen (s. Detailaufnahme 3). Weiter ist bei den letzten Spuren, d.h. kurz vor dem Radstillstand links wie rechts eine deutlich sichtbare, von der Lauffläche des Reifens stammende Abriebsspur festzustellen, weil das ABS bei geringen Restgeschwindigkeiten nicht mehr arbeitet. Die Bremsspuren des BMW sind durchaus erkennbar, wenn auch relativ **schwach gezeichnet**.

Abb. 2 (links): BMW 730 mit 60 km/h und $a^m = 9,48$ m/s²; Detailaufnahme 3 (rechts): Bremsspur BMW 730 mit 60 km/h und $a^m = 9,48$ m/s²

Bei dem Astra G sind dagegen wesentlich **stärkere Regelspuren** auf der Fahrbahn zu erkennen, s. hierzu Abb. 4. Kurz nach dem Bremspunkt erkennt man bereits eine deutliche Flankenzeichnung des rechten Vorderrades. Auch beim linken Vorderrad ist etwas später eine Brems-Blockierspur zu erkennen. Auf dem Videomitschnitt ist zu sehen, dass das rechte Vorderrad kurzzeitig sogar **blockiert** und der Reifen raucht. In der Detailaufnahme 5 ist wiederum die deutliche Flankenzeichnung der Reifen zu sehen, die von einer starken Bremsspur des Reifenprofils begleitet wird. Auch der Astra G zeichnet unmittelbar vor dem Stillstand eine 20 – 30 cm lange Blockierspur.

Teil 3: Spezifische Untersuchungen und Messungen

 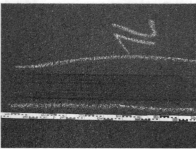

Abb. 4 (links): Astra G mit 50 km/h und $a^m = 8,47$ m/s²; Detailaufnahme 5 (rechts): Astra G mit 50 km/h und $a^m = 8,1$ m/s²

Das Gleiche, nämlich wesentlich stärkere Spurzeichnungsverhalten zeigte der Astra G auch in den **übrigen Versuchen** auf grober Fahrbahn, beim Bremsen in Kurvenfahrt, auf Pflasterstraße und Schotter. Auch dort ergaben sich zum Teil doch sehr lange und kräftige Spuren auf der Fahrbahn.

Eine wesentlich geringere Spurzeichnung konnte bei dem ältesten Fahrzeug der Versuchsreihe, dem BMW 628 ermittelt werden, der über eines der frühen ABS-Systeme verfügt. Trotz der vergleichsweise hohen Verzögerungswerte (9,0 m/s² aus 56 km/h) waren auf feiner Fahrbahnoberfläche nur **schwache**, aber dafür nahezu **durchgehende** Bremsspuren zu erkennen, die in der Abb. 6 wiedergegeben werden. Ausgeprägte Regelspuren wie beim Opel Astra ergaben sich bei diesem Fahrzeug nicht. Anscheinend regelt das System durchgängig den Bremsdruck im Grenzbereich, sodass es nicht zum Blockieren der Räder kommt. Die Detailaufnahme 7 zeigt dazu etwas deutlicher die Flankenzeichnung des Vorderreifens unmittelbar vor dem Stillstand. Im Bild sind auch Kratzspuren von Steinchen gut erkennbar, die vom blockierten Rad über die Fahrbahn geschoben wurden.

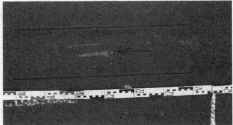

Abb. 6 (links): BMW 628 mit 56 km/h und $a^m = 9{,}0$ m/s^2; Detailaufnahme 7 (rechts): BMW 628 mit 56 km/h und $a^m = 9{,}0$ m/s^2

In der Abb. 8 wird ein Foto des gleichen Fahrzeugs nach der Bremsung auf groben Straßenbelag mit 60 km/h und $a^m = 9{,}6$ m/s^2 wiedergegeben. Dort war ein noch **schwächeres** Zeichnungsverhalten festzustellen. Die fast durchgehende Bremsspur, wieder ohne Regelflecken, war nur unter flachem Winkel in Bremsrichtung zu sehen. Eine Erkennbarkeit ist auch nur dann gegeben, wenn das Fahrzeug am Ende der Spur steht, ansonsten wäre eine Zuordnung der Spurzeichnung nicht möglich. Dieses Fahrzeug hat eine relativ große Reifenbreite im Verhältnis zum Fahrzeuggewicht, was offensichtlich ein Zeichnen auf der Fahrbahn verhindert, zusätzlich wird das ältere ABS-System Einfluss haben.

Abb. 8: BMW 628 mit 60 km/h und $a^m = 9{,}6$ m/s^2

Hierzu ist anzumerken, dass bei schwacher Ausprägung der Bremsspuren diese in der Regel in Bremsrichtung aus geringer Höhe besonders gut sichtbar werden, weil der Betrachter nur in dieser Blickrichtung gegen den Aufrieb auf der Fahrbahnkörnung schaut. In Gegenrichtung kann der Aufrieb dagegen teilweise nicht erkennbar sein.

Abschließend wurden anhand der oben angegeben Formel die Ausgangsgeschwindigkeiten mit der im Versuch gemessenen Vollverzögerung und dem **gemessenen** Bremsweg berechnet. Diese Berechnung ergab überwiegend geringe Abweichungen zu den von der Messtechnik erfassten, tatsächlichen Fahrgeschwindigkeiten.

Für die Unfallaufnahme bedeutet dies, dass möglichst **unmittelbar** nach dem Unfall die Länge einer, wenn auch schwachen Bremsspur gesichert werden muss. Diese Spuren verschwinden durch weiteres Befahren der Fahrbahn und die Witterung schnell und man hätte evtl. nur noch als Anhaltspunkt die schwache Flankenzeichnung am Ende der Bremsung, woraus natürlich keine Rückrechnung möglich ist.

4. Fazit

Die umfangreichen Bremsversuche haben ergeben, dass Fahrzeuge mit ABS entgegen der bisherigen Meinung zum Teil deutliche Bremsspuren auf der Fahrbahn hinterlassen. Dieses Verhalten wurde insbesondere bei Fahrzeugen mit aktuellen ABS-Systemen, die über eine vergleichsweise geringe Reifenbreite im Verhältnis zum Fahrzeuggewicht verfügen festgestellt. Hier kann man mit hoher Wahrscheinlichkeit sagen, dass Bremsspuren in Form von Regelflecken auftreten und trotz ABS auch gut über die gesamte Bremsstrecke sichtbar sind.

Mit diesen Bremsspuren kann ohne Probleme eine Rückrechnung auf die Ausgangsgeschwindigkeit durchgeführt werden.

Für Aussagen über das Spurzeichnungsverhalten müssen insbesondere die Komponenten Fahrzeuggewicht und Reifenbreite in Betracht gezogen werden. In wie weit das Alter des ABS-Systems und dessen Regelgüte Einfluss nehmen, konnte nicht abschließend geklärt werden. Es zeigte sich jedoch die Tendenz, dass insbesondere jüngere ABS-Systeme deutlich stärker zur Spurzeichnung bei Vollbremsung neigen.

§ 7 Bremsvorgang

Bei Fahrzeugen mit vergleichsweise breiten Reifen im Verhältnis zum Eigengewicht sind nur geringe Spuren zu erwarten, insbesondere bei älteren ABS-Systemen. Möglicherweise resultiert daraus die bisherige Annahme, dass ABS-Fahrzeuge bei einer Vollbremsung keine Bremsspuren erzeugen.

Auch mit ABS-Bremsspuren ist also nach wie vor eine Rückrechnung auf die Fahrgeschwindigkeit möglich, vorausgesetzt natürlich, die Spuren wurden bei der Unfallaufnahme gesichert.

B. Bremsbedingungen

I. Der Vollbremsvorgang eines Motorrades

Gerät ein Fahrzeugführer in eine Gefahrensituation, versucht er durch Bremsen, Ausweichen oder durch eine überlagerte Brems-/Ausweichreaktion einen Unfall zu vermeiden. Hinsichtlich der Brems- und Fahrdynamik bestehen Unterschiede zwischen einem Zweispurfahrzeug (Pkw, Lkw) und einem Einspurfahrzeug (Motorrad). 633

Die folgenden Ausführungen erläutern die Besonderheiten, die es bei der Bewertung einer Vollbremsung eines Motorrades zu beachten gilt.

1. Problemdarstellung

Der erste große Unterschied zwischen der Bremsanlage eines Pkw/Lkw und eines Motorrades besteht in deren Konstruktion. Bei einem Pkw werden über das Bremspedal alle vier Räder gleichzeitig abgebremst. Führt ein Pkw-Fahrer eine **Vollbremsung** durch, muss er hierfür nur mit maximaler Fußkraft das Bremspedal betätigen, um eine hohe Verzögerung zu erreichen. Sofern die Bremsanlage technisch in Ordnung ist und an allen vier Rädern gleiche Reibwertverhältnisse herrschen, besteht keine Gefahr, dass das Fahrzeug ins Schleudern gerät oder anderweitig instabil wird. 634

An den Fahrer eines Motorrades werden in einer solchen Situation viel höhere Anforderungen gestellt, die auf die **Fahrdynamik** und die **Bremskonstruktion** eines solchen Fahrzeuges zurückzuführen sind. Um das Motorrad in einer Gefahrensituation in einem stabilen Fahrzustand zu halten, muss der Kradfahrer viel komplexere Regelvorgänge durchführen.

Teil 3: Spezifische Untersuchungen und Messungen

Auch bei einem Motorrad werden alle Räder abgebremst, wobei aber bei einem „normalen" Motorrad Vorder- und Hinterrad über einen vollständig voneinander getrennten Bremskreis angesteuert werden. Über den seitlich rechts neben dem Motor angebrachten Fußbremshebel wird bei dem „normalen" Motorrad allein nur das Hinterrad abgebremst. Die Vorderradbremse wird hingegen getrennt davon über den Handbremshebel betätigt, der auf der rechten Lenkerseite montiert ist.

(Fußbremse/Hinterradbremse)   (Handbremshebel/Vorderradbremse)

Bild 1: Bremsanordnung

635   Um eine optimale Bremsverzögerung zu erreichen, sind zwei verschiedene Handlungen erforderlich. Der Fahrer muss mit dem rechten Fuß die Hinterradbremse und mit der rechten Hand die Vorderradbremse betätigen. An dieser Stelle setzt jetzt die komplexe Regelanforderung an den Fahrer ein. Die Fußbremse (= Hinterradbremse) kann mit maximaler Kraft betätigt werden. Hierdurch gelang das **Hinterrad** zwar in den Blockierzustand, was aber bei einer Geradeausbremsung hinsichtlich der Fahrstabilität unkritisch ist.

636   Bei einer **Vorderradbremsung** ist der Blockierzustand aber tunlichst zu vermeiden. Wird dieser Zustand erreicht, gehen die sog. Kreiselkräfte des Vorderrades verloren, die dafür sorgen, dass ein Zweirad überhaupt stabil geradeaus fahren kann und nicht umstürzt. Ein blockiertes Vorderrad führt unweigerlich zur Instabilität und zum Sturz, wenn dieser Zustand nicht sofort aufgehoben wird.

Der Kradfahrer darf die Vorderradbremse daher nur dosiert betätigen und muss sich langsam an den **idealen Druckpunkt** heranbremsen. Erschwert wird dieser Regelvorgang durch die sich dabei ändernde Radlast.

637   Bei einem Motorrad liegt ein ungünstiges Verhältnis zwischen **Radstand** und **Schwerpunktshöhe** vor.

§ 7 Bremsvorgang

Bild 2: Schwerpunktslage

Ein kurzer Radstand mit einer vergleichsweise relativ hohen Schwerpunktslage führt bei einem Bremsvorgang zu einer großen Radlastverlagerung nach vorne. Bei einem Pkw ist diese weniger stark ausgeprägt, da der Radstand größer ist. Bei einem Motorrad beträgt der Radstand ca. 1,5 m, bei einem Mittelklasse-Pkw ca. 2,7 m. Der **Gesamtschwerpunkt** beim Motorrad (inkl. Fahrer) liegt in einer Höhe von ca. 50 – 60 cm und damit ungefähr in gleicher Höhe, wie bei einem Pkw. **Die dynamische Radlastverlagerung** führt dazu, dass mit zunehmender Bremsverzögerung das Vorderrad immer mehr belastet und das Hinterrad gleichzeitig entlastet wird.

638

Bei zu stark betätigter Vorderradbremse besteht bei einem Motorrad, neben dem Erreichen des Blockierzustandes, die weitere Gefahr, dass sich das Motorrad aufstellen (Bild 3) und u.U. auch überschlagen kann. Ein Pkw-Fahrer braucht sich über solche Gefahren keine Gedanken zu machen.

Teil 3: Spezifische Untersuchungen und Messungen

Bild 3: Aufstellendes Motorrad

639 Gerade für einen Motorradfahrer bietet ein Antiblockiersystem eine große Hilfe in einer plötzlich auftretenden Gefahrensituation, da dieses dem Fahrer das ideale Regelverhalten abnimmt. Verschiedene Hersteller bieten heutzutage auch sog. Integralbremssysteme an, wobei zwischen dem **teilintegralen** und dem **vollintegralen** System zu unterscheiden ist.

640 Beim teilintegralen System wirkt der Fußbremshebel weiterhin allein nur auf das Hinterrad, während über den Handbremshebel Vorder- und Hinterrad gleichzeitig abgebremst werden. Im Unterschied dazu verzögert das Vollintegralsystem immer gemeinsam Vorder- und Hinterrad, ganz gleich, ob mit dem Fuß- oder Handbremshebel das Krad abgebremst wird.

2. Hinterradbremsung

Entstand im Rahmen eines Unfallgeschehens eine lange, weitestgehend geradlinige Blockierspur und blieb das Motorrad in aufrechter Position, so konnte diese Spur nur durch das Hinterrad gezeichnet worden sein. In Bild 4 ist eine solche typische Blockierspur in einer Länge von 24 m zu sehen, die bei einer alleinigen Abbremsung des Hinterrades erzielt wurde.

Bild 4: Hinterradblockierspur

Im normalen Fahrbetrieb wies der Reifen des benutzten Versuchsmotorrades eine Aufstandsbreite von 8 cm auf. Durch die bei einer Abbremsung eingetretene Radlastverringerung am Hinterrad zeichnete der Reifen nur noch eine schmalere Spur, die bei diesem Versuch mit 6,2 cm ausgemessen werden konnte (Bild 5).

Teil 3: Spezifische Untersuchungen und Messungen

Reifengröße: 140/80 V17 Reifenaufstandsbreite 8 cm
Bild 5: Spurenbild

642 Ein Straßenmotorrad, besetzt nur mit dem Fahrer, erreicht auf trockener Fahrbahn bei einer Hinterradblockierbremsung eine mittlere Vollbremsverzögerung von ca. 4 m/s². Befindet sich auf einem Motorrad zusätzlich ein Sozius, so liegt eine **zusätzliche Belastung des Hinterrades** vor. Dies lässt vermuten, dass die erreichbare Verzögerung bei einer Hinterradbremsung gegenüber dem Solobetrieb ansteigt. Durchgeführte Versuche zeigten, dass dies aber nicht unbedingt der Fall sein muss. Dadurch, dass eine zweite Person auf dem Motorrad sitzt, wird – gegenüber dem Solobetrieb – der **Gesamtschwerpunkt des Motorrades** angehoben. Diese ungünstige Veränderung führt dazu, dass die Radlastverlagerung nach vorne zunimmt. Je nachdem, wie intensiv sich der Sozius am Fahrer festklammert und mit diesem eine Bewegung nach vorne macht, wurde bei den Versuchen eine **Vollbremsverzögerung** festgestellt, die auf gleichem Niveau lag, wie im Solobetrieb oder auch bis zu ca. 0,5 m/s² darüber.

643 Der Verzögerungsverlauf bei einer Motorradblockierbremsung mit dem Hinterrad ähnelt demjenigen einer Pkw-Vollbremsung. Nachdem die Bremsschwellphase (Zeitdauer für den Verzögerungsanstieg vom Bremsbeginn bis zum Maximalwert) abgeschlossen ist, bleibt bis zum Ende der Bremsung die Verzögerung auf einem nahezu konstanten Niveau. Bild 6 zeigt diesen **Verzögerungsverlauf** für eine Motorradhinterradblockierbremsung und eine Pkw-Vollbremsung, die auf der gleichen Fahrbahn aufgezeichnet wurden.

§ 7 Bremsvorgang

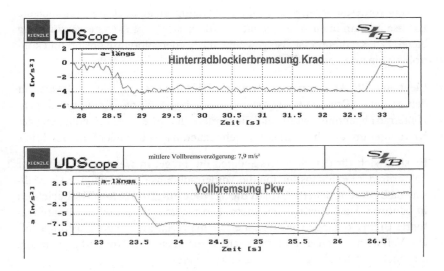

Bild 6: Verzögerungsverlauf

Nicht nur bei der erreichten Höhe der Verzögerung bestand bei diesen beiden Versuchen ein Unterschied zwischen Motorrad und Pkw, sondern auch in der Länge der Bremsschwellphase. Beim **Pkw** fiel diese **Bremsschwellphase** deutlich kürzer aus. Der Kradfahrer traute sich nicht, sofort voll den Fußbremshebel zu betätigen und das Hinterrad in den Blockierzustand zu bringen.

3. Vorder- und Hinterradbremsung

Die vorherigen Ausführungen zeigten, dass ein Motorrad allein mit einer **Hinterradblockierbremsung** nur ca. 50 % der Pkw-Vollbremsverzögerung erreichen kann. Dies bedeutet, dass sich der Bremsweg des Motorrades gegenüber dem des Pkw verdoppelt. Bremst ein Pkw aus 70 km/h, kommt er nach 23,6 m zum Stillstand (Verzögerung a = 8 m/s^2). Bei einer alleinigen Hinterradblockierbremsung (a = 4 m/s^2) fährt das Motorrad an dieser Stelle noch mit einer Geschwindigkeit von 50 km/h. Es käme erst nach weiteren 23,6 m zum Stehen.

Um eine **optimale Verzögerung** zu erreichen, die auf dem Niveau einer Pkw-Vollbremsung liegt, bleibt einem Kradfahrer nichts anderes übrig, als zusätz-

Teil 3: Spezifische Untersuchungen und Messungen

lich die Vorderradbremse zu betätigen. Im täglichen Fahrbetrieb ist es auch die Bremse, die am intensivsten genutzt wird, da sie die effektivste Verzögerung bietet. Der Kradfahrer ist also gewohnt, die Vorderradbremse dosiert und kontrolliert einzusetzen.

646 Liegt eine **Blockierspurzeichnung des Hinterrades** vor, wäre es falsch, für den gesamten Bremsvorgang davon auszugehen, dass das Krad nur mit dem Hinterrad abgebremst wurde und die Vorderradbremse, deren Handhabung der Kradfahrer im täglichen Straßenverkehr dauernd ausübt, außer Funktion blieb.

647 Es stellt sich für den Sachverständigen die Frage, in welcher Intensität der Fahrer in der Gefahrensituation die Vorderradbremse mit betätigte. Als Maßstab dafür dürfen sicherlich **nicht die Verzögerungswerte aus Testberichten in Motorradzeitschriften herangezogen** werden. Dies sind ideal durchgeführte Bremsvorgänge von äußerst erfahrenen Fahrern, die berufsbedingt solche Vollbremsungen in großer Anzahl vornehmen. Der Normalfahrer macht dies nicht, weder als Krad- noch als Pkw-Fahrer.

Bild 7 zeigt den prinzipiellen Verzögerungsverlauf einer Motorradvollbremsung, bei der Vorder- und Hinterradbremse optimal eingesetzt wurden. In Motorradtestzeitschriften werden bei einer solch idealen Vollbremsung aus 100 km/h mittlere Bremsverzögerungen von ca. 10 m/s² erreicht.

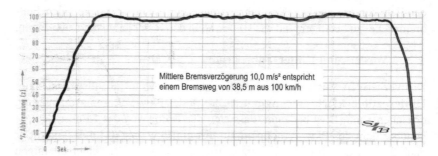

Bild 7: Ideale Vollbremsung Motorrad

Der Verzögerungsverlauf einer **idealen Vollbremsung** entspricht dem in Bild 6 gezeigten Verzögerungsverlauf einer Pkw-Vollbremsung. Der Normalfahrer ist kaum in der Lage über die gesamte Bremsphase diese optimale Vollbremsverzögerung zu erreichen.

§ 7 Bremsvorgang

Im Bild 8 ist der Verzögerungsverlauf einer **Vollbremsung** eines erfahrenen Normalfahrers aus einem Bremsversuch zu sehen, bei dem die Aufgabe gestellt wurde, das Motorrad schnellstmöglich mit Vorder- und Hinterradbremse bis zum Stillstand abzubremsen.

648

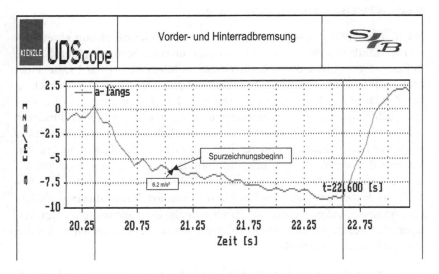

Bild 8: Aufgezeichneter Verzögerungsverlauf bei Vollbremsung

Man sieht, dass die Verzögerung mit abnehmender Geschwindigkeit stetig ansteigt. Mit **langsamer werdender Geschwindigkeit** traut sich der Kradfahrer immer mehr, das Vorderrad bis **nahe an die Blockiergrenze abzubremsen**. Eine momentane Verzögerung oberhalb von 9 m/s² wurde erst kurz vor dem Stillstand erreicht. Die mittlere Verzögerung für den gesamten Bremsvorgang vom Bremsbeginn bis zum Stillstand lag bei diesem Versuch bei 6,5 m/s².

Anhand dieses Verzögerungsverlaufes wird ein weiterer zu beachtender Detailpunkt bei einer Motorradvollbremsung deutlich. Bei den durchgeführten Versuchen wurde auch das entstandene **Spurenbild genau vermessen**. Bei dem vorliegenden Versuch lag die Situation vor, dass der Blockierzustand des Hinterrades und somit die Spurzeichnung zu einem Zeitpunkt einsetzte, als die Gesamtschwerpunktsverzögerung des Motorrades 6,2 m/s² betrug. Wird ein Kradfahrer zu einer Blockierbremsung veranlasst, so ist auf keinen Fall zwingend davon auszugehen, dass zunächst nur das Hinterrad bis zur Blockiergrenze abgebremst und anschließend erst dosiert die Vorderradbremse eingesetzt wird. Werden beide Bremsen überlagert betätigt, so liegt zu dem Zeitpunkt, wenn das Hinterrad den Blockierzustand erreicht, eine **höhere Gesamtverzögerung** des Motorrades vor, als dies aus einer allein betätigten Hinterradbremsung erreicht werden kann.

649 Nicht außer Acht gelassen werden darf bei der **Rekonstruktion eines Motorradunfalls** die Phase vom Bremsbeginn bis zum Spurzeichnungsbeginn. Bei einer Pkw-Vollbremsung beträgt diese im Mittel ca. 0,1 – 0,2 s. Bei einer Motorradbremsung kann diese Bremsschwellphase im Idealfall auch nach einer Zeitdauer von 0,2 s abgeschlossen sein. Es ist aber auch denkbar, dass diese Schwellphase einige Zehntelsekunden länger andauert, sodass innerhalb der spurenlosen Bremsphase auch u.U. ein deutlicher Geschwindigkeitsabbau vorgelegen haben kann. Für die Analyse eines Unfalls hat diese mögliche verlängerte Bremsschwellphase eines Motorrades nicht nur Auswirkungen auf die zu **berechnende Ausgangsgeschwindigkeit des Motorrades**, sondern auch auf den zu erarbeitenden **Reaktionspunkt des Kradfahrers**. Eine längere Bremsschwellphase, die sich durch keinerlei Spurzeichnung anzeigt, verlagert den Reaktionspunkt des Kradfahrers sowohl zeitlich als auch räumlich vor den Kollisionszeitpunkt.

650 Rekonstruiert man einen Motorradunfall mit einer vorhandenen Blockierspur, muss im Rahmen der Weg-Zeit-Analyse geklärt werden, ob eine **rechtzeitige Reaktion des Kradfahrers** vorlag, wenn als Grundlage für die Ermittlung des Reaktionspunktes der vorhandene Spurbeginn zu Grunde gelegt wird. Ist dies nicht der Fall, besteht die Möglichkeit, dass der Kradfahrer entweder verspätet reagierte oder bei einer rechtzeitigen Reaktion vor dem Spurbeginn schon spurenlos abbremste, weil eine längere Schwellphase vorlag. Die Vorgehensweise für eine solche Rekonstruktion ist bei BECKE VRR 2005, 20 beschrieben.

Die Hinterradblockierspur eines Motorrades stellt sich optisch bei einer kombinierten Vorder- und Hinterradbremsung anders dar, als wenn nur das Hinterrad allein abgebremst wird. Bild 9 zeigt zwei Hinterradblockierspuren des Motorrades, das bereits in Bild 5 vorgestellt wurde. Die rechte Spur entstand aus einer alleinigen Hinterradblockierbremsung, zu der das Verzögerungsdiagramm im oberen Teil in Bild 6 gehört.

§ 7 Bremsvorgang

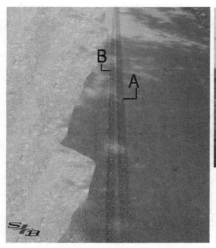

A: nur Hinterrad gebremst
B: Vorder- und Hinterrad gebremst

Bild 9: Spurenvergleich

Die linke Spur ist bei dem Bremsvorgang mit dem Verzögerungsdiagramm in Bild 8 entstanden, bei dem Vorder- und Hinterrad gleichzeitig abgebremst wurden. Aufgrund der dabei erfolgten stärkeren Entlastung des Hinterrades verringerte sich die Reifenaufstandsfläche mit dem Ergebnis, dass ein schmaleres Spurenbild entstand. Bei der alleinigen Hinterradblockierbremsung lag eine Spurzeichnungsbreite von 6,2 cm vor, während bei der überlagerten Vorderradbremse das Hinterrad nur noch eine 3,8 cm breite Spur zeichnete.

Im **Idealfall** könnte man aus der Breite der Blockierspur herleiten, wie stark die Vorderradbremse betätigt wurde. In der täglichen **Praxis** wird dies aber nur in seltenen Fällen möglich sein, weil im Allgemeinen kein solch detailliertes Bildmaterial über die Spurzeichnung vorliegt, um eine verlässliche Aussage treffen zu können.

4. Kurvenbremsung

Schon die ideale Geradeausbremsung stellt hohe Anforderungen an den Kradfahrer. Diese werden nochmals gesteigert, wenn ein Kradfahrer beim Durchfahren einer Kurve in eine Gefahrensituation gerät.

Teil 3: Spezifische Untersuchungen und Messungen

653 Eine Kurvenfahrt ist immer mit einer vom Kradfahrer aufzubringenden **Schräglage** verbunden, die umso stärker wird, je höher bei einem bestimmten Kurvenradius die Geschwindigkeit ist. Bei einer Vollbremsung während einer Schräglage muss auch der Blockierzustand des Hinterrades vermieden werden, da ansonsten das Motorrad unter dem Kradfahrer wegrutschen würde.

654 Bei Geradeausfahrt greifen die **Bremskräfte** in **Reifenmitte** an. Mit zunehmender Schräglage verlagert sich der Reifenaufstandspunkt von der Reifenmitte zur **kurveninneren Reifenschulter**. In Verbindung mit dem dabei entstehenden Hebelarm werden bei einem Bremsvorgang kritische Lenkmomente am Vorderrad verursacht. Der Fahrer muss dies durch ein entsprechend aufzubringendes Gegenmoment kompensieren.

Mit Einleitung der Abbremsung beginnt das Motorrad sich aufzustellen und würde beim Befahren einer Rechtskurve, wenn der Fahrer nicht gegenlenkt, auf die kurvenäußere Fahrbahnseite in den Gegenverkehr fahren.

655 Allgemein kann zur Kurvenbremsung nur festgehalten werden, dass eine solche Gefahrenabwehrbremsung mit einer geringeren mittleren Verzögerung zu belegen ist als eine Geradeausbremsung. Je größer die beim Bremsbeginn eingehaltene Schräglage und somit Querbeschleunigung ist, desto geringer ist für einen beherrschbaren, kontrollierten Vollbremsvorgang die mittlere Verzögerung anzusetzen. Da der Einzelfall betrachtet werden muss, kann kein allgemein gültiger Verzögerungsbereich angegeben werden.

5. Arbeitshilfe

656 **Checkliste: Bewertung einer Vollbremsung eines Motorrads**

> ☐ Für eine **erste Geschwindigkeitsbeurteilung** eines Motorrades kann die **Spurlänge** herangezogen werden. Da sich i.d.R. am Ende der Blockierspur eine Kollision ereignete, kann aus der Spurlänge, die beim Spurbeginn eingehaltene Geschwindigkeit nur berechnet werden, wenn zuvor die Kollisionsgeschwindigkeit ermittelt wurde. Die Vorgehensweise hierzu ist bei BECKE VRR 2005, 20 ff., erläutert.
>
> ☐ Die erreichte mittlere Vollbremsverzögerung für die gesamte Spurzeichnung hängt von der **Fahrerfahrung des Kradfahrers** ab, da davon auszugehen ist, dass mit zunehmender Fahrerfahrung die Vorderradbremse in einer Gefahrensituation effektiver eingesetzt wird.

§ 7 Bremsvorgang

☐ Folgende Anhaltswerte können für eine erste Geschwindigkeitsanalyse für die Spurzeichnungsstrecke einer Geradeausbremsung auf trockener Fahrbahn angenommen werden:
  – Fahranfänger: $a = 5{,}0 - 7{,}0$ m/s^2
  – routinierter Durchschnittsfahrer: $a = 6{,}5 - 8{,}5$ m/s^2
  – erfahrener Sportfahrer: $a = 8{,}0 - 10{,}0$ m/s^2
☐ Es sollte sich grds. eine **Weg-Zeit-Analyse** (s. dazu BECKE VRR 2005, 20 ff.) anschließen, um zu überprüfen, ob auch die **Möglichkeit einer höheren Annäherungsgeschwindigkeit** aufgrund einer zuvor erfolgten spurenlosen Abbremsung besteht, was entscheidenden Einfluss auf die Vermeidbarkeitsbetrachtung ausüben kann.

II. Angleichsbremsung auf Landstraßen

Die Höhe der Verzögerung bei Vollbremsungen ist durch zahlreiche Untersuchungen ausgiebig bestimmt worden. Aber welche Verzögerung muss im Weg-Zeit-Diagramm angesetzt werden, wenn ein Fahrzeugführer beabsichtigt, mit einem Pkw von einer breiten Landstraße in einen schmalen Wirtschaftsweg abzubiegen? In einer umfangreichen Versuchsreihe des Ingenieurbüros Schimmelpfennig + Becke in Düsseldorf wurden im Rahmen eines Praxissemesters (T. Kuhne, Student an der FH Köln) die bei diesem Spezialfall üblichen Bremsverzögerungen ermittelt.

1. Einleitung

Vollbremsungsverzögerungen liegen auf trockener Fahrbahn in einem Bereich zwischen 7 und 9 m/s^2, auf nasser zwischen 6 und 7 m/s^2. Dieses Verzögerungsniveau wird bei der Rekonstruktion von Straßenverkehrsunfällen in der Pre-Crash-Phase berücksichtigt, wenn ein Fahrzeugführer eine Abwehrhandlung durchführt. Handelt es sich jedoch um einen typischen Fahrvorgang und nicht um eine Notsituation, ist eine geringere Verzögerung anzusetzen. Dann bleibt eine Bandbreite zwischen 1 m/s^2 (entspricht der Motorbremse) und 6 m/s^2. Eine weitere Eingrenzung wurde nur in wenigen Untersuchungen vorgenommen und veröffentlicht. Das Hauptaugenmerk der meisten Veröffentlichungen liegt entweder auf der Beschreibung des Bremsvorganges, wobei lediglich technische Begrifflichkeiten und Zusammenhänge erläutert werden,

Teil 3: Spezifische Untersuchungen und Messungen

oder auf der Betrachtung des maximal erzielbaren Verzögerungswertes auf verschiedenen Untergründen.

659 Besonders schwierig gestaltet sich die Bestimmung der Verzögerung bei einer hohen Ausgangsgeschwindigkeit, bspw. bei der Verknüpfung einer Fahrlinie eines überholenden Fahrzeuges mit der eines entgegenkommenden Pkw, der aus einer Geschwindigkeit von 100 km/h abbremst, um in einen Wirtschaftsweg abzubiegen (Abb. 1).

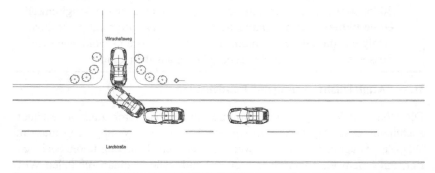

Abb. 1

Zu dieser Thematik existieren nahezu keine Untersuchungen. Aus diesem Grund wurde im Rahmen einer Untersuchung das Bremsverhalten von Pkw-Fahrerinnen und -Fahrern bei Angleichsbremsungen aus einer Geschwindigkeit von 100 km/h auf Landstraßen vor einem Rechtsabbiegevorgang in einen schmalen Wirtschaftsweg untersucht.

2. Fahrversuche

660 Für die Versuchsdurchführung stand ein Fahrerkollektiv von 16 Personen zur Verfügung. Die für die Auswertung der Versuche relevante Einteilung der Probanden erfolgte nach Geschlecht, Alter und der jeweiligen Fahrpraxis (Abb. 2).

Die Versuchsfahrten wurden auf Landstraßen im Raum Düsseldorf und Münster bei Tageslicht auf trockener Fahrbahn durchgeführt. Um ein möglichst unverfälschtes Versuchsergebnis zu erzielen, fuhr jeder Proband mit seinem eigenen, ihm vertrauten Pkw. Es sollte ausgeschlossen werden, dass die Test-

§ 7 Bremsvorgang

personen – verursacht durch ein unbekanntes Fahrzeug – ggf. zögerlicher fahren als gewohnt. Der Streckenverlauf wurde den Testpersonen vor der ersten Testfahrt bewusst nicht bekannt gegeben. Dennoch kannten einige Probanden den Streckenverlauf, deren Fahrtenauswertungen gesondert betrachtet wurden. Jeder Proband fuhr die Teststrecke dreimal.

LUDMANN und WEILKES (Fahrermodell als Hilfsmittel für die Entwicklung von ACC-Systemen, Automobiltechnische Zeitschrift 101, 1999 [#5]) stellten fest: *„Der Fahrer passt in der Regel sein Verhalten in den jeweiligen Situationen zusätzlich dem Verkehrszustand an."* Somit ist davon auszugehen, dass eine „normale" Bremsung auf freier Strecke anders verlaufen wird als bei einer Kolonnenfahrt mit geringem Abstand zum Vordermann. Aufgrund einer Sichtbehinderung durch vorausfahrende Fahrzeuge wird ggf. die Abbiegestelle zu spät erkannt. Als Resultat muss dann stärker gebremst werden als eigentlich beabsichtigt. Alle Versuchsfahrten wurden bei freier Strecke durchgeführt und durch den regulären Straßenverkehr nicht beeinflusst. Jeder Proband konnte ungestört und unbeeinflusst von anderen Verkehrsteilnehmern die Angleichsbremsung und den anschließenden Abbiegevorgang durchführen.

661

Fahrer	Fahrzeug	Schaltung	Geschlecht	Alter	Praxis
SN	Seat Ibiza	Automatik	w	23	wenig
TK	VW Polo 6N	Hand	m	29	mittel
AK	VW Polo 6N	Hand	m	24	wenig
MG	VW Passat	Hand	m	25	mittel
WN	VW Passat	Hand	m	27	mittel
BB	Fiat Seicento	Hand	w	28	mittel
MH	VW Golf II	Hand	m	35	mittel
LH	BMW E 46	Hand	m	32	mittel
FB	VW Passat	Hand	m	58	viel
KR	Audi 100	Hand	m	48	viel
JG	Citroen Xsara	Hand	w	41	mittel
UG	Audi Q7	Automatik	m	51	viel
DS	Mini Cooper	Hand	m	50	viel
RB	VW Passat	Hand	m	40	viel
CR	Renault Clio	Hand	w	35	mittel

| JW | Opel Vectra Caravan | Hand | m | 30 | viel |

Abb. 2

662 Auf den Landstraßen sollten die Fahrzeuge auf eine Geschwindigkeit von 100 km/h beschleunigt und nach anschließender konstanter Fahrt, nach rechts in einen schmalen Wirtschaftsweg abgebogen werden. Die Besonderheit lag darin, dass die Probanden den Wirtschaftsweg aufgrund der räumlichen Enge nicht schon aus weiter Entfernung erkennen konnten.

Die jeweils gefahrene Geschwindigkeit und die während des Bremsvorganges erzielte Längsverzögerung wurden mithilfe eines Dataloggers DL1 mit integriertem GPS der Firma Race-Technology Ltd. aufgezeichnet. Im DL1 ist ein 2-Achsen-Beschleunigungs-Sensor verbaut, der Beschleunigungen bis maximal 2 g messen kann. Die Längs- und Querbeschleunigungen werden 100 x pro Sekunde (100 Hz) gespeichert. Der Datalogger wurde so in den Fahrzeugen eingebaut, dass der durch die Nickbewegung beim Bremsvorgang verursachte Fehler in der Verzögerungsaufzeichnung möglichst gering ausfiel. Der auftretende Kosinus-Fehler war somit vernachlässigbar klein.

3. Ergebnisse

663 Erstes Ergebnis der Untersuchung war, dass es ein typisches Diagramm für eine Angleichsbremsung aus einer Geschwindigkeit von 100 km/h nicht gibt.

§ 7 Bremsvorgang

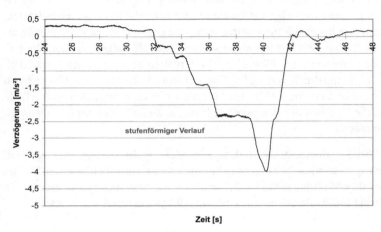

Abb. 3

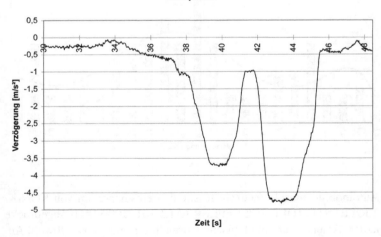

Abb. 4

Keiner der Testfahrer bremste exakt auf die gleiche Art und Weise wie ein anderer, stattdessen resultierte eine Vielzahl völlig unterschiedlicher Bremsdiagramme. Einige Probanden betätigten das Bremspedal in mehreren Schritten. Die maximale Bremswirkung wurde dann erst gegen Ende des Bremsvorganges erreicht. Die Abb. 3 zeigt einen solchen stufenförmigen Verlauf. Weitere Probanden bremsten den Pkw in zwei Intervallen ab, d. h., zwischenzeitlich wurde der Bremsdruck verringert. Dadurch entstanden auf dem Messschrieb zwei negative Maxima (Abb. 4). Aufgrund der unterschiedlichen Verläufe wurden die Graphen der Bremsverzögerung in dieser Versuchsreihe nicht näher untersucht.

664 In der Abb. 5 ist die Gesamtverteilung aller Messergebnisse zusammengefasst. Die niedrigste mittlere Verzögerung betrug 1,4 m/s^2, die höchste 4,5 m/s^2. Der **Median** aller Messungen lag bei **2,7 m/s^2** und war näherungsweise gleich dem **Mittelwert** (10 %-Perzentil = 1,9 m/s^2 und 90 %-Perzentil = 3,7 m/s^2).

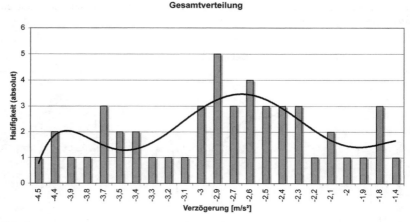

Abb. 5

665 In der Automobiltechnische Zeitschrift ist ein Bremsdiagramm von KONIK/ MÜLLER/PRESTL/TOELGE/LEFFLER (ATZ 101, 1999 [#4]) abgedruckt, das u. a. den Graphen für eine typische Normalbremsung zeigt. Obwohl Angaben zu den Bremsausgangsgeschwindigkeiten fehlen, ergibt sich der Maximalwert für eine normale Abbremsung von 0,25 g (2,45 m/s^2).

§ 7 Bremsvorgang

Dieser Wert wurde von NICKEL (Längs- und Querbeschleunigungen bei normaler Fahrt, FH Köln 2001), Schimmelpfennig + Becke, im Rahmen seiner Diplomarbeit Längs- und Querbeschleunigungen bei normaler Fahrt, 2001, prinzipiell bestätigt, der Median seiner Messungen lag bei 2,2 m/s². Weiterhin kam NICKEL zu dem Ergebnis, dass 90 % aller Messungen beim normalen Verzögern unter 3,3 m/s² liegen.

DR. BURCKHARDT gab in seiner Veröffentlichung (VKU 1979, 94) eine sog. „Reizschwelle" für Bremsmanöver von ca. 3,0 m/s² an, auf die sich der Normalfahrer i. d. R. einstellt. Was über diesen Maximalwert hinausgeht, wird als unangenehm empfunden. Diese Aussage passt gut zu den erzielten Ergebnissen der durchgeführten Versuchsreihe. Zwar lagen die erreichten maximalen Verzögerungswerte um bis zu 1,5 m/s² höher, jedoch muss hierbei beachtet werden, dass die als „normal" empfundene Bremsverzögerung mit zunehmender Annäherungsgeschwindigkeit steigt. Verzögerungen im Bereich von 3 – 5 m/s² bezeichnete BURCKHARDT als „schärfere" Bremsung. Der Median der eigenen Messungen lag bei 2,7 m/s². Lediglich bei 21 % der Messfahrten wurde eine Bremsverzögerung oberhalb von 3,0 m/s² erzielt. 79 % der Messungen lagen unterhalb der von BURCKHARDT angegebenen Reizschwelle. Ausgeklammert sind bei dieser Betrachtung diejenigen Messfahrten, bei denen aufgrund von Unkenntnis der Örtlichkeit eine erhöhte Bremsverzögerung erzielt wurde.

Zusammengefasst ist im Vergleich zu den Literaturwerten bei diesem **Spezialfall**, bei dem ein Pkw aus hoher Geschwindigkeit abbremst, um in einen schmalen Wirtschaftsweg abzubiegen, die Obergrenze der Bremsverzögerungen eines „normalen Fahrvorgangs" zu berücksichtigen.

Neben der Gesamtverteilung wurden die Messergebnisse in weitere Rubriken unterteilt und analysiert. Zunächst ist ein Vergleich zwischen der ersten Messfahrt und den weiteren Messfahrten vorgenommen worden. Eine Gegenüberstellung der ersten Fahrt bei unbekanntem Streckenverlauf zu den weiteren Testfahrten zeigte, dass 60 % der Probanden bei unbekanntem Streckenverlauf deutlich höhere Verzögerungswerte erzielten als bei den weiteren Testfahrten. Dabei wurden Differenzen von bis zu 1,9 m/s² festgestellt (Abb. 6). War den Probanden der Streckenverlauf bekannt, traten lediglich Differenzen bis zu 0,5 m/s² zwischen der ersten und den weiteren Testfahrten auf. Besonders auffällig war das Bremsverhalten bei einem Probanden. Dieser wies lediglich eine Fahrpraxis von wenigen hundert Kilometern auf und ist somit als absoluter Fahranfänger zu bezeichnen. Bei den ersten beiden Versuchsfahrten wurden deutlich höhere Bremsverzögerungen erzielt. Die dritte Testfahrt lag mit einer mittleren Bremsverzögerung von 2,4 m/s² um ca. 1,0 m/s² niedriger als bei den beiden vorangegangenen Fahrten. Insgesamt betrug der Median bei unbekannter Strecke 3,4 m/s² und ist somit oberhalb des Medians der Gesamtverteilung (2,7 m/s²) anzusiedeln.

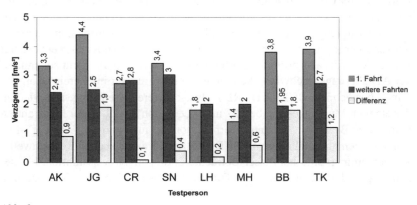

Abb. 6

669 Eine Aufteilung der Probanden nach Geschlecht brachte in der Untersuchung kein eindeutiges Ergebnis. Der Median der mittleren Bremsverzögerung aller Messungen bei Männern und Frauen lag lediglich 0,2 m/s² auseinander. Der Median der Messungen der männlichen Probanden betrug 2,7 m/s², der Median der weiblichen Probanden 2,9 m/s².

Die Einteilung der Testfahrer in vier verschiedene Altersgruppen (Abb. 7) brachte in der Versuchsreihe keine auffälligen Erkenntnisse. Jedoch muss zwingend beachtet werden, dass 66 % der Probanden in der Altersgruppe 50 – 60 als sehr „sportliche" Fahrer einzustufen sind. Diese erreichten Bremsverzögerungen von bis zu 4,5 m/s². Der Median in dieser Altersgruppe lag bei 3,5 m/s². Hieraus kann sicherlich nicht die Schlussfolgerung gezogen werden, dass Fahrer dieser Altersgruppe stärker bremsen als jüngere. Dazu wären weitere Versuchsfahrten mit Personen dieser Altersgruppe notwendig.

Mit einem Median von 3,0 m/s² und 2,9 m/s² lagen in der Versuchsreihe die Altersgruppen 18 – 25 und 36 – 49 Jahre nahezu auf dem gleichen Niveau. Die Altersgruppe 26 – 35 Jahre erzielte mit 2,5 m/s² den niedrigsten Wert.

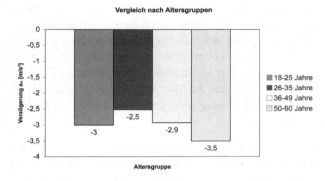

Abb. 7

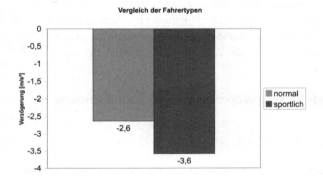

Abb. 8

Abschließend wurde eine Unterteilung des Fahrerkollektivs in „normal" und „sportlich" vorgenommen (Abb. 8). Die Verzögerung eines sportlichen Fahrers lag um 1,0 m/s² höher als beim normalen Fahrer.

4. Zusammenfassung

671 Im Rahmen einer Untersuchung wurden insgesamt 48 Fahrversuche mit Pkw auf öffentlichen Landstraßen im Raum Düsseldorf und Münster durchgeführt, um das typische Verhalten bei einer Angleichsbremsung aus einer Geschwindigkeit von 100 km/h zu erarbeiten. Bei dieser speziellen Untersuchung sollten die Probanden von einer *breiten* Landstraße nach rechts in einen schmalen Wirtschaftsweg abbiegen. Die erzielten, mittleren Verzögerungen lagen in einer Bandbreite von 1,4 – 4,5 m/s². Der Median aller durchgeführten Testfahrten betrug 2,7 m/s². Erstaunlich war die Analyse der einzelnen Bremsverhalten. Jeder Proband bremste sein Fahrzeug anders ab. Ein einheitlicher Verlauf konnte nicht festgestellt werden.

Der Einfluss der Ortskenntnis war enorm. So erzielten 60 % der Probanden bei unbekannter Strecke eine um bis zu 1,9 m/s² erhöhte Bremsverzögerung im Vergleich zu den darauf folgenden Versuchsfahrten. Der Median der Messungen bei unbekanntem Streckenverlauf lag bei 3,4 m/s².

672 Die Einteilung nach Geschlecht und Alter ist nicht sinnvoll. Hingegen ist zwischen einem „normalen" und „sportlichen" Fahrer zu unterscheiden, da eine Differenz von 1,0 m/s² aus der Untersuchung folgt. Für den „normalen" Fahrer sollten somit Werte um 2,6 m/s² und für den „sportlichen" um 3,6 m/s² angenommen werden.

III. Vergleichende Bremsverzögerungsmessungen auf schneebedeckter Straße

673 Unter § 2 Abs. 3a in der StVO heißt es:

„Bei Kraftfahrzeugen ist die Ausrüstung an die Wetterverhältnisse anzupassen. Hierzu gehören insbesondere eine geeignete Bereifung ..."

674 Doch was genau ist mit einer geeigneten Bereifung gemeint und ab wann sollte sie greifen?

675 Es gibt verschiedene **Thesen**, die diese Thematik aufgreifen. Zum einen spricht man von einer Winterreifennutzung von „O bis O", was bedeutet, dass die Winterreifen im Oktober montiert und zu Ostern des folgenden Jahres wieder demontiert werden.

§ 7 Bremsvorgang

Zum anderen gibt es die sog. 7°C-Regel, wonach der Reifenwechsel von **Sommer-** auf **Winterreifen** erfolgen sollte, wenn die Außentemperatur auf 7°C sinkt.

676

Diese Thesen sowie der Gesetzestext der StVO geben keine klare Aussage darüber, zu welchem Zeitpunkt welche Bereifung besonders geeignet ist.

Diese Thematik ist in der Vergangenheit bereits in verschiedenen Untersuchungen bzgl. der Auswirkung von Sommer- und Winterreifen auf die Länge des Bremsweges auf trockener und nasser Fahrbahn behandelt worden.

677

Das Ingenieurbüro „Unfallanalyse Berlin" (Studienarbeit Unfallanalyse Berlin) kam dabei zu dem Ergebnis, dass Sommerreifen bei Temperaturen unter 7°C durchaus bessere Verzögerungswerte und somit kürzere Bremswege erreichen als Winterreifen. Diese Erkenntnisse bestätigen sich sowohl bei Untersuchungen unterhalb von 0°C als auch auf nasser Fahrbahn.

Bei der „Denmark Road Safety and Transport Agency" (Präsentation der „Denmark Road Safety and Transport Agency") kam man diesbezüglich ebenfalls zu dem Ergebnis, dass Winterreifen lediglich auf Schnee und Eis einen kürzeren Bremsweg ermöglichen.

Um die sog. 7°C-Regel zu überprüfen, wurden im Jahr 2007 durch das Ingenieurbüro Schimmelpfennig + Becke Untersuchungen durchgeführt (Wolbers, Ureko-Spiegel 08/2007). Bei 11 Versuchen in einem Temperaturbereich von 1°C – 3°C, zeigten sich, sowohl auf trockener als auch auf nasser Fahrbahn, keine signifikanten Unterschiede zwischen den Sommer- und Winterreifen. Gemessen wurden hierbei Bremsverzögerungen zwischen 6,5 m/s^2 und 8,5 m/s^2. Bei einem der Versuche wurde auf trockener Fahrbahn, bei einer Außentemperatur von 2°C, mit den Sommerreifen eine um 1 m/s^2 höhere Bremsverzögerung festgestellt als mit den Winterreifen.

678

Teil 3: Spezifische Untersuchungen und Messungen

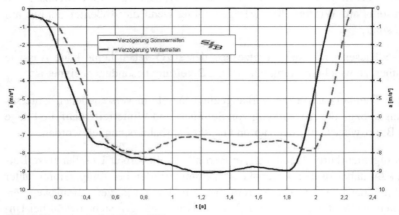

Abb. 1: Verzögerung bei $1°C - 3°C$

679 Bei den vorangegangenen Untersuchungen wurde festgestellt, dass Sommerreifen bei niedrigen positiven Temperaturen eine höhere Bremsleistung erzielen als Winterreifen.

680 Aber wie ist das Bremsverhalten der Sommerreifen im Unterschied zu den Winterreifen auf einer mit Schnee bedeckten Fahrbahn bei Minustemperaturen?

1. Durchgeführte Versuche

681 Um eine Tendenz aufzeigen zu können, wurden Ende Januar 2010 **Bremsversuche** sowohl mit Sommer- als auch mit Winterreifen auf schneebedeckter Fahrbahn gemacht. Hierbei wurden Versuche mit fünf Fahrzeugen unterschiedlicher Fahrzeugklassen durchgeführt. Die Fahrzeuge verfügten alle über ABS.

Hersteller	Fahrzeug	Bereifung	Reifengröße	Profiltiefe		Reifenhersteller
VW	Fox	ganzjahres	165 / 70 R 14	7	mm	Hankook Optimo 4S
Nissan	Almera	ganzjahres	195 / 65 R 15	6	mm	Hankook Optimo 4S
VW	Golf	sommer	205 / 55 R 16	7	mm	Michelin Energy Saver
VW	Passat	sommer	205 / 55 R 16	7	mm	Continental ContiPremiumContact 3
Audi	Q7	sommer	275 / 45 ZR 20	6	mm	Good-Year Eagle
VW	Golf	winter	205 / 55 R 16	7	mm	Hankook
VW	Passat	winter	205 / 55 R 16	7	mm	Michelin Primac Alpin
Audi	Q7	winter	235 / 60 R 18	5	mm	Dunlop Grandtrek WT

Tab. 1: Versuchsfahrzeuge

Getetet wurden in der Kleinstwagenklasse ein VW Fox, in der Kompaktklasse ein VW Golf VI und ein Nissan Almera Tino. Weiterhin standen ein VW Passat B6 der Mittelklasse sowie ein Audi Q7 als Geländelimousine bzw. Sport Utility Vehicle (SUV) zur Verfügung. Drei dieser Fahrzeuge wurden mit Sommer- und Winterreifen getestet. Der VW Fox und der Nissan Almera Tino waren mit Ganzjahresreifen ausgestattet.

Die Fahrzeuge wurden aus Geschwindigkeiten zwischen 40 und 50 km/h bis zum Stillstand abgebremst. Die Außentemperatur lag zwischen -7° und -11°.

Die Geschwindigkeiten und erreichten Bremsverzögerungen der Fahrzeuge wurden mit einem DATALOGGER Typ DL1 gemessen. Dieser DATALOGGER verfügt über eine GPS-Antenne, die die Geschwindigkeit des Fahrzeugs registriert. Zusätzlich ist dieses Gerät mit einem zweidimensionalen Beschleunigungsaufnehmer ausgestattet, der die Verzögerungen bzw. Beschleunigungen in Längs- und Querrichtung festhält.

2. Bremsversuche VW Golf VI

Abb. 2 zeigt den Unterschied zwischen der erreichbaren Bremsverzögerung mit Sommer- und Winterreifen auf einer schneebedeckten Straße bei einem VW Golf. Die mittlere Bremsverzögerung mit Sommerreifen betrug in etwa 1,8 m/s². Die mittlere Verzögerung mit Winterreifen konnte mit etwa 3,0 m/s² angegeben werden. Somit war die Verzögerung mit Sommerreifen auf schneebedeckter Straße etwa 1,2 m/s², also 40 %, geringer.

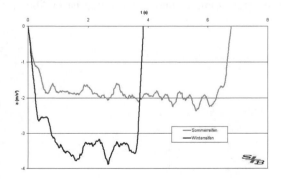

Abb. 2: Verzögerungen VW Golf

Teil 3: Spezifische Untersuchungen und Messungen

3. Bremsversuche VW Passat

683 Die Abb. 3 zeigt die erreichbare Verzögerung von Sommer- und Winterreifen mit dem VW Passat. Mit Sommerreifen konnte eine mittlere Verzögerung von etwa 1,4 m/s² erreicht werden.

Mit Winterreifen betrug die mittlere Verzögerung 3,0 m/s². Somit erreichen Sommerreifen eine um etwa 1,6 m/s² niedrigere Verzögerung als die Winterreifen, was einen Verzögerungsverlust von rd. 53 % bedeutet.

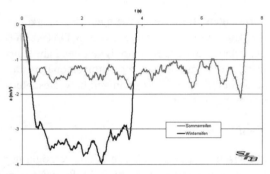

Abb. 3: Verzögerungen VW Passat

4. Bremsversuche Audi Q7

684 Der Unterschied zwischen den erreichbaren Bremsverzögerungen eines Audi Q7 auf schneebedeckter Straße mit Sommer- und Winterreifen ist in Abb. 4 zu sehen.

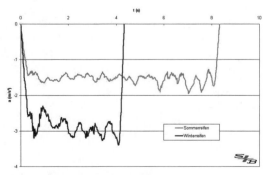

Abb. 4: Verzögerungen Audi Q7

Die erreichbare mittlere Verzögerung mit Sommerreifen lag bei 1,5 m/s², mit Winterreifen bei 2,8 m/s². Somit liegt hier eine Differenz von 1,3 m/s² vor.

Mit Sommerreifen lassen sich hier also nur rd. 54 % der möglichen Verzögerung erreichen.

5. Bremsversuche VW Fox

Der Versuchs-VW Fox war mit Ganzjahresreifen ausgestattet. Die erreichbare mittlere Bremsverzögerung auf schneebedeckter Straße betrug 3,0 m/s², vgl. Abb. 5.

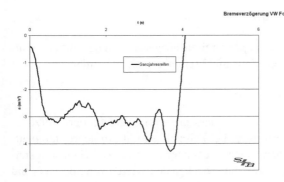

Abb. 5: Verzögerungen VW Fox

6. Bremsversuche Nissan Almera Tino

In Abb. 6 ist der Verzögerungsverlauf des Nissan Almera Tino auf schneebedeckter Fahrbahn zu sehen.

Teil 3: Spezifische Untersuchungen und Messungen

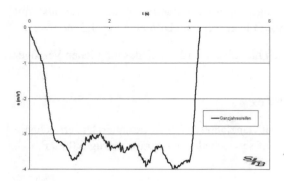

Abb. 6: Verzögerungen Nissan Almera Tino

Auch der Nissan war mit Ganzjahresreifen ausgestattet. Die mittlere Vollbremsverzögerung konnte ebenfalls mit 3,0 m/s² errechnet werden.

7. Versuchsergebnisse

Die durchgeführten Versuche zeigen, dass die erreichbare mittlere Verzögerung auf schneebedeckter Fahrbahn bei Fahrzeugen mit Sommerreifen deutlich geringer als bei den Fahrzeugen mit Winterreifen ist. Die Ganzjahresreifen erreichen Verzögerungswerte, die zwischen den Werten von Sommer- und Winterreifen liegen, sich aber eher den Verzögerungen der Winterreifen annähern.

Hersteller	Fahrzeug	Bereifung	a [m/s]	s [m]
VW	Fox	Ganzjahres	3.0	26
Nissan	Almera	Ganzjahres	3.0	26
VW	Golf	Sommer	1.8	43
VW	Golf	Winter	3.0	26
VW	Passat	Sommer	1.4	56
VW	Passat	Winter	3.0	26
Audi	Q7	Sommer	1.5	52
Audi	Q7	Winter	2.8	28

Tab. 2: Versuchsergebnisse

§ 7 Bremsvorgang

In Tabelle 2 sind zusammenfassend die verschiedenen Werte eingetragen. Die letzte Spalte der Tabelle zeigt, welcher Weg zurückgelegt wird, wenn das Fahrzeug von 45 km/h mit dieser mittleren Verzögerung zum Stillstand gebracht wird. Man sieht also deutlich die Unterschiede zwischen den zurückgelegten Bremswegen mit Sommer- und Winterbereifung.

Um zu verdeutlichen, welchen Einfluss diese Unterschiede auf ein Unfallgeschehen haben können, wird nachfolgend ein Fallbeispiel gezeigt.

8. Fallbeispiel

Unterhalb der Skizze ist in Abb. 7 ein Weg-Zeit-Diagramm gezeigt. Die Wegachse verläuft dahin im gleichen Maßstab, wie in der darüber liegenden Skizze. Senkrecht dazu steht die Zeitachse. Der Abstand zwischen den waagerecht verlaufenden Hilfslinien entspricht jeweils 1 s.

In dem Beispiel wurde davon ausgegangen, dass ein Pkw bei einer Bremsung aus 30 km/h mit einer Verzögerung von 3 m/s², rd. 1 m hinter einem anderen stehenden Fahrzeug zum Stillstand kommt. Würde der Pkw ab dem Bremsbeginn aus 30 km/h nur eine mittlere Verzögerung von 1,5 m/s² erreichen, dann würde sich der Anhalteweg verdoppeln. Der bremsende Pkw wäre also auf das stehende Fahrzeug noch mit einer Geschwindigkeit von rd. 20 km/h aufgefahren.

Teil 3: Spezifische Untersuchungen und Messungen

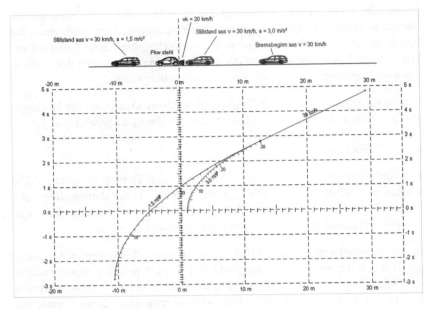

Abb.7: Fallbeispiel, Weg-Zeit Diagramm

Dieses Beispiel zeigt deutlich, welchen Einfluss die Verzögerungsunterschiede auf die Unfallentwicklung und somit auf die Entstehung eines Unfalls haben können.

Teil 4: Typische Unfallarten und -konstellationen

§ 1 Der Pkw-Fußgänger-Unfall

Fußgänger-Unfälle erfordern auf Grund der häufig schweren Verletzungsfolgen für den ungeschützten Verkehrsteilnehmer eine detaillierte Rekonstruktion. Im Allgemeinen sind dabei insbesondere die Kollisionsgeschwindigkeit des Pkw, der Kollisionsort sowie das Bewegungsverhalten des Fußgängers zu rekonstruieren. Mit diesen Anknüpfungspunkten erfolgt anschließend die Vermeidbarkeitsbetrachtung. Die Kernfrage ist dabei, unter welchen Umständen der Unfall für die Beteiligten vermeidbar gewesen wäre. Die nachfolgenden Erläuterungen geben einen Überblick über die Rekonstruktionsparameter und erläutert die Fachbegriffe.

A. Dynamischer Unfallablauf

Um eine Vorstellung des dynamischen Unfallablaufs zu erhalten, wird der Ablauf zuerst schematisch erläutert:

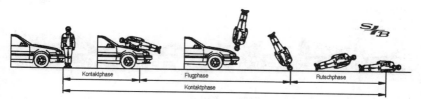

Abb. 1: *Schematischer Ablauf einer Pkw-Fußgänger-Kollision in der Seitenansicht*

- **Kontaktphase**
  Die **erste Berührung** zwischen einem erwachsenen Fußgänger und einem Pkw findet beim Frontanstoß mit dem Stoßfänger statt. Die Kontaktkraft bewirkt eine translatorische und eine rotatorische Bewegung. Letztere beruht streng genommen auf dem durch den Hebelarm hervorgerufenen Drehmoment; je weiter der Anstoßpunkt vom Schwerpunkt des Fußgängers entfernt liegt, desto größer ist der Anteil der Rotation. Durch den Drehimpuls schlagen Brust und Kopf im Bereich der Motorhaube, des Scheibenrahmens, der Frontscheibe oder des Daches auf den Pkw. Dieser Teil der Kollision wird als Primärstoß bezeichnet.

Teil 4: Typische Unfallarten und -konstellationen

- **Flugphase**
  In der Kontaktphase wird der **Fußgänger in Bewegungsrichtung des Pkw beschleunigt**. Anschließend löst er sich im weiteren Bewegungsablauf vom Fahrzeug und befindet sich in der Flugphase. Bei höherer Kollisionsgeschwindigkeit und ungebremster Kollision ist es möglich, dass der Fußgänger unterfahren wird, d.h. der Pkw überholt den Fußgänger. Nach der Flugphase schlägt der Fußgänger auf die Fahrbahn auf (Sekundärstoß). Wenn der Fußgänger nach dem Sekundärstoß noch gegen ein Hindernis prallt, spricht man von einem Tertiärstoß.

- **Rutschphase**
  Die Rutschphase umfasst die **Erstberührung** des Fußgängers mit der Straße bis zu dem Punkt, an dem er zur **Endlage** kommt.

691 Um eine Vorstellung der Kontaktphase zu erhalten, zeigt die Abb. 2 eine Prinzipskizze des Kontaktvorgangs bei einer Kollisionsgeschwindigkeit des Pkw von 34 km/h und die Abb. 3 eine Pkw-Dummy-Kollision, bei der ein bewegter Dummy (ca. 6 km/h) von einem Pkw mit einer Kollisionsgeschwindigkeit von 49 km/h erfasst wird.

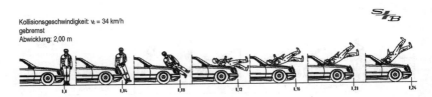

Abb. 2: Kontaktphase bei Pkw-Fußgänger-Kollision

§ 1 Der Pkw-Fußgänger-Unfall

Abb. 3: Unfallablauf; Geschwindigkeit Pkw 49 km/h, Geschwindigkeit Dummy 6 km/h

B. Grundlagen für die Rekonstruktion

I. Begriffe

Bei der Rekonstruktion von Fußgänger-Unfällen wird man häufig mit Fachbegriffen konfrontiert, die teilweise genormt sind:

Teil 4: Typische Unfallarten und -konstellationen

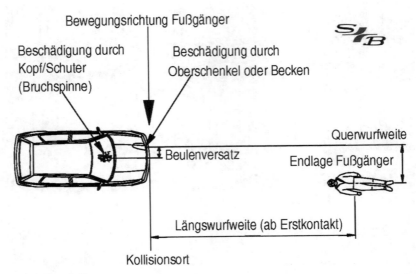

Abb. 4: Begriffsdefinitionen

- **Längswurfweite**
  Die Längswurfweite bezeichnet den Abstand zwischen dem Kollisionsort und der Endlage des Fußgängers (Schwerpunkt) in Fahrtrichtung des Pkw. Die Längswurfweite addiert sich aus der Flug- und Rutschweite.

- **Querwurfweite**
  Mit Querwurfweite wir der Abstand zwischen dem Kollisionspunkt am Fahrzeug und der Endlage des Fußgängers quer zur Fahrtrichtung des Pkw bezeichnet.

- **Beulenversatz**
  Bei einer Pkw-Fußgänger-Kollision finden i.d.R. zwei Hauptkontakte statt:
  Zuerst stößt der Frontstoßfänger gegen die Beine des Fußgängers bzw. die Haubenvorderkante kontaktiert die Oberschenkel oder das Becken. Der zweite Kontakt folgt, wenn der Kopf bzw. die Schulter nach dem Aufladen auf das Fahrzeug aufschlägt. Aus der Bewegungsgeschwindigkeit und Rotation des Fußgängers um die Hochachse resultiert ein seitlicher Versatz zwischen dem ersten und zweiten Kontakt mit dem Pkw. In Fahrzeugquerrichtung wird diese Distanz als Beulenversatz bezeichnet.

§ 1 Der Pkw-Fußgänger-Unfall

- **Abwicklung**
  Die Abwicklung bezeichnet die Strecke zwischen Bruchspinne und Fahrbahn, gemessen entlang der beschädigten Fahrzeugkontur.
- **Aufwurfweite**
  Die Aufwurfweite bezeichnet den Abstand zwischen den Vertikalebenen des vordersten Punktes des Fahrzeugs im Anstoßbereich und der Mitte der Kopfaufprallstelle.

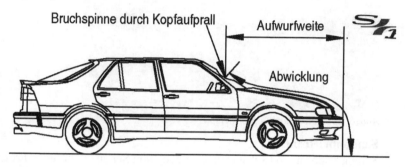

Abb. 5: Definitionen Abwicklung und Aufwurfweite

- **Spurverdickung**
  Durch die Radlasterhöhung beim Aufladen des Fußgängers auf die Motorhaube eines vollgebremsten Pkw kommt es zu einer Spuranomalie, d.h. einer Spurverdickung eines blockierenden Reifens (Abb. 6). Anhand der Spurverdickung ist der Kollisionsort eindeutig zu bestimmen. Zwischen dem ersten Kontakt (Kollisionsort) und der Blockierspurverdickung liegt eine Distanz, da die Verdickung erst zum Zeitpunkt des Schulteraufpralls entsteht. Die Zeitdauer ist von der Kollisionsgeschwindigkeit abhängig, sie beträgt ca. 0,1 – 0,15 s.

Teil 4: Typische Unfallarten und -konstellationen

Abb. 6: Spurverdickung in Blockierspur

- **Schuhabriebspuren**
Schuhabriebspuren (Substanzübertragung von Schuhen auf die Fahrbahn) sind Spuren, durch die der **Kollisionsort exakt bestimmbar** ist. Die Spuren können entstehen, wenn das belastete Standbein des Fußgängers horizontal angestoßen wird. Die Schuhabriebspuren befinden sich demnach unmittelbar am Kollisionspunkt.

Abb. 7: Beispiel für Schuhabriebspuren

II. Kollisionsgeschwindigkeit Pkw

693   Wenn der Pkw nicht durchgängig eine Blockierspur gezeichnet hat, mit der die Annäherungs- bzw. Kollisionsgeschwindigkeit zu bestimmen ist, ist die Längswurfweite des Fußgängers der geeignetste Parameter, um die Kollisionsgeschwindigkeit zu rekonstruieren. Die Längswurfweite des Fußgängers ist vom Fahrzeugtyp und der Bewegungsgeschwindigkeit des Fußgängers relativ unabhängig. Die Abb. 8 zeigt die Ergebnisse für die Längswurfweite

von Dummies mit einem vollgebremsten Pkw. Um sämtliche Unwägbarkeiten zwischen Versuch und realem Unfall zu berücksichtigen, ist es sinnvoll, mit einem Toleranzbereich von ± 5 km/h zu arbeiten.

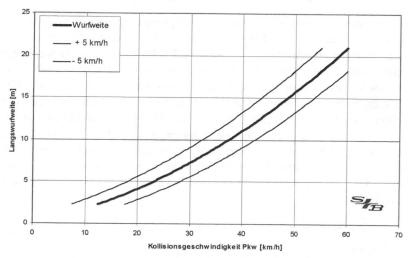

Abb. 8: Längswurfweite mit Toleranzbereich

Wenn der Kollisionsort nicht bekannt ist, ist es häufig schwierig, die Längswurfweite zu bestimmen. In diesen Fällen steht häufig als einziger Anknüpfungspunkt der Schadensumfang am Pkw für die Rekonstruktion der Kollisionsgeschwindigkeit zur Verfügung.

> **Praxistipp:**
>
> Neuere Untersuchungen haben gezeigt, dass die Abwicklung bzw. die Aufwurfweite äußerst sensibel auf unterschiedliche Fahrzeugtypen reagieren. Insofern ist die Abwicklung ein stark toleranzbehafteter Konstruktionsparameter, dessen Aussagekraft mit Vorsicht zu begegnen ist.

Möglich ist es hingegen, das gesamte Schadensbild zu beurteilen. Auf der Grundlage von gut dokumentierten Vergleichsfällen und Versuchen ist dabei die Kollisionsgeschwindigkeit zumindest einzugrenzen. Auch hierbei gilt jedoch, dass eine enge Eingrenzung nicht möglich ist; ein **Toleranzbereich von**

694

± 5 km/h ist durch eine derartige Bestimmung der Kollisionsgeschwindigkeit zu berücksichtigen.

III. Bewegungsgeschwindigkeit Fußgänger

695 Um die Bewegungsgeschwindigkeit des Fußgängers einzugrenzen, stehen als technische Parameter die Querwurfweite und der Beulenversatz zur Verfügung. Durch den **Beulenversatz** ist grds. ein Rückschluss auf die Bewegungsrichtung des Fußgängers möglich. Bis zu einem Geschwindigkeitsbereich des Pkw von ca. 45 km/h ist sogar ein tendenzieller Rückschluss auf die Bewegungsgeschwindigkeit des Fußgängers zulässig. Eine Untersuchung über die **Querwurfweite** ergab, dass bis zu einer Pkw-Geschwindigkeit von ca. 45 km/h eine Aussage über die Bewegungsgeschwindigkeit des Fußgängers anhand der Querwurfweite möglich ist. Bei höheren Geschwindigkeiten treten am **Pkw** i.d.R. **plastische Verformungen** ein, wodurch die Eigengeschwindigkeit des Fußgängers – unabhängig von ihrer Höhe – vollständig abgebaut wird.

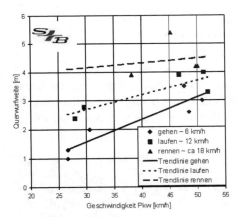

Abb. 9: Querwurfweite

696 Des Weiteren ist man häufig darauf angewiesen, die Bewegungsgeschwindigkeit von Fußgängern anhand von Zeugenaussagen einzugrenzen. Hierbei gibt es jedoch zwei Schwierigkeiten:

(1) Umgangssprachlich wird nahezu ausschließlich die Beschreibung benutzt, dass ein Fußgänger vor ein Fahrzeug **gelaufen** ist, obwohl er tatsächlich **gegangen** ist. Vor ein Fahrzeug **gegangen** klingt ungewöhnlich.

(2) Zeugen stufen Bewegungsgeschwindigkeiten von Fußgängern unterschiedlich ein. Allein hierdurch entsteht bereits ein Toleranzbereich.

C. Fazit

Es ist grds. schwierig, einen Pkw-Fußgänger-Unfall rezeptartig zu rekonstruieren. Es gibt **viele Besonderheiten und Unwägbarkeiten** bei der Rekonstruktion.

697

Als stabilster und geeignetster Rekonstruktionsparameter erweist sich die **Längswurfweite**. Voraussetzung ist jedoch dabei, dass der Kollisionsort bekannt ist. Dieser ist jedoch – leider zu selten – durch konkrete Spuren, wie z.B. Schuhabriebspuren oder Spuranomalien in einer Blockierspur, eindeutig festzulegen.

§ 2 Der Überholvorgang

Nach den Angaben des Statistischen Bundesamtes Deutschland ereigneten sich im Jahr 2009 rd. 378.000 Unfälle mit Personenschaden, die auf das Fehlverhalten der Fahrzeugführer zurückgeführt werden konnten. Dabei nimmt die Unfallursache „Fehler beim Überholen" mit rund 14.300 und einem Anteil von knapp 4 % (s. Abb. 1 [Statistisches Bundesamt Deutschland, www.destatis.de]) zwar eine eher geringe Rolle ein, liegt aber dennoch – bezogen auf die absoluten Zahlen – auf einem hohen Niveau. Betrachtet man die Auswirkung von Unfällen, die auf Fehler beim Überholen zurückzuführen sind, hinsichtlich der Verletzungsschwere, so muss der Anteil bei schweren Unfällen höher sein, da Überholunfälle meistens in schweren Gegenverkehrskollisionen enden.

698

Teil 4: Typische Unfallarten und -konstellationen

Abb. 1

699 Die allgemeinen Vorgänge während des Überholvorgangs sind in § 5 StVO geregelt. Dort wird u.a. ausgeführt, dass Überholen nur derjenige darf, der übersehen kann, dass während des ganzen Überholvorganges jede Behinderung des Gegenverkehrs ausgeschlossen ist. D.h., dass bereits bei der Entschlussfindung zum Überholen klar sein muss, dass auch bis zum Ende des Überholvorganges keine Gefährdung des Gegenverkehrs entsteht.

Ein weiterer wesentlicher Kernpunkt des § 5 ist, dass das Überholen bei unklarer Verkehrslage unzulässig ist. Diese Regelung bezieht sich auf vorhandenen Querverkehr und vor allem auf das Verhalten des zu Überholenden (Hentschel/König/Dauer, Straßenverkehrsrecht, 40. Aufl. 2009).

A. Grundlagen

700 Der Überholvorgang setzt sich aus den Vorgängen Ausscheren, Vorbeifahren und das anschließende Wiedereinscheren zusammen. Bei der retrospektiven Analyse eines Unfalls sowohl im Strafprozess wie auch im Zivilverfahren müssen die Ausgangsparameter i.d.R. durch Zeugenaussagen oder Angaben der Beteiligten näher eingegrenzt werden, da objektive Anknüpfungspunkte bspw. für die Geschwindigkeit des Überholten und des Überholers, die im Überholvorgang gewählte Beschleunigung sowie die Abstände der Fahrzeuge beim Ausscheren üblicherweise nicht vorliegen.

§ 2 Der Überholvorgang

Um überschlägige Berechnungen nicht komplizierter als nötig zu machen unterscheidet man üblicherweise zunächst **zwei Grenzfälle:**
1. das Überholen mit konstanter Geschwindigkeit,
2. das Überholen mit konstanter Beschleunigung,

wobei jeweils die Geschwindigkeit des Überholten als konstant angenommen wird.

Weitere Sonderfälle sind möglich, wenn der Überholte während des Überholvorgangs seinerseits beschleunigt (was er nicht darf) oder sich der Überholer mit einer Überschussgeschwindigkeit annähert und zusätzlich beschleunigt. Die Berechnungen des Überholvorgangs gestalten sich dann umso umfangreicher. Während die o.g. Grenzfälle sich durch relativ einfache Gleichungszusammenhänge lösen lassen, bieten sich für komplizierte Zusammenhänge Simulationsprogramme wie z.B. PC-Crash, Analyzer-Pro etc. an.

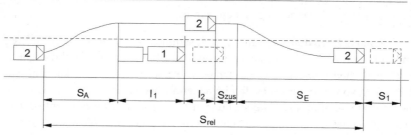

Abb. 2

Die einzelnen Abschnitte des Überholweges sind in der Abb. 2 dargestellt. Der Überholweg des mit dem Index 2 belegten Überholers setzt sich zusammen aus der Wegstrecke s_{rel}, die der Überholer gegenüber dem Überholten infolge seiner Überschussgeschwindigkeit relativ zu dem Überholten zurücklegt, sowie der Wegstrecke s_1, die der mit dem Index 1 belegte Überholte während des Überholvorganges zurücklegt. Der **relative Überholweg** ist dabei nur von der Geschwindigkeitsdifferenz beider Fahrzeuge abhängig. Also gilt

$$s_ü = s_{rel} + s_1$$

Der relative Überholweg s_{rel} ergibt sich aus dem Sicherheitsabstand der Fahrzeuge bei Ausscherbeginn und Einscherende, der Länge der beiden Fahrzeuge sowie einem zusätzlichen Sicherheitsabstand s_{zus} vor dem Wiedereinscheren. Also gilt:

$$s_{rel} = s_A + s_E + l_1 + l_2 \; (+ \, s_{zus})$$

702 Die Parameter, die nun für die Analyse des Überholvorgangs zugrunde gelegt werden sollen, können entweder durch die Angabe von Zeugen oder Unfallbeteiligten eingegrenzt werden oder es werden „normale" bzw. „durchschnittliche" Fahrvorgänge vorausgesetzt. Der Abstand s_A, der bei dem Beginn des Überholmanövers eingehalten wird, kann bspw. mit der in der Reaktionsdauer zurückgelegten Wegstrecke gleichgesetzt werden. Bei Annahme einer Geschwindigkeit von 80 km/h entspräche diese Wegstrecke bei Einhaltung des sog. 1-s-Abstands 22 m. Dabei ist allerdings zu berücksichtigen, dass in der Praxis unmittelbar vor dem Ausscheren zum Überholen auch deutlich niedrigere Sicherheitsabstände eingehalten werden.

703 Der **Sicherheitsabstand** s_A setzt sich zusammen aus dem Spurwechselweg und ggf. dem Abstand der Fahrzeugfront des Überholers zum Fahrzeugheck des Überholten beim Spurwechselende. Die Spurwechseldauer kann in Abhängigkeit von der Spurwechselbreite näherungsweise der Abb. 3 entnommen werden. Sie stammt aus Untersuchungen (*Nackenhorst*, Zusammenfassende Darstellung der Detailprobleme zum Überholvorgang [Pkw/Pkw]. Diplomarbeit an der FH Osnabrück, 1984), die seinerzeit von *Schimmelpfennig + Becke* durchgeführt wurden. Die Versuche erfolgten mit einem Probandenpool mit Fahrern im Alter zwischen 20 und 30 Jahren. Zunächst sollten die Versuchspersonen ganz **normal** überholen, nach einer gewissen Gewöhnungszeit an das Messfahrzeug wurden sie angewiesen, möglichst **scharfe Spurwechsel** zu fahren. Bei der Spurwechselbreite ist zu berücksichtigen, dass üblicherweise das überholende Fahrzeug schon leicht nach links versetzt den Spurwechsel beginnt, sodass die erforderliche Spurwechselbreite zum Überholen meist geringer als die Fahrstreifenbreite (= Abstand der gedachten Mittellinie der Fahrstreifen) ist. Bei Annahme einer typischen Landstraßenbreite von 7 m und einer Spurwechselbreite von ca. 2,5 – 3 m würde man bei Annahme eines „scharfen Spurwechsels" zu einer Ausscherdauer zwischen 2,5 und 3 s gelangen.

§ 2 Der Überholvorgang

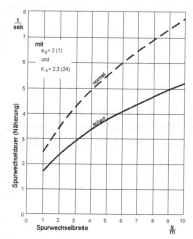

Abb. 3

Der zusätzliche Sicherheitsabstand s_{zus} zwischen dem Fahrzeugheck des Überholers und der Fahrzeugfront des Überholten zum Beginn des Wiedereinscherens ist variabel. Wenn die Überschussgeschwindigkeit des Überholers ausreicht, so kann er ggf. bereits dann wieder einscheren, wenn sich das Heck des Überholers in Höhe der Front des Überholten befindet. Insbesondere wenn die Geschwindigkeitsdifferenz eher gering ist, ist ein zusätzlicher Sicherheitsabstand von ein bis zwei Wagenlängen zu diskutieren, insbesondere wenn man eine Behinderung des Überholten ausschließen möchte. Eine weitere Möglichkeit besteht darin, den zusätzlichen Sicherheitsabstand vor dem Einschervorgang vom Sichtfeld des Rückspiegels abhängig zu machen. Wenn das überholte Fahrzeug in einem signifikanten Maß im Innenspiegel des Pkw sichtbar wird, ist der Tiefenabstand zwischen dem Fahrzeugheck des Überholenden zur Fahrzeugfront des Überholten ausreichend.

B. Überholen mit konstanter Geschwindigkeit

Auf Fahrbahnen mit mehr als zwei Fahrstreifen (Bundesautobahnen, durch Leitplanken voneinander getrennte Landstraßen) nähert sich der Überholer oftmals schon mit der notwendigen Geschwindigkeitsdifferenz, wenn er zum Überholen ansetzt. Aber auch auf Landstraßen kann bei ausreichenden Sichtverhältnissen eine entsprechende Situation eintreten. Die **Überholzeit** $t_ü$ vom

704

Teil 4: Typische Unfallarten und -konstellationen

Ausscherbeginn des Überholers bis zu dessen Einscherende berechnet sich über

$$t_{ü} = \frac{s_{rel}}{v_2 - v_1}$$

Die Überholdauer ist also nur vom relativen Überholweg und der Geschwindigkeitsdifferenz, also der Überschussgeschwindigkeit des Überholers, abhängig. Je schneller dieser überholt, desto kürzer die Überholdauer. Der **Überholweg** berechnet sich zu

$$s_{ü} = t_{ü} \cdot v_2 = \frac{s_{rel} \cdot v_2}{v_2 - v_1}$$

Beispiel:

Der Pkw 2 überholt mit einer Geschwindigkeit von 100 km/h den mit 80 km/h vorausfahrenden Pkw 1. Die Länge beider Fahrzeuge beträgt jeweils 5 m. Der Abstand s_A beträgt zum Zeitpunkt des Überholbeginns gemäß dem 1-s-Abstand bei 100 km/h einer Weglänge von 28 m. Der Abstand beim Ende des Überholvorgangs beträgt gemäß dem 1-s-Abstand bei 80 km/h einer Weglänge von 22 m. Daraus ergibt sich der relative Überholweg s_{rel} zu 60 m. Mit Gleichung 3 folgt die Überholdauer zu 10,8 s. Über Gleichung 4 berechnet sich schließlich der Überholweg zu 300 m.

Der § 5 der StVO setzt voraus, dass bei einem Überholvorgang Gegenverkehr nicht gefährdet werden darf. Geht man davon aus, dass der Überholvorgang bei der Begegnung der Fahrzeuge vollständig abgeschlossen sein muss und berücksichtigt man, dass der Gegenverkehr mit der gleichen Geschwindigkeit wie der Überholer von 100 km/h fährt, so beträgt die erforderliche Sichtweite s_{erf} 600 m.

Praxisnah kann auch davon ausgegangen werden, dass zum Überholen temporär ein geringerer Abstand zu dem vorausfahrenden Fahrzeug eingehalten wird. Wenn der Spurwechsel erst abgeschlossen ist, wenn sich der Überholer mit seiner Front auf der Höhe des Hecks des Überholten befindet, folgt der Abstand bei Beginn des Überholens allein aus der Spurwechseldauer und der Geschwindigkeitsdifferenz der beiden Fahrzeuge. Bei Annahme einer Spurwechseldauer von 3 s berechnet sich die Wegstrecke s_A gemäß

$$s_A = t_{spw} \cdot (v_2 - v_1)$$

zu 17 m. Damit verringert sich die relative Überholstrecke zu 44 m, die Überholdauer verkürzt sich gemäß Gleichung 3 auf 7,9 s und damit der Überholweg gemäß

Gleichung 4 zu 220 m. Setzt man auch hier wiederum voraus, dass sich Gegenverkehr mit einer Geschwindigkeit auf dem Niveau des Überholers von 100 km/h nähert, so beträgt die erforderliche Sichtweite s_{erf} ca. 440 m.

Für ein gefahrloses Überholmanöver sind auf Landstraßen bei Annahme einer Geschwindigkeit des Gegenverkehrs von 100 km/h sowie des überholten Fahrzeuges von 80 km/h Sichtweiten zwischen ca. 500 und 600 m erforderlich. Bei geringeren Geschwindigkeiten – gleiche Geschwindigkeitsdifferenz vorausgesetzt – resultieren geringere Sichtweiten. Die erforderlichen Sichtweiten sind in der Abb. 4 in Form eines Diagramms dargestellt, in Abhängigkeit von der Geschwindigkeitsdifferenz zwischen Überholer und Überholtem sowie von der Geschwindigkeit des überholten Fahrzeuges.

705

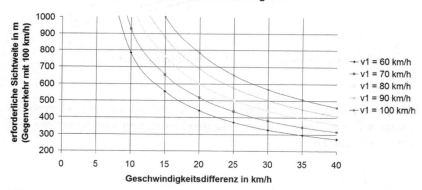

Abb. 4

C. Überholen mit konstanter Beschleunigung

Der eher typische Fall des Überholvorganges auf Landstraßen setzt voraus, dass der Überholer zunächst auf die Geschwindigkeit des vorausfahrenden Fahrzeuges verringert und dann während des Überholens wieder beschleunigt (Stichwort Kolonnenverkehr). Das **Beschleunigungsvermögen** ist geschwindigkeitsabhängig, das heisst, je geringer die Geschwindigkeit, desto stärker die mögliche Beschleunigung, je höher die Geschwindigkeit, desto geringer die Beschleunigung. Zusätzlich ist die Beschleunigung von der Elastizität des Fahrzeuges abhängig. Dieselfahrzeuge erreichen bei gleicher Leistung in dem relevanten Geschwindigkeitsbereich i.d.R. höhere Beschleunigungswerte als

706

Benziner. Die erreichbaren Beschleunigungen sind u.a. abhängig von der Motorleistung, dem Fahrzeuggewicht, dem Fahrwiderstand und insbesondere von der Ausgangsgeschwindigkeit. Praxisnah sind Werte um 0,8 – 1,2 m/s², vgl. Abb. 5.

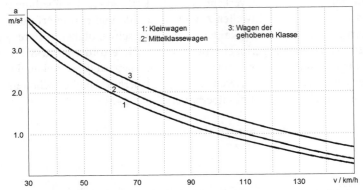
Maximale Beschleunigung in Abhängigkeit der Ausgangsgeschwindigkeit

Abb. 5

707 Betrachtet man den Überholvorgang stark vereinfacht und setzt während des gesamten Überholens eine **konstante Beschleunigung** voraus, so berechnet sich die **Überholzeit** zu

$$t_{\ddot{u}} = \sqrt{\frac{2 \cdot s_{rel}}{a}}$$

708 Der **Überholweg** berechnet sich wiederum zu

$$s_{\ddot{u}} = s_{rel} + t_{\ddot{u}} \cdot v_1$$

Beispiel:

Der Pkw 2 überholt mit einer Ausgangsgeschwindigkeit von 80 km/h und einer Beschleunigung von 1 m/s² den gleichfalls mit 80 km/h vorausfahrenden Pkw 1. Die Längen der beiden Fahrzeuge werden wiederum mit 5 m angenommen. Der Abstand des Überholers zum Vorausfahrenden wird mit dem 1-s-Abstand bei 80 km/h, entsprechend 22 m angesetzt. Damit berechnet sich der relative Überholweg s_{rel} zu 54 m. Mit Gleichung 6 folgt die Überholdauer zu 10,4 s und mit Gleichung 7 der

Überholweg zu 285 m. Unter dieser Prämisse berechnet sich die Geschwindigkeit des Überholers beim Überholende zu rd. 117 km/h. Nimmt man wiederum an, dass sich Gegenverkehr mit einer Geschwindigkeit von 100 km/h nähert, so beträgt die erforderliche Sichtweite s_{erf} = 574 m.

Variiert man die Beschleunigung sowie die Geschwindigkeit des überholten Fahrzeuges, so folgt das Diagramm in der Abb. 6.

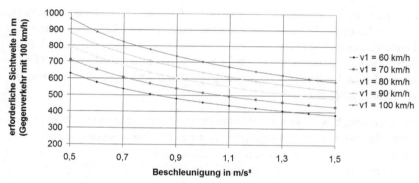

Abb. 6

D. Fazit

Auch wenn der Überholunfall statistisch nicht wesentlich ist, kommt ihm aufgrund der Schwere der Unfälle eine hohe Bedeutung zu.

Objektive Ausgangsparameter für die Rekonstruktion liegen i.d.R. nicht vor.

Der Unfallanalytiker ist deshalb auf Angaben der Beteiligten oder Zeugen angewiesen, um den Unfall weg-zeitlich aufbereiten zu können.

Teil 4: Typische Unfallarten und -konstellationen

§ 3 Unfälle bei Park- und Rangiermanövern

A. Einleitung

710 Bei rückwärtigen Park- und Rangiermanövern kommt es oftmals zu leichten Pkw-Kollisionen. Die Sicht nach hinten ist bei Rückwärtsfahrt deutlich eingeschränkter, als bei Vorwärtsfahrt, sodass Fahrzeuge, die sich aus einem der nicht einsehbaren Bereiche während des Rückwärtsrangierens annähern, oft vom Rangierenden übersehen werden. I.d.R. kommt das vorwärtsfahrende Fahrzeug in einer solchen Situation, aufgrund der besseren Übersicht, vor der Kollision zum Stehen. Die Verschuldensfrage ist hierbei in den meisten Fällen eindeutig: Es handelt sich im **Prinzip** um einen **Auffahrunfall** bei dem der Auffahrende Schuld ist.

Problematisch wird die Schuldzuweisung immer dann, wenn **beide** beteiligten **Fahrer** diametral **behaupten**, vor der **Kollision gestanden** zu haben. In vielen Fällen wird bei diesen Bagatellkollisionen keine oder nur eine sehr spärliche Spurensicherung betrieben. Oft liegen zur Auswertung nur Schadensgutachten der am Unfall beteiligten Fahrzeuge vor, deren Fotoqualität zudem sehr unterschiedlich ausfällt, sodass es im Nachhinein nur bedingt gelingt, zwischen den konträren Unfallversionen zu unterscheiden. Wenn die tatsächliche Bewegungsrichtung im Anschluss an die Kollision nicht bekannt ist, besteht aus physikalischer Sicht kein entscheidungsrelevanter Unterschied, ob das hintere Fahrzeug vorwärts oder das vordere Fahrzeug rückwärts mit dem vermeintlichen stehenden Fahrzeug kollidierte.

711 Eine **Möglichkeit** der **Klärung** besteht aus technischer Sicht darin, das Schadenausmaß an den Unfallfahrzeugen mit Hilfe von Crashversuchen energetisch zu bewerten, um so Rückschlüsse auf das Geschwindigkeitsniveau bei der Kollision zu erhalten. Ein erster Anhaltpunkt ergibt sich z.B. dann, wenn die Schadenintensitäten an den Fahrzeugen derart gravierend sind, dass die notwendige Geschwindigkeit, um das Schadenausmaß an den Fahrzeugen erzielen zu können, nicht allein durch die typische Geschwindigkeit bei Rückwärtsfahrt erklärt werden kann. Ist die rückwärtige Anfahrstrecke zudem durch die Unfallörtlichkeit auf wenige Meter begrenzt, ist es naheliegend, dass hier nur relativ geringe Geschwindigkeiten aufgrund der kurzen Beschleunigungsstrecke beim Rückwärtsfahren erzielt werden können. Welche Anfahrbeschleunigungen beim Rückwärtsfahren zu erwarten sind und welche

Geschwindigkeiten von Normalfahren beim Rückwärtsfahren in Alltagssituationen erreicht werden, wurde durch eine Versuchsreihe mit zehn Probanden untersucht.

Die Probanden (6 Männer und 4 Frauen im Alter von 26 – 51 Jahren) wurden instruiert verschiedene Rangier- und Parkmanöver mit ihren eigenen Fahrzeugen auf einem öffentlichen Parkplatz zu absolvieren, Abb. 1.

Fahrer	Fahrzeug	Schaltung	Geschlecht	Alter
JW	Opel Vectra Caravan	Hand	m	30
MN	Audi TT	Hand	m	33
BW	Mini	Hand	m	39
UG	Audi Q7	Automatik	m	51
MO	Opel Vectra Caravan	Hand	m	33
JDS	Mazda 6	Hand	m	26
IL	VW Fox	Hand	w	41
JvzG	Citroen Xsara Picasso	Hand	w	41
CR	VW Fox	Hand	w	35
CM	VW Golf III	Hand	w	48

Abb. 1: Fahrerkollektiv

Zur **Auswertung** wurden vier alltägliche Situationen beim Rückwärtsfahren nachgestellt:

I. Ausparken aus einer Parkbox

II. Einparken in eine Parklücke (Pkw in 6,5 m Abstand dahinter)

III. Einparken in eine Parklücke (ohne Pkw dahinter)

IV. Rückwärtssetzen über eine Wegstrecke von ca. 10 m

B. Rückwärts ausparken

Bei der ersten Versuchsreihe sollte nach eigenem Ermessen rückwärts aus einer Parkbox ausgeparkt werden, an der rechts und links Fahrzeuge geparkt waren, Abb. 2.

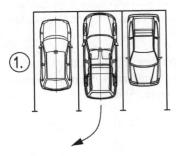

Abb. 2: Versuch 1

Die Auswertung der Videoaufzeichnungen und der Messschriebe ergab, dass **sämtliche Probanden** den Ausparkvorgang **ähnlich** gestalteten:

Zunächst setzten alle Probanden sehr langsam und nahezu bedacht über eine Wegstrecke von ca. 4 m zwischen den parkenden Pkw zurück. Hierbei wurden Höchstgeschwindigkeiten von 2 bis max. 8 km/h (Mittelwert 4 km/h) erreicht. Erst nachdem die Fahrzeuge so weit aus der Parkbox zurückgesetzt waren, dass ein Anstoß gegen die geparkten Fahrzeuge nicht mehr zu erwarten und der bevorrechtigte Fahrraum weit genug einsehbar war, wurde auf Geschwindigkeiten von 6 bis max. 12 km/h (Mittelwert 8,5 km/h) beschleunigt, Abb. 3.

§ 3 Unfälle bei Park- und Rangiermanövern

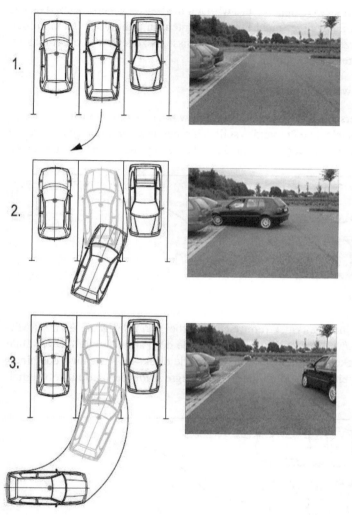

Abb. 3: Sequenzen des 1. Versuchs

Ein signifikanter **Unterschied** bzgl. der gewählten Geschwindigkeit zwischen **Männern** und **Frauen** konnte **nicht** festgestellt werden. Jedoch fiel bei diesem und auch den nachfolgenden Versuchen auf, dass die Fahrer und Fahrerinnen der kompakteren Fahrzeuge die höchsten Geschwindigkeiten beim

713

Teil 4: Typische Unfallarten und -konstellationen

Rückwärtsrangieren erzielten. Dies wird auf die bessere Überschaubarkeit der kompakteren Fahrzeuge (nicht nur nach hinten) und die in Relation zu den anderen Fahrzeugen größeren Platzverhältnisse, bezogen auf die Örtlichkeit, beim Rangieren zurückgeführt.

C. Rückwärts einparken

714 Bei der 2. Versuchsreihe wurden die Geschwindigkeiten beim Rückwärtseinparken untersucht. Die Probanden sollten hierbei rückwärts zunächst zwischen zwei geparkten Fahrzeugen in eine 6,5 m lange Parklücke einparken, Abb. 4.

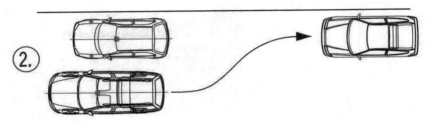

Abb. 4: Versuch 2

Das Geschwindigkeitsspektrum reichte hierbei von 3 bis max. 9 km/h (Mittelwert 6 km/h). Um den Einfluss der Größe der Parklücke auf die gewählte Geschwindigkeit ermitteln zu können, wurde direkt im Anschluss das hintere Fahrzeug entfernt, sodass die hintere Begrenzung der Parklücke wegfiel, Abb. 5.

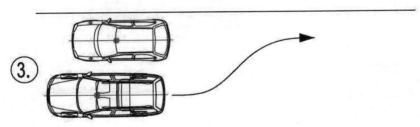

Abb. 5: Versuch 3

715 Wie zu erwarten, wurden durchweg **höhere Geschwindigkeiten** bei der **größeren Parklücke** erzielt (bis auf eine Ausnahme: für den Fahrer des Mini, also des kleinsten Pkw im Kollektiv, war die 6,5 m lange Parklücke auch beim

ersten Durchgang so groß bemessen, dass unabhängig von der im Anschluss vergrößerten Parklücke keine höhere, sondern die gleiche Geschwindigkeit erzielt wurde). Tendenziell erhöhte sich das Geschwindigkeitsniveau jedes Einzelnen beim zweiten Durchgang aber nur marginal um ca. 0,5–2 km/h. Die gemessenen Geschwindigkeiten lagen zwischen 3,5 und 11 km/h (Mittelwert 7,5 km/h). Abgesehen davon, dass der Einparkvorgang nicht so eindeutig in zwei Phasen zu unterteilen ist wie der oben vorgestellte Ausparkvorgang, sind die maximal erzielten Geschwindigkeiten sehr ähnlich. Demnach sind im Alltagsverkehr bei normalen Park- und Rangiermanövern keine Geschwindigkeiten deutlich oberhalb von 12 km/h zu erwarten. Um diese These zu stützen wurde eine weitere Versuchsreihe durchgeführt, bei der beim Rückwärtsfahren nicht auf geparkte Fahrzeuge geachtet werden musste und die zurückgelegte Wegstrecke und der dahinter befindliche Freiraum auch größere Geschwindigkeiten als die bisher erzielten zuließ.

D. Rückwärtssetzen über eine Wegstrecke von ca. 10 m

Bei der letzten Versuchsreihe wurden die Probanden instruiert, über eine gut überschaubare Wegstrecke ca. 10 m geradeaus mit einer für sie normalen Geschwindigkeit zurückzusetzen, Abb.6.

Abb. 6: Versuch 4

Die gemessenen Höchstgeschwindigkeiten lagen dabei zwischen 7 und max. 13 km/h (Mittelwert 10 km/h). Dieser Wertebereich **bestätigt** somit die oben aufgestellte **These**, dass bei normaler Fahrweise **keine Geschwindigkeiten deutlich oberhalb** von 12 km/h zu erwarten sind. Die gleiche Wegstrecke sollte im Anschluss möglichst schnell absolviert werden. Die Geschwindigkeiten die hierbei erzielt wurden lagen zwischen 11 und max. 19 km/h (Mittelwert 15 km/h). Obwohl auch bei diesem Versuch die Fahrstrecke völlig frei war, die Probanden nicht auf abgestellte Fahrzeuge und Verkehr achten mussten, wurden in der Spitze nur um 50 % höhere Geschwindigkeiten erzielt,

Teil 4: Typische Unfallarten und -konstellationen

als bei normaler Rückwärtsfahrt. Die mittleren Beschleunigungen die bei den einzelnen Versuchsreihen erzielt wurden sind der Abb. 7 zu entnehmen.

Versuchen	Beschleunigungen	Mittelwert
Ausparken bis 4 m (1)	0,1 bis 0,8 m/s²	0,3 m/s²
Ausparken nach 4 m (1)	0,2 bis 1,1 m/s²	0,6 m/s²
Einparken Pkw in 6,5 m dahinter (2)	0,1 bis 0,9 m/s²	0,4 m/s²
Einparken ohne Pkw dahinter (3)	0,3 bis 1,1 m/s²	0,6 m/s²
Rückwärtsfahren 10 m (normal) (4)	0,5 bis 1,6 m/s²	0,8 m/s²
Rückwärtsfahren 10 m (schnell) (4)	1,0 bis 2,5 m/s²	1,8 m/s²

Abb. 7: Beschleunigungen

717 Da bei den meisten Pkw der Rückwärtsgang ähnlich übersetzt ist, wie der erste Vorwärtsgang, sind theoretisch beim Rückwärtsfahren die gleichen Beschleunigungen bzw. Geschwindigkeiten zu erzielen, wie bei der Vorwärtsfahrt im ersten Gang. Tatsächlich wird das zur Verfügung stehende Beschleunigungsvermögen beim Rückwärtsfahren somit bei weitem nicht ausgenutzt. Ein Grund hierfür wurde oben bereits genannt und ist auf die eingeschränkte Sicht nach hinten zurückzuführen. Auch das Umdenken bei rückwärtigen Lenkmanövern im Zusammenspiel mit den Platzverhältnissen und der angestrebten Bewegungsrichtung spielt bei der Wahl der Geschwindigkeit eine wesentliche Rolle. Der ausschlaggebende Grund für das nicht Ausnutzen der möglichen

718 Geschwindigkeit liegt aber wohl in der geänderten Fahrphysik beim Rückwärtsfahren; es ist zu berücksichtigen, dass bei schneller Rückwärtsfahrt schon bei kleinsten Lenkbewegungen das Fahrzeug instabil wird und nicht mehr abzufangen ist. Die **Ursache** begründet sich darin, dass die Spurführungsarbeit bei Rückwärtsfahrt nicht durch die „starren" und somit spurstabilisierenden Hinterräder geleistet wird, sondern durch die lenkbaren Vorderräder. Schon kleine Lenkbewegungen oder Lastwechsel durch plötzliche Gaswegnahme bei höheren Geschwindigkeiten führen hierbei zwangsläufig zu einem instabilen oft nicht mehr aufzufangenden Fahrzustand. Die unterschiedlichen Geschwindigkeiten des Einzelnen bei allen Versuchen in Bezug zu den Geschwindigkeitsschwankungen des Kollektivs zeigt die Abb. 8.

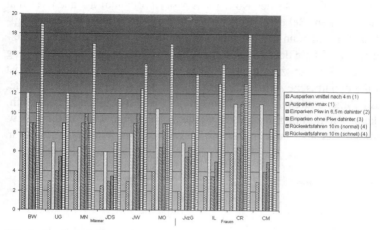

Abb. 8: Geschwindigkeitsschwankungen des Kollektivs

E. Vorgehensweise bei der Rekonstruktion

Mit Hilfe der vorgestellten Ergebnisse kann eine **erste Prognose** zur Geschwindigkeit des mutmaßlich Rückwärtsfahrenden gegeben werden. Ist die zu erwartende Geschwindigkeit des Rückwärtssetzenden deutlich geringer, als es das Schadensausmaß an den Fahrzeugen erfordert (z.B. bei Kollisionsgeschwindigkeiten > 20 km/h), so ist dies ein erster Hinweis darauf, dass der fehlende Geschwindigkeitsanteil durch das vermeintlich stehende, vorwärtsfahrende Fahrzeug eingebracht wurde. Es kann somit zwar ausgeschlossen werden, dass der Vorwärtsfahrende stand, nicht auszuschließen ist jedoch, dass das rückwärtsfahrende Fahrzeug stand oder aber beide Fahrzeuge zum Kollisionszeitpunkt in Bewegung waren. Eine eindeutige Zuweisung des Bewegungszustandes beider Fahrzeuge ist allein mit dem vorgestellten Anknüpfungsparameter der zu erwartenden Geschwindigkeit nicht möglich.

F. Höhenänderung beim Bremsen oder Beschleunigen

Eine weitere Eingrenzung der Bewegungszustände kann u.U. durch fahrdynamische Überlegungen erfolgen. Können die Schadenszonen an den Fahrzeugen wechselseitig wie ein Stempelabdruck einander zugeordnet werden (z.B. die punktuelle Durchstoßung der Stoßfängeraußenhaut durch eine Abschleppöse am gegnerischen Fahrzeug), so lässt sich die Anstoßkonfiguration der

Fahrzeuge zum Zeitpunkt der Kollision sowohl horizontal als auch vertikal eindeutig zuordnen. Bei einer **Gegenüberstellung** (möglichst mit den Originalfahrzeugen) sind dann die statischen Höhen dieser markanten Kontaktstellen zu ermitteln. Ist ein deutlicher Höhenversatz bei der statischen Zuordnung gegenüber der Schadenszuordnung der Kontaktbereiche auszumachen, so ist dies auf die dynamische Achslaständerung (verbunden mit einer Höhenänderung des Fahrzeugaufbaus) beim Bremsen oder Beschleunigen zurückzuführen. Es kann also mitunter festgestellt werden, ob ein Fahrzeug gebremst bzw. beschleunigt oder aber ungebremst mit konstanter Geschwindigkeit auffuhr, Abb. 9.

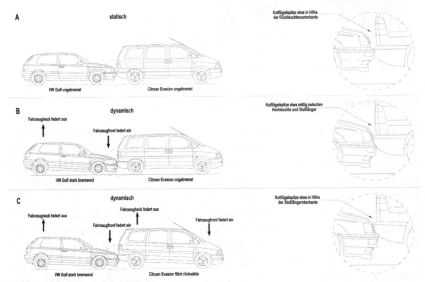

Abb. 9: Zuordnung der Kontaktbereiche

Ein gebremster oder beschleunigter Fahrzustand bedingt gleichzeitig eine Bewegung des Fahrzeugs, anhand derer der Wahrheitsgehalt einer Aussage evtl. überprüft werden kann. Bei einem eindeutigen Höhenversatz von mehreren cm ist es erstrebenswert, die Höhenänderungen der Fahrzeugaufbauten beim Bremsen oder Beschleunigen durch Videoaufnahmen oder berührungslose Abstandssensoren (o.Ä) zu ermitteln.

§ 3 Unfälle bei Park- und Rangiermanövern

Zu berücksichtigen ist hierbei, dass der **gleiche Beladungszustand** vorliegen muss, wie beim Unfall. Hier können sich mitunter Fehler einschleichen, da auf die nicht nachprüfbaren Angaben der Beteiligten abgestellt werden muss. Der Unfallzeitpunkt liegt jedoch meist mehrere Monate zurück, sodass sich spätestens bei der Angabe der Tankfüllung Ungenauigkeiten einschleichen können. Den Angaben zur Beladung ist also mit Vorsicht zu begegnen, sie sind deshalb mit entsprechenden Toleranzen zu versehen. 721

Zu berücksichtigen ist neben dem Aspekt der Beladung auch die **Oberflächenbeschaffenheit** der **Fahrbahn** am Kollisionsort. Unberücksichtigte Unebenheiten der Fahrbahnoberfläche können mitunter zu falschen Schlüssen bei der Höhenzuordnung führen. 722

Zudem kommt es gerade bei **älteren Fahrzeugen** zu ausgeprägten Fahrwerkselastizitäten, die Höhenänderungen von bis zu 2 cm trotz gleichem Beladungszustand ausmachen können. Verlässliche Ergebnisse sind je nach Fahrzeugtyp deshalb erst bei Höhenunterschieden von mehreren cm zu erzielen. Tendenziell wird das auffahrende Fahrzeug stärker verzögern, als das rückwärts fahrende Fahrzeug beschleunigen kann. Deshalb senkt sich die Fahrzeugfront beim Bremsen stärker ab, als sich das Fahrzeugheck beim Beschleunigen aus den Federn heben kann. Hieraus lässt sich ableiten, dass große Höhendifferenzen, bezogen auf den statischen Zustand, auf ein gebremstes Auffahren zurückzuführen sind, während nur geringe Höhendifferenzen, bei gleichzeitig geringer Geschwindigkeit, für ein beschleunigtes, rückwärtiges Auffahren sprechen können. Höhenunterschiede von nur wenigen cm sind hingegen nur bedingt aussagekräftig. Hier kann wiederum der Bewegungszustand nicht eindeutig unterschieden werden (z.B. konstante Geschwindigkeit beider Fahrzeuge). 723

G. Spuren bei unterschiedlicher Bewegungsrichtung

Ein weiteres Kriterium zur Bestimmung des Bewegungszustandes kann je nach Güte des Fotomaterials anhand der Spurencharakteristik abgeleitet werden. Voraussetzung hierfür ist allerdings, dass die Fahrzeuge in einer deutlichen Schrägstellung miteinander kollidierten, also **nicht im gleichgerichteten Verkehr** zusammenstießen. Befindet sich bei einer Kollision das Rad oder die Felge eines Fahrzeugs im Kontaktbereich, so ergeben sich je nach Bewegungszustand unterschiedliche Kontaktspuren. War das angestoßene Rad 724

Teil 4: Typische Unfallarten und -konstellationen

zum Kontaktzeitpunkt bspw. ebenfalls in Bewegung, so verlaufen die Kontaktspuren aufgrund der Drehbewegung des Rades bogenförmig, während die Kontaktspuren bei Stillstand des Rades waagerecht oder richtiger ausgedrückt parallel zur Fahrbahnebene verlaufen, Abb. 10.

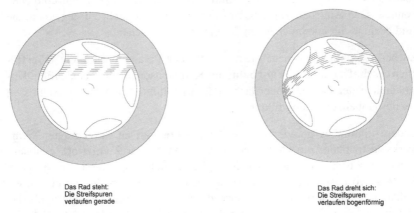

Das Rad steht:
Die Streifspuren
verlaufen gerade

Das Rad dreht sich:
Die Streifspuren
verlaufen bogenförmig

Abb. 10: Bogenförmig und waagerecht verlaufende Kontaktspuren am Rad

U.U. befinden sich je nach Unfallkonstellation an der Oberseite von Stoßfängern oder auf Motorhauben und andern nach oben zeigenden Flächen schräg verlaufende Kontaktspuren. Je nach Verlauf (Krümmung und Winkel) dieser Spuren, kann mit Hilfe von fahrdynamischen Randbedingungen, wie z.B. dem maximalen Lenkeinschlag, rekonstruiert werden, ob ein Fahrzeug in Bogenfahrt vorwärts auffuhr oder ob die Spuren auf ein geradeaus zurücksetzendes Fahrzeug zurückzuführen sind, Abb. 11.

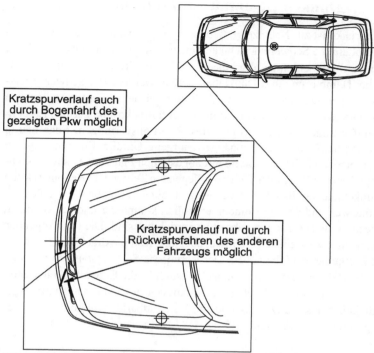

Abb. 11: Klärung des Hergangs nach dem Winkel von Kratzspuren

Die Anstreifrichtung an vertikalen Flächen liefert hingegen wegen der identischen Relativbewegung zwischen den Fahrzeugen bei Vorwärtsfahrt bzw. Rückwärtsfahrt keine weitere Entscheidungshilfe.

H. Fazit

Die Ausführungen zeigen, dass es kein Patentrezept gibt, anhand dessen Unfälle bei Park- und Rangiermanövern gelöst werden können. Da die klassischen Methoden der Stoßrechnung oft nicht zum Tragen kommen, sind **immer fallabhängige Randbedingungen** mit **einzubeziehen**. Mit steigender Anzahl der Anknüpfungspunkte wächst die Wahrscheinlichkeit, eine der konträren Unfallschilderungen aus technischer Sicht widerlegen zu können. Eine qualitativ gute Schadensdokumentation und eine ausführliche Unfallschilderung nebst Angaben zur Unfallörtlichkeit sind hierfür unabdingbar.

Teil 4: Typische Unfallarten und -konstellationen

§ 4   Dunkelheitsunfall – Einführung

726   Das Unfallrisiko ist zur Nachtzeit erheblich höher als während der Tagesstunden. Wird allein die Schwere der Dunkelheitsunfälle (getötet, schwer verletzt, leicht verletzt) betrachtet, so folgt, dass ca. 45 % der Todesopfer im Straßenverkehr bei Dämmerung und Dunkelheit getötet werden. Bei Schwerverletzten liegt ein geringerer Anteil von 35 % und bei den Leichtverletzten von 28 % vor. Die Ursachen für ein derart hohes Unfallrisiko sind geringe Erkennbarkeitsentfernungen sowie vermindertes Reaktionsvermögen. Sehr häufig ereignen sich bei Dunkelheit Fußgänger/Fahrzeug-Unfälle. Einen geringeren Anteil verzeichnen Fahrzeugunfälle mit abgestellten Fahrzeugen sowie Kollisionen mit Tieren oder auf der Fahrbahn liegenden Teilen. Die Rekonstruktion eines Dunkelheitsunfalls ist im Gegensatz zu einem alltäglichen Straßenverkehrsunfall während der Hellstunden erheblich komplexer und aufwendiger, da lichttechnische Messungen nahezu unverzichtbar sind. Die nachfolgenden Ausführungen sollen einen Überblick über die Komplexität bei der Analyse eines Dunkelheitsunfalls geben. Der technische Sachverständige muss im Rahmen der Rekonstruktion des Dunkelheitsunfalls die Erkennbarkeitsentfernungen ermitteln, um anschließend eine Aussage über die Annäherungsgeschwindigkeit eines Fahrzeuges und die Vermeidbarkeitsmöglichkeiten des Fahrzeugführers zu erarbeiten.

A.   Lichttechnische Grundlagen

727   Ein Rekonstruktionsgutachten, das sich mit der Thematik „Dunkelheitsunfall" auseinandersetzt, beinhaltet z. T. immer wiederkehrende und wichtige lichttechnische Fachterminologie. Im Folgenden werden die wichtigsten Fachausdrücke genannt und kurz erklärt:

I.   Leuchtdichte

728   Die Leuchtdichte ist die wichtigste Größe. Physikalisch bezeichnet die Leuchtdichte das Maß für die Helligkeit. Die Einheit der Leuchtdichte ist Candela pro Quadratmeter (cd/m^2). Um einen Eindruck von der Größenordnung der Leuchtdichte zu bekommen, seien folgende Beispiele genannt. Die Leuchtdichte der Sonne beträgt 16.000.000 cd/m^2. Der blaue Himmel weist eine Leuchtdichte von 5.000 cd/m^2 auf. Im Gegensatz hierzu beträgt die Leuchtdichte beim Nachthimmel etwa 0,0004 cd/m^2. Beim Dunkelheitsunfall

§ 4 Dunkelheitsunfall – Einführung

werden Leuchtdichten unterhalb von 0,1 cd/m² betrachtet. Aufgrund der vielen Nullen vor und hinter dem Komma wird bei der lichttechnischen Messung die Leuchtdichte durch die Exponentenschreibweise angegeben.

II. Objektleuchtdichte

Als Objektleuchtdichte wird die Leuchtdichte des zu untersuchenden Objektes bezeichnet.   729

III. Umfeldleuchtdichte

Die Umfeldleuchtdichte beschreibt die Leuchtdichte des direkten Umfeldes des zu untersuchenden Objektes.   730

IV. Leuchtdichtedifferenz

Die Leuchtdichtedifferenz gibt den Leuchtdichteunterschied zwischen dem Objekt und dem direkten Umfeld an. Umgangssprachlich kann man diese Größe als Kontrast bezeichnen.   731

V. Schwellenleuchtdichtedifferenz

Die Mindestleuchtdichtedifferenz (Mindestkontrast), ab der ein Objekt vor dem Hintergrund vom menschlichen Auge wahrgenommen wird, heißt Schwellenleuchtdichtedifferenz. Hierbei handelt es sich um einen im Labor ermittelten Wert.   732

VI. Praxisfaktor

Durch den Praxisfaktor wird die im Labor ermittelte Schwellenleuchtdichtedifferenz auf eine reale Situation angepasst. Aus Fahrversuchen folgt für eine nicht zu sehr gestörte Umgebung ein Praxisfaktor von 3 – 5. Über den Praxisfaktor und die Schwellenleuchtdichtedifferenz wird die **erforderliche** Leuchtdichtedifferenz vereinfacht ausgedrückt der notwendige Kontrast ermittelt, um das Objekt vor dem Hintergrund erkennen zu können.   733

B. Durchführung einer lichttechnischen Untersuchung

Die Kernfrage bei der Analyse eines Dunkelheitsunfalls, wann ein Fahrzeugführer reagierte, oder ob die Reaktion zu spät erfolgte, lässt sich bis auf einige   734

Ausnahmen nur beantworten, wenn vor Ort unter vergleichbaren Umständen lichttechnische Messungen durchgeführt werden. Bevor solche Untersuchungen in Angriff genommen werden, muss der gesamte Unfallablauf rekonstruiert werden. D. h., die Relativposition zwischen dem sich nähernden Fahrzeug und dem zu erkennenden Objekt (z. B. Fußgänger) muss im Rahmen eines Weg-Zeit-Diagramms bestimmt werden. Entscheidend ist bei der Voranalyse die Position des Fahrzeuges an der Unfallstelle bezogen auf die Vermeidbarkeit des Unfallgeschehens. Die hierauf aufbauende Durchführung der lichttechnischen Untersuchung ist von zahlreichen Parametern abhängig. Im Folgenden werden nur einige Parameter stichprobenartig aufgeführt: Fahrzeugtyp (Scheinwerferart), Witterungsverhältnisse (Bewölkung), Fremdbeleuchtung, Belaubung, Mondstellung, Gegenverkehr als Blendquelle, Objektgröße, Objektfarbe, etc.

Wenn nahezu die gleiche Situation wie beim tatsächlichen Unfallgeschehen vorliegt, so werden üblicherweise vor Ort die Leuchtdichteunterschiede – im Folgenden vereinfacht als Kontrastunterschiede bezeichnet – zwischen dem Objekt und dem direkten Umfeld mithilfe eines Leuchtdichtemessgerätes ermittelt. Ein Leuchtdichtemessgerät ähnelt zunächst einem Fernrohr, mit dem das zu messende Objekt angepeilt wird. Das Leuchtdichtemessgerät gibt dann die Leuchtdichte des einzumessenden Punktes in Candela pro Quadratmeter an. Die Abb. 1 zeigt ein Leuchtdichtemessgerät der Firma LMT. Einen Blick durch die Visiereinrichtung verdeutlicht die Abb. 2. In der Mitte ist der kreisrunde Punkt zu erkennen, mit dem das zu messende Objekt bzw. das Umfeld angepeilt wird. Im unteren Teil wird die vom Gerät ermittelte Leuchtdichte angezeigt. Die Anzeige in der Abb. 2 bedeutet: $1,001\ E^2 = 1,001 \times 10^2 = 100,1\ cd/m^2$

§ 4 Dunkelheitsunfall – Einführung

Abb. 1: Leuchtdichtemessgerät

Abb. 2: Zielvorrichtung

Bei der lichttechnischen Messung an der Unfallstelle wird die „tatsächliche Leuchtdichtedifferenz" bestimmt. Anschaulicher ausgedrückt wird bestimmt, wie groß der Kontrast zwischen bspw. einem Fußgänger und seinem direkten Umfeld ist.

Ein weißes Kaninchen ist im Schnee schlecht oder nicht zu erkennen, weil der Kontrast sehr gering ist, ebenso eine schwarz gekleidete Person vor einer schwarzen Wand. Einen sehr hohen Kontrast bildet eine weiß gekleidete Person vor einer schwarzen Wand und umgekehrt.

Abb. 3: Messpunkte

Die Messpunkte am Objekt sowie seinem Umfeld sind auf Abb. 3 zu erkennen. Die Punkte (5), (6) und (7) sind die Objektmesspunkte. Die übrigen Punkte beziehen sich auf das Umfeld.

735 Wird bspw. eine lichttechnische Untersuchung bei einem Unfall durchgeführt, bei dem ein Fußgänger die Fahrbahn von links nach rechts überquerte und von einem herannahenden Pkw erfasst wurde, so werden der Fußgänger und der Pkw in bereits zuvor bestimmten Konstellationen auf der Fahrbahn positioniert. Der Fußgänger und der Pkw nähern sich dann gleichzeitig in vordefinierten Abständen dem ermittelten Kollisionsort. Z. B. werden der Pkw aus einer Entfernung von 40 m und der Fußgänger von 5 m vor dem Kollisionsort positioniert. Vom Pkw aus, also aus der Fahrerposition, werden dann die Messungen durchgeführt. Anschließend wird der Pkw um 5 m vorgefahren und gleichzeitig bewegt sich der Fußgänger nach vorn auf die nächste Position in Richtung des Kollisionsortes. Auch hier werden dann wieder Messungen durchgeführt. Dieses geschieht bis zu einer Annäherungsposition, bei der der Pkw-Fahrer in Abhängigkeit von der Geschwindigkeit keine zur Vermeidung des Unfalls führende Abwehrhandlung mehr durchführen kann.

736 Ist nun durch die Messung an der Unfallstelle die **tatsächliche** Leuchtdichtedifferenz bekannt, so muss dieser Wert mit einer **erforderlichen** Leuchtdich-

tedifferenz in Relation gesetzt werden. Die erforderliche Leuchtdichtedifferenz beschreibt die Grenze, ab der das menschliche Auge das Objekt erkennen kann. Durch sog. „Berek'sche Kurven" in Abhängigkeit von der Größe des zu betrachtenden Objektes kann die erforderliche Leuchtdichtedifferenz anhand von Diagrammen erarbeitet werden. Da es sich bei diesen Werten jedoch um Laborwerte handelt, muss ein sog. „Praxisfaktor" berücksichtigt werden, durch den die Laborwerte auf die realen Gegebenheiten abgestimmt werden. Ein Praxisfaktor in einem Bereich zwischen 3 und 5 ist für eine nicht zu sehr gestörte Umgebung als realistisch anzusehen. Sind nun sowohl die erforderliche als auch die tatsächliche Leuchtdichtedifferenz in Abhängigkeit von verschiedenen Beobachtungspositionen bekannt, so lassen sich diese in einem sog. SI (Soll-Ist)-Diagramm, wie es in der Abb. 4 zu erkennen ist, darstellen. Der Schnittpunkt der beiden Kurven ergibt die Erkennbarkeitsentfernung. D. h., ab diesem Punkt ist das Objekt auf der Fahrbahn zu erkennen.

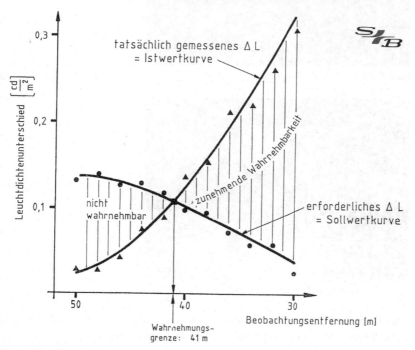

Abb. 4: SI – Diagramm

737 Entscheidend ist bei der Ermittlung der Erkennbarkeitsentfernung, dass diese nicht allein durch den subjektiven Eindruck der beobachtenden Person, somit also des Sachverständigen, beurteilt und dabei Bezug auf an der Unfallstelle gefertigte Lichtbilder genommen wird. Wie einfach ein Fußgänger durch ein Bildbearbeitungsprogramm „sichtbar" gemacht werden kann, zeigen die beiden Abb. 5 und 6.

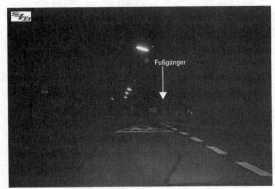

Abb. 5: tatsächliche Lichtverhältnisse

Abb. 6: „Bearbeitete" Lichtverhältnisse

738 Das linke Lichtbild gibt ungefähr die tatsächlichen Sicht- und Lichtverhältnisse wieder. Das rechte Lichtbild wurde aufgehellt, wodurch der Fußgänger erkennbar wird. Dies zeigt, dass anhand von Fotos kein Beweis erbracht wer-

den kann, ob der Fußgänger erkennbar war. Eine aufwändige lichttechnische Untersuchung ist somit erforderlich.

C. Einflüsse auf die Erkennbarkeitsentfernung

Die Erkennbarkeitsentfernung eines Fußgängers auf einer unbeleuchteten Landstraße ohne jegliche Störquellen kann in den meisten Fällen anhand der Ergebnisse von bereits durchgeführten lichttechnischen Untersuchungen ermittelt werden. Die Abb. 7 zeigt ein Diagramm, bei dem für einen schwarz und grau gekleideten Fußgänger in Abhängigkeit vom Abstand zur Fahrzeugfront in Querrichtung die Erkennbarkeitsentfernungen bei Abblendlicht ermittelt wurden. Hieraus ergibt sich, dass ein schwarz gekleideter Fußgänger, der sich mittig vor einem Pkw auf einer unbeleuchteten, trockenen Straße befindet, in einer Entfernung zwischen 30 und 37 m erkennbar wird. Die Untersuchung wurde mit einem Pkw durchgeführt, der den Fahrbahnbereich mit H4-Abblendlicht (Halogenglühlampe) ausleuchtete.

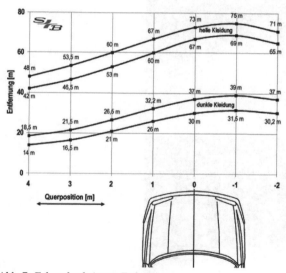

Abb. 7: Erkennbarkeit von Fußgängern

Im alltäglichen Straßenverkehr nimmt jedoch die Zahl der Fahrzeuge deutlich zu, die nicht mehr mit herkömmlichen Lampen (H4-Glühbirnen), sondern mit Xenon-Licht ausgestattet sind. Xenon-Licht unterscheidet sich insofern von der herkömmlichen H4- bzw. H7-Glühlampe, dass das Licht anstelle der Glühwendel durch einen Lichtbogen erzeugt wird. Innerhalb eines Glaskolbens befindet sich beim Xenon-Licht ein Gemisch aus dem Edelgas Xenon und Metallsalzen. Durch das Anlegen einer Spannung wird ein Lichtbogen in diesem Gemisch gezündet. Aus einer neuen Untersuchung folgt, dass die Erkennbarkeitsentfernung bei einem Pkw mit Xenon-Abblendlicht um etwa 25 % höher liegt als bei einem Pkw mit H4-Licht. Hinzu kommt, dass die Ausleuchtung der Seitenbereiche beim Xenon-Licht deutlich weiter reicht. Einen Vergleich der Ausleuchtung einer Fahrbahn mit H4-Licht im Gegensatz zum Xenon-Licht zeigen die Abb. 8 und die Abb. 9. Der Unterschied wird auf den Schwarz/Weiß-Bildern aufgrund der anderen Lichtfarbe nicht so deutlich.

Abb. 8: H4 – Licht

Abb. 9: Xenon – Licht

Neben dem Fahrzeugtyp bzw. dem Scheinwerfertyp beeinflusst auch der Zustand der Scheinwerfer die Erkennbarkeitsentfernung gravierend. Erheblich verschmutzte Scheiben der Scheinwerfer verringern die Ausleuchtung der Fahrbahn deutlich. 741

Ein weiterer ausschlaggebender Aspekt bei der Untersuchung eines Dunkelheitsunfalls ist die Gegenverkehrsproblematik. Begegnen sich zwei Fahrzeuge auf einer unbeleuchteten Straße, so liegt das blendende Licht des Gegenverkehrs wie ein Schleier auf der Netzhaut des Beobachters. Man spricht in diesem Zusammenhang von der „Schleierleuchtdichte". Diese ist bei der Ermittlung der Leuchtdichteunterschiede zu berücksichtigen. Der Fahrzeugführer wird durch Blendung nennenswert beeinträchtigt. Die Beeinträchtigung der Sichtweite des Fahrzeugführers hängt jedoch erheblich von der gegenseitigen Entfernung der beiden Fahrzeuge ab. Je größer die gegenseitige Entfernung (bis max. 120 m), desto höher ist die Blendung durch den Gegenverkehr, da der Winkel zwischen den Fahrzeugen dann äußerst gering ist. Nähern sich die Fahrzeuge auf eine Entfernung unterhalb von 20 m an, so vergrößert sich der Winkel, wodurch die Beeinträchtigung abnimmt. 742

Sämtliche zuvor angesprochenen Einflussparameter wurden bis jetzt nur bei trockener Fahrbahn betrachtet. Bei einer nassen Fahrbahn müssen weitere Einflussfaktoren berücksichtigt werden. Es seien hierzu die sog. „Glanzstreifen" angesprochen. Durch alle Lichtquellen, also auch Straßenlaternen, werden an deren Fußpunkten Glanzstreifen erzeugt, die sich jeweils zum Fahrzeugführer hinziehen. Zwischen den Glanzstreifen liegen jeweils sog. „Tarnzonen". Geht man nun von einer statischen Position eines Pkw und einem sich von links nach rechts bewegenden Fußgänger aus, so würde sich dieser bspw. vom linken Fahrbahnrand von einem Glanzstreifen durch eine Tarnzone wieder in einen Glanzstreifen hineinbewegen. Wird der Pkw nun auch in Bewegung gesetzt, so verschieben sich diese Glanzstreifen und Tarnzonen. D.h., bei einer lichttechnischen Untersuchung an einer feuchten/nassen und beleuchteten Unfallstelle muss unter Berücksichtigung der zuvor ermittelten Weg-Zeit-Zusammenhänge erarbeitet werden, in welchen Bereichen sich der Fußgänger bewegte, und welchen Einfluss die Bewegung auf die Erkennbarkeit hat. 743

Praxistipp:
- Aufgrund zahlreicher Einflussfaktoren ist bei einem Dunkelheitsunfall in fast nahezu jedem Fall die Besichtigung der Unfallstelle bei vergleichbaren Lichtverhältnissen **zwingend**!
- Wird eine lichttechnische Untersuchung durchgeführt, so **müssen** neben der Erstellung von Lichtbildern auch lichttechnische Messungen erfolgen!

§ 5 Sonderproblematik bei Auffahrunfällen; Anprall an eine Anhängekupplung

Die Schuldfrage ist bei Auffahrunfällen i.d.R. einfach zu klären. Ein Streitpunkt ist neben der biomechanischen Belastung der Insassen im Hinblick auf HWS-Verletzungen, der entstandene Sachschaden. Bei Fahrzeugen, die mit einer Anhängekupplung ausgestattet sind, ist es besonders schwierig, den Schaden korrekt festzustellen. So ist es regelmäßige Praxis, die Kosten zum Austausch der Anhängekupplung geltend zu machen, auch wenn lediglich der Verdacht einer Überlast besteht. Viele derartige Anhängekupplungen werden deshalb durch den Haftpflichtversicherer ersetzt, wodurch ein erheblicher Kostenaufwand verursacht wird. Bei einer repräsentativen Auswahl von zwölf Fahrzeugtypen hat sich gezeigt, dass in ca. 2 % der mit Audatex kalkulierten Schadenfälle [Quelle Audatex] eine Anhängekupplung verrechnet wird. Legt man durchschnittlich 350 EUR für den Ersatz zugrunde, ergibt sich hochgerechnet für alle 2,9 Mio. Schadenfälle [Quelle GDV] eine Summe von ca. 20 Mio. EUR jährlich. Lassen sich hier möglicherweise 10 Mio. EUR einsparen?

744

Ein typisches Beispiel:

Als Herr A mit seinem Ford Mondeo zum Einkaufen fuhr, kam es auf dem Parkplatz vor dem Supermarkt zu einem kleinen Unfall. Da er gerade Ausschau nach einer freien Parklücke hielt, bemerkte er erst zu spät, dass Frau B mit ihrem VW Passat vor ihm bremsen musste. Er schaffte es nicht mehr, seinen Ford anzuhalten und fuhr mit der vorderen rechten Stoßfängerecke gegen die des Passat. Durch den Anstoß gegen den Kugelkopf der Anhängekupplung wurde die Kunststoffhaut am Stoßfänger seines Ford beschädigt. Wie in der Abbildung zu sehen, entstand an dem Kunststoffbauteil ein etwa 6 cm großes Loch. Da die Kollisionsgeschwindigkeit sehr gering war und keine massiven Bauteile am Ford berührt wurden, war man sich einig, dass an der Anhängekupplung kein Schaden entstanden sein könne. Vorsorglich ließ Frau B jedoch ihr Fahrzeug mit der Anhängekupplung in einer Werkstatt überprüfen. Dort wurde ihr mitgeteilt, dass aus Sicherheitsgründen in solchen Fällen ein genereller Austausch der Anhängekupplung zu erfolgen habe. Durch den Austausch der Anhängekupplung und der Nutzung eines Ersatzwagens entstanden in diesem Fall Kosten i.H.v. 1.250 EUR. Die Haftpflichtversicherung des Herrn A verweigerte die Zahlung mit der Begründung, dass eine Beschädigung der Anhängekupplung in diesem Fall nicht vorgelegen habe. Es kam zu einem Rechtsstreit, bei dem ein Gutachten eingeholt wurde, um zu klären ob die Anhängekupplung beschädigt wurde und nicht zu erneuern sei.

Teil 4: Typische Unfallarten und -konstellationen

Abb. 1: Anprallsituation

745 Bei der Schadenbeurteilung wird der hinzugezogene Sachverständige oft mit einer optisch völlig einwandfreien und unbeschädigten Anhängekupplung konfrontiert. Eine korrekte Bewertung auf Grund einer äußerlichen Sichtprüfung ist deswegen kaum möglich. Erschwerend kommt hinzu, dass der Schadensachverständige das Beschädigungsbild des auffahrenden Pkw nicht kennt und aus diesem Grund nicht abschätzen kann, auf welchem Geschwindigkeitsniveau die Kollision stattfand. Folglich wird eine Vielzahl von Anhängekupplungen zum Austausch vorgesehen, bei denen eine Beschädigung nur vermutet wird. Befürchtet werden Haarrisse, die mit bloßem Auge nicht erkennbar sind und die Lebensdauer herabsetzen können. Im Rahmen der durchgeführten Recherchen konnten selbst die Kupplungshersteller keine konkreten Fälle benennen, bei denen eine durch einen Vorunfall beschädigte Anhängekupplung zu einem Unfall geführt hat. Bei den uns bekannten Fällen sind die Unfallursachen auf fehlerhaft konstruierte Verriegelungsmechanismen oder ausgeschlagene Zugvorrichtungen am Anhänger zurückzuführen, sodass sich dadurch der Anhänger löste. Die Anhängekupplung selbst war stets intakt.

A. Informationen zu Anhängekupplungen

746 Die Rahmenbedingungen für Anhängekupplungen sind durch die EG-Richtlinie 94/20/EG vorgegeben. In dieser Richtlinie wurden unterschiedliche nationale Anforderungen vereinheitlicht. Zur Anhängekupplung gehören der Zughaken mit Kugelkopf sowie die Halterung am Pkw. Im Allgemeinen werden Bauarten der Klasse A50-X als „Anhängekupplung" bezeichnet, da diese im Pkw-Bereich am häufigsten angewendet werden. In Abb. 2 ist ein Kugelkopf

§ 5 Sonderproblematik bei Auffahrunfällen; Anprall Anhängekupplung

mit den dazugehörigen Maßen und Fertigungstoleranzen abgebildet, wie er nach DIN 74058 genormt ist. Dem gegenüber ist die Halterung am Zugfahrzeug nicht genormt, weil sie an jeden Fahrzeugtyp individuell angepasst werden muss.

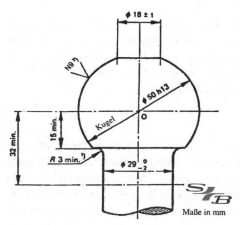

Abb. 2: Kugelkopf nach DIN 74058

Die Kennzeichnung einer Anhängekupplung erfolgt auf einem Typenschild nach Abb. 3.

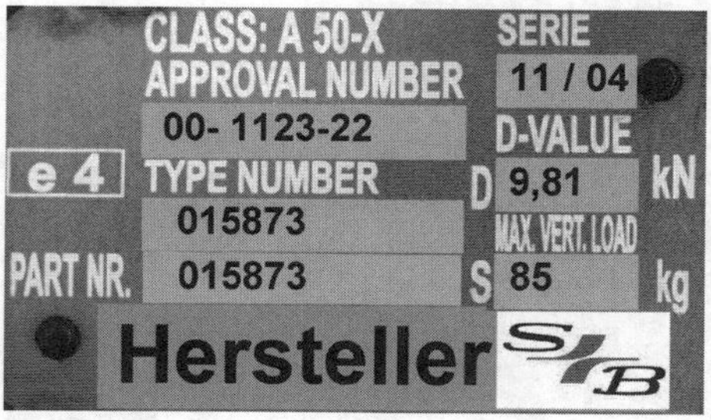

Abb. 3: Typenschild

Neben der Stützlast ist dort der „D-Wert" angegeben. Es handelt sich dabei um die theoretische Vergleichskraft zwischen Zugfahrzeug und Anhänger und wird nach der folgenden Formel berechnet:

$$D = \frac{T \cdot R}{T + R} \cdot g$$

T: zul. Gesamtmasse Zugfahrzeug

Gl. (1) R: zul. Gesamtmasse Anhängerfahrzeug

g: Erdbeschleunigung

747 Die gesamte Beladung von Zugfahrzeug und Anhänger muss also so angepasst sein, dass die D-Wert Vorgabe der Anhängekupplung insgesamt nicht überschritten wird. Eine Anhängekupplung mit hohem D-Wert ist für große Fahrzeuge konstruiert und deshalb stabiler als eine mit niedrigem D-Wert. Außerdem ist der D-Wert Grundlage für Prüfkräfte und Lastannahmen.

B. Prüfungsanforderungen

748 Für eine EG-Typgenehmigung ist eine dynamische Prüfung (Dauerschwingversuch) mit wechselnden Prüfkräften durchzuführen. Das Prüfmuster besteht aus der Kupplungskugel, dem Kugelhals und den notwendigen Halterungen zur Befestigung am Fahrzeug. Die Anhängekupplung wird auf einer Prüfeinrichtung gem. Abb. 4 starr befestigt und mit einem Hydraulikzylinder wechselnd belastet.

Abb. 4: Prüfstandsanordnung für einen Dauerschwingversuch

§ 5 Sonderproblematik bei Auffahrunfällen; Anprall Anhängekupplung

Die Prüfkraft ist vom D-Wert abhängig und wird nach Gl. (2) berechnet:

$$F_{hs\,res} = \pm\, 0{,}6\, D \qquad \text{Gl. (2)}$$

Die Typgenehmigung wird erteilt, wenn nach 2 Mio. Schwingungen keine Brüche oder Anrisse aufgetreten sind. Die Schnelligkeit (Prüffrequenz) beträgt bis zu 35 Schwingungen pro Sekunde (35 Hz). Die Dauer der Prüfung, also die Zeit in der die Belastung einer gesamten Nutzungsdauer simuliert wird, beträgt etwa drei Tage. Ein Gewaltbruch durch extreme Überlast wird nicht geprüft.

Die anschließende Rissprüfung erfolgt z.B. nach dem Farbeindringverfahren. Beim Farbeindringverfahren wird auf das metallisch blanke Prüfstück eine farbige Kapillarflüssigkeit aufgetragen, die in kleinste Risse und Poren eindringt. Anschließend wird die Kapillarflüssigkeit abgespült und eine Entwicklerflüssigkeit auf das gesamte Bauteil gesprüht. Die in den Rissen zurückgebliebene Kapillarflüssigkeit führt zu Verfärbungen an der Oberfläche, wodurch eine Schadstelle exakt lokalisiert werden kann. Die bestandene Prüfung wird mit einem Gutachten eines akkreditierten Prüflaboratoriums z.B. von der RWTÜV Fahrzeug GmbH bestätigt.

Das bestehende zweidimensionale Prüfverfahren basiert auf Forschungsergebnissen von 1956. Grundlage des Prüfverfahrens ist eine konstante Wechsellast mit gleich bleibender Frequenz. Weiterhin wird bei dieser Prüfung die Querkraftkomponente vernachlässigt. Sowohl die fehlende Querkraftkomponente als auch die konstante Wechsellast mit gleich bleibender Frequenz entsprechen nicht der Realität des Fahrbetriebes. Das zweidimensionale Prüfverfahren führt jedoch wegen der zu Grunde liegenden hohen Prüfkraftannahmen zur Überdimensionierung der Anhängekupplung für den Normalgebrauch.

C. Verbesserungsvorschlag an die EG-Richtlinie

Eine moderne Fahrzeugkarosserie ist aus Gründen der Crashsicherheit und der Gewichtsreduzierung oft weicher als die angebaute Anhängekupplung. Dies wird durch aktuelle Crashtests belegt, in denen Pkw-Längsträger eher nachgaben als die montierte Anhängekupplung. Bisher konnten Anhängekupplungen nicht optimal an moderne Fahrzeugkonstruktionen angepasst werden, weil sie nach einem veralteten Prüfverfahren geprüft werden müssen.

Teil 4: Typische Unfallarten und -konstellationen

Unter o.g. Gesichtspunkten wurde ein neues dreidimensionales Prüfverfahren von der Fahrzeugindustrie und Kupplungsherstellern gemeinsam entwickelt und in Form einer Vorankündigung im November 2002 vorgelegt. Dort wurden folgende Aspekte berücksichtigt:

- Prüflastkollektive aus Fahrversuchen simulieren eine praxisnahe Belastung.
- Eine mögliche Überlast wird durch eine statische Prüfkraft $Fx = 2,5.D$ in Richtung der Fahrzeuglängsachse berücksichtigt.

D. Beurteilungskriterien

I. Verbindungsstellen am Fahrzeug

751 Die Verbindung der Anhängekupplung mit der Karosserie erfolgt i.d.R. als kraftschlüssige Schraubenverbindung. Nach einer kollisionsbedingten Belastung zeigt sich häufig aus dem Zustand der Schraubenverbindungen, ob die Haltekräfte überschritten wurden (Abb. 5). Zudem liegt die Materialstärke der Anhängekupplung im Bereich der Befestigungspunkte bei 6 – 8 mm, die Materialstärke der Karosserie beträgt hier jedoch nur 2 – 4 mm. In vielen Fällen führt dies zu Verschiebungen und Deformationen an der weicher konstruierten Fahrzeugkarosserie.

 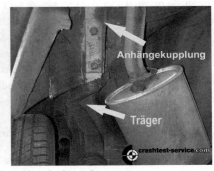

Abb. 5: Verschiebung im Befestigungsbereich und beschädigter Längsträger

II. Verbindungselemente

752 Durch die Verschiebung der Befestigungselemente kommt es zu Schäden an den Schrauben und Bohrungen.

§ 5 Sonderproblematik bei Auffahrunfällen; Anprall Anhängekupplung

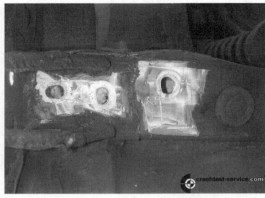

Abb. 6: Beschädigungen im Befestigungsbereich und der Schrauben

III. Schadenbild des auffahrenden Pkw

Das Schadenbild des auffahrenden Pkw ist bei der Beurteilung besonders wichtig (Abb. 7), da hier i.d.R. ein deutlich intensiverer Schaden entsteht als am gestoßenen Pkw.

Abb. 7: Schadenbilder nach Crashversuch

Da die kollisionsbedingt wirkenden Kräfte proportional zu den gemessenen Beschleunigungsverläufen im Crashversuch sind, können diese mit dem D-Wert verglichen werden. Nicht selten stellt sich dabei heraus, dass die Betriebskräfte, wie im Fall (Abb. 1) um ein Vielfaches höher sind als die kollisionsbedingte Belastung. Letztlich darf aber auch eine Krafteinwirkung von $F_x = 2{,}5\ D$ keine Beschädigung verursachen, wenn dies eine Prüfungsvoraussetzung ist.

E. Auswirkungen von Verformungen

754 Zwei durch Crashversuche deformierte Anhängekupplungen, die bis zu 2 cm in Längsrichtung verbogen wurden, wurden von uns einer Dauerschwingprüfung unterzogen. Diese Prüfung wurde vom RWTÜV nach der geltenden EG-Richtlinie durchgeführt. An den Prüfstücken entstanden weder Brüche noch Risse. Mit dem Erreichen der gesetzlich vorgeschriebenen Lebensdauer wurde beispielhaft demonstriert, dass selbst die Verwendung einer stark verbogenen Anhängekupplung im Fahrzeugbetrieb technisch unbedenklich gewesen wäre.

F. Fazit

755 Nach den bisher durchgeführten Versuchen erscheint es nicht gerechtfertigt, Anhängekupplungen auszutauschen, bei denen mit bloßem Auge keine Veränderungen zu sehen sind. Durch ein Gutachten besteht aber die Möglichkeit, eine Anhängekupplung zu beurteilen, sofern die Schäden beider Fahrzeuge dokumentiert sind. Im Falle des Eingangsbeispiels (Abb. 1) hat das Gericht die Schadensersatzklage auf der Grundlage eines Gutachtens abgewiesen, da die Anhängekupplung nicht überlastet wurde.

Für eine wirtschaftliche Lösung ist es erforderlich, dass der untersuchende Schadengutachter bereits eine abschließende Beurteilung vornehmen kann. Um allgemeingültige Aussagen zu ermöglichen, müssten noch weitere Untersuchungsreihen durchgeführt werden. Einsparmöglichkeiten im Millionenbereich sollten hierfür ein guter Anlass sein.

§ 6 Unfälle mit Lastkraftwagen

A. „Was (über-)sieht ein Lkw-Fahrer?"

Sehen und gesehen werden ist im Straßenverkehr von entscheidender Bedeutung; über 90 % der verkehrsrelevanten Informationen werden visuell aufgenommen. Von Lkw-Fahrern wird allgemein angenommen, dass sie wegen ihrer erhöhten Sitzposition einen besonders guten Überblick über das Geschehen im Straßenverkehr haben müssten. Deshalb wird häufig nach dem Motto verfahren: „Der wird mich schon gesehen haben ... ,,. Genau das Gegenteil ist der Fall. Gerade aufgrund der hohen Sitzposition sind in Verbindung mit der durch Aufbauten verdeckten Sicht verschiedene Bereiche vom Fahrersitzplatz aus nicht zu überblicken. Sie befinden sich für den Fahrer im „toten Winkel". Hierdurch kommt es immer wieder zu gefährlichen Situationen und Unfällen mit z.T. schwerwiegenden Konsequenzen für den i.d.R. schwächeren Unfallgegner.

756

I. „Toter Winkel" und typische Unfallsituationen

Die dargestellte Grafik zeigt prinzipiell die Bereiche an, die den Blicken eines Lkw-Fahrers entzogen sind. Objekte bis zu einer Höhe von 1,3 m können von dem Fahrer i.d.R. in diesem Bereich nicht gesehen werden.

757

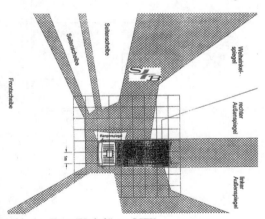

Abb. 1: „Toter Winkel" am LKW

Teil 4: Typische Unfallarten und -konstellationen

Ein Grossteil der Lkw in Deutschland ist mit drei Spiegeln auf der rechten Fahrzeugseite ausgestattet: einem Hauptspiegel, einem Weitwinkelspiegel und einem Rampenspiegel.

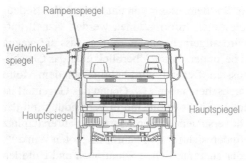

Abb. 2: Spiegel am LKW

758 Dennoch bleiben bis zu 38 % des theoretischen, vollen Sichtfeldes vor und rechts neben dem Fahrzeug für den Fahrer im toten Winkel. Deshalb kommt es bei Spurwechseln (z.B. beim Auffahren eines Pkw vom Beschleunigungsstreifen auf die Autobahn) dann häufig zu einer Berührung zwischen dem Pkw und dem Lkw, wobei der Pkw-Fahrer davon ausgeht, dass er vom Fahrer des Lkw gesehen wurde.

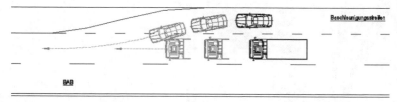

Abb 3.: Beispiel Einfädeln

§ 6 Unfälle mit Lastkraftwagen

Abb 4.: Lichtfeld und toter Winkel

Die beispielhaft nachgestellte Szene zeigt, dass dies trotz korrekt eingestellter Spiegel nicht der Fall sein muss. Der rechts vorbeifahrende und spurwechselnde Pkw ist nur kurzzeitig im Rampenspiegel des Lkw zu erkennen (s. orangefarbener Pfeil – Abb. 4). Außerdem ist das Fahrzeug nur teilweise und sehr verzerrt zu sehen. Wenn der Lkw-Fahrer gerade in diesem Moment seinen Blick nicht zum Rampenspiegel gerichtet hat, kommt es unweigerlich zur Kollision. Zumeist entsteht bei diesen Unfällen jedoch nur Sachschaden.

Eine weitere typische Unfallsituation, die nicht selten tragisch endet, ist das Abbiegen eines Lkw nach rechts. Hierbei befinden sich die nicht durch eine

759

Teil 4: Typische Unfallarten und -konstellationen

Knautschzone geschützten Fußgänger oder Radfahrer unmittelbar vor dem Abbiegevorgang des Lkw rechts neben dem Fahrzeug im toten Winkel. Beim Abbiegen des Lkw können sie dann bei nicht sorgfältiger Beobachtung des rechtsseitigen Verkehrsraumes durch den Lkw-Fahrer unter das Fahrzeug geraten und von den Hinterrädern des Lkw überrollt werden.

Abb. 5: Unfall mit Radfahrer beim Abbiegen nach rechts

Pro Jahr sterben laut der Gesetzlichen Unfallversicherung etwa 140 Radfahrer und Fußgänger bei Unfällen mit rechts abbiegenden Lkw.

II. Technische Möglichkeiten

760   Ein in den Niederlanden entworfener zusätzlicher Spiegel soll den toten Winkel vor und rechts neben dem Fahrzeug von derzeit 38 % des theoretischen, vollen Sichtfeldes auf etwa 4 % verringern. Dieser sog. „DOBLI-Spiegel" wird an der Fahrzeugfront angebracht und zeigt insbesondere den Bereich, der zuvor im Weitwinkelspiegel nicht zu erkennen war. Der Begriff „DOBLI" setzt sich aus den beiden niederländischen Wörtern „**do** de" (toter) und „**bli** nde" (blinder) Winkel zusammen. Jeder Fahrer kann dann durch das Frontfenster sehen, was sich in dem toten und blinden Winkel abspielt.

§ 6 Unfälle mit Lastkraftwagen

Abb. 6: DOBLI-Spiegel

Er gewährt z.B. Einblick in den vorherigen Sichtschatten direkt neben dem Fahrerhaus des Lkw (s. Abb. 7), neben dem an Kreuzungen Radfahrer stehen. Dieser zusätzliche Spiegel (oder ein vergleichbares sichtverbesserndes System) ist in den Niederlanden seit dem 1.1.2003 für alle Neu- und Altfahrzeuge über 3,5 t zulässiges Gesamtgewicht gesetzlich vorgeschrieben. Hierdurch konnte erreicht werden, dass bereits 2002 in den Niederlanden die Zahl der schweren und tödlichen Fahrradunfälle, verursacht durch den toten Winkel, um 42 % zurückging. Zu diesem Zeitpunkt waren erst etwa 50 % der Fahrzeuge mit diesem Zusatzspiegel ausgestattet.

Abb. 7: Sicht im DOBLI-Spiegel

Weitere Varianten zur Verbesserung der Sicht werden von der Autoindustrie derzeit entwickelt, die bspw. mit Videokameras und Monitoren oder Radar arbeiten. Bei diesen Systemen besteht die Möglichkeit, auch hinter dem Fahrzeug liegende Bereiche einsehbar zu machen. Das am weitesten entwickelte System heißt „Blind spot detection system" von der Firma Valeo.

761

Teil 4: Typische Unfallarten und -konstellationen

Das „Blind spot detection system" observiert den toten Winkel auf beiden Fahrzeugseiten. Falls ein Hindernis, bspw. ein überholendes Fahrzeug, im toten Winkel auftaucht, wird der Fahrer sofort durch ein Symbol im Außenspiegel alarmiert.

762 Eine weitere Möglichkeit wäre, am Fahrzeug seitlich und am Heck jeweils eine Kamera anzubringen, die sich bei Betätigung des Blinkers oder Einlegen des Rückwärtsgangs einschaltet und das Bild auf dem Display des Navigationssystem, mit dem moderne Nutzfahrzeuge heute fast serienmäßig ausgerüstet sind, projiziert. Der Fahrer könnte dann den nicht einsehbaren Bereich mit diesen Hilfsmitteln überblicken.

Zu achten ist aber auch darauf, dass der direkte Sichtbereich durch weitere große Spiegel oder andere Anbauten nicht verringert wird. Dann wird nämlich das Hilfsmittel zur Verbesserung des Sichtfeldes selbst zur Sichtbehinderung.

763 Zur Gewährleistung eines erweiterten Sichtfelds wurden die bestehenden Bestimmungen in der Richtlinie 2003/97/EG weiterentwickelt. Diese enthält erhebliche Änderungen gegenüber der bisherigen Richtlinie 71/127/EWG und tritt mit Wirkung vom 26. Januar 2010 an deren Stelle.

764 Die Richtlinie 2003/97/EG gilt für Kraftfahrzeuge der Klassen M (Fahrzeuge zur Personenbeförderung) und N (Kraftfahrzeuge für den Güterverkehr), mit ihr werden die Bestimmungen über die Typgenehmigung von Einrichtungen für indirekte Sicht und von mit solchen Einrichtungen ausgestatteten Fahrzeugen harmonisiert. Sie führt hauptsächlich nachstehende neue Verpflichtungen ein:

- Verpflichtende Vergrößerung des Mindestsichtfelds für bestimmte Fahrzeuge;
- Ausrüstung bestimmter Fahrzeuge mit zusätzlichen Spiegeln (z. B. LKW mit Frontspiegeln);
- Anpassung an den technischen Fortschritt (z.B. Krümmungsradius der Oberfläche von Rückspiegeln);
- Austausch bestimmter Spiegel durch andere Systeme für indirekte Sicht (z. B. Kamera-Monitor-Systeme).

Die Richtlinie ist am 29. Januar 2004 in Kraft getreten, der vorgesehen Zeitraum für die Umsetzung erstreckt sich von 2005 bis 2010. Die in dem Be-

§ 6 Unfälle mit Lastkraftwagen

schluss genannten Mindestanforderungen bewirken aber, im Gegensatz zum DOBLI-Spiegel, nur eine Verringerung des Winkels auf 19 % und soll auch nur für LKWs über 7,5 t gelten. Am 12. Dezember 2006 hat der EU-Verkehrsministerrat in Brüssel beschlossen, dem Richtlinien-Vorschlag zur Nachrüstung schwerer Lastkraftwagen mit Spiegeln zuzustimmen.

Ab April 2009 sollen innerhalb der EU alle im Verkehr befindlichen großen Lkw über 3,5 Tonnen Gewicht mit diesen Spiegeln nachgerüstet werden. Für neu zugelassene Lkw gilt die Ausrüstungspflicht bereits ab 26. Januar 2007. Die Übergangsregelung beträgt zwei Jahre. Die Nachrüstpflicht gilt für alle Lkw, die ab 2000 zugelassen worden sind.

III. Fazit

Der „tote Winkel" an Nutzfahrzeugen lässt sich z.b. durch die Anbringung des sog. DOBLI-Spiegels wesentlich verringern. Der Spiegel darf aber nicht zu groß sein, da er dann selbst zur Sichtbehinderung wird.

B. Lkw-Spurwechsel auf mehrspurigen Richtungsfahrbahnen

Der Spurwechsel ist im Straßenverkehr ein sehr häufig anzutreffendes Fahrmanöver, das jedoch ein erhebliches Gefahrenpotential in sich birgt. Auf Schnellstraßen und Autobahnen sind die Gefahren aufgrund der höheren Geschwindigkeiten größer als im Stadtverkehr.

Kritische Situationen entstehen vor allem, wenn ein Lkw unvermittelt die Spur wechselt, da oft ein erheblicher Geschwindigkeitsunterschied zwischen dem ausscherenden Lkw und dem auf der Zielfahrspur herannahenden Pkw vorliegt.

I. Untersuchung von real stattfindenden Spurwechseln

Viele Autofahrer haben es schon einmal erlebt: Man fährt mit zügigem Tempo auf der linken Spur der Autobahn und unvermittelt schert ein Lkw zum Überholen aus und zieht auf den linken Fahrstreifen. Eine schnelle Reaktion verhindert meistens einen Zusammenstoß, jedoch laufen solche Vorfälle nicht jedes Mal glimpflich ab.

Teil 4: Typische Unfallarten und -konstellationen

Unfallrekonstrukteure haben häufig derartige Fälle zu rekonstruieren und müssen hierzu Annahmen über die Parameter des Spurwechselvorgangs treffen. Eine **Analyse** der grundlegenden Parameter eines Lkw-Spurwechsels erschien daher angebracht, da zu diesem Thema bislang lediglich für Pkw-Spurwechsel, aber nicht für den **Lkw-Bereich** umfangreiche Untersuchungen vorlagen.

768 Für die Analyse der Lkw-Spurwechsel wurden **hauptsächlich** folgende Fragestellungen untersucht:

- **Wie lange** dauert der Lkw-Spurwechsel?
- **Welche Querbeschleunigungen** entstehen beim Spurwechsel?
- **Welche Bahnkurve** befährt der Lkw beim Spurwechsel?
- Existiert ein **fest definierter Punkt**, an dem ein Spurwechsel für den nachfolgenden Verkehr eindeutig als solcher erkennbar ist?

769 Aufgrund einer zu erwartenden Verzerrung der realen Bedingungen wurde auf Messungen und Untersuchungen auf abgeschlossenem Testgelände verzichtet und stattdessen ausschließlich die im **alltäglichen Straßenverkehr** durchgeführten Spurwechsel zur Analyse herangezogen. Zum einen wurden Lkw-Spurwechsel von außen beobachtet und gefilmt, zum anderen wurden Spurwechsel mit einer Messanlage innerhalb von Lkw aufgezeichnet.

II. Spurwechselzeiten

770 Die Spurwechselzeit t_s setzt sich zusammen aus der Ansprechzeit t_a und der Bewegungszeit t_b.

771 Die Ansprechzeit t_a beschreibt den Zeitraum zwischen dem Beginn der Lenkraddrehung und dem Beginn der Querbewegung, also eine Phase, in der der Spurwechsel bereits veranlasst worden ist, jedoch noch keine Querbewegung stattfindet. Die Bewegungszeit t_b umfasst den gesamten Zeitraum, in dem das Fahrzeug eine Querbewegung relativ zur Fahrbahnrichtung ausführt, also den Zeitraum zwischen Geradeauslauf auf der ursprünglichen Fahrspur bis zum Geradeauslauf auf der Zielfahrspur. Daraus ergibt sich, wie in Abb. 1 dargestellt, die gesamte Spurwechselzeit ts.

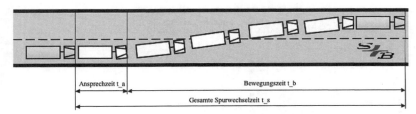

Abb. 1

In der vorliegenden Untersuchung wurde allerdings nur die tatsächliche Bewegungsdauer t_b untersucht.

Bei den Messungen ergab sich ein Durchschnittswert für die Bewegungszeit von

$t_b = 8,1\ s$.

Die durch zwei unterschiedliche Methoden ermittelten Werte deckten sich hierbei sehr gut. Die Verteilung der Spurwechselzeiten in Abb. 2 zeigt eine deutliche Häufung der Werte (etwa 2/3) im Bereich $t_b = 69$ s.

Der schnellste Spurwechsel wurde mit $t_b = 3,6$ s gemessen. Dieser Wert dürfte von einem normal ausgebildeten Fahrer bei einem voll beladenen (40 t) Lkw kaum zu unterbieten sein. Die höchsten gemessenen Werte wurden um etwa $t_b = 1820$ s gemessen. Sie wurden nur an Aus- und Auffahrten beobachtet, und nur, wenn der Lkw-Fahrer sich bereits frühzeitig auf einen Spurwechselvorgang einstellen und von der Gefahrlosigkeit überzeugen konnte.

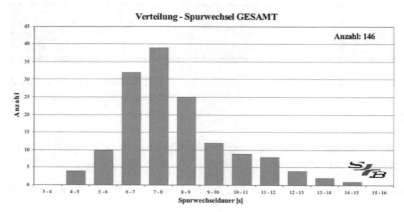

Abb. 2

772   90 % aller Spurwechsel fanden in einem Bereich von

$t_b = 5{,}5\dots11{,}8\ s$

statt. Die ermittelten **Werte** liegen somit deutlich **höher** als Spurwechselzeiten im **Pkw-Bereich**. Jüngere Untersuchungen geben für normale Spurwechsel im Pkw-Bereich Werte zwischen $t_b = 4{,}7\dots6{,}5$ s an, für schnelle Spurwechsel Werte von $t_b = 3{,}1\dots4{,}7$ s.

III. Querbeschleunigungen

773   Lkw-Spurwechsel werden im Allgemeinen **ruhiger** durchgeführt als Pkw-Spurwechsel, daher erreichen auch die Querbeschleunigungen nicht deren Niveau. Dies liegt vermutlich daran, dass den Fahrern sehr wohl die Gefahren eines abrupten Lenkvorgangs bekannt sind und unter Berücksichtigung der hohen Zuladung dementsprechend vorsichtiger gefahren wird. Übliche Werte für die mittlere und maximale Querbeschleunigung bewegen sich in einem Bereich von

$a_{q,mit} = 0{,}2\dots0{,}5\ m/s^2$

$a_{q,max} = 0{,}3\dots1{,}5\ m/s^2$.

§ 6 Unfälle mit Lastkraftwagen

Bei den schnellsten Spurwechseln wurden maximale Querbeschleunigungen um $a_q = 2$ m/s² verzeichnet, wobei die Spurwechsel gefühlsmäßig an der Grenze zum Unangenehmen empfunden und deutliche Schwankungen des Aufbaus beobachtet wurden. Der Maximalwert bei allen Spurwechselmessungen betrug $a_{q,max} = 2{,}3$ m/s². 774

Dies kann analog zur Spurwechseldauer als Maximum eines Normal-Fahrers betrachtet werden.

Diese Grenze liegt deutlich unterhalb jeglicher kritischen Marken, sodass im Normalfall kein signifikantes Verrutschen von Ladung oder gar ein Kippen des Lastzuges zu erwarten ist. 775

In den folgenden Abbildungen (3-5) sind einige Beispiele für Querbeschleunigungsverläufe im Rahmen von Spurwechselvorgängen dargestellt. Auffällig ist bei den schnellen Spurwechseln der symmetrische und gleichmäßige Sinusverlauf, während bei den langsameren Spurwechseln der Sinusverlauf von Schwankungen überlagert wird. 776

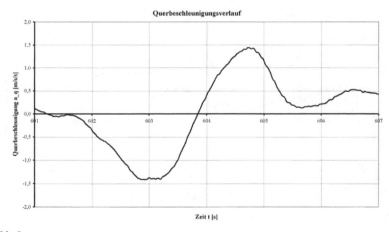

Abb. 3

Teil 4: Typische Unfallarten und -konstellationen

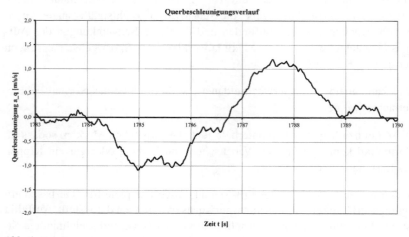

Abb. 4

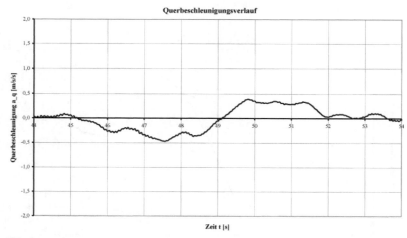

Abb. 5

IV. Spurwechselbahn

777 Aus den Querbeschleunigungsverläufen ist bereits erkennbar, dass die Spurwechselbahn beim Lkw-Spurwechsel relativ symmetrisch abläuft. Diese

Feststellung stellt erneut einen Gegensatz zu den in früheren Untersuchungen beobachteten Pkw-Spurwechseln dar, wo für den Pkw-Spurwechsel eine deutliche Asymmetrie festgestellt wurde.

Die Spurwechselbahnen zeigen grds. eine gute Übereinstimmung mit der in der Unfallrekonstruktion häufig verwendeten „schrägen Sinuslinie", die somit als geeignete Beschreibungsmöglichkeit der realen Spurwechselbahn empfohlen werden kann.

In den nachfolgenden Abbildungen werden beispielhaft einige reale Spurwechselbahnen mit einer angepassten schrägen Sinuskurve verglichen (Abb. 6-8).

Analog zu den beobachteten Querbeschleunigungen überlagern sich bei geringeren Spurwechselzeiten reale Spurwechselbahn und schräge Sinuslinie deutlich besser als bei langsameren Spurwechseln. Bei zügigen Spurwechseln ist weiterhin eine Tendenz erkennbar, dass nach einer heftigen Querbewegung ein Gegenlenken notwendig ist, um das Fahrzeug mittig in die Spur zu bringen (s. Abb. 8).

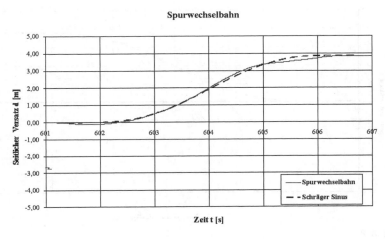

Abb. 6

Teil 4: Typische Unfallarten und -konstellationen

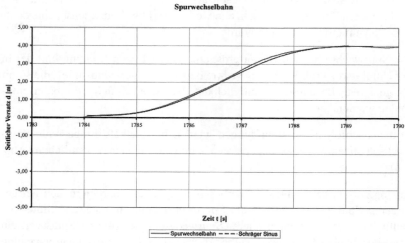

Abb. 7

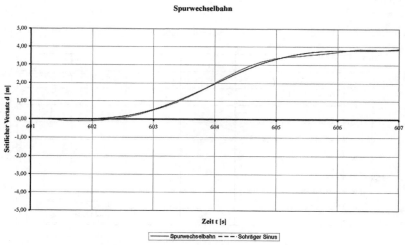

Abb. 8

V. Erkennbarkeit des Spurwechselbeginns

In der Sachverständigen-Praxis ist häufig von **entscheidender Bedeutung, ab** welchem **Zeitpunkt** der Spurwechsel für einen von hinten herannahenden Pkw-Fahrer erkennbar ist. Hierbei soll vom Blinksignal als Signalgeber für den einzuleitenden Spurwechsel einmal abgesehen werden. 780

Es zeigte sich in dieser Untersuchung, dass es keinen frühen ausgewiesenen Punkt gibt, ab dem der Spurwechsel eindeutig als solcher zu erkennen ist. Die Vermutung, dass sich anhand des Radeinschlags oder der Schrägstellung des Zuges zur Fahrtrichtung eine Spurwechselabsicht ableiten lässt, erwies sich als nicht haltbar. Der Vorderradeinschlag ist praktisch nicht erkennbar und die Schrägstellung des Zuges höchstens als untergeordnetes Erkennungsmerkmal zu bewerten.

Problematisch bei der Bestimmung des Erkennbarkeitspunktes ist vor allem die Tatsache, dass das Fahrzeug innerhalb der Fahrspur ständige Pendelbewegungen ausführt, die durchaus mit einem echten Spurwechselbeginn verwechselt werden können. Es ist also festzustellen, ab welchem Zeitpunkt eine Querbewegung über das übliche Maß der Pendelbewegung hinausgeht, und somit im Sinne der Gefahrenabwendung vom nachfolgenden Verkehr zwangsläufig als Spurwechselbeginn interpretiert werden muss. 781

Ausgehend von der idealisierten, aber in guter Näherung verwendbaren schrägen Sinuslinie als Spurwechselbahn, dürfte im Bereich zwischen 015 % der Bewegungsdauer t_b ein Spurwechselbeginn unter realen Bedingungen nicht erkennbar sein, da der seitliche Versatz bis zu diesem Punkt noch unter 10 cm liegt – selbst für den Fall, dass diese Bewegung dem Beobachter auffallen sollte, kann daraus noch nicht zwingend eine Spurwechselabsicht abgeleitet werden. 782

Teil 4: Typische Unfallarten und -konstellationen

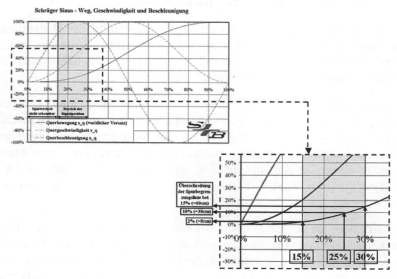

Abb. 9

783 Der Zeitpunkt der maximalen Querbeschleunigung, der bei einem symmetrischen Spurwechsel nach 25 % der bewegten Strecke erreicht ist, scheint jedoch bei der Betrachtung ein markanter Punkt zu sein. In der Abb. 8 wird dieser Punkt der höchsten Querbeschleunigung verdeutlicht. Der Lkw hat zu diesem Zeitpunkt einen seitlichen Versatz von ca. 10 %, also bei einem Gesamtversatz von 3,75 m etwa 38 cm zurückgelegt. Eine konstante bis beschleunigte Bewegung quer zur Fahrtrichtung über diese Strecke sollte unter normalen Bedingungen dem Fahrer eines nachfolgenden Fahrzeugs eine Spurwechselabsicht zu erkennen geben und zu Abwehrmaßnahmen veranlassen.

Die kurz darauf folgende Überschreitung der Spurbegrenzungslinie (= Mittellinie) – bei mittiger Ausrichtung des Lkw in der Fahrspur bei etwa 30 % der gesamten Querbewegung – stellt zwar den zuvor beschriebenen ausgewiesenen Fixpunkt dar, kommt jedoch als Signalgeber eigentlich zu spät, da unter normalen Umständen ein eingeleiteter Spurwechsel einem herannahenden Verkehrsteilnehmer bereits früher auffallen muss.

784 Ein nicht angekündigter Spurwechsel dürfte also **frühestens ab 15 %** der Spurwechseldauer erkennbar sein. Spätestens und gleichzeitig am wahr-

scheinlichsten wird er im Bereich von etwa 30 % der gesamten Bewegungsdauer für einen nachfolgenden Verkehrsteilnehmer deutlich werden.

VI. Fazit

Die im Verlaufe der Untersuchung gewonnen Erkenntnisse beweisen, dass z.T. erhebliche **Unterschiede** zwischen den Spurwechselvorgängen von **Pkw** und denen von **Lkw** existieren. Es zeigt sich, dass Lkw-Spurwechsel im Normalfall deutlich vorsichtiger und sanfter ausgeführt werden als Pkw-Spurwechsel. 785

Im Pkw-Bereich werden Werte zwischen $t_b = 3,1...6,5$ s genannt, während für Lkw-Spurwechsel eine Bandbreite von $t_b = 5,5…11,8$ s angenommen werden kann. 786

Lkw-Spurwechsel auf mehrspurigen Richtungsfahrbahnen werden grds. in einem sehr eingeschränkten Geschwindigkeitsfenster durchgeführt und weisen immer den mehr oder weniger gleichen Seitenversatz auf. Daher hängt die Beschreibung des Spurwechsels nur von wenigen freien Parametern (Querbeschleunigung, Dauer, Strecke) ab, die noch dazu recht gut eingrenzbar sind und in direkten Zusammenhang gebracht werden können. 787

Normal durchgeführte Lkw-Spurwechsel sind vom Aspekt der Rutsch- und Kippsicherheit grds. als unbedenklich einzustufen und selbst kontrolliert schnell durchgeführte Spurwechsel weisen Querbeschleunigungen auf, die weit unterhalb jeglicher kritischer Grenzen liegen.

C. Steinschlagschäden durch Schwerlastverkehr

I. Einleitung

Mit zunehmender Laufleistung erleidet die „Außenhaut" eines Fahrzeugs zahlreiche Steinschlagschäden. Die Ursachen solcher Schäden sind vielfältig. Häufig werden kleine Steinchen durch vorausfahrende oder im Gegenverkehr befindliche Fahrzeuge aufgewirbelt, ohne dass ein Schadensverursacher im Nachhinein ermittelt werden kann. Wird allerdings ein Steinschlagschaden einem bestimmten Fahrzeug zugeordnet, so liegt vom mutmaßlich Geschädigten im Allgemeinen eine präzise Beschreibung des Geschehens vor, um seinen Schadensersatzforderungen den notwendigen Rückhalt zu verleihen. Ist die Haftungsfrage ungeklärt, kann mit Hilfe von Gutachten geprüft wer- 788 den, ob der geschilderte Geschehensablauf mit dem Schaden am Fahrzeug in Einklang steht oder nicht.

789 Bei den **schadensverursachenden Fahrzeugen** stehen die **Nutzfahrzeuge** aus dem Schüttguttransport oder dem Baustellenverkehr an **erster Stelle**. Anhand der Schadensschilderung ist zunächst zwischen zwei grds. verschiedenen Bewegungsabläufen zu unterscheiden:

1. dem Verlust von Schüttgut von der Ladefläche oder dem Aufbau,
2. dem Aufwirbeln von Steinen durch die Reifen.

Nach dieser Einteilung lässt sich mit Hilfe zahlreicher Randbedingungen, auf die später näher eingegangen wird, die Gesteinsflugbahn zunächst theoretisch berechnen. Im Anschluss an diese Berechnungen werden oft speziell auf den Fall abgestimmte Versuche durchgeführt, anhand derer dann das Schadensausmaß und die Schadensintensität besser nachvollzogen werden können. Mit den Ergebnissen aus den theoretischen Berechnungen und den praktischen Versuchen lässt sich dann eine Aussage zur Plausibilität der Unfallschilderung treffen.

II. Prinzipielle Vorgehensweise

790 Die prinzipielle Vorgehensweise wird im Folgenden anhand der **ersten Bewegungskategorie**, dem Verlust von Schüttgut von der Ladefläche, beschrieben. Je nachdem, von wo die Steine herabfallen, ergeben sich unterschiedliche Wurfweiten. Grds. gilt: je größer die Abwurfhöhe, desto größer ist auch die Wurfweite. Selbst wenn vom Geschädigten keine Angaben darüber gemacht werden, von wo die Steine herab gefallen sind, lassen sich bei der nachträglichen Besichtigung des mutmaßlich schadenverursachenden Fahrzeugs oft typische Fallhöhen ermitteln.

Für den abgebildeten Lkw (Abb. 1) ergeben sich Fallhöhen von 1 – 4 Metern. Die Abb. 2 zeigt einen Abladevorgang eines Muldenkippers. Die Bildfolge verdeutlicht, dass das Gefahrenpotenzial nicht nur von voll beladenen Fahrzeugen ausgeht, sondern auch von gerade „frisch" abgeladenen Fahrzeugen, die im Anschluss nicht ordnungsgemäß gereinigt wurden.

§ 6 Unfälle mit Lastkraftwagen

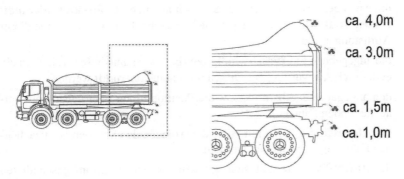

Abb. 1: Typische Fallhöhe

Die häufigsten **Ursachen** für den Verlust von Schüttgut von der Ladefläche oder dem Aufbau sind:

- falsche Beladung oder unzureichende Ladungssicherung
- starke Verschmutzungen
- Erschütterungen des Aufbaus z.B. durch Fahrbahnunebenheiten
- Umwelteinflüsse z.B. starker Wind

Abb. 2: Abladevorgang eines Muldenkippers/Gefährliche Ablagerungen von Schüttgut

Für die weiteren Randbedingungen, die zur **Rekonstruktion** der Gesteinsflugbahnen notwendig sind, muss wiederum auf die Schilderungen des Geschädigten zurückgegriffen werden. In vielen Fällen ist es daher notwendig, die Randbedingungen durch gezieltes Nachfragen z.B. bei der Anhörung zu ergänzen bzw. zu festigen. Die nachfolgende Auflistung der Randbedingungen erhebt keinen Anspruch auf Vollständigkeit. Sind allerdings die aufgelisteten Randbedingungen bekannt, kann in vielen Fällen die Frage der Haftung beweissicher geklärt werden. Im Speziellen handelt es sich um:

Teil 4: Typische Unfallarten und -konstellationen

- die Aussage, ob es sich bei dem Steinschlag um einen **direkten** oder **indirekten Treffer** handelte (die genaue Unterscheidung wird am Ende dieser Auflistung erklärt);
- die angegebene **Fahrgeschwindigkeit** (bei Lkw kann diese im Nachhinein evtl. durch Auswertung der Diagrammscheibe überprüft werden);
- den angegebenen **Abstand** bzw. die Position hinter oder neben dem vorausfahrenden Fahrzeug;
- die **Abwurfhöhe** (kann mit Hilfe der Abmaße des Schaden verursachenden Fahrzeugs eingegrenzt werden);
- die **Auftreffhöhe** (ergibt sich aus dem Schadensbild am geschädigten Fahrzeug);
- **Angaben** zum **Gestein** (können evtl. aus den Frachtpapieren des Lkw entnommen werden); dabei geht es darum, das spezifische Gewicht und die Größe des Gesteins herauszufinden, um sie in den Berechnungen möglichst genau berücksichtigen zu können.

indirekte Treffer scheinbare Flugbahn! (bewegtes Koordinatensystem)

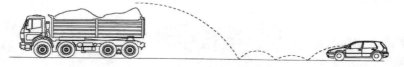

direkte Treffer scheinbare Flugbahn! (bewegtes Koordinatensystem)

Gemäß dieser Auflistung ist zunächst zwischen der Möglichkeit eines indirekten Treffers, bei dem der Stein zunächst auf die Straße trifft, bevor er das nachfolgende Fahrzeug erreicht (Abb. 3), und einem direkten Treffer, bei dem ein Stein unmittelbar von dem vorausfahrenden Fahrzeug z.B. auf die Windschutzscheibe fällt (Abb. 4), zu unterscheiden. Diese Bewegungsbahnen, bei der der Stein scheinbar nach hinten abgeworfen wird, gelten allerdings nur

§ 6 Unfälle mit Lastkraftwagen

für den **bewegten Beobachter**, der das Geschehen aus einem Fahrzeug mit ähnlicher Geschwindigkeit, wie das vorausfahrende, Schaden verursachende Fahrzeug, beobachtet.

Abb. 5

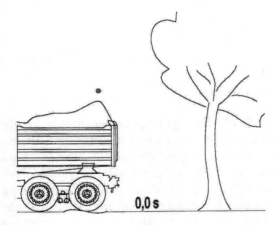

Abb. 6

Die **tatsächliche Flugbahn** erkennt der **ruhende Beobachter**. Die folgenden Illustrationen sollen diese Zusammenhänge verdeutlichen. Fährt ein mit Schüttgut beladener Lkw mit hoher Geschwindigkeit über ein Schlagloch

793

(Abb. 5), so ist es denkbar, dass durch die Erschütterungen einzelne Steine von der Ladefläche aufspringen (Abb. 6). Im ersten Moment nach dem Lösen von der Ladefläche, hat der einzelne Stein zunächst die gleiche Geschwindigkeit wie der Lkw. Im nächsten Moment der Betrachtung setzt die Erdanziehungskraft ein, die den Stein nach unten zieht. Zeitgleich wird das Flugobjekt durch den Luftwiderstand abgebremst. Es bewegt sich nach dem Prinzip des waagerechten Wurfes (Abb. 7). Während der Lkw durch den Motor mit konstanter Geschwindigkeit weiterfährt, wird der Flugkörper in Fahrtrichtung des Lkw kontinuierlich langsamer, während die Fallgeschwindigkeit infolge der Erdbeschleunigung kontinuierlich zunimmt. Tatsächlich kommen Steine oder sonstiges Schüttgut dem nachfolgenden Pkw also nicht entgegen, sondern eilen dem verursachenden Fahrzeug in einer zur Seite geöffneten Parabelbahn hinterher (Abb. 8).

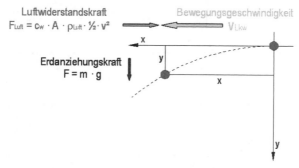

Abb. 7: Prinzipskizze waagerechter Wurf

794 Als **Richtwert** für direkte Treffer kann festgehalten werden, dass Steine, die bei ca. 80 km/h von der höchsten Stelle der Ladefläche (ca. 4 m) fallen, ca. 7 m hinter dem verursachenden Fahrzeug auf die Fahrbahn treffen. Damit die Windschutzscheibe eines nachfolgenden Fahrzeugs direkt getroffen wird, muss der Abstand zwischen den Fahrzeugen deutlich unter 7 m liegen. Direkte Treffer sind, ohne dass der Sicherheitsabstand drastisch unterschritten wurde, daher nur beim Überholvorgang oder im Gegenverkehr zu erwarten (seitliches Herunterfallen). Mit geringer Fallhöhe bzw. geringer Geschwindigkeit verringert sich auch der Abstand bis zum Auftreffen auf ein nachfolgendes Fahrzeug oder auf die Fahrbahn.

§ 6 Unfälle mit Lastkraftwagen

Der **Bewegungsablauf** bei **indirekten Treffern** ist sehr viel komplexer. Je nach Beschaffenheit des Schüttgutes zerbrechen einzelne Steine sogar beim Auftreffen auf die Fahrbahn in mehrere Teile. In Abhängigkeit der äußeren Geometrie, der Geschwindigkeit und der Reibpaarungen, werden einzelne Steine durch kurzes Verhaken der Oberflächenstrukturen (Fahrbahn/Gestein) in Rotation versetzt. Durch die Rotation kann es je nach Geometrie zum Aufspringen der Steine kommen. Anhand von Versuchen konnten Sprunghöhen teilweise über der Ausgangshöhe beobachtet werden. Diese Bewegungen lassen sich nicht vorhersagen und folgen dem Zufallsprinzip. Auch bei indirekten Treffern bewegen sich die Flugobjekte nicht auf den nachfolgenden Pkw zu, sondern rollen (springen) bei jedem Auftreffen kontinuierlich verzögert von ihm weg. In der Praxis können solche Schadensschilderungen nur durch mehrfach variierte Fahrversuche nachgestellt werden, bei dem das Schadensausmaß im Versuch mit dem tatsächlichen Schadensausmaß verglichen wird.

795

Teil 4: Typische Unfallarten und -konstellationen

Abb. 8: Tatsächliche Flugbahn bei Ladungsverlust

III. Aufwirbeln von Steinen durch die Reifen

796　Prinzipiell unterscheidet sich die **zweite Kategorie** der **Bewegungsabläufe**, das Aufwirbeln von Steinen durch die Reifen, nur geringfügig von der Vorgehensweise beim Ladungsverlust von der Ladefläche. Aus diesem Grund werden diese Bewegungsabläufe hier weniger ausführlich erläutert. Für die Frage der Haftung ist es häufig von Interesse, ob ein Stein unmittelbar von der Straße aufgeschleudert wurde, oder ob ein Stein eingeklemmt zwischen den Reifen (oder im Profil) von einer Baustelle ausgetragen wurde und sich erst bei höheren Raddrehzahlen löste. Aufgrund des identischen Bewegungsablaufs beim Abwurf können diese Zusammenhänge aus technischer Sicht nicht unterschieden werden. In solchen Fällen wird oft auf die Entfernung des Abwurfortes zur Baustelle abgestellt.

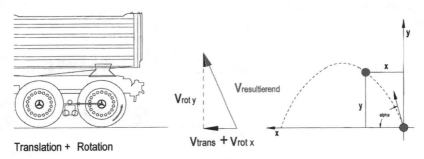

Abb. 9: Zusammengesetzte Bewegung/Prinzipskizze schiefer Wurf

Der Bewegungsablauf wird nach den **Gesetzmäßigkeiten** des **schiefen Wurfs** berechnet (Abb. 9). Anhand der Schutzvorrichtungen am verursachenden Fahrzeug (Schutzbleche, Spritzlappen und sonstige Anbauteile) ist zunächst der relative Abwurfwinkel einzugrenzen. Zusammen mit der angegebenen Geschwindigkeit kann die maximale Wurfweite bestimmt werden. Auch bei diesem Abwurfmechanismus ist es so, dass es für den bewegten Beobachter im nachfolgenden Fahrzeug den Anschein hat, als würden ihm die Steine entgegen geschleudert. Die tatsächliche Flugbahn ist aber wiederum eine andere. Durch die Überlagerung der rotatorischen Bewegung (Drehung des Reifens) und der translatorischen Bewegung (Relativgeschwindigkeit des Lkw zur Umgebung) eilen Steine, die durch Reifen abgeworfen werden, dem verursachenden Fahrzeug in einer Parabelflugbahn hinterher. Das nachfahrende Fahrzeug unterfährt also die „hochgeworfenen" Steine (Abb. 10). Eine Ausnahme gibt es bei durchdrehenden Reifen. In einer solchen Situation ist der rotatorische Anteil der Bewegung, der nach hinten gerichtet ist, größer als der translatorische Anteil, der nach vorne gerichtet ist. Bei durchdrehenden Reifen können Steine also auch nach hinten abgeworfen werden.

Werden Windeinflüsse zunächst vernachlässigt und ein Abwurfwinkel von 45° bei 80 km/h Geschwindigkeit vorausgesetzt, so sind Steine, die von einem Reifen aufgeworfen werden, ca. 3,2 s in der Luft und fliegen ca. 21 m weit

Teil 4: Typische Unfallarten und -konstellationen

(in Richtung des Verursachers). Direkte Treffer sind immer dann zu erwarten, wenn Fahrzeuge mit einer Geschwindigkeit folgen, bei der sie innerhalb der Flugzeit den Sicherheitsabstand und die Flugweite des Steins durchfahren. Geht man von einem mit konstanter Geschwindigkeit folgenden Fahrzeug aus (80 km/h), so errechnet sich der Abstand, bei dem es zu direkten Treffern kommt, mit 50 m.

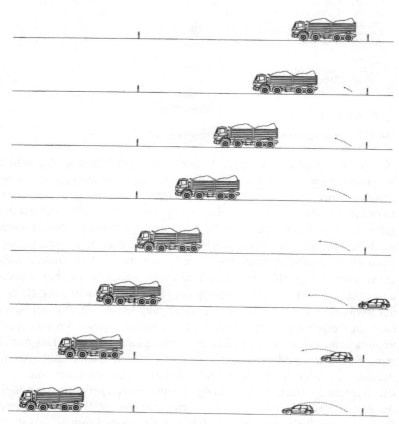

Abb. 10: Tatsächliche Flugbahn beim Aufwirbeln von Steinen durch Reifen

§ 7 Unfälle mit Fahrzeugen mit Sonderrechten

A. Unfälle mit Fahrzeugen mit Sonderrechten

Speziell im innerstädtischen Verkehr kommt es mit Krankenwagen, Feuerwehr- und Polizeifahrzeugen, die sich auf einer Einsatzfahrt befinden und deshalb Sonderrechte in Anspruch nehmen, zu Unfällen mit anderen Verkehrsteilnehmern (vgl. dazu Birkeneder VRR 2006, 244 und Deutscher VRR 2006, 447).

798

Eingeschaltetes Blaulicht und Einsatzhörner räumen den Fahrzeugen Sonderrechte ein, die von anderen Verkehrsteilnehmern zu beachten sind. § 38 StVO fordert vom „normalen" Verkehrsteilnehmer, sofort freie Bahn zu schaffen. Damit die Verkehrsteilnehmer dieser Forderung auch nachkommen können und auf mögliche eigene Vorfahrtsrechte verzichten, setzt dies aber stets voraus, dass die eingeschalteten Sonderrechte der Einsatzfahrzeuge auch wahrgenommen werden. Bei der rechtzeitigen Wahrnehmung dieser Sonderrechte setzt das Problem ein.

799

Das Blaulicht stellt ein optisches, das Einsatzhorn ein akustisches Warnsystem dar. Von der Wahrnehmung her ist das Einsatzhorn höher zu bewerten, da für das Erkennen des Blaulichtes immer ein direkter Blickkontakt erforderlich ist. Dies ist in den meisten Fällen nicht der Fall, da ortsfeste Sichthindernisse, bspw. Gebäude, Bepflanzungen oder bewegliche Hindernisse (insbesondere hohe Lkw) eine frühzeitige und somit rechtzeitige visuelle Wahrnehmung verhindern. Beim Einsatzhorn wird aufgrund seiner Lautstärke davon ausgegangen, dass dies auch schon dann frühzeitig wahrnehmbar ist, wenn kein Sichtkontakt besteht. Die Frage, die sich bei der technischen und juristischen Beurteilung eines solchen Unfalles stellt, ist die, ob diese Annahme auch tatsächlich zutreffend ist. Wäre dies der Fall, dürfte es eigentlich keine Unfälle mit Fahrzeugen, die mit Sonderrechten fahren, geben. Solche Unfälle passieren aber und im Nachhinein wird häufig argumentiert, dass der Unfall nur deshalb zustande kam, weil der beteiligte „normale" Verkehrsteilnehmer unaufmerksam und abgelenkt war.

Der typische Unfall mit einem Sonderrechtsfahrzeug ereignet sich an einer ampelgeregelten Kreuzung. Der „normale" Verkehrsteilnehmer fährt bei Grünlicht in die Kreuzung ein, während das Einsatzfahrzeug aus Querrichtung bei Rotlicht die Signalanlage passiert.

800

Teil 4: Typische Unfallarten und -konstellationen

801 Der Fahrer des Einsatzfahrzeuges darf nicht auf seine Sonderrechte vertrauen und „blind" in die Kreuzung einfahren, sondern er muss dies mit stark reduzierter Geschwindigkeit und besonderer Aufmerksamkeit durchführen. Eine Ursache, wenn nicht sogar die Hauptursache, für das Zustandekommen eines solchen Unfalls besteht darin, dass selbst erfahrene Fahrer von Sonderrechtsfahrzeugen dies in solchen Stresssituationen außer Acht lassen.

Es ist keine Seltenheit, dass Einsatzfahrzeuge mit Geschwindigkeiten von 40 oder 50 km/h bei Rotlicht in unübersichtliche und verkehrsreiche Kreuzungen einfahren. Die Fahrer der Einsatzfahrzeuge sitzen direkt unter der Schallquelle und ziehen möglicherweise die falsche Schlussfolgerung, dass auch für andere Verkehrsteilnehmer das Einsatzhorn in ähnlicher Lautstärke wahrgenommen wird wie im eigenen Fahrzeug.

Für den unmotorisierten Verkehr (Fußgänger und Radfahrer) ist dies auch der Fall. In der über 30-jährigen Praxis unseres Büros ist noch kein Gutachten zu einem Unfall erstellt worden, bei dem bspw. ein bei Grünlicht die Fahrbahn überquerender Fußgänger oder Radfahrer mit einem Einsatzfahrzeug kollidierte. Es ist die Gruppe der motorisierten Verkehrsteilnehmer, die in entsprechende Unfälle verwickelt ist.

802 Bei der Rekonstruktion eines solchen Unfallablaufes hat der Techniker stets die Frage zu beurteilen, wie sich die akustische Wahrnehmbarkeit des Einsatzfahrzeuges aus Sicht des bevorrechtigten Verkehrs darstellte.

I. Akustische Warneinrichtungen

803 Grundlage für die akustischen Warneinrichtungen ist die **DIN 14 610**, in der folgende Grundforderung steht: „Die akustischen Warneinrichtungen haben den Zweck, die bevorrechtigten Wegebenutzer zu kennzeichnen und die übrigen Verkehrsteilnehmer zu veranlassen, dem bevorrechtigten Wegebenutzer zur Erfüllung seiner hoheitlichen Aufgaben die Fahrbahn freizumachen."

Laut dieser Norm stellt eine akustische Warneinrichtung ein Signal mit einer Folge von **Klängen unterschiedlicher Grundfrequenzen** dar, wobei die Klänge durch elektrische oder pneumatisch betriebene Signalgeber erzeugt werden können. Die Warneinrichtung muss zwei Klänge produzieren können, deren Grundfrequenz im Verhältnis 1:1,333 zueinander steht. Die Grundfrequenzen müssen zwischen 360 und 630 Hz liegen. Die Gesamtablaufzeit T eines Signalzyklus muss 3 s ± 0,5 s betragen, wobei eine Klangfolge (Tatütata) entsprechend Bild 1 einzuhalten ist. Zwischen den einzelnen Klangfolgen soll möglichst keine Pause entstehen bzw. diese darf max. 0,8 s betragen.

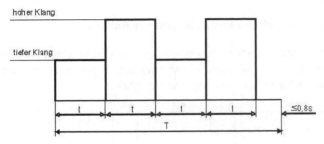

Bild 1

DIN 14 610 fordert des Weiteren, dass der A-bewertete Schallpegel in Richtung der größten Schallabstrahlung in 3,5 m Abstand im reflexionsfreien Raum für jeden der beiden Einzelklänge mindestens 110 dB(A) betragen muss.

Die Einsatzfahrzeuge sind in vielen Fällen mit akustischen Warneinrichtungen ausgerüstet, bei denen zwischen **zwei unterschiedlichen Klangcharakteristiken** gewählt werden kann: Dem Stadtsignal und dem Landsignal.

Wie bereits aus der Bezeichnung abgeleitet werden kann, ist das **Landsignal** speziell für den Überlandeinsatz auf Land- und Schnellstraßen vorgesehen. Es zeigt eine weiter nach vorn gerichtete, eng gebündelte und durchdringende Signalcharakteristik. Im Gegensatz dazu verfügt das **Stadtsignal** über eine voll klingende und breit wirkende Signalabstrahlung, um speziell in Kreuzungsbereichen und Einmündungen eine gute Hörbarkeit zu erzielen.

In dem noch folgenden Fallbeispiel war das Einsatzfahrzeug mit einem Martinshorn ausgerüstet, bei dem die Grundfrequenz des Stadtsignals 432 Hz (tiefer Ton) und 576 Hz (hoher Ton) betrug. Die Grundfrequenzen des Landsignals lagen bei 363 Hz (tiefer Ton) bzw. 484 Hz (hoher Ton).

Der Fahrer des Einsatzfahrzeuges hat die Möglichkeit, zwischen dem Stadt- und Landsignal zu **wählen**. Ob dies aber auch tatsächlich erfolgte, ist in jedem Einzelfall abzuklären, da man bspw. bei einem Unfall außerorts nicht zwingend voraussetzen kann, dass das Landsignal eingeschaltet war, genauso

Teil 4: Typische Unfallarten und -konstellationen

wenig wie umgekehrt im innerstädtischen Bereich das Einsatzfahrzeug nicht unbedingt mit dem Stadtsignal bewegt worden sein muss. Aus konkreten Unfallabläufen ist bekannt, dass das Fahrzeug bei Einsatzfahrten auf allen Straßen mit dem gleichen Signal gefahren wurde.

II. Einflussgrößen auf die akustische Wahrnehmbarkeit

806 Dass motorisierte Verkehrsteilnehmer, insbesondere solche in geschlossenen Fahrzeugkarosserien, die akustischen Warneinrichtungen gar nicht oder nur eingeschränkt wahrnehmen, hat verschiedene Ursachen.

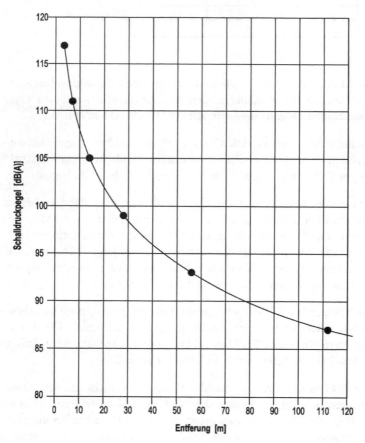

Bild 2

§ 7 Unfälle mit Fahrzeugen mit Sonderrechten

1. Entfernung

Ein Grund ist die **Abnahme** des **Schalldruckpegels** mit zunehmender Entfernung. Im reflexionsfreien Raum reduziert sich der Schalldruckpegel bei Verdoppelung der Entfernung um 6 dB(A). Dies verdeutlicht die Abhängigkeit im Bild 2. In 3,5 m Entfernung zur Schallquelle beträgt der Schalldruckpegel 117 dB(A). In einer Entfernung von 7 m hat er sich auf 111 dB(A) reduziert. Wird die Entfernung auf 14 m verdoppelt, sinkt der Schalldruckpegel auf 105 dB(A). Diese Werte gelten für Positionen direkt vor der Schallquelle. Bei Kreuzungsunfällen kommt hinzu, dass sich nicht nur das Einsatzfahrzeug auf die Kreuzung zu bewegt, sondern auch das des zweiten Unfallbeteiligten. Es kommt somit auch noch eine Querposition des späteren Unfallgegners hinzu, dessen Einfluss anhand eines Beispiels aus einer konkreten Unfallanalyse deutlich wird.

807

Bild 3

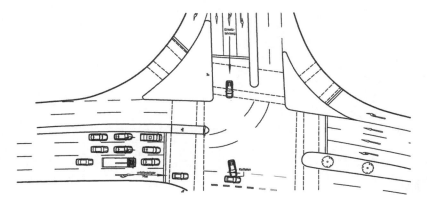

Bild 4

Teil 4: Typische Unfallarten und -konstellationen

Das Einsatzfahrzeug der Feuerwehr war auf dem Dach mit einer Signalanlage der Firma Hella, Typ RTK6-SL, ausgerüstet (Bild 3). Das Feuerwehrfahrzeug befand sich auf einer Einsatzfahrt und fuhr mit eingeschaltetem Stadthorn bei Rotlicht in eine stark befahrene Kreuzung ein. Rechtwinklig von rechts näherte sich ein Pkw, mit dem es im Kreuzungspunkt zur Kollision kam (Bild 4).

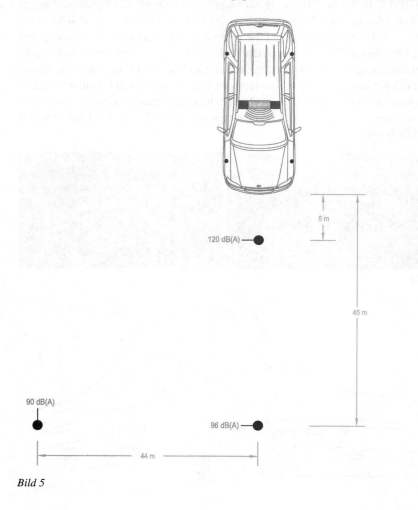

Bild 5

In 5 m Entfernung wurde direkt vor dem Feuerwehrfahrzeug ein Schalldruckpegel von 120 dB(A) gemessen (Bild 5). 45 m vor dem Feuerwehrfahrzeug betrug der Schalldruckpegel noch 96 dB(A). Zu dem Zeitpunkt, als das Feuerwehrfahrzeug 45 m vom späteren Kollisionspunkt entfernt war, befand sich der unfallbeteiligte Pkw 44 m vor dem Kollisionsort. In dieser zusätzlichen Querposition verringerte sich der Schalldruckpegel nochmals um 6 dB(A) auf nur noch 90 dB(A).

Anhand dieses Beispiels wird deutlich, dass für die Beurteilung der akustischen Wahrnehmbarkeit zunächst eine **detaillierte Unfallanalyse** erfolgen muss, um die genauen Weg-Zeit-Zusammenhänge zwischen den Annäherungsvorgängen der beiden Beteiligten an den Kollisionspunkt zu kennen.

2. Luftschalldämpfung

Unter dem Begriff der „Luftschalldämpfung" versteht man den Schutz gegen Lärm von außen. Sitzt der Verkehrsteilnehmer bei geschlossenen Scheiben in seinem Fahrzeug, ist er akustisch nach außen abgeschirmt, und Verkehrslärm dringt nur in abgeschwächter Form in das Fahrzeuginnere. Die geschlossene Fahrzeugkarosserie verhindert das Eindringen von Luftschall.

Die Fahrzeugindustrie hat das **Bestreben, immer leisere Autos** zu bauen. Dies wird u.a. durch aufwändigere Türdichtungen und eine besondere Art der Fahrzeugverglasung erreicht. Durch diese Maßnahmen steigt auf der einen Seite der Fahrkomfort, auf der anderen Seite wird es aber schwieriger, außen liegende Fremdgeräusche, wie bspw. Einsatzhörner, wahrzunehmen. Hochwertige Fahrzeuge haben eine aufwendigere Karosseriedämmung als Fahrzeuge aus dem unteren Preissegment. In dem konkreten Fall war an dem Unfall ein Mittelklassefahrzeug aus den späten 90er Jahren beteiligt. An diesem konnte eine durch die geschlossene Karosserie bewirkte Luftschalldämmung von ca. 30 dB(A) gemessen werden. Dort, wo in Bild 5 außen neben der linken Seitenscheibe des Fahrzeuges ein Schalldruckpegel von 90 dB(A) gemessen wurde, betrug der Schalldruckpegel im Innenraum direkt neben dem linken Ohr des Fahrers nur noch 58 dB(A). Dies führt zu einer durch die Karosserie bewirkten Luftschalldämpfung von 32 dB(A).

Die Luftschalldämpfung ist bei Fahrzeugen der **Luxusklasse noch größer** und kann oberhalb von 35 dB(A) liegen, wie dies schon konkret gemessen wurde.

Teil 4: Typische Unfallarten und -konstellationen

3. Innenraumschalldruckpegel

810 Bei bewegten Fahrzeugen treten Fahrgeräusche auf, die im Innenraum einen bestimmten Schalldruckpegel erzeugen. Der **Motor**, die Abrollgeräusche der Reifen oder auch Windgeräusche der Karosserie verursachen diesen Innenraumschalldruckpegel. Ein zusätzlicher Geräuschpegel wird durch das **Gebläse** erzeugt. Moderne Fahrzeuge verfügen vielfach über eine Klimaautomatik, bei der die Gebläsedrehzahl entsprechend der gewählten Wunschtemperatur automatisch gesteuert wird. Im Winter kann zur schnellen Aufheizung des Fahrzeuges das Gebläse genauso mit hoher Drehzahl laufen, wie im Sommer zur Kühlung des Innenraums.

811 Die **größte Geräuschquelle** geht aber vielfach von einem eingeschalteten **Radio** aus. Dieses wird von den Insassen meistens so eingestellt, dass die anderen Fremdgeräusche noch übertönt werden. Ein in normaler Lautstärke eingestelltes Radio verursacht einen Schalldruckpegel von 70 – 75 dB(A). Gerade bei Musikstücken liegt aber nicht ein gleichmäßiges Klangbild vor, sondern in Musikstücken kann es stellenweise auch zu höheren Lautstärken kommen.

Damit ein Fremdgeräusch überhaupt wahrgenommen werden kann und sich für den Fahrzeugführer erkennbar vom normalen Geräuschbild abhebt, muss eine Schalldruckpegelüberhöhung von mindestens 3 dB(A) vorliegen. Geht man von einem mittleren Innenraumschalldruckpegel bei eingeschaltetem Radio von 72 dB(A) aus, muss durch ein eingeschaltetes Signalhorn in der Fahrgastzelle ein Schalldruckpegel von 75 dB(A) vorliegen, damit es vom Fahrzeugführer als Fremdgeräusch erkannt werden kann.

812 Diese Zusammenhänge gelten für Geräusche mit gleichem bzw. ähnlichem Frequenzniveau. Stark voneinander abweichende Frequenzen können eine Wahrnehmbarkeit auch dann bewirken, wenn das normale Geräuschbild und das Fremdgeräusch im Innenraum gleiche Schalldruckpegel bewirken.

§ 7 Unfälle mit Fahrzeugen mit Sonderrechten

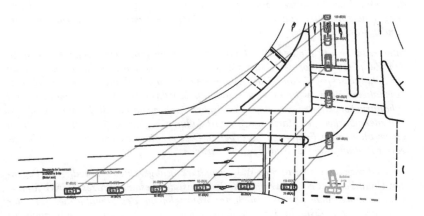

Bild 6

Beispiel:

Zu dem bereits angesprochenen Fallbeispiel zeigt Bild 6 die Unfallentwicklung zu verschiedenen Zeitpunkten. Der Annäherungsvorgang des in dem Bild von oben kommenden Feuerwehrfahrzeuges war durch die Aufzeichnungen eines eingebauten Unfalldatenspeichers genau bekannt. Man kannte somit zu den wichtigen Zeitpunkten vor der Kollision genau die Geschwindigkeit und die Position des Feuerwehrfahrzeuges.

Aus der **Kollisionsanalyse** konnte auch die Geschwindigkeit des in dem Bild von links kommenden Pkw berechnet werden, der bei Grün in die Kreuzung einfuhr.

Die visuelle Wahrnehmbarkeit des Feuerwehrfahrzeuges war für den unfallgegnerischen Pkw-Fahrer im konkreten Fall nicht möglich, da in den benachbarten beiden Linksabbiegerspuren eine Fahrzeugkolonne vor der Rotlicht zeigenden Ampel stand, die laut Zeugenaussagen z.T. auch aus Lkw bestand. Für den unfallbeteiligten Pkw-Fahrer wäre somit nur eine **akustische Wahrnehmbarkeit** des bei Rotlicht in den Kreuzungsbereich einfahrenden Feuerwehrfahrzeuges möglich gewesen. Bei den durchgeführten Messungen wurden die im Linksabbiegerstreifen haltenden Fahrzeuge außer Acht gelassen. Diese würden die Wahrnehmbarkeit höchstens noch erschweren, da, insbesondere durch die Lkw, die ungehinderte Schallausbreitung gestört wurde.

Oberhalb des in dem Bild von links in die Kreuzung einfahrenden Pkw wurden die gemessenen **Schalldruckpegelwerte** im Außenbereich direkt neben der linken Seitenscheibe für die verschiedenen Querpositionen angegeben. Die unterhalb des Fahrzeugs angegebenen Schalldruckpegel kennzeichnen die im Innenraum in Höhe des linken Ohres gemessenen Werte, wobei zum Messzeitpunkt der Motor des Fahrzeuges ausgeschaltet war, sodass keinerlei Fremdgeräuschquelle im Fahrzeug vorhanden war.

Interessant wurde für den Pkw-Fahrer die Wahrnehmbarkeitsmöglichkeit erst ab dem Zeitpunkt 2 s vor der Kollision, da in dieser Position erstmals im Innenraum ein Schalldruckpegel von 65 dB(A) gemessen wurde. Bei einem nicht zu laut eingeschalteten Radio wäre dies ein durch das Martinshorn im Innenraum bewirkter Schalldruckpegel, der zu einer akustischen Wahrnehmbarkeit führen kann. Die Wahrnehmbarkeit des Martinshorns wird dadurch begünstigt, dass dieses in einem gleich bleibenden Frequenzband arbeitet. Dies erhöht die Auffälligkeit bei überlagerter Radiomusik oder Radiosprachbeiträgen.

Ist der Prozess der akustischen Wahrnehmbarkeit abgeschlossen, in dem vorliegenden Unfallbeispiel ca. 2 s vor der Kollision, ist der gesamte Prozess der Gefahrerkennung noch nicht beendet. Nach der Wahrnehmung des Signalhornes setzt der Prozess der **Lokalisation** der **Schallquelle** ein. Der Fahrzeugführer hört zunächst nur das aus dem normalen Geräuschspektrum hervortretende Fremdgeräusch, ohne schon sofort die Herkunftsrichtung des Geräusches feststellen zu können. Für die Richtungsbestimmung des Martinshornes vergeht zusätzliche Zeit. Es kann deshalb sein, dass, wie dies auch in dem konkreten Unfallbeispiel der Fall war, ein Fahrzeugführer erst 1,5 s bis 2 s vor der Kollision feststellen konnte, dass ein aus Querrichtung mit Sonderrechten in die Kreuzung einfahrendes Fahrzeug seinen Fahrraum kreuzen wird und beide Fahrzeuge auf Kollisionskurs sind.

Bild 5 zeigt, dass der Zeitbereich 1,5 – 2 s vor der Kollision auch gerade der Zeitraum war, in dem der Pkw-Fahrer an den links stehenden Fahrzeugen vorbeigefahren war und die akustische Wahrnehmbarkeit mit der visuellen Wahrnehmbarkeit des Einsatzfahrzeuges zusammenfiel.

Eine verbleibende **Zeitdauer** zwischen Gefahrerkennung und Kollision von 1,5 – 2 s reicht in den meisten Fällen auch im innerstädtischen Verkehr nicht mehr dazu aus, eine Kollision zu vermeiden.

Praxistipp:

Die Konsequenz, die sich aus diesen Zusammenhängen ergibt, lautet, dass der mit Sonderrechten fahrende Fahrzeugführer dazu veranlasst sein muss, vorsichtig und nur mit geringer Geschwindigkeit in einen nicht überschaubaren Kreuzungs- bzw. Einmündungsbereich einzufahren.

III. Fazit

Bevor eine Aussage dazu getroffen werden kann, ob ein mit eingeschaltetem Martinshorn fahrendes Einsatzfahrzeug von einem motorisierten Verkehrsteilnehmer rechtzeitig hätte wahrgenommen werden können, muss eine Weg-Zeit-Analyse der Unfallentwicklung durchgeführt werden. Die Abstände zwischen den Fahrzeugen in Fahrbahnlängs- und -querrichtung üben einen entscheidenden Einfluss auf die akustische Wahrnehmbarkeit eines Martinshorns aus. 813

Für die Beurteilung der Wahrnehmbarkeit ist des Weiteren zu klären, ob an dem Einsatzfahrzeug das Stadt- oder Landsignal eingeschaltet war und ob im Fahrzeug des „normalen" Verkehrsteilnehmers eine besondere Geräuschsituation, bspw. eingeschaltetes Radio oder Gespräche mit dem Beifahrer, bestand.

Unter Berücksichtigung dieser Randbedingungen kann ggf. durch konkrete akustische Untersuchungen abschließend die Frage beantwortet werden, ob der „normale" Verkehrsteilnehmer tatsächlich erst kurz vor dem Unfall das Martinshorn wahrnehmen konnte oder ob dies frühzeitiger möglich gewesen wäre, sodass durch entsprechende Handlungen der Unfall hätte vermieden werden können.

B. Dynamische Wahrnehmbarkeitsanalyse eines Martinshorns am Beispiel eines Motorradfahrers

Immer wieder kommt es an Kreuzungen zur Kollision eines Fahrzeugs unter Einsatz von Sonderrechten (§ 35 und § 38 StVO) mit anderen Fahrzeugen (zu den zivilrechtlichen Fragen Birkeneder VRR 2006, 244; zu den bußgeldrechtlichen Fragen Deutscher VRR 2006, 447). Für den Fahrer des Fahrzeugs mit Sonderrechten ist es oft schwer verständlich, warum noch Fahrzeuge in den Kreuzungsbereich einfahren, obwohl andere schon angehalten haben. Speziell beim Einsatz des Martinshorns, das der Fahrer als sehr laut empfindet, ist es für ihn überraschend, dass andere Fahrer dieses Signal überhören. Eine Ursache hierfür kann eine hochgradig schallisolierende Karosserie sein (z.B. Mercedes-Benz, S-Klasse, Baureihe W140, ca. 35 dB(A), Kleinwagen ca. 20 dB(A)). Häufig sind jedoch Nebengeräusche die Ursache, im Pkw z.B. das Radio oder die Lüftung (70 – 75 dB(A)). 814

Teil 4: Typische Unfallarten und -konstellationen

Bei Motorradfahrern ist die Schallisolation bekanntermaßen gering, da nur ein leichter Helm getragen wird und dieser kaum schallisolierend ist. Insofern ist eine gute Wahrnehmbarkeit von Martinshörnern für Motorrad-/Zweiradfahrer zu erwarten. Allerdings ist das Niveau der Nebengeräusche aufgrund von Fahrtwind, Motor- und Kettengeräuschen bei größeren Geschwindigkeiten erheblich höher. Im Folgenden wird dargestellt, wie mit verhältnismäßig einfachen Mitteln eine Wahrnehmbarkeitsanalyse des Martinshorns bei Motorradfahrern im Geschwindigkeitsbereich ab ca. 40 km/h durchgeführt und dargestellt werden kann.

I. Grundlagen

815   Töne sind Sinusschwingungen der Luft einer bestimmten Frequenz. Die Überlagerung von Tönen wird als Klang bezeichnet. Das menschliche Ohr ist für unterschiedliche Frequenzen, also unterschiedliche Tonhöhen, verschieden empfindlich. Das Ohr eines Jugendlichen registriert Töne von rd. 20 Hz – 20 kHz. Mit zunehmendem Alter schränkt sich dieser Bereich immer weiter ein. Unterschiedlich hohe Töne werden bei gleichem Schallpegel verschieden laut empfunden. Die Abb. 1 zeigt den Verlauf des Bewertungsfilters (A) gem. DIN IEC 651.

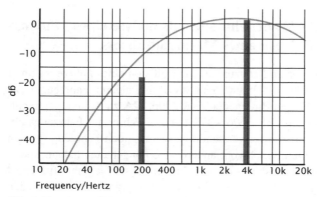

Abb. 1: Bewertungsfilter A gem. DIN IEC 651

Diese ist dem menschlichen Gehör nachempfunden. Entsprechend werden Frequenzen unterhalb von 2 kHz gedämpft, ebenso wie Frequenzen oberhalb von 4 kHz. D.h., zwei Töne (bspw. 200 Hz und 4 kHz), die den gleichen Schalldruck haben, werden vom menschlichen Gehör unterschiedlich laut wahrgenommen. Der tiefere Ton (100 Hz) wird als deutlich leiser, also stärker gedämpft, empfunden.

Die Bewertung der Lautstärke oder genauer, des Schallpegels, orientiert sich an der Hörschwelle und definiert für 0 dB einen Schallpegel von

$$p_0 = 20\mu Pa = 20\times 10^6\,Pa$$

Die im Allgemeinen (A) bewertete Dezibelskala ist eine logarithmische Skala, die den Schallpegel in Dezibel relativ zur Hörschwelle definiert. Da der Schallpegel in Dezibel im freien Feld mit dem Abstand linear abnimmt, muss immer zusätzlich zur Angabe (bspw. 110 dB) der Abstand zur Schallquelle angegeben werden. Ohne diese Angabe ist die Angabe eines Schallpegels ohne Aussagekraft.

Die Summe zweier Schallpegel ist aufgrund der logarithmischen Skalierung nicht die algebraische Summe. So ergibt sich aus der Summe zweier 60 dB(A) lauten Schallpegel nicht etwa 120 dB(A), sondern nur 63 dB(A):

$$L_\Sigma = 10\times\log_{10}(10^{\frac{L_1}{10}} + 10^{\frac{L_2}{10}})\,dB$$

D.h., zwei gleich laute Quellen erhöhen den Schallpegel im Vergleich zu nur einer um 3 dB(A). Sind die Schallpegel jedoch deutlich unterschiedlich laut, z.B. 60 dB(A) und 80 dB(A), wirkt sich die geringere Lautstärke kaum aus, sodass sich ein Gesamtpegel von 80,04 dB(A) ergibt.

Will man aufgezeichnete Geräusche oder Klänge aus einer Audiodatei analysieren, bietet sich eine Spektralanalyse an. Hierzu werden die in den aufgezeichneten Geräuschen vorhandenen Schwingungen (Sinusschwingung – also Töne) analysiert und einzeln dargestellt. Jedes Spektrum kann in ein Frequenzspektrum überführt werden. Die Abb. 2 zeigt die Schwingungen eines Sinustons mit 440 Hz und dessen Frequenzspektrum.

Teil 4: Typische Unfallarten und -konstellationen

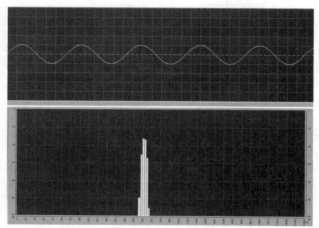

Abb. 2: Sinuston 440 Hz. Oben zeitlicher Verlauf, unten Frequenzspektrum

Die Sinusschwingungen erzeugen in der Transformation lediglich ein Signal um 440 Hz. Handelt es sich jedoch um ein breites Spektrum von Geräuschen, also keine wiederkehrenden, harmonischen Schwingungen, so ergibt auch die Frequenzanalyse ein breites Spektrum an Frequenzen ohne definierte scharfe Signale.

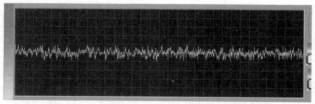

Abb. 3: Weißes Rauschen. Oben: Gleichmäßig verteilte Schwingungen in der zeitlichen Darstellung. In der Frequenzanalyse (nächste Seite) sind alle Frequenzen dunkel sichtbar. Die hellen Bereiche stellen den (A) bewerteten Bereich des Spektrums

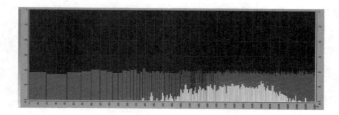

§ 7 Unfälle mit Fahrzeugen mit Sonderrechten

Als Beispiel zeigt die Abb. 3 weißes Rauschen, welches mit einem Bewertungsfilter (A) gemäß der Abb. 1 bewertet wurde.

Ein Martinshorn erzeugt zwei Klänge, bestehend aus verschiedenen Tönen. Die DIN 14610 (März 1981, Januar 2009) spezifiziert die akustischen Warneinrichtungen für bevorrechtigte Wegebenutzer. Mit der akustischen Warneinrichtung müssen zwei Klänge erzeugt werden, deren Grundfrequenz zueinander im Verhältnis 1:1,33 stehen. Die Grundfrequenzen der Klänge müssen zwischen den Grenzen 360 und 630 Hz liegen.

818

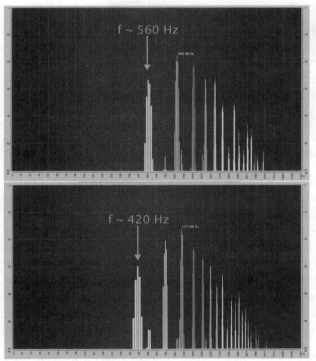

Abb. 4: Frequenzanalyse des hohen und des tiefen Klangs des Martinshorns

Die Abb. 4 zeigt die Frequenzanalyse der beiden Klänge eines Signalgeräts vom Typ Hella RTK 6-SL. Die Grundfrequenzen betragen 420 und 560 Hz, stehen somit also in dem o.g. Verhältnis. Die rechtsseitig von der Grundfrequenz liegenden Signale sind die erzeugten Obertöne. Diese reichen in einen

Bereich bis etwa 9.000 Hz. Diese Klänge werden in einer bestimmten Reihenfolge (Tatütata) gem. Abschn. 5.1.4 der DIN 14610 geschaltet.

Für die Signaleinrichtung wird in einem Abstand von 3,5 m im reflexionsfreien Raum für jeden der beiden Einzelklänge ein Schallpegel von mindestens 110 dB(A) gefordert.

Messungen von Schallpegeln können mithilfe eines Schallpegelmessinstruments gem. Abb. 5 durchgeführt werden.

Abb. 5: Schallpegelmessinstrument

819   Drei Einstellungen stehen für die Aufnahme von Schallpegeln zur Verfügung: Slow (s) mit einer Zeitdauer von t = 1.000 ms, Fast (f) t = 125 ms und Impuls (i) mit einer Messdauer zwischen 35 ms und 1.500 ms. Das Schallpegelmessinstrument wiederholt die Messung in den angegebenen Zeiten und zeigt den Schallpegel gemittelt über diese Zeit an. In dem abgebildeten Schallpegelmessinstrument (Center, Typ 322) besteht ebenfalls die Möglichkeit, über eine serielle Schnittstelle die Messergebnisse direkt in den Computer einzulesen. Auf diese Weise ist es möglich, den Schallpegel auch über längere Zeiten aufzuzeichnen, z.B. bei der Annäherung eines Fahrzeugs mit eingeschaltetem Martinshorn.

820   Als Grundlage für die Wahrnehmbarkeit eines Signals unter Nebengeräuschen wird üblicherweise eine Schallpegelerhöhung von 3 dB(A) als wahrnehmbar definiert, was gem. Formel 1 bedeutet, dass beide Schallquellen (im gleichen Abstand) gleich laut sein müssen. Steigert sich der Schallpegel durch das Martinshorn um 3 dB(A) im Vergleich zu Nebengeräuschen ohne Martinshorn, ist dieses wahrzunehmen.

Nebengeräusche können z.B. von einem auf Zimmerlautstärke betriebenen Radio (55 dB(A) = Zimmerlautstärke; die Zimmerlautstärke ist nicht eindeutig definiert. Die Angabe von 55 dB(A) dient nur als Richtwert) erzeugt werden.

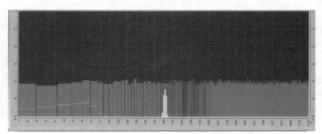

Abb. 6: Weißes Rauschen mit 700 Hz Ton

Die Abb. 6 zeigt das Frequenzspektrum einer Überlagerung von weißem Rauschen und einem 700 Hz Sinuston. Das Signal bei 700 Hz hebt sich nicht von dem Rauschen ab. Dabei ändert sich der Gesamtschallpegel aufgrund der integralen Messung nur unmerklich. Dieser Ton ist jedoch aufgrund der einzeln erkennbaren Frequenz deutlich wahrnehmbar.

Ein typisches Beispiel für diesen Effekt zeigt die Abb. 7, bei der das Quietschen eines Autoreifens während einer Vollbremsung mit Nebengeräuschen dargestellt ist.

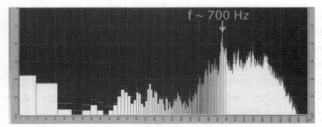

Abb. 7: Reifenquietschen mit einer charakteristischen Frequenz von etwa 700 Hz

Die Frequenz bei 700 Hz hebt sich deutlich aus dem Spektrum heraus, obwohl die Erhöhung des Gesamtschallpegels nur geringfügig ist.

Für den Musikbewanderten kann dieser Effekt mit dem Einsetzen einer Oboe in einem symphonischen Orchester verglichen werden. Aufgrund der sehr charakteristischen (Ober-)Töne der Oboe ist diese sehr gut – auch bei geringer Lautstärke der Oboe – im deutlich lauteren Orchester zu hören.

Unter bestimmten Bedingungen sind einzelne Frequenzen die den Schallpegel nicht um 3 dB(A) anheben trotzdem deutlich wahrzunehmen.

821 Bewegt sich eine Signalquelle, ändert sich die von einem stehenden Beobachter wahrgenommene Frequenz. Der österreichische Physiker und Mathematiker, *Christian Doppler*, sagte bereits 1842 diese Frequenzverschiebung voraus, weshalb dieser Effekt als Doppler-Effekt bezeichnet wird. 1845 gelang *Christoph Buys-Ballot* der Nachweis mit Schallwellen. Für die wahrgenommene Wellenlänge$_b$ eines Beobachters gilt für eine Wellenlänge des Senders$_s$:

$$l_b = l_s - \frac{v}{f_s}$$

v ist die Geschwindigkeit des Senders und f_s die Frequenz des Signals des Senders. Nach Umformung folgt für die Frequenz des Senders mit der Beziehung (c = Schallgeschwindigkeit), daraus für die Frequenz des Beobachters die Formel 4

$$f_b = \frac{f_s}{1 - \frac{v}{c}}$$

Bei einer gefahrenen Geschwindigkeit von v = 70 km/h und einer ausgesendeten Frequenz von 560 Hz folgt für einen stehenden Beobachter bei einem sich nähernden Sender eine wahrgenommene Frequenz von 594 Hz und für einen sich entfernenden Sender eine Frequenz von 526 Hz. Dieser Effekt kann immer dann beobachtet werden, wenn ein Fahrzeug mit eingeschaltetem Martinshorn mit einer konstanten Geschwindigkeit an einem vorbeifährt.

II. Problemstellung

822 Fährt ein Fahrer unter Einsatz von Sonderrechten in eine Kreuzung ein, müssen die Verkehrsteilnehmer freie Bahn schaffen. Andererseits muss sich der Fahrer vergewissern, dass andere Verkehrsteilnehmer gewarnt worden sind. Gerade an Kreuzungen mit Lichtzeichenanlagen kommt es häufig zu Ver-

§ 7 Unfälle mit Fahrzeugen mit Sonderrechten

kehrsunfällen, weil sich der Fahrer kaum vorstellen kann, dass andere Verkehrsteilnehmer das für ihn als sehr laut empfundene Signalhorn nicht wahrgenommen haben.

Dazu folgendes Beispiel aus der Praxis:

Ein Notarztwagen kreuzte unter Einsatz des Martinshorns eine vierspurige Straße bei Rotlicht zeigender Lichtzeichenanlage. Auf der rechten Spur warteten einige Lkw, da die Lichtzeichenanlage für sie gerade erst auf Grün umgesprungen war. Für den als erstes in der rechten Spur der vierspurigen Straße stehenden Lkw-Fahrer waren das Signalhorn und auch das Blaulicht rechtzeitig vor dem Anfahrvorgang wahrnehmbar. Auf der freien linken Spur näherte sich mit einer Geschwindigkeit von etwa 70 km/h ein Motorradfahrer. Für ihn war der Notarztwagen aufgrund der Verdeckung durch die Lkw nicht zu sehen. Vorher war die Sicht auf die Zufahrtstraße des Notarztwagens durch Büsche verdeckt, s. Abb. 8. Es sollte analysiert werden, ob der Motorradfahrer das Martinshorn hätte rechtzeitig hören können.

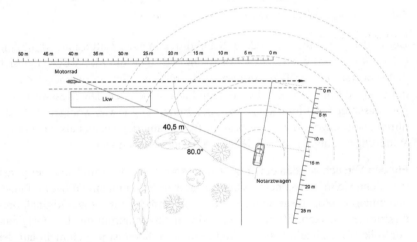

Abb. 8: Messaufbau

III. Experimenteller Aufbau

Die Untersuchung der Wahrnehmbarkeit des Martinshorns erfolgte auf einem Flugplatz. Hier kann sich der Schall frei ausbreiten und gleichzeitig werden keine Verkehrsteilnehmer irritiert. Die Abb. 9 zeigt die Schallpegel bei eingeschaltetem Martinshorn auf der Fahrzeuglängsachse für unterschiedliche Abstände. In schwarz sind die Messwerte dargestellt, in orange die zu erwartenden Theoriewerte.

Teil 4: Typische Unfallarten und -konstellationen

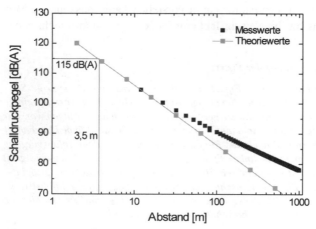

Abb. 9: Messung des Schalldruckpegels eines Martinshorns

Der in der DIN 14610 geforderte Schalldruck in einer Entfernung von 3,5 m (110 dB[A]) wird mit 115 dB(A) erreicht und sogar um rd. 5 dB(A) deutlich überschritten. Für größere Entfernungen sollte der Schalldruckpegel gemäß der orangen Linie in dieser Darstellung linear abnehmen. Die Messwerte zeigen, dass der Schalldruckpegel mit der Entfernung etwas weniger stark abnimmt, was sowohl durch die bessere Bündelung des Schalls als auch durch Witterungsbedingungen, z.B. Wind, begründet werden kann.

Für den Versuch wurden ein Vergleichsmotorrad und der zum Unfallzeitpunkt getragene Helm verwendet. Das Motorrad wurde mit einem GPS-Empfänger und einem Laptop ausgestattet, der die Fahrgeräusche mit sog. Originalkopfmikrofonen, s. Abb. 10, über einen Vorverstärker aufnimmt. Die Originalkopfmikrofone ähneln Walkmankopfhörern, in ihnen ist jedoch nicht auf der zum Kopf gewandten Seite ein Lautsprecher montiert, sondern auf der Kopf abgewandten Seite ein Mikrofon. Die vom Fahrer aufgenommenen Geräusche können so direkt aufgezeichnet werden. Die Abb. 11 zeigt den Versuchsaufbau auf dem Flughafen in einem Foto. Im linken unteren Bildbereich ist der Notarztwagen zu erkennen. Etwa in der Mitte des Bildes nähert sich der Motorradfahrer mit einer Geschwindigkeit von 72 km/h und fährt auf der abgewandten Seite des Lkw (in Fahrtrichtung des Motorradfahrers links) vorbei. Aufgrund der Ausstattung des Motorrads mit dem GPS-Empfänger kann die Position des Motorrads auf dem Flugplatz zu jeder Zeit bestimmt werden. Auf

Abb. 12 wurde der GPS-Pfad des Motorrads, in ein Luftbild importiert, dargestellt. Um Start- und Endposition noch genauer definieren zu können, wurde an den entsprechend markierten Stellen das Motorrad angehalten. Im unteren Bildbereich ist zu erkennen, dass der Start anscheinend in dem Grünbereich des Flughafens liegt, was jedoch auf das veraltete Luftbild zurückzuführen ist, da mittlerweile die Start- und Landebahn großräumiger ausgebaut wurde.

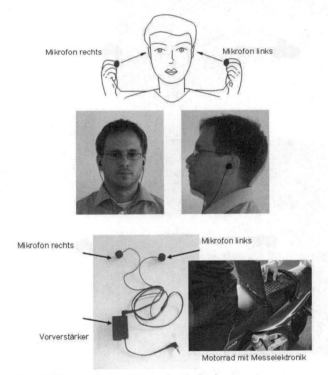

Abb. 10: Messaufbau mit Originalkopfmikrofonen

Teil 4: Typische Unfallarten und -konstellationen

Abb. 11: Versuchsaufbau

Abb. 12: Importierter GPS-Pfad in Google Earth Pro

IV. Ergebnisse

824 Die Abb. 13 zeigt das Spektrum der Fahrgeräusche des entsprechenden Motorrads bei einer Geschwindigkeit von 70 km/h. Das breite Spektrum ähnelt dem des weißen Rauschens in Abb. 3.

§ 7 Unfälle mit Fahrzeugen mit Sonderrechten

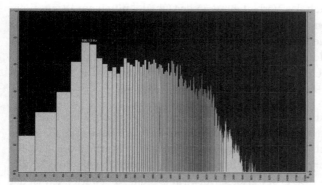

Abb. 13: Spektrum der Fahrgeräusche bei einer Geschwindigkeit von 72 km/h

Auf Abb. 14 ist die räumliche Zuordnung der Bewegung des Motorrades zur aufgezeichneten Audiodatei dargestellt. Aufgrund der Synchronisation des GPS-Signals mit dem Audiosignal kann die Position des Motorrads zu dem entsprechenden Audiosignal zu jedem Zeitpunkt bestimmt werden.

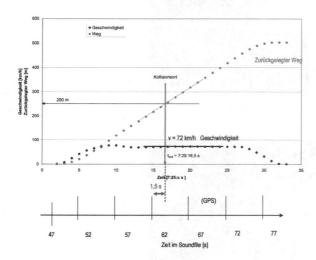

Abb. 14: Räumliche Zuordnung der Audiodatei

Es stellte sich jedoch heraus, dass diese Zuordnung auch auf andere Weise erfolgen kann. Aufgrund des im Abschnitt „Grundlagen" beschriebenen Dopp-

Teil 4: Typische Unfallarten und -konstellationen

lereffekts ist nämlich das Vorbeifahren an der Quelle mit einem Wechsel der Tonhöhe verbunden. Die Information aus der aufgezeichneten Audiodatei ist ausreichend, um die Reaktionsmöglichkeit des Motorradfahrers beurteilen zu können. In dem Moment, indem sich die Frequenz aufgrund des Dopplereffekts verschiebt, befindet sich der Motorradfahrer bereits auf Höhe des Notarztwagens – eine Reaktion ist dann nicht mehr möglich.

825 Spielt man die Audiodatei mit normaler Geschwindigkeit ab, kann direkt die verbleibende Reaktionszeit beurteilt werden, in diesem Fall rd. 1,5 s vor dem Kollisionszeitpunkt. Die Abb. 15 zeigt, wie sich das Martinshorn aus den Fahrgeräuschen kurz vor dem Kollisionsort heraushebt. Obwohl eine Schallpegelerhöhung des dB(A) bewerteten Spektrums nicht zu erwarten ist, ist das Signalhorn doch deutlich wahrzunehmen.

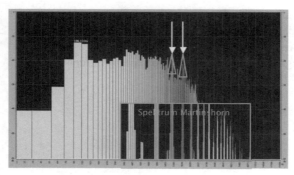

t = 62,5 s, 1 s vor dem Kollisionszeitpunkt

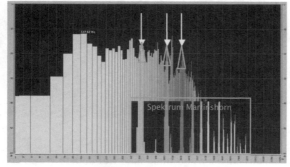

t = 63 s, 0,5 s vor dem Kollisionszeitpunkt

Abb. 15: Frequenzspektrum des Martinshorns mit Nebengeräuschen

V. Fazit

Ein Martinshorn kann u.U. auch dann wahrgenommen werden, wenn keine Erhöhung des Schallpegels um 3 dB(A) vorliegt, da sich nur einzelne Frequenzen aus dem Spektrum herausheben können.

826

Bei einem Unfall eines Fahrzeugs mit eingeschaltetem Martinshorn unter einem Winkel um 90° reicht eine Audio-Aufzeichnung der vom Fahrer hörbaren Geräusche, um Klarheit über die Wahrnehmbarkeit des Martinshorns zu erhalten. Die räumliche Zuordnung der Versuchsdaten kann dabei einfach – Voraussetzung ist hier eine Mindestgeschwindigkeit des vorbeifahrenden Fahrzeugs – aufgrund des Dopplereffekts erfolgen.

Teil 4: Typische Unfallarten und -konstellationen

§ 8 Geschwindigkeit – Unfallursache: Nicht angepasste Geschwindigkeit

827 Das Statistische Bundesamt führt in seinem Presseexemplar „Unfallgeschehen im Straßenverkehr 2005", das im Juli 2006 erschien, auf, dass sich im Jahre 2005 alle 14 Sekunden ein Unfall auf deutschen Straßen ereignete. Jede Stunde wurden bei diesen Verkehrsunfällen 49 Personen verletzt. Täglich verloren 15 Menschen ihr Leben im Straßenverkehr.

Wie man der Abb. 1 entnehmen kann (vgl. Statistisches Bundesamt: Unfallgeschehen im Straßenverkehr 2005, Presseexemplar 7/2006), ist das häufigste Fehlverhalten der Fahrzeugführer bei Straßenverkehrsunfällen mit Personenschaden im Jahre 2005 die nicht angepasste Geschwindigkeit gewesen. Erst danach kommen Fehler beim Abbiegen, Wenden, Rückwärtsfahren, Ein- und Anfahren.

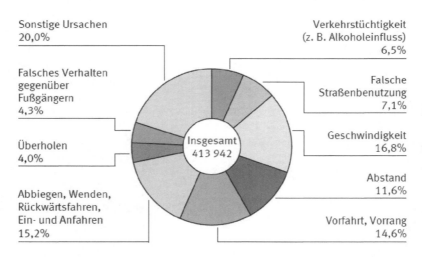

Abb. 1: Statistik über Unfallursachen

§ 8 Geschwindigkeit – Unfallursache: Nicht angepasste Geschwindigkeit

Es stellt sich die Frage, wie kommt es zu Unfällen mit nicht angepasster Geschwindigkeit?

In § 3 StVO „Geschwindigkeit" ist vermerkt, dass jeder Fahrzeugführer nur so schnell fahren darf, dass er sein Fahrzeug ständig beherrscht. Er hat seine Geschwindigkeit insbesondere den Straßen-, Verkehrs-, Sicht- und Wetterverhältnissen sowie seinen persönlichen Fähigkeiten und den Eigenschaften von Fahrzeug und Ladung anzupassen.

A. Unterscheidungsmerkmale

In § 3 der StVO heißt es, dass unter günstigen Umständen außerhalb geschlossener Ortschaften für Pkw sowie für andere Kfz mit einem zulässigen Gesamtgewicht bis 3,5 t die zulässige Höchstgeschwindigkeit 100 km/h beträgt. Dieses trifft aber nur zu, wenn die **Sichtmöglichkeit** diese **Geschwindigkeit zulässt**. Fährt ein Fahrzeugführer mit eingeschaltetem Abblendlicht auf einer unbeleuchteten Landstraße, so läge aufgrund der geringeren Sichtweite eine situationsabhängige zulässige Geschwindigkeit von möglicherweise nur ca. 55 km/h vor. Kollidiert der Fahrzeugführer nun mit einem Hindernis (z.B. auf der Straße liegende, dunkelgekleidete Person) und es stellt sich durch eine Kollisionsanalyse heraus, dass er mit einer weitaus höheren Geschwindigkeit als 55 km/h gefahren ist, so war die Geschwindigkeit der Dunkelheit nicht angepasst.

828

Ein weiterer äußerer Umstand, bei dem der Fahrzeugführer seine Geschwindigkeit anpassen muss, liegt dann vor, wenn **witterungsbedingte Faktoren** einfließen. Auf einer trockenen Fahrbahn lassen sich andere Fahrvorgänge vollziehen, als z.B. auf einer nassen/feuchten oder auch winterglatten Fahrbahn. Können auf trockener Fahrbahn durch die Reifenkräfte Verzögerungen oder Querbeschleunigungen von bis zu 9 m/s^2 erreicht werden, so verringert sich dieser Wert bei nasser Fahrbahn auf ca. 7 m/s^2. Noch drastischer wird dies auf winterglatter Fahrbahn. In diesem Fall lassen die äußeren Umstände maximale Verzögerungen von 2 m/s^2 zu.

Ein **Beispiel** für einen witterungsbedingten Einfluss zeigt die Abb. 2.

829

Ein Pkw-Fahrer durchfährt eine Linkskurve. Im Scheitelpunkt der Linkskurve kommt er nach rechts von der Fahrbahn ab und kollidiert mit einem Straßen-

Teil 4: Typische Unfallarten und -konstellationen

baum. Zum Unfallzeitpunkt war die Fahrbahn leicht gefroren. Es befand sich stellenweise eine leichte Eisschicht auf der Fahrbahn.

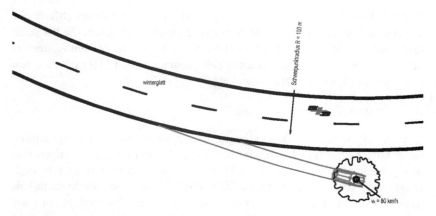

Abb. 2: Beispiel für nicht angepasste Geschwindigkeit (witterungsbedingt)

Aus den Fahrzeugbeschädigungen lässt sich anhand einer Datenbank (Crashversuche CTS: *www.crashtest-service.com* die Kollisionsgeschwindigkeit des Pkw mit dem Straßenbaum mit gerundet 80 km/h bestimmen.

Der Kurvenradius kann mit ca. 100 m angegeben werden. Bei einer Geschwindigkeit von 80 km/h baut sich eine Querbeschleunigung von gerundet 5 m/s^2 auf. Somit ließe sich bei trockener Fahrbahn die Kurve problemlos mit dieser Geschwindigkeit befahren. Witterungsbedingt (winterglatte Fahrbahn) kann die Kurve wegen der übertragbaren Reifenkräfte aber nur mit ca. 50 km/h befahren werden. Damit ist die Unfallursache eindeutig in der nicht angepassten Geschwindigkeit zu suchen.

Gleichermaßen verhält es sich, wenn ein Fahrzeugführer im Zuge des Durchfahrens einer Rechtskurve auf die Gegenfahrspur gerät und hier mit dem entgegenkommenden Verkehr kollidiert. Sollte sich bei der Kollisionsanalyse ebenfalls ergeben, dass sich die Fahrbahnbeschaffenheit und der Kurvenradius mit der ermittelten Kollisionsgeschwindigkeit nicht in Einklang bringen lassen, so ist hier ebenfalls darstellbar, dass die Hauptunfallursache die nicht angepasste Geschwindigkeit ist.

§ 8 Geschwindigkeit – Unfallursache: Nicht angepasste Geschwindigkeit

Dies sind zwei Beispiele bei denen äußere Umstände zu einer Herabsetzung der zulässigen Geschwindigkeit führen.

Neben den witterungsbedingten, äußeren Umständen lassen sich auch **situationsbezogene Gegebenheiten** darstellen. Eine dieser Situationen liegt z.B. dann vor, wenn am Fahrbahnrand Kinder stehen – Abb. 3.

Hier sollte der Fahrzeugführer seine Geschwindigkeit derart verringert, dass er auf die Kinder, die evtl. ohne auf den Verkehr zu achten auf die Fahrbahn laufen können, jederzeit rechtzeitig reagieren kann. Neben der verringerten Geschwindigkeit gilt hier auch eine erhöhte Aufmerksamkeit.

Abb. 3: Kinder am Fahrbahnrand

Auch spielen die **Sichtweiten** eine **entscheidende Rolle** bei der Auswahl der Geschwindigkeit. Fährt man auf einer sehr schmalen außerörtlichen, kurvenreichen Strecke (Abb. 4), bei der die Sichtweite durch Bewuchs oder andere Hindernisse (Häuser, Mauern, usw.) eingeschränkt ist, so muss eine Geschwindigkeit gewählt werden, bei der der Fahrzeugführer innerhalb der halben Sichtweite sein Fahrzeug beherrschbar zum Stillstand bringen kann, da

Teil 4: Typische Unfallarten und -konstellationen

evtl. damit gerechnet werden muss, dass sich ein breites Fahrzeug (z.B. Lkw, Bus oder landwirtschaftliches Gerät) im Gegenverkehr nähert, mit dem ein problemloser Begegnungsverkehr nicht möglich ist.

Abb. 4: Sichtbehinderung durch Bewuchs

Dabei ist zu berücksichtigen, dass der Fahrzeugführer nur so stark verzögern kann (starke Angleichsbremsung), dass sein Fahrzeug noch in der Kurve stabil bleibt und er das Fahrzeug beherrschen kann, ohne dass es in den Gegenverkehr rutscht. Auch hier spielen wieder die äußeren Umstände, wie die Fahrbahnbeschaffenheit eine zusätzlich wichtige Rolle.

832 Sind die äußeren und situationsbedingten Umstände ideal, d.h. die Fahrbahn ist trocken und die Sichtweite der Fahrzeugführer ist gut, so kann es zum Unfallgeschehen kommen, wenn ein oder auch mehrere **Fahrzeugführer** sich **fehl verhalten**. Ein Fehlverhalten ist häufig die nicht angepasste Geschwindigkeit, d.h., die zulässige Höchstgeschwindigkeit ist überschritten worden.

Die Abb. 5 zeigt ein **Beispiel** für eine persönliche Fehleinschätzung jeweils beider Fahrzeugführer. Der Pkw 01 beabsichtigt, von der untergeordneten

§ 8 Geschwindigkeit – Unfallursache: Nicht angepasste Geschwindigkeit

Straße aus nach links auf die bevorrechtigte Straße abzubiegen. Hierbei übersieht er den von links kommenden, bevorrechtigten Pkw 02. Der Pkw 02 prallt trotz Vollbremsung mit der linken vorderen Fahrzeugecke gegen die linke hintere Fahrzeugecke des einbiegenden Pkw 01.

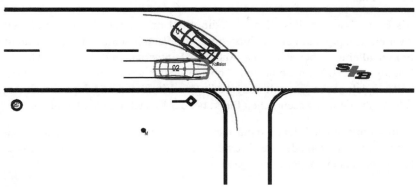

Abb. 5: Beispiel für eine persönliche Fehleinschätzung

Aus der durchgeführten Kollisionsanalyse folgt, dass der Pkw 02 mit einer Ausgangsgeschwindigkeit von 65 km/h fuhr. Wäre er, wie dies die Weg-Zeit-Analyse (vgl. KORNAU VRR 2006, 57) ergeben hat, zum Reaktionszeitpunkt, als er auf den einbiegenden Pkw 01 reagiert hat, mit der zulässigen innerörtlichen Höchstgeschwindigkeit von 50 km/h gefahren, so hätte er das Unfallgeschehen zwar nicht räumlich vermeiden können, er wäre aber zeitlich später am Kollisionsort angelangt. In dieser Zeitdauer wäre der einbiegende Pkw weiter vorgefahren, so dass es nicht zur Kollision zwischen den Fahrzeugen gekommen wäre.

Auch hier ist neben der Fehleinschätzung des einbiegenden Pkw-Fahrers, der den bevorrechtigten Pkw frühzeitig erkennen konnte, als **Hauptursache** die **überhöhte Geschwindigkeit** des bevorrechtigten Pkw-Fahrers zu sehen.

Es lassen sich für nicht angepasste Geschwindigkeit **viele weitere Unfallszenarien** darstellen, bei denen sich die Fahrzeugführer nicht auf den örtlichen, situationsbezogenen (Kinder am Fahrbahnrand) oder witterungsbedingten Gegebenheiten (eisige oder nasse Fahrbahnoberfläche bzw. Dunkelheit) eingestellt haben und es zu einem Verkehrsunfall kam. Auch das Fehleinschätzen

Teil 4: Typische Unfallarten und -konstellationen

der gefahrenen Geschwindigkeit des Unfallgegners bzw. anderer Verkehrsteilnehmer spielt oft eine Rolle als Unfallursache. Bei der Beurteilung eines Verkehrsunfalls sind daher die gesamten Gegebenheiten der Unfallörtlichkeit, der Witterung und anderer Parameter zu berücksichtigen.

B. Fazit

834 Als Fazit lässt sich darstellen, dass die **nicht angepasste Geschwindigkeit** zwar ein Hauptpunkt bei der Entstehung von Verkehrsunfällen ist, aber **nicht immer alleine** zu betrachten ist. Auch das Fehlverhalten des anderen Unfallbeteiligten, z.B. beim Einbiegen, Abbiegen, Spur wechseln oder beim Überholen, spielt neben den witterungsbedingten Einflüssen und der Fahrbahnbeschaffenheit einen wesentlichen Punkt bei der Entstehung von Unfällen.

Häufig ereignen sich Unfälle nur dann, wenn sich beide Unfallbeteiligte zugleich fehlverhalten oder die Fahrweise nicht den Gegebenheiten (Witterung, Sichtmöglichkeiten, usw.) angepasst wird.

§ 9 Geplatzter Reifen – Reifenschäden/mögliche Ursachen

„Reifen geplatzt: 8 Verletzte beim Unfall"

Durch einen geplatzten Reifen ist am Mittwoch (6.7.2005) auf der Autobahn 445 im Bereich der Ortschaft Ense (Kreis Soest) ein Kleinbus verunglückt. Die 70 Jahre alte Fahrerin des mit 8 Frauen besetzten Fahrzeuges hatte durch den Defekt des Hinterreifens die Kontrolle über den Wagen verloren. Nach Angaben der Arnsberger Autobahnpolizei überschlug sich der Kleinbus und landete auf der Seite. Bei dem Unfall wurden 7 Frauen verletzt, eine von ihnen schwer. Eine Insassin des Fahrzeuges blieb unverletzt. (Quelle http://www.wdr.de)

Solche oder vergleichbare Meldungen liest und hört man des Öfteren.

Es stellt sich nun die Frage, warum ist der Hinterreifen, wie in diesem Fall, geplatzt. War es ein Materialfehler oder fehlerhafte Benutzung/Wartung des Halters/Fahrers?

Um dieser Frage nachgehen zu können, ist es für den Unfallanalytiker erforderlich, den kompletten beschädigten Reifen, wenn möglich noch auf der Felge montiert, für die Untersuchung zur Verfügung gestellt zu bekommen. Auch ist es erforderlich, evtl. abgerissene Laufflächenteile vorliegen zu haben.

In der Präsentationsmappe der Firma Continental AG wird beschrieben, dass nach unabhängigen Untersuchungen (DEKRA, TÜV, Automobil-Clubs usw.) etwa jeder 20. Autobahnunfall durch einen geplatzten Reifen verursacht worden sei. Bei mindestens 9 von 10 dieser Unfälle trifft laut den Untersuchungen die Autofahrer selbst die Schuld am schlechten oder schadhaften Zustand des Reifens.

Im Folgenden sollen mögliche Beschädigungen und ihre Ursachen aufgezeigt werden.

A. Schadensbilder

Wurde der Reifen mit zu geringem Luftdruck gefahren, erhält man z.B. ein Schadensbild, wie dies auf den Abbildungen 1 und 2 zu erkennen ist.

Teil 4: Typische Unfallarten und -konstellationen

Abb. 1: Reifenschaden (Quelle: „Reifenschäden und ihre Ursachen" – Continental AG 2004)

Bei dem Reifen (Abb. 1) ist es zur starken Erwärmung durch Fahren mit erheblichem Minderdruck gekommen. Dies hat zur Folge, dass es zu Separationen zwischen den Aufbauteilen und zur Verschmorung des Gummimaterials kommt.

Durch diese mögliche Trennung infolge der starken Erwärmung des Reifens durch Fahren mit zu niedrigem Luftdruck kann es durch die enormen Fliehkräfte bei hohen Geschwindigkeiten sogar zum Abreißen einzelner Reifenteile kommen, wie dies die Abb. 2 zeigt.

Abb. 2: Reifenschaden (Quelle: „Reifenschäden und ihre Ursachen" – Continental AG 2004))

§ 9 Geplatzter Reifen – Reifenschäden/mögliche Ursachen

Ein weiteres typisches Indiz für Fahren mit zu geringem Luftdruck sind umlaufende, nutenförmige Spuren im Wulstbereich, dort wo der Reifen auf dem Felgenhorn scheuert – s. Abb. 3.

837

Abb. 3: Einkerbungen im Wulstbereich (Quelle: „Reifenschäden und ihre Ursachen" – Continental AG 2004)

Auch kann es zur Überhitzung des Reifens kommen, wenn die zulässige Tragkraft des Reifens überschritten wird, sodass der Reifen größere Walkarbeiten verrichten muss, als für die er ausgelegt ist. Auch hierbei kommt es durch die starken Materialverformungen zur Erhitzung des Reifens, der anschließend zum Ausfall führen kann. Um festzustellen, warum es zum Druckabfall im Reifen kam, der auch langsam und schleichend vollzogen werden kann, ist es erforderlich, möglichst den kompletten beschädigten Reifen samt evtl. abgelöster Lauffläche zu untersuchen.

Die häufigsten Ausfallursachen sind kleine, äußere Verletzungen, ein schadhaftes Ventil oder eine durch Korrosion oder Beschädigung undichte Felge.

838

Zu dem beschriebenen Druckabfall kann es aber auch kommen, wenn durch äußere Einwirkungen der Reifen beschädigt wird. Eine derartige äußere Einwirkung kann z.B. durch Überfahren eines Hindernisses/Bordsteins vorliegen.

839

Teil 4: Typische Unfallarten und -konstellationen

Abb. 4: Bordsteinanprall (Quelle: „Reifenschäden und ihre Ursachen" – Continental AG 2004)

Bei derartigem Bordsteinanprallen mit nicht angepassten Geschwindigkeiten wird die Karkasse des Reifens gegen das Felgenhorn gequetscht, sodass es in der Berührungszone aufbricht. Dieser Schaden lässt sich u.a. an deutlichen Angriffspuren im Seitenwandgummi erahnen – s. Abb. 5.

Abb. 5: Seitenwandbeschädigung (Quelle: „Reifenschäden und ihre Ursachen" – Continental AG 2004)

840 Nicht auszuschließen sind auch Produktionsfehler, bei denen z.B. die Stahlgürtellage nicht ordnungsgemäß unterhalb der Lauffläche liegt, so wie es auf der Abb. 6 zu sehen ist.

§ 9 Geplatzter Reifen – Reifenschäden/mögliche Ursachen

Abb. 6: Herstellungsfehler

Dort ragen einzelne Stahlgürtelbänder aus den einzelnen Profilblöcken heraus. Dieses Herausragen der einzelnen Stahlbänder hatten zur Ursache, dass Feuchtigkeit in den Reifen eindringen konnte, sodass die Stahlgürtellagen korrodieren und anschließend nicht mehr die Belastungen aushalten konnten, für die der Reifen ausgelegt war, sodass sie ausfallen und der Reifen zerstört wurde. Schlimmstenfalls führt dies zu einem fatalen Unfall.

Ebenfalls kann es zur Korrosion der Stahlgürtellagen kommen, wenn spitze Gegenstände (Schrauben, Nägel usw.) durch die Lauffläche bis auf die Stahlgürtellage stoßen, und hierbei ein Loch im Profil entsteht, sodass Feuchtigkeit eindringen kann. Auch dann kann es zur Zerstörung der Stahlgürtellage kommen und der Reifen kann ausfallen.

Um diese Unterscheidung treffen zu können, ob es sich um einen Produktionsfehler oder um einen Defekt in der Lauffläche, ausgelöst durch einen Fremdkörper, gehandelt hat, ist es notwendig, den kompletten Reifen samt evtl. abgelöster Lauffläche zu untersuchen.

Teil 4: Typische Unfallarten und -konstellationen

842 Die Separation zwischen den einzelnen Reifenlagen lässt sich gut erkennen, wenn man den Reifen im Bereich der Schadstelle durchsägt. Man erhält dann einen Blick auf den Reifenquerschnitt, wie dies u.a. auf der Abb. 7 zu sehen ist. Man erkennt die einzelnen Lagen des Reifens.

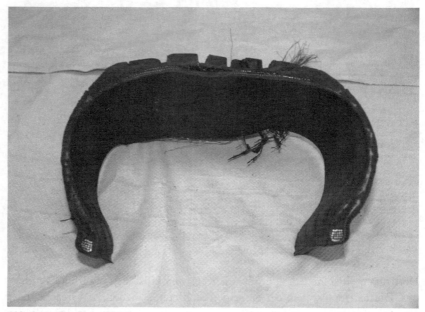

Abb. 7: Reifenquerschnitt

843 Nicht jeder zerstörte Reifen ist auf zu niedrigen Luftdruck zurückzuführen. Ebenfalls kann es schon zur Beschädigung des Reifens während der Montage auf die Felge kommen.

Eine Möglichkeit besteht, wenn der Reifenwulst beim Montieren am sog. „Hump" (engl.: Buckel) der Felge hängen bleibt. In diesem Fall besteht die Gefahr, dass der Kern bei zu hohem Fülldruck überdehnt wird und seine Stahldrähte ganz oder teilweise reißen. Man spricht vom Kernbruch des Reifens.

Sollte dies der Fall sein, so entsteht ein Schaden, wie er z.B. auf der Abb. 8 zu sehen ist.

§ 9 Geplatzter Reifen – Reifenschäden/mögliche Ursachen

Abb. 8: Kernbruch (Quelle: „Reifenschäden und ihre Ursachen" – Continental AG 2004)

Ebenfalls kann es zur Beschädigung der Reifenwulst während der Montage auf die Felge kommen. Typische Montagebeschädigungen sind auf der Abb. 9 zu sehen.

Abb. 9: Montagebeschädigung (Quelle: „Reifenschäden und ihre Ursachen" – Continental AG 2004)

Diese bisher beschriebenen Beschädigungen haben einen Komplettausfall bzw. die Zerstörung des Reifens zur Folge. Neben diesen vorgestellten Beschädigungsbildern gibt es weitere Veränderungen am Reifen, die durch falsche, unsachgemäße Benutzung entstehen und aber auch durch den Benutzer erkannt werden können.

Teil 4: Typische Unfallarten und -konstellationen

844   Wenn ein Auto fährt, reibt jeder Reifen mit seiner Lauffläche auf der Fahrbahn, sichtbar an der allmählich geringer werdenden Profiltiefe. Dieser normalerweise langsame und gleichmäßige Reifenabrieb ist unvermeidbar und sogar notwendig:

Denn um Kräfte auf die Fahrbahn zu übertragen, seien es Umfangskräfte, wie beim Beschleunigen oder Bremsen, oder Seitenkräfte, wie bei Kurvenfahrten, ist aufgrund physikalischer Gesetze Schlupf erforderlich.

Schlupf bezeichnet die Relativbewegung zwischen Fahrbahn und Reifen, die bei der Kraftübertragung entsteht. Schlupf bedeutet, dass die Fahrzeuggeschwindigkeit größer oder kleiner als die Umfangsgeschwindigkeit des Rades ist. Mit anderen Worten:

Die zurückgelegte Strecke des Fahrzeuges ist länger oder kürzer, als es dem Abrollumfang des Reifens entspricht – s. Abb. 10.

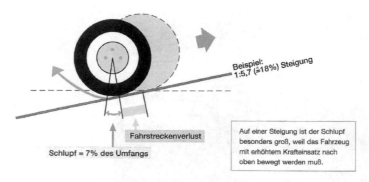

Abb. 10: Schlupf (Quelle: „Reifenschäden und ihre Ursachen" – Continental AG 2004)

845   Die Größe des Abriebes und damit die Laufleistung eines Pkw-Reifens ist u.a. abhängig von der Stärke des Schlupfes. Schlupf als solcher entsteht zwar zwangsläufig beim Fahren, aber seine Stärke wird ganz entscheidend beeinflusst von der Fahrweise.

Der Abrieb der Lauffläche wächst quadratisch mit der Größe des Schlupfes – doppelt so großer Schlupf bedeutet also 4-facher Abrieb und damit nur etwa ¼ der Reifenlaufleistung.

§ 9 Geplatzter Reifen – Reifenschäden/mögliche Ursachen

Bei einer weichen, zügigen Beschleunigung auf trockener Fahrbahn werden Schlupfwerte bis 2 % erreicht. Wird die volle Motorkraft eingesetzt, sind Werte bis zu 20 % möglich. Der Abrieb bei normaler und bei extremer Fahrweise variiert also um den Faktor 10.

Neben diesem normalen Abrieb durch Schlupf kann auch anormaler Abrieb vorliegen. Ein Beispiel für anormalen Abrieb ist einseitiger Verschleiß. Die häufigste Ursache für einseitigen Verschleiß sind jedoch unzuverlässige Abweichungen in der Radstellung. 846

Diese Fehler schleichen sich im Alltag z.B. durch hartes Anfahren an Bordsteinen ein. 847

Auch eine Fahrzeugtieferlegung und Leichtmetallräder können die Radstellung negativ beeinflussen. Durch geänderte Hebelarme (z.B. geringe Felgen-Einpresstiefen nach einer Umrüstung) können sich die vorgegebenen Radeinstelldaten verstellen.

Dieser einseitige Verschleiß – s. Abb. 11 – kann so weit führen, dass die Lauffläche komplett verschlissen ist und schon die darunter liegenden Reifenlagen sichtbar werden.

Abb. 11: einseitiger Abrieb (Quelle: „Reifenschäden und ihre Ursachen" – Continental AG 2004)

Neben dem einseitigen Verschleiß kann es auch zum Mittenverschleiß kommen. Dieses Verschleißbild findet man an Antriebsrädern leistungsstarker Fahrzeuge, die oft auf langen Strecken mit hoher Geschwindigkeit fahren. 848

Teil 4: Typische Unfallarten und -konstellationen

Bei hoher Geschwindigkeit wächst der Reifendurchmesser, bedingt durch die Fliehkraft in der Mitte der Lauffläche stärker als an den Schultern. Die Angriffskräfte werden also hauptsächlich vom mittleren Bereich der Lauffläche auf die Fahrbahn übertragen – was sich im Verschleißbild widerspiegelt. Ein Beispiel für Mittenverschleiß gibt die Abb. 12 wieder. Mittenverschleiß kann besonders ausgeprägt bei breiten Reifen auftreten.

Abb. 12: *Mittenverschleiß (Quelle: „Reifenschäden und ihre Ursachen" – Continental AG 2004)*

Durch Vollbremsungen mit blockierenden Rädern kommt es zur Bildung von Blockierstellen (Bremsplatten) an der Lauffläche des Reifens.

Diese Blockierstellen entstehen, weil beim Rutschen der Reifen über die Fahrbahn Reibungswärme erzeugt wird, die den Abriebswiderstand des Laufflächenmaterials mindert.

Auch eine noch so abriebsfeste Laufflächenqualität kann Blockierstellen, wie sie bei extremen Bremsmanövern auftreten, nicht verhindern.

Selbst ABS-geregelte Bremssysteme können ein kurzzeitiges Blockieren und damit geringe Abflachungen nicht völlig ausschließen.

Diese vorgestellten Verschleißerscheinungen an Reifen haben zur Folge, dass, wenn sie nicht frühzeitig erkannt werden, der Reifen nicht mehr fahrbar ist und durch einen Neureifen ausgetauscht werden muss.

B. Fazit

Wie diese einzelnen vorgestellten Reifenbeschädigungen und Schadensbilder am Reifen zeigen, ist als eine der Hauptursachen oft zu niedriger Luftdruck zu nennen. Durch regelmäßige Wartung und Kontrolle der Reifen wäre es somit möglich, auch einen schleichenden Luftverlust der Reifen frühzeitig zu erkennen. Dann käme es nicht zum Ausfall des Reifens und somit evtl. auch nicht zu einem verheerenden Unfall.

849

Sollte es doch zu einem derartigen Unfallgeschehen gekommen sein, ist es für die Beurteilung des Reifenschadens erforderlich, dass der komplette Reifen, wenn möglich noch auf der Felge montiert, zur Begutachtung zur Verfügung gestellt werden kann.

Teil 5: Neue Entwicklungen – neue Risiken?

§ 1 Fahrerassistenzsysteme: Eine Herausforderung an Sachverständige und Juristen

Als Fahrerassistenzsysteme bezeichnet man technische Systeme, die dem Fahrer bei Bewältigung ihrer Fahraufgabe assistieren, diese jedoch nicht übernehmen. Sie haben einen positiven Einfluss auf die Verkehrssicherheit, jedoch können sie durch Fehlfunktion Schaden verursachen. Der folgende Beitrag will beispielhaft drei Assistenzsysteme in ihrer Funktion vorstellen und auf mögliche Fehlfunktionen und deren Detektion hinweisen.

A. Einleitung

Fahrerassistenzsysteme sind technische Systeme im Automobilbau, die durch situationsabhängige Eingriffe in den Fahrvorgang durch **Warnen** und/oder **Regeln** kritische Fahrsituationen entschärfen oder deren Auftreten zur Gänze vermeiden sollen. Sie haben einen deutlichen Einfluss auf die Verkehrssicherheit und somit auf das Unfallgeschehen. Da keine Maßnahme ohne Nebenwirkung bleibt und technische Systeme, insbesondere von einer Komplexität wie ein Fahrerassistenzsystem, grds. Fehlfunktionsmöglichkeiten bergen, werden diese Systeme zwangsläufig Gegenstand juristischer Auseinandersetzungen sein.

Der nachfolgende Beitrag will anhand dreier marktgängiger Fahrerassistenzsysteme die Wirkungsweise erläutern und auf die Erkennbarkeit technischer Fehler hinweisen.

B. Fahrerassistenzsysteme und ihre Funktion

Vor 30 Jahren beschränkte sich passive Sicherheit weitgehend auf den Dreipunktgurt und die Verbundglasfrontscheibe. Aktive Sicherheit waren Gürtelreifen und, wenn es hoch kam, Scheibenbremsen vorne. Dies war allerdings auch eine Zeit, in der es auf dem Gebiet der alten Bundesrepublik noch mehr als 15.000 Verkehrstote gab. Dass trotz deutlich steigender Verkehrsleistung die Anzahl der Getöteten als plakative Kenngröße für den Stand der Verkehrssicherheit im deutschen Straßenverkehr kontinuierlich sinkt, ist zu großen Teilen der Entwicklung und der Marktdurchdringung von Fahrerassistenzsystemen zu verdanken (Abb. 1). Diese Entwicklung begann mit der Einführung des ersten vollelektronischen ABS in der Mercedes S-Klasse 1978.

Teil 5: Neue Entwicklungen – neue Risiken?

Heute halten Fahrerassistenzsysteme Abstand und Geschwindigkeit konstant, bremsen in einer Gefahrensituation das Fahrzeug mit maximal möglicher Verzögerung ab, warnen, wenn man sich den Leitlinien zu sehr nähert, weisen einem den Weg oder helfen beim rückwärts Einparken. Neben der Fahrzeugsicherheit haben Assistenzsysteme eine deutliche Komfortkomponente, da sie dem Fahrer bei der Bewältigung seiner Fahraufgabe assistieren.

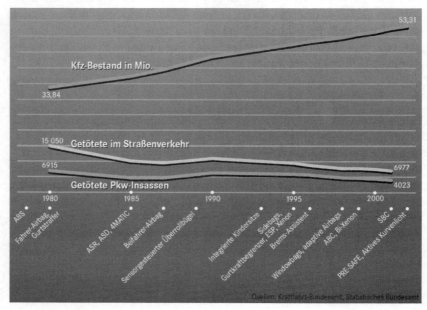

Abb. 1 Entwicklung der Verkehrsopferzahlen in Relation zu Fahrzeugsicherheitssystemen[1]

853 Alle Fahrerassistenzsysteme sind in ihrer Grundstruktur vergleichbar. Eine Sensorik misst Umwelt- und/oder Fahrzeugparameter. Diese können Fahrgeschwindigkeit des eigenen („Ego"-) Fahrzeugs, Abstand und Geschwindigkeit eines Vorausfahrenden oder Seitenabstand zur Fahrbahnbegrenzungslinie sein. Diese Parameter werden über ein BUS-System (BUS-System = intelligente Datenleitung zwischen Rechnersystemen und Systembauteilen) einem Steuergerät zugeführt. In dem Steuergerät ist ein Algorithmus hinterlegt, der abhängig von den Parametern der Sensoren eine Aktuatorik steuert. Ein Aktuator kann eine elektrische Servolenkung, ein Bremsventil, eine elektronische

---

1 http//conti-online.mediaroom.com/file.php/320/Saga+of+the+Moose.pdf.

§ 1 Fahrerassistenzsysteme: Herausforderung an Sachverständige & Juristen

Scheinwerferverstellung aber auch ein Elektromotor mit einer Unwuchtscheibe zur Erzeugung von Vibrationen im Lenkrad zur Aufmerksamkeitssteuerung des Fahrers sein, bspw. bei Spurverlassenswarnern.

In der Automobilindustrie wird gelegentlich zwischen Komfort- und Sicherheitssystemen unterschieden. Die Unterscheidung erfolgt über die Verfügbarkeit der Funktion. Bei einem Sicherheitssystem wie bspw. ESP kann sich der Fahrer darauf verlassen, dass ihm diese Funktion während des Fahrbetriebes stets zur Verfügung steht. Komfortsysteme sollen den Fahrvorgang komfortabler machen und erfordern daher nicht zwingend eine dauerhafte Verfügbarkeit. Dies sind häufig Systeme, die auf bestimmte Umweltbedingungen wie Fahrspurmarkierungen angewiesen sind. Eine mangelhafte oder fehlende Fahrspurmarkierung führt hier zu einem Ausfall des Systems, der jedoch nicht in der Verantwortung des Herstellers liegt. Eine solche, nicht dauerhafte Verfügbarkeit eines Komfortsystems ist in der Bedienungsanleitung des Fahrzeugs aufzuführen. Wie die nachfolgende Abb. 2 zeigt, ist eine **Unterscheidung in Komfort- und Sicherheitssystem nicht sinnvoll**, da auch Komfortsysteme einen Sicherheitsgewinn versprechen. 854

Schließlich gilt jedoch, dass der Fahrer stets und unter allen Umständen die Verantwortung für den Fahrvorgang trägt.

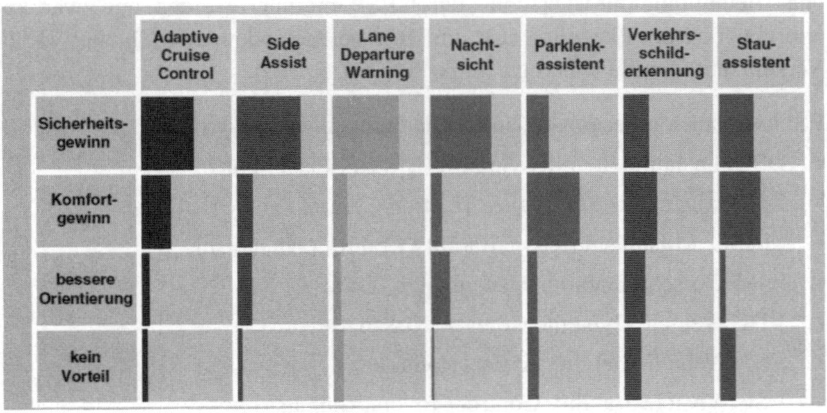

Abb. 2 Sicherheits- und Komfortgewinn verschiedener Fahrerassistenzsysteme[2]

---

2   Quelle: Siemens VDO Automotive, SV Consumer Survey, Zittlau/Happe, 2005, in: Fuhrmann, K. H., „Fahrerassistenzsysteme: Komfort und Sicherheit, VDI-Berichte Nr. 1960, 2006, S. 19 ff.

Im Folgenden sollen drei Fahrerassistenzsysteme beispielhaft in ihrer Funktion beschrieben werden:

I. Elektronisches Stabilisierungsprogramm ESP

855 ESP ist eine gängige Bezeichnung für **e**lektronische **S**tabilisierungs**p**rogramme und eine eingetragene Marke der Daimler-AG. ESP ist in einem Ranking der für den Fahrzeugnutzer profitabelsten Sicherheitssysteme an dritter Stelle zu nennen (*Zobel*, „The safety effect of active and passive systems" ITS World Congress, San Francisco, 2005), nach der stabilen Fahrgastzelle und dem Dreipunktgurt. Nationale und internationale Studien haben die Wirksamkeit von ESP mehrfach bestätigt: Untersuchungen haben gezeigt, dass 25 % aller Pkw-Unfälle mit Personenschaden und 35 – 40 % aller Pkw-Unfälle mit Getöteten durch ESP positiv beeinflussbar wären. Pro Jahr könnten 37.000 Unfälle mit Verletzten und 1.100 Unfälle mit Getöteten in Deutschland vermieden oder zumindest in ihren Folgen abgeschwächt werden. In Großbritannien ist von 400 Toten und 3.000 Schwerverletzten weniger pro Jahr die Rede (Quelle: *http://www.unfallforschung-der-versicherer.de/*), in den USA – wo ESP ab Modelljahr 2012 für alle neuen Autos Pflicht wird – von einem Rückgang der tödlichen Unfälle um 43 %. US-Studien belegen auch, dass tödliche Alleinunfälle mit Überschlag durch ESP minimiert werden, und zwar um enorme 40 % bei Pkw und sogar um 73 % bei Geländewagen (Quelle: VKU, Verkehrsunfall und Fahrzeugtechnik 11/2006, S. 270).

ESP wird auch unter folgenden Bezeichnungen vermarktet:
- DSC: Dynamic Stability Control (BMW, Mazda, Ford)
- DSTC: Dynamic Stability & Traction Control (Volvo)
- MASC: Mitsubishi Active Stability Control (Mitsubishi)
- PSM: Porsche Stability Management (Porsche)
- VDC: Vehicle Dynamic Control (Nissan, Subaru)
- VSA: Vehicle Stability Assist (Honda)
- VSC: Vehicle Stability Control (Toyota, Daihatsu)
- StabiliTrak (Cadillac)

856 Im fahrdynamischen Grenzbereich, also bei zu hohen Kurvengeschwindigkeiten, unterscheidet man grds. zwei verschiedene Arten der Fahrzeugreaktionen, das Untersteuern und das Übersteuern (Abb. 3)

§ 1 Fahrerassistenzsysteme: Herausforderung an Sachverständige & Juristen

Abb. 3 Darstellung von Übersteuern (links) und Untersteuern (rechts) beim Pkw[3]

Beim Übersteuern dreht das Fahrzeug dergestalt um die Hochachse, dass das Fahrzeugheck zum Kurvenaußenrand drängt. Untersteuern bedeutet hingegen, dass das Fahrzeug über die Vorderräder mit der Front zum Kurvenaußenrand schiebt. In beiden Fällen folgt das Fahrzeug nicht mehr dem vom Fahrer vorgegebenen Sollkurs. Dies kann im schlimmsten Falle eine Kollision mit Objekten im Gegenverkehr oder im Seitenraum zur Folge haben. Problematisch ist, dass aufgrund des Eindrehens der Unfallgegner nicht mehr mit der Front kontaktiert wird, die über die Deformations- oder auch Knautschzone eine vergleichsweise moderate Kollision ermöglicht. Der Unfallgegner prallt gegen die Fahrzeugseite. Diese kann wesentlich weniger Deformationsarbeit aufnehmen, als die Fahrzeugfront und der Fahrzeuginsasse als schützenswertes Objekt ist dem Unfallgegner wesentlich näher. Das bedeutet, dass die Wahrscheinlichkeit des Eindringens des Unfallgegners in die Fahrgastzelle größer und die Insassenbelastungswerte höher sind, was wiederum ein höheres Verletzungsrisiko birgt.

857

In diesem Punkt liegt die Schutzwirkung des ESP. Ein ESP-System dient zur aktiven Unterstützung des Fahrers in fahrdynamisch kritischen Situationen. Ziel des Systems ist eine **Stabilisierung des Fahrzeugs** und eine Reduktion der Gierbewegung (Gieren = Drehbewegung des Fahrzeugs um die Hochachse). Dies reduziert die Gefahr von Schleuderunfällen auf der einen Seite, führt andererseits jedoch in dem Fall, dass eine Kollision nicht abgewendet werden kann dazu, dass das ESP-Fahrzeug mit der Front voran mit dem Unfallgegner kollidiert. Nur dann kann das passive Schutzpotenzial des Fahrzeugs vollstän-

---

3   Quelle: http://www.kfztech.de/kfztechnik/sicherheit/ESP.htm.

dig ausgenutzt werden. Eines jedoch, und hierauf ist immer wieder hinzuweisen, kann ESP nicht: Die Grenzen der Fahrphysik aufheben oder verschieben. Eine zu hohe Kurvengeschwindigkeit wird nach wie vor dazu führen, dass auch ein mit ESP ausgerüstetes Fahrzeug die Fahrbahn verlassen wird.

858 Die Komponenten des Systems zeigt Abb. 4. Über einen Gierratensensor wird die Gierbewegung und die Querbeschleunigung des Fahrzeugs gemessen und daraus der Ist-Kurs des Fahrzeugs ermittelt. Dieser wird mit dem Soll-Kurs, also dem Fahrerwunsch, verglichen. Der Soll-Kurs wird über den Lenkwinkelsensor und den Raddrehzahlen ermittelt. Bei Abweichung des Ist- vom Soll-Kurs regelt das ESP innerhalb weniger Millisekunden. Auf zweierlei Weise wird der Wagen wieder auf richtigen Kurs gebracht. Zum einen durch genau dosierte Bremseingriffe an einem oder mehreren Rädern, d.h. jedes einzelne Rad kann durch ESP individuell abgebremst werden (so als könnte man mit vier Füßen vier Bremspedale bedienen). Zum anderen wird, falls notwendig, automatisch die Motorleistung angepasst. Übersteuert das Fahrzeug, bremst ESP aktiv, ohne Einflussnahme des Fahrers das kurvenäußere Vorderrad ab. Beim Untersteuern bremst ESP das kurveninnere Hinterrad selektiv ab (vgl. Abb. 3). In beiden Fällen wird ein Drehmoment um die Fahrzeughochachse erzeugt, das der fahrdynamischen Drehbewegung entgegenwirkt. Ist das Fahrzeug mit einer elektromechanischen Lenkung ausgerüstet, greift diese, ebenfalls ohne Eingriff des Fahrers, selbsttätig in die Fahrzeugsteuerung ein und unterstützt somit die Stabilisierung des Fahrzeugs.

859 Bemerkenswert ist hier der Unterschied zu herkömmlichen Bremskraftverstärkern. Diese verstärken den vom Fahrer über das Bremspedal vorgegebenen Bremsdruck. Durch die Hydraulikeinheit des ESP wird ein Bremsdruck auch ohne Pedalbetätigung des Fahrers generiert. Dieser Bremsdruck ist in der Lage, einzelne oder alle Räder des Fahrzeugs bis zur Blockiergrenze abzubremsen. Ein Selbstbremsen des Fahrzeugs ist somit technisch möglich.

Elektronisches Stabilitätsprogramm (ESP)

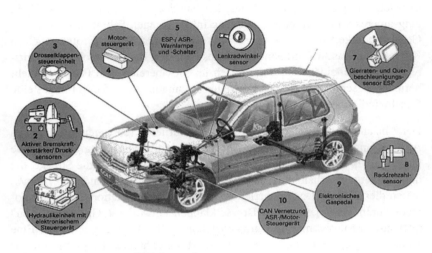

Abb. 4 Komponenten eines ESP-Systems[4]

II. Abstandstempomat ACC

ACC (Adaptive Cruise Control) ist eine Erweiterung des klassischen Tempomaten und **hält neben der Geschwindigkeit auch den Abstand zum Vorausfahrenden** konstant. Die wesentlichen Komponenten des Systems zeigt Bild 5.

Abb. 5 Wesentliche Bestandteile eines ACC-Systems[5]

---

4   Quelle: http://www.kfztech.de/images/kfztechnik/esp.gif.
5   Quelle: Kranke, F. et al.: „Fahrerassistenzsysteme zur aktiven Stauvermeidung im Straßenverkehr", VDI-Berichte Nr. 1960, 2006, S. 375 ff.

Teil 5: Neue Entwicklungen – neue Risiken?

Der Radarsensor überwacht den Bereich vor dem Fahrzeug. Aus den reflektierten Signalen berechnet der Sensor Richtung, Entfernung und Relativgeschwindigkeit des vorausfahrenden Fahrzeugs. Detektiert das ACC ein langsameres vorausfahrendes Fahrzeug in der eigenen Fahrspur, passt es die Geschwindigkeit so an, dass man im vorgewählten Abstand folgt. Auch in Kurven kann das ACC erkennen, welches Fahrzeug für die Geschwindigkeitsregelung entscheidend ist. Sobald sich im Messbereich kein Fahrzeug mehr befindet, beschleunigt das ACC wieder automatisch auf die voreingestellte Geschwindigkeit.

861 Der Abstand lässt sich i.d.R. von 1 s – 3 s variieren (entgegen der üblichen Abstandsangabe in Metern werden geschwindigkeitsabhängige Abstände häufig in Sekunden angegeben). Der 1-Sekunden-Abstand ist die Strecke, die das Fahrzeug innerhalb einer Sekunde zurücklegt. Bei 100 km/h (= 27,8 m/s) wären dies 27,8 m. Dazu reduziert ACC je nach Fahrsituation das Motormoment durch Veränderung des Drosselklappenstellwertes („Gaswegnehmen" oder auch Motorbremse genannt) oder bremst das Fahrzeug aktiv ab. Eine Abbremsung des Fahrzeugs über die Motorbremse hinaus erfolgt mithilfe der Komponenten des ESP-Systems, nur dass im Gegensatz zur Stabilisierungsfunktion beim ACC alle Räder des Fahrzeugs entsprechend der erforderlichen Bremskraftverteilung abgebremst werden. Da ACC als Komfortsystem vertrieben wird, bremst das System bei aktivem Bremseneingriff nur mit einer Verzögerung im Bereich einer leichten bis mittleren Betriebsbremsung von ca. 2 – 3 m/s^2 ab. Der nutzbare Geschwindigkeitsbereich erstreckt sich von 30 – 200 km/h (Quelle: *http://rb-k.bosch.de/de/*). Seit einiger Zeit sind sog. ACC Follow-to-Stop-Systeme am Markt erhältlich, die das Fahrzeug bei Anhalten des Vorausfahrenden ebenfalls bis zum Stillstand abbremsen.

Wird bei einer ACC-geregelten Fahrt eine höhere als die programmierte Verzögerung erforderlich, bspw. durch ein Einscheren eines Fahrzeugs in den Sicherheitsabstand oder eine starke Verzögerung des Vorausfahrenden, so schaltet sich das System mit einer akustischen und optischen Fahrerwarnung ab. Gleiches gilt, wenn die Mindestgeschwindigkeit unterschritten wird.

III. Der Parklenkassistent Park Assist

862 Park Assist ist ein Assistenzsystem, das den Fahrer **bei rückwärtigen Einparkmanövern unterstützt**. Die Sensorik ist der aus der Parkdistanzkont-

rolle bekannte Ultraschallsensor mit 4 m Reichweite. Aktuatorik ist die elektrisch-mechanische Servolenkung EPS.

Beim Vorwärtsfahren mit Geschwindigkeiten unter 30 km/h werden auf Fahrer- und Beifahrerseite evtl. vorhandene Parklücken und Bordsteine mit speziellen Ultraschallsensoren mit einer Reichweite von bis zu 4 m permanent vermessen. Dabei werden mithilfe der seitlich ausgerichteten Sensoren in zeitäquidistanten Abständen Entfernungswerte aufgenommen. Mithilfe der Raddrehzahlsensoren wird in denselben Abständen der gefahrene Weg errechnet. Durch eine geeignete Korrelation von Abständen über den gefahrenen Weg lässt sich ermitteln, ob sich im seitlichen Bereich des eigenen Fahrzeugs eine Parklücke befindet. Nach Aktivierung des Park Assist über einen separaten Taster wird auf dem Mittendisplay im Kombiinstrument der Status dargestellt. Die anzuzeigende Seite wird über den Blinker aktiviert. Der Park Assist ist so lange aktiv bis das Fahrzeug eingeparkt ist oder das System vom Fahrer deaktiviert wird.

Den Ablauf eines automatisierten Einparkvorganges zeigen die Abb. 6 – 9.

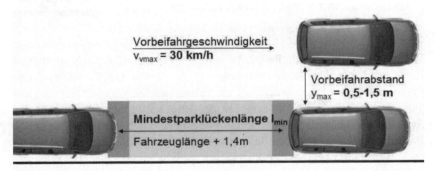

Abb. 6 Parklückensuche

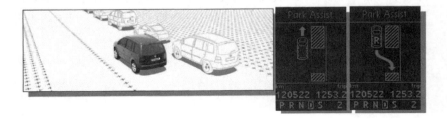

Teil 5: Neue Entwicklungen – neue Risiken?

Abb. 7 Aktivierung des Park Assist

Abb. 8 Automatischer Lenkvorgang mit Fahrerwarnung

Abb. 9 Abschluss des Einparkvorganges mit Übergabe an den Fahrer

Wenn eine entsprechende Parklücke gefunden wurde, wird die Startposition im Mittendisplay des Kombiinstrumentes zugewiesen. Die Parklückenlänge muss mindestens 1,4 m größer als die Fahrzeuglänge sein, um als geeignet angezeigt zu werden. Nach Einlegen des Rückwärtsganges übernimmt das System Park Assist die nötigen Lenkbewegungen durch Steuerbefehle an die Lenkung des Fahrzeugs. Das Fahrzeug wird auf der Ideallinie einzügig eingeparkt. Der Fahrer betätigt nur noch Gas, Kupplung und Bremse. Die maximale Geschwindigkeit beim Einparken liegt unter 10 km/h. Bei Überschreitung der maximalen Geschwindigkeit schaltet sich das System ab. Die Unterstützung ist nur bis zum Herausnehmen des Rückwärtsganges aktiv, sodass es zu keiner Unterstützung des Lenkeingriffs bei Vorwärtsfahrt kommt (Quelle: *V. Schöning*, et al., Der Parklenkassistent „Park Assist" von Volkswagen, VDI-Berichte Nr. 1960, 2006, S. 521 ff.).

§ 1 Fahrerassistenzsysteme: Herausforderung an Sachverständige & Juristen

Fazit:

ESP und abgeleitete Funktionen wie Bremsassistent BAS sind technisch grds. geeignet zu Selbstbremsern zu führen. Eine EPS (electronic power steering = elektronische Servolenkung) ermöglicht Lenkmanöver ohne Fahrereinfluss. (Abstands-)Tempomaten wie das ACC sind in der Lage, das Fahrzeug zu beschleunigen, ohne dass der Fahrer das Gaspedal betätigt.

C. Mögliche Fehlfunktionen und deren Detektion durch den technischen Sachverständigen

I. Allgemeines

Wie in gezeigt, sind moderne Fahrerassistenzsysteme **technisch in der Lage**, über Eingriffe in Lenkung, Drosselklappenstellung und Bremsen fahrerwunschunabhängige **Abbremsungen, Beschleunigungen** oder **Lenkmanöver einzuleiten**. Die Herausforderung für den Sachverständigen wird sein, den Vortrag einer solchen Fehlfunktion zu prüfen.

863

Grds. ist aufgrund der Sorgfalt in der Produktentstehungskette (Entwurf über Entwicklung bis hin zur Produktion und Serienüberwachung) eine Fehlfunktion relativ unwahrscheinlich. Auch wenn bei einer Wahrscheinlichkeitsbetrachtung **Systemfehler vs. Fehlbedienung oder allgemeine Fahrfehler** die größere Wahrscheinlichkeit eindeutig auf dem Fahrfehler liegen wird, ist ein technischer Defekt nie à priori auszuschließen. Dies zeigt allein die hohe Anzahl von Rückrufen der Fahrzeughersteller.

Die ISO 26262 („Road vehicles – Functional safety") ist eine entstehende ISO-Norm (ISO = Internationale Organisation für Normung [engl. International Organization for Standardization]) für sicherheitsrelevante Systeme in Kfz. Ihr Einsetzen als Norm wird für etwa 2011 erwartet. Der Normentwurf sieht vor, dass auf Basis des Systemkonzepts die potenziell gefährlichen Situationen (hazards) ermittelt werden. Anschließend wird jede Gefahr mit einer Sicherheitsanforderungsstufe von A bis D klassifiziert (automotive safety integrity level – ASIL), bzw. als nicht sicherheitsrelevant eingeordnet (quality management – QM). Dazu muss für jede identifizierte Gefahr einzeln der Verletzungsgrad (severity – S), die Häufigkeit der Situation (exposure – E) und die Beherrschbarkeit der Situation durch den Fahrer (controllability – C)

864

Teil 5: Neue Entwicklungen – neue Risiken?

abgeschätzt werden. Aus einer vorgegebenen Tabelle lässt sich dann für jede Gefahr die Einstufung QM oder ASIL A bis D ablesen.

865 Mit steigendem ASIL steigen auch die Anforderungen an die Sicherheit, die in den nachfolgenden Teilen spezifiziert sind. An Gefahren der Klasse QM sind keine Anforderungen gestellt, die über das übliche Qualitätsmanagement des Systemherstellers hinausgehen (Quelle: *http://de.wikipedia.org/wiki/ISO_26262*). Für sicherheitsrelevante Systeme und Systemkomponenten, die eine ASIL A Einstufung oder höher erhalten haben, sind bestimmte Prozesse und Anforderungen an die Entwicklung und das fertige Produkt definiert, die z.B. in einer Ausfallrate von $1*10^{-8}$/h nicht überschreiten dürfen. Das kann über bestimmte Anforderungen an die Programmierung als auch die Hardware des Systems bis hin zu redundanten Bauteilen führen (z.B. zwei unabhängig voneinander arbeitende Steuergeräte für die gleiche Funktion). Weiterhin werden Ausfallstrategien vorgeschrieben. Eine der bekanntesten ist „Fail-safe". Dies bedeutet, dass bei einem Ausfall des Systems oder einzelner Komponenten ein (möglichst) sicherer Zustand erzeugt wird. Ein Beispiel ist hier die Federspeicherbremse bei Nutzfahrzeugen. Die Bremsbeläge werden mittels Federkraft auf eine Bremsscheibe oder -trommel gedrückt. Um die Bremse zu lösen, muss daher eine Kraft aufgewendet werden, was i.d.R. durch Druckluft (Pneumatikzylinder) oder durch Hydraulikpumpen erreicht wird. Versagt das System z.B. durch Bruch in der Druckluftleitung, nimmt die Bremse automatisch einen sicheren Zustand ein, in dem sie gebremst wird. Auch wenn die Norm noch nicht in Kraft gesetzt ist, so werden bei allen (deutschen) Fahrzeugherstellern die Risikoanalysen bei der Entwicklung von Fahrerassistenzsystemen bereits durchgeführt.

Es ist jedoch i.d.R. davon auszugehen, dass Entwicklungsprozesse und Algorithmen von Fahrerassistenzsystemen und deren Parameter von den Herstellern als schutzbedürftig angesehen werden. Dies führt in einigen Fällen soweit, dass der Zwischenkunde, der Automobilhersteller, der das System einbaufertig von dem Zulieferer kauft, selber keinen Einblick in diese Daten hat.

866 Eine retrospektive Ermittlung einer Fehlfunktion ist nicht trivial. Sie kann im Einzelfall bis hin zu einem **Ausbau von Sensorik und Aktuatorik** führen. Eine überragende Hilfestellung seitens der Hersteller ist aus o.g. Gründen nicht zwingend zu erwarten.

§ 1 Fahrerassistenzsysteme: Herausforderung an Sachverständige & Juristen

Insbesondere von Bedeutung ist, dass der Sachverständige einen zeitnahen Zugang auf das nach Möglichkeit nach dem Auftreten des Fehlers unveränderte Fahrzeug hat. Hier wäre ein selbstständiges Beweisverfahren oder zumindest eine Asservierung des betroffenen Fahrzeugs oder der relevanten Komponenten hilfreich.

Bei einer vorgetragenen Fehlfunktion eines Assistenzsystemes ist der Sachverständige gehalten, die Wahrscheinlichkeiten einer technischen Ursache oder einer menschlichen Ursache durch eine Fehlbedienung oder, insbesondere im Fall eines Unfalles, einem Fahrfehler gegenüberzustellen.

Im Folgenden werden die einzelnen Punkte einer Fehleranalyse in der Reihenfolge der Herangehensweise besprochen.

II. Vortrag

Für die Sachverständigenanalyse einer möglichen Fehlfunktion eines Fahrerassistenzsystems ist zunächst ein möglichst **präziser und detaillierter Vortrag des Fehlers** erforderlich. Dieser sollte sich nicht nur auf den Fehler selber beschränken sondern auch die Situation und Häufigkeit des Auftretens und die Folgen beinhalten.

Leitfragen sind:
- In welcher Fahrsituation (Geschwindigkeit, Lenk-, Brems- oder Beschleunigungsverhalten) ist der Fehler aufgetreten und wie oft?
- An welchem geografischen Ort trat der Fehler auf?
- Wie ist der Fehler bemerkt worden (Kontrollleuchte, Fahrzeugverhalten)?
- Ist das Fahrzeug nach Auftreten des Fehlers noch bewegt/genutzt worden, wenn ja, wie oft/lange?
- Ist es im Rahmen der Fehlfunktion zu einem Unfallereignis gekommen? Welche Spuren (auf der Fahrbahn/an anderen Fahrzeugen oder Objekten) konnten dabei gesichert werden?

III. Fehlerspeicher

Der erste Schritt in der Analyse ist das Auslesen des Fehlerspeichers des betroffenen Fahrzeugs. **Der Fehlerspeicher** ist **Teil eines jeden Steuergeräts** moderner Fahrzeuge, die eine OBD-Schnittstelle (OBD = On Board Diag-

Teil 5: Neue Entwicklungen – neue Risiken?

nostics) besitzen. Er speichert die Aufzeichnung von Störungen oder technischen Defekten im Kfz. Dazu prüfen die Steuergeräte die bei ihnen einlaufenden Messwerte auf mögliche Fehler wie bspw. Sensorunterbrechung, Kurzschluss, unplausible Größen oder fehlerhafte Prüfsummen. Abb. 10 zeigt ein Auslesen des Fehlerspeichers über OBD Schnittstelle bei einem Kia Carnival.

Dabei erkannte Fehler werden nichtflüchtig i.d.R. in EEPROMs (EEPROM = Electrically Erasable Programmable Read-Only Memory, wörtlich: elektrisch löschbarer, programmierbarer Nur-Lese-Speicher) gespeichert. Häufig wird ein Zeitstempel oder die Höhe des letzten plausiblen Wertes und einiger Randinformationen gespeichert. Jedes Steuergerät speichert dabei nur seine eigenen Fehler, es existieren in einem Fahrzeug also in Wirklichkeit eine ganze Reihe voneinander unabhängige Fehlerspeicher. Bei den zu speichernden Fehlern wird zwischen statischen und **sporadischen Fehlern** unterschieden. Der Unterschied ist, dass sporadische Fehler automatisch gelöscht werden, wenn sie über eine bestimmte Anzahl (z.B. 50) von Fahrzyklen (Einschalten der Zündung) nicht mehr auftraten. Im Fehlerspeicher werden dazu entsprechend individuell für jeden möglichen Fehler **Fahrzykluszähler** mitgeführt (Quelle: *http://de.wikipedia.org/wiki/Fehlerspeicher*). Wichtig ist somit für eine möglichst umfassende Analyse, dass das betroffene Fahrzeug zeitnah einer Untersuchung durch den Sachverständigen zugeführt wird.

870 Ist das Fahrzeug durch Gewalteinwirkung ganz oder teilweise zerstört, können die noch erhaltenen Steuergeräte ausgebaut und ausgelesen werden.

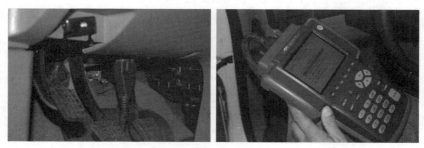

Abb. 10 Auslesen des Fehlerspeichers über OBD-Schnittstelle

IV. Event Data Recording EDR

Diese juristisch umstrittene Methode der **ereignisbezogenen Datenspeicherung** geht deutlich über die Funktion des Fehlerspeichers hinaus. Eine bekannte Version des EDR ist der Unfalldatenspeicher UDS. Dieser zeichnet mehrkanalig Fahrzeuggeschwindigkeit, Beschleunigungen in der Ebene sowie verschiedene Schaltzustände von Fahr- und Bremslicht, Blinker etc. auf. Die Aufzeichnung erfolgt in einem Ringspeicher, der wieder überschrieben wird. Erst wenn ein bestimmtes Triggerereignis wie bspw. ein Stoß erfolgt, werden die Daten etwa 30 s vor bis 15 s nach diesem Triggerereignis festgeschrieben und können ausgelesen und ausgewertet werden. Die Abb. 11 zeigt eine solche Aufzeichnung eines Pkw/Fußgängerunfalls.

871

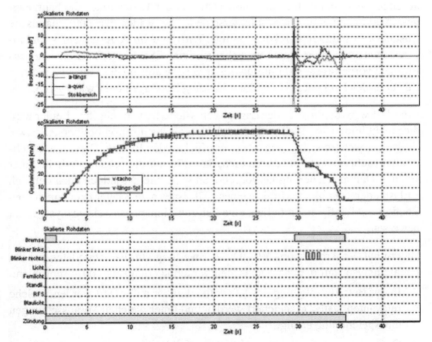

Abb. 11 UDS-Aufzeichnung eines Fußgängerunfalls[6]

---

6 Quelle: http://www.unfallanalyse.de/unfallgutachten/uds_gutachten/uds_detail_01.html.

Teil 5: Neue Entwicklungen – neue Risiken?

Während das UDS als autarkes Gerät mit eigenen Sensoren arbeitet, zeichnet der EDR Teile des CAN-Verkehrs zwischen Sensoren, Steuergeräten und Aktuatoren auf.

872 Die Grenze zwischen einem Fehlerspeicher und einem EDR ist fließend. Hauptunterscheidungsmerkmal ist, dass der Fehlerspeicher nur das Auftreten des Fehlers für Wartungs- und Reparaturzwecke dokumentieren soll. Ein EDR zeichnet jedoch auch Daten auf, die zeitlich im Umfeld des Auftretens dieses Fehlers erzeugt wurden und den Sachverständigen in die Lage versetzen, die Situation zu rekonstruieren, in der der Fehler aufgetreten ist. Tritt bspw. im Vorfeld eines ESP-Eingriffs keine Lenkaktivität durch den Lenkradwinkelsensor auf, so ist mit großer Wahrscheinlichkeit von einer Fehlfunktion auszugehen. Im Umkehrschluss lässt sich über den Lenkwinkel, die Fahrzeuggeschwindigkeit und Drehzahlunterschiede der Räder der fahrdynamische Zustand des Fahrzeugs rekonstruieren. Wird nun im Rahmen eines Unfallgeschehens von einer Partei ein unberechtigter ESP-Eingriff als auslösendes Moment vorgetragen, so lässt sich dieser Vortrag anhand des fahrdynamischen Zustands des Fahrzeugs bei Unfalleinleitung bestätigen oder widerlegen.

Ein EDR wäre hier also in der Lage, Rechtssicherheit zu schaffen. Leider wird dies nicht immer so gesehen. Datenschützer als auch Automobilhersteller wie Zulieferer wehren sich gegen einen verpflichtenden Einbau. Dies ist aus technischer Sicht insofern unverständlich, da i.d.R. nur die belastende Seite einer solchen Datenspeicherung hervorgehoben wird. Sie hat jedoch auch deutlich entlastenden Charakter. Mithilfe eines EDR ist es dem Kläger in einem zivilen Rechtsstreit häufig erst möglich, eine Fehlfunktion eines Assistenzsystems zu beweisen.

873 Hierzu hat der Arbeitskreis VII „Die Auswertung von Fahrzeugdaten bei der Unfallanalyse" auf dem 45. Deutschen Verkehrsgerichtstag 2007 empfohlen:

1. In der Betriebsanleitung des Kfz sollte darüber aufgeklärt werden, welche relevanten Daten gespeichert werden und unter welchen Voraussetzungen die Speicherung erfolgt.
2. Daten, die anlässlich eines Verkehrsunfalls gespeichert werden, müssen nachvollziehbar aufgezeichnet werden, sodass eine standardisierte Auswertung möglich ist. Eingriffe der Fahrerassistenzsysteme und Auslösen von Rückhaltesystemen sind zu protokollieren.

3. Die Datenauswertung setzt nach geltendem Recht die Einwilligung des Fahrzeugeigentümers/Fahrers oder eine richterliche Anordnung voraus.
4. Der Serieneinbau eines Speichermoduls für unfallrelevante Daten („Unfallrekorder"), das die vorhandene Sensorik des Fahrzeugs nutzt und deshalb außerordentlich preiswert sein kann (unter 10 EUR in einfacher Ausführung), sollte gesetzlich vorgeschrieben werden (Quelle: *http://www.versicherung-und-verkehr.de/index.php/5.0.236*).

V. Rekonstruktion des Unfallablaufs und Plausibilitätsprüfung

Ein fehlerhaftes Eingreifen eines Assistenzsystems in den Fahrprozess führt unter bestimmten Randbedingungen zu einem Unfall. Dies gilt insbesondere für **unberechtigte Brems- und Lenkeingriffe**.

Eine weitere Möglichkeit der Verifikation des Vortrags über einen technischen Defekt ist eine ganzheitliche Betrachtung des Fahrvorgangs, bei dem es zur Fehlfunktion gekommen ist. Hierzu sind eine profunde Kenntnis der Funktion des Assistenzsystems und seiner Einwirkdauern und Übersteuerungsmöglichkeiten erforderlich. Weiterhin ist die Kenntnis des Vorfallsortes und der bei dem Unfall gezeichneten Spuren erforderlich.

Der Sachverständige wird das Schadensereignis wie einen klassischen Verkehrsunfall rekonstruieren und ein Toleranzband der Fahr- und Giergeschwindigkeit am vorgetragenen Schadensort angeben. Im Kontext der Unfallörtlichkeit kann dann angegeben werden, ob es sich um einen Fahrfehler mit einer bspw. dem Kurvenradius unangepassten Geschwindigkeit wie bei dem Unfallbeispiel in Abb. 12 handelt.

Teil 5: Neue Entwicklungen – neue Risiken?

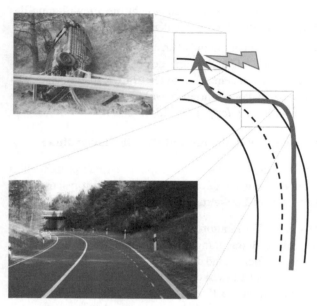

Abb.12 Fahrunfall durch Fahrerfehler in der Längs- und Querführung[7]

876 Andererseits ist der Sachverständige in der Lage, einen vorgetragenen Unfallablauf zu simulieren, wenn ihm die Randbedingungen des Vorfalls bekannt sind, oder er sich diese aus dem Kontext des Unfallgeschehens erarbeiten kann. Hierfür bieten sich neben **Fahrdynamiksimulationsprogrammen** auch eine **Unfallrekonstruktionssoftware** wie bspw. PC-Crash an, welche über ein gutes Fahrdynamikmodell verfügt. Abb. 13 zeigt eine Simulation einer ESP-Fehlfunktion, bei der dem unteren Fahrzeug aus einer Geschwindigkeit von 100 km/h auf trockener Straße das linke Hinterrad selektiv bis zum Blockieren abgebremst wurde. Ein lediglich etwa 150 ms dauernder Eingriff führt hier zu einem etwa 4 m langen Blockierspurast. Die Simulation wurde in diesem Falle „open loop" durchgeführt, also ohne einen gegensteuernden Eingriff des Fahrers. Das Fahrzeug bricht nicht, wie möglicherweise erwartet, sofort aus, sondern bleibt auf einem vergleichsweise stabilen Kurs. Der Abstand der Fahrzeugpositionen in Abb. 13 beträgt ca. 1 s.

---

7   Quelle: Giebel, T., et al. „Current Trends in vehicle active safety and driver assistance development" 24. VDI/VW-Gemeinschaftstagung Integrierte Sicherheit und Fahrerassistenzsysteme, Oktober 2008.

§ 1 Fahrerassistenzsysteme: Herausforderung an Sachverständige & Juristen

Man erkennt anhand der ersten Fahrzeugposition nach dem Blockierspurenast, dass nach Ablauf einer Reaktionszeit der Fahrer durchaus in der Lage gewesen wäre, gegenzulenken. Ein Abkommen von der Fahrbahn ist also nicht zwangsweise die Folge eines solchen ESP-Fehlers.

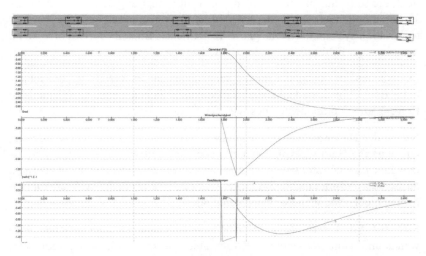

Abb. 13 Simulation eines fehlerhaften ESP-Eingriffs bei 100 km/h mit PC-Crash

VI. Hardware-/Software-in-the-Loop

Die letzte Eskalationsstufe bei der Detektion von Fehlern in Fahrerassistenzsystemen ist die Durchführung von Hardware bzw. Software-in-the-loop Tests. Hierbei werden einzelnen Komponenten des Assistenzsystems freigelegt und in einen Hardware-in-the-loop (HiL) Prüfstand eingebaut. Ein HiL-Prüfstand besteht aus folgenden Komponenten (s. Abb. 14):

- Hardware (reales Bauteil)
- Echtzeitfähige Simulationsumgebung
- Ausgabe- und Analyseeinheit

Die Eingangsgrößen werden von einer Simulationsumgebung in Echtzeit zur Verfügung gestellt und an einer Schnittstelle dem realen Bauteil übergeben, das es zu überprüfen gilt. Art und Ausprägung der Signale entsprechen genau denen, wie sie auch im Fahrzeug vorkommen. Die Komponente wiederum

Teil 5: Neue Entwicklungen – neue Risiken?

erzeugt Stellgrößen, die über eine zweite Schnittstelle dem HiL-Prüfstand zurückgegeben werden, der diese als Eingangsgröße in die Simulationsumgebung leitet. Auf diese Weise entsteht ein **geschlossener Regelkreis** („in the loop"), der eine **realitätsnahe Überprüfung** des Bauteils **im Labor** ermöglicht, die sonst nur in aufwändigen und nicht immer ungefährlichen Fahrversuchen möglich ist. Der weitere Vorteil ist, dass man durch einfache Parametervariation systematisch eine ganze Testreihe des Bauteils durchführen kann, die es erlaubt Fehlfunktionen des Bauteils offenzulegen.

878 Der Nachteil ist, dass man für die Anwendung dieses Verfahrens das fehlerhafte Bauteil bereits identifiziert haben sollte, da sonst eine kostenintensive Prüfung aller Komponenten des Assistenzsystems erforderlich ist.

879 Neben der Hardware lässt sich in einer vergleichbaren Versuchsanordnung, nur ohne die Hardwarekomponenten, auch die Software überprüfen. Spätestens hier ist eine intensive Zusammenarbeit mit dem Hersteller erforderlich, da sich der Programmcode im Gegensatz zu den einzelnen Hardwarekomponenten nicht ohne Weiteres extrahieren lässt.

880 Eine HiL/SiL Überprüfung sollte jedoch aufgrund ihres technischen Aufwands und damit verbundenen Kostenintensität immer die ultima ratio sein, dann, wenn alle anderen Eskalationsstufen durchlaufen wurden und es bereits deutliche Hinweise auf Fehlfunktion des Assistenzsystems gibt.

§ 1 Fahrerassistenzsysteme: Herausforderung an Sachverständige & Juristen

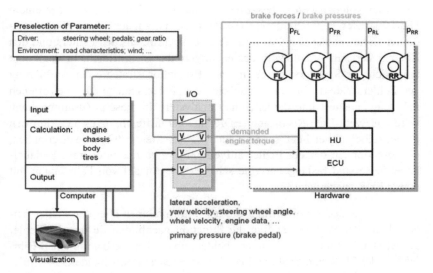

Abb. 14 Hardware-in-the-Loop Schema[8]

D. Zusammenfassung

Die zunehmende Einbaurate von Fahrerassistenzsystemen und die Komplexität der Systeme werden Juristen und damit auch Sachverständige zunehmend beschäftigen.

881

Allen diesen Systemen gemein ist ein Aufbau, bei dem eine Sensorik Kenngrößen von Fahrzeug-, Fahrer- und Verkehrszuständen misst. Diese werden an ein Steuergerät geleitet, in dem ein hinterlegter Programmcode die Signale interpretiert und Steuerbefehle an ein oder mehrere Aktuatoren sendet. Diese Aktuatoren greifen dann bei einigen Assistenzsystemen in die Fahrzeuglenkung, das Bremssystem oder die Drosselklappensteuerung ein. I.d.R. wird ein auftretender Fehler dazu führen, dass das System in einen sicheren Zustand zurückfällt. Mit einer sehr geringen Wahrscheinlichkeit kann ein Fehler dazu führen, dass das Fahrzeug zum Selbstbremser, Selbstlenker oder Selbstbeschleuniger wird.

882

---

8   Quelle: http://www.fahrzeugtechnik-muenchen.de.

Um einen solchen Fehler festzustellen und ihn ggf. auch gegenüber einem Fahrfehler des Fahrzeugführers abzugrenzen, ist zunächst einmal ein dezidierter Parteivortrag über Art und Weise des Auftretens des Fehlers und den Kontext der Fahrsituation, in der er aufgetreten ist, hilfreich. In der Folge wird sich der Sachverständige in einer Eskalationsstrategie der Aufklärung des Fehlers nähern, indem er zunächst den Fehlerspeicher des betroffenen Fahzeugs ausliest und dessen Inhalt analysiert. In diesem Zusammenhang wäre ein Event Data Recording (EDR) äußerst hilfreich, da es nicht nur den Fehler selber aufzeichnet, sondern auch weitere Messgrößen, die es erlauben, die Situation, in der der Fehler aufgetreten ist, zu rekapitulieren. Bedauerlicherweise sind bislang nur eine sehr geringe Anzahl von Fahrzeugen mit einem EDR ausgerüstet.

883 Mit Kenntnis des Parteivortrags und den Informationen über den Fehlerspeicher kann der Sachverständige die Situation nachbilden, in der der Fehler aufgetreten ist und so i.d.R. unterscheiden, ob es sich hierbei um einen Fahrfehler oder um einen Systemfehler des Assistenzsystems handelt. Abschließend besteht die (kostenintensive) Möglichkeit, einzelne Komponenten eines Assistenzsytems in einem Hardware-in-the-Loop Test auf Fehlfunktionen zu prüfen.

§ 2 Elektronische Fahrzeugschlüssel als Sicherheitsproblem?

Der Trend, Fahrzeuge mit elektronischem Schlüssel und Fernbedienung auszustatten, hat mittlerweile auch das günstigste Marktsegment erreicht. Speziell bei Fernbedienung und Wegfahrsperre ist die Sicherheit des Systems für den Anwender kaum noch zu beurteilen. Da die Kommunikation zwischen Schlüssel und Fahrzeug unsichtbar erfolgt und damit auch unbemerkt und ohne sichtbare Spuren zu hinterlassen durchgeführt werden kann, stellt sich nicht nur bei Fahrzeugdiebstählen die Frage, wie hoch die Sicherheit dieser Schließsysteme tatsächlich ist.

Die folgenden Ausführungen werden die Grundlagen und die Funktionsweisen zu verschiedenen Fernbedien- und Zugangssystemen beschrieben sowie Sicherheit und Manipulationsmöglichkeiten dieser Systeme diskutiert.

A. Einleitung

I. Zugangsberechtigung, Fahrberechtigung

Die Aufgabe eines Zugangskontrollsystems, nur autorisierten Schlüsseln den Zugriff auf das Fahrzeug zu ermöglichen, lässt sich in zwei Bereiche gliedern. Zum einen sorgt der Schlüssel für eine **Zugangsberechtigung** mithilfe der Fernbedienung oder des Schlüsselbarts in Kombination mit dem Türschloss. Zum anderen bewirkt er in Verbindung mit Wegfahrsperre sowie Lenkrad- bzw. Zündschloss eine **Fahrberechtigung**.

Diese beiden Aufgaben sind meist von einander getrennt, da hier unterschiedliche Techniken verwendet werden. Einzig das moderne und meist aufpreispflichtige Keyless-Go®-Verfahren weist hier Besonderheiten auf, die später noch erläutert werden.

Die Kombination Schlüsselbart/Türschloss bildet den mechanischen Teil zur Erlangung der Zugangsberechtigung, welcher jedoch je nach eingesetztem Schlüsselbartprinzip für professionelle Schlüsseldienste **keine Hürde** darstellt. Mit leicht erhältlichen Teilesätzen zu den verschiedenen Schlüsselbartreihen sind auch aktuelle Fahrzeugtüren innerhalb weniger Minuten mechanisch ohne Zerstörung zu öffnen. Der elektronische Teil, die Fernbedienung

Teil 5: Neue Entwicklungen – neue Risiken?

im Schlüsselgehäuse, ist deutlich schwieriger zu beurteilen, da hierzu Messgeräte und spezielles Know-how nötig sind.

II. Schlüsselcode

886 Von der elektronischen Fernbedienung wird ein Code an das Fahrzeug übermittelt, der in der Bordelektronik mit dem hinterlegten Code verglichen wird und bei positivem Ergebnis die **Zentralverriegelung entriegelt**. Der elektronische Code übernimmt die Funktion des Schlüsselbarts beim mechanischen System: Er legt durch ein Muster fest, welcher Schlüssel (Code) passt und welcher nicht. Das Prinzip der Codeübermittlung vom Schlüssel zum Fahrzeug ist herstellerabhängig, es lässt sich jedoch in zwei Kategorien einteilen: Bei der Infrarot-Fernbedienung wird wie bei der TV-Fernbedienung ein gepulstes Lichtsignal, bei der Funk-Fernbedienung ein Funksignal zum Fahrzeug übermittelt.

B. Fahrzeugschlüssel mit Fernbedienung

Abb. 1: Infrarot-Schlüssel eines Renault Scénic (Typ JA)

I. Infrarotsignal

Die Abb. 1 zeigt einen Schlüssel eines Renault Scénic Typ JA, der mit Infrarot-Technik ausgestattet ist. Neben der Batterie befindet sich im Schlüsselgehäuse noch eine Platine mit elektronischen Bauteilen, von denen das abstehende runde Bauteil die sog. Leuchtdiode ist, die genau wie in einer **TV-Fernbedienung** die infraroten Lichtsignale als Lichtblitze zum Fahrzeug sendet. Mithilfe einer einfachen Handy- oder Pocketdigitalkamera kann man die infraroten Lichtsignale der Schlüssel oder TV-Fernbedienungen sichtbar machen, da diese Kameras im Gegensatz zu hochwertigen und professionellen Kameras keinen Infrarotfilter besitzen. In Abb. 2 ist dies dargestellt: Das Infrarotsignal ist als heller Lichtfleck deutlich zu erkennen.

Abb. 2: Mit einer einfachen Digitalkamera sichtbar gemachtes Infrarot-Signal eines Schlüssels mit IR-Fernbedienung (Schlüssel eines Renault Scénic [Typ JA])

Teil 5: Neue Entwicklungen – neue Risiken?

II. Funksignal

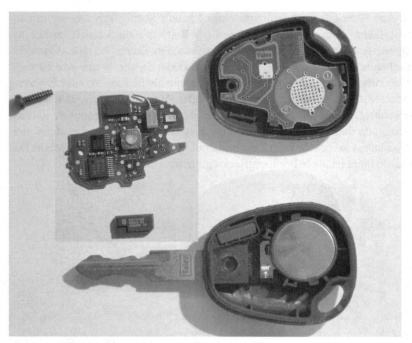

Abb. 3: Funkschlüssel eines Renault Laguna (Typ I) mit Transponderchip

888 Fahrzeugschlüssel mit Funktechnik, wie in Abb. 3 zu sehen, bieten für den Anwender einen erheblich höheren Komfort, weil die Codeübertragung und damit die Benutzung **erheblich weniger störanfällig** ist und der Schlüssel nicht mehr zum Fahrzeug gerichtet werden muss. Das Innere eines Funkschlüssels zeigt wieder eine große Batterie und eine Elektronikplatine, wobei die auffällige Infrarot-Leuchtdiode fehlt. Stattdessen wird das Funksignal über eine kleine Antenne abgestrahlt, die allerdings so kurz ist, dass sie auf die Platine passt. Bei den Funkschlüsseln ebenfalls Bitmuster übermittelt, die prinzipiell den Signalen der Infrarotschlüssel sehr ähnlich sind. Für die zu übertragene Information ist es unerheblich, ob sie mit Licht an/Licht aus (wie beim IR-Sender), mit Sender an/Sender aus (wie beim Funksender mit Amplitudenmodulation) oder mit Sendefrequenz A/Sendefrequenz B (wie beim Funksender mit Frequenzmodulation) übertragen wird.

III. Festcodeverfahren

Die erste Generation der Fahrzeugschlüssel mit Infrarot-Fernbedienung hat in den 1980er Jahren für einiges Aufsehen gesorgt: Mit Aufkommen der ersten lernfähigen und programmierbaren TV-Fernbedienungen ließ sich so mancher Fahrzeugschlüssel damit einlesen und fortan das Fahrzeug auch mit der TV-Fernbedienung öffnen. Die damals verwendeten sog. **Festcode-Sender** verwendeten zum Öffnen des Fahrzeugs immer denselben Code, sodass dieser Code nur einmalig aufgenommen werden musste, um jederzeit einen Zutritt in das Fahrzeug zu ermöglichen.

IV. Wechselcodeverfahren

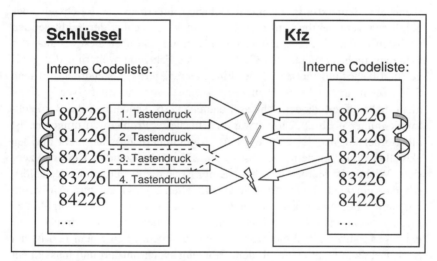

Abb. 4: Das Prinzip der Codeüberprüfung

Heutzutage werden aufwändigere Verfahren eingesetzt, die einfaches Kopieren der Schlüssel verhindern sollen. Hierzu wird beim **Wechselcodeverfahren** im Schlüssel bei jedem Tastendruck der zu sendende Code geändert, sodass sich der Code niemals oder nur sehr selten wiederholt. Aber woher weiß das Fahrzeug, welcher der nächste richtige Code sein wird? Das Prinzip der Codeüberprüfung ist in Abb. 4 dargestellt. Der Schlüssel berechnet bei jedem Tastendruck mithilfe eines **geheimen Algorithmus** einen neuen Code. Dies ist hier durch eine Codeliste dargestellt, bei der sich die aufeinanderfolgenden Codes nur durch eine inkrementierte Ziffer unterscheiden. Im Beispiel ist der aktuelle Code also „80226", beim nächsten Tastendruck wird der Code „81226" berechnet usw. Die Bordelektronik im Fahrzeug kennt den geheimen Algorithmus und kann sich demzufolge die Reihe der Codes selbst berechnen. Beim ersten Tastendruck sendet der Schlüssel demzufolge den Code „80226", dieser stimmt mit dem im Fahrzeug berechneten Code „80226" überein und wird als gültig an die **Zentralverriegelung weitergeleitet**. Da das Fahrzeug einen gültigen Code empfangen hat, wird als nächstes der Code „81226" als gültig erwartet. Wenn der Schlüssel nun beim zweiten Tastendruck den neuen, richtigen Code „81226" sendet, wird der Schlüssel wiederum als gültig erkannt.

891 Wenn aber jemand z.B. in einem Gebäude außerhalb der Reichweite des Schlüssels versehentlich auf den Knopf drückt, berechnet der Schlüssel den nächsten Code, „82226", und sendet diesen aus. Da aber dieses Signal das Fahrzeug nicht erreicht, ist „82226" für das Fahrzeug weiterhin der gültige (und bisher ungenutzte) Code. Ein späterer vierter Tastendruck mit dem Schlüssel in der Nähe des Fahrzeugs könnte dann die Zentralverriegelung nicht mehr öffnen, da der Schlüssel dann „83226" sendet und die Bordelektronik immer noch „82226" erwartet. Um dieses Problem zu umgehen, ist die Bordelektronik des Fahrzeugs so programmiert, dass sie nicht nur den aktuellen Code, sondern auch bspw. die **255 nachfolgenden Codes akzeptiert**. Wichtig ist hierbei, dass ein neuerer Code die bisherigen Codes ablöst, d.h. dass ein wiederholtes Aussenden eines alten Codes nicht zum Erfolg führen kann. Andererseits kann es trotzdem passieren, den Schlüssel ungültig zu machen, wenn man versehentlich mehr als 255-mal den Knopf drückt, ohne dabei das Fahrzeug in Reichweite stehen zu haben. In so einem Fall ist der Schlüssel dann nicht mehr mit dem Fahrzeug synchronisiert und muss in der Werkstatt neu angelernt werden. Denken Sie also daran, wenn Sie den Schlüssel das nächste Mal Ihren (Klein-)Kindern zum Spielen in die Hand geben!

C. Funktechnik für Fernbedienung und Wegfahrsperre

Abb. 5: Funkschlüssel eines BMW E46 mit Transponderspule aus der Zündschlossbaugruppe

I. RFID-Transponder

Bei dem geöffneten Renault-Laguna-Schlüssel in Abb. 3 fällt noch ein zusätzliches einzelnes schwarzes Bauteil auf, welches nicht der Prüfung der Zugangsberechtigung, sondern im Zusammenhang mit der Wegfahrsperre der Prüfung der Fahrberechtigung dient. Der kleine schwarze Chip ohne elektrische Kontakte ist ein **RFID-Transponder**, der per Funksignal beschrieben und ausgelesen werden kann. Die RFID-Technik wird heutzutage in vielen Bereichen eingesetzt, z.B. als elektronischer Schlüssel bei großen Schließanlagen oder in Form von elektronischen Skipässen, die berührungslos die Abrechnung für den Ski-Lift ermöglichen. Diese Transponder sind so preiswert, dass sie sich auch im Einzelhandel als **Diebstahlschutz für günstige Produkte** bewähren.

II. Wegfahrsperre

Um die Kommunikation zwischen Fahrzeug und Transponder herzustellen, ist am Zündschloss eine **Sende-/Empfangsspule** angebracht. Abb. 5 zeigt die Transponderspule zusammen mit dem passenden Schlüssel eines BMW E46.

Teil 5: Neue Entwicklungen – neue Risiken?

Beim Starten des Motors wird über die Transponderspule ein Abfragesignal an den im Schlüssel befindlichen Transponder gesendet, dessen Antwort dann ggf. die Wegfahrsperre deaktiviert. Im Gegensatz zu den ersten Transpondergenerationen sind die in aktuellen Fahrzeugen verwendeten Transponder ausreichend intelligent und stromsparend, um auch **verschlüsselte Übertragungen** zuzulassen.

Abb. 6: Funkschlüssel eines Mercedes-Benz W202 mit bidirektionaler Schnittstelle zum Zündschloss statt Schlüsselbart und Transponder

III. Alternative zum Transponder

894 Abweichend vom Transponderverfahren hat der Fahrzeughersteller Mercedes-Benz bei einigen Modellreihen bis heute ein anderes Übermittlungsverfahren vom Schlüssel zur Wegfahrsperre bzw. zur Erlangung der Fahrberechtigung eingesetzt. In Abb. 6 ist ein Fahrzeugschlüssel der Baureihe W202 zu sehen, der zwar auch noch über einen herausschiebbaren mechanischen Schlüsselbart verfügt, dieser aber ausschließlich dazu dient, bei entladener Schlüsselbatterie das Fahrzeug mechanisch öffnen zu können. Dieser Schlüssel baut beim Einstecken in das vollelektronische Zündschloss eine **bidirektionale Infrarotverbindung** zur Fahrzeugelektronik auf. Um die Funktion des Schlüssels im

Zündschloss unabhängig von der Schlüsselbatterie zu ermöglichen, wird über ein Magnetfeld eine Spannung in der Schlüsselelektronik induziert, um diese während der Benutzung mit Energie zu versorgen.

IV. Komfortschließung

Die Infrarotsendedioden des Schlüssels werden auch zum Zweck der Fernbedienung verwendet: die Komfortschließung ermöglicht bei vielen Mercedes-Fahrzeugen, die Fenster und das Schiebedach zu bedienen, wenn der Schlüssel bei Tastendruck auf den Türgriff gerichtet wird. Hierzu befindet sich im Türgriff ein kleiner Infrarotempfänger, der die unmittelbare Nähe des Schlüssels detektieren kann. 895

D. Keyless-Go®-Verfahren

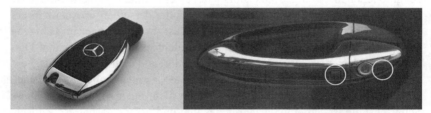

Abb. 7: Keyless-Go®-Schlüssel eines Mercedes-Benz W164 und Türgriff mit Taster und Infrarotempfänger

Nach einem völlig anderen Konzept funktioniert das Keyless-Go®-Verfahren, bei dem der Schlüssel nicht mehr in die Hand genommen werden muss, um ein Fahrzeug zu öffnen oder zu starten. Sobald sich eine Hand einem Türgriff eines entsprechenden Fahrzeugs nähert oder ggf. einen Taster am Türgriff betätigt, wird über ein Funksignal vom Fahrzeug der in der Nähe befindliche Schlüssel detektiert und abgefragt (siehe Abb. 7). Wenn dieser den richtigen Code zurücksendet, kann die Fahrzeugtür geöffnet werden. Das Anlassen des Motors geschieht dann auf ähnliche Weise: beim Drücken des Startknopfes wird wiederum der im Fahrzeuginnenraum befindliche Schlüssel abgefragt und bei positivem Ergebnis der Motor gestartet. Für dieses Verfahren muss das Fahrzeug mit mehreren Antennen ausgerüstet sein, um sehr genau erkennen zu können, ob sich der Schlüssel innerhalb oder außerhalb des Fahrzeugs befindet. Ansonsten könnte jemand an der Tankstelle den Motor starten und 896 wegfahren, wenn der Besitzer des Schlüssels daneben steht und das Fahrzeug betankt.

Da bei diesem Verfahren die Kommunikation zwischen Schlüssel und Fahrzeug immer bidirektional ist, ist es als sehr robust und sicher einzustufen. Die anderen älteren Verfahren sind z.T. fehleranfällig, sodass Manipulationen denkbar sind.

E. Manipulationsmöglichkeiten der Funk- bzw. IR-Fernbedienung

I. Verhinderung des Schließvorgangs durch eine externe Funkstörung

897 Das Funksignal einer Fahrzeugfernbedienung wird bei europäischen Fahrzeugmodellen mit wenigen Ausnahmen mit einer Frequenz von etwa 433 MHz übermittelt. Wenn gleichzeitig ein starker Sender derselben Frequenz in der Umgebung aktiv ist, kann dies dazu führen, dass der Empfänger im Fahrzeug das relativ schwache Signal des Schlüssels nicht mehr erkennen kann. Dies ist vergleichbar mit einem Flüstergespräch während jemand im nebenstehenden Fahrzeug die Hupe betätigt. Wird das leise Gespräch von der sehr lauten Hupe übertönt, sind die gesprochenen Wörter nicht mehr zu verstehen. Diese Schwachstelle ist seit einigen Jahren bekannt und gerade deshalb so kritisch, weil man entgegen vielen Darstellungen in den Medien dazu nicht zwangsweise eine spezielle Elektronik oder ein umgebautes Funkgerät verwenden muss, sondern auch für jedermann frei erhältliche **LPD-Funkgeräte** in der Lage sind, den Funkbefehl der Fernbedienung zu überdecken. Dies wurde an zahlreichen Fahrzeugen verschiedener Hersteller getestet. In Abb. 8 ist dargestellt, wie der gleichzeitige Einsatz der Funkgerät-Sendefunktion dazu führt, dass das **Fahrzeug nicht mehr auf die Fernbedienung** reagiert.

§ 2 Elektronische Fahrzeugschlüssel als Sicherheitsproblem?

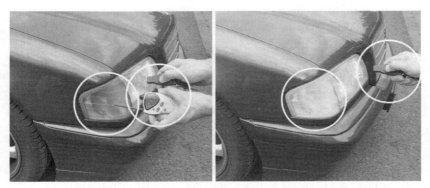

Abb. 8: Schließvorgang lässt sich durch ein geeignetes Funkgerät verhindern (links); normalerweise wird das Funksignal durch Blinken quittiert (rechts)

In Abb. 9 wird der technische Hintergrund anhand der verschiedenen Funkspektren von Schlüssel und Funkgerät dargestellt. Im linken Bild ist das Frequenzspektrum um 433 MHz ohne Sendesignal dargestellt, es ist lediglich Hintergrundrauschen zu erkennen. Das nebenstehende Spektrum mit Signalpeak in der Mitte zeigt das Funksignal eines VW-Schlüssels, welcher seine Codierung mit 433,92 MHz sendet, sobald der Knopf gedrückt wird. Im rechten Bild ist das Signal des Funkgerätes zu sehen, welches auf den entsprechenden Kanal für 433,92 MHz eingestellt wurde. Der Peak in der Mitte ist hier deutlich höher und damit auch stärker als der des Funkschlüssels. Durch Vergleich der gemessenen Funkspektren ist zu erkennen, dass das **Sendesignal des Funkgerätes das Schlüsselsignal überdecken kann**.

Ein Fahrzeugdieb kann bspw. auf einem großen Supermarktparkplatz mit seinem Funkgerät im passenden Moment dafür sorgen, dass ein Fahrzeug in der Nähe nicht verschlossen werden kann. Falls nun der Fahrer nicht genau darauf achtet, ob sein Fahrzeug den Befehl zum Verriegeln der Türen durch **Blinken quittiert**, bleibt das Fahrzeug trotz Knopfdruck auf der Fernbedienung offen. Wenn sich der Fahrer dann von seinem Fahrzeug entfernt, um in den Supermarkt zu gehen, kann der Fahrzeugdieb die unverschlossenen Fahrzeugtüren öffnen und dabei Gegenstände entwenden oder die Fahrzeugelektronik für einen späteren Diebstahl manipulieren.

Die Probleme, die im Zusammenhang mit den sog. LPD-Funkgeräten und **Fahrzeugschlüsseln, Garagentorantrieben sowie anderen Fernbedienun-**

gen entstehen, haben dazu geführt, dass diese Art von Funkgeräten nur noch bis Ende 2013 für Sprach- und Datenübertragungen benutzt werden dürfen.

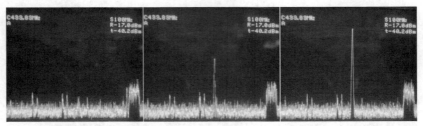

Abb. 9: Funksignalspektrum: links ohne Signal (Untergrundrauschen), in der Mitte VW-Schlüsselsignal und rechts das deutlich stärkere Sendesignal des Funkgerätes

II. Kopieren des Funksignals

899 Durch die unidirektionale Kommunikation vom Schlüssel zum Fahrzeug ist es möglich, den vom Schlüssel gesendeten Code einmalig mit einem entsprechenden Gerät aufzuzeichnen und später in der Nähe des Fahrzeugs wieder auszusenden. Auf diese Weise kann **jeder Funk- oder Infrarot-Schlüssel kopiert werden.** Hierbei ist allerdings zu beachten, dass bei Fahrzeugen mit Wechselcode der abgefangene Code nur einmalig gültig ist und das auch nur solange, bis der Schlüssel selbst wieder benutzt wird. Durch das **Wechselcodeverfahren** wird jeder ältere Code ungültig, sobald das Fahrzeug wieder einen neuen Code vom Schlüssel erhalten hat (s. hierzu auch Abschnitt II.4).

900 Die Kopie des Funksignals ermöglicht auf diese Weise zwar einen Zugriff auf das Fahrzeug, ist aber durch den notwendigen zeitnahen und direkten Zugriff auf den Schlüssel nur begrenzt praktikabel. Denn wenn der Schlüssel für den Dieb zugänglich ist, kann er diesen auch direkt entwenden oder austauschen und damit das Fahrzeug öffnen und entwenden.

Dennoch ist so ein Angriff prinzipiell möglich und bei älteren **Fahrzeugen mit Festcodesender sowie vielen Garagentorantrieben erfolgreich**, weil bei diesen der abgespeicherte Code immer gültig bleibt und **jederzeit verwendet werden kann.**

III. Austesten aller möglichen Funkcodes

Durch die begrenzte Codelänge, die vom Schlüssel zum Fahrzeug übertragen wird, ist es denkbar, alle möglichen Codes auszutesten und abzuwarten, bis sich das Fahrzeug öffnet. Allerdings sind die Zugangssysteme so gestaltet, dass dafür ein **erheblicher Zeitaufwand** nötig ist. Bspw. wird bei BMW ein insgesamt 64 bit langer Code gesendet, der im schnellsten Fall alle 30 ms wiederholt werden kann. Daraus ergibt sich eine Gesamtzeit von 17,5 Mrd. Jahre, die im Extremfall benötigt wird, um alle möglichen Codes auszuprobieren. Meist kann jedoch durch die Datenstruktur ein Teil der Daten bestimmt werden, sodass nicht alle Daten geraten werden müssen. Beim BMW-System resultieren daraus zwar nur noch etwa 32 unbekannte Bits, wofür jedoch immer noch ein Zeitaufwand von mehr als 4 Jahren Dauertesten benötigt würde. Insgesamt ist demnach eine sog. Brute-Force-Attacke im Allgemeinen **nicht zu erwarten**.

IV. Manipulation der Fahrzeugelektrik

Prinzipiell ist es möglich, durch Tausch oder Manipulation an den entsprechenden Steuergeräten im Fahrzeug die **Wegfahrsperre** zu umgehen oder zu deaktivieren.

Wenn das Fahrzeug über die beschriebenen Methoden oder auch mechanisch geöffnet werden konnte, etwa über das mechanische Türschloss oder durch Einschlagen einer Scheibe, ist es auch möglich, zentrale **Steuergeräte auszutauschen** und dann mit dem Fahrzeug wegzufahren. Diese Variante ist sehr stark vom Fahrzeugtyp und der schnellen Austauschbarkeit der entsprechenden Steuergeräte abhängig. Passende Steuergerät-Schlüssel-Kombinationen könnten hierzu bspw. aus **Unfallfahrzeugen** entnommen werden. Wie auch die anderen vorgestellten Methoden setzt dies einen geplanten Diebstahl mit **umfangreicher Sachkenntnis sowie spezielle Vorbereitung** voraus.

Eine weitere Möglichkeit ist das **Zwischenspeichern von Schlüsselcodes** mit einem kleinen zusätzlichen Modul. In nahezu allen aktuellen Fahrzeugen wird der vom Schlüssel empfangene Code entweder über den Kabelbaum oder zumindest innerhalb eines Steuergerätes im **Klartext** übertragen. An dieser Stelle könnte ein zusätzliches Modul z.B. die letzten zehn Schlüsselcodes zwischenspeichern und erst dann weiterreichen. Wenn nach zehn gültigen Codes dann der elfte empfangen wird, wird der erste passende Code aus der

Teil 5: Neue Entwicklungen – neue Risiken?

Liste an die Fahrzeugelektronik weitergereicht und die gewünschte Funktion ausgeführt. Zwar setzt dies voraus, dass zeitweise eine zusätzliche Betätigung der Fernbedienung notwendig ist, in der Praxis wird sich jedoch kaum jemand wundern, wenn er mal zweimal die Fernbedienung bedienen muss. Auf diese Weise ist das Modul der Fahrzeugelektronik immer ein paar Codes voraus. Wenn nun auch noch unterschieden werden kann, ob ein Code zum Öffnen oder zum Schließen des Fahrzeugs gilt, kann das Modul dafür sorgen, dass man immer gültige Codes „in Reserve" hat, die über eine zusätzliche Fernbedienung dem Fahrzeugdieb die Zentralverriegelung aufsperren können. Bspw. ist denkbar, dass in der **Werkstatt** oder sogar bei einer **Probefahrt** ein zusätzliches Modul im Auto eingesetzt wird, wobei der Zeitaufwand hierfür etwa 1 – 2 Minuten beträgt. Daraufhin könnte Monate später das Auto entwendet werden. Ein solches Modul ist auch für ambitionierte Hobbybastler zu realisieren.

F. Manipulationsmöglichkeiten der Wegfahrsperre

I. Kopieren und Emulieren des Transponders

904 Der Transponder in den Fahrzeugschlüsseln, der über eine Sende-/Empfangsspule in der Zündschlosseinheit ausgelesen und beschrieben wird, konnte in den ersten Generationen der Wegfahrsperren (Anfang der 1990er Jahre) einfach kopiert werden. Die Transponder hatten zunächst nur eine **eindeutige Seriennummer**, die mit einem geeigneten Lesegerät ausgelesen werden kann. Später kamen zwar Transponder mit integriertem Speicher zum Einsatz, diese können jedoch im **Klartext ohne Verschlüsselung** ebenfalls ausgelesen werden. Falls das Fahrzeug nur einen Transponder mit einer bekannten Seriennummer akzeptiert, ist ein Angriff auch über eine elektronische Schaltung möglich, die einen Transponder **emuliert**. Diese hat den Vorteil, dass per Software **jede beliebige Seriennummer** vorgetäuscht werden kann. Auch in solchen Fällen ist es also möglich, den Transponder eines Schlüssels auszulesen und dann mit einer elektronischen Schaltung eine Kopie des Transponders herzustellen, mit der sich das Fahrzeug starten lässt. Die für das Kopieren notwendigen **Lese-/Schreibgeräte** sind wiederum von einem Hobbybastler bei entsprechender Fachkenntnis selbst herstellbar.

Bei einigen aktuellen Transpondersystemen ist ein solcher Angriff nicht mehr ohne Weiteres möglich, da die **Kommunikation zum Transponder verschlüsselt** erfolgt. Zur Überprüfung der Authentizität eines Schlüssels wird das sog. Challenge-Response-Verfahren eingesetzt. Hierbei wird vom Fahrzeug eine Aufgabe (Challenge) an den Transponder gesendet, die dieser mit seinem **geheimen Algorithmus** umrechnet und seine Antwort (Response) wieder an das Fahrzeug übermittelt. Nur wenn diese Antwort richtig ist, wird der Schlüssel erkannt. Für einen Fremden ist es nicht ohne Weiteres möglich, durch Abhören dieser Kommunikation den geheimen Algorithmus zu erraten.

Bei den bereits beschriebenen optischen Übertragungssystem bei Mercedes-Benz-Schlüsseln wird ebenfalls das Challenge-Response-Verfahren angewandt: Beim Einstecken des Schlüssels in die Zündschlosseinheit wird dieser über eine Spule mit Energie versorgt und sendet seine Kennung an das Zündschloss. Wenn die Schlüsselkennung dem Fahrzeug bekannt ist, antwortet die Zündschlosseinheit mit einer Aufgabe, die der Schlüssel umzurechnen hat. Diese Aufgabe wird bei jedem Anmeldeversuch verändert. Erst wenn der Schlüssel das jeweils richtige Ergebnis zurücksendet, wird die Lenkradsperre entriegelt. Nach diesem Vorgang prüft das Zündschloss in regelmäßigen Abständen, ob der Schlüssel noch im Zündschloss steckt. Wenn ein neuer Schlüssel angelernt werden soll, wird dieser vom Hersteller speziell auf das Fahrzeug unveränderbar vorcodiert und muss dann auch noch an das Fahrzeug angelernt werden.

II. Ausnutzung von Hersteller-Fehlern oder unzureichender Sicherheit

Ohne direkten Zugriff auf den Schlüssel ist eine Manipulation oder ein Vortäuschen eines echten Schlüssels möglich, falls die Implementierung der Codeübermittlung und Codebrechung **Fehler durch den Hersteller** aufweist. Einige Fahrzeughersteller benutzen bspw. das sog. KeeLoq-Verfahren, welches seit 2007 als überwindbar gilt. Einem **internationalen Forscherteam** der Universitäten Bochum und Teheran ist es gelungen, durch genügend langes Abfragen des Schlüssels ausreichend Information zu gewinnen, den geheimen Algorithmus des einen Schlüssels berechnen zu können. Hierzu ist ein **Funkkontakt zum Schlüssel für etwa 60 Minuten** und ein anschließendes Rechnen auf etwa 50 vernetzten PC für 2 Tage notwendig. Es gibt jedoch auch bereits spezielle Rechner-Hardware, die in einen Reisekoffer passt und in der gleichen Zeit den nötigen Schlüsselcode berechnen kann. Es ist also denkbar, dass z.B. **im Kino oder im Zug** jemand im Abstand von einigen Metern den Transponder des Fahrzeugschlüssels **unbemerkt ausliest**, um dann später aus den gewonnenen Signalen den Schlüsselcode auszurechnen. Danach ist es dem Angreifer möglich, das Fahrzeug zu öffnen und auch damit wegzufahren.

Außerdem gibt es **mit direktem Zugriff auf den Schlüssel** eine weitere Möglichkeit, über Messungen direkt an den im Schlüssel verwendeten Bauteilen den geheimen Code zu rekonstruieren. Bei dieser sog. Seitenkanalattacke kann der im Chip ausgeführte **Verschlüsselungscode** aus den Änderungen des Stromverbrauches gewonnen werden. Für die Durchführung dieser Messungen wird der **Original-Fahrzeugschlüssel nur für einige Minuten benötigt**. Mit der Schlüsselkopie lässt sich dann das Fahrzeug zwar öffnen, zum Deaktivieren der Wegfahrsperre sind dann aber evtl. noch weitere Maßnahmen notwendig.

III. Mechanisches Öffnen des Fahrzeugs und Anlernen eines neuen Schlüssels

907 Zusätzlich zu den hier vorgestellten elektronischen Manipulationen muss berücksichtigt werden, dass das mechanische Türschloss auch bei aktuellen Fahrzeugen **keine Hürde** für Profis wie z.B. **Schlüsseldienste oder Abschleppunternehmen darstellt**. Übliche Schlösser sind mit entsprechender Fachkenntnis und dem richtigen Werkzeug innerhalb von Minuten zerstörungsfrei zu öffnen. Mit einer Manipulation des Zündschlosses kann dann durch Einsatz entsprechender Software über die **OBD-Schnittstelle** (On Board Diagnosis) ein neuer Schlüssel angelernt werden, mit dem ein Diebstahl des Fahrzeuges möglich ist. In vielen Fällen ist hierzu ein besonderes **Herstellerpasswort** notwendig, welches nur ausgewählten Fachwerkstätten zur Verfügung steht. Es ist jedoch davon auszugehen, dass dieses den Fahrzeugdieben ebenfalls bekannt ist.

Falls das Fahrzeug nach dem Diebstahl wieder aufgefunden wird, kann durch **Analyse der elektronischen Steuergeräte** ggf. nachgewiesen werden, dass ein zusätzlicher Schlüssel angelernt worden ist. Oft sind bei einer Untersuchung des mechanischen Türschlosses mithilfe eines Mikroskops Spuren eines mechanischen Eingriffs nachzuweisen.

Bei einigen Fahrzeugherstellern wie bspw. Mercedes-Benz oder BMW ist man dazu übergegangen, dass kein Schlüssel angelernt werden kann, der nicht **vorher vom Hersteller speziell für das Fahrzeug codiert** worden ist. Die Schlüssel werden beim Hersteller auf Anfrage nach Einreichung von Fahrzeugschein und Kopie des Personalausweises angefertigt. Auf diese Weise wird wirksam verhindert, dass ein zusätzlicher Schlüssel ohne Registrierung beim Hersteller angelernt werden kann.

G. Ausblick: Verschlüsselte Vernetzung der Steuergeräte im Fahrzeug

Heutige Fahrzeuge sind in zunehmendem Maße mit einer Vielzahl von Steuergeräten ausgestattet, deren Software einen immer wichtigeren Teil der Kostenbilanz eines Fahrzeugs einnimmt. Um Steuergeräte und insbesondere die darin gespeicherte Software vor Diebstahl und Manipulation zu schützen, werden an vielen Stellen bereits **kryptografische Verfahren** eingesetzt. Dabei sind primär folgende Punkte notwendig:

- **Datenschutz**: Gespeicherte und übertragene Daten sollen nur von oder mithilfe von authentifizierten Geräten erreichbar sein;
- **Datenintegrität**: Daten dürfen nur unter bestimmten Voraussetzungen von authentifizierter Stelle geändert werden, eine Änderung muss erkennbar sein;
- **Nachvollziehbarkeit der Quelle**: Der Ursprung von signierten Daten muss eindeutig feststellbar sein, um den Urheber einer Änderung nachvollziehen zu können.

Da die Kosten für die einzelnen Steuergeräte in Fahrzeugen sehr genau kalkuliert werden müssen, ergeben sich je nach Dateninhalt, Rechenleistung und Speichergröße **unterschiedliche Voraussetzungen** für die Umsetzung kryptografischer Verfahren. Für zentrale Einheiten wie z.B. das Motorsteuergerät ist bereits heute ein **Softwareupdate mit digitaler Signatur** notwendig, dessen Echtheit vom Steuergerät selbst vor dem Aktualisierungsvorgang überprüft wird. Auf diese Weise werden Manipulationen durch einfaches Austauschen der Steuergerätesoftware deutlich erschwert. Allerdings muss es auch möglich sein, für die Diagnose von Fehlern für die Werkstätten Möglichkeiten zu bieten, in diese Systeme eingreifen zu können.

Für **Multimedia- sowie Navigationsanwendungen** im Fahrzeug werden bereits heute leistungsfähige Verschlüsselungsalgorithmen eingesetzt, die die nachträgliche kostenpflichtige **Freischaltung zusätzlicher Funktionen** (bspw. TV-Tuner oder zusätzliches Kartenmaterial) ermöglichen, ohne eine einfache Manipulation durch Dritte zuzulassen.

Teil 5: Neue Entwicklungen – neue Risiken?

In Zukunft sind für Fahrzeuge **vollständig verschlüsselte Bussysteme** und immer leistungsfähigere Verschlüsselungstechniken zu erwarten.

H. Zusammenfassung

911 Unter den Rn. 885 ff. wurden die technischen Grundlagen und die Funktionsweise verschiedener Fahrzeug-Fernbedienungen und Schlüssel dargestellt. Sowohl für die Datenübertragung vom Schlüssel zum Fahrzeug als auch für die Codierung der Daten werden je nach Fahrzeugtyp verschiedene Verfahren eingesetzt. Im zweiten Teil wurden Manipulationsmöglichkeiten und Sicherheitsrisiken beschrieben, die generell einen Fahrzeugdiebstahl durch elektronische Manipulation nicht mehr unmöglich erscheinen lassen. Hierbei gilt es jedoch zu beachten, dass bei der Beurteilung eines Diebstahlrisikos die Technik des spezifischen Fahrzeugtyps von entscheidender Bedeutung ist, da unterschiedliche Steuergerätevarianten wiederum völlig andere Verhaltensweisen zeigen können.

912 Das Kopieren und Manipulieren von Fahrzeugschlüsseln und Wegfahrsperren ist ein Thema, das vielerorts diskutiert wird. Obwohl die Angaben **dubioser Firmen** im Internet, Schlüsselkopien für jeden Fahrzeugtyp anfertigen zu können nicht überprüft werden können und in vielen Internetforen mit Halbwissen über dieses Thema diskutiert wird, gibt es technische Möglichkeiten, entsprechende Maßnahmen durchführen zu können. Für eine entsprechende Analyse ist es jedenfalls erforderlich, jedes **Fahrzeugmodell speziell** zu untersuchen. Falls das Fahrzeug nach der Entwendung nicht wieder aufgefunden wird, ist ein Nachweis eines Diebstahls durch technische Manipulation nur in wenigen Fällen möglich.

In vielen Fällen ist es einfacher, das Fahrzeug nicht wegzufahren, sondern das Fahrzeug direkt **auf einen Lkw oder Container zu verladen**, um es dann später so zu manipulieren, dass ein Weiterfahren möglich ist. Ein Container kann gleichzeitig die Diebstahlmeldung eines evtl. vorhandenen GPS-Ortungssystems unmöglich machen. Oft muss lediglich eine evtl. vorhandene **Alarmanlage** deaktiviert werden. Dies ist durch die unverschlüsselte Kommunikation auf den fahrzeuginternen Bussystemen jedoch kein großer Aufwand.

913 Die technische Manipulation des Fahrzeugs an den Steuergeräten oder durch zusätzlichen Einbau von Modulen macht es möglich, ein Fahrzeug im **Rah-**

men einer **Probefahrt** so zu manipulieren, dass es zu einem späteren Zeitpunkt gestohlen werden kann.

Es ist zu erwarten, dass sich das **Wettrüsten** zwischen Fahrzeugherstellern und Fahrzeugdieben fortsetzt. Bereits jetzt ist erhebliches Know-how vonseiten der Fahrzeugdiebe notwendig, aktuelle Fahrzeuge manipulieren oder entwenden zu können. Erst **verschlüsselte Bussysteme** in den Fahrzeugen können die Hürden für die Fahrzeugdiebe so hoch legen, dass sich ein Diebstahl **ohne Zugriff auf den Schlüssel nicht mehr lohnt**. 914

Bereits jetzt ist der Trend festzustellen, dass nicht nur das Fahrzeug selbst, sondern durch einen **Wohnungseinbruch** oder einen **Überfall** die Schlüssel gleich mit gestohlen werden, sodass der gesamte technische Aufwand zur Überwindung der Fahrzeug-Sicherheitseinrichtungen entfällt.

Teil 5: Neue Entwicklungen – neue Risiken?

§ 3 Segway

915 Seit 2002 ist mit dem Segway ein neuartiges (Kleinst-)Fahrzeug erhältlich. In den folgenden Ausführungen soll der Segway vorgestellt, die Funktionsweise erläutert und auf die wesentlichen technischen Daten und Besonderheiten eingegangen werden. Es ist zu erwarten, dass der Segway zunehmend am Straßenverkehr teilnimmt und dann auch in Schadensfälle verwickelt werden kann.

A. Beschreibung

916 Der Segway ist ein elektrisch angetriebenes zweirädriges, zweispuriges Fahrzeug. Der Fahrer steht auf einer zwischen den Rädern befindlichen Plattform, wobei eine annähernd senkrecht zur Plattform befindliche Lenkstange Halt gibt und mit Bedienelementen bestückt ist (Abb. 1-3).

Abb. 1 – 3: Segway Human Transporter

Wesentliche technische Besonderheit des Segway ist die selbstbalancierende Bauart des Fahrzeugs. Der Segway erfasst mit fünf Neigungssensoren permanent die Lage des Fahrzeugs und hält es durch Ansteuern der Antriebsmotoren im Gleichgewicht. Der Segway-Fahrer regelt somit durch Verlagerung seines Körperschwerpunkts die Beschleunigung und damit die Geschwindigkeit des Segway. D.h., lehnt er sich nach vorne, beschleunigt das Fahrzeug vorwärts, lehnt er sich zurück, beschleunigt das Fahrzeug rückwärts bzw. bremst ab (Abb. 4 und 5). Für diese Art der Geschwindigkeitsregelung ist es essentiell, dass der Segway zu jedem Zeitpunkt über ausreichende Bodenhaftung verfügt. Insbesondere auf ungleichmäßig glatten Oberflächen funktioniert die Gleichgewichtsregelung des Segway nicht. Auch das einseitige **Anfahren** von **Hindernissen** (Bordsteinkante o.Ä.) kann den Segway buchstäblich **aus** dem **Gleichgewicht** bringen und zum Sturz führen.

Gelenkt werden Segways der ersten Generation (bis 2006) durch einen Drehgriff am Lenker. Neuere Segways sind mit der sog. LeanStear Technology ausgestattet. Hier ist die Lenkstange seitlich beweglich an der Plattform angebunden. Wird die Lenkstange zur Seite bewegt, löst dies eine entsprechende Kurvenfahrt aus.

917

Abb. 4: Beschleunigen des Segway

Abb. 5: Abbremsen des Segway

918 Der Segway ist lediglich durch eine Person zu benutzen. Die Grundfläche beträgt etwa 50 x 60 cm. Die Höhe der Lenkstange ist für den Fahrer einstellbar. Der Segway ist etwa 50 kg schwer, das Gewicht variiert geringfügig je nach Ausstattung. Angetrieben wird der Segway von in den Rädern befindlichen 1,5 kW Elektromotoren, die von einer Batterie unterhalb der Standplattform gespeist werden. Eine Batterieladung ist nach Angaben des Herstellers für eine Fahrstrecke von bis zu knapp 40 km ausreichend, die Höchstgeschwindigkeit ist auf 20 km/h begrenzt. Des Weiteren ist ein „Anfängermodus" verfügbar, der die Höchstgeschwindigkeit und die kleinstmöglichen fahrbaren Kurvenradien weiter begrenzt.

B. Versuche

919 In Versuchen im Rahmen einer Studie im Auftrag des Bundesverkehrsministeriums (Darmochwal, A. & Topp, H. [2006]: Segway in public spaces) wurde eine mittlere Bremsverzögerung von 7,2 m/s² von geübten Fahrern erreicht (Abb. 6).

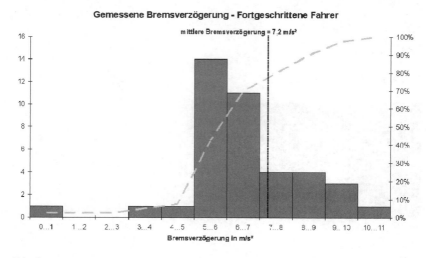

Abb. 6

In eigenen Versuchen wurden ähnliche Bremsverzögerungen festgestellt (Abb. 7), die erreichbare Verzögerung ist allerdings in hohem Maße von der Fahrerfahrung des Benutzers abhängig.

Die normale Beschleunigung des Segway wurde in einer Studie im Auftrag des U.S. Department of Transportation zum Bewegungsverhalten unterschiedlicher Verkehrsteilnehmer (Landis, B. Petritsch, T. & Huang, H. [2004]: Characteristics of Emerging Road Users and Their Safety) mit bis zu 1 m/s² bestimmt. In den unsererseits durchgeführten Fahrversuchen wurden allerdings Anfahrbeschleunigungen von bis zu 3 m/s² ermittelt (Abb. 7). 920

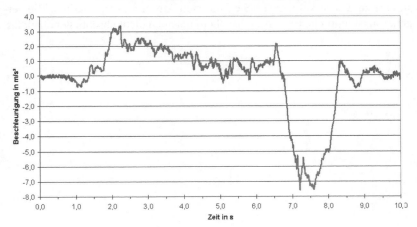

Abb. 7

C. Gesetzliche Regelung

Das Fahrzeug ist derzeit (Mai 2008) in Deutschland noch nicht zulassungsfähig, da ein derartiges Fahrzeug – einachsig mit zwei Rädern und ohne Sitzplatz – in den älteren Zulassungsvorschriften nicht vorgesehen ist. Einige der gültigen Vorschriften sind systembedingt bei einem solchen Fahrzeug nicht zu erfüllen. So ist bspw. die Ausrüstung eines selbstbalancierenden Fahrzeugs mit einer mechanischen Bremse (§ 41 StVZO) nicht möglich, da die manuelle 921

Abbremsung zwangsläufig zum Gleichgewichtsverlust und damit zum Sturz des Fahrers führen würde.

Der Betrieb des Segway ist momentan in einigen Bundesländern per Ausnahmegenehmigung/-Regelung möglich. So ist bspw. der Betrieb des Segway in Schleswig-Holstein unter Berücksichtigung von weiteren Voraussetzungen (z.B. der Ausrüstung des Segway mit Beleuchtungseinrichtungen) auf Radverkehrsflächen erlaubt. Ähnliche Regelungen gelten für Bayern, Hamburg, NRW, Rheinland-Pfalz und das Saarland. Eine bundeseinheitliche Regelung, die die Zulassung von derartigen Fahrzeugen ermöglicht, steht noch aus. Der Bundesrat hat sich im Dezember 2007 zur Zulassung des Segway entschlossen und die Bundesregierung aufgefordert, die Voraussetzungen für eine straßenverkehrsrechtliche Zulassung kurzfristig zu schaffen. Die versicherungsrechtliche Einstufung ist ebenfalls noch nicht abschließend geklärt.

Stichwortverzeichnis

Die Zahlen verweisen auf die Randnummern.

Abbiegeunfall, Bremsspur	16
– Kollisionsgeschwindigkeit	16
– Verletzung	15
Abbremsung, Leitplankenkollision	56
ABS, Annäherungsgeschwindigkeit, ohne Blockierspur	614 ff.
– Blockierspur	627 ff.
– Bremsspur	619 ff.
– – Bremsverzögerung	619
– Bremsvorgang	611 ff.
– Geschwindigkeitsermittlung vor Bremsbeginn	611 ff.
– Geschwindigkeitsrückrechnung, Blockierspurt	612 ff.
– technischer Hintergrund	623 ff.
– Versuche	624 ff.
Abwehrhandlung, fehlende Spuren	73 ff.
– Verkehrsunfall, Rekonstruktion	73 ff.
Abwicklung, Pkw-Fußgänger-Unfall	692
ACC, Abstandstempomat	860 ff.
AH-Schaden, Crashtest	10 ff.
Airbag, Schalldruckbelastung von Pkw-Insassen	240 ff.
Anfahrbeschleunigung	552 ff.
– allgemeine Vorgehensweise	553 ff.
– Bus	564
– Fußgängerampel	556
– Lkw	560 ff.
– Pkw	555 ff.
– Vermeidbarkeitsbetrachtung	554
– verschiedene Verkehrsteilnehmer	555 ff.
– Zweirad	562 ff.
Angleichsbremsung, Landstraße	657 ff.
– – Vollbremsverzögerung	658
Anhängerkupplung, Auffahrkollision	100
– Auffahrunfall	744 ff.
– Prüfungsanforderungen	748 ff.
– Rahmenbedingungen	746 ff.
– Schadensbild, des auffahrenden Pkws	753 f.
– Stützlast	746
– Verbindungselemente	752
– Verbindungsstellen am Fahrzeug	751 ff.
Anstoßwinkel, Leitplankenkollision	51
Antiblockiersystem, s.a. *ABS*	611 ff.
Auffahrkollision, s. *Auffahrunfall*	
Auffahrunfall, Anhängerkupplung	100, 744 ff.
– – Anprallsituation	744
– – Verformungen	754
– HWS-Schleudertrauma	206 ff.
– Kompressionsphase	92
– Rekonstruktion, dynamische Verformungstiefe	92
– – Elastizität der Kollision	92
– – Stoßzahl	91 ff.
– Restitutionsphase	92

Stichwortverzeichnis

– Stoßzahl	91 ff.
– Trennungsgeschwindigkeit	92
Aufwurfweite, Pkw-Fußgänger-Unfall	692
Beschleunigung, konstante, Überholvorgang	706 ff.
– Linienbus	232 ff.
– Parkmanöver, Unfall	720 ff.
– Unfall, Rangiermanöver	720 ff.
Betriebserlaubnis, allgemeine	508 ff.
Betrugsaufklärung, Faktor Zeit	354 ff.
Beulenversatz, Pkw-Fußgänger-Unfall	692
Bewegungsart, beschleunigte Bewegung	121
– Darstellung	121 ff.
– Kombination	122
– konstante Annäherungsgeschwindigkeit	121
– Stillstand des Fahrzeugs	121
– verzögerte Bewegung	121
Bewegungsgeschwindigkeit, Frau	573
– Fußgänger	573 ff.
– Mann	573
Beweiswürdigung, Verkehrsunfall, Crashtest	7
Black-Box, Unfallrekonstruktion	340 ff.
Blickdichteunterschied	142
Blockierspur, Unregelmäßigkeit	38
Blockierspurzeichnung, Motorrad, Hinterrad	646
Bordsteinanprall, Reifenschaden	839

Bremsausgangsgeschwindigkeit, nicht bekannt	128 ff.
Bremsbedingung, Angleichsbremsung, Landstraße	657 ff.
– Motorrad	633 ff.
Bremsen, Parkmanöver, Unfall	720 ff.
– Rangiermanöver, Unfall	720
Bremsmanöver, Motorrad	587 ff.
– Motorrad, Kurvenfahrt	596 ff.
Bremsspur, ABS	619 ff.
– Kreuzungsunfall	16
– Unregelmäßigkeit	37 f.
Bremsung, Ausfederung	180 ff.
– Einfederung	180 ff.
Bremsverzögerung, ABS	619
– schneebedeckte Straße	673 ff.
– – Sommerreifen	676
– – Winterreifen	676
Bremsvorgang, ABS	611 ff.
Bruchspinne, oberer Bereich der Windschutzscheibe	220 ff.
Bundesbürger, Durchschnittsgewicht	533 ff.
Bus, Anfahrbeschleunigung	564
Computersimulation, Begriff	268
– Grundprinzip	270
– Kollisionsanalyse	277
– nachgebildete Örtlichkeit	276
– Präsentation	272
– Schadensintensität	278
– Software	268
– Unfallablauf	272
– Unfallrekonstruktion	267 ff.
Crash-Phase	36
Crashtest, Abbiegeunfall	15 ff.

Stichwortverzeichnis

- AH-Schaden, Haftpflichtversicherung 10
- – vertikal verlaufende Schrammspuren 10
- allgemeiner Haftpflichtschaden 10 ff.
- Anschaulichkeit 17
- Beispiele 9
- Beweiskraft 7 ff.
- freie Beweiswürdigung 7
- Heckauffahrkollision 11 ff.
- individueller Zuschnitt 17
- Kreuzungsunfall 15 ff.
- Nachvollziehbarkeit 17
- Reproduzierbarkeit 7
- Unfallanalyse durch visuellen Vergleich 1 ff.

Crashversuch, Notwendigkeit 17

Datenstruktur, digitaler Tachograf 336

Deformationsenergie, EES-Schätzung 19
- EES-Versuch 19

Diagrammscheibenauswertung, Bremsdauer 190
- Bremsweg 190
- Geschwindigkeit 190
- Grenzen 183 ff.
- Maximalverzögerung 190
- Verzögerung 190

Digitaler Tachograf 332 ff.

Digitalfoto, Ausdruck 262 f.

Digitalfotografie, Megapixel 256
- Speichermedien 256 ff.
- Unfallrekonstruktion, Problemfälle 260
- Versicherungsbetrug 265
- Vorteile 255 ff.

DOBLI-Spiegel, Lkw, toter Winkel 760 ff.

Doppelreflexion, Radarmessgerät 438

Dunkelheit, Reaktionszeit 131 ff.

Dunkelheitsunfall, Adaptionszustand des Fahrzeugführers 140
- Blickdichteunterschied 142
- Erkennbarkeitsentfernung, Einflüsse 739 ff.
- Größe des Hindernisses 140
- Helligkeitswechsel 142
- Leuchtdichte 728
- Leuchtdichtedifferenz 731
- lichttechnische Grundlagen 727 ff.
- lichttechnische Untersuchung 734 ff.
- Objektleuchtdichte 729
- persönliche Sehfähigkeit 140
- Reaktionszeit, Bremsbeginn 147
- Schwellenleuchtdichtedifferenz 732
- Tarnzone 145
- technischer Zustand des Pkws 140
- Umfeldhelligkeit 140
- Umfeldleuchtdichte 730
- Witterungszustand 140, 144

EES, Verkehrsunfall 79 ff.

EES-Schätzung, unzutreffende, Auswirkungen 18 ff.

EES-Versuch 18 ff., 28 ff
- Abschätzung, Frontschaden 31
- – Heckschaden 30
- Beschädigungsumfang 19 ff.
- Crashtestdatenbank 34
- Deformationsenergie 19

613

EG-Typengenehmigung	508 ff.	– – Detektion durch Sachver-	
Eichung, Radarmessgerät	406 ff.	ständigen	863 ff.
Elektronischer Fahrzeug-		– Park Assist	862 ff.
schlüssel, Fahrberechtigung	885	– Software-in-the-loop	877 ff.
– Fernbedienung	887 ff.	– Unfall, Plausibiliätsprüfung	874 ff.
– – Festcodeverfahren	889	**Fahrdynamik**, Motorrad	580 ff.
– – Funksignal	888	**Fahrerassistenzsystem**	286
– – Infrarotsignal	887	**Fahrerkarte**, digitaler Tacho-	
– – Wechselcodeverfahren	890 ff.	graf	335
– Funktechnik	892 ff.	**Fahrradfahrer**, Kollisionsort	46
– Keyless-Go®-Verfahren	896 ff.	**Fahrsicherheitssystem**	292 ff.
– Manipulation, Fahrzeug-		**Fahrwerk**, Spur	601 ff.
elektrik	902 f.	**Fahrwerksschaden**	598 ff.
– Manipulationsmöglichkeiten	897 ff.	– Crashversuch	598 ff.
– – Funkcode	901	– – Radaufhängung	598 ff.
– – kopieren des Funksignals	899 f.	**Fahrzeug mit Sonderrech-**	
– Schlüsselcode	886	**ten**, akustische Wahrnehm-	
– Wegfahrsperre	893 ff.	barkeit, Entfernung	807
– – RFI-Transponder	892	– – Innenraumschalldruck-	
– – Zugangsberechtigung	885	pegel	810 ff.
ESP	855 ff.	– – Luftschalldämpfung	809
– Fahrverhalten des Fahrzeugs	293	– akustische Warneinrichtung	803 ff.
– Stabilisierung des Fahrzeugs	857	– – Einflussgrößen	806 ff.
Event-Dater-Recorder	297 ff.	– – Landsignal	804
– Bremsstatus	297	– – Luftschalldämpfung	809
– Geschwindigkeiten	297	– – Stadtsignal	804
– Geschwindigkeitsänderung	297	– Unfall	798 ff.
– Sicherheitsgurtstatus	297	**Fahrzeugfehlerspeicherein-**	
Fahrassistenzsystem,		**trag**, auftretende Fehler-	
Abstandstempomat ACC	860 ff.	meldung	314 ff.
– ESP	855 ff.	– ausgelesene Geschwindigkeit	320
– Event-Dater-Recording	871 ff.	**Fahrzeugfehlerspeicherein-**	
– Fehlerspeicher	869 ff.	**trag**, Bremszustand	321
– Funktion	852 ff.	– Crashtest	324 ff.
– Hardware-in-the-loop	877 ff.	– Funktion des Bremssys-	
– mögliche Fehlfunktion	863 ff.	tems, Störung	323

Stichwortverzeichnis

Fahrzeugfehlerspeichereintrag, Kilometerstand 322
Fahrzeugkollision, Spuren von Fahrzeugteilen 41
Fahrzeuglampe, Betriebszustand 161 ff.
– zerstörter Hauptscheinwerfer 169
Fahrzeugschlüssel, elektronische, Sicherheitsproblematik 884 ff.
Fahrzeugüberschlag, Sicherheitsgurt 217
Fotoauslösung, PoliScan-Speed 449 ff.
Fußgänger, Bewegungsgeschwindigkeit 573 ff.
Fußgängerunfall, Spurunregelmäßigkeit 39
Gefahrerkennung, freie Sicht 61 ff.
Geschwindigkeit, konstante, Überholvorgang 704 ff.
– vorkollisionäre 173
Geschwindigkeitsänderung, Heckauffahrkollision 11
– Kollisionsanalyse, Insassenbelastung 198 ff.
– Verkehrsunfall 79 ff.
Geschwindigkeitsmessung, Lasermessgeräte 442 ff.
Glühwedel, Lampe 162 ff.
Gurtprellmarken 221
Gurtsystem, Belastungsspuren 225
– durchgeschnittenes Gurtband 224
– Unfall, Spuren 222 ff.
Handvermessung, Spurensicherung 151 ff.
Hardware-in-the-loop 877 ff.

Heckanstoß, Bewegungsphasen 208
– – Kippbewegung des Oberkörpers 209
– Flexionsbewegung 209
– Halswirbelsäule, Flexionsbewegung 209
Heckauffahrkollision 11 ff.
– Beschädigung, auffahrender Pkw 12
– biomechanische Insassenbelastung 93
– kollisionsbedingte Geschwindigkeitsänderung 11
– Rekonstruktion 92
– – Elastizität der Kollision 105 ff.
– Relativgeschwindigkeit 11
– relatives Geschwindigkeitsniveau 14
– visueller Vergleich 11
HWS-Schleudertrauma, Auffahrunfall 206 ff.
– außergewöhnliche Sitzposition 211 ff.
– Festhalten am Lenkrad 212
– Heckanstoß 205 ff.
– Insassenbewegung 208
– Kollisionsparameter 207 ff.
– – kollisionsbedingte Geschwindigkeitsänderung 207
– ungewöhnliche Sitzposition 205 ff.
Infotainmentsystem 286
Innenraumbeleuchtung, automatische 286
Insassenbelastung, technisch-biomechanische Analyse 194 ff.
– – Kollisionsparameter 196 ff.

615

Insassenbewegung, Unfall-
analyse 199 ff.
Klimaanlagendisplay 288
Klimatisierungssystem 286
Knieanprall, Zerstörung am
Armaturenbrett 226
Kollision, letzte Sekunden
vor der 123 ff.
Kollisionsanalyse, Ermitt-
lung der Geschwindigkeits-
änderung 198
Kollisionsgeschwindigkeit,
Abbiegeunfall 16
– Kreuzungsunfall 16
Kollisionsort, Bestimmung 35
– Blockierspur 37 ff.
– Bremsspur 37
– Crash-Phase 36
– Eingrenzung, anhand von
Spuren 36
– – Kollision mit Fahrradfahrer 46
– Fahrzeugkollision, schwere 41
– Fußgängerunfall 39
– – Eingrenzung ohne Spuren 46 ff.
– keine Spuren, Eingrenzung 46 ff.
– Post-Crash-Phase 36
– Pre-Crash-Phase 36
– Reifenspuren 37 ff.
– Schlagmarke 41
– Spuren, Unfallbeteiligte 44 ff.
– Spuren von Fahrzeugteilen 41 ff.
– – Schlagmarke 41
– Spuren von Unfallbeteilig-
ten, Schuhabrieb 44
– Spurunregelmäßigkeit, ABV 40
– – Blockierverhinderer 40
– – Walkspur 40

– Unfallbeteiligte, biologi-
sche Spuren 44 ff.
– Verkehrsunfall, Beteiligung
eines Zweirads 42
Kompatibilität, Begriff 82 ff.
– Hauptfaktor, strukturelle
Wechselwirkung bei Kollision 90
– kontaktierte Fahrzeugbereiche 82
– Sport Utility Vehicle 83
Kontaktspur, Höhenzuord-
nung 172 ff.
– – Beladung 177 ff.
– – Bereifung 176 ff.
– – Bremsung 180 ff.
– – Schadensumfang 173
– – Schadenszuordnung 174 ff.
Kontrollkarte, digitaler
Tachograf 335
Kratzspur, Verkehrsunfall
mit einem Zweirad 42
Kreuzungsunfall, Bremsspur 16
– geschlossene Ortschaft 15
– Kollisionsgeschwindigkeit 16
– Verletzung 15
Kurvenbremsung, Motorrad 652 ff.
Kurvenfahrt, Motorrad 593 ff.
Ladungssicherung, Anforde-
rung 485 ff.
– – Übertragbarkeit auf Lini-
enbus 229 ff.
– Sicherungsmaßnahmen 491 ff.
– Vollbremsung 490
Lampe, Glühwedel 162 ff.
– neuere Fahrzeuge 166 ff.
– unzerstörter Glaskolben 164
– zerstörter Glaskolben 164

Stichwortverzeichnis

Längswurfweite, Pkw-Fußgänger-Unfall 692
Lasermessgerät 442 ff.
– Vitronic PoliScanSpeed 442 ff.
– – Funktionsprinzip 443 ff.
Lebensakte, Radarmessgerät 408 ff.
– – physikalisch-technische Bundesanstalt 408
LED 168
Leergewicht 519 ff.
– allgemeine Betriebserlaubnis 541
– Bandbreite 521
– Bestimmung 540
– Definition 503 ff.
– Leergewichtsänderung 522
– maximales 523
– Pkw, Definition 503 ff.
– Pkw-Fahrzeugschein 519
Leitplankenkollision, Anstoßwinkel 51
– Kollisionswinkel 54
– Leitplankentyp, unterschiedliche 52
– Spuren 53
– Spurverlauf, Abbremsung 56
Leuchtdichte, Dunkelheitsunfall 728
Leuchtdichtedifferenz, Dunkelheitsunfall 731
Leuchtdichtemessgerät 734
Lichtbild, Aufnahme zur Spurensicherung 155 ff.
– Auswertung 156
Lichtsignalanlage 108
– Rotlichtsünde 470 ff.
Lichtzeichenanlage 108
– Begriff 107 ff.
– Schaltmöglichkeiten 112

– Unfallursache, Rotlichtverstoß 114 ff.
– verkehrsabhängige Steuerung 112
– Verkehrsunfall, Unfallrekonstruktion 106 ff.
– zeitgesteuerte 111
– Zwischenzeiten 113
– – Matrix 113
Linienbus, Fahrbetrieb, auftretende Beschleunigung 232 ff.
– Insassenbelastung, Gehen ohne festen Halt 234
– – Stehen ohne festen Halt 234
– Sitzsicherheit 237 ff.
– – Fahrgast 229 ff.
– Standsicherheit, Fahrgast 229 ff.
– Stehen im Bus, mit festem Halt 235 ff.
– Vollbremsung 233 ff.
– – VDI-Richlinie 2700 233
Lkw, Anfahrbeschleunigung 560 ff.
– Spurwechsel, mehrspurige Richtungsfahrbahn 766 ff.
– Unfall 756 ff.
Manipulation, Wegfahrsperre 904 ff.
Martinshorn, dynamische Wahrnehmbarkeitsanalyse 814 ff.
Messwertbildung, PoliScan-Speed 449 ff.
Motorrad, Anfahrbeschleunigung 562
– Bremsen 587 ff.
– Fahrdynamik 580 ff.
– – Fahrwerksfehler 582
– – Flattern 583
– – Geradeausfahrt 582 ff.

617

– – Instabilität bei Geradeausfahrt 582 ff.
– – Pendeln 584
– – Shimmy-Effekt 583
– Hinterrad, Blockierspurzeichnung 646
– Hinterradblockierbremsung 645
– Hinterradbremsung 641
– – Blockierspurzeichnung 646
– – Verzögerungsverlauf 643
– – Vollbremsungsverzögerung 642
– Kurvenbremsung 652 ff.
– Kurvenfahrt 593 ff.
– – Bremsen 596 ff.
– Rennstreckenunfall 370 ff.
– – Besonderheiten 375 ff.
– – Hinweis 373 ff.
– – Kiesrückstände 375 ff.
– – Kratzspuren 378
– – Luftdruck 374
– Spurwechsel 585 ff.
– Überholvorgang 585 ff.
– Verzögerungsverlauf, Vollbremsung 648
– Vollbremsung 633 ff.
– – Bremskonstruktion 634
– – Checkliste 656
– – dynamische Radlastverlagerung 638
– – Fahrdynamik 634
– – ideale 647
– – Problemdarstellung 634 ff.
– Vorder- und Hinterradbremsung 645 ff.
– Vorderradbremsung 636
Motorsteuerung 287
Multanova 398

Multanova 6F 404
Navigationssystem 286
Nicht angepasste Geschwindigkeit, Sichtmöglichkeit 828
– Unfallursache 827 ff.
– Unterscheidungsmerkmale 828 ff.
– witterungsbedingte Faktoren 828
Notausweichvorgang 567
Notsituation, extremer Spurwechsel 566 ff.
– Fahrversuche 568 ff.
OBD-Diagnose 289 ff.
– Eintrag im Fehlerspeicher 289
Objektleuchtdichte, Dunkelheitsunfall 729
Ordnungswidrigkeit, Geschwindigkeit, Radargeräte 397 ff.
– Ladungssicherung 484 ff.
– Lichtsignalanlage 470 ff.
Parklenkassistent, Fahrassistenzsystem 862 ff.
Parkmanöver, Unfall 710 ff.
– – Bremsen 720 ff.
– – Rekonstruktion 719 ff.
Physikalisch-technische Bundesanstalt, Radarmessgerät 408
Pkw-Fußgänger-Unfall, Bewegungsgeschwindigkeit Fußgänger 695 ff.
– dynamischer Unfallablauf 690 ff.
– Flugphase 690
– Kollisionsgeschwindigkeit 693
– Kontaktphase 690
– Rekonstruktion 692 ff.
– – Begrifflichkeiten 692 ff.

– Rutschphase	690
Pkw-Zulassung	505 ff.
PoliScanSpeed, Auswertemöglichkeiten	453 ff.
– Auswerterahmen	445
– beschleunigte Bewegung	462 ff.
– bremsender Kfz	464 ff.
– Fotoauslösung	449 ff.
– Funktionsprinzip	443 ff.
– Geräteaufbau	444 ff.
– Laser-Puls-Laufzeitmessung	443
– Messung im lebhaften Verkehr	456 ff.
– Messwertbildung	449 ff.
– Sichtschatten	459
– verzögerte Bewegung	462 ff.
– vorläufige technische Bewertung	467 ff.
– Winkelausrichtung	446
Post-Crash-Phase	36
Pre-Crash-Phase	36
Querwurfseite, Pkw-Fußgänger-Unfall	692
Radargerät, Gerätetypen	398
– Geschwindigkeit	397 ff.
– Geschwindigkeitsmessung	397 ff.
– Messbetrieb	402
Radarmessgerät, Aufstellanordnung	405 ff.
– – Linksmessung	405
– Aufstellfehler	411 ff.
– – Bildaufnahmewinkel	413
– Auswertebereich	425
– Doppelreflexion	438
– Dopplerprinzip	402
– – Frequenzänderung	402
– Eichung	406 ff.
– – Eichkette unterbrochen	406
– – falscher Eichschein	406
– Einbau in Fahrzeug	403
– Fahrtrichtungsfehler	416 ff.
– Gesamtbildausdruck	424
– Geschwindigkeitsmessung, Fragenkatalog zur Überprüfung	441
– Lebensakte	408 ff.
– – Eichprüfung	408
– Messkeule	404
– Messort	427 ff.
– – Straßenverlauf	428
– – Kurvenaußenseite	429
– – Kurveninnenseite	430
– mögliche Messfehler	411 ff.
– Radarmesskeule, Zuordnungsfehler	421 ff.
– Radarmesswinkel	402
– – fehlerhafter	415
– Reflexionsfehlmessung	432 ff.
– Toleranzwerte	410 ff.
– Zuordnungsfehler	421 ff.
Radaufhängung, Crashversuch	598 ff.
Rangiermanöver, Unfall	710 ff.
– – Bremsen	720 ff.
– – Rekonstruktion	719 ff.
Reaktionszeit, Dunkelheit	131
– Tageslicht	131
Referenzmaterial, Gutachten, Verkehrsunfall	5
Reifen, geplatzte	835 ff.
Reifenschaden, Bordsteinanprall	839
– Druckabfall	839
– geplatzte Reifen	835 ff.

– Minderdruck	836	**Schalldruck**, Airbag	240 ff.
– mögliche Ursachen	835 ff.	– – Bewertungskriterien	241 ff.
– Montagefehler	843	**Schalldruckbelastung**, Airbag, Tinitus	
– Produktionsfehler	840		245
– Schadensbilder	836 ff.	**Schlagmarke**	41
– Separation einzelner Reifenlagen		**Schleifspur**, Verkehrsunfall, mit einem Zweirad	
	842		42
– Stahlgürtellagen, Korrosion	841	**Schrammspur**, horizontal	
– Überhitzung	837	verlaufende	10
Reifenspur, Kollisionsort	37 ff.	– vertikal verlaufende	10
Rekonstruktion, Steinschlagschaden		**Schuhabriebspuren**, Pkw-Fußgänger-Unfall	
	792 ff.		692
Relativgeschwindigkeit, Heckauffahrkollision, Crashtest 14		**Schwellenleuchtdichtedifferenz**, Dunkelheitsunfall	
			732
– Kollision	97 ff.	**Schwerlastverkehr**, Steinschlagschaden	
– Verkehrsunfall	79 ff.		788 ff.
Rotlichtverstoß, Analyse, Fragestellung		**Segway**	915 ff.
	114 ff.	– Anfahren	916
– Beispiele	472 ff.	– Beschleunigung	920
– brauchbares Lichtbildmaterial	481	– Beschreibung	916 ff.
– Checkliste	483	– gesetzliche Regelung	921
– Fotoauslösung	473	**Seitenaufprall**, Sicherheitsgurt	218
– Rekonstruktion, verkehrsabhängige Steuerung der Lichtzeichenanlage		– angelegter	214 ff.
		– Belastungsspuren	203
	115 ff.	– Bruchspinne, Windschutzscheibe	
– Rotlichtverstoßzeit	472		220 ff.
– technische Besonderheiten	475 ff.	– Fahrzeugüberschlag	217
– technische Einzelheiten	471 ff.	– Geschwindigkeitsänderung	202
– Unfallursache	114 ff.	– Gurtprellmarken	221
– Weg-Zeit-Betrachtung	479 ff.	– Insassenbelastung	202 ff.
Rotlichtverstoßzeit	472	– Kollision, angelegter	216 ff.
Rückwärts ausparken, Unfall		– Seitenaufprall	218
	712 ff.	– Verletzungsbild des Insassen	221 ff.
Rückwärts setzen, Unfall	716 ff.	**Signalanlageplan**	109
Schallbelastung, Airbag, Hörschädigung		**Signalgruppe**	109
		Signalposition, typische Abwehrhandlung	
	243		
– Lärmtrauma	244		58 ff.

Stichwortverzeichnis

– Weg-Zeit-Diagramm, Darstellung des Unfallhergangs 59
Signalzeitenplan 111
Sitzsicherheit, Linienbus 237 ff.
Software-in-the-loop 877 ff.
Sommerreifen, Bremsverzögerung 676
Spurensicherung, Aufnahme von Lichtbildern 150 ff.
– Handvermessung 151 ff.
Spurunregelmäßigkeit, Walkspur 40
Spurverdickung, Pkw-Fußgänger-Unfall 692
Spurwechsel, Lkw, Dauer 768
– – Querbeschleunigung 768, 773 ff.
– – Spurwechselbahn 777 ff.
– – Spurwechselbeginn 780 ff.
– – Spurwechselzeiten 770 ff.
– – Untersuchung 767 ff.
– Lkw 777 ff.
Spurwechseldauer, extremer Spurwechsel in Notsituation 566 ff.
Spurwechselvorgang, Fahrversuche 568 ff.
Spurwechselzeit, Lkw 770 ff.
Steinschlagschaden, Abstand 792
– Abwurf 792
– Angaben zum Gestein 792
– Auftreffhöhe 792
– Aufwirbeln von Steinen 796 ff.
– Bewegungsablauf, indirekter Treffer 795
– direkter Treffer 792
– Fahrgeschwindigkeit 792
– indirekter Treffer 792
– – Bewegungsablauf 795
– prinzipielle Vorgehensweise 790 ff.

– Rekonstruktion 792 ff.
– schadensverursachendes Fahrzeug 789
– – Nutzfahrzeug 789
– Schwerlastverkehr 788 ff.
– tatsächliche Flugbahn 793 ff.
– Ursachen 791
Stoßzahl, Geschwindigkeit unterhalb von 70 km/h 102 ff.
– Heckauffahrversuche 94 ff.
– Relativgeschwindigkeit, Auswertung 97 ff.
– Stoßfänger-Kontakt 102
Streifkollision, Versicherungsbetrug 366 ff.
Struktursteifigkeit 85 ff.
– Bewertung 87
– harte Fahrzeuge 85
– Richtlinien für die Einstufung 86
– weiche Fahrzeuge 85
Tachograf, Diagrammscheibe 333
– digitaler, Datenstruktur 336
– – Fahrerkarte 335
– – Rekonstruktion von Unfällen 337 ff.
– – technische Ausführung 334 ff.
Tageslicht, Reaktionszeit 131 ff.
Tageslichtunfall, Basisreaktionsdauer 135
– Bremsbereitschaft 139
– Korrektursakkadendauer 136
– Reaktionszeit 135 ff.
Tagesunfall, Blickzuwendungsdauer 136
Tinitus, Airbag, Schalldruckbelastung 245

621

Toleranzwert, Radarmessgerät 410 ff.
Toter Winkel, DOBLI-Spiegel 760 ff.
– Lkw, technische Möglichkeiten 760 ff.
– Unfall, Lkw 757 ff.
TRAFFIPAX-Speedophot 398, 404
Überholvorgang 698 ff.
– Grundlagen 700 ff.
– konstante Beschleunigung 700, 706 ff.
– konstante Geschwindigkeit 700
– – Überholen 704 ff.
– Sicherheitsabstand 703
UDS, Aufbau 341 ff.
– Aufzeichnung, Auswertung 348 ff.
– Aussagesicherheit 353
– Auswertung, Beschleunigung 349
– – Bremsung 349
– – Fahrgeschwindigkeit 349
– – Schaltzustände 350
– Black-Box 340 ff.
– extreme Fahrsituation 347
– Funktion 341 ff.
– Kollisionsereignisse 344
– leichte Kollision 347
– Messwerterfassung 342
– Multifunktionstaste 341
– stärkere Kollision 347
Umfeldleuchtdichte, Dunkelheitsunfall 730
Unerlaubtes Entfernen vom Unfallort, Entziehung der Fahrerlaubnis 383
– Möglichkeiten der Wahrnehmung 385 ff.

– typischer Unfallablauf 381 ff.
– Wiederbeschaffungswert des Pkws 384
Unfall, Bremsausgangsgeschwindigkeit bekannt 125 ff.
– Fahrzeug mit Sonderrechten 798 ff.
– Lkw 756
– – Sichtfeld Lkw-Fahrer 756 ff.
– – technische Möglichkeiten 760 ff.
– – toter Winkel 757 ff.
– nicht angepasste Geschwindigkeit 827 ff.
– Parkmanöver 710 ff.
– – Bremsen 720 ff.
– – Rekonstruktion 719 ff.
– – unterschiedliche Bewegungsrichtung 724 ff.
– Pkw-Fußgänger-Unfall 689
– Rangiermanöver 710 ff.
– – Bremsen 720 ff.
– – Rekonstruktion 719
– – unterschiedliche Bewegungsrichtungen 724 ff.
– Rekonstruktion, digitaler Tachograf 337 ff.
– rückwärts ausparken 712 ff.
– rückwärts setzen 716 ff.
– Spuren am Gurtsystem 222 ff.
– Überholvorgang 698 ff.
– Weg-Zeit-Ablauf 359 f.
Unfallablauf, technisch-biomechanische Analyse 194
Unfallanalyse, Auswertemöglichkeiten 149 ff.
– – Höhenzuordnung von Kontaktspuren 172 ff.

- Auswerteverfahren, rechnerische 159 ff.
- Betriebszustand von Fahrzeuglampen 161 ff.
- Checkliste 369
- Diagrammscheibenauswertung 183 ff.
- EES-Schätzung 18 ff.
- grafische Auswerteverfahren 157 ff.
- Insassenbelastung 194 ff.
- – Airbag 240 ff.
- – Analysematerial 204 ff.
- – HWS-Schleudertrauma 205 ff.
- – Insassenbewegung 199 ff.
- – Sicherheitsgurt 202 ff., 214 ff.
- Kollisionsort, Bestimmung 35 ff.
- Kompatibilität 82 ff.
- Lichtbild, Auswertung 156
- Lichtzeichenanlagen 106 ff.
- Spurensicherung 149 ff.
- – Handvermessung 151 ff.
- Verkehrsunfall 1 ff.
- – Leitplankenkollision 50 ff.
- – Selbstschutz 78 ff.
- – Signalposition 58 ff.
- – Stoßzahl 91 ff.
- Vermeidbarkeitsbetrachtung 118 ff.
- – Reaktionszeit 131 ff.
- Versicherungsbetrug 354 ff.

Unfallbeteiligte, Kollisionsort, Spuren 44 ff.

Unfallflucht 380 ff.
- akustische Wahrnehmbarkeit 390 ff.
- Checkliste 396
- kinästhetische Wahrnehmbarkeit 392 ff.
- taktile Wahrnehmbarkeit 392 ff.
- visuelle Wahrnehmbarkeit 386 ff.

Unfallgewicht 529 ff.
- Beladungszustand 531
- Definition 503 ff.
- Insassenbelastung 529 ff.
- Pkw, Definition 503 ff.

Unfallhergang, Darstellung, Weg-Zeit-Diagramm 59 ff.

Unfallort, unerlaubtes Entfernen 380 ff.

Unfallrekonstruktion, ABS 292
- ASR 292
- Computersimulation 267 ff.
- digitaler Tachograf 332 ff.
- Digitalfoto, Ausdruck 262
- Digitalfotografie 254
- EES-Schätzung 18 ff.
- ESP 292
- Fahrzeugfehlerspeichereintrag, Interpretation 302 ff.
- Foto, Papierfoto 261
- Lichtzeichenanlage 106 ff.
- OBD-Diagnose 289 ff.
- UDS 340 ff.
- unfallrelevante Daten, Speicherung im Fahrzeug 284 ff.

Unfallskizze 3

Unfallspuren 150 ff.

Unternehmenskarte, digitaler Tachograf 335

VDI-Richtlinie 2700 233

Verkehrsunfall, allgemeine Gefahrerkennung 61 ff.
- Analyse, Ausgangspunkt 3
- Crashtest, Beweiskraft 7 ff.
- crashtest-service.com 8
- EES 79 ff.

623

- Geschwindigkeitsänderung 79 ff.
- Gutachten, Anstoßkonfiguration 2
- - kollisionsbedingte Geschwindigkeitsänderung 2
- - Kollisionsgeschwindigkeit 2
- - nachvollziehbare Veranschaulichung, Unfallgeschehen 5
- - Referenzmaterial 5
- - Relativgeschwindigkeitswahl 11
- - Richtlinie zur Gutachtenerstellung 4
- - Verformungsintensität 6
- - visueller Vergleich 6 ff.
- Insassenbelastung, Linienbus 229 ff.
- Leitplankenkollision 50 ff.
- Lichtzeichenanlage 106 ff.
- Rekonstruktion, Abwehrhandlung 73 ff.
- - Signalposition 66
- Relativgeschwindigkeit 79 ff.
- Selbstschutz 78 ff.
- Signalposition 58 ff.
- Stoßzahl 91 ff.
- Struktursteifigkeit 85 ff.
- Unfallanalyse, klassische Vorgehensweise 2 ff.
- - visueller Vergleich mit Crashtests 1 ff.
- Unfallskizze 3
- verdeckte Sicht 65
- Verformungsintensität, optischer Vergleich 6

- Zustand des Innenraums, Knieanprall 226
Vermeidbarkeitsbetrachtung, Gefühl für Weg und Zeit 118 ff.
- letzte Sekunden vor der Kollision 123 ff.
- Unfallanalyse 118 ff.
Versicherungsbetrug, Rennstreckenunfall, Motorrad 370 ff.
- Schadensausprägung 360 ff.
- Streifkollision 366 ff.
- Unfallanalyse 354 ff.
Vollbremsung, Motorrad 633 ff.
- Verzögerungsverlauf, Motorrad 648
Vollbremsverzögerung, trockene Fahrbahn 658
Wahrnehmbarkeit, akustische Unfallflucht 390 ff.
- visuelle, Unfallflucht 386 ff.
Wegfahrsperre, Manipulationsmöglichkeiten 904 ff.
Weg-Zeit-Diagramm, Aufbau 120 ff.
- Zeitpunkt nach der Kollision 120
- Zeitpunkt vor der Kollision 120
Werkstattkarte, digitaler Tachograf 335
Winterreifen, Bremsverzögerung 676
Xenonlampe 167
Zweirad, Anfahrbeschleunigung 562 ff.

Gut gerüstet ins verkehrsrechtliche Mandat mit LexisNexis® *Recht* – Verkehrsrecht

Sie kennen das: Alltag in der verkehrsrechtlichen Praxis = lästige Routinefälle nehmen Ihre wertvolle Arbeitszeit über Gebühr in Anspruch. Dabei gilt: 90% dieser Fälle haben Sie als Profi auf diesem Gebiet schnell vom Tisch. Warum also eine Online-Rechtsdatenbank speziell für Verkehrsrechtler?

Ganz einfach, weil gerade im verkehrsrechtlichen Mandat die alte Regel gilt – Zeit ist Geld! Und **LexisNexis®** *Recht* **– Verkehrsrecht spart Zeit – Ihre Zeit! Probieren Sie es aus.**

Und das BESTE: LexisNexis® *Recht* – Verkehrsrecht bietet Ihnen nicht nur TOP-AKTUELLE Inhalte aus dem Verkehrsrecht!

Vielmehr bietet es Ihnen auch **rechtsgebietsübergreifend Gesetze, Urteile und Fachpresseauswertungen**. Denn: Arbeiten Sie wirklich nur im verkehrsrechtlichen Mandat?

Jetzt 4 Wochen gratis testen!

Das ist LexisNexis® *Recht* – Verkehrsrecht

Rechtsgebietsübergreifend:

- **Entscheidungs- & Gesetzesdatenbank**
  - Mehr als 840.000 Entscheidungen aller Gerichtsbarkeiten und Instanzen.
  - Rund 1,3 Millionen Einzelnormen von Bund, Ländern und EU.
- **Fachpresse & Newsletter**
  - Über 140 Fachzeitschriften (inkl. NJW) werten wir regelmäßig für Sie aus und fassen alle Fachartikel kurz und knapp zusammen.
- **Fachbücher und Arbeitshilfen**
  - Rund 1.300 Vertragsvorlagen, Formulare, Checklisten und Musterschreiben zu allen wichtigen Rechtsgebieten.

Speziell zum Verkehrsrecht:

- **Zeitschriften (u.a.)**
  - Verkehrsrechts-Sammlung (VRS)
  - VRR – VerkehrsRechtsReport
- **Kommentare (u.a.)**
  - Lemke/Mosbacher: OrdnungswidrigkeitenG
  - Prütting/Wegen/Weinrich: BGB Kommentar
- **Handbücher (u.a.)**
  - Burhoff/Neidel/Grün: Geschwindigkeits- und Abstandsmessungen im Straßenverkehr
  - Jaeger/Luckey: Schmerzensgeld
  - Burhoff: Handbuch für das straßenverkehrsrechtliche OWi-Verfahren

Weiteres Plus für Sie: Bei Bedarf ist LexisNexis® *Recht* – Verkehrsrecht **flexibel erweiterbar um weitere Rechtsgebiete** wie z.B. Strafrecht – individuell zugeschnitten auf Ihr Kanzlei-Profil (gegen Aufpreis).

Jetzt testen: LexisNexis® *Recht* **– Verkehrsrecht für nur 49,80 € im Monat** (zzgl. MwSt.)**!**

Profitieren auch Sie von dieser Online-Datenbank speziell zum Verkehrsrecht zum günstigen Preis. Testen Sie **JETZT 4 Wochen GRATIS!**

www.lexisnexis.de/verkehrsrecht

Fehlerhafte Messungen im Straßenverkehr: Ihr Schlüssel zum Erfolg

Messungen im Straßenverkehr
Fehlerquellen bei Geschwindigkeits- und Abstandsmessung, Rotlichtüberwachung, Bildidentifikation

RA Detlef Burhoff, RiOLG a.D./ Olaf Neidel, Sachverständiger/ Hans-Peter Grün, Diplomverwaltungswirt, Sachverständiger (Hrsg.)

2. Auflage 2010
1.110 Seiten, gebunden mit CD-ROM
Preis 98,– €
ISBN 978-3-89655-519-9

Schützen Sie Ihre Mandanten vor Fahrverboten und hohen Bußgeldern.

Das **notwendige technische und juristische Wissen für eine rechtssichere Beratung** in straßenverkehrsrechtlichen Ordnungswidrigkeitsverfahren liefert Ihnen dieses praxisorientierte Handbuch. Anhand von **Abbildungen, Fallbeispielen, Rechtsprechungshinweisen und Checklisten** zu den einzelnen Messverfahren lernen Sie besonders die Fehlerquellen und -potenziale kennen.

Zusammen mit den entsprechenden juristischen Ausführungen erhalten Sie so konkrete Anhaltspunkte für die erfolgreiche Verteidigung.

Jetzt 14 Tage zur Ansicht bestellen:

Telefon 0 18 05 / 55 48 34*

Fax 0 79 53 / 88 31 30 oder

E-Mail bestellung@lexisnexis.de

www.lexisnexis.de/zap

(*14 Cent/Min. a. d. dt. Festnetz, max. 0,42 €/Min. a. d. Mobilfunknetzen)

Ihr Praxiswissen zum Fahrerlaubnisrecht

Damit punkten Sie garantiert

Fahrerlaubnisrecht in der Praxis

Diplom-Verwaltungswirt Volker Kalus

1. Auflage Oktober 2010
ca. 500 Seiten
gebunden, mit CD-ROM
Preis ca. 58,– €
ISBN 978-3-89655-518-2

Themenbezogene, praxisnahe Darstellung!

Von der Eignungsprüfung über das Punktesystem, die Fahrerlaubnis auf Probe und Tilgungsregelungen bis hin zur ausländischen Fahrerlaubnis: Der Leiter der Führerscheinstelle der Stadt Ludwigshafen, Diplom-Verwaltungswirt Volker Kalus, vermittelt Ihnen hier die **wichtigsten Themenbereiche des Fahrerlaubnisrechts**. Neben den **Rechtsgrundlagen** liefert er Ihnen viele nützliche **Arbeitshilfen** und erläutert Ihnen die **Hintergründe** von Maßnahmen und Entscheidungen. Darüber hinaus setzt er sich auch mit den Unstimmigkeiten der Rechtsgrundlagen und den damit in Verbindung stehenden Problemen auseinander.

Die themenbezoge Darstellung des Fahrerlaubnisrechts erleichtert Ihnen den Einstieg in die Materie: Sachzusammenhänge werden schnell deutlich.

Das Besondere: Schaubilder, Fallbeispiele und Materialien erläutern Ihnen die dargestellten Sachverhalte. Die beiliegende CD-ROM liefert Ihnen Musterschreiben zu vielen Themenbereichen

Jetzt 14 Tage zur Ansicht bestellen:

Telefon 0 18 05 / 55 48 34*

Fax 0 79 53 / 88 31 30 oder

E-Mail bestellung@lexisnexis.de

www.lexisnexis.de/zap

(*14 Cent/Min. a. d. dt. Festnetz,
max. 0,42 €/Min. a. d. Mobilfunknetzen)

Ihr kompakter Wegweiser durch das Straßenverkehrsrecht – Aktuell. Kompetent. Praxisnah.

Ob als Rechtsanwalt mit dem Tätigkeitsschwerpunkt Straßenverkehrsrecht, als Unfallsachverständiger oder Techniker – mit dem VRR sind Sie straßenverkehrsrechtlich **immer auf dem Laufenden!**

Die Maxime des VerkehrsRechtsReports lautet dabei immer: **Konzentration auf das Wesentliche**, d.h. kompakte Beiträge, wertvolle Praxistipps und kein wissenschaftlicher „Ballast"! So befassen sich spezielle Rubriken u.a. mit **Neuigkeiten aus Gesetzgebung und Rechtsprechung**, bieten Praxislösungen wie **Checklisten** und **Musterschreiben**, erläutern relevante **Vergütungsfragen** und informieren rund um das Thema **Unfallrekonstruktion**.

Sie finden alle für Ihre tägliche Praxis relevanten Rechts- und Wissensgebiete berücksichtigt:

> Verkehrszivilrecht
> Verkehrsstrafrecht
> Ordnungswidrigkeitenrecht
> Unfallanalysen
> Versicherungsrecht
> Verkehrsmedizin
> Gebührenrecht

Am besten sofort bestellen:

>>> www.lexisnexis.de/vrr-zeitschrift <<<

oder bei Ihrem Buchhändler

VRR - VerkehrsRechtsReport

erscheint monatlich
Jahres-Abo 139,80 € zzgl. Versandkosten
ISSN 1862-3980

ZAP